Diccionario pocket rumano

español-rumano & rumano-español

Juan Sáenz

Diccionario pocket rumano
por Juan Sáenz

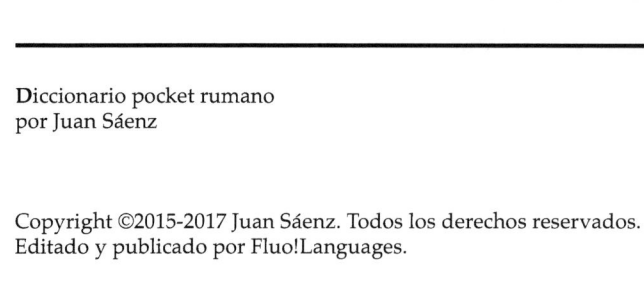

Copyright ©2015-2017 Juan Sáenz. Todos los derechos reservados.
Editado y publicado por Fluo!Languages.

Primera edición: Mayo 2017

Ninguna parte de este libro puede ser reproducida en alguna forma ni por cualquier medio, sin contar con previa autorización. Sin embargo, organizaciones sin fines de lucro, podrán copiarlo libremente y distribuir partes de esta publicación, cuando no existan fines comerciales.

Este diccionario contiene material procesado que forma parte del proyecto English Wiktionary.

ESPAÑOL-RUMANO

A

a • *prep* la, pentru, cu, înspre, spre, către
abacá • *n* abaca *(f)*
abacera • *n* negustor *(m)*, negustoreasă *(f)*, băcan *(m)*, băcăneasă *(f)*
abacero • *n* negustor *(m)*, negustoreasă *(f)*, băcan *(m)*, băcăneasă *(f)*
abacial • *adj* abațial
ábaco • *n* abac *(n)*
abadía • *n* abație *(f)*
abajo • *adv* sub, jos, în jos, spre-n jos • *prep* sub, dedesubt
abandonado • *adj* abandonat *(m)*, părăsit *(n)*
abandonar • *v* abandona, renunța, lepăda, părăsi, lăsa
abandono • *n* abandonare *(f)*, abandon *(n)*, renunțare *(f)*
abanicar • *v* vântura
abanico • *n* ventilator *(n)*
abasto • *n* aprovizionare, alimentare
abatido • *adj* abject, deprimat *(m)*, nefericit *(m)*, depresionat *(n)*
abatimiento • *n* înjosire *(f)*, degradare *(f)*, umilire *(f)*, consternație *(f)*, consternare *(f)*
abdomen • *n* abdomen *(n)*, burtă *(f)*
abdominal • *adj* abdominal *(n)*
abducir • *v* abduce
abductor • *n* mușchi abductor
abecedario • *n* alfabet *(n)*
abedul • *n* mesteacăn
abeja • *n* albină *(f)*
abejarrón • *n* bondar *(m)*
abejera • *n* albinar *(m)*, albinară *(f)*, apicultor *(m)*, apicultoare *(f)*
abejero • *n* albinar *(m)*, albinară *(f)*, apicultor *(m)*, apicultoare *(f)*
abejón • *n* bondar *(m)*
abejorro • *n* bondar *(m)*
aberración • *n* deviere *(f)*, deviație *(f)*, aberație *(f)*, aberanță *(f)*
aberrante • *adj* aberant *(m)*
abertura • *n* deschizătură *(f)*
abeto • *n* brad *(m)*
abisal • *adj* abisal
abismo • *n* abis *(n)*, adânc *(n)*, adâncime *(f)*, prăpastie *(f)*, hău *(n)*
ablación • *n* ablațiune *(f)*
ablandar • *v* muia, înmuia
ablución • *n* spălare *(f)*, abluțiune *(f)*
abnegación • *n* abnegație *(f)*
abochornado • *adj* rușinat *(m)*
abochornar • *v* împurpura, înroși, îmbujora, roși

abogada • *n* avocat, advocat
abogado • *n* avocat, advocat
abolición • *n* abolire
abolicionista • *n* aboliționist
abolir • *v* aboli
abominable • *adj* abominabil, detestabil *(m)*
abominación • *n* abominațiune *(f)*
abominar • *v* abhora, detesta
abono • *n* baligă *(f)*, abonament *(n)*
aborrecer • *v* abhora, detesta
aborrecible • *adj* abominabil, detestabil *(m)*
aborrecimiento • *n* abhorare *(f)*, aversiune *(f)*, repugnanță *(f)*
aborto • *n* avort *(n)*, întrerupere de sarcină *(f)*, avort, abandon *(n)*
abrazar • *v* îmbrățișa, apuca
abrazo • *n* îmbrățișare *(f)*
abreviación • *n* abreviere *(f)*, prescurtare *(f)*, abreviație *(f)*
abreviado • *adj* prescurtat *(n)*, abreviat *(n)*
abreviar • *v* scurta, abrevia
abrigar • *v* înfofoli, încotoșmăna, acoperi
abrigo • *n* pardesiu
abrir • *v* descuia
abrirse • *v* deschide, casca
abrogar • *v* abroga, anula, aboli
abrótano • *n* lemnul-Domnului *(n)*
abruptamente • *adv* abrupt, deodată
abrupto • *adj* abrupt
absceso • *n* abces *(n)*
abscisa • *n* abscisă *(f)*
abscisión • *n* absciziune *(f)*
absintio • *n* absint, pelin *(m)*
absolver • *v* achita
absorbencia • *n* absorbanță *(f)*, capacitate de absorbție
absorbente • *n* absorbant *(m)*
absorción • *n* absorbire *(f)*, absorbție *(f)*
absorto • *adj* absorbit *(n)*, captivat *(n)*, îngândurat *(n)*
abstención • *n* abținere *(f)*
abstenerse • *v* abține
abstracción • *n* abstracție *(f)*
abstraccionismo • *n* abstracționism *(n)*
absurdo • *n* absurd, absurditate • *adj* absurd, irațional, neadecvat *(n)*, demodat *(n)*, învechit *(n)*
abubilla • *n* pupăză
abuela • *n* bunică *(f)*, mamaie *(f)*, mama mare *(f)*

abuelo • *n* străbunic *(m)*, strămoș *(m)*, strămoși, străbun *(m)*, bunic *(m)*, tataie *(m)*, tata mare *(m)*
abultado • *adj* mătăhălos
abundancia • *n* abundență *(f)*, belșug *(n)*
abundante • *adj* abundent
abundar • *v* abunda
aburrido • *adj* plictisit, plictisitor, plicticos, anost, fastidios
aburrimiento • *n* plictiseală *(f)*
aburrir • *v* plictisi
abusador • *n* tiran *(m)*
abuso • *n* violență *(f)*, abuz fizic, abuz *(n)*
abusón • *n* tiran *(m)*
acá • *adv* aici, aci, încoace
acabar • *v* termina, sfârși, slobozi
acacalote • *n* cufundar *(m)*, corcodel *(m)*
acacia • *n* acacia *(f)*
academia • *n* academie *(f)*
académico • *adj* universitar *(n)*, universitară *(f)*, academic *(n)*
acantilado • *n* stâncă *(f)*, faleză *(f)*, pantă *(f)*
acanto • *n* acantă *(f)*
acariciar • *v* dezmierda, alinta, mângâia
ácaro • *n* acarian *(m)*
acaso • *adv* poate
acatar • *v* onora
accesible • *adj* accesibil *(m)*, abordabil *(m)*, accesibil *(n)*
acceso • *n* acces *(n)*
accesorio • *adj* accesoriu • *n* accesoriu *(n)*
accidentado • *adj* turbulent *(n)*
accidental • *adj* accidental *(n)*, întâmplător *(n)*, accidentală *(f)*
accidente • *n* accident *(n)*, accident *(n)*
acción • *n* faptă, acțiune, luptă, bătaie *(f)*, caz judiciar *(n)*, proces, cauză *(f)*
ace • *n* as *(m)*
acebo • *n* ilice *(f)*, laur *(m)*
aceite • *n* ulei
aceituna • *n* măslină *(f)*, olivă *(f)*
aceleración • *n* accelerație *(f)*, accelerare *(f)*, accelerație *(f)*
acelerador • *n* accelerator *(m)*, iuțitor *(m)*, repezitor *(m)*, accelerator *(n)*, pedală de accelerare *(f)*
acelerar • *v* accelera
acelerómetro • *n* accelerometru *(n)*
acelga • *n* mangold *(m)*, sfeclă furajeră *(f)*
acemite • *n* tărâțe
acento • *n* accent *(n)*, intonație *(f)*
acepción • *n* sens *(n)*

aceptabilidad • *n* acceptabilitate *(f)*
aceptable • *adj* admisibil, acceptabil
aceptación • *n* acceptare *(f)*, acceptanță *(f)*, primire *(f)*
aceptado • *adj* recunoscut *(m)*, recunoscută *(f)*, acceptat *(m)*
aceptar • *v* accepta
acequia • *n* șanț *(m)*
acera • *n* caldarâm *(n)*, cărare *(f)*, potecă *(f)*, trotuar *(n)*
acercar • *v* apropia
acero • *n* oțel *(n)*
acerola • *n* acerola *(f)*
acerrojar • *v* încuia
acertado • *adj* potrivit *(n)*, apt *(n)*
acetamida • *n* acetamidă, etanamidă
acetileno • *n* acetilenă *(f)*
acetona • *n* acetonă *(f)*
achaque • *n* indispoziție
achatar • *v* nivela, netezi, aplatiza
achicarse • *v* micșora
achichincle • *n* răsfățat
achicoria • *n* cicoare
achispado • *adj* beat
achocolatado • *adj* ciocolatiu *(n)*, de ciocolată
aciano • *n* albăstrea *(f)*
acícula • *n* ac *(n)*
acidificación • *n* acidificare *(f)*
ácido • *adj* acid, acru • *n* acid *(m)*
acierto • *n* succes *(n)*, succese
aclamación • *n* aclamare, aclamație
aclarar • *v* clarifica
acné • *n* acnee *(f)*
acobardar • *v* descuraja
acompañamiento • *n* acompaniament *(n)*
acompañar • *v* acompania, însoți, a însoți
acónito • *n* aconit *(m)*, omag *(m)*
aconsejar • *v* sfătui, recomanda
acontecimiento • *n* caz *(n)*, eveniment *(n)*, întâmplare *(f)*
acoplar • *v* cupla, împerechea, împreuna
acordar • *v* aminti
acorde • *n* acord
acordeón • *n* acordeon *(n)*
acortar • *v* scurta
acosar • *v* intimida
acoso • *n* distrugere *(f)*, pustiire
acostar • *v* culca
acre • *adj* caustic, acru
acrílico • *adj* acrilic
acrimonia • *n* acrimonie *(f)*
acróbata • *n* acrobat *(m)*
acrobática • *n* acrobatică, acrobație *(f)*

acrónimo • *n* acronim *(n)*
acrópolis • *n* acropolă *(f)*
acróstico • *n* acrostih *(n)*
actinio • *n* actiniu *(n)*
actinómetro • *n* actinometru *(n)*
actinomicosis • *n* actinomicoză *(f)*
actitud • *n* atitudine *(f)*
actividad • *n* activitate *(f)*
activista • *n* activist *(m)*, activistă *(f)*
activo • *adj* activ
acto • *n* faptă
actor • *n* actor *(m)*, actriță *(f)*
actriz • *n* actor *(m)*, actriță *(f)*
actuación • *n* performanță *(f)*, randament *(n)*, îndeplinire *(f)*, desăvârșire *(f)*
actual • *adj* prezent *(n)*
actualmente • *adv* astăzi, ziua de azi, acum
actuar • *v* juca
acuario • *n* acvariu *(n)*
acuático • *adj* acvatic
acuchillar • *v* înjunghia, străpunge, a da o lovitură de cuțit
acueducto • *n* apeduct *(n)*
acuerdo • *n* acord *(n)*, înțelegere *(f)*, compromis *(n)*
acuidad • *n* acuitate *(f)*
acumulación • *n* acumulare *(f)*
acuñar • *v* bate monedă, emite
acuoso • *adj* apătos
acupuntura • *n* acupunctură *(f)*
acusativo • *n* acuzativ *(n)*, caz acuzativ *(n)* • *adj* acuzator, acuzativ
acusatorio • *adj* acuzatoriu *(m)*, acuzatorie *(f)*, acuzatorii
acústica • *n* acustică *(f)*
adaptabilidad • *n* adaptabilitate *(f)*
adaptable • *adj* adaptabil, adaptabilă *(f)*
adaptación • *n* adaptare *(f)*
adaptado • *adj* adaptat *(m)*
adaptador • *n* adaptor *(n)*
adaptar • *v* adapta
adecuado • *adj* adecvat
adelantar • *v* întrece, depăși
adelfa • *n* leandru *(m)*, oleandru *(m)*
adelgazar • *v* slăbi, subția
ademán • *n* gest *(n)*
además • *adv* și, de asemenea, încă
adenina • *n* adenină *(f)*
adenoide • *n* adenoid *(n)*
adherente • *n* aderent *(m)* • *adj* lipicios
adherible • *adj* lipicios
adhesivo • *adj* aderent *(m)*
adición • *n* adaos *(f)*, adăugire *(f)*, adunare, sumă *(f)*
adicional • *adj* adițional *(m)*
adicionar • *v* aduna

adictivo • *adj* dependent
adiós • *interj* adio, la revedere, pa • *n* adio, rămas bun
adiposo • *adj* adipos
adivinar • *v* bănui
adjetival • *adj* adjectival
adjetivo • *adj* adjectival, adjectiv *(m)*, adjectivă *(f)* • *n* adjectiv *(n)*
adjuntar • *v* atasat, anexat
adlátere • *n* răsfățat
administración • *n* administrație, administrare *(f)*, administrare, control *(n)*, autoritate *(f)*
administrador • *n* administrator *(m)*
administrativo • *adj* administrativ
admirable • *adj* admirabil
admiración • *n* admirație *(f)*, admirare *(f)*
admisible • *adj* admisibil
admitido • *adj* recunoscut *(m)*, recunoscută *(f)*, acceptat *(m)*
admitir • *v* mărturisi
adobar • *v* condimenta
adobe • *n* chirpici *(n)*
adoctrinamiento • *n* îndoctrinare
adoctrinar • *v* îndoctrina
adolescencia • *n* adolescență *(f)*
adolescente • *n* tânăr, adolescent *(m)*, adolescentă *(f)* • *adj* adolescent *(m)*
adonde • *conj* încotro, unde
adónde • *adv* încotro, unde
adopción • *n* adoptare, adopție
adoptar • *v* adopta
adoptivo • *adj* adoptiv
adorable • *adj* adorabil, vrednic de adorare *(m)*
adoración • *n* adorație *(f)*, adorare *(f)*, devoțiune *(f)*, adorare *(f)*, venerare *(f)*, divinizare *(f)*, apreciere *(f)*, stimă *(f)*
adormecer • *v* dormita, somnola
adormecido • *adj* amorțit *(n)*, somnoros, somnolent *(n)*
adormilar • *v* dormita, somnola
adornar • *v* decora, ornamenta, înfrumuseța, împodobi, orna
adquisición • *n* achiziție *(f)*, achiziționare *(f)*
adrenalina • *n* adrenalină *(f)*
aduana • *n* vamă *(f)*
adulta • *n* adult *(m)*, adultă *(f)*
adulto • *n* adult *(m)*, adultă *(f)* • *adj* adult
adverbial • *adj* adverbial *(n)*
adverbio • *n* adverb *(n)*
adversaria • *n* adversar
adversario • *n* adversar
adversidad • *n* adversitate *(f)*

adverso • *adj* nefavorabil *(n)*, advers
adyacente • *adj* adiacent *(m)*
aerar • *v* aera, aerisi
aéreo • *adj* aerian
aeróbico • *adj* aerobic • *n* gimnastică aerobică *(f)*
aerodinámica • *n* aerodinamică *(f)*
aeródromo • *n* aerodrom *(n)*
aeroespacial • *adj* aerospaţial
aeroespacio • *n* aerospaţiu *(n)*
aerolínea • *n* companie aeriană *(f)*
aerómetro • *n* aerometru *(n)*
aeronáutica • *n* aeronautică *(f)*
aeronave • *n* aeronavă *(f)*, aparat de zbor *(n)*, aparat zburător *(n)*
aeronavegación • *n* navigaţie *(f)*
aeroplano • *n* aeroplan *(m)*, avion *(m)*
aeropuerto • *n* aeroport *(n)*
afabilidad • *n* afabilitate *(f)*, cordialitate, amabilitate *(f)*
afable • *adj* cordial, afabil, ursuz
afanoso • *adj* industrios, harnic, laborios
afecto • *n* afecţiune *(f)*, dezmierdare *(f)*, îndrăgire *(f)*, emoţie
afeitar • *v* rade, bărbieri, a se bărbieri
afeminado • *adj* afemeiat
aféresis • *n* afereză *(f)*
aferrar • *v* agăţa, apuca
afición • *n* ataşament *(n)*
aficionado • *n* amator *(m)*
áfido • *n* afidă *(f)*, afide
afijo • *n* afix *(n)*
afilado • *adj* ascuţit
afilar • *v* ascuţi
afiliación • *n* afiliaţie *(f)*, afiliere *(f)*
afinidad • *n* afinitate *(f)*
aflicción • *n* tristeţe *(f)*, întristare *(f)*, mâhnire *(f)*, supărare *(f)*, nefericire *(f)*, durere *(f)*
aflojar • *v* desface, relaxa
afónico • *adj* răguşit *(n)*
aforismo • *n* aforism, aforisme
afortunado • *adj* norocos, norocos *(m)*
afrecho • *n* tărâţe
afrenta • *n* afront *(n)*
afrentoso • *adj* insultător, ofensator
afrodisíaco • *n* afrodiziac *(n)*
afrontar • *v* înfrunta, împăca, confrunta
afuera • *adv* afară
afueras • *n* suburbie *(f)*
agachar • *v* ghemui
agacharse • *v* apleca
agalla • *n* gală *(f)*, cecidie *(f)*, branhie
agallas • *n* inimă *(f)*, suflet *(n)*
agarrado • *adj* ciufut
agarrar • *v* apuca, mîngîia, ţine

agave • *n* agavă *(f)*
agencia • *n* agenţie *(f)*, agentură *(f)*
agenda • *n* agendă *(f)*, program *(n)*, calendar *(n)*
ágil • *adj* ager
agitación • *n* neastâmpăr *(n)*, nerăbdare *(f)*, înfrigurare *(f)*, nelinişte *(f)*, agitaţie *(f)*, agitare *(f)*
agitado • *adj* turbulent *(n)*
agitador • *n* agitator *(m)*, catalizator *(m)*
agitadora • *n* agitator *(m)*
agitar • *v* agita
aglomeración • *n* aglomeraţie *(f)*
agnóstica • *n* agnostic *(m)*, agnostică *(f)*
agnosticismo • *n* agnosticism
agnóstico • *n* agnostic *(m)*, agnostică *(f)*
agobiar • *v* deranja, incomoda, necăji, supăra
agonía • *n* agonie *(f)*, suferinţă *(f)*
agosto • *n* recoltă *(f)*
agotado • *adj* epuizat
agradabilidad • *n* dulceaţă
agradable • *adj* plăcut *(n)*, agreabil *(n)*, potrivit *(n)*, binevenit *(m)*, binevenită *(f)*, dulce, simpatic, plăcut *(m)*, plăcută *(f)*, savurabil *(n)*
agradablemente • *adv* agreabil, în mod agreabil
agradar • *v* a mulţumi, a satisface, a încânta, plăcea
agradecer • *v* recunoscător
agradecido • *adj* recunoscător *(m)*, mulţumitor *(m)*
agradecimiento • *n* gratitudine *(f)*, recunoştinţă *(f)*
agramatical • *adj* negramatical
agregado • *n* masă, tot
agresión • *n* agresiune *(f)*
agresividad • *n* agresivitate *(f)*
agresivo • *adj* agresiv
agrícola • *adj* agricol
agricultura • *n* agricultură *(f)*
agrio • *adj* acru, acid
agrupar • *v* grupa
agua • *n* apă *(f)*, апэ *(f)* /(apă)/
aguacate • *n* avocado *(n)*
aguacil • *n* libelulă *(f)*
aguamala • *n* meduză *(f)*
aguamarina • *n* acvamarin *(n)*
aguamiel • *n* hidromel *(m)*, mied
aguanieve • *n* lapoviţă *(f)*, fleşcăială *(f)*
aguantar • *v* ţine, îndura, răbda, suporta, tolera
aguardar • *v* aştepta
aguardiente • *n* pileală
aguarrás • *n* terebentină *(f)*
aguas • *n* apă *(f)*

aguaviva • *n* meduză *(f)*
agudeza • *n* acuitate *(f)*, schepsis
agudo • *adj* ascuțit
agüero • *n* augur *(n)*, auspiciu *(n)*
aguijón • *n* spin *(m)*
águila • *n* acvilă *(f)*, aceră, vultur, pajură
aguileña • *n* căldărușă *(f)*
aguililla • *n* milan *(m)*, erete *(m)*, gaie *(f)*
aguilucho • *n* vulturel *(m)*, vulturaș *(m)*, erete *(m)*
aguja • *n* bold *(n)*, ac, ac indicator, limbă, punct *(f)*
agujerear • *v* gaurii
agujero • *n* gaură
agujeta • *n* șiret *(m)*
agutí • *n* aguti *(m)*
aherrumbrarse • *v* rugini, oxida
ahí • *adv* acolo, colo
ahijada • *n* fină *(f)*
ahijado • *n* fin *(m)*
ahijar • *v* adopta
ahínco • *n* zel *(n)*, ardoare *(f)*
ahogar • *v* îneca
ahogarse • *v* îneca
ahondar • *v* săpa, escava, pătrunde, înțelege
ahora • *adv* acum
ahorcado • *n* spânzurătoarea *(f)*
ahorcar • *v* spânzura
ahorrar • *v* păstra, conserva, salva, aproviziona
ahorro • *n* cumpătare
ahumar • *v* afuma
aire • *n* aer, văzduh, atmosferă *(f)*, aer *(n)*, eter, atmosferă
aireación • *n* aerare *(f)*
airear • *v* aera, aerisi
aislado • *adj* izolat *(n)*
aislante • *n* izolator *(n)*, material de izolare *(n)*
aislar • *v* izola
ajedrea • *n* cimbru *(m)*
ajedrez • *n* șah *(n)*
ajenjo • *n* pelin *(m)*, absint
ajo • *n* usturoi *(m)*, ai
ajonjolí • *n* susan *(m)*, sesam *(m)*
ajustable • *adj* ajustabil *(n)*
ajustador • *n* sutien *(n)*
ajustar • *v* fixa, pune, regla, adapta, ajusta, potrivi
ajustarse • *v* onora
ajuste • *n* ajustare *(f)*, acomodare *(f)*
ajusticiar • *v* executa
ala • *n* aripă *(f)*
alabable • *adj* lăudabil, elogiabil, recomandabil
alabanza • *n* laudă *(f)*, elogiu *(n)*, glorificare *(f)*
alabar • *v* lăuda
alabastro • *n* alabastru *(n)*
alacena • *n* dulap *(m)*
alacrán • *n* scorpion *(m)*
alambre • *n* fir *(n)*, sârmă *(f)*
álamo • *n* plop *(m)*
alanina • *n* alanină *(f)*
alargar • *v* lungi
alarido • *n* țipăt *(n)*, strigăt *(n)*, urlet *(n)*
alazor • *n* șofrănaș *(m)*, șofrănel *(m)*
alba • *n* zori, auroră *(f)*, alba *(f)*, răsărit *(n)*, alba *(f)*, auroră *(f)*
albacea • *n* executor
albacora • *n* pește spadă *(f)*
albahaca • *n* busuioc *(m)*
albañil • *n* zidar *(m)*
albarán • *n* factură *(f)*, facturi
albaricoque • *n* caisă *(f)*
albaricoquero • *n* cais *(m)*
albatros • *n* albatros *(m)*
albedo • *n* albedo
albergue • *n* hotel *(m)*
albinismo • *n* albinism *(n)*
albóndiga • *n* chiftea *(f)*
albor • *n* albiciune *(f)*, albeață *(f)*, albitate *(f)*
alborada • *n* crăparea zilei *(f)*
alboroto • *n* freamăt, tumult *(n)*, tumulte
albumen • *n* albuș *(n)*
albúmina • *n* albumină *(f)*
albura • *n* alburn *(n)*, albiciune *(f)*, albeață *(f)*, albitate *(f)*
alburno • *n* alburn *(n)*
alca • *n* alcă *(f)*, pinguin nordic *(m)*
alcachofa • *n* anghinare *(f)*
alcacil • *n* anghinare *(f)*
alcalde • *n* primar *(m)*
alcaldesa • *n* primăriță *(f)*
alcalino • *adj* alcalin *(n)*
alcaloide • *n* alcaloid *(m)*
alcanfor • *n* camfor *(n)*
alcanzable • *adj* practicabil
alcanzar • *v* întinde, prelungi, alungi, așterne, atinge, ajunge
alcaparra • *n* caperă *(f)*
alcaparro • *n* caper *(m)*
alcaravea • *n* chimen
alcaucil • *n* anghinare *(f)*
alcázar • *n* alcazar *(n)*, citadelă *(f)*, cetate
alce • *n* elan *(m)*
alcoba • *n* dormitor *(n)*, dormitoare
alcohol • *n* alcool *(n)*, alcool *(m)*, tărie

(f)
alcohólico • *adj* alcoolic • *n* bețiv *(m)*, alcoolic *(m)*, alcoolică *(f)*
alcoholismo • *n* alcoolism *(n)*
aldea • *n* sat *(n)*, avanpost *(n)*, avanposturi
aleación • *n* aliaj *(n)*
aleatorio • *adj* aleatoriu, dubios
alegar • *v* plânge
alegre • *adj* fericit, bucuros
alegría • *n* fericire *(f)*, bucurie *(f)*, jovialitate *(f)*, veselie *(f)*, voioșie
alejarse • *v* retrage
aleluya • *interj* aleluia
alentar • *v* inspira, încuraja, îmbărbăta, însufleți
alerce • *n* zadă *(f)*, larice *(f)*
alergia • *n* alergie *(f)*
alerón • *n* eleron *(n)*
alesna • *n* sulă *(f)*
aletargamiento • *n* letargie *(f)*
alevín • *n* peștișor *(m)*, caracudă *(f)*
alfa • *n* alfa *(m)*
alfabético • *adj* alfabetic *(n)*, alfabetică *(f)*, alfabetic *(m)*
alfabetismo • *n* alfabetizare *(f)*, alfabetism *(n)*, instruire *(f)*, școlire *(f)*
alfabeto • *n* alfabet *(n)*
alfadía • *n* mită *(f)*
alfalfa • *n* lucernă *(f)*
alfanumérico • *adj* alfanumeric *(n)*, alfanumerică *(f)*, alfanumerici
alfarera • *n* olar *(m)*
alfarería • *n* olărie *(f)*, olărit
alfarero • *n* olar *(m)*
alfil • *n* nebun *(m)*
alfiler • *n* bold *(n)*
alfombra • *n* covor *(m)*
alfombrilla • *n* rogojină *(f)*
alforfón • *n* hrișcă *(f)*
alforja • *n* crinolină
alforza • *n* cicatrice *(f)*
alga • *n* algă
algarroba • *n* roșcovă *(f)*
algarrobo • *n* roșcov *(m)*
álgebra • *n* algebră *(f)*
algebraico • *adj* algebric *(n)*
algo • *pron* ceva • *adv* întrucâtva
algodón • *n* bumbac *(m)*, bumbac *(n)* • *adj* de bumbac
algoritmo • *n* algoritm *(m)*, algoritmi
alguien • *pron* cineva
alguna • *pron* oricare
alguno • *pron* oricare
alhaja • *n* nestemată *(f)*, piatră prețioasă *(f)*, gemă *(f)*, giuvaier, nestemate, pietre scumpe

alhelí • *n* micsandră-sălbatică *(f)*, micsandră-de-munte *(f)*
alheña • *n* henna *(f)*, cana *(f)*, lemn-câinesc *(n)*
alholva • *n* fenugrec *(m)*, fân grecesc *(n)*, schinduf *(m)*
alhucema • *n* levănțică *(f)*, lavandă *(f)*
aliado • *n* aliat *(n)*
alianza • *n* alianță *(f)*, alianță *(f)*, coaliție *(f)*, ligă, legământ
alicatado • *n* țiglă *(f)*, olan *(n)*
alicates • *n* clește *(m)*
alienígena • *adj* extraterestru • *n* extraterestru
aliento • *n* suflu *(m)*, halenă *(f)*, alenă *(f)*
alifático • *adj* alifatic
aligator • *n* aligator *(m)*
aligátor • *n* aligator *(m)*
aligerar • *v* ușura
alílico • *adj* alilic
alimentar • *v* hrăni
alimento • *n* aliment *(n)*, mâncare *(f)*, hrană *(f)*
aliñar • *v* condimenta
alipús • *n* băutură *(f)*
aliso • *n* arin *(m)*, anin *(m)*
aliviar • *v* alina, ușura, calma
alivio • *n* ușurare *(f)*, alinare *(f)*
aljaba • *n* tolbă *(f)*
aljibe • *n* fântână *(f)*, puț *(n)*, cisternă *(f)*
allá • *adv* acolo, colo
allí • *adv* acolo, colo
alma • *n* suflet *(n)*, spirit, suflet *(n)*
almacén • *n* depozit *(n)*, magazie *(f)*, rezervor *(n)*, antrepozit *(n)*
almacenamiento • *n* înmagazinare *(f)*, depozitare *(f)*, acumulare *(f)*
almacenar • *v* depozita, înmagazina
almeja • *n* moluscă comestibilă *(f)*
almendra • *n* migdală *(f)*
almendro • *n* migdal *(m)*
almez • *n* sâmbovină *(f)*
almíbar • *n* sirop *(n)*
almidón • *n* amidon
almirante • *n* amiral *(m)*
almizcle • *n* mosc *(n)*
almohada • *n* pernă *(f)*, perină
almohadón • *n* pernă *(f)*
almorzar • *v* prânzi
almuerzo • *n* prânz *(n)*
aló • *interj* alo, halo
aloe • *n* aloe *(f)*
áloe • *n* aloe *(f)*
alojamiento • *n* găzduire *(f)*, camere de închiriat
alondra • *n* ciocârlie *(f)*
alosna • *n* pelin *(m)*

alotrópico • *adj* alotropic
alpaca • *n* alpaca *(f)*
alqueno • *n* alchenă *(f)*
alquilar • *v* închiria, arenda
alquiler • *n* chirie *(f)*, locaţiune *(f)*, rentă *(f)*
alquimista • *n* alchimist *(m)*
alquitrán • *n* gudron *(n)*
alrededor • *prep* în jurul • *adv* cam
altanería • *n* trufie, mândrie, aroganţă *(f)*
altanero • *adj* arogant
altar • *n* altar
altavoz • *n* difuzor *(n)*
alteración • *n* alterare *(f)*, schimbare *(f)*, alteraţie *(f)*, alterare *(f)*
alterado • *adj* înrautăţit *(n)*, slăbit *(n)*, diminuat *(n)*
alternador • *n* alternator *(n)*, generator de curent alternativ *(n)*
alternancia • *n* alternare *(f)*
altitud • *n* altitudine *(f)*, înălţime *(f)*
altivez • *n* trufie, mândrie, aroganţă *(f)*, mândrie *(f)*, trufie *(f)*
altivo • *adj* arogant
alto • *adj* înalt, înalt *(m)*, înălţat *(n)*, ridicat *(n)*
altoparlante • *n* difuzor *(n)*
altruismo • *n* altruism, generozitate *(f)*
altruista • *adj* altruist, generos, binefăcătpr *(m)*
altura • *n* ton, înălţime *(f)*, înălţime
alubia • *n* fasole *(f)*, bob *(m)*
alucinógeno • *adj* halucinogen
alud • *n* avalanşă
aludir • *v* face aluzie, referi
alumna • *n* elev *(m)*, eleva *(f)*
alumno • *n* elev *(m)*, eleva *(f)*
alusivo • *adj* aluziv
alveolar • *adj* alveolar
alverja • *n* mazăre
AM • *n* dimineaţă *(f)*
ama • *n* doamnă *(f)*
amabilidad • *n* amabilitate *(f)*, afabilitate *(f)*
amable • *adj* bun, amabil, drăguţ
amada • *n* drag *(m)*, dragă *(f)*, iubit *(m)*, iubită *(f)*
amado • *n* drag *(m)*, dragă *(f)*, iubit *(m)*, iubită *(f)*, iubit *(m)*, iubită *(f)*, drag *(m)*, dragă *(f)* • *adj* drag, iubit, scump, iubit *(m)*, iubită *(f)*
amamantar • *v* alăpta
amanecer • *n* răsărit de soare *(n)*, zori, auroră *(f)*, alba *(f)*, răsărit *(n)*, alba *(f)*, auroră *(f)*, realizare *(f)*, trezire *(f)*
amanerado • *adj* afemeiat

amante • *n* amant *(m)*, amanta *(f)*, iubit *(m)*, iubită *(f)*
amapola • *n* mac *(m)*
amaranto • *n* amarant *(m)*
amargo • *n* amărăciune *(f)*, amăreală *(f)* • *adj* amar
amargura • *n* fiere
amarilis • *n* amarilis *(m)*
amarillo • *n* galben *(m)*, galbenă *(f)* • *adj* galben
amarrar • *v* lega, a lega (la un loc), a matisa
amasar • *v* frământa
amasijo • *n* grămadă *(f)*, mulţime *(f)*, maldăr *(n)*
amateur • *n* amator *(m)*, novice *(f)*, ageamiu *(m)*
amatista • *n* ametist *(n)*
ámbar • *n* chihlimbar *(n)*, ambră *(f)*
ambicionar • *v* a dori fierbinte
ambidextro • *adj* ambidextru
ambidiestro • *adj* ambidextru
ambientar • *v* introduce, pune, descrie
ambiente • *n* atmosferă *(f)*, ambient *(m)*, ambianţă *(f)*, mediu *(n)*, ambient *(n)*, ambient, climat *(n)*, ambianţă *(f)*
ambigüedad • *n* ambiguitate *(f)*
ambiguo • *adj* ambiguu, cu multe sensuri, dubios
ámbito • *n* domeniu *(n)*, teren, sferă, câmp
ambulancia • *n* ambulanţă *(f)*
amén • *adv* amin
amenaza • *n* ameninţare *(f)*
amenazado • *adj* ameninţat *(n)*
amenazador • *adj* ameninţător
amenazante • *v* ameninţător
amenazar • *v* ameninţa
amento • *n* ament *(m)*, mâţişor *(m)*
americio • *n* americiu *(n)*
amida • *n* amidă *(f)*
amiga • *n* amic *(m)*, amică *(f)*, prieten *(m)*, prietenă *(f)*
amigabilidad • *n* amabilitate *(f)*, prietenie *(f)*, atitudine prietenoasă *(f)*
amigable • *adj* prietenos, amical *(m)* • *n* bonomie *(f)*
amígdala • *n* amigdală *(f)*
amigdalitis • *n* amigdalită *(f)*
amigo • *n* amic *(m)*, amică *(f)*, prieten *(m)*, prietenă *(f)*
amina • *n* amină *(f)*
aminorado • *adj* înrautăţit *(n)*, slăbit *(n)*, diminuat *(n)*
amistad • *n* prietenie *(f)*, amiciţie *(f)*
amistoso • *adj* prietenos, amical *(m)*
amnesia • *n* amnezie *(f)*

amo • *n* maestru *(m)*, stăpân *(m)*, proprietar *(m)*, patron *(m)*, domn *(m)*
amoblar • *v* a mobila
amoldable • *adj* adaptabil, adaptabilă *(f)*
amoníaco • *n* amoniac *(n)*
amor • *n* iubire, dragoste, amor, iubit, iubită
amoroso • *adj* amoros *(m)*
amortizable • *adj* rambursabil *(m)*, restituibil *(n)*
amotinar • *v* îndemna, atâța
ampere • *n* amper
amperio • *n* amper
amplia • *adj* larg, lat
ampliar • *v* mări, expanda, crește
amplificación • *n* amplificare *(f)*
amplio • *adj* larg, lat
amplitud • *n* amplitudine *(f)*
ampo • *n* fulg de nea
ampolla • *n* bășică
ámpula • *n* bășică
amueblar • *v* a mobila
amuleto • *n* amuletă *(f)*, talisman *(n)*
anacardo • *n* acaju, anacardier *(m)*
anales • *n* anale *(n)*
analfabeto • *adj* analfabet *(m)*, analfabetă *(f)*
analgésico • *adj* analgezic *(n)* • *n* substanță analgezică *(f)*
análisis • *n* analiză *(f)*, analiză *(f)*
analizar • *v* analiza
analogía • *n* analogie *(f)*
análogo • *adj* analog, analogic *(m)*
ananás • *n* ananas *(m)*
anaquel • *n* poliță *(f)*
anaranjado • *n* portocaliu *(n)*, oranj *(n)* • *adj* portocaliu, oranj
anarquía • *n* anarhie *(f)*
anárquico • *adj* anarhic *(m)*
anarquismo • *n* anarhism
anarquista • *n* anarhist *(m)*, anarhisră *(f)*
anatema • *n* anatemă *(f)*
anatomía • *n* anatomie *(f)*
anatómico • *adj* anatomic
anatómicos • *n* chiloți
ancestral • *adj* ancestral *(n)*
ancestro • *n* strămoș *(m)*
ancha • *adj* larg, lat
ancho • *adj* larg, lat
anchoa • *n* sardele *(f)*, hamsie *(f)*, anșoa *(f)*
anchura • *n* lățime *(f)*, lărgime *(f)*
anciano • *adj* bătrân, vârsta a treia, bătrân *(n)*, bătrână *(f)*, bătrâni, vârstnici
ancla • *n* ancoră *(f)*

anclar • *v* ancora
andadura • *n* pas
andamiaje • *n* eșafodaj *(n)*
andamio • *n* eșafodaj *(n)*
andanada • *n* salvă *(f)*
andar • *v* merge, umbla
andén • *n* peron *(n)*, chei *(n)*, trotuar *(n)*
andrógino • *adj* androgin
anecdótico • *adj* anecdotic
anemia • *n* anemie *(f)*
anémona • *n* anemonă *(f)*
anexar • *v* atasat, anexat
anexión • *n* anexare *(f)*
anfitrión • *n* gazdă *(f)*, amfitrion *(m)*
ángel • *n* înger *(m)*
angélica • *n* angelică *(f)*
angelical • *adj* îngeresc, angelic
angélico • *adj* îngeresc, angelic
angiografía • *n* angiografie *(f)*
angiopatía • *n* angiopatie *(f)*
angostar • *v* îngusta
angosto • *adj* strâmt, îngust
anguila • *n* anghilă *(f)*, țipar *(m)*
angular • *adj* unghiular *(n)*
ángulo • *n* unghi *(n)*
anguloso • *adj* unghiular *(n)*
angustia • *n* agonie *(f)*, chin *(n)*, agonie *(f)*, suferință *(f)*, frământare *(f)*
angustiar • *v* suferi, chinui
anhelante • *adj* doritor, amator, avid, dornic, nerăbdător
anhelar • *v* dori
anhelo • *n* dor *(n)*, dorință arzătoare *(f)*, năzuință *(f)*
anhídrido • *n* anhidridă *(f)*
anihilar • *v* anihila
anillo • *n* inel *(n)*, gogoașă *(f)*, inel *(f)*
animación • *n* animare *(f)*, însuflețire *(f)*
animadora • *n* majoreta *(f)*
animadversión • *n* animozitate *(f)*
animal • *n* fiară *(f)*, animal *(n)*, jivină *(f)* • *adj* animal, animalic
animalesco • *adj* bestial *(n)*, bestială *(f)*, animalic *(n)*, animalică
animar • *v* anima, însufleți, îndemna, încuraja, îmbărbăta
anime • *n* anime *(n)*
animosidad • *n* animozitate *(f)*
aniquilar • *v* anihila
anís • *n* anison *(m)*, anason *(m)*
aniversario • *n* aniversare
anjova • *n* lufar
ano • *n* anus *(n)*
anoa • *n* anoa *(m)*
anochecer • *n* căderea serii *(f)*, înserare *(f)*, amurg *(n)*, venirea nopții *(f)*, căderea nopții *(f)*, înnoptare *(f)*

anomalía • *n* anomalie *(f)*
anónimamente • *adv* anonim
anonimato • *n* anonimitate *(f)*
anónimo • *adj* anonim, anonim
anoréxica • *n* anorexic *(m)*, anorexica *(f)*
anoréxico • *n* anorexic *(m)*, anorexica *(f)*
anormal • *adj* anormal *(n)*, nenormal *(n)*, aberant *(m)*
anormalidad • *n* anormalitate *(f)*
anotación • *n* observație *(f)*, observare *(f)*
anotar • *v* nota, adnota, însemna pe margine
ánsar • *n* gâscă *(f)*, gânsac *(m)*
ansarino • *n* boboc *(m)*
ansia • *n* poftă *(f)*, sete *(f)*, râvnă *(f)*, ardoare *(f)*, frământare *(f)*
ansiar • *v* a dori fierbinte
ansiedad • *n* suferință *(f)*, trepidație *(f)*, trepidare *(f)*, frământare *(f)*, anxietate *(f)*, anxietate *(f)*, teamă *(f)*
ansioso • *adj* nerăbdător *(n)*, doritor *(n)*, anxios *(n)*, neliniștit *(n)*
anta • *n* tapir *(m)*
antagónico • *adj* antagonic, antagonist
antagonismo • *n* antagonism
antagonista • *n* antagonist *(m)*, oponent *(m)* • *adj* antagonic, antagonist
ante • *prep* dinainte
antebrazo • *n* antebraț
anteburro • *n* tapir *(m)*
antecedente • *adj* antecedent
anteceder • *v* preceda
antefirma • *n* formulă de încheiere
antena • *n* antenă *(f)*
anteojo • *n* bufniță
anteojos • *n* ochelari
antepasado • *n* strămoș *(m)*
antepenúltimo • *adj* antepenultim *(m)*
antera • *n* anteră *(f)*
anterior • *adj* anterior
antibacterial • *adj* antibacterial
antibacteriano • *adj* antibacterial
anticipación • *n* anticipare *(f)*, anticipație *(f)*
anticipar • *v* prevedea, anticipa
anticristo • *n* antihrist *(m)*, anticrist *(m)*
anticuado • *adj* demodat *(n)*, demodată *(f)*, vechi-modic *(n)*, învechit *(n)*
anticucho • *n* frigare *(f)*
anticuerpo • *n* anticorp *(m)*, anticorpi
antígeno • *n* antigen
antigüedad • *n* durată de mandat *(f)*, durata posesiei, termen de stăpânire *(n)*, antichitate *(f)*
antiguo • *adj* vechi

antihéroe • *n* antierou *(m)*
antílope • *n* antilopă *(f)*
antimonio • *n* antimoniu *(n)*, stibiu
antipartícula • *n* antiparticulă
antipatía • *n* antipatie *(f)*
antipático • *adj* neprietenos, ostil
antiprotón • *n* antiproton *(m)*
antojadizo • *adj* capricios
antónimo • *n* antonim *(n)*
antorcha • *n* torță, făclie, fachie
antropocentrismo • *n* antropocentrism *(n)*
antropofagia • *n* canibalism *(n)*
antropófago • *adj* canibalistic *(n)*, antropofag, canibalic *(n)*
antropoide • *adj* antropoid, antropomorf
antropología • *n* antropologie *(f)*
anual • *adj* anual, anual *(n)*
anualmente • *adv* în mod anual
anuario • *n* anuar *(n)*
anudar • *v* înnoda
anulable • *adj* revocabil *(m)*, anulabil *(m)*, nedefinitiv *(m)*
anulación • *n* anulare
anular • *v* anula, revoca
anunciar • *v* anunța, vesti, indica
anuncio • *n* anunț *(n)*, reclamă *(f)*
anxtia • *n* agonie *(f)*, chin *(n)*
anzuelo • *v* pescui • *n* cârlig *(n)*
añadidura • *n* adaos *(f)*, adăugire *(f)*, anexă *(f)*
añadir • *v* adăuga
añal • *adj* anual
añil • *adj* indigo
año • *n* an *(m)*
añoranza • *n* dor *(n)*, dor *(n)*
añorar • *v* dori
años • *n* viață *(f)*
añuje • *n* aguti *(m)*
apaciguar • *v* concilia, îmbuna, astâmpăra
apagar • *v* stinge
apalear • *v* treiera
aparato • *n* aparatură *(f)*, echipament *(n)*, aparat *(n)*, receptor *(n)*
aparcar • *v* parca
aparecer • *v* apărea
aparejo • *n* aparat *(n)*, piesă *(f)*, dispozitiv *(n)*, element *(n)*, componentă *(f)*, unitate *(f)*
aparición • *n* apariție *(f)*, viziune *(f)*, înfățișare *(f)*, ivire *(f)*, prezentare *(f)*
apariencia • *n* înfățișare *(f)*, aspect *(n)*, aparență *(f)*
apartado • *adv* distant
apartamento • *n* apartament *(n)*

apasionado • *adj* înflăcărat *(m)*
apatía • *n* apatie *(f)*
apático • *adj* apatic, atonic
apatita • *n* apatit
apatronado • *adj* obsecvios
apego • *n* atașament *(n)*
apelar • *v* apela, a face recurs
apellido • *n* nume de familie *(n)*, patronim *(n)*, nume patronimic *(n)*
apenado • *adj* rușinat *(m)*
apenar • *v* îndurera, durea, întrista, mâhni
apenas • *adv* abia, de abia
apéndice • *n* apendice *(n)*, anexă *(f)*
apestar • *v* puți
apetito • *n* poftă *(f)*, apetit *(n)*
apetitoso • *adj* delicios, gustos
ápice • *n* culme
apicultor • *n* albinar *(m)*, albinară *(f)*, apicultor *(m)*, apicultoare *(f)*
apicultora • *n* albinar *(m)*, albinară *(f)*, apicultor *(m)*, apicultoare *(f)*
apilar • *v* stivui
apio • *n* țelină *(f)*
aplacar • *v* astâmpăra
aplanadora • *n* buldozer *(n)*
aplanar • *v* nivela, netezi, aplatiza
aplaudir • *v* aplauda
aplazamiento • *n* amânare *(f)*
aplazar • *v* amâna
aplicabilidad • *n* aplicabilitate *(f)*
aplicable • *adj* aplicabil *(m)*, adecvat *(m)*, potrivit *(m)*
aplicación • *n* aplicație *(f)*, aplicație computerică *(f)*, aplicare *(f)*
aplicado • *adj* industrios, harnic, laborios
aplicar • *v* vopsi, picta, exercita, badijona
aplomado • *adj* sigur *(m)*
apocalíptico • *adj* apocaliptic
apodo • *n* poreclă *(f)*
apofonía • *n* apofonie *(f)*, ablaut *(n)*
apogeo • *n* apogeu *(n)*
aporrear • *v* bate
aporte • *n* contribuție *(f)*
apostasía • *n* apostazie *(f)*
apóstrofe • *n* apostrof *(n)*
apóstrofo • *n* apostrof *(n)*
apoticario • *n* farmacist *(m)*
apoyar • *v* ține, susține, sprijini, propti
apoyo • *n* încurajare, stimulare *(f)*, sprijinire *(f)*, sprijin *(n)*, suport *(n)*, suporturi, reazem *(n)*
aprender • *v* afla, învăța
aprendiz • *n* învățăcel *(m)*, mucos *(m)*, ucenic *(m)*

aprendizaje • *n* instruire *(f)*, învățare *(f)*
aprensión • *n* trepidație *(f)*, trepidare *(f)*, aprehensiune *(f)*
apretar • *v* strânge, stoarce
aprieto • *n* clic *(n)*, clicare
aprisco • *n* stână *(f)*, țarc *(n)*, oierie *(f)*
aprisionar • *v* întemnița, încarcera
aprobación • *n* aprobare *(f)*
apropiación • *n* confiscare *(f)*
apropiado • *adj* adecvat *(n)*, convenabil *(n)*, potrivit *(n)*, nimerit *(n)*, apt *(n)*
aprovechar • *v* exploata, a abuza (de)
aproximación • *n* aproximare, aproximație *(f)*
aproximadamente • *adv* aproximativ
aptitud • *n* decență *(f)*
apto • *adj* potrivit *(n)*, apt *(n)*
apuesto • *adj* frumos, arătos, chipeș
apuntalar • *v* susține, sprijini, propti
apuñalar • *v* înjunghia, străpunge, a da o lovitură de cuțit
apuro • *n* primejdie *(f)*, pericol *(n)*, greutate *(f)*, dificultate *(f)*, adversitate *(f)*
aquél • *pron* acel *(m)*, acea *(f)*, ăla *(m)*, aia *(f)*
aquélla • *pron* acel *(m)*, acea *(f)*, ăla *(m)*, aia *(f)*
aquenio • *n* achenă *(f)*
aquí • *adv* aici, aci, încoace
aquietar • *v* astâmpăra, alina
arable • *adj* arabil *(n)*
arácnido • *n* arahnidă *(f)*
arado • *n* plug *(f)*
arancel • *n* taxă *(f)*, impozit *(n)*, datorie *(f)*
arándano • *n* merișor, afin, afină *(f)*, coacăze negre *(n)*
arandela • *n* șaibă *(f)*
araña • *n* păianjen *(m)*
arañar • *v* zgâria
arañero • *n* silvie *(f)*
arañuela • *n* chica-voinicului *(f)*, nigeluță *(f)*
arar • *v* ara
árbitra • *n* arbitru *(m)*, arbitri
arbitraje • *n* arbitrare, arbitraj *(n)*
arbitrario • *adj* arbitrar
árbitro • *n* arbitru *(m)*, arbitri
árbol • *n* arbore *(m)*, copac *(m)*, pom *(m)*
arboleda • *n* pădurice *(f)*, crâng *(n)*, arboret *(n)*, tufiș *(n)*, dumbravă *(f)*
arboreto • *n* arboret *(n)*
arboretum • *n* arboret *(n)*
arbusto • *n* arbust *(m)*, tufă, tufiș de arbuști, tufă *(f)*
arca • *n* arca *(f)*
arcada • *n* arcadă *(f)*

arcaico • *adj* arhaic *(n)*, învechit *(n)*
arcángel • *n* arhanghel *(m)*
arce • *n* paltin *(m)*, arțar *(m)*
archibebe • *n* fluierar-cu-picioare-roșii *(m)*
archidiócesis • *n* arhidioceză
archipiélago • *n* arhipelag *(n)*
archivar • *v* arhiva
archivo • *n* arhivă *(f)*, fișier *(n)*
arcilla • *n* argilă *(f)*, lut *(n)*, hlei *(n)*
arco • *n* arc *(f)*, arc *(n)*
arder • *v* arde
ardiente • *adj* strălucind, scânteind, lucitor
ardilla • *n* veveriță *(f)*
ardor • *n* ardoare *(f)*, înflăcărare *(f)*, pasiune *(f)*, ardență *(f)*, arșiță *(f)*, ferbințeală *(f)*
área • *n* arie *(f)*, arii, suprafață *(f)*, areal *(n)*, zonă *(f)*
arena • *n* arenă *(f)*, nisip *(f)*, arină *(f)*
arenero • *n* groapă cu nisip *(f)*
arenisca • *n* gresie
arenoso • *adj* nisipos, arinos, nisipos, arinos
arenque • *n* hering *(m)*
arete • *n* cercel *(m)*
arfil • *n* nebun *(m)*
argéntea • *adj* argintiu
argénteo • *adj* argintiu
argentina • *adj* argintiu
argentino • *adj* argintiu, argintiu
arginina • *n* arginină *(f)*
argón • *n* argon *(n)*
argot • *n* argou *(n)*, jargon *(n)*, slang *(n)*
argumentar • *v* discuta
argumento • *n* argument *(n)*, subiect *(n)*
aria • *n* arie, arie *(f)*
ariete • *n* berbec *(m)*, arete *(m)*
arisco • *adj* supărăcios, susceptibil, iritabil
aristocracia • *n* aristocrație
aristocrático • *adj* aristocratic
aritmética • *n* aritmetică *(f)*
aritmético • *adj* aritmetic
arito • *n* cercel *(m)*
arma • *n* armă *(f)*
armadillo • *n* tatu *(m)*
armado • *n* tatu *(m)* • *adj* armat
armadura • *n* armură *(f)*
armar • *v* arma
armario • *n* dulap *(m)*
armazón • *n* cadru *(n)*, ramă *(f)*, structură *(f)*
armiño • *n* herminat *(n)*, hermelină *(f)*, hermină *(f)*
armisticio • *n* armistițiu *(n)*

armonía • *n* armonie *(f)*
arnés • *n* ham *(n)*, harnașament *(n)*
árnica • *n* arnică *(f)*
aro • *n* cercel *(m)*, cerc *(n)*
aroma • *n* buchet *(n)*, aromă *(f)*
aromático • *adj* aromat *(m)*, aromatic *(m)*, aromatic
arpa • *n* harfă *(f)*, harpă *(f)*
arpía • *n* cățea *(f)*, harpie, megeră *(f)*, scorpie *(f)*
arpista • *n* harpist *(m)*
arpón • *n* harpon *(n)*
arqueado • *adj* crăcănat
arqueóloga • *n* arheolog *(m)*, arheologă *(f)*
arqueología • *n* arheologie *(f)*
arqueólogo • *n* arheolog *(m)*, arheologă *(f)*
arquero • *n* portar *(m)*, portăriță *(f)*, arcaș, săgetător, sagitar
arquitecta • *n* arhitect *(m)*, arhitectă *(f)*
arquitecto • *n* arhitect *(m)*, arhitectă *(f)*
arquitectónico • *adj* arhitectonic *(n)*, arhitectural *(n)*
arquitectura • *n* arhitectură *(f)*
arrabal • *n* suburbie *(f)*
arrancar • *v* rupe, scoate, smulge, detașa, porni
arranque • *n* bootstrap *(n)*
arrasamiento • *n* devastare
arrastrarse • *v* târî
arrayán • *n* mirt *(m)*
arrebatamiento • *n* răpirea
arrecho • *adj* excitat
arrecife • *n* recif *(n)*
arreglar • *v* ajusta, potrivi, regla, aranja, ordona, pune în ordine
arreglárselas • *v* pornire
arreglo • *n* toaletă *(f)*, aranjare, aranjament, compromis *(n)*
arrendador • *n* gazdă *(f)*
arrendajo • *n* gaiță *(f)*
arrendar • *v* închiria, arenda
arrepentimiento • *n* regret *(n)*
arresto • *n* arestare *(f)*, arest *(n)*, arestare
arriba • *adv* deasupra, sus • *prep* deasupra
arribar • *v* ajunge
arribo • *n* venire *(f)*, sosire *(f)*
arriesgar • *v* risca
arrimar • *v* ține
arrodillarse • *v* îngenunchea
arrogancia • *n* trufie, mândrie, aroganță *(f)*
arrogante • *adj* arogant
arrojar • *v* a trage cu praștia, arunca, vomita, borî, vărsa

arroyo • *n* pârâu *(n)*, pârâu *(f)*, torent *(n)*, șuvoi *(n)*, curent *(m)*
arroz • *n* orez, orez *(n)*
arrugar • *v* cuta, rida, încreți, zbârci, plisa
arruinar • *v* strica, ruina, părăgini, dărăpăna, distruge, avaria
arsénico • *n* arsen *(n)*
arte • *n* artă *(f)*, operă de artă, lucrare de artă
arteria • *n* arteră *(f)*
arteriosclerosis • *n* arterioscleroză *(f)*
artesanía • *n* meserie
artesano • *n* meșteșugar *(m)*, artizan
articulación • *n* vorbi
articular • *v* articula
artículo • *n* document *(n)*, articol *(n)*
artificial • *adj* nenatural *(n)*, artificial *(n)*, fals *(n)*
artificio • *n* artificial *(m)*
artillería • *n* artilerie *(f)*
artista • *n* stea *(f)*, artist *(m)*, artistă *(f)*
artístico • *adj* artistic
artritis • *n* artrită *(f)*, artroză *(f)*
artrópodo • *n* artropod *(n)*
arveja • *n* mazăre, măzăriche *(f)*
arzobispo • *n* arhiepiscop *(m)*, mitropolit *(m)*
as • *n* as *(m)*
asador • *n* frigare *(f)*
asaltante • *n* atacant *(m)*, atacantă *(f)*
asaltar • *n* atac *(n)*, asalt *(n)*
asar • *v* frige
asarse • *v* prăji
asbestosis • *n* asbestoză *(f)*
ascendencia • *n* superioritate *(f)*, supremație *(f)*, ascendență *(f)*
ascender • *v* urca, sui, încăleca, înălța
ascendiente • *n* superioritate *(f)*, supremație *(f)*, ascendență *(f)*
ascensor • *n* lift *(n)*, ascensor *(n)*
asco • *n* dezgust
ascua • *n* tăciune *(f)*
ascuas • *n* tăciune
asediar • *v* împresura
asegurar • *v* asigura
asemejar • *v* semăna
aseo • *n* toaletă *(f)*
asequible • *adj* accesibil *(m)*, abordabil *(m)*, accesibil *(n)*
aserrín • *n* rumeguș *(n)*
asesina • *n* ucigaș *(m)*, ucigașă *(f)*, criminal *(m)*
asesinar • *v* asasina
asesinato • *n* crimă *(f)*, asasinat *(n)*
asesino • *n* ucigaș *(m)*, ucigașă *(f)*, ucigaș, asasin *(m)*, criminal *(m)*

asesorar • *v* sfătui, recomanda
así • *adv* așa, deci, așadar, așa cum, în acest fel, astfel
asiduo • *adj* asiduu, stăruitor *(n)*, harnic *(n)*
asiento • *n* scaun, scaun *(n)*, scaune
asignar • *v* atribui, destina
asignatura • *n* materie *(f)*, disciplină
asilo • *n* azil *(n)*, adăpost *(n)*, sanctuar *(n)*
asimétrico • *adj* asimetric *(n)*, nesimetric *(n)*
asimilación • *n* asimilare *(f)*, asimilație *(f)*
asíntota • *n* asimptotă *(f)*
asintótico • *adj* asimptotic *(n)*
asistencia • *n* asistență *(f)*, ajutor *(n)*, asistență umanitară *(f)*, ajutor umanitar *(n)*
asistente • *n* ajutor *(f)*, asistent *(m)*
asistir • *v* asista, ajuta
asma • *n* astmă *(f)*
asno • *n* măgar *(m)*, asin *(m)*
asociación • *n* asociere *(f)*, asociație *(f)*
asociado • *n* partener, asociat
asociarse • *v* a se alia, a se coaliza
asolamiento • *n* devastare
asoleado • *adj* însorit
asolear • *v* însori, sori
asombrado • *adj* copleșit *(m)*, cuprins de uimire *(m)*
asombrar • *v* uimi, minuna, ului
asombro • *n* uimire *(f)*, surprindere *(f)*, uluire *(f)*
asombroso • *adj* uimitor, extraordinar
asparagina • *n* asparagină *(f)*
aspecto • *n* aspect *(n)*, expresie *(f)*
aspereza • *n* asprime *(f)*, asperitate
áspero • *adj* acrimonios, dur, aspru, aspru
áspic • *n* piftie *(f)*
aspiración • *n* aspirație, aspirare, inspirație
aspirar • *v* aspira, inhala
aspirina • *n* aspirină *(f)*
aspirinar • *n* aspirină *(f)*
asqueroso • *adj* dezgustător, respingător, scârbos
asta • *n* corn, coarne
astado • *adj* cornut
astato • *n* astatin *(n)*
áster • *n* aster *(m)*
asterisco • *n* asterisc *(n)*, steluță *(f)*
asteroide • *n* asteroid *(m)*, asteroizi
astigmatismo • *n* astigmatism *(n)*
astilla • *n* surcea, așchie, așchie, nuia *(f)*, creangă *(f)*, fragment *(n)*

astral • *adj* astral *(n)*, stelar *(n)*
astro • *n* stea *(f)*
astrofísica • *n* astrofizică *(f)*
astrología • *n* astrologie *(f)*
astronauta • *n* astronaut *(m)*
astronave • *n* navă cosmică, navă cosmică
astronomía • *n* astronomie *(f)*
astrónomo • *n* astronom *(m)*, astronomă *(f)*
astuto • *adj* viclean *(m)*, șiret *(m)*, priceput *(m)*, deștept
asunto • *n* problemă *(f)*, chestiune *(f)*
asustado • *adj* îngrozit
asustar • *v* speria
atacante • *n* atacant *(m)*, atacantă *(f)*
atacar • *v* ataca
atada • *n* mănunchi *(n)*, fascicul *(n)*, legătură *(f)*
atado • *n* snop *(m)*, mănunchi, fascicul *(n)*, legătură *(f)*, mănunchi *(n)*
atajar • *v* prinde
atajo • *n* scurtătură *(f)*
ataque • *n* atac *(n)*
atar • *v* lega, cupla, conecta, a lega (la un loc), a matisa, fixa, atașa
ataraxia • *n* ataraxie *(f)*
atascar • *v* înfunda
ataúd • *n* sicriu *(n)*, coșciug *(n)*
atea • *n* ateist *(m)*, ateistă *(f)*, ateu *(m)*
ateísmo • *n* ateism
atemorizado • *adj* îngrozit, temător *(m)*, speriat *(m)*
atemorizar • *v* speria, înspăimânta
atención • *n* atenție *(f)*, drepți, grijă, păs
atento • *adj* vigilent, atent
atenuación • *n* atenuare, diminuare
ateo • *n* ateist *(m)*, ateistă *(f)*, ateu *(m)* • *adj* ateist *(n)*
aterciopelado • *adj* catifelat
aterrado • *adj* îngrozit, panicat
aterrar • *v* înspăimânta
aterrarse • *v* a se panica
aterrizaje • *n* aterizare *(f)*
aterrizar • *v* a ateriza
aterrorizado • *adj* panicat
atesorar • *v* prețui
atestación • *n* autentificare, atestare, atestare *(f)*, adeverire *(f)*, confirmare *(f)*
atestado • *adj* arhiplin *(n)*, înțesat *(n)*, ticsit *(n)*, aglomerat *(n)*
atestar • *v* înghesui, îndesa
atestiguar • *v* atesta, confirma, adeveri, declara
atiborrar • *v* înghesui, îndesa, înfunda, îndopa, îmbuiba
atiborrarse • *v* înfuleca

ático • *n* pod, mansardă
atiesar • *v* întări
atiesarse • *v* întări
atípico • *adj* atipic *(n)*, netipic *(n)*, neconform *(n)*
atizador • *n* vătrai *(n)*
atlas • *n* atlas *(n)*
atleta • *n* atlet *(m)*, atletă *(f)*, atleți, atlete
atletica • *n* persoană atletică *(f)*, atlet *(m)*
atlético • *adj* atletic *(m)*, atletic
atletismo • *n* atletism
atmósfera • *n* atmosferă *(f)*, ambient *(m)*, ambianță *(f)*
atmosférico • *adj* atmosferic
atolón • *n* atol
atonía • *n* letargie *(f)*
atorar • *v* înfunda, obtura, astupa
atormentar • *v* chinui, tortura
atornillar • *v* înșuruba
atracción • *n* atracție *(f)*
atractivo • *adj* atractiv
atraer • *v* atrage
atrás • *prep* după • *adv* înapoi • *n* spate • *adj* în spatele
atrasado • *adj* anterior, târziu
atrasar • *v* amâna
através • *prep* prin, peste
atravesado • *prep* prin, peste
atril • *n* șevalet *(n)*
atrio • *n* atrium *(n)*
atrocidad • *n* atrocitate *(f)*
atrofia • *n* atrofie *(f)*, atrofiere *(f)*
atropelladamente • *adv* prompt
atropello • *n* ultraj *(n)*
atropina • *n* atropină *(f)*
atroz • *adj* oribil, teribil, atroce, îngrozitor
atún • *n* ton
aturdimiento • *n* uluire *(f)*, stupefacție *(f)*, stupoare *(f)*
aturdir • *v* ului, stupefia, zăpăci
audacia • *n* îndrăzneală *(f)*
audible • *adj* auzibil
audición • *n* auz *(n)*, auzit *(n)*
audio • *adj* audio
audiovisual • *adj* audio-vizual *(m)*
augurio • *n* augur *(n)*, auspiciu *(n)*
aula • *n* clasă *(f)*
aullar • *v* urla, rage
aumentar • *v* crește, mări, spori, urca
aumentativo • *n* augmentativ *(m)* • *adj* augmentativ *(n)*, augmentativă *(f)*, măritor *(n)*
aumento • *n* creștere *(f)*, sporire *(f)*, mărire *(f)*

aun • *adv* și
aún • *adv* și, încă
aunque • *conj* totuși, dar, deși, cu toate că, insa
aurícula • *n* ciuboțica-cucului *(f)*, limba-cucului *(f)*
aurora • *n* zori, auroră *(f)*, alba *(f)*
ausencia • *n* neatenție *(f)*, absență *(f)*
ausente • *adv* departe • *adj* absent *(n)*, inexistent, inexistentă *(f)*, neexistent *(n)*, neatent *(m)*, distrat *(m)*, absent, absentă *(f)*, neprezent *(n)*
austeridad • *n* sobrietate, cumpătare, austeritate *(f)*
austral • *adj* sudic
auténtico • *adj* autentic, adevărat
autillo • *n* bufniță
autismo • *n* autism
auto • *n* automobil *(n)*, mașină *(f)*
autobiografía • *n* autobiografie
autobiográfico • *adj* autobiografic
autobús • *n* autobuz *(n)*
autocomplacencia • *n* automulțumire *(f)*, autoîncântare *(f)*
autocontrol • *n* autocontrol *(n)*, stăpânire de sine *(f)*
autóctono • *adj* autohton *(m)*, indigen *(n)*, autohton *(n)*
autodidacta • *n* autodidact *(m)*
autodidacto • *n* autodidact *(m)*
autoestopista • *n* autostopist *(m)*, autostopistă *(f)*
autogénesis • *n* abiogeneză *(f)*
autogiro • *n* elicopter
autógrafo • *n* autograf
autómata • *n* automat *(n)*
automáticamente • *adv* automat, în mod automat
automático • *adj* automat *(n)*, automată *(f)*
automatización • *n* automatizare *(f)*
automóvil • *n* automobil *(n)*, mașină *(f)*
autónomo • *adj* autonom *(n)*, autonomă *(f)*
autor • *n* autor *(m)*, autoare *(f)*
autora • *n* autor *(m)*, autoare *(f)*
autoridad • *n* autoritate *(f)*
autoritario • *adj* autoritar *(n)*
autorización • *n* autorizare *(f)*, împuternicire *(f)*, autorizație *(f)*
autosuficiencia • *n* automulțumire *(f)*, autoîncântare *(f)*
auxiliar • *adj* accesoriu
auxilio • *n* ajutor *(n)*, asistență *(f)*, asistență umanitară *(f)*, ajutor umanitar *(n)*
auyama • *n* dovleac, bostan *(m)*
avalancha • *n* avalanșă

avalar • *v* atesta, confirma, adeveri
avanzar • *v* avansa
avara • *n* zgârcit
avaricia • *n* avariție *(f)*, aviditate *(f)*, lăcomie *(f)*
avaricioso • *adj* avar *(m)*
avaro • *n* zgârcit
ave • *n* pasăre *(f)*, bărbătuș *(m)*
avefría • *n* nagâț *(m)*
avellana • *n* alună *(f)*
avellano • *n* alun *(m)*
avena • *n* ovăz *(n)*, ovaz
avenida • *n* inundație *(f)*, cale *(f)*, avenue *(f)*
aventar • *v* arunca
avergonzado • *adj* rușinat *(m)*
aversión • *n* aversiune *(f)*, antipatie *(f)* • *v* displăcea, nu-i plăcea
avestruz • *n* struț
avetorillo • *n* bâtlan-de-stuf *(m)*, buhai-de-baltă *(m)*
avetoro • *n* bâtlan-de-stuf *(m)*, buhai-de-baltă *(m)*
aviación • *n* aviație *(f)*
ávido • *adj* doritor, amator, avid, dornic, nerăbdător
avieso • *adj* dubios
avión • *n* aeroplan *(m)*, avion *(m)*, rândunică de casă *(f)*, lăstun *(m)*
avispa • *n* viespe *(f)*
avispón • *n* gărgăun *(m)*
avivar • *v* învîora
avoceta • *n* cioc-întors *(n)*
avutarda • *n* dropie *(f)*
axila • *n* subsuoară *(f)*
axiomático • *adj* axiomatic *(m)*
ay • *interj* vai, ai, au, ah, aoleu
ayer • *n* ieri • *adv* ieri
ayote • *n* dovleac, bostan *(m)*
ayuda • *n* ajutor *(n)*, asistență *(f)*
ayudante • *n* adjutant *(m)*, ajutor *(f)*, asistent *(m)*
ayudar • *v* asista, ajuta
ayunar • *v* ajuna, posti
azabache • *n* jais *(n)*, gagat *(n)*
azada • *n* sapă, lopată *(f)*, cazma *(f)*
azadón • *n* sapă
azadonar • *v* prăși, săpa
azafrán • *n* șofran *(m)* • *adj* șofrăniu
azalea • *n* azalee *(f)*
azar • *n* soartă, destin, soartă *(f)*, întâmplare *(f)*, accident *(n)*
azolvar • *v* înfunda
azor • *n* uliu *(m)*
azoramiento • *n* trepidație *(f)*, trepidare *(f)*
azotado • *n* strașnic

azotar • *v* treiera
azote • *n* flagel
azúcar • *n* zahăr *(n)*
azucarado • *adj* dulce, îndulcit
azucarar • *v* îndulci
azucena • *n* crin *(m)*, lilie *(f)*
azuela • *n* teslă *(f)*
azufrar • *v* sulfurare *(f)*

azufre • *n* sulf *(n)*, sulfuri
azul • *n* albastru • *adj* albastru, azuriu
azulado • *adj* albăstriu, albăstrui
azulejo • *n* țiglă *(f)*, olan *(n)*, albăstrea *(f)*
azur • *adj* azuriu

B

babear • *v* saliva
babor • *n* babord *(n)*
babosa • *n* melc *(m)*, limax *(m)*
babucha • *n* papuc *(m)*
babuino • *n* babuin *(m)*
bacalao • *n* cod
bacilo • *n* bacil *(m)*
baclava • *n* baclava
bacón • *n* bacon *(n)*, slănină *(f)*, lard
bacterias • *n* bacterii
bacteriología • *n* bacteriologie *(f)*
báculo • *n* paterită
badajo • *n* limbă *(f)*
bagazo • *n* pleavă *(f)*
bagel • *n* covrig
bagre • *n* somn *(m)*, silur *(m)*
bahía • *n* golf *(m)*
bailador • *n* dansator *(m)*, dansatoare *(f)*
bailar • *v* dansa, juca
bailarín • *n* dansator *(m)*, dansatoare *(f)*
bailarina • *n* dansator *(m)*, dansatoare *(f)*, balerină *(f)*, baletistă *(f)*
baile • *n* dans, balet *(n)*
bajar • *v* coborî
bajista • *n* jucător de bursă *(m)*, speculant *(m)*
bajo • *adj* jos, disprețuibil *(m)*, abject *(m)*, scund • *prep* sub, dedesubt
bajón • *n* fagot *(n)*
bala • *n* glonț *(n)*, glonte *(n)*, halíce *(n)*
balada • *n* baladă *(f)*
balance • *n* bilanț
balancear • *v* balansa, legăna
balanceo • *n* ruliu *(n)*
balanza • *n* cântar *(n)*, balanță *(f)*
balasto • *n* balast
balastra • *n* balast
balastro • *n* balast
balaustrada • *n* balustradă *(f)*
balbucir • *v* bâlbâi
balcón • *n* balcon *(n)*
balda • *n* poliță *(f)*
balde • *n* găleată *(f)*, căldare *(f)*

baldosa • *n* țiglă *(f)*, olan *(n)*
balístico • *adj* balistic
ballena • *n* balenă *(f)*
ballesta • *n* arbaletă *(f)*
ballet • *n* balet *(n)*
balompié • *n* fotbal *(n)*
balón • *n* bilă *(f)*, minge
balón-pie • *n* fotbal *(n)*
baloncesto • *n* baschet
balonmano • *n* handbal *(n)*
balonvolea • *n* volei *(m)*
balsa • *n* plută *(f)*
bálsamo • *n* balsam *(n)*
bamba • *n* șlap
bambalina • *n* decor *(n)*, fundal *(n)*
bambú • *n* bambus *(m)*, bambu *(m)*
banana • *n* banană *(f)*
bananero • *n* bananier *(m)*, banan *(m)*
banano • *n* banană *(f)*
banca • *n* bancă *(f)*
bancarrota • *n* faliment
banco • *n* bancă *(f)*
banda • *n* formație *(f)*, bandă *(f)*
bandada • *n* stol *(n)*
bandera • *n* steag *(n)*, drapel *(n)*, stindard *(n)*, flamură *(f)*
bandicut • *n* peramel *(m)*
baniano • *n* banian *(m)*
banquera • *n* bancher *(m)*
banquero • *n* bancher *(m)*
banqueta • *n* caldarâm *(n)*, trotuar *(n)*
banquete • *n* banchet *(n)*, ospăț *(n)*, chef *(n)*, masă *(f)*, festin *(n)*, praznic *(n)*
banquisa • *n* aisberg *(n)*
bañadera • *n* cadă *(f)*
bañarse • *v* a face un duș
bañera • *n* cadă *(f)*
baño • *n* baie *(f)*, toaletă *(f)*, closet *(n)*, baie
baobab • *n* baobab *(m)*
bar • *n* cârciumă *(f)*
barba • *n* barbă *(f)*
barbado • *adj* bărbos
barbarismo • *n* barbarism *(n)*

barbilla • *n* bărbie *(f)*
barbo • *n* mreană *(f)*, somn *(m)*, silur *(m)*
barbudo • *adj* bărbos
barca • *n* barcă *(f)*, luntre *(f)*, vapor *(n)*
barcaza • *n* mahonă *(f)*
Barcelona • *n* bravo
barcia • *n* pleavă *(f)*
barco • *n* navă, corabie, vas, barcă *(f)*, luntre *(f)*, vapor *(n)*, ambarcațiune *(f)*
barda • *n* gard
bardana • *n* brusture
bario • *n* bariu *(n)*
barniz • *n* lac *(n)*
barómetro • *n* barometru *(m)*
barra • *n* vargă, nuia, vergea, băț
barraca • *n* cabană *(f)*
barracuda • *n* baracudă *(f)*
barranca • *n* defileu, canion *(n)*
barranco • *n* ravenă *(f)*, râpă *(f)*
barraquete • *n* lișiță *(f)*, sarselă *(f)*
barrar • *v* bara
barrer • *v* mătura
barriga • *n* burtă, abdomen, pântece, vintre
barril • *n* butoi, bute
barrilete • *n* zmeu *(n)*
barrio • *n* vecinătate
barro • *n* argilă *(f)*, lut *(n)*, hlei *(n)*, noroi *(n)*
bartolina • *n* celulă *(f)*
basal • *adj* de bază, bazal, fundamental
basalto • *n* bazalt
base • *n* bază *(f)*, fundament, cazarmă, bază, fond de ten *(n)*
basidio • *n* basidie *(f)*
basílica • *n* bazilică *(f)*
basilisco • *n* vasilisc *(m)*
básquetbol • *n* baschet
basta • *interj* ajunge
bastante • *adv* cam
bastardo • *n* bastard *(m)*, bastarzi, bastarde
bastón • *n* baston *(n)*, bâtă *(f)*
basura • *n* gunoi *(n)*, lucru nevaloros *(n)*, rebut *(n)*, gunoi *(n)*, rămășițe, reziduu *(n)*, deșeu *(n)*
bat • *n* bâtă *(f)*, baston *(n)*, ciomag *(n)*, măciucă *(f)*
batalla • *n* luptă, bătaie *(f)*, bătălie *(f)*
batallón • *n* batalion *(n)*
bate • *n* bâtă *(f)*, baston *(n)*, ciomag *(n)*, măciucă *(f)*
batear • *v* bate
batería • *n* baterie *(f)*, set *(n)*, trusă *(f)*, pilă electrică *(f)*
batidora • *n* malaxor *(m)*

batik • *n* batic, baticul
batir • *v* lovi, bate
bato • *n* tip *(m)*
bauprés • *n* bompres *(n)*
bautismo • *n* botez *(n)*
bautista • *n* baptist *(m)*, baptistă *(f)*
bautizar • *v* boteza
bautizo • *n* botez *(n)*
baya • *n* bacă
bayoneta • *n* baionetă *(f)*
bazar • *n* târg *(n)*
bazo • *n* splină *(f)*
beatitud • *n* beatitudine *(f)*, euforie *(f)*, extaz *(n)*
bebe • *n* bebe *(m)*, bebeluș *(m)*
bebé • *n* bebe *(m)*, bebeluș *(m)*
bebedor • *n* bețiv *(m)*, bețivă *(f)*, bețivan *(m)*, bețivană *(f)*
beber • *v* bea
bebida • *n* băutură *(f)*, băuturi răcoritoare, răcoritoare
becerra • *n* juncă, vițea, junincă
becerro • *n* vițel *(m)*, vițea *(f)*
beduina • *n* beduin *(m)*, beduini
beduino • *n* beduin *(m)*, beduini
begonia • *n* begonie *(f)*
beige • *n* cafeniu, bej *(n)*, bej *(n)* • *adj* bej
beis • *adj* bej • *n* bej *(n)*
béisbol • *n* baseball
beleño • *n* măselariță *(f)*
bélico • *adj* de război *(f)*
belicoso • *adj* belicos *(m)*, certăreț
bella • *adj* frumos *(n)*, frumoasă *(f)*
bellaco • *n* mișel
belleza • *n* frumusețe *(f)*, frumusețe
bello • *adj* frumos *(n)*, frumoasă *(f)*, dulce, simpatic
bellorita • *n* ciuboțica-cucului *(f)*, limba-cucului *(f)*
bellota • *n* ghindă *(f)*
beluga • *n* beluga *(f)*
benceno • *n* benzen *(m)*
bencina • *n* benzină *(f)*
bendecir • *v* binecuvânta, blagoslovi
bendición • *n* binecuvântare *(f)*, benedicțiune *(f)*
beneficio • *n* avantaj *(n)*, câștig *(n)*, profit *(f)*, avantaj *(n)*
benevolencia • *n* bunăvoința *(f)*
benigno • *adj* blând, benign, drăguț
benjamín • *n* mezin *(m)*, mezina *(f)*
benjamina • *n* mezin *(m)*, mezina *(f)*
berenjena • *n* vânătă *(f)*
berilio • *n* beril *(m)*, beriliu *(n)*
berkelio • *n* berkeliu *(n)*
bermejo • *adj* vermeil, roșcat-cafeniu

bermellón • *n* vermillon
berrear • *v* mugi, rage
berrinche • *n* pandalie *(f)*, toană *(f)*
berro • *n* năsturel *(m)*, creson *(n)*, cardama *(f)*
berza • *n* varză *(f)*
besar • *v* se săruta, săruta, pupa
beso • *n* sărut *(n)*, pupic *(n)*
bestia • *n* bestie, fiară, animal *(n)*, fiară *(f)*
bestial • *adj* bestial *(n)*, bestială *(f)*, animalic *(n)*, animalică
bestialidad • *n* bestialitate *(f)*
bestialismo • *n* bestialitate *(f)*
betabel • *n* nap *(m)*, sfeclă *(f)*
betarraga • *n* nap *(m)*, sfeclă *(f)*
beterava • *n* nap *(m)*, sfeclă *(f)*
beterraga • *n* sfeclă roșie *(f)*
betún • *n* bitum
bibliófilo • *n* șoarece de bibliotecă *(f)*
biblioteca • *n* bibliotecă *(f)*
bicameral • *adj* bicameral
bicapa • *adj* dublat *(n)*
bíceps • *n* biceps *(m)*
bicho • *n* gândac, gânganie, pulă *(f)*, miel *(m)*
bici • *n* bicicletă *(f)*
bicicleta • *n* bicicletă *(f)*
bicoca • *n* afacere *(f)*
bieldo • *n* furcă *(f)*
bien • *n* bine, bun *(n)*, avere *(f)*, marfă, articol de consum, obiect de uz • *adv* bine, foarte, cam • *adj* bine
bienes • *n* marfă *(f)*
bienestar • *n* bunăstare *(f)*, prosperitate *(f)*, sănătate *(f)*
bienvenida • *interj* bine ai venit!, bine ați venit!, bun venit, bine ai venit
bienvenido • *adj* binevenit *(m)*, binevenită *(f)* • *interj* bine ai venit!, bine ați venit!, bun venit, bine ai venit
bienvenidos • *interj* bine ai venit!, bine ați venit!, bun venit, bine ai venit
biestable • *n* bistabil *(n)*
bifurcación • *n* bifurcație
bifurcar • *v* bifurca
bigamia • *n* bigamie
bigarro • *n* litorină *(f)*
bigornia • *n* nicovală, ilău
bigote • *n* mustață *(f)*, vibrisă *(f)*
bilingüe • *adj* bilingv *(n)*, bilingvă *(f)*
bilis • *n* bilă, fiere
billar • *n* răsturna, biliard
billete • *n* bilet *(n)*
billetera • *n* portofel, portmoneu
binario • *adj* binar
binoculares • *n* binoclu *(m)*

biofísica • *n* biofizică *(f)*
biógrafa • *n* biograf *(m)*
biografía • *n* biografie *(f)*
biógrafo • *n* biograf *(m)*
biología • *n* biologie *(f)*
biológico • *adj* biologic
bioquímica • *n* biochimie *(f)*
biotita • *n* biotit *(n)*
biquini • *n* bikini
birra • *n* bere *(f)*
bisagra • *n* balama *(f)*, șarnieră *(f)*, țâțână *(f)*
bisalto • *n* mazăre
bisbita • *n* fâsă *(f)*
biscocho • *n* biscuit *(m)*
bisexualidad • *n* bisexualitate *(f)*
bismuto • *n* bismut *(n)*
bisonte • *n* bizon *(m)*, zimbru *(m)*, bizon *(m)*
bizcocho • *n* tort, prăjitură *(f)*, turtă *(f)*, biscuit *(m)*
blanco • *adj* alb, argintiu, nescris *(n)*, curat *(n)*, necompletat *(n)* • *n* alb
blanconieve • *adj* alb ca neaua, alb ca zăpada
blancura • *n* albiciune *(f)*, albeață *(f)*, albitate *(f)*
blandengue • *adj* dezinteresat
blandir • *v* flutura, învârti
blando • *adj* moale
blanquear • *v* albi
blasfemar • *v* blestema, înjura
blasón • *n* heraldică *(f)*
blindaje • *n* armură *(f)*
blindar • *v* a proteja
blonda • *n* dantelă *(f)*
bloque • *n* protecție *(f)*, apărătoare *(f)*
bloquear • *v* înfunda
blusa • *n* bluză *(f)*
boa • *n* boa
bobo • *n* prost *(m)*
boca • *n* gură *(f)*, гурэ *(f)*, orificiu *(n)*, deschizătură *(f)*
bocadillo • *n* sandviș *(n)*
bocado • *n* frâu, gură *(f)*
boceto • *n* desen *(n)*
bochorno • *n* împurpurare *(f)*, înroșire *(f)*, îmbujorare *(f)*, roșeață *(f)*
bocina • *n* claxon
boda • *n* nuntă *(f)*, cununie *(f)*
bodega • *n* pivniță *(f)*, beci *(n)*, depozit *(n)*, magazie *(f)*, rezervor *(n)*
boga • *n* vogă *(f)*
bohemio • *n* boem *(m)*
boina • *n* beretă *(f)*
boj • *n* cimișir *(m)*
bol • *n* castron *(n)*

bola • *n* ghem *(n)*, minge, bilă, sferă *(f)*, bilă *(f)*, bol *(n)*
bolear • *v* cera
boli • *n* stilou *(n)*
bolígrafo • *n* stilou *(n)*
bollo • *n* chiflă *(f)*, pizdă *(f)*, păsărică *(f)*
bolos • *n* bowling, popice
bolsa • *n* buzunar *(n)*, pungă *(f)*, sac
bolsillo • *n* buzunar *(n)*
bomba • *n* bombă *(f)*, pompă, pompă *(f)*
bombardeo • *n* bombardament, bombardare *(f)*
bombardero • *n* bombardier *(n)*, avion de bombardament *(n)*
bombón • *n* pralină *(f)*, bomboană *(f)*, bezea *(f)*
bondad • *n* bunătate, amabilitate *(f)*, bunăvoință *(f)*
bondadoso • *adj* bun, amabil
bondi • *n* autobuz *(n)*
bonhomía • *n* bonomie *(f)*
bonita • *adj* frumos *(n)*, frumoasă *(f)*
bonito • *adj* drăguț *(m)*, drăguță *(f)*, frumos *(n)*, frumoasă *(f)*, drăguț, drăgălaș
boom • *n* avânt *(n)*, prosperitate *(f)*
boquerón • *n* sardele *(f)*, hamsie *(f)*, anșoa *(f)*
borde • *n* bordură *(f)*, margine *(f)*, graniță *(f)*, frontieră *(f)*, cant *(n)*, margine
bordó • *n* maro
boreal • *adj* boreal
boro • *n* bor *(n)*
borra • *n* radieră *(f)*, gumă de șters *(f)*
borracha • *adj* beat, băut, îmbătat
borrachas • *adj* beat, băut, îmbătat
borrachera • *n* beție *(f)*
borrachín • *n* bețiv *(m)*, bețivă *(f)*, bețivan *(m)*, bețivană *(f)*
borracho • *n* bețiv *(m)*, bețivă *(f)*, bețivan *(m)*, bețivană *(f)*, alcoolic *(m)* • *adj* beat, băut, îmbătat, beat, băut, îmbătat, amețit *(n)*, alcoolizat *(n)*
borrachos • *adj* beat, băut, îmbătat
borrador • *n* ciorna *(f)*, schiță *(f)*, burete *(m)*, concept *(n)*, plan *(n)*, radieră *(f)*, gumă de șters *(f)*
borraja • *n* limba-mielului *(f)*
borrar • *v* a șterge
borrasca • *n* vijelie *(f)*
borrascoso • *adj* furtunos *(m)*
borscht • *n* borș
borshch • *n* borș
bosque • *n* pădure *(f)*, codru *(m)*, silvă *(f)*
bosquecillo • *n* crâng *(n)*, dumbravă *(f)*, pădure măruntă *(f)*, subarboret *(n)*, tufiș de arbuști
bosquejo • *n* schiță *(f)*
bostezar • *v* căsca
bot • *n* bot
bota • *n* cizmă
botánica • *n* botanică *(f)*, botanist *(m)*
botánico • *adj* botanic • *n* botanist *(m)*
botanista • *n* botanist *(m)*
botanizar • *v* botaniza
bote • *n* vas *(n)*, castron *(n)*, blid *(n)*, barcă *(f)*, luntre *(f)*, vapor *(n)*
botella • *n* sticlă *(f)*
botica • *n* farmacie *(f)*
boticario • *n* farmacist *(m)*
botín • *n* pradă, pradă
botón • *n* buton *(n)*, nasture *(m)*, boboc *(m)*
botulismo • *n* botulism *(n)*
bóveda • *n* pod *(n)*, punte *(f)*
bóvido • *n* bovideu *(n)*, bovid *(n)*
bovino • *n* bovină *(f)* • *adj* vițel
boxeo • *n* box *(n)*
boya • *n* geamandură *(f)*
boyardo • *n* boier *(m)*
bráctea • *n* bractee *(f)*
bragueta • *n* fermoar *(n)*
brama • *n* căldură *(f)*, rut *(n)*
bramar • *v* rage, mugi, zbiera
brandy • *n* rachiu, vinars
branquia • *n* branhie
braquial • *adj* brahial
brasa • *n* tăciune *(f)*, tăciune *(m)*, cărbune *(m)*
brasas • *n* tăciune
brasero • *n* vas pentru jeratic
brasier • *n* sutien *(n)*
bravucón • *n* tiran *(m)*
bravura • *n* furie *(f)*, mânie *(f)*, enervare *(f)*
braza • *n* braț *(n)*, fathom *(m)*, bras *(n)*
brazalete • *n* brățară *(f)*
brazo • *n* braț *(n)*
brea • *n* rășină *(f)*
brebaje • *n* poțiune *(f)*
brebajero • *n* berar *(m)*, fabricant de bere *(m)*
brécol • *n* broccoli
brema • *n* plătică *(f)*
breva • *n* smochină *(f)*
breve • *adj* scurt
breviario • *n* breviar *(n)*
bribón • *n* mișel
brida • *n* frâu
bridge • *n* bridge
brie • *n* brie *(n)*
brillante • *adj* luminos, clar, strălucitor, deștept

brillantez • *n* genialitate *(f)*, suprainteligență *(f)*, inteligență genială *(f)*, strălucire *(f)*
brillar • *v* străluci, luci, lumina
brillo • *n* luciu, lustru, strălucire
briofita • *n* briofită *(f)*
briofito • *n* briofită *(f)*
briófito • *n* briofită *(f)*
briquet • *n* brichetă *(f)*
brisa • *n* adiere, boare, briză
brizna • *n* șuviță *(f)*, șuvițe
broca • *n* burghiu *(n)*
brocha • *n* perie *(f)*, pensulă *(f)*
brocheta • *n* frigare *(f)*
brócoli • *n* broccoli
bróculi • *n* broccoli
broma • *n* banc *(n)*, glumă
bromo • *n* brom *(n)*
bromuro • *n* bromură *(f)*
bronca • *n* ceartă *(f)*, dispută *(f)*, contraargumentare *(f)*, problemă *(f)*
bronce • *n* bronz *(n)* • *adj* cafeniu
bronceado • *adj* bronzat • *n* brun, maro *(n)*, bronz *(n)*, bronzare *(f)*
broncearse • *v* bronza
broncínea • *n* bronz *(n)*
broncíneo • *n* bronz *(n)*
bronquitis • *n* bronșită *(f)*
brote • *n* boboc *(m)*
bruja • *n* cotoroanță *(f)*, babornință *(f)*, vrăjitoare *(f)*, babă *(f)*, megeră *(f)*, scorpie *(f)*, vrăjitoare, vrăjitor
brujería • *n* vrajă *(f)*, farmec *(n)*, descântec *(n)*, descântătură *(f)*
brújula • *n* busolă *(f)*, compas *(m)*
brunch • *n* brunch *(n)*
brusco • *adj* abrupt
bruto • *adj* grosier, aspru
bu • *interj* bau
bubón • *n* bubon *(n)*
buceo • *n* scufundare
buche • *n* gușă

bucle • *n* buclă *(f)*
bueno • *adj* bun *(m)*, bună *(f)*, bun, bun • *interj* alo, haló
buey • *n* bou *(m)*
búfalo • *n* bivol *(m)*
bufanda • *n* eșarfă *(f)*, șal *(n)*
bufón • *n* bufon *(m)*
buganvilia • *n* bougainvillea *(f)*
buganvilla • *n* bougainvillea *(f)*
búho • *n* bufniță
buitre • *n* vultur *(m)*
bulbo • *n* bulb *(m)*
bulldozer • *n* buldozer *(n)*
bullicio • *n* freamăt, tumult *(n)*, tumulte, agitație *(f)*
bulo • *n* cioara vopsita
bum • *n* bubuit *(n)*, detunătură *(f)*
bumerán • *n* bumerang
búmeran • *n* bumerang
bumper • *n* bară de protecție *(f)*
buque • *n* navă, corabie, vas
burbuja • *n* balon *(n)*, bășică *(f)*, bulă *(f)*
burdégano • *n* bardou *(m)*
burdel • *n* bordel, lupanar
burdeos • *adj* bordo
burdo • *adj* grosier, aspru
burguesía • *n* burghezie
burla • *v* a batjocori, a ridiculiza
burlar • *v* înșela, amăgi
burocracia • *n* birocrație *(f)*
burócrata • *n* birocrat *(m)*
burro • *n* măgar *(m)*, idiot *(m)*, capră *(f)*, asin *(m)*
bus • *n* autobuz *(n)*, magistrală *(f)*
busardo • *n* șoricar *(m)*
buscar • *v* căuta
butano • *n* butan
butilo • *n* butil *(m)*
buzo • *n* scufundător *(m)*, scafandru *(m)*, scafandrier *(m)*
buzón • *n* cutie poștală *(f)*

C

caballa • *n* macrou
caballera • *n* cavaler *(m)*
caballería • *n* cavaler, cavalerie *(f)*
caballeriza • *n* staul, grajd *(n)*
caballero • *n* călăreț *(m)*, cavaler *(m)*, domn *(m)*, gentlemen *(m)*
caballerosidad • *n* cavalerism *(n)*, galanterie *(f)*, cavalerie *(f)*
caballete • *n* șevalet *(n)*
caballito • *n* ponei *(m)*

caballo • *n* cal *(m)*, cal alb *(m)*, căluț *(m)*, cal
cabaña • *n* cabană *(f)*, baracă *(f)*
cabe • *prep* lângă, alături
cabecear • *v* dormita, ațipi, a moțăi
cabello • *n* păr *(m)*
caber • *v* încăpea
cabestro • *n* căpăstru
cabete • *n* șiret *(m)*
cabeza • *n* șef *(m)*, cap *(m)*, lider *(m)*,

căpetenie *(f)*, cap *(n)*
cabina • *n* carlingă *(f)*, cabină de pilotaj
cable • *n* cablu, frânghie *(f)*, cablu *(n)*, cabluri, conductor *(m)*, cablu optic *(n)*, cordon *(n)*, cordon, coardă *(f)*
cablegrama • *n* telegramă *(f)*, telegrame
cabo • *n* spate, cap *(n)*, promontoriu *(n)*
cabra • *n* ciută *(f)*, căprioară, fată *(f)*, copilă *(f)*, capră *(f)*, țap *(m)*
cabritas • *n* floricelele de porumb, cocoșei, pop-corn
cabrito • *n* ied *(m)*
cabrón • *n* proxenet *(m)*, pește *(m)*
caburé • *n* bufniță
caca • *n* rahat, căcat *(n)*, vrăjeală *(f)*, excrement *(n)*, rahat *(m)*
cacahuate • *n* arahidă, alună de pământ *(f)*, alună americană *(f)*
cacahuete • *n* arahidă, alună de pământ *(f)*, alună americană *(f)*
cacao • *n* arbore-de-cacao *(m)*, cacao *(f)*
cacareo • *interj* cucurigu
cacatúa • *n* cacadu *(m)*
cacerola • *n* cratiță *(f)*, oală *(f)*
cacha • *n* obraz, bucă *(f)*
cachar • *v* fute
cacharro • *n* ruină *(f)*, epavă *(f)*
caché • *n* cache
cachear • *v* căuta
cachete • *n* obraz, bucă *(f)*
cachetudo • *adj* cărnos
cachicamo • *n* tatu *(m)*
cachirulo • *n* zmeu *(n)*
cacho • *n* corn *(m)*, corn *(n)*, coarne
cachondez • *n* căldură *(f)*, rut *(n)*
cachondo • *adj* excitat
cachorro • *n* cățel *(m)*, cățeluș *(m)*, pui *(m)*
cachurrea • *n* brusture
cacofonía • *n* cacofonia *(f)*
cacri • *n* corcitură
cacto • *n* cactus *(m)*
cactus • *n* cactus *(m)*
cadalso • *n* eșafod *(n)*
cadáver • *n* cadavru *(n)*, cadavru *(n)*, corp mort *(n)*, hoit *(n)*, stârv *(n)*, corp mort *(m)*
cadavérico • *adj* oribil, groaznic
cadena • *n* lanț
cadencia • *n* cadență, ritm
cadera • *n* șold
cadillo • *n* brusture, colții-babei *(m)*
cadmio • *n* cadmiu *(n)*
caducidad • *n* revocare
caer • *v* cădea, scăpa
caerse • *v* cădea
café • *n* cafea *(f)*, brun, maro *(n)*, arbore-de-cafea *(m)*, cafeniu • *adj* maro, brun
cafeína • *n* cafeină *(f)*, cofeină *(f)*
cafetería • *n* cofetărie *(f)*
cafeto • *n* arbore-de-cafea *(m)*
cafiche • *n* proxenet *(m)*, pește *(m)*
cagar • *v* fute, strica, căca, câca, defeca
caída • *n* cădere *(f)*, cădere *(f)*
caimán • *n* aligator *(m)*
caja • *n* cutie *(f)*, ladă
cajón • *n* sertar *(n)*, sicriu *(n)*, coșciug *(n)*
cake • *n* tort, prăjitură *(f)*, turtă *(f)*
cal • *n* oxid de calciu *(m)*, var *(n)*
calabaza • *n* dovlecel *(m)*, dovleac, bostan *(m)*, dovleac *(m)*
calabazera • *n* bostan *(m)*, dovleac *(m)*
calamar • *n* calmar *(m)*
calambur • *n* calambur, joc de cuvinte
calamidad • *n* tristețe *(f)*, întristare *(f)*, mâhnire *(f)*, flagel, calamitate *(f)*, calamități
cálao • *n* calao *(m)*
calavera • *n* craniu *(n)*, țeastă
calcio • *n* calciu *(n)*
calco • *n* cuvânt împrumutat *(n)*, împrumut *(n)*
calculador • *n* calculator, computer *(n)*, computere
calculadora • *n* calculator, computer *(n)*, computere
calcular • *v* calcula, socoti
cálculo • *n* calculare *(f)*, calcul *(n)*, calcul *(n)*, piatră *(f)*, piatră, calcul *(m)*, cont *(n)*
calderilla • *n* schimb (de bani) *(n)*
caldo • *n* supă
calendario • *n* calendar
caléndula • *n* filimică *(f)*, gălbenele
calentador • *n* aragaz *(n)*, reșou *(n)*
calentar • *v* încălzi
calidad • *n* calitate *(f)*
cálido • *adj* cald, cald *(m)*, caldă *(f)*
caliente • *adj* excitat, cald *(m)*, caldă *(f)*, bun, cald, fierbinte
calificación • *n* calificare *(f)*, notă *(f)*
calificado • *adj* calificat, competent
californio • *n* californiu *(n)*
caligráfico • *adj* caligrafic
cáliz • *n* caliciu *(n)*, cupă *(f)*
caliza • *n* calcar
callado • *adj* tăcut
cállate • *interj* tăcere!, liniște!
calle • *n* drum *(n)*, cale *(f)*, stradă *(f)*
callejón • *n* alee *(f)*, curte
callo • *n* bătătură
calma • *n* calm *(n)*, liniște *(f)*
calmado • *adj* liniștit, calm *(m)*

calmar • *v* alina, domoli, liniști, potoli, astâmpăra
calmo • *adj* încet
calor • *n* căldură *(f)*
caloría • *n* calorie *(f)*
calorimetría • *n* calorimetrie *(f)*
calostro • *n* corаslă, colastră
calumniar • *v* defăima
caluroso • *adj* cald, cald *(m)*, caldă *(f)*
calvario • *n* calvar *(n)*, chin *(n)*
calvo • *adj* chel, pleșuv
calzada • *n* șosea *(f)*
calzado • *n* încălțăminte *(f)*
calzador • *n* încălțător de pantofi *(n)*
calzoncillos • *n* chiloți
calzones • *n* pantalon
cama • *n* pat *(n)*
camada • *n* pui *(m)*
camaleón • *n* cameleon *(m)*
camanance • *n* gropiță *(f)*
cámara • *n* cameră, camera photographica *(f)*, machina photographica *(f)*, aparat foto
camarada • *n* tovarăș *(m)*, camarad *(m)*
camarera • *n* chelneriță *(f)*, ospătăriță *(f)*
camarero • *n* chelner *(m)*, ospătar *(m)*
camarón • *n* crevetă *(f)*
cambiable • *adj* schimbabil *(m)*, modificabil *(m)*
cambiante • *adj* schimbabil *(m)*, modificabil *(m)*
cambiar • *v* schimba, înlocui, transforma, modifica
cambio • *n* alterare *(f)*, schimbare *(f)*, schimb *(n)*, modificare *(f)*, schimb (de bani) *(n)*, cutie de viteze *(f)*, schimbător de viteză *(n)*
cambur • *n* banană *(f)*
camelia • *n* camelie *(f)*
camello • *n* cămilă *(f)*
caminar • *v* merge, umbla
camino • *n* cale *(f)*, drum *(n)*, uliță *(f)*
cámino • *n* pași
camión • *n* autobuz *(n)*, camion
camioneta • *n* autobuz *(n)*, camion
camisa • *n* cămașă *(f)*
campana • *n* clopot *(n)*
campanilla • *n* uvulă *(f)*, clopot *(n)*
campanólogo • *n* glockenspiel *(n)*
campañol • *n* șoarece-de-câmp *(m)*
campeche • *n* băcan *(n)*
campeón • *n* campion *(m)*, campioană *(f)*
campeonato • *n* campionat *(m)*
campesino • *n* țăran *(m)* • *adj* rural, țara
campestre • *adj* rural, țara

campo • *n* sat *(n)*, câmp *(n)*, domeniu *(n)*, teren, sferă, câmp, teren *(n)*, câmp de joc *(n)*, țară, câmp de bătaie *(n)*, depozit de minerale, câmp mineral • *adj* rural, țara
campus • *n* campus, teren universitar
canal • *n* canal *(m)*, canal, canal *(n)*, canal *(n)*
canalla • *n* mișel, ticălos, mișel, păduche *(m)*
canalón • *n* jgheab
canario • *n* canar *(m)*
canasta • *n* baschet
cancelar • *v* anula
cáncer • *n* cancer
cancerígeno • *adj* cancerigen, carcinogen
canceroso • *adj* canceros
cancha • *n* floricelele de porumb, cocoșei, pop-corn
canciller • *n* cancelar *(m)*, cancelară *(f)*
canción • *n* cântec *(n)*, cântare *(f)*
candado • *n* încuietoare *(f)*, lacăt, broască *(f)*, zăvor, clanță, lacăt *(n)*
candar • *v* încuia
candela • *n* lumânare
candelabro • *n* sfeșnic
candelero • *n* sfeșnic
candil • *n* lampă *(f)*, lămpi
caneca • *n* coș de hârtii *(n)*
canela • *n* scorțișoară *(f)*
canelo • *n* brun, maro *(n)*, scorțișor *(m)*
cangrejo • *n* rac, crab *(m)*
canguil • *n* floricelele de porumb, cocoșei, pop-corn
canguro • *n* doică *(f)*, cangur *(m)*, cangură *(f)*
caníbal • *n* canibal *(m)*, canibală *(f)* • *adj* canibalistic *(n)*, antropofag, canibalic *(n)*
canibalismo • *n* canibalism *(n)*
caniche • *n* pudel
canícula • *n* căldură *(f)*
canjear • *v* schimba
cannabis • *n* cânepă *(f)*
canoa • *n* canoe *(f)*
canonjía • *n* sinecură *(f)*
cansado • *adj* obosit *(m)*, obosită *(f)*, somnoros, somnolent *(n)*
cansón • *n* agitație *(f)*, îngrijorare *(f)*
cantalupo • *n* cantalup *(m)*
cantante • *n* cântăreț *(m)*, cântăreață *(f)*
cantar • *v* cânta
cantera • *n* academie *(f)*, carieră *(f)*
cantidad • *n* sumă *(f)*, cantitate *(f)*, număr *(n)*, valoare *(f)*, cantitate *(f)*, măsură *(f)*, mulțime *(f)*, mare cantitate *(f)*

cantina • *n* cantină *(f)*
canto • *n* cântare *(f)*
cantor • *n* cântăreț *(m)*, cântăreață *(f)*
cantora • *n* cântăreț *(m)*, cântăreață *(f)*
cantueso • *n* levănțică *(f)*, lavandă *(f)*
canturrear • *v* fredona
caña • *n* stuf, tijă *(f)*, undiță *(f)*, mahmureală *(f)*
cañada • *n* ravenă *(f)*, râpă *(f)*
cáñamo • *n* cânepă *(f)*
cañería • *n* țevărie
cañón • *n* defileu, canion *(n)*, tun *(n)*
caoba • *n* mahon *(m)*, acaju *(m)*
caos • *n* haos *(n)*
caótico • *adj* haotic
capa • *n* capă *(f)*, strat
capacidad • *n* capacitate *(f)*, capacitate, capabilitate *(f)*, resursă *(f)*, resurse
capacitación • *n* antrenament *(n)*
capacitancia • *n* capacitate electrică *(f)*
capar • *v* castra
caparazón • *n* carapace
capaz • *adj* abil, capabil
capibara • *n* capibara *(f)*
capilar • *n* vas capilar
capilaridad • *n* capilaritate
capilla • *n* capelă *(f)*
capital • *n* capital
capitalismo • *n* capitalism *(n)*
capítulo • *n* capitol
capón • *n* clapon
capricho • *n* capriciu *(n)*, capriciu *(n)*, toană *(f)*
caprichoso • *adj* capricios
capturar • *v* prinde
capuchina • *n* călțunaș *(m)*
capul • *n* breton *(n)*
caqui • *n* kaki
cara • *n* față *(f)*, față
carabina • *n* carabină *(f)*
cárabo • *n* bufniță
caracará • *n* caracara *(m)*
carachupa • *n* tatu *(m)*, oposum *(m)*, sarigă *(f)*
caracol • *n* melc *(m)*
carácter • *n* literă *(f)*, caracter *(n)*
característica • *n* caracteristică, particularitate, proprietate
característico • *adj* caracteristic
caracterizar • *v* caracteriza
carajo • *n* penis *(m)*, pulă, pulă *(f)*, miel *(m)*
carámbano • *n* țurțur *(m)*
caramelo • *n* dulce *(n)*, bomboană *(f)*, caramel, caramelă
caramelos • *n* dulciuri
carancho • *n* caracara *(m)*

carapacho • *n* carapace
caravana • *n* convoi *(n)*, cercel *(m)*
carbohidrato • *n* carbohidrat *(m)*
carbón • *n* cărbune *(m)*, cărbune, cărbune de lemn *(m)*
carbonato • *n* carbonat *(m)*
carboncillo • *n* cărbune *(m)*
carbonero • *n* pițigoi *(m)*
carbono • *n* carbon *(n)*
carbunco • *n* antrax *(m)*
carburador • *n* carburator *(n)*
carcaj • *n* tolbă *(f)*
carcasa • *n* carcasă *(f)*
carcayú • *n* polifag american *(m)*, gluton *(m)*
cárcel • *n* închisoare, pușcărie, temniță
cardamomo • *n* cardamom *(m)*
cardelino • *n* sticlete *(m)*
cardenal • *n* cardinal *(m)*, julitură *(f)*
cardiaco • *adj* cardiac *(m)*
cardíaco • *adj* cardiac *(m)*
cardinal • *adj* cardinal *(m)*, fundamental *(m)*, cardinal
cardióloga • *n* cardiolog *(m)*
cardiología • *n* cardiologie *(f)*
cardiólogo • *n* cardiolog *(m)*
cardo • *n* cardon *(m)*, scaiete *(m)*, ciulin *(m)*
carencia • *n* lipsă *(f)*
carga • *n* sarcină, sarcină
cargar • *v* duce, purta, căra, încărca
cargo • *n* funcție *(f)*
caribú • *n* caribu *(n)*, karibu *(n)*, ren *(m)*
caricatura • *n* caricatură *(f)*
cariño • *n* iubit *(m)*, iubită *(f)*, drag *(m)*, dragă *(f)*, atașament *(n)*, afecțiune *(f)*, dezmierdare *(f)*, îndrăgire *(f)*, iubit, iubită
cariñoso • *adj* bun, amabil, iubit, gentil, dulce, amoros *(m)*
carismático • *adj* carismatic *(m)*
carlotina • *n* bezea *(f)*
carmelita • *n* brun, maro *(n)*
carmelito • *n* brun, maro *(n)*
carmesí • *n* carmin • *adj* carmin
carmín • *n* carmin, carmin, carmin *(n)*, cârmâz *(n)*, coșenilă *(f)* • *adj* carmin, stacojiu, cârmâziu
carnada • *n* momeală *(f)*, nadă *(f)*
carnalización • *n* garoafă *(f)*
carne • *n* carne *(f)*
carnear • *v* măcelări, omorî, tăia
carnero • *n* berbec *(m)*, arete *(m)*, oaie *(f)*
carnicera • *n* măcelar
carnicero • *n* măcelar
carnoso • *adj* cărnos

caro • *adj* scump, costisitor, scump *(n)*
carpa • *n* crap *(m)*
carpe • *n* carpen
carpelo • *n* carpelă *(f)*
carpeta • *n* folder *(n)*, director *(n)*, dosar *(n)*
carpintero • *n* dulgher *(m)*, tâmplar *(m)*, lemnar *(m)*
carrera • *n* cursă *(f)*
carreta • *n* car *(n)*, căruță *(f)*, șaretă, bigă *(f)*, car de luptă *(n)*
carrete • *n* petrecere *(f)*
carretera • *n* autostradă *(f)*, șosea
carretilla • *n* roabă *(f)*
carril • *n* șină *(f)*
carrilera • *n* șină *(f)*
carrilludo • *adj* cărnos
carrito • *n* cărucior
carrizo • *n* stuf, rogoz *(n)*
carro • *n* automobil *(n)*, mașină *(f)*, car *(n)*, căruță *(f)*, șaretă, bigă *(f)*, car de luptă *(n)*
carta • *n* meniu, card *(m)*, carte *(f)*, scrisoare *(f)*
cartabón • *n* echer *(n)*
cartel • *n* afiș *(n)*, poster *(n)*, placardă *(f)*, afiș *(n)*, poster *(n)*
cartera • *n* portofel, portmoneu
carterista • *n* hoț de buzunare *(m)*
cartero • *n* poștaș *(m)*
cartilaginoso • *adj* cartilaginos, cartilaginos *(m)*
cartílago • *n* zgârci, cartilaj *(n)*
cartografía • *n* cartografie
cartón • *n* carton *(n)*, mucava *(f)*
cartucho • *n* pungă *(f)*, sac, cartuș
cartulina • *n* carton *(n)*, mucava *(f)*
carvis • *n* chimen
casa • *n* casă *(f)*, dinastie, familie dinastică
casamiento • *n* nuntă *(f)*
casar • *v* căsători, însura, cununa, mărita, anula
casarse • *v* căsători, însura, cununa, mărita
cascabel • *n* șarpe cu clopoței
cascada • *n* cascadă *(f)*
cascanueces • *n* spărgător de nuci *(m)*
cáscara • *n* coajă de ou *(f)*
cascarrabias • *n* maniac • *adj* supărăcios, susceptibil, iritabil
casco • *n* cască *(f)*, coif *(m)*, copită, cocă *(f)*, carenă *(f)*, ambarcațiune *(f)*
casera • *n* băuturi răcoritoare, răcoritoare
casero • *n* gazdă *(f)*
caseta • *n* cabină *(f)*, gheretă *(f)*, lojă *(f)*

casi • *adv* aproape
caso • *n* caz *(n)*, exemplu *(n)*
caspa • *n* mătreață
casta • *n* rasă *(f)* • *adj* fecioresc, feciorelnic, virgină *(f)*, virgin *(m)*
castaña • *n* castană
castaño • *n* maro, brun, maro *(n)* • *adj* maro, roșcat-cafeniu, brun, roib
castañuela • *n* castaniete
castigar • *v* pedepsi
castigo • *n* pedeapsă *(f)*, pedepsire *(f)*
castillo • *n* castel *(n)*
casto • *adj* cast, fecioresc, feciorelnic, virgină *(f)*, virgin *(m)*
castor • *n* castor *(m)*, biber *(m)*
castrar • *v* castra
castro • *n* castel *(n)*
casual • *adj* accidental *(n)*, întâmplător *(n)*, accidentală *(f)*
casualidad • *n* întâmplare *(f)*, accident *(n)*
casuística • *n* cazuistică *(f)*
cataclismo • *n* cataclism *(n)*
catacumba • *n* catacombă *(f)*
catálisis • *n* cataliză *(f)*
catalítico • *adj* catalitic *(n)*
catalizador • *n* catalizator *(m)*, catalizator *(m)*
catar • *v* gusta
catarata • *n* cascadă *(f)*, cataractă *(f)*
catástrofe • *n* deznodământ *(n)*, catastrofă *(f)*, dezastru *(n)*
catastrófico • *adj* catastrofic, catastrofal *(n)*, catastrofică *(f)*
catecismo • *n* catehism *(n)*
catedral • *n* catedrală *(f)*
categoría • *n* categorie, categorie *(f)*, categorii
categorización • *n* categorisire
catenaria • *n* linie aeriană de contact
catión • *n* cation *(m)*
cauberi • *n* merișor *(n)*
cauce • *n* albie
caucho • *n* cauciuc *(n)*, pneu *(n)*
caudal • *adj* caudal
causa • *n* cauză *(f)*
causar • *v* cauza, pricinui
cáustico • *adj* acrimonios
cautivar • *v* încânta, captiva, fermeca
cauto • *adj* precaut, prudent, precaut *(m)*, prudent *(m)*
cavar • *v* săpa, escava
caviar • *n* caviar *(n)*
caza • *n* vânătoare
cazador • *n* vânător
cazadora • *n* autobuz *(n)*
cazar • *v* vâna, prinde

cazo • *n* polonic *(n)*
cebada • *n* orz *(n)*
cebador • *n* demaror *(n)*
cebellina • *n* zibelină *(f)*, samur *(m)*
cebo • *n* momeală *(f)*, nadă *(f)*
cebolla • *n* ceapă *(f)*
cebra • *n* zebră *(f)*
ceca • *n* monetăria *(f)*
cedazo • *n* sită *(f)*
ceder • *v* închina, transfera
cedilla • *n* sedilă *(f)*
cedro • *n* cedru
cefalea • *n* durere de cap
ceja • *n* sprânceană *(f)*, arcadă *(f)*
celaje • *n* lucarnă
celda • *n* celulă *(f)*
celebración • *n* sărbătoare *(f)*, petrecere *(f)*, serbare *(f)*
celebrar • *v* celebra
célebre • *adj* ilustru *(m)*, reputat *(m)*
celery • *n* țelină *(f)*
celesta • *n* celestă
celeste • *n* albastru • *adj* albastru, azuriu
celestial • *adj* ceresc *(n)*, cerească *(f)*
celo • *n* zel *(n)*, ardoare *(f)*, căldură *(f)*, rut *(n)*, gelozie *(f)*
celos • *n* gelozie *(f)*
celoso • *adj* gelos
célula • *n* celulă *(f)*, chilie *(f)*
celular • *n* celular *(n)*, mobil *(n)* • *adj* mobil, celular *(m)*
cemento • *n* ciment
cena • *v* cina, supa • *n* cină, supeu *(n)*, masă de seară *(f)*, cină *(f)*
cenar • *v* cina, supa
cencerro • *n* talangă *(f)*
cenicero • *n* scrumieră *(f)*
cenit • *n* dric *(m)*
ceniza • *n* cenușă *(f)*, scrum *(m)*
censor • *n* cenzor *(m)*
censora • *n* cenzor *(m)*
censurar • *v* cenzura
centenario • *n* centenar
centeno • *n* secară *(f)*
centésimo • *adj* sutălea *(m)*, suta *(f)* • *n* sutime *(f)*
central • *adj* central
centrar • *v* centra
centro • *n* centru *(n)*, mijloc, centru, miez
centuria • *n* secol *(n)*, veac *(n)*, centurie *(f)*
ceño • *n* încruntare *(f)*
cepa • *n* rasă *(f)*, portaltoi
cepillado • *n* periat *(n)*
cepillar • *v* rabota, peria

cepillarse • *v* fute
cepillo • *n* perie *(f)*, pensulă *(f)*, rindea *(f)*
cera • *adj* ceară • *n* ceară *(f)*
ceramica • *n* ceramică *(f)*
cerámica • *n* olărie *(f)*
cerámico • *adj* ceramic *(n)*
ceramista • *n* olar *(m)*
cerca • *n* gard • *adj* aproape, la îndemână • *prep* lângă
cercanía • *n* proximitate *(f)*, vecinătate *(f)*
cercano • *adj* aproape
cercar • *v* înconjura, împresura
cerceta • *n* lișiță *(f)*, sarselă *(f)*, sarselă de vară *(f)*
cerda • *n* scroafă, purcea, poarcă
cerdo • *n* carne de porc, porc *(m)*
cereal • *n* cereală *(f)*
cerebelo • *n* cerebel, creieraș
cerebral • *adj* cerebral
cerebro • *n* creier *(m)*
cerefolio • *n* hasmațuchi *(m)*
ceremonia • *n* ceremonie *(f)*
cereza • *n* cireașă *(f)*, vișină *(f)*
cerilla • *n* chibrit
cerillo • *n* chibrit
cerio • *n* ceriu *(n)*
cernir • *v* cerne
cero • *n* zero *(n)*
cerquillo • *n* breton *(n)*
cerrado • *adj* închis
cerradura • *n* încuietoare *(f)*, lacăt, broască *(f)*, zăvor, clanță
cerramiento • *n* gard
cerrar • *v* termina, finisa, închide
cerro • *n* deal *(f)*, colină *(f)*
cerrojo • *n* zăvor *(n)*, zăvoare
certeza • *n* certitudine *(f)*, siguranță *(f)*
certidumbre • *n* certitudine *(f)*, convingere *(f)*, siguranță *(f)*
certificar • *v* certifica
cerúleo • *n* albastru
cervatillo • *n* ied *(m)*
cervecería • *n* fabrică de bere *(f)*
cervecero • *n* berar *(m)*, fabricant de bere *(m)*
cerveza • *n* bere *(f)*
cesante • *adj* șomer
césped • *n* peluză *(f)*
cesta • *n* coș *(m)*
cesto • *n* coș *(m)*
cetáceo • *n* cetaceu *(n)*
chabacano • *n* caisă *(f)*
chacal • *n* șacal *(m)*
chafa • *adj* anost *(m)*, plictisitor *(m)*, sters *(m)*

chaka • *n* cutremur *(n)*
chal • *n* şal *(m)*, şal *(n)*, veşmânt *(n)*
chala • *n* pedală de accelerare *(f)*, accelerator *(n)*
chalado • *n* nebun *(m)*, ţicnit *(m)*
chaleco • *n* vestă *(f)*, jiletcă *(f)*
chalequillo • *n* vestă *(f)*, jiletcă *(f)*
chalota • *n* haşmă *(f)*
chamaca • *n* fată *(f)*, copilă *(f)*
chamanismo • *n* şamanism *(n)*
champa • *n* smoc *(n)*, floc
champán • *n* şampanie *(f)*
champaña • *n* şampanie *(f)*
champú • *n* şampon *(n)*
chamullo • *n* rahat, căcat *(n)*, vrăjeală *(f)*
chance • *n* şansă *(f)*, şanse, ocazie *(f)*
chancho • *n* porc *(m)*
chancla • *n* pedală de accelerare *(f)*, accelerator *(n)*, şlap
chancleta • *n* pedală de accelerare *(f)*, accelerator *(n)*
chango • *n* maimuţă *(f)*, simie *(f)*
chantaje • *n* şantaj *(n)*
chantajear • *v* şantaja
chao • *interj* pa
chapa • *n* cercel *(m)*, poreclă *(f)*
chaqui • *n* mahmureală *(f)*
charca • *n* baltă *(f)*
charco • *n* baltă *(f)*
charnela • *n* balama *(f)*, şarnieră *(f)*, tâţână *(f)*
charrán • *n* rândunică-de-mare *(f)*
chasquilla • *n* breton *(n)*
chatarra • *n* schimb (de bani) *(n)*
chau • *interj* pa • *n* adio, rămas bun
chaval • *n* băiat, fiu
chelín • *n* şiling *(m)*
chelo • *n* violoncel *(n)*
cheque • *n* cec
chequeo • *n* control *(n)*, verificare *(f)*, supraveghere *(f)*
chesco • *n* băuturi răcoritoare, răcoritoare
chica • *n* tipă *(f)*, fată *(f)*, copilă *(f)*, adolescent *(m)*, adolescentă *(f)*
chícharo • *n* mazăre
chicharra • *n* cicadă *(f)*, cicoare *(f)*
chichigua • *n* zmeu *(n)*
chico • *n* băiat *(m)*, adolescent *(m)*, adolescentă *(f)*, băiat, fiu • *adj* mic
chiflado • *n* nebun *(m)*, ţicnit *(m)*
chiflar • *v* fluiera, şuiera
chifle • *n* fluier *(n)*
chiflido • *n* fluierat *(n)*
chilchi • *n* burniţă *(f)*
chillar • *v* ţipa, striga, urla

chillido • *n* ţipăt *(n)*, strigăt *(n)*, urlet *(n)*
chimbombó • *n* bamă *(f)*
chimenea • *n* cămin *(n)*, şemineu, vatră *(f)*, focar *(n)*, coş *(n)*, cos *(m)*, horn, fumar *(n)*
chimpancé • *n* cimpanzeu *(m)*
china • *n* doică *(f)*, breton *(n)*, portocală *(f)*
chinche • *n* ploşniţă *(f)*, păduche de pat
chinchilla • *n* şinşilă *(f)*, cincila *(f)*
chinga • *n* futere *(f)*
chingar • *v* fute, strica, băga
chínguere • *n* băutură *(f)*
chip • *n* cip *(n)*
chipe • *n* silvie *(f)*
chiquear • *v* răsfăţa
chiquero • *n* cocină *(f)*
chiquilla • *n* fată *(f)*, copilă *(f)*
chiribita • *n* bănuţ *(m)*, părăluţă *(f)*, bănuţel *(m)*
chiringa • *n* zmeu *(n)*
chirivía • *n* păstârnac *(m)*
chispa • *n* scânteie
chiste • *n* banc *(n)*, glumă
chistoso • *adj* caraghios, amuzant *(m)*
chita • *n* ghepard *(m)*
chivato • *n* spion *(m)*, spioană *(f)*
chivo • *n* ied *(m)*, capră *(f)*, ţap *(m)*
chocante • *adj* ofensator
chocha • *n* pizdă *(f)*, becaţă *(f)*, becaţină *(f)*, sitar *(m)*
chochaperdiz • *n* becaţă *(f)*, becaţină *(f)*, sitar *(m)*
chochín • *n* pitulice *(f)*
chocho • *n* pizdă *(f)*
choco • *n* sepie *(f)*
chocolate • *adj* ciocolatiu *(n)*, de ciocolată • *n* ciocolată *(f)*
chocolateado • *adj* de ciocolată
chofer • *n* şofer *(m)*, conducător auto *(m)*
chófer • *n* şofer *(m)*
chola • *n* pedală de accelerare *(f)*, accelerator *(n)*
chompipe • *n* curcan *(m)*, curcă *(f)*
chon • *n* porc *(m)*
chopo • *n* plop *(m)*
choque • *n* accident *(n)*, avarie *(f)*, coliziune *(f)*
chorlitejo • *n* ploier *(m)*, fluierar *(m)*
chorlito • *n* ploier *(m)*, fluierar *(m)*
chorlo • *n* ploier *(m)*, fluierar *(m)*
choro • *n* pizdă *(f)*, păsărică *(f)*
chorro • *n* jet *(n)*
chota • *n* penis *(m)*, pulă
chovinismo • *n* şovinism *(n)*

choza • *n* colibă *(f)*, cocioabă
chubasco • *n* aversă *(f)*, ploaie torenţială *(f)*, ploaie de vară *(f)*
chucha • *n* pizdă *(f)*, păsărică *(f)*, oposum *(m)*, sarigă *(f)*
chuchaqui • *n* mahmureală *(f)*
chuche • *n* dulce *(n)*, bomboană *(f)*
chucherías • *n* dulciuri
chucho • *n* corcitură
chucrut • *n* varză acră *(f)*
chufa • *n* migdală-de-pământ *(f)*
chulear • *v* intimida
chuleta • *n* şniţel *(n)*
chulo • *n* proxenet *(m)*, peşte *(m)* • *adj* drăguţ, drăgălaş
chumino • *n* corcitură
chuncho • *n* bufniţă
chupaflor • *n* colibri
chupar • *v* suge
chuparrosa • *n* colibri
chupe • *n* pileală
chusco • *n* corcitură
cianuro • *n* cianura *(f)*
ciborg • *n* cyborg
cicatero • *adj* minuţios
cicatriz • *n* cicatrice *(f)*
ciclamen • *n* ciclamă *(f)*
ciclamino • *n* ciclamă *(f)*
ciclismo • *n* ciclism
ciclista • *n* biciclist *(m)*, ciclist *(m)*
ciclo • *n* ciclu *(n)*, rotaţie *(f)*
cicloide • *n* cicloidă *(f)*
ciclomotor • *n* moped
ciclón • *n* ciclon *(n)*
cicuta • *n* cucută
ciego • *n* cec *(n)*, cecum *(n)* • *adj* orb
cielo • *n* rai, cer, cer *(n)*, чер *(n)*
cielos • *n* cer, чер *(n)*
ciempiés • *n* centiped
ciénaga • *n* mlaştină *(f)*, smârc
ciencia • *n* materie *(f)*, ştiinţă *(f)*
científice • *n* om de ştiinţă *(m)*, savant *(m)*
cientificesa • *n* om de ştiinţă *(m)*, savant *(m)*
científico • *n* om de ştiinţă *(m)*, savant *(m)* • *adj* ştiinţific
ciertamente • *adv* bineînţeles, desigur
cierto • *adj* cert, anume, sigur, adevărat
cierva • *n* ciută *(f)*, căprioară
ciervo • *n* căprior *(m)*, cerb *(m)*, ciută *(f)*, căprioară, cerb *(n)*
cifra • *n* cifră *(f)*
cigarra • *n* cicadă *(f)*, cicoare *(f)*
cigarrillo • *n* ţigară *(f)*, ţigaretă *(f)*
cigarro • *n* trabuc *(n)*
cigüeña • *n* barză *(f)*, barza-albă *(f)*

cigüeñal • *n* arbore cotit *(m)*, vilbrochen *(n)*
cilampa • *n* burniţă *(f)*
cilantro • *n* coriandru *(m)*
cilíndrico • *adj* cilindric *(m)*, cilindrică *(f)*
cilindro • *n* cilindru *(m)*
cima • *n* culme, vârf
cimiento • *n* fundaţie *(f)*, temelie *(f)*, bază *(f)*, fundament *(n)*, temei *(n)*
cinabrio • *n* cinabru *(n)*, chinovar *(n)*, vermillon *(n)*
cinc • *n* zinc *(n)*
cincel • *n* daltă *(f)*
cincho • *n* curea *(f)*, centură *(f)*, cordon *(n)*, brâu *(n)*
cine • *n* film *(n)*
cinético • *adj* cinetic *(n)*
cínico • *adj* cinic
cinismo • *n* cinism *(n)*
cinta • *n* fundă *(f)*, şiret *(m)*, faşă
cinto • *n* curea *(f)*, centură *(f)*, cordon *(n)*, brâu *(n)*
cintura • *n* mijloc, talie
cinturón • *n* curea *(f)*, centură *(f)*, cordon *(n)*, brâu *(n)*
cipote • *n* pulă *(f)*, miel *(m)*
ciprés • *n* chiparos *(m)*
circo • *n* circ *(n)*
circón • *n* zircon
circonio • *n* zirconiu *(n)*
circular • *adj* circular, rotund, de cerc • *v* cercui, a face cercuri
círculo • *n* cerc
circumvalar • *v* înconjura, ocoli, contura
circuncidar • *v* circumcide
circuncisión • *n* circumcizie *(f)*
circundar • *v* înconjura
circunferencia • *n* cerc, circumferinţă
circunscribir • *v* circumscrie
circunstancia • *n* circumstanţă *(f)*, împrejurare *(f)*
cirio • *n* lumânare
ciruela • *n* prună *(f)*
ciruelo • *n* prun *(m)*
cirugía • *n* chirurgie *(f)*
cirujana • *n* chirurg
cirujano • *n* chirurg
cisne • *n* lebădă *(f)*
cisteína • *n* cisteină *(f)*
cisterna • *n* cisternă *(f)*
cistina • *n* cisteină *(f)*
cita • *n* citat *(n)*, citare *(f)*
citación • *n* citat *(n)*, citare *(f)*
cítara • *n* ţiteră *(f)*
citología • *n* citologie *(f)*

citoplasma • *n* citoplasmă *(f)*
citrón • *n* lămâie *(f)*
ciudad • *n* oraș *(n)*, cetate *(f)*, urbe *(f)*, orașe
ciudadana • *n* cetățean
ciudadanía • *n* cetățenie *(f)*
ciudadano • *n* cetățean
ciudadela • *n* citadelă *(f)*, cetate
civeta • *n* zibetă *(f)*
civilidad • *n* civilitate *(f)*, politețe *(f)*, curtenie *(f)*
civilización • *n* civilizație *(f)*, cultură *(f)*
civismo • *n* civilitate *(f)*, politețe *(f)*, curtenie *(f)*
cizalla • *n* foarfece
cizallar • *v* tunde
cizallas • *n* foarfece
cizaña • *n* sălbăție *(f)*
clamor • *n* freamăt, tumult *(n)*, tumulte, agitație *(f)*
clandestino • *adj* clandestin
clara • *n* albuș *(n)*
claraboya • *n* lucarnă
clarete • *n* vin de Bordeaux *(n)*
claridad • *n* claritate
clarificar • *v* clarifica
clarinete • *n* clarinet *(n)*, clarinetă *(f)*, clarinetist *(m)*
clarividencia • *n* clarviziune
claro • *n* poiană *(f)* • *interj* sigur • *adj* luminos, clar, strălucitor, limpede, senin, evident *(n)*, clar *(n)*, manifest *(n)*, vădit *(n)*
clase • *n* fel, gen, fel, gen, fel *(f)*, clasă *(f)*, clasă *(f)*
clásico • *adj* clasic *(n)*, clasici, clasică *(f)*
clasificación • *n* clasificare *(f)*, clasificație *(f)*
clasificar • *v* clasifica, împărți
claustro • *n* claustru *(n)*, arcadă *(f)*
clausura • *n* închidere *(f)*
clausurar • *v* închide
clavado • *n* plonjare
clavar • *v* înfige
clave • *n* cheie *(f)*, legendă, cheie
clavel • *n* garoafă, garoafă *(f)*
clavelina • *n* ciuboțica-cucului *(f)*, limba-cucului *(f)*
clavicémbalo • *n* clavecin
clavicordio • *n* clavecin
clavícula • *n* claviculă *(f)*
clavo • *n* cui *(n)*, țăruș *(m)*, piron *(n)*, cuișoare
claxon • *n* claxon
clemencia • *n* clemență *(f)*, îndurare *(f)*, bunătate *(f)*
cleptomanía • *n* cleptomanie *(f)*

clérigo • *n* cleric
clic • *n* clic *(n)*, clicare
clicar • *v* clica
cliente • *n* cumpărător *(m)*, cumpărătoare *(f)*, client *(m)*, client, client
clima • *n* atmosferă *(f)*, ambient *(m)*, ambianță *(f)*, climă *(f)*, ambient, mediu *(n)*, climat *(n)*, ambianță *(f)*
climatología • *n* climatologie *(f)*
clímax • *n* culme
clínica • *n* clinică *(f)*
cliquear • *v* clica
clítoris • *n* clitoris *(n)*, lindic
cloch • *n* ambreiaj *(n)*
cloche • *n* ambreiaj *(n)*
cloro • *n* clor *(n)*
clutch • *n* ambreiaj *(n)*
coacción • *n* obligare prin forță *(f)*, constrângere *(f)*
coagularse • *v* închega
coágulo • *n* trombus, cheag de sânge *(n)*, cheag
coatí • *n* coati *(m)*
cobalto • *n* cobalt *(n)*
cobarde • *n* laș *(m)*, lașă *(f)* • *adj* laș, fricos, mișel, laș *(m)*
cobardemente • *adv* laș *(n)*
cobardía • *n* poltronerie *(f)*, lașitate *(f)*
cobija • *n* pătură *(f)*, valtrap
cobre • *n* cupru *(m)*, aramă *(f)*
cobres • *n* ban *(m)*, alămuri
coca • *n* coca *(f)*
cocaína • *n* cocaină *(f)*
cocaleca • *n* floricelele de porumb, cocoșei, pop-corn
coche • *n* automobil *(n)*, mașină *(f)*, car *(n)*, căruță *(f)*, mașină *(f)*, automobil *(n)*, vagon *(n)*, porc *(m)*
cochi • *n* porc *(m)*
cochín • *n* porc *(m)*
cochino • *n* porc *(m)*
cocho • *n* pizdă *(f)*, păsărică *(f)*, porc *(m)*
cocido • *adj* copt
cocina • *n* aragaz *(n)*, bucătărie *(f)*, reșou *(n)*
cocinado • *adj* copt
cocinar • *v* găti
cocinera • *n* bucătar
cocinero • *n* bucătar
coco • *n* nucă de cocos *(f)*
cocodrilo • *n* crocodil
coctel • *n* cocteil *(n)*, cocktail *(n)*
cóctel • *n* cocteil *(n)*, cocktail *(n)*
codicia • *n* avariție *(f)*, poftă nemăsurată *(f)*, râvnire excesivă *(f)*, cupiditate *(f)*, aviditate *(f)*, lăcomie *(f)*
codicioso • *adj* avar *(m)*

código • *n* cod *(n)*
codo • *n* cot *(n)*
codorniz • *n* prepeliţa
coeficiente • *n* coeficient *(m)*
coerción • *n* coerciţie *(f)*
coger • *v* fute, lua, băga
cogida • *n* futere *(f)*
cognitivo • *adj* cognitiv
cogorza • *n* beţie *(f)*
cohecho • *n* mită *(f)*
cohesivo • *adj* coerent, coeziv
cohete • *n* rachetă *(f)*
coima • *n* mită *(f)*
cojear • *v* şchiopăta
cojín • *n* pernă *(f)*
cojo • *adj* schilod, infirm, şchiop *(m)*, olog *(m)*
cojón • *n* coi *(n)*
cojones • *n* coi *(m)*
cojudo • *n* armăsar *(m)*
col • *n* varză *(f)*
cola • *n* coadă, cola *(f)*, clei *(n)*, lipici *(n)*, coadă *(f)*, băuturi răcoritoare, răcoritoare
colaboración • *n* colaborare *(f)*, colaborări
colada • *n* rufe, lucruri de spălat, spălare *(f)*, spălat *(n)*
colador • *n* strecurătoare *(f)*, sită *(f)*
colapso • *n* colaps *(n)*, cădere *(f)*
colar • *v* cerne, strecura
colcha • *n* pătură *(f)*, valtrap
colchón • *n* saltea
colección • *n* colectare *(f)*, colecţie *(f)*
coleccionista • *n* colecţionar *(m)*
colectivismo • *n* colectivism *(n)*
colectivización • *n* colectivizare *(f)*
colega • *n* coleg *(m)*, colegă *(f)*
colegir • *v* conchide
cólera • *n* mânie *(f)*, furie *(f)*, urgie *(f)*
colérico • *adj* irascibil
colgado • *n* spânzurătoarea *(f)*
colgando • *adj* atârnat
colgante • *adj* atârnat • *n* pandantiv *(n)*
colgar • *v* atârna
colibrí • *n* colibri
coliflor • *n* conopidă *(f)*
colimbo • *n* cufundar *(m)*, bodârlău *(m)*, corcodel *(m)*
colina • *n* deal *(f)*, colină *(f)*
colinabo • *n* nap suedez *(m)*
colindante • *adj* adiacent *(m)*
colirrábano • *n* gulie *(f)*
colisión • *n* ciocnire *(f)*, coliziune *(f)*
colitis • *n* diaree, urdinare *(f)*
collage • *n* colaj *(m)*
collar • *n* colan, colier, salbă

colmena • *n* stup
colmenera • *n* albinar *(m)*, albinară *(f)*, apicultor *(m)*, apicultoare *(f)*
colmenero • *n* albinar *(m)*, albinară *(f)*, apicultor *(m)*, apicultoare *(f)*
colocado • *adj* drogat
colocar • *v* pune, aşeza
coloide • *n* coloid *(m)*, suspensie coloidală *(f)*
colombina • *n* căldăruşă *(f)*
colombroño • *n* tiz *(m)*
colona • *n* colonist *(m)*, colonistă *(f)*
colonia • *n* colonie *(f)*, vecinătate, avanpost *(n)*, avanposturi
colonial • *adj* colonial
colonialismo • *n* colonialism *(m)*
colonista • *n* pelerin *(m)*
colonizador • *n* colonist *(m)*, colonistă *(f)*
colono • *n* colonist *(m)*, colonistă *(f)*
coloquial • *adj* colocvial, familiar
coloquio • *n* colocviul *(n)*
color • *n* culoare *(f)*
colorado • *adj* roşu
colorar • *v* colora
colorear • *v* coace, colora
colorete • *n* fard *(n)*, dres *(n)*
colosal • *adj* colosal
columna • *n* coloană *(f)*, coloană, pilar, columnă, stâlp
coma • *n* virgulă *(f)*, comă *(f)*
comadreja • *n* nevăstuică *(f)*, oposum *(m)*, sarigă *(f)*
comadrona • *n* moaşă
comandante • *n* maior *(m)*, maiori
combatiente • *n* combatant *(m)*, luptător *(m)*, combatantă *(f)*
combatir • *v* combate
combativo • *adj* combativ *(n)*
combinación • *n* combinare *(f)*
combinar • *v* îmbina, combina, uni
combustible • *n* combustibil *(m)*, carburant *(m)* • *adj* inflamabil
combustión • *n* ardere *(f)*, oxidare *(f)*, combustie *(f)*, combustii, arderi
comecuandohay • *n* corcitură
comedia • *n* comedie *(f)*
comedor • *n* mâncător
comején • *n* termită *(f)*
comendación • *n* lăudare *(f)*, elogiere *(f)*, recomandare *(f)*
comentario • *n* observaţie *(f)*
comenzar • *v* începe
comer • *v* mânca
comerciable • *adj* sociabil *(n)*, comerciabil *(m)*, vandabil
comercial • *adj* comercial *(n)*, comercia-

lă *(f)*
comerciante • *n* negustor, comerciant, antreprenor *(m)*, întreprinzător *(m)*
comercio • *n* magazin *(n)*, spaţiu comercial
comestible • *adj* comestibil *(m)*, mâncabil *(m)*, comestibil *(n)*, comestibilă *(f)*, mâncabil *(n)*
cometa • *n* zmeu *(n)*
comezón • *n* mâncărime *(f)*
cómico • *adj* caraghios, amuzant *(m)*
comida • *n* prânz *(n)*, aliment *(n)*, mâncare *(f)*, hrană *(f)*, masă *(f)*
comienzo • *n* începere *(f)*, început *(n)*, iniţiere *(f)*, debut *(n)*, început
comilona • *n* banchet *(n)*, festin *(n)*, ospăţ *(n)*
comino • *n* chimion *(m)*
como • *conj* ca, cum, aşa cum, precum, deoarece, pentru că, fiindcă, căci • *prep* în calitate de, ca, ca şi
cómo • *adv* cum, ce, cât
comodidad • *n* confort
comomosí • *n* bougainvillea *(f)*
compacto • *adj* compact *(n)*
compañera • *n* tovarăş *(m)*, întâlnire
compañero • *n* tovarăş *(m)*, întâlnire, partener *(m)*, coleg *(m)*, colegă *(f)*
compañía • *n* companie *(f)*
comparable • *adj* comparabil
comparar • *v* compara
comparativo • *adj* comparativ *(m)*, comparativ
compartido • *adj* distribuit *(n)*, împărţit *(n)*
compartimiento • *n* compartiment *(n)*, compartimente
compartir • *v* partaja, împărţi, împărtăşi
compás • *n* măsură *(f)*, tact *(n)*
compasión • *n* compasiune *(f)*, milă *(f)*, compătimire *(f)*, compasiune, compătimire, simpatie
compatriota • *n* compatriot *(m)*
compendio • *n* compendiu
competencia • *n* concurs *(n)*, competiţie *(f)*, întrecere *(f)*
competente • *adj* abilitat *(m)*, competent *(m)*
competición • *n* competiţie, concurenţă *(f)*, concurs *(n)*, competiţie *(f)*, întrecere *(f)*
competitivo • *adj* competitiv *(n)*
compilador • *n* compilator
compilar • *v* alcătui, compila
complejidad • *n* complexitate *(f)*
complejo • *adj* sofisticat, complicat *(n)*, complex
complementario • *adj* complementar *(n)*
complemento • *n* obiect *(n)*, accesoriu *(n)*
completamente • *adv* bine, complet *(n)*, completă
completo • *adj* complet, cuprinzător, multilateral *(m)*, terminat
complexo • *adj* complex
complicado • *adj* complicat *(n)*, alambicat *(n)*, sofisticat, complex
complicar • *v* complica
complot • *n* complot *(n)*
componente • *n* componentă *(f)*
comportamiento • *n* comportament *(n)*
comportarse • *v* purta, comporta
composición • *n* compoziţie *(f)*, compunere *(f)*
compositor • *n* compozitor *(m)*
compositora • *n* compozitor *(m)*
compostura • *n* calm, autocontrol
compota • *n* kompot
comprador • *n* cumpărător *(m)*, cumpărătoare *(f)*, client *(m)*
comprar • *v* cumpăra
comprender • *v* înţelege, îşi da seama, pătrunde
comprensibilidad • *n* comprehensibilitate *(f)*
comprometerse • *n* obligare *(f)*, obligaţie
compromiso • *n* timp limită, obligaţie *(f)*, compromis *(n)*
compuerta • *n* ecluza *(f)*, deschizatura *(f)*
compulsión • *n* constrângere *(f)*
compulsivo • *adj* coercitiv *(m)*, constrângător *(m)*
compunción • *n* compuncţiune *(f)*, remuşcare *(f)*, regret *(n)*
computador • *n* computer *(n)*, calculator *(n)*
computadora • *n* computer *(n)*, calculator *(n)*
comulgar • *v* cumineca
común • *adj* comun, răspândit *(m)*, extins *(m)*, obişnuit, uzual
comunicación • *n* notificare *(f)*, aviz *(n)*, avertisment *(n)*, comunicare *(f)*, comunicaţie *(f)*
comunicado • *n* comunicare, veste *(n)*, ştire *(f)*, mesaj *(n)*
comunicar • *v* transmite
comunidad • *n* societate, mediu, comunitate *(f)*, avanpost *(n)*, avanposturi
comunismo • *n* comunism *(n)*

comunista • *adj* comunist • *n* comunist *(m)*, comunistă *(f)*
con • *prep* alături, cu • *v* pescui
concavidad • *n* concavitate *(f)*
concebir • *v* urzi
conceder • *v* lăsa, acorda, permite, admite
concejo • *n* consiliu *(m)*
concentración • *n* concentrare *(f)*, concentrare, concentrație *(f)*
concentrarse • *v* concentra
concepción • *n* concepere *(f)*, zămislire *(f)*, concepție *(f)*
concepto • *n* concept *(n)*
concha • *n* pizdă *(f)*, scoică, cochilie, scoică *(f)*, păsărică *(f)*
conciencia • *n* conștiință *(f)*, conștiință *(f)*
concierto • *n* concert *(n)*
conciliar • *v* concilia, îmbuna
concluir • *v* termina, finisa, conchide, încheia, concluziona
conclusión • *n* final
concordar • *interj* de acord
concordia • *n* acord, consens *(n)*
concreto • *adj* concret *(n)*, beton • *n* beton *(n)*
concuñado • *n* cumnat *(m)*
concurso • *n* competiție *(f)*, întrecere *(f)*
condado • *n* județ, judet *(n)*
conde • *n* conte *(m)*, prinț
condecoración • *n* decorație *(f)*
condena • *n* sentință *(f)*, verdict *(n)*
condenación • *n* condamnare *(f)*
condensación • *n* condensare *(f)*
condensar • *v* precipita, condensa
condesa • *n* contesă *(f)*
condición • *n* condiție *(f)*, condiție *(f)*, stare
condicional • *adj* condițional
condimentar • *v* condimenta
condón • *n* prezervativ *(n)*
conducción • *n* conducere *(f)*, dirijare *(f)*, comandare *(f)*
conducir • *v* mâna, conduce, ghida
conducta • *n* comportament, comportament *(n)*
conductor • *n* conducător, șofer *(m)*, conducător auto *(m)*, conductor *(m)*, moderator *(m)*, moderatoare *(f)*, prezentator *(m)*
conductora • *n* conducător, șofer *(m)*, conducător auto *(m)*
conectar • *v* lega, îmbina, conecta
conejito • *n* iepuraș
conejo • *n* iepure, iepure de vizuină
conexión • *n* conectare *(f)*, legare *(f)*, unire *(f)*, îmbinare *(f)*, legătură *(f)*, conexiune *(f)*, joncțiune
confeccionar • *v* croi
confederación • *n* confederație *(f)*, confederație
confesar • *v* mărturisi, spovedi
confesión • *n* confesiune *(f)*, mărturisire *(f)*, spovedire *(f)*, recunoaștere *(f)*
confiable • *adj* fiabil *(m)*, sigur *(m)*, asigurat *(m)*, sigur, demn de încredere, stabil *(m)*, sigur *(m)*
confianza • *n* securitate *(f)*, încredere *(f)*, legătură *(f)*, relație *(f)*
confiar • *v* încrede
confidencia • *n* confidență *(f)*
confidencial • *adj* confidențial *(n)*, confidențială *(f)*
confidente • *n* delator, denunțător, informator, iudă, trădător, turnător, vânzător
confidentemente • *adv* sigur
configuración • *n* configurație *(f)*, dispunere *(f)*
confirmación • *n* confirmare *(f)*
confirmar • *v* confirma
confiscar • *v* confisca
confitura • *n* marmeladă *(f)*
conflagración • *n* conflagrație *(f)*, incendiu *(n)*
conflicto • *n* conflict *(n)*, ceartă
conforme • *adj* conform *(n)*, conform • *conj* pe măsură ce
conformidad • *n* conformitate *(f)*
conformista • *n* conformist, conformistă *(f)*
confortable • *adj* confortabil, comod
confraternidad • *n* fraternitate *(f)*
confundiendo • *adj* confuz *(n)*, încurcător *(n)*, zăpăcitor *(n)*, haotic *(n)*
confundir • *v* încurca
confusión • *n* confuzie *(f)*
confuso • *adj* confuz *(n)*, haotic *(n)*
congelado • *adj* înghețat
congelar • *v* îngheța, congela
congestionar • *v* înfunda
congoja • *n* agonie *(f)*, chin *(n)*
congorocho • *n* miriapod
congregación • *n* parohie *(f)*, enorie *(f)*, congregație *(f)*, adunare de fideli, organizație fondată religios *(f)*
cónico • *adj* conic
conífera • *n* conifer *(n)*, conifere
conjetura • *n* ipoteză, supoziție, teoremă, presupunere *(f)*
conjeturar • *v* bănui
conjugación • *n* conjugare *(f)*
conjugar • *v* conjuga

conjunción • *n* conjuncție *(f)*, unire *(f)*, legare *(f)*, conjuncționalizare, conjunctare
conjunto • *n* mulțime *(f)*
conjuro • *n* vrajă *(f)*, farmec *(n)*, descântec *(n)*, descântătură *(f)*
conmiseración • *n* compătimire *(f)*, compasiune *(f)*, comizerație *(f)*
conmover • *v* emoționa
conmutador • *n* comutator *(n)*
connotación • *n* conotație *(f)*
connotar • *v* sugera, implica
connotativo • *adj* conotativ
cono • *n* con, con *(m)*
conocer • *v* cunoaște
conocida • *n* cunoscut *(m)*, cunoscută *(f)*, cunoștință
conocido • *n* amic, амик *(m)*, cunoscut *(m)*, cunoscută *(f)*, cunoștință
conocimiento • *n* cunoaștere *(f)*, știre *(f)*, învățătură *(f)*, cunoștințe, știință *(f)*
conocimientos • *n* cunoaștere
conquistar • *v* cuceri, învinge
consciente • *adj* conștient
conscripción • *n* recrutare, înrolare *(f)*
consecuencia • *n* consecvență
consecutivo • *adj* consecutiv *(n)*, succesiv *(n)*
conseguir • *v* reuși
consejo • *n* sfat *(n)*, expertiză *(f)*, consultanță, sfat, povață
consentir • *v* răsfăța, alinta
conservador • *n* conservator *(m)*, conservatoare *(f)*
conservante • *n* conservant *(m)*
consideración • *n* considerare *(f)*, atenție *(f)*, considerație *(f)*, respect *(n)*
consistente • *adj* consistent *(m)*
consolación • *n* consolare *(f)*
consolador • *n* dildo *(n)*
consonante • *n* consoană *(f)*
consorcio • *n* trust *(n)*
conspiración • *n* complot *(n)*
constante • *adj* constant *(n)*, constantă *(f)*, neschimbat *(n)*, stabil *(m)*
constelación • *n* constelație *(f)*
consternación • *n* desperare *(f)*, spaimă *(f)*, consternație *(f)*, consternare *(f)*
constipación • *n* gripă *(f)*, răceală *(f)*
constreñimiento • *n* constrângere *(f)*, obligație *(f)*
construcción • *n* clădire *(f)*, construire *(f)*, edificare *(f)*
constructivismo • *n* constructivism *(n)*
construir • *v* clădi, construi, construi *(f)*
consuelo • *n* consolare *(f)*, reconfortare *(f)*

cónsul • *n* consul *(m)*
consulado • *n* consulat *(n)*
consulta • *n* consultanță *(f)*, sfat, povață, sfătuire, consultație *(f)*, consultare *(f)*
consultar • *v* conferi, întreba
consumible • *n* consumabil *(n)* • *adj* consumabil *(m)*
consumido • *adj* epuizat *(n)*, istovit *(n)*, secătuit, obosit *(n)*
consumo • *n* consum *(n)*
contabilidad • *n* contabilitate *(f)*
contable • *n* contabil *(m)*, contabil *(m)* • *adj* numărabil *(n)*
contacto • *n* contact, atingere
contador • *n* metru *(m)*, contor *(n)*, contabil *(m)*, contor, numărătoare *(f)*, numărător
contadora • *n* contabil *(m)*
contagiar • *v* infecta, contamina
contagio • *n* contagiune *(f)*
contagioso • *adj* contagios, molipsitor, infecțios
contaminación • *n* contaminare *(f)*
contaminar • *v* spurca, mânji
contar • *v* număra
contemplar • *v* cugeta, contempla, chibzui, vedea
contemporáneo • *adj* contemporan *(n)*, contemporani, contemporană *(f)*
contemporario • *adj* contemporan *(n)*, contemporani, contemporană *(f)*
contenedor • *n* cutie *(f)*, container *(n)*
contener • *v* conține
contenido • *n* conținut *(n)*
contentar • *v* mulțumi
contento • *adj* bucuros, vesel, fericit, mulțumit
conteo • *n* numărare *(f)*
contestación • *n* răspuns *(n)*
contestar • *v* răspunde
contigüidad • *n* contiguitate *(f)*
contiguo • *adj* adiacent *(m)*
continente • *n* continent
continuación • *n* continuare *(f)*, continuări
continuadamente • *adv* încontinuu, perpetuu, continuu, neîntrerupt
continuamente • *adv* încontinuu, perpetuu, continuu, neîntrerupt
continuar • *v* proceda
continuidad • *n* continuitate *(f)*
continuo • *adj* continuu *(n)*, neîntrerupt *(n)*, neîntrerupt, continuu, necontenit
contra • *prep* contra
contracorriente • *n* contracurent *(m)*, bulboană, volbură *(f)*, vârtej *(n)*
contractura • *n* contracție *(f)*, cotractare

contradicción • *n* contradicție *(f)*
contradictorio • *adj* contradictoriu, contrar
contraerse • *v* micșora
contramedida • *n* control *(n)*, mecanism de siguranță *(n)*
contrario • *adj* ostil, advers
contraseña • *n* parolă *(f)*, parolă *(f)*
contraste • *n* contrast *(n)*
contratar • *v* a incheia un contract cu, angaja
contrato • *n* legământ, contract
contravenir • *v* contraveni
contribución • *n* contribuție *(f)*, contribuire, contribuție
control • *n* control *(n)*, comandă *(f)*, autoritate *(f)*
controlable • *adj* controlabil
controlar • *v* comanda, controla
controversia • *n* controversă *(f)*, dispută (principială) *(f)*, discuție *(f)*
controversial • *adj* controversabil *(n)*, controversat *(n)*, discutabil *(n)*, polemizat *(n)*
controvertido • *adj* controversabil *(n)*, controversat *(n)*, discutabil *(n)*, polemizat *(n)*
convencer • *v* convinge
convención • *n* convenție *(f)*, întrunire *(f)*, tratat *(n)*
convencional • *adj* convențional *(n)*
conveniente • *adj* dorit *(m)*
convenio • *n* convenție *(f)*, acord *(n)*, înțelegere *(f)*, legământ
convergente • *adj* convergent
conversación • *n* colocviul *(n)*, discurs *(n)*, conversație *(f)*, dialog, convorbire *(f)*
conversar • *v* vorbi
conversión • *n* transformare, conversiune, conversie, prefacere
converso • *n* convertit *(m)*, convertită *(f)*
convertible • *adj* convertibil *(n)*
convertir • *v* converti, transforma, deveni
convidar • *v* invita, ospăta, trata
convocar • *v* chema
coñac • *n* rachiu, vinars
coño • *n* pizdă *(f)*, păsărică *(f)*
cooperación • *n* cooperare *(f)*
cooperar • *v* coopera
coordenada • *n* coordonată *(f)*, coordonate
coordinación • *n* coordonare *(f)*, coordonare *(f)*
coordinar • *v* coordona

copa • *n* cupă *(f)*, băutură *(f)*, pahar *(n)*, ceașcă *(f)*, pileală
copas • *n* inimă, cupă *(f)*
cópec • *n* copeică *(f)*
copeca • *n* copeică *(f)*
copete • *n* pileală
copia • *n* copie *(f)*
copiar • *v* copia, imita
copioso • *adj* abundent
coque • *n* cocs *(n)*
coraje • *n* curaj *(n)*, inimă, suflet
corajina • *n* pandalie *(f)*, toană *(f)*
corajudo • *adj* curajos, brav
coral • *adj* coral • *n* coral *(m)*
corazón • *n* miez *(n)*, inimă *(f)*, cord *(n)*, iubit *(m)*, iubită *(f)*, drag *(m)*, drăguță *(f)*, centru *(n)*, mijloc *(n)*, inimă
corazones • *n* inimă, cupă *(f)*
corbata • *n* cravată *(f)*
corchete • *n* capsă *(f)*
corcova • *n* cocoașă *(f)*
cordel • *n* coardă *(f)*
cordero • *n* miel *(m)*, mioară *(f)*, mia *(f)*
cordial; • *n* bună dispoziție *(f)*
cordillera • *n* creastă *(f)*
cordón • *n* șiret *(m)*, cordon, coardă *(f)*
cordonera • *n* șiret *(n)*
coriandro • *n* coriandru *(m)*
cormo • *n* bulb *(m)*
cormorán • *n* cormoran *(m)*
cornamenta • *n* corn, coarne
córnea • *n* cornee *(f)*
corneja • *n* cioară *(f)*
cornejo • *n* sânger *(m)*, corn *(m)*
corneta • *n* claxon
cornisa • *n* creastă
cornudo • *n* încornorat *(m)*
coro • *n* cor
corolario • *n* corolar *(n)*
corona • *n* coroană *(f)*, cunună *(f)*
coronar • *v* încorona, încununa
coronel • *n* colonel *(m)*
coronta • *n* știulete
corpiño • *n* sutien *(n)*
corporación • *n* corporație *(f)*, societate pe acțiuni *(f)*
corporal • *adj* trupesc, corporal
corpóreo • *adj* corporal *(m)*
corpúsculo • *n* corpuscul, particulă
correa • *n* curea *(f)*, centură *(f)*, cordon *(n)*, brâu *(n)*
correcaminos • *n* cucul alergător *(m)*
corrección • *n* corectitudine
correctamente • *adv* corect, în mod corect
correcto • *adj* drept, corectitudine *(f)*, corect

corredor • *n* agent *(m)*, coridor aerian *(n)*, culoar *(f)*, coridor *(m)*, alergător *(m)*
corregible • *adj* corigibil
corregir • *v* corecta
correlación • *n* corelație *(f)*
correlimos • *n* fugaci *(m)*, fugaci
correquetepillo • *n* troscot *(m)*
correr • *v* alerga, fugi • *n* fugă
correrse • *v* slobozi
correspondiente • *adj* corespunzător *(n)*, corespondent *(n)*
corrida • *n* sloboz *(m)*
corriente • *n* curent *(m)*, șuvoi *(n)*, flux *(n)*, pârâu *(f)*, torent *(n)*, electricitate *(f)*
corrimiento • *n* alunecare *(f)*, alunecare de teren *(f)*
corroborar • *v* susține, corobora, adeveri
corromper • *v* spurca, mânji, corupe
corrupción • *n* corupție *(f)*
corrupto • *adj* corupt *(m)*, coruptă *(f)*
cortado • *adj* tăiat
cortador • *n* tăietor
cortar • *v* tăia, tunde
corte • *n* tăietură *(f)*, curte, incizie *(f)*, tăiere *(f)*, frizură *(f)*, freză *(f)*, coafură *(f)*, tunsoare
cortejar • *v* curta
cortejo • *n* curte
cortés • *adj* politico
corteza • *n* scoarță
cortina • *n* perdea *(f)*, draperie *(f)*, perdele
corto • *adj* scurt, scurt
cortón • *n* pandalie *(f)*, toană *(f)*
cosa • *n* lucru *(n)*, chestie *(f)*, obiect *(n)*
cosecante • *n* cosecantă *(f)*
cosecha • *n* recoltă *(f)*, cules, rod, strânsură *(f)*, seceriș
cosechar • *v* recolta, secera, strânge, culege
coseno • *n* cosinus *(n)*
coser • *v* coase
cósmico • *adj* cosmic
cosmogonía • *n* cosmogonie *(f)*
cosmología • *n* cosmologie *(f)*
cosmos • *n* cosmos *(m)*
costa • *n* mal *(f)*, țărm *(f)*, coastă *(f)*, coastă, țărm de mare, coborâre la vale, liman, mal, limită, hotar
costado • *n* flanc *(n)*, latură *(f)*
costar • *v* costa, prețui
costilla • *n* coastă
costo • *n* cost, preț
costoso • *adj* scump, costisitor, scump *(n)*
costumbre • *n* obicei *(n)*, obicei *(m)*, habitudine *(f)*, convenție *(f)*
cotangente • *n* cotangentă *(f)*
cotejo • *n* inspecție *(f)*, control *(n)*, verificare
cotidianamente • *adv* zilnic, cotidian
cotidiano • *adj* cotidian *(m)*, de fiece zi, cotidian *(n)*, obișnuit *(n)*, banal *(m)*, zilnic, cotidian
cotiledón • *n* cotiledon *(n)*
cotorra • *n* papagal *(m)*
cotufas • *n* floricelele de porumb, cocoșei, pop-corn
cotuza • *n* aguti *(m)*
coulomb • *n* coulomb *(m)*
cowberry • *n* merișor *(n)*
coyote • *n* coiot *(m)*
coyuyo • *n* cicadă *(f)*, cicoare *(f)*
craneal • *adj* cranian *(n)*, cranial *(n)*, de craniu
cráneo • *n* craniu *(n)*, țeastă
craso • *adj* cras, grosolan, grosier
creación • *n* creare *(f)*, creație *(f)*
creacionismo • *n* creaționism *(n)*
crear • *v* crea
creatividad • *n* creativitate *(f)*
creativo • *adj* creativ *(n)*, creator *(n)*, inventiv *(n)*
crecer • *v* crește
creciente • *n* semilună *(f)*
credencial • *n* carte de identificare *(f)*
crédito • *n* credit *(n)*
credo • *n* credință
creencia • *n* credință
creer • *v* crede, lua în considerație, judeca, considera
creíble • *adj* credibil, plauzibil, demn de încredere
creído • *adj* pompos, arogant
crema • *n* smântână *(f)*, cremă *(f)*
crematorio • *n* crematoriu
cremesín • *n* carmin *(f)* • *adj* carmin
crep • *n* clătită *(f)*
crepe • *n* clătită *(f)*
crepúsculo • *n* amurg *(n)*, crepuscul *(n)*
cresa • *n* larvă, vierme
cresón • *n* năsturel *(m)*, creson *(n)*
cresta • *n* creastă
creta • *n* cretă *(f)*
cretinismo • *n* cretinism *(n)*
cría • *n* pui *(m)*
criado • *n* servitor *(m)*, slugă *(f)*, slujitor *(m)*
crianza • *n* educare *(f)*, creștere *(f)*, cultivare
criatura • *n* creatură, ființă, făptură *(f)*, făptură
criba • *n* sită *(f)*

cribar • *v* cerne
cricket • *n* crichet *(n)*
criminal • *n* infractor *(m)*, infractoare *(f)*
criminalidad • *n* delicvență *(f)*
crin • *n* coamă *(f)*
criptón • *n* kripton *(n)*
críquet • *n* crichet *(n)*
crisálida • *n* pupă *(f)*
crisantemo • *n* crizantemă
crisis • *n* criză *(f)*, moment crucial *(n)*, toi *(n)*
crispetas • *n* floricelele de porumb, cocoșei, pop-corn
cristal • *n* sticlă *(f)*, cristal *(m)*, cristal, cristal *(m)*
cristalino • *n* cristalin *(n)*
cristalización • *n* cristalizare *(f)*, cristalizație *(f)*
criterio • *n* criteriu *(n)*
crítica • *n* critică *(f)*
críticamente • *adv* critic, în mod critic
criticar • *v* critica
crítico • *n* critic *(m)*
croche • *n* ambreiaj *(n)*
croco • *n* brândușă *(f)*
cromo • *n* crom *(n)*
cromosoma • *n* cromozom *(m)*
crónica • *n* cronică *(f)*
cronología • *n* cronologie *(f)*
cronológico • *adj* cronologic *(m)*
croquis • *n* desen *(n)*
cruce • *n* răscruce *(f)*, intersecție *(f)*, intersectare *(f)*
crucial • *adj* crucial, decisiv
crucificar • *v* crucifica
crucifijo • *n* crucifix
cruda • *n* mahmureală *(f)*
crudo • *adj* grosier, aspru, crud
cruel • *adj* crud, crunt, cumplit
crueldad • *n* neomenie *(f)*, cruzime *(f)*, cruzime *(f)*, neumanitate *(f)*
cruento • *adj* sângeros, sângeros, crunt
crujido • *n* freamăt
crúor • *n* sânge *(n)*
crustáceo • *n* crustaceu
cruz • *n* cruce
cruzada • *n* cruciadă, cruciadă *(f)*
cuac • *n* mac, mac-mac, măcăit *(n)*, măcănit *(n)*, măcăitură *(f)*
cuache • *n* geamăn *(m)*
cuadrado • *adj* pătrat • *n* pătrat *(n)*, pătrat, cvadrat
cuadragésimo • *adj* patruzecilea
cuadratura • *n* cvadratură *(f)*
cuadrícula • *n* rețea, latice
cuadrilátero • *n* patrulater, cadrilater • *adj* cvadrilateral *(m)*
cuadrilla • *n* echipă
cuadro • *n* pictură *(f)*, pătrat, cvadrat
cuádruple • *adj* cvadruplu
cuajar • *v* închega
cuajarón • *n* cheag
cuajo • *n* cheag
cuál • *pron* ce
cualidad • *n* calitate *(f)*
cualitativo • *adj* calitativ *(n)*
cuan • *adv* cât
cuán • *adv* cât
cuando • *adv* când • *conj* când, pe când, în timp ce • *pron* când
cuantificar • *v* cuantifica
cuantioso • *adj* abundent
cuarta • *adj* patrulea *(m)*, patra *(f)*
cuartel • *n* sfert, pătrime *(f)*, pătrar *(n)*
cuarteto • *n* cvartet
cuarto • *adj* patrulea *(m)*, patra *(f)* • *n* cameră *(f)*, odaie *(f)*, încăpere *(f)*, dormitor *(n)*, dormitoare, sfert, pătrime *(f)*, pătrar *(n)*
cuarzo • *n* cuarț *(n)*
cuate • *n* geamăn *(m)*
cuatridimensional • *adj* cvadridimensional *(n)*
cuba • *n* bute *(f)*, butoi *(n)*
cubeta • *n* găleată *(f)*, căldare *(f)*
cubierta • *n* pneu *(n)*, cauciuc *(n)*
cubierto • *adj* acoperit
cubil • *n* bârlog *(n)*, peșteră *(f)*
cubismo • *n* cubism *(n)*
cubo • *n* cub, găleată *(f)*, căldare *(f)*
cubrefuego • *n* interdicție de ieșire din casă *(f)*
cubrir • *v* acoperi, deghiza, masca, ascunde
cuca • *n* migdală-de-pământ *(f)*, pizdă *(f)*, păsărică *(f)*
cucaracha • *n* gândac *(m)*, libarcă *(f)*
cucarachero • *n* pitulice *(f)*
cuchara • *n* lingură *(f)*
cucharada • *n* măsură *(f)*, cupă *(f)*
cucharazo • *n* măsură *(f)*, cupă *(f)*
cucharilla • *n* linguriță *(f)*
cucharón • *n* măsură *(f)*, polonic *(n)*
cuchi • *n* porc *(m)*
cuchilla • *n* lamă *(f)*
cuchillo • *n* cuțit *(n)*
cuchucho • *n* coati *(m)*
cuclillo • *n* cuc
cuco • *n* bufniță, cuc
cuecha • *n* ciot *(n)*
cuello • *n* gât *(n)*
cuenco • *n* castron *(n)*
cuenta • *n* cont *(n)*, notă de plată *(f)*, so-

coteală *(f)*, factură *(f)*, socoti
cuentakilómetros • *n* contor de parcurs *(n)*
cuento • *n* istorie, poveste, poveste *(f)*, basm *(n)*
cuerda • *n* coardă *(f)*, cordon, frânghie *(f)*, coardă, funie
cuerdo • *adj* sănătos *(m)*
cuerno • *n* corn, coarne, corn *(m)*, corn *(n)*
cuero • *n* blană *(f)*, piele *(f)*, piele de animal *(f)*
cuerpo • *n* corp *(n)*, trup *(n)*
cuerporruín • *n* caprimulg *(m)*
cuervo • *n* cioară *(f)*, corb
cuesta • *n* pantă *(f)*
cuestión • *n* întrebare *(f)*
cuestionar • *v* întreba
cueva • *n* peșteră *(f)*, cavernă *(f)*, grotă *(f)*
cuidado • *n* educare *(f)*, creștere *(f)*, cultivare, grijă, păs
cuidadosamente • *adv* cu precauție, cu băgare de seamă
cuidadoso • *adj* precaut, prudent, precaut *(m)*, prudent *(m)*
cuidar • *v* îngriji
culear • *v* fute, băga
culebra • *n* șarpe *(m)*
culo • *n* cur *(n)*, găoază *(f)*, fund *(n)*, popou *(n)*, fund, șezut, dos
culombio • *n* coulomb *(m)*
culpa • *n* păcat, vină *(f)*
culpable • *adj* culpabil *(m)*, condamnabil *(m)*, de condamnat
culpar • *v* inculpa, învinui, învinovăți, blama, critica
cultivable • *adj* arabil *(n)*
cultivación • *n* cultivare *(m)*, cultură agricolă *(f)*, cultivație *(f)*
cultivar • *v* cultiva
cultivo • *n* cultură *(f)*, cultivare *(m)*, cultură agricolă *(f)*, cultivație *(f)*, cultură *(f)*
cultura • *n* cultură *(f)*
cultural • *adj* cultural *(n)*

cumbre • *n* culme
cumpleaños • *n* aniversare, zi de naștere
cumplido • *n* compliment *(n)*
cumplimiento • *n* performanță *(f)*, randament *(n)*, îndeplinire *(f)*, desăvârșire *(f)*
cumplir • *v* împlini, se supune
cúmulo • *n* bulgăre *(m)*
cumulonimbo • *n* cumulonimbus
cuna • *n* leagăn *(n)*
cunaguaro • *n* ocelot *(m)*
cuncuna • *n* omidă *(f)*
cuneta • *n* șanț *(m)*
cuña • *n* pană *(f)*
cuñada • *n* cumnată *(f)*
cuñado • *n* cumnat *(m)*
cuórum • *n* cvorum *(m)*
cura • *n* tratament, preot
curación • *n* tratament
curado • *adj* matur
curar • *v* vindeca
curio • *n* curiu *(n)*
curiosidad • *n* curiozitate *(f)*
curioso • *adj* curios *(n)*, straniu *(m)*, ciudat *(n)*, bizar *(n)*, neobișnuit *(n)*
cursi • *adj* fără spirit, nesensibil, nesimțitor, nespiritual
curso • *n* materie *(f)*, disciplină, curs
cursor • *n* cursor *(n)*
curtidor • *n* tăbăcar *(m)*, argăsitor *(m)*, pielar *(m)*
curtidora • *n* tăbăcar *(m)*, argăsitor *(m)*, pielar *(m)*
curtir • *v* tăbăci, argăsi
curva • *n* arc *(n)*, curbă *(f)*, linie curbă *(f)*, linie curbată *(f)*, curbe
curvar • *v* îndoi, curba
curvatura • *n* curbură *(f)*
curvo • *adj* curbat
custodiar • *v* feri, proteja, păzi
cusuco • *n* tatu *(m)*
cusumbo • *n* coati *(m)*
cuto • *n* porc *(m)*

D

dacha • *n* dacea *(f)*
dactilar • *adj* digital *(m)*
dado • *n* zar *(m)*
daga • *n* pumnal *(n)*, junger *(n)*, stilet *(n)*
dalia • *n* dalie *(f)*, gherghină *(f)*
dama • *n* doamnă, doamnă *(f)*

damajuana • *n* damigiană *(f)*
damán • *n* daman *(m)*
damas • *n* dame, table
damasco • *n* damasc *(n)*, caisă *(f)*
damno • *n* avarie, daună, pagubă, avarii
danta • *n* tapir *(m)*

danto • *n* tapir *(m)*
danza • *n* dans
danzar • *v* dansa, juca
dañar • *v* strica, ruina, defecta, deteriora, avaria, vătăma, dăuna
dañino • *adj* dăunător, vătămător
daño • *n* stricăciune, pagube, daune, avarie, daună, pagubă, avarii
dar • *v* lovi, bate, partaja, împărți, da, dărui
data • *n* dată *(f)*
dátil • *n* curmală *(f)*, finic
dato • *n* date
de • *prep* de, despre, din, de la
deambular • *v* umbla, plimba
debate • *n* dezbatere *(f)*, discuție *(f)*, controversă *(f)*, dispută *(f)*, dezbatere, discuție, polemică *(f)*
debatir • *v* conferi, discuta
deber • *n* datorie *(f)* • *v* trebui
deberes • *n* temă *(f)*
debil • *adj* prevenitor *(m)*, afabil, gentil, pritenos
débil • *adj* plăpând, lânced, slab, debil, bolnăvicios, slab
debilitarse • *v* slăbi
década • *n* deceniu *(n)*, decadă *(f)*
decaer • *v* veșteji, ofili
decapitar • *v* decapita
decatlón • *n* decatlon *(n)*
decencia • *n* cuviință, cădere, decență
decenio • *n* deceniu *(n)*
decepción • *n* dezamăgire *(f)*, decepție *(f)*
decepcionado • *adj* dezamăgit
decibelio • *n* decibeli, decibel *(m)*
decidir • *v* decide
décima • *n* cel al zecelea *(m)*, cea a zecea *(f)* • *adj* al zecelea *(m)*, a zecea *(f)*
décimo • *n* cel al zecelea *(m)*, cea a zecea *(f)*, zecime *(f)* • *adj* al zecelea *(m)*, a zecea *(f)*
decir • *v* zice, spune
decisión • *n* decizie *(f)*, hotărâre *(f)*, determinare *(f)*, conducere
declaración • *n* afirmație *(f)*, declarare *(f)*, declarație *(f)*, remarcă *(f)*, inventar *(n)*
declarar • *v* declara
declinación • *n* declinare *(f)*
declinar • *v* inclina, rezema
declive • *n* cădere *(f)*, prăbușire *(f)*, inclinare
decomisar • *v* confisca
decomural • *n* tapet *(n)*
decorador • *n* decorator *(m)*, decoratoare *(f)*

decoradora • *n* decorator *(m)*, decoratoare *(f)*
decorar • *v* decora, orna
decoro • *adj* cuviincios, decoros • *n* cuviință, cădere, decență
decreto • *n* decret *(n)*
dedal • *n* degetar *(m)*
dedicación • *n* dedicare *(f)*, dedicație *(f)*
dedo • *n* deget *(n)*, degetar *(m)*
deducción • *n* sinteză
defecar • *v* câca, defeca
defectivo • *adj* defectiv *(n)*
defecto • *n* hibă *(f)*
defectuoso • *adj* defect *(n)*, defectuos *(n)*
defender • *v* apăra
defensa • *n* apărare *(f)*
deferencia • *n* deferență *(f)*
deficiencia • *n* insuficiență *(f)*
deficiente • *adj* deficient *(n)*
déficit • *n* deficit *(n)*
definición • *n* definire *(f)*, definiție *(f)*
definido • *adj* clar, limpede
deflagración • *n* deflagrație *(f)*
defraudar • *v* frauda, defrauda
deglutir • *v* înghiți
degradar • *v* degrada
dehiscencia • *n* dehiscență *(f)*
deidad • *n* dumnezeu *(f)*, divinitate *(f)*
deísmo • *n* deism
dejar • *v* termina, lăsa, acorda, permite, admite, așeza, pune
delantal • *n* sort
delator • *n* delator, denunțător, informator, iudă, trădător, turnător, vânzător
delectación • *n* deliciu *(n)*, desfătare *(f)*, plăcere *(f)*, juisare *(f)*
deleite • *n* deliciu *(n)*, desfătare *(f)*, plăcere *(f)*, juisare *(f)*
deletéreo • *adj* deleter, vătămător, nociv
deletrear • *v* litera, rosti, se scrie
delfín • *n* delfin *(m)*
delgado • *adj* slab, subțire
deliberar • *v* delibera, consfătui
delicadamente • *adv* cu precauție, cu băgare de seamă
delicado • *adj* delicat
delicia • *n* deliciu *(n)*, desfătare *(f)*, plăcere *(f)*, juisare *(f)*
delicioso • *adj* delicios, delicios, gustos
delincuencia • *n* criminalitate *(f)*, delicvență *(f)*
delirio • *n* delir *(n)*
delito • *n* infracțiune, crimă *(f)*
delta • *n* delta *(m)*, deltă *(f)*

demacrado • *adj* epuizat *(n)*, istovit *(n)*, vlăguit *(n)*, secătuit *(n)*
demagogo • *n* demagog *(m)*, demagogă *(f)*
demanda • *n* reclamație *(f)*, pretenție *(f)*, cerere
demandar • *v* cere
demás • *n* rest *(n)*
demasiado • *adv* prea
demiurgo • *n* catalizator *(m)*, demiurg *(m)*
democracia • *n* democrație *(f)*
democrático • *adj* democratic
demoler • *v* dărâma, demola
demonio • *n* demon *(m)*
demora • *n* întârziere *(f)*
demorar • *v* sta, rămâne, lenevi, întârzia, amâna
demostración • *n* demonstrație *(f)*, demonstrare *(f)*
demostrar • *v* arăta, demonstra
demudar • *v* schimba, transforma, modifica
denominador • *n* numitor *(m)*
densidad • *n* densitate *(f)*
dentífrico • *n* pastă de dinți
dentista • *n* dentist
dentro • *adv* înăuntru
departamento • *n* apartament *(n)*
dependencia • *n* subjugare *(f)*, dependență *(f)*, subordonare *(f)*
dependiente • *adj* dependent *(n)*
deplorable • *adj* deplorabil, nenorocit, lamentabil
deplorar • *v* plânge
deportación • *n* deportare
deporte • *n* sport *(n)*
deportista • *n* atlet *(m)*, atletă *(f)*, atleți, atlete
depósito • *n* depozit *(n)*, magazie *(f)*, rezervor *(n)*, antrepozit *(n)*
depravación • *n* depravare *(f)*, destrăbălare *(f)*
depresión • *n* depresiune *(f)*, depresiune *(f)*, deprimare *(f)*
deprimido • *adj* deprimat *(m)*, nefericit *(m)*, depresionat *(n)*
derecha • *n* dreapta *(f)* • *adj* drept, dreapta
derecho • *adj* drept, drept, dreapta • *n* drept
derechura • *n* rectitudine *(f)*, echitate *(f)*, rigoare *(f)*
derivación • *n* derivare *(f)*
derivado • *n* ramură *(f)*, derivat *(n)*, derivat *(m)*, derivată *(f)*
derivar • *v* deriva

derogar • *v* abroga, anula
derogatorio • *adj* derogatoriu, defavorabil *(n)*, prejudiciator, dăunător, denigrator *(m)*
derramar • *v* vărsa
derretido • *adj* topit
derretir • *v* topi
derretirse • *v* topi
derrotar • *v* învinge, înfrânge, bate
derrumbarse • *v* prăbuși, prăbușire *(f)*
derviche • *n* derviș *(m)*
desabrido • *adj* prevenitor *(m)*, afabil, gentil, pritenos
desabrochar • *v* dezlega
desacoplar • *v* detașa, dezlipi
desacreditar • *v* discredita
desafiar • *v* provoca, sfida
desafío • *n* provocare *(f)*
desafortunado • *adj* nenorocos *(m)*
desafuero • *n* ultraj *(n)*
desagradable • *adj* respingător, insuportabil, grețos, neplăcut, dezagreabil, nesuferit *(m)*, neplăcut *(n)*, nedorit, neagreat, neprietenos, ostil, dezagreabil, neplăcut
desagradar • *v* displăcea, nu-i plăcea
desagravio • *n* răscumpărare *(f)*, reconciliere *(f)*, remușcare *(f)*
desaguar • *v* scurge, asana
desagüe • *n* conductă *(f)*, canal de scurgere *(n)*
desahogo • *n* ușurare *(f)*, alinare *(f)*
desahuciar • *v* evinge, expulza
desamarrar • *v* desface, dezlega
desaparecer • *v* dispărea
desaparición • *n* dispariție
desaprobación • *n* dezaprobare *(f)*
desarmar • *v* a dezarma
desarollamiento • *n* educare *(f)*, creștere *(f)*, cultivare
desarrollar • *v* construi, dezvolta
desarrollo • *n* dezvoltare *(f)*
desasosiego • *n* neastâmpăr *(n)*, nerăbdare *(f)*, înfrigurare *(f)*, neliniște *(f)*, agitație *(f)*, agitare *(f)*
desastre • *n* nenorocire, dezastru *(n)*, catastrofă *(f)*
desatar • *v* desface, dezlega
desatender • *n* desconsiderare *(f)*, dispreț *(n)*, discreditare *(f)*, nepăsare *(f)*, indiferență *(f)*
desatrancar • *v* descuia
desaventajado • *adj* dezavantajos *(m)*
desayunar • *v* lua micul dejun
desayuno • *n* mic dejun *(n)*
desazón • *n* trepidație *(f)*, trepidare *(f)*, neastâmpăr *(n)*, nerăbdare *(f)*, înfrigura-

re *(f)*, neliniște *(f)*, agitație *(f)*, dezgust, indispoziție *(f)*, jenă, stinghereală *(f)*, anxietate *(f)*
desbaratar • *v* strica
desbloquear • *v* descuia, debloca
desbordamiento • *n* revărsare *(f)*
descabellar • *v* scalpa
descabezar • *v* decapita
descansar • *v* odihni, repauza
descanso • *n* repaus
descargar • *v* descărca
descargo • *v* descărca
descaro • *n* tupeu *(n)*, insolență *(f)*, nerușinare *(f)*, obrăznicie *(f)*, impudoare *(f)*, impudență *(f)*, impertinență *(f)*
descender • *v* coborî
descendiente • *n* descendent *(m)*, urmaș *(m)*, moștenitor *(m)*
descenso • *n* cădere *(f)*, prăbușire *(f)*
descifrar • *v* clarifica
descomponer • *v* descompune
descomposición • *n* descompunere *(f)*, dezasamblare *(f)*
desconcertar • *v* a dezorienta
desconcierto • *n* uluire *(f)*, consternare *(f)*, stupoare *(f)*
desconfiado • *adj* suspicios
desconfianza • *n* neîncredere *(f)*, dificiență *(f)*, neîncredere *(f)*, dificiență *(f)*
desconfiar • *v* suspecta, mefia
desconfío • *n* trombon *(n)*
desconocida • *n* străin *(m)*, alien *(m)*, străină *(f)*, alienă *(f)*
desconocido • *adj* necunoscut, neștiut, obscur • *n* străin *(m)*, alien *(m)*, străină *(f)*, alienă *(f)*
descontento • *adj* nemulțumit *(n)*, nesatisfăcut *(n)* • *n* insatisfacție *(f)*, nemulțumire *(f)*, neplăcere *(f)*
descontrolado • *adj* nesupus *(m)*, neascultător *(m)*
desconveniencia • *n* deranj *(n)*, incomodare *(f)*, neplăcere *(f)*, inconveniență *(f)*
descorazonamiento • *n* disperare *(f)*
descorazonar • *v* descuraja
descreer • *v* discredita
describir • *v* descrie
descripción • *n* descripție, descriere
descubrir • *v* expune, descoperi
descuento • *n* rabat *(n)*, reducere de preț *(f)*
descuidado • *adj* nepăsător, neglijent
descuidar • *v* neglija, a nu ține cont de • *n* desconsiderare *(f)*, dispreț *(n)*, discreditare *(f)*, nepăsare *(f)*, indiferență *(f)*
desde • *prep* din, de la
desdén • *n* dispreț *(n)*, desconsiderare *(f)*
desdentado • *adj* edentat
desdeñable • *adj* disprețuibil *(m)*, abject *(m)*
desdeñar • *v* disprețui
deseable • *adj* dorit *(m)*
desear • *v* dori, vrea, a dori fierbinte
desecho • *n* deșeu *(n)*, gunoi *(n)*, rest *(n)*
desecrar • *v* spurca
desembocadura • *n* gură *(f)*, orificiu *(n)*, deschizătură *(f)*
desempeño • *n* performanță *(f)*, randament *(n)*, îndeplinire *(f)*, desăvârșire *(f)*, realizare *(f)*, realizări, performanță *(f)*, prestație *(f)*
desempleado • *adj* șomer
desempleo • *n* șomaj *(n)*
desempolvar • *v* scutura
desencadenar • *v* dezlănțui
desencorvar • *v* îndrepta
desenfrenado • *adj* vicios *(m)*, desfrânat *(n)*, imoral *(n)*, nerușinat *(n)*
desenmarañar • *v* deșira
desenredar • *v* deșira
desenrollar • *v* deșira
deseo • *n* poftă *(f)*, apetit *(n)*, dorință *(f)*, deziderat *(n)*
deseoso • *adj* nerăbdător *(n)*, doritor *(n)*
desequilibrado • *adj* strâmb *(m)*, oblic *(m)*
desequilibrio • *n* dezechilibru, dezechilibru *(n)*, instabilitate *(f)*, dezechilibrare *(f)*
desertor • *n* dezertor *(m)*
desesperación • *n* desperare *(f)*, disperare *(f)*
desesperanza • *n* disperare *(f)*, desperare *(f)*, desperație *(f)*
desesperar • *v* despera
desfachatez • *n* sfruntare *(f)*, nerușinare *(f)*, insolență *(f)*
desfallecer • *v* debilita, slăbi
desfavorable • *adj* nefavorabil *(n)*, advers, nefavorabilă *(f)*
desfile • *n* paradă *(f)*
desflorar • *v* deflora
desgarrar • *v* se rupe
desgaste • *n* uzură *(f)*
desgracia • *n* dizgrație *(f)*, pățeală *(f)*, pățanie *(f)*
desgraciado • *n* bastard *(m)*, haimana *(f)*, haimanale
desgranar • *v* treiera
deshacer • *v* desface
deshidratación • *n* deshidratare
deshilar • *v* deșira
deshonesto • *adj* necinstit

deshonrar • *v* dizgrația
desidia • *n* amânare *(f)*
desierto • *adj* deșert, abandonat • *n* deșert, pustiu
designar • *v* atribui, desemna, indica, designa, numi, denumi
desigual • *adj* inegal, strâmb *(m)*, oblic *(m)*
desigualdad • *n* inegalitate
desinhibido • *adj* vicios *(m)*, desfrânat *(n)*, imoral *(n)*, nerușinat *(n)*
desinteresado • *adj* neinteresat *(n)*, dezinteresat *(n)*, indiferent *(n)*
desintoxicación • *n* dezintoxicare *(f)*
desligar • *v* desface, dezlega
desliz • *n* gafă *(f)*
deslizamiento • *n* alunecare *(f)*
deslizar • *v* aluneca
desmañado • *adj* neîndemânatic, stângaci, greoi
desmemoriada • *adj* uituc *(m)*
desmemoriado • *adj* uituc *(m)*
desnivel • *adj* denivelat • *n* pantă *(f)*
desnivelado • *adj* denivelat
desnudez • *n* nuditate *(f)*
desnudo • *adj* dezbrăcat, gol, nud, nudă *(f)*, gol *(n)*
desobediente • *adj* neascultător, neobedient, dezobedient, nesupus
desocupado • *adj* liber, neocupat
desodorante • *n* deodorant *(m)*
desolado • *adj* deșert, abandonat
desollar • *v* beli
desorden • *n* dezordine *(f)*
desorganización • *n* dezorganizare *(f)*
desorganizado • *adj* dezorganizat *(n)*, neorganizat *(n)*
desoxirribosa • *n* dezoxiriboză
despacio • *adv* încet
despecho • *n* ciudă, răutate
despedida • *n* despărțire *(f)*, rămas bun
despedir • *v* a destitui, a concedia, a revoca (din funcție), a demite
despegue • *n* decolare
despejado • *adj* liber *(m)*, liber, neîmpiedicat, senin, limpede
despellejar • *v* beli
despensa • *n* cămară
desperado • *n* fugar *(m)*
desperdiciar • *v* irosi, pierde, risipi
desperdicio • *n* deșeu *(n)*, gunoi *(n)*, rest *(n)*
desperdicios • *n* gunoi *(n)*
despertad • *n* realizare *(f)*, trezire *(f)*
despertar • *v* scula, deștepta, trezi
despertarse • *v* deștepta, scula, trezi
despierto • *adj* treaz • *n* realizare *(f)*, trezire *(f)*
desplazamiento • *n* deplasament, dezlocuire, dislocare
desplazarse • *v* derula
desplegar • *v* desfășura
desplomarse • *v* prăbuși, prăbușire *(f)*
desplumar • *v* smulge, jumuli, peni, scărmăna
despojar • *v* despuia
despótico • *adj* despotic *(n)*
despotismo • *n* despotism *(n)*
despreciable • *adj* disprețuibil *(m)*, abject *(m)*, nedemn *(m)*, dezgustător, respingător, scârbos
despreciar • *v* disprețui
desprecio • *n* dispreț *(n)*, desconsiderare *(f)*
despreocupado • *adj* fără, lipsit de griji, nepăsător
desprevenido • *adj* neștiutor, neprevenit
después • *adv* apoi, târziu, după, atunci • *prep* după, peste
desquiciado • *adj* nebun, necontrolat
destacado • *adj* extraordinare
destello • *n* scânteie
desterrado • *n* exilat *(m)*
desterrar • *v* alunga, exila
destierro • *n* exil *(n)*, exilare *(f)*
destilería • *n* distilerie *(f)*
destinar • *v* destina
destino • *n* soartă, destin, soartă *(f)*
destituido • *adj* indigent, lipsit, nevoiaș, sărac
destorcer • *v* îndrepta
destornillador • *n* șurubelniță *(f)*
destreza • *n* dexteritate *(f)*, îndemânare *(f)*, iscusință *(f)*, dibăcie *(f)*, abilitate *(f)*, pricepere *(f)*, talent *(n)*
destrozar • *v* distruge
destrucción • *n* distrugere *(f)*
destructible • *adj* distructibil *(n)*, nimicibil
destructivo • *adj* distructiv *(n)*, distrugător *(n)*
destruible • *adj* distructibil *(n)*, nimicibil
destruir • *v* distruge, nimici, avaria
desunir • *v* despărți, divide, diviza, împărți, se diviza
desván • *n* pod, mansardă
desvanecerse • *v* a se evapora, dispărea
desventaja • *n* dezavantaj
desventajoso • *adj* dezavantajos *(m)*
desvergüenza • *n* sfruntare *(f)*, nerușinare *(f)*, insolență *(f)*
desvestir • *v* dezbrăca

desviarse • *v* devia
desvirgar • *v* deflora
detener • *v* aresta, deține, a reține
detenido • *n* deținere *(f)*
detentar • *v* reține
detergente • *n* detergent
deterioración • *n* deteriorare *(f)*
deterioro • *n* deteriorare *(f)*
determinación • *n* determinare *(f)*, determinare *(f)*
detestable • *adj* respingător, insuportabil, grețos, neplăcut, dezagreabil, nesuferit *(m)*
detestar • *v* abhora, detesta
detrás • *prep* după
deuda • *n* datorie, datorie *(f)*
devastación • *n* devastare
devastar • *v* devasta
devoción • *n* dedicare *(f)*, devotament *(n)*, devotare *(f)*, devoțiune *(f)*
devolver • *v* restitui, înapoia, returna, vomita, borî, vărsa
devorar • *v* devora
día • *n* zi *(f)*, zi *(f)*
diabetes • *n* diabet
diabético • *adj* diabetic
diablo • *n* diavol, satan, drac, satan *(m)*
diabólico • *adj* sinistru, rău, demonic
diácono • *n* diacon
diafragma • *n* diafragmă *(f)*
diagnóstico • *adj* de diagnoză, de diagnostic
diagonal • *n* diagonală *(f)*
diagrama • *n* diagramă *(f)*
dialecto • *n* dialect
diálogo • *n* dialog, conversație *(f)*
diamante • *n* diamant *(n)*
diametral • *adj* diametral, diametric
diámetro • *n* diametru
diapositiva • *n* diapozitiv *(n)*
diariamente • *adv* zilnic, cotidian
diario • *n* jurnal intim, ziar *(n)* • *adj* zilnic, cotidian
diarrea • *n* diaree, urdinare *(f)*
días • *n* zile *(f)*
diástole • *n* diastolă *(f)*
diatriba • *n* diatriba
dibujar • *v* desena
dibujo • *n* desen *(n)*
diccionario • *n* dicționar *(n)*
dicha • *n* beatitudine *(f)*, euforie *(f)*, extaz *(n)*
dicho • *n* zicală *(f)*, proverb
dicotiledón • *adj* dicotiledonată *(f)*
dicotiledóneo • *adj* dicotiledonată *(f)*
dictador • *n* dictator *(m)*, dictatori
dictadora • *n* dictator *(m)*, dictatori

dictadura • *n* dictatură *(f)*, guvernare dictatorială *(f)*
diente • *n* dinte *(m)*, cățel *(m)*
diésel • *n* motorină *(f)*
diestra • *adj* drept, dreapta • *n* dreptaci *(m)*
diestro • *adj* îndemânatic, descurcăreț, abil, capabil • *n* dreptaci *(m)*
diezmo • *n* zeciuială
difamar • *v* defăima
diferencia • *n* diferență *(f)*
diferente • *adj* diferit, deosebit
diferir • *v* amâna
difícil • *adj* vârtos, sever *(m)*, dur *(n)*, greu, greu, difícil, anevoios, complicat
dificultad • *n* dificultate, piedică, obstacol *(n)*, problemă *(f)*
dificultar • *v* împiedica, stânjeni
difusión • *n* difuzie *(f)*
diga • *interj* alo, haló
dígame • *interj* alo, haló
digestión • *n* digestie
digital • *adj* digital *(m)*, digitală *(f)*, numeric *(m)* • *n* degetar *(n)*, degetariță *(f)*, degețel *(n)*
dígito • *n* cifră *(f)*
dignidad • *n* demnitate *(f)*
digno • *adj* demn
digresión • *n* digresiune *(f)*
dilema • *n* dilemă *(f)*
diletante • *n* diletant *(m)*, amator *(m)*
diligencia • *n* sârguință *(f)*, diligență *(f)*, hărnicie *(f)*
diligente • *adj* asiduu, stăruitor *(n)*, harnic *(n)*, industrios, harnic, laborios, harnic *(m)*
dimensión • *n* dimensiune *(f)*, dimensiuni
diminutivo • *n* diminutiv *(n)*, diminutive
diminuto • *adj* diminutiv *(n)*, diminutivă *(f)*, minuscul, mărunt, micuț
dinamita • *n* dinamită
dinastía • *n* dinastie *(f)*
dinero • *n* ban *(m)*
dingo • *n* dingo *(m)*
dinosaurio • *n* dinozaur *(m)*
diócesis • *n* dioceză *(f)*
diorama • *n* dioramă *(f)*
dios • *n* dumnezeu *(f)*, divinitate *(f)*, zeu *(m)*, dumnezeu *(m)*
diosa • *n* dumnezeu *(f)*, divinitate *(f)*, zeiță *(f)*
diploma • *n* grad academic *(n)*, diplomă academică *(f)*
diplomacia • *n* diplomație *(f)*, diplomație *(f)*

diptongo • *n* diftong *(m)*
dique • *n* dig *(n)*
dirección • *n* adresă *(f)*, direcție *(f)*, control *(n)*, autoritate *(f)*
directo • *adj* direct
director • *n* dirijor *(m)*, dirijoare *(f)*, șef de orchestră, director *(m)*, director *(m)*, directori, regizor *(m)*, regizori, editor *(m)*, director, șef
directora • *n* director *(m)*, directori, regizor *(m)*, regizori, editor *(m)*
dirigente • *n* conducător, lider *(m)*
dirigir • *v* adresa, îndrepta
disciplina • *n* disciplină *(f)*
disco • *n* disc *(n)*, disc *(n)*, placă de gramofon *(f)*
discordia • *n* discordie *(f)*
discrepancia • *n* conflict
discreto • *adj* discret
discriminación • *n* discriminare *(f)*, diferențiere
discúlpame • *interj* îmi pare rău, scuză, scuză-mă, scuzați, scuzați-mă
discurso • *n* discurs *(n)*, conversație *(f)*, cuvântare *(f)*
discusión • *n* ceartă *(f)*, dispută *(f)*, contraargumentare *(f)*, discuție *(f)*, discutare *(f)*, dezbatere *(f)*
discutidor • *adj* cu argumente, argumentativ, plin de argumente
discutir • *v* certa
disecar • *v* diseca
diseccionar • *v* diseca
disforia • *n* disforie *(f)*
disfraz • *n* deghizare, mascare
disfrazar • *v* deghiza, masca
disfrutar • *v* savura, a se bucura de, a se distra
disgregar • *v* despărți, separa, dezintegra, dezagrega
disidente • *adj* individualist
disipar • *v* spulbera
disminución • *n* diminuare *(f)*, micșorare *(f)*, scădere *(f)*
disminuir • *v* descrește, scădea
disparar • *v* trage
disparate • *n* nonsens *(n)*, absurditate *(f)*, nonsens
dispendioso • *adj* scump, costisitor
displicencia • *n* răceală *(f)*
disponer • *v* aranja
disponible • *adj* disponibil, procurabil
dispositivo • *n* aparat *(n)*, piesă *(f)*, dispozitiv *(n)*, element *(n)*, componentă *(f)*, unitate *(f)*
disprosio • *n* disprosiu *(n)*
disputar • *n* dispută *(f)*

distancia • *n* distanță *(f)*, pas
distante • *adj* departe • *adv* distant
distinción • *n* renume, faimă *(f)*
distinguible • *adj* distingibil
distinguido • *adj* extraordinare, renumit, faimos
distinto • *adj* distinct, diferit, deosebit
distraído • *adj* neatent *(m)*, distrat *(m)*, absent
distribución • *n* distribuire, distribuție, distribuire
distribuir • *v* distribui, aloca, repartiza, împărți
distrito • *n* district, raion, județ *(n)*
disturbio • *n* deranjare *(f)*, tulburare *(f)*
divagar • *v* umbla, plimba
diversión • *n* distracție *(f)*, amuzament *(n)*, divertisment *(n)*, plăcere *(f)*
divertido • *adj* caraghios, amuzant *(m)*, distractiv, vesel *(n)*, plăcut *(n)*
divertirse • *v* petrece
dividir • *v* împărți, distribui, despica, diviza, scinda, spinteca, repartiza
divinidad • *n* dumnezeu *(f)*, divinitate *(f)*
divino • *adj* dumnezeiesc, divin
divisa • *n* deviză *(f)*
divisible • *adj* divizibil *(m)*
división • *n* divizare *(f)*
divisor • *n* divizor *(m)*
divorciar • *v* divorța, despărți
divorciarse • *v* divorța, despărți
divorcio • *n* divorț *(n)*, despărțire *(f)*
doblado • *adj* dublat *(n)*
doblar • *v* dubla, îndoi, curba, plia, apleca, închina
doble • *adj* dublu *(n)* • *n* dublură
doblegar • *v* supune, cuceri, subjuga, închina
dobles • *n* pași
dobra • *n* dobra
docena • *n* duzină *(f)*
docente • *n* profesor *(m)*, profesoară *(f)*, învățător *(m)*
dócil • *adj* docil
docilidad • *n* docilitate
doctor • *n* doctor *(f)*
doctora • *n* doctor *(f)*
doctrina • *n* doctrină
doctrinal • *adj* doctrinal
documentación • *n* documentație
documental • *adj* documentar *(m)* • *n* documentar *(m)*
documentar • *v* documenta
documentario • *adj* documentar *(m)*
documento • *n* document *(n)*
dodecágono • *n* dodecagon *(n)*

dodo • *n* pasărea dodo *(f)*, dront *(m)*
dogal • *n* laț, ștreang *(n)*
dogma • *n* dogmă *(f)*, doctrină *(f)*
dogmático • *adj* dogmatic *(n)*
dólar • *n* dolar *(m)*
dolencia • *n* indispoziție
doler • *v* durea
dolor • *n* tristețe *(f)*, întristare *(f)*, mâhnire *(f)*, durere *(f)*, chin *(f)*, tristețe *(f)*, întristare *(f)*, mâhnire *(f)*, supărare *(f)*, nefericire *(f)*
domesticación • *n* domesticire *(f)*
domesticar • *v* domestici
doméstico • *n* servitor *(m)*, slugă *(f)*, slujitor *(m)*
domicilio • *n* domiciliu *(n)*
dominante • *adj* predominant, preponderent
dominar • *v* domina
dominio • *n* domeniu
don • *n* dar *(n)*
dona • *n* gogoașă *(f)*
donación • *n* donație *(f)*, donații
donador • *n* donator *(m)*
donante • *n* donator *(m)*
donar • *v* da
donativo • *n* donație *(f)*, donații
doncel • *n* fecioară *(f)*, virgină *(f)*, virgin *(m)*
doncella • *n* fecioară *(f)*, fecior *(m)*, virgină *(f)*, virgin *(m)*
donde • *conj* unde, de unde
dónde • *adv* unde • *conj* unde, de unde
dondequiera • *adv* oriunde
donjuán • *n* afemeiat *(m)*, vânător de fuste *(m)*, crai *(m)*, muieratic *(m)*
dorado • *adj* de aur, din aur, aurit, auriu, prosper
dormido • *adj* adormit, amorțit *(n)*
dormir • *v* dormi
dormitar • *v* dormita, somnola, ațipi, a moțăi
dormitorio • *n* dormitor *(n)*, dormitoare
dorso • *n* spate, dos, spinare
dos • *n* doi *(m)*, doi *(m)*

dote • *n* zestre
dragón • *n* balaur *(m)*, dragon, zmeu
drama • *n* dramă *(f)*
dramaturga • *n* dramaturg
dramaturgo • *n* dramaturg
drenar • *v* goli
drogado • *adj* drogat
dromedario • *n* cămilă *(f)*, dromader
dronte • *n* pasărea dodo *(f)*, dront *(m)*
ducado • *n* ducat *(m)*
ducha • *n* duș *(n)*
ducharse • *v* a face un duș
ducho • *adj* priceput *(m)*
duda • *n* trepidație *(f)*, trepidare *(f)*, dubiu, îndoială
dudar • *v* oscila, ezita, șovăi, pregeta, codi
dudoso • *adj* dubios
duende • *n* iazmă *(f)*
dueño • *n* domn *(m)*
dugongo • *n* dugong *(m)*
dulcamara • *n* lăsnicior
dulce • *n* dulce *(n)*, bomboană *(f)*, desert *(n)* • *adj* dulce, parfumat, înmiresmat, melodios, simpatic
dulcémele • *n* țambal *(m)*
dulcemente • *adv* dulce
dulces • *n* dulciuri
dulzura • *n* blândețe, gentilețe *(f)*, dulceață, drag *(m)*, dragă *(f)*
duma • *n* duma *(f)*
duna • *n* dună *(f)*
duplicar • *v* dubla, îndoi, duplica
duque • *n* duce *(m)*
durable • *adj* trainic *(n)*, durabil *(n)*
duración • *n* durată *(f)*
duradero • *adj* trainic *(n)*, durabil *(n)*
durar • *v* dura, trainic *(n)*, trainică *(f)*, trainici
duraznero • *n* piersic *(m)*
durazno • *n* piersic *(m)*, piersică
durmiente • *n* traversă *(f)*
duro • *adj* vârtos, sever *(m)*, dur *(n)*, dură *(f)*, greu, aspru, sever, tare, dur
dux • *n* doge *(m)*

E

e • *conj* și
ebanista • *n* dulgher *(m)*, tâmplar *(m)*, lemnar *(m)*
ébano • *n* abanos *(m)*, negru-abanos, negru de abanos
ebrio • *adj* beat, băut, îmbătat

ebúrneo • *n* alb-ivoriu
echar • *v* a destitui, a concedia, a revoca (din funcție), a demite
eclipsar • *v* eclipsa
eclipse • *n* eclipsă *(f)*
eco • *n* ecou *(n)*

ecolocalización • *n* ecolocație *(f)*
ecología • *n* ecologie *(f)*
ecológico • *adj* ecologic *(n)*
económetra • *n* econometrist *(m)*, econometrician *(m)*
econometría • *n* econometrie *(f)*
economía • *n* economie, cumpătare, economie *(f)*
ecosistema • *n* ecosistem *(n)*, ecosistem *(n)*, mediu ambiant *(n)*
ecuación • *n* ecuație *(f)*
ecuador • *n* ecuator *(n)*
ecuanimidad • *n* liniște *(f)*
edad • *n* veșnicie, epocă *(f)*, ev, eră, vârstă *(f)*, etate *(f)*, perioadă
edades • *n* veșnicie
edición • *n* ediție
edificación • *n* clădire *(f)*, construire *(f)*, edificare *(f)*
edificar • *v* clădi
edificio • *n* edificiu *(m)*, clădire *(f)*
editar • *v* edita, modifica, schimba
editor • *n* editor de text *(m)*
educación • *n* educație *(f)*, învățământ *(n)*, educare *(f)*
educado • *adj* politico
educar • *v* învăța, educa, instrui, școlariza, antrena
efectivamente • *adv* într-adevăr
efectivo • *n* numerar *(n)*, bani lichizi *(m)*, bani gheață *(m)*, bani, numerar în casă *(n)* • *adj* efectiv *(m)*, eficient *(m)*, efectent *(m)*, efectiv, faptic
efecto • *n* efect, efect sonor
efectos • *n* efect
eficacia • *n* eficacitate *(f)*
eficaz • *adj* efectiv *(m)*, eficient *(m)*, efectent *(m)*
eglefino • *n* eglefin *(m)*
ego • *n* trufie *(f)*, vanitate *(f)*
egoísta • *adj* egoist
eh • *interj* a, hei
eider • *n* eider *(m)*
einstenio • *n* einsteiniu *(n)*
eje • *n* ax *(n)*, osie *(f)*, axă *(f)*
ejecución • *n* performanță *(f)*, randament *(n)*, îndeplinire *(f)*, desăvârșire *(f)*, execuție *(f)*, realizare *(f)*, realizări, prestație *(f)*, realizare *(f)*, realizări, performanță *(f)*, prestație *(f)*
ejecutar • *v* executa
ejecutor • *n* executor
ejemplar • *n* mostră *(f)*, exemplu
ejemplo • *n* exemplu
ejercer • *v* exercita
ejercicio • *n* problemă *(f)*, exercițiu *(f)*
ejército • *n* armată *(f)*, oaste *(f)*

el • *art* -ul *(n)*, -a *(f)*, -i, -le, cel *(m)*, cea *(f)*, cele
él • *pron* dumnealui, el
elaborado • *adj* sofisticat, complicat *(n)*
elasticidad • *n* elasticitate *(f)*
elástico • *adj* elastic
elección • *n* alegere *(f)*, selecție *(f)*, desemnare *(f)*
electorado • *n* electorat *(n)*, alegători
electricidad • *n* electricitate, electricitate *(f)*
eléctrico • *adj* electric *(m)*, electronic *(m)*, electric
electrocardiograma • *n* electrocardiogramă *(f)*
electrocución • *n* electrocutare *(f)*
electrodinamómetro • *n* electrodinamometru *(n)*
electrólisis • *n* electroliză
electromagnético • *adj* electromagnetic
electromagnetismo • *n* electromagnetism *(n)*
electrón • *n* electron *(m)*
electrónica • *n* electronică *(f)*
electrónico • *adj* electric *(m)*, electronic *(m)*, electronic
elefante • *n* elefant *(m)*
elegante • *adj* rafinat, elegant, sofisticat
elegibilidad • *n* eligibilitate *(f)*
elegible • *adj* eligibil *(n)*
elegir • *v* vrea, prefera, alege
elemento • *n* piesă *(f)*, element *(n)*, elemente
elevado • *adj* înalt *(m)*, înălțat *(n)*, ridicat *(n)*
elevador • *n* lift *(n)*, ascensor *(n)*
elipse • *n* elipsă *(f)*
elipsoide • *n* elipsoid
élite • *n* elită *(f)*
ella • *pron* dumneaei, ea
ellas • *pron* ei *(m)*, ele *(f)*, dumnealor
ellos • *pron* ei *(m)*, ele *(f)*, dumnealor
elocuencia • *n* vorbire
elogio • *n* elogiu *(n)*
eludir • *v* înconjura, ocoli, conturna, eluda
elusivo • *adj* evaziv
emancipación • *n* emancipare
emancipar • *v* emancipa, dezrobi, elibera
embadurnar • *v* badijona
embajada • *n* ambasadă *(f)*
embajador • *n* ambasador *(m)*
embajadora • *n* ambasador *(m)*
embalsadero • *n* mlaștină *(f)*, smârc
embalse • *n* mlaștină *(f)*, smârc
embarazada • *adj* gravidă *(f)*, însărcina-

tă *(f)*, borțoasă *(f)*
embarazado • *adj* gravidă *(f)*, însărcinată *(f)*, borțoasă *(f)*
embarazo • *n* graviditate
embarcación • *n* ambarcațiune *(f)*
embarcadero • *n* chei *(n)*
embarcar • *v* a se îmbarca
embargo • *n* sechestru *(n)*
embarque • *n* îmbarcare
émbolo • *n* piston *(n)*
emborrachar • *v* intoxica
emborronar • *v* păta
embrague • *n* ambreiaj *(n)*
embriaguez • *n* beție *(f)*
embrión • *n* embrion *(m)*
embrollo • *n* problemă *(f)*
embudo • *n* pâlnie *(f)*
embustero • *adj* mincinos, neveridic *(n)*, fals *(n)*, mincinos *(n)*, necinstit • *n* mincinos *(m)*, mincinoasă *(f)*
embutido • *n* cârnat *(m)*
emigración • *n* emigrare *(f)*
emigrante • *n* emigrant *(m)*, emigrantă *(f)*
emisión • *n* emisiune *(f)*, emisie *(f)*, difuzare *(f)*, transmisiune *(f)*, emisiune *(f)*
emitir • *v* emite
emoción • *n* sentiment *(n)*, sentimente, emoție
emocionado • *adj* entuziasmat *(n)*, înflăcărat *(n)*, emoționat *(n)*, exaltat *(n)*
emocional • *adj* emoțional, emoțional
emocionar • *v* emoționa
emotivo • *adj* emoțional
empapar • *v* muia
emparedado • *n* sandviș *(n)*
empastar • *v* cupla, conecta, lega
empate • *n* egalitate *(f)*
empatía • *n* empatie *(n)*, empatie *(f)*
empeñar • *v* amaneta
empeño • *n* tentativă *(f)*
empeñoso • *adj* industrios, harnic, laborios
emperador • *n* împărat *(m)*
emperatriz • *n* împărăteasă *(f)*
empezar • *v* începe
empírico • *adj* empiric
empirista • *n* empirist
empleada • *n* angajat *(m)*, angajată *(f)*
empleado • *n* servitor *(m)*, slugă *(f)*, slujitor *(m)*, angajat *(m)*, angajată *(f)*, personal *(n)*
empleador • *n* angajator *(m)*
emplear • *v* angaja
empobrecer • *v* sărăci, pauperiza
emponzoñar • *v* otrăvi, învenina, intoxica

emprendedor • *n* antreprenor *(m)*, întreprinzător *(m)*
emprender • *v* întreprinde
empresa • *n* întreprindere *(f)*, societate *(f)*, firmă *(f)*, companie *(f)*
empresario • *n* om de afaceri *(m)*, businessman *(m)*
empujar • *v* împinge, apăsa
emú • *n* emu *(m)*
emulgente • *n* emulgator *(m)*, emulsificator *(m)*
emulsificador • *n* emulgator *(m)*, emulsificator *(m)*
emulsión • *n* emulsie *(f)*
en • *prep* la, în, deasupra, pe
enaguas • *n* fustă *(f)*
enaltecimiento • *n* laudă *(f)*, elogiu *(n)*, glorificare *(f)*
enamorada • *n* iubit *(m)*, iubită *(f)*
enamorado • *adj* amorezat *(m)*, înamorat *(m)* • *n* prieten *(m)*, iubit *(m)*, iubită *(f)*, drag *(m)*, dragă *(f)*, iubit *(m)*, iubită *(f)*
enano • *n* pitic *(m)*, pitic *(m)*, prichindel *(m)* • *adj* minuscul
encaje • *n* dantelă *(f)*
encalar • *v* vărui
encandilar • *v* ului, stupefia, zăpăci
encantador • *adj* încântător *(m)*, încântătoare *(f)*, încântant, încântător, drăguț, șarmant, fermecător, carismatic *(m)*, dulce, simpatic, adorabil, vrednic de adorare *(m)*
encantamiento • *n* farmec *(n)*, încântare *(f)*, delectare *(f)*, desfătare *(f)*
encantar • *v* fermeca, încânta, fascina, descânta, vrăji
encanto • *n* farmec, șarm *(n)*, grație *(f)*, vrajă *(f)*, farmec *(n)*, descântec *(n)*, descântătură *(f)*
encarar • *v* înfrunta, confrunta
encarcelamiento • *n* întemnițare, încarcerare
encarcelar • *v* întemnița, încarcera
encasillar • *v* clasifica
encendedor • *n* brichetă *(f)*
encender • *v* aprinde, a ațâța
encerado • *n* tablă *(f)*
encerar • *v* cera
enchufe • *n* fișă *(f)*, ștecăr *(n)*, pin *(m)*, sinecură *(f)*, priză, soclu *(n)*, fasung *(n)*, dulie *(f)*
encía • *n* gingie *(f)*
enciclopedia • *n* enciclopedie *(f)*
encima • *prep* deasupra • *v* răsfoi
encinta • *adj* gravidă *(f)*, însărcinată *(f)*, borțoasă *(f)*

enclenque • *adj* bolnăvicios
encogerse • *v* micşora
encomendar • *v* comite
encomiable • *adj* lăudabil, elogiabil, recomandabil
encomio • *n* elogiu *(n)*, lăudare *(f)*, elogiere *(f)*, recomandare *(f)*
encontrar • *v* întâlni, găsi
encontrarse • *v* întâlni, atinge
encrucijada • *n* răscruce *(f)*, intersecţie *(f)*
encurtir • *v* mura
endeble • *adj* plăpând, lânced, slab, debil, infirm *(m)*, infirmă *(f)*
endémico • *adj* endemic
enderezar • *v* îndrepta
endeudado • *adj* dator, îndatorat
endivia • *n* andivă *(f)*
endulzar • *v* îndulci
endurecer • *v* întări
endurecerse • *v* întări
enebro • *n* ienupăr *(m)*, jneapăn
eneldo • *n* mărar *(m)*
enemigo • *n* duşman *(m)*, inamic *(m)*, vrăjmaş *(m)*
enemistad • *n* duşmănie *(f)*, inimiciţie *(f)*
energía • *n* energie *(f)*
enérgico • *adj* energetic *(m)*
enfadado • *adj* mânios *(m)*, supărat
enfado • *n* furie *(f)*, mânie *(f)*, enervare *(f)*
enfermedad • *n* indispoziţie, boală *(f)*, maladie *(f)*, boală *(f)*, infirmitate *(f)*, debilitate *(f)*, maladie *(f)*
enfermera • *n* infirmieră *(f)*
enfermero • *n* infirmieră *(f)*
enfermizo • *adj* bolnăvicios, infirm *(m)*, infirmă *(f)*
enfermo • *adj* bolnav, abătut
enfrentar • *v* înfrunta, confrunta
enfrente • *prep* contra
enfurecer • *v* înfuria, enerva, irita, supăra
enfurruñarse • *v* îmbufnat
engalanar • *v* decora, ornamenta, înfrumuseţa, împodobi, orna
enganchar • *v* agăţa
engañar • *v* înşela, păcăli, amăgi, prosti, ademeni
engendrar • *v* procreare
engordar • *v* îngrăşa
engranaje • *n* roată dinţată *(f)*
engrapar • *v* capsa
engreimiento • *n* trufie *(f)*, vanitate *(f)*
engrupir • *v* înşela, păcăli, prosti
engullir • *v* înghiţi

enhorabuena • *interj* felicitări
enigmático • *adj* enigmatic
enjabonar • *v* săpuni
enjambre • *n* roi
enjugar • *v* şterge
enlace • *n* hyperlink *(n)*, legătură *(f)*
enlosar • *v* pava
enmarcar • *v* încadra, înrăma
enmascarar • *v* masca
enmienda • *n* îmbunătăţire *(f)*
ennegrecer • *v* înnegri
enojadizo • *adj* supărăcios, susceptibil, iritabil
enojado • *adj* mânios *(m)*
enojo • *n* furie *(f)*, mânie *(f)*, enervare *(f)*
enorme • *adj* enorm, uriaş, gigant *(n)*, imens, gigantic
enormidad • *n* imensitate *(f)*
enredar • *v* zăpăci, încurca
enrocarse • *v* face rocadă
enrojecerse • *v* împurpura, înroşi, îmbujora, roşi
ensalada • *n* salată
ensangrentado • *adj* sângeros
ensangrentar • *v* însângera
ensañar • *v* înfuria
ensayista • *n* eseist *(m)*
ensayo • *n* încercare *(f)*
ensenada • *n* golf
enseñar • *v* învăţa
ensimismado • *adj* absorbit *(n)*, captivat *(n)*, îngândurat *(n)*
ensordecedor • *adj* asurzitor
ensordecer • *v* asurzi
ensuciar • *v* spurca, murdări
entender • *v* înţelege, pricepe, realiza
entenderse • *v* a fi citit, a fi lecturat
enterarse • *v* afla
entereza • *n* deplinătate, plenitudine *(f)*, caracter complet *(n)*
entérico • *adj* enteric *(m)*, intestinal *(m)*
enteritis • *n* enterită *(f)*
entero • *n* întreg *(m)*, număr întreg *(n)*, armăsar *(m)* • *adj* întreg, întreg, total
enterrar • *v* îngropa
entierro • *n* înmormântare *(f)*, îngropare *(f)*, înhumare *(f)*, mormântare *(f)*
entiesar • *v* întări
entiesarse • *v* întări
entomología • *n* entomologie
entonces • *adv* atunci, apoi
entornar • *v* se chiorî
entorno • *n* mediu *(n)*, ambient *(n)*, mediu *(n)*, sistem de operare *(n)*, mijloc *(n)*, jur
entorpecer • *v* înfunda, obtura, astupa,

împiedica, reține, bloca, întârzia
entorpecido • *adj* amorțit *(n)*
entrada • *n* bilet *(n)*, intrare, afluență *(f)*, aflux *(n)*, gură *(f)*, orificiu *(n)*, deschizătură *(f)*
entrañas • *n* mațe, pântec *(n)*, pântece *(n)*, sân *(m)*
entrar • *v* intra
entre • *prep* între, printre
entrecerrar • *v* se chiorî
entrega • *n* livrare
entregar • *v* livra, da
entrenador • *n* antrenor *(m)*
entrenadora • *n* antrenor *(m)*
entrenamiento • *n* antrenament *(n)*
entretejer • *v* țese
entretenimiento • *n* divertisment *(n)*, distracție *(f)*, petrecere *(f)*
entrevista • *n* interviu *(n)*, interviuri
entrevistar • *v* intervieva *(f)*
entropía • *n* entropie *(f)*
entucar • *v* fute, băga
entumecido • *adj* amorțit *(n)*
entumido • *adj* amorțit *(n)*
entusiasmado • *adj* doritor, amator, avid, dornic, nerăbdător, entuziasmat *(n)*, înflăcărat *(n)*, emoționat *(n)*, exaltat *(n)*
entusiasmo • *n* entuziasm *(n)*, zel *(n)*, ardoare *(f)*, excitare *(f)*, excitație *(f)*
entusiasta • *n* entuziast *(m)*
envejecer • *v* îmbătrâni
envejecerse • *v* îmbătrâni
envenenar • *v* otrăvi, învenina, intoxica
envés • *n* spate, dos
enviar • *v* trimite, expedia
enviciador • *adj* dependent
envidia • *n* invidie *(f)*
envidiar • *v* invidia
envidioso • *adj* invidios, pizmaș
envilecer • *v* degrada
envío • *n* emisiune *(f)*
envolver • *v* înconjura, înfășura, împacheta
enzima • *n* catalizator *(m)*
epicicloide • *n* epicicloidă *(f)*
epidemia • *n* epidemie *(f)*, epidemii
epidémico • *adj* epidemic *(m)*
epidemiología • *n* epidemiologie *(f)*
epidemiólogo • *n* epidemiolog *(m)*
epidermis • *n* epidermă *(f)*
epifanía • *n* epifanie *(n)*
epígrafe • *n* epigraf
epístola • *n* epistolă *(f)*, epistole
epitelio • *n* țesut epitelial *(n)*
época • *n* epocă *(f)*, eră *(f)*, ev, perioadă *(f)*

epopeya • *n* epopee
equidad • *n* imparțialitate *(f)*, echitate, nepărtinire *(f)*, egalitate
equidna • *n* echidnă *(f)*, echidneu
equilibrio • *n* echilibru *(n)*, echilibru mintal *(n)*, ponderație *(f)*, stabilitate *(f)*, echilibru, cumpăt, balans *(n)*
equilibrista • *n* acrobat *(m)*
equina • *n* cabalin
equino • *n* cabalin
equinoccio • *n* echinox *(n)*, echinocțiu *(n)*
equipaje • *n* bagaj *(n)*
equipamiento • *n* echipament *(n)*
equipo • *n* echipament *(n)*, aparat *(n)*, echipă, personal *(n)*
equisetácea • *n* coada-calului *(f)*, barba-ursului *(f)*
equivalente • *adj* echivalent *(m)*, echivalentă *(f)*
equivocación • *n* greșeală *(f)*, eroare *(f)*
equivocado • *adj* greșit, incorect
equivocar • *v* greși, se înșela
equívoco • *adj* dubios
era • *n* epocă *(f)*, eră *(f)*, ev, vreme, perioadă *(f)*
erbio • *n* erbiu *(n)*
erección • *n* erecție *(f)*, erecție *(f)*
ergonómico • *adj* ergonomic *(m)*, ergonomică *(f)*
erizo • *n* arici, arici *(m)*
erógeno • *adj* erogen
erosión • *n* eroziune *(f)*, eroziune
erótico • *adj* erotic
errar • *v* greși, se înșela, umbla, plimba
error • *n* greșeală *(f)*, eroare *(f)*
eructar • *v* râgâi
erudición • *n* erudiție *(f)*
erudito • *adj* învățat *(n)*, erudit *(m)*
erupción • *n* erupere *(f)*, erupție *(f)*
es • *v* este, e
ésa • *pron* acel *(m)*, acea *(f)*, ăla *(m)*, aia *(f)*
esbelto • *adj* subtire *(n)*, subțire, slab
esbozo • *n* schiță *(f)*, concept *(n)*, plan *(n)*
escabechar • *v* mura
escalar • *v* încăleca, urca • *adj* scalar
escalera • *n* scară *(f)*, scară
escalofrío • *n* tremur *(n)*, fiori
escalón • *n* treaptă
escama • *n* solz
escanda • *n* alac *(n)*
escándalo • *n* freamăt *(n)*, agitație *(f)*, frământare *(f)*
escandio • *n* scandiu *(n)*
escanear • *v* scana, explora, numeriza,

scaneriza
escáner • *n* scaner *(n)*, numerizor
escapada • *n* scăpare, fugă
escapar • *v* scăpa, eluda
escaparate • *n* vitrină *(f)*
escapatorio • *n* scăpare, fugă
escape • *n* esc, scăpare, fugă
escarabajo • *n* gândac *(m)*
escarabeo • *n* scarabeu *(m)*
escarbadientes • *n* scobitoare *(f)*
escarcha • *n* brumă, brumă *(f)*
escarchar • *v* bruma
escardar • *v* a plivi
escarificador • *n* grapă *(f)*
escarlata • *adj* stacojiu
escarnio • *n* dispreţ *(n)*
escarnir • *v* respinge, refuza, dispreţui, urî
escarola • *n* andivă *(f)*
escarpa • *n* trotuar *(n)*
escaso • *adj* rar
escenario • *n* platou *(n)*, platou de filmare *(n)*
escepticismo • *n* scepticism *(n)*
escindir • *v* despica, diviza, scinda, spinteca
esclava • *n* sclav, rob, serv
esclavitud • *n* sclavie *(f)*, robie *(f)*, sclavie
esclavo • *n* sclav, rob, serv
esclusa • *n* stăvilar, ecluza *(f)*, deschizatura *(f)*
escoba • *n* mătură *(f)*
escobilla • *n* perie *(f)*, pensulă *(f)*
escobillón • *n* mătură *(f)*
escoger • *v* vrea, prefera, alege
escolarizar • *v* învăţa, educa, instrui, şcolariza, antrena
esconder • *v* ghemui, acoperi, ascunde, oculta
esconderse • *v* ascunde
escondite • *n* ascunzătoare
escondrijo • *n* ascunzătoare
escopeta • *n* puşcă *(f)*
escoplo • *n* daltă *(f)*
escoriar • *v* abraza
escorpión • *n* scorpion *(m)*
escozor • *n* mâncărime *(f)*
escriba • *n* scrib *(m)*, copist *(m)*
escribanía • *n* secretar *(m)*
escribano • *n* presură *(f)*
escribiente • *n* secretar *(m)*, birocrat *(m)*, funcţionar *(m)*
escribir • *v* scrie, A scrie, crea
escrito • *adj* scris *(n)*, scrisă *(f)*
escritor • *n* scriitor *(m)*, scriitoare *(f)*, autor *(m)*, autoare *(f)*

escritora • *n* scriitor *(m)*, scriitoare *(f)*, autor *(m)*, autoare *(f)*
escritorio • *n* birou *(n)*, birou *(m)*
escritura • *n* scriere *(f)*, scris
escrotal • *adj* scrotal
escroto • *n* scrot *(n)*
escrúpulo • *n* scrupul *(n)*, compuncţiune *(f)*
escrupulosamente • *adv* scrupulos, cu scrupulozitate
escrutar • *v* a baleia imaginea, explora, scana, sonda
escuadra • *n* echer *(n)*
escuchar • *v* asculta
escudero • *n* moşier
escudo • *n* pavăză, scut *(m)*
escuela • *n* şcoală *(f)*, şcoală medie *(f)*, gimnaziu
esculpir • *v* sculpta
escultor • *n* sculptor *(m)*, sculptoriţă *(f)*
escultora • *n* sculptor *(m)*, sculptoriţă *(f)*
escultura • *n* sculptură *(f)*
escuna • *n* goeletă *(f)*
escupida • *n* scuipat
escupir • *v* scuipa
escupitajo • *n* scuipat
escurridor • *n* strecurătoare *(f)*
escurrir • *v* stoarce
ése • *pron* acel *(m)*, acea *(f)*, ăla *(m)*, aia *(f)*
esencialmente • *adv* esenţial, în esenţă
esfera • *n* domeniu, minge, bilă, sferă *(f)*, bilă *(f)*, bol *(n)*
esférico • *adj* sferic
esfinge • *n* sfinx *(m)*
esforzar • *v* forţa
esforzarse • *v* se forţa, strădui
esfuerzo • *n* tentativă *(f)*, efort *(n)*, solicitare *(f)*
esgrima • *n* scrimă
esgrimir • *v* flutura, învârti
eslabón • *n* verigă *(f)*, za *(f)*
eslalon • *n* slalom
eslora • *n* lungime
esmeralda • *adj* smaraldiu • *n* smarald *(n)*, smarand *(n)*, smaragd *(n)*
esmero • *n* sârguinţă *(f)*, diligenţă *(f)*, grijă, păs
esnob • *n* snob *(m)*
esotérico • *adj* ezoteric
espacio • *n* spaţiu *(n)*, spaţiu, loc *(n)*
espacio-tiempo • *n* spaţiu-timp *(n)*
espada • *n* sabie *(f)*, spadă *(f)*
espadaña • *n* papură *(f)*
espádice • *n* spadice *(n)*, spadix *(n)*
espadín • *n* sprot

espagat • *n* spagatul
espalda • *n* spate, dos, spinare
espantado • *adj* îngrozit
espantapájaros • *n* sperietoare *(f)*, momâie *(f)*
espantar • *v* speria
espanto • *n* desperare *(f)*, spaimă *(f)*
espantoso • *adj* oribil, groaznic • *v* șocant *(n)*
esparceta • *n* sparcetă *(f)*
esparcir • *v* împrăștia, răspândi, așterne
espárrago • *n* sparanghel *(m)*, sparanghel
especia • *n* condiment
especialmente • *adv* mai ales
especie • *n* specie, specie *(f)*
específicamente • *adv* adică
especificar • *v* specifica, detalia
especificidad • *n* specificitate *(f)*
específico • *adj* concret *(n)*, specific
espécimen • *n* specimen, exemplar
espectacular • *adj* spectaculos, spectacular, de spectacol
espectáculo • *n* spectacol *(n)*, priveliște *(f)*
espectador • *n* spectator *(m)*, privitor *(m)*
espectro • *n* spectru *(n)*
especulación • *n* ipoteză, supoziție, teoremă, presupunere *(f)*
espejismo • *n* miraj *(n)*
espejo • *n* oglindă *(f)*
espejuelos • *n* ochelari
espelta • *n* alac *(n)*
espera • *n* așteptare *(f)*
esperanza • *n* speranță *(f)*, nădejde *(f)*
esperar • *v* aștepta, spera, nădăjdui
esperma • *n* spermă *(f)*, smecleu *(n)*, smârcău *(n)*, smahoz *(n)*, ceară *(f)*
espermatozoide • *n* spermatozoid *(m)*
esperpento • *n* oroare vizuală *(f)*, dezgust vizual *(n)*
espeso • *adj* gros
espía • *n* spion *(m)*, spioană *(f)*
espiar • *v* spiona
espiga • *n* spic
espina • *n* spin, ghimpe
espinaca • *n* spanac *(n)*
espineta • *n* spinetă *(f)*
espinilla • *n* coș
espino • *n* păducel *(m)*, albaspină *(f)*, păducel *(m)*, gherghin *(m)*
espíritu • *n* spirit *(n)*, suflet *(n)*, spirit, duh *(n)*
espiritual • *adj* sufletesc, spiritual
espléndido • *adj* ilustru *(m)*, reputat *(m)*

espliego • *n* levănțică *(f)*, lavandă *(f)*
espolear • *v* îndemna
esponja • *n* burete *(m)*, spongie *(f)*
esponsales • *n* logodnă *(f)*
espontaneidad • *n* spontaneitate *(f)*
espontáneo • *adj* spontan *(m)*
espora • *n* spor *(m)*, spori
esposa • *n* soție *(f)*, nevastă *(f)*, muiere
esposar • *v* încătușa, fereca
esposas • *n* cătușă *(f)*, cătușe, cătușe
esposo • *n* soț *(m)*
esprintar • *v* sprinta
espuma • *n* spumă *(f)*
espumilla • *n* bezea *(f)*
esqueleto • *n* schelet *(n)*, osatură *(f)*
esquema • *n* desen *(n)*
esquí • *n* schi *(n)*
esquiar • *v* schia
esquicio • *n* schiță *(f)*
esquilar • *v* stoarce, tunde
esquilmar • *v* stoarce
esquina • *n* colț *(n)*, ungher *(n)*
esquinado • *adj* unghiular *(n)*
esquirla • *n* așchie
esquites • *n* floricelele de porumb, cocoșei, pop-corn
esquivar • *v* evita, ocoli
esquizofrenia • *n* schizofrenie *(f)*
está • *v* este, e
estabilidad • *n* stabilitate, stabilitate *(f)*
estable • *adj* stabil
establecer • *v* stabili, fixa
establecimiento • *n* stabilire *(f)*, așezare *(f)*, instalare *(f)*, instituire *(f)*, stabiliment *(n)*, întreprindere *(f)*, așezământ *(n)*, instituție *(f)*, colonie *(f)*
establo • *n* staul, grajd *(n)*, untărie *(f)*, hambar
estaca • *n* par *(m)*
estación • *n* sezon *(n)*, anotimp *(n)*, stație *(f)*, gară *(f)*
estacionar • *v* parca
estadía • *n* sejur *(n)*
estadio • *n* stadion *(n)*, arenă *(f)*
estadística • *n* statistică
estadísticamente • *adv* statistic
estadístico • *adj* statistic *(n)*, de statistică
estado • *n* stat *(n)*, stadiu *(n)*, etapă *(f)*, situație *(f)*, stare *(f)*, stat, situație
estafar • *v* înșela
estambre • *n* stamină *(f)*, lână pieptănată *(f)*
estampida • *n* busculadă *(f)*, învălmășeală *(f)*
estancamiento • *n* stagnare *(f)*, nemișcare *(f)*

estándar • *n* standard *(n)*, standarde
estandarte • *n* steag *(n)*, drapel *(n)*, stindard *(n)*, flamură *(f)*
estanque • *n* baltă *(f)*
estante • *n* poliță *(f)*
estaño • *n* staniu *(n)*, cositor
estar • *v* fi
estárter • *n* demaror *(n)*
estático • *adj* static *(n)*
estatua • *n* statuie *(f)*
este • *n* est
estela • *n* siaj *(n)*
estelar • *adj* astral *(n)*, stelar *(n)*
estepa • *n* stepă *(f)*
estéril • *adj* nefertil *(n)*, sterilă *(f)*, infertil
esterilización • *n* sterilizare *(f)*, sterilizație *(f)*
estética • *n* estetică
estetoscopio • *n* stetoscop *(n)*
estiércol • *n* gunoi *(m)*, balegă *(f)*, baligă *(f)*
estilo • *n* stil *(n)*, stil *(m)*, fel, gen
estima • *n* stimă *(f)*
estimado • *adj* stimate
estimulante • *n* stimulent *(m)*, stimulator *(m)*
estimular • *v* ațâța, îndemna, stimula
estímulo • *n* stimul *(m)*, motiv *(n)*
estirar • *v* îndrepta, întinde
esto • *pron* acest, ăsta *(m)*, aceastä, asta *(f)*
estocástico • *adj* stocastic
estoicismo • *n* stoicism *(n)*
estómago • *n* stomac *(n)*
estoque • *n* gladiolă *(f)*
estorbar • *v* înfunda, obtura, astupa, împiedica, reține, stânjeni, bloca, întârzia
estorbo • *n* deranjare *(f)*, tulburare *(f)*, impediment, piedică, obstacol, deranj *(n)*, încomodare *(f)*
estornino • *n* graur *(m)*
estornudar • *v* strănuta
estornudo • *n* strănut
estrago • *n* ravagiu *(n)*
estragón • *n* tarhon *(m)*
estrangulador • *n* șoc *(n)*
estrategia • *n* strategie *(f)*, strategie *(f)*
estrechar • *v* îngusta
estrecho • *n* strâmtoare • *adj* strâmt, îngust
estrella • *n* stea *(f)*
estrellado • *adj* înstelat
estreñimiento • *n* constipație *(f)*
estreñir • *v* constipa
estrés • *n* stres *(n)*
estribo • *n* scară *(f)*

estribor • *n* tribord *(n)*
éstrido • *n* streche *(f)*
estro • *n* căldură *(f)*, rut *(n)*
estróbilo • *n* con
estrofa • *n* doagă, strofă *(f)*, stanță *(f)*
estroncio • *n* stronțiu *(n)*
estropeado • *adj* înrautățit *(n)*, slăbit *(n)*, diminuat *(n)*
estropear • *v* strica, ruina
estructura • *n* cadru *(n)*, ramă *(f)*, structură *(f)*
estructural • *adj* structural *(n)*
estudiante • *n* student *(m)*, studentă *(f)*
estudiar • *v* învăța, studiu, studia
estudio • *n* studiu *(n)*, studiere *(f)*
estufa • *n* sobă *(f)*, aragaz *(n)*, reșou *(n)*
estupefacción • *n* uimire *(f)*, surprindere *(f)*, desperare *(f)*, spaimă *(f)*
estupefaciente • *n* narcotică *(f)*
estupendo • *adj* grozav
estupidez • *n* nerozie *(f)*, nerozii, prostie *(f)*, stupiditate *(f)*
estúpido • *adj* prost, stupid
estupro • *n* răpire *(f)*, viol *(n)*
esturión • *n* sturion *(m)*
esvástica • *n* svastică *(f)*
etano • *n* etan
etapa • *n* pas *(m)*, pași
etéreo • *adj* eteric
eternidad • *n* eternitate *(f)*, veșnicie *(f)*, eternitate
ético • *adj* etic
etimología • *n* etimologie *(f)*
etiqueta • *n* etichetă
etiquetar • *v* eticheta
eucalipto • *n* eucalipt *(m)*
eufemismo • *n* eufemism *(n)*
euforbio • *n* aior *(m)*, alior
euforia • *n* euforie *(f)*, beatitudine *(f)*, extaz *(n)*
eureka • *interj* évrica
europio • *n* europiu *(n)*
eutanasia • *n* eutanasie *(f)*
evadir • *v* scăpa
evaluación • *n* evaluare *(f)*, apreciere *(f)*
evangelio • *n* evanghelie *(f)*
evaporar • *v* evapora
evento • *n* eveniment *(n)*
evidente • *adj* evident, evident *(n)*, clar *(n)*, manifest *(n)*, vădit *(n)*
evitar • *v* înconjura, ocoli, conturna, evita
evolución • *n* schimb *(n)*, schimbare *(f)*, modificare *(f)*, evoluție *(f)*
evolucionar • *v* evolua
evolucionario • *adj* evoluțional *(n)*, evoluțial *(n)*, evoluționar *(n)*

evolucionista • *adj* evoluțional *(n)*, evoluțial *(n)*, evoluționar *(n)*
evolutivo • *adj* evoluțional *(n)*, evoluțial *(n)*, evoluționar *(n)*
ex- • *n* fostul *(m)*
ex- • *adj* antic, vechi, fost
exactitud • *n* precizie *(f)*, acuratețe *(f)*, exactitate *(f)*
exageración • *n* exagerare
exagerado • *adj* exagerat *(n)*
exagerar • *v* exagera
examen • *n* inspecție *(f)*, control *(n)*, verificare, examinare *(f)*, examen *(n)*, examen medical *(n)*, consult medical *(n)*, examen
examinación • *n* examinare *(f)*, examen *(n)*, examen medical *(n)*, consult medical *(n)*
exasperación • *n* exasperare *(f)*
excavar • *v* săpa, escava
excelente • *adj* excelent *(m)*, excelentă *(f)*, super, senzațional, minunat
excepcional • *adj* superb *(n)*, superbă *(f)*, excepțional *(n)*, excepțională *(f)*, extraordinare
excesivo • *adj* excesiv, excesivă *(f)*
exceso • *n* exces *(n)*, exagerare *(f)*, abuz *(n)*
excitado • *adj* excitat *(n)*
exclamación • *n* exclamare *(f)*, exclamație *(f)*
exclusión • *n* excludere *(f)*, eliminare *(f)*
excremento • *n* gunoi *(m)*, balegă *(f)*, excrement, materii fecale, fecale, scaun *(n)*
excretar • *v* a excreta, a elimina
exculpar • *v* achita
excusado • *n* toaletă *(f)*, closet *(f)*, vece *(n)*, privată *(f)*, closet *(n)*
excusar • *v* scuza
execrable • *adj* execrabil
exento • *adj* scutit *(m)*, dispensat *(m)*, liber *(m)*
exhaustivo • *adj* cuprinzător, multilateral *(m)*
exhausto • *adj* epuizat *(n)*, vlăguit *(n)*, secătuit *(n)*, obosit *(n)*, istovit *(n)*
exhibicionista • *n* exhibiționist
exhibir • *v* expune, expoza, arăta
exigencia • *n* condiție *(f)*
exigente • *adj* cusurgiu *(m)*, mofturos *(m)*
exigir • *v* cere
exiliado • *n* exilat *(m)*
exiliar • *v* exila
exilio • *n* exil *(n)*, exilare *(f)*
existencia • *n* existență, naștere, ființă

existente • *adj* existent *(m)*
existir • *v* fi, exista
éxito • *n* șlagăr *(n)*, succes *(n)*, succese
éxodo • *n* exod *(n)*
exoftalmia • *n* exoftalmie
expectación • *n* așteptare *(f)*, anticipare *(f)*
experiencia • *n* experienta, experiență *(f)*
experimental • *adj* experimental
experimentar • *v* păți
experto • *n* expert *(m)* • *adj* expert, de expert
expiación • *n* expiere *(f)*, ispășire *(f)*, expiație *(f)*, căință *(f)*
explicable • *adj* explicabil, explicabilă *(f)*, explicabile, explicabili
explicación • *n* explicare *(f)*
explicar • *v* explica
explícito • *adj* explicit
explosión • *n* explozie *(f)*
explotar • *v* exploata, a abuza (de)
exponenciación • *n* exponențiere *(f)*
exponer • *v* expune
exportador • *n* exportator *(n)*
exposición • *n* expoziție *(f)*, expunere *(f)*, expunere, prezentare
expresable • *adj* exprimabil
expresar • *v* transmite
expresión • *n* expresie, expresie *(f)*, frază *(f)*, vorbi
expresionismo • *n* expresionism *(n)*
expresivo • *adj* expresiv *(n)*, plin de expresie *(n)*
exprimir • *v* strânge, stoarce
expropiación • *n* expropriere *(f)*
expurgar • *v* expurga
éxtasis • *n* extaz *(n)*, extaz *(n)*, ecstasy *(n)*
extender • *v* așterne, întinde
extendido • *adj* răspândit *(m)*, extins *(m)*
extensión • *n* întindere, volum
extenso • *adj* răspândit *(m)*, extins *(m)*
exterior • *adj* în afara • *n* exterior *(n)*
exterminar • *v* exterminare *(f)*
externo • *adj* extern, în afara
extinguir • *v* stinge
extirpar • *v* dezrădăcina
extra • *adj* adițional *(m)*
extracto • *n* rezumat *(n)*, conspect *(n)*, extras *(n)*, extract *(n)*, extras
extragaláctico • *adj* extragalactic *(n)*
extranjera • *n* străin *(m)*, alien *(m)*, străină, alienă *(f)*
extranjero • *n* străin *(m)*, alien *(m)*, străină, alienă *(f)* • *adj* străin

extrañamente • *adv* ciudat
extraño • *adj* rar, necomun, straniu *(m)*, ciudat *(n)*, bizar *(n)*, neobişnuit *(n)*, curios *(n)*, straniu, superstiţios, caraghios, ciudat, neobişnuit, nenatural *(n)*
extraoficial • *adj* neoficial *(n)*
extraordinario • *adj* extraordinar, fabulos, ieşit din comun *(n)*, neobişnuit *(n)*
extrapolación • *n* extrapolare *(f)*
extraterrestre • *n* extraterestru *(m)*, extraterestru • *adj* extraterestru
extravagante • *adj* flamboiant
extremadamente • *adv* în mod extrem, extrem *(n)*
extremidad • *n* membru *(n)*, extremitate *(f)*, mădular, ciolan, membru, capăt, extremitate
extremismo • *n* extremism *(n)*
extremo • *n* spate
exuberante • *adj* flamboiant
eyaculación • *n* ejaculare *(f)*, ejaculaţie *(f)*
eyaculador • *adj* ejaculator
eyacular • *v* slobozi

F

fábrica • *n* fabrică *(f)*, uzină *(f)*
fabricación • *n* fabricare *(f)*
fabricante • *n* fabricant, producător
fabricar • *v* fabrica
fabro • *n* fierar *(m)*, făurar *(m)*
fábula • *n* poveste
fabuloso • *adj* extraordinar, fabulos, mitic, legendar, incredibil, foarte bun, extrem de bun
facción • *n* facţiune, fracţiune *(f)*
fácil • *adj* uşor
facilidad • *n* facilitate
facilitar • *v* facilita, uşura
facóquero • *n* porc alergător *(m)*, porc cu negi *(m)*, facocer *(m)*
factibilidad • *n* practicabilitate, fezabilitate *(f)*, posibilitate de realizare *(f)*, facibilitate *(f)*
factible • *adj* fezabil, facibil *(n)*
fáctico • *adj* efectiv, faptic
factual • *adj* efectiv, faptic
factura • *n* factură *(f)*, notă de plată *(f)*, facturi
facultad • *n* şcoală superiară *(f)*, universitate *(f)*, facultate *(f)*, colegiu *(n)*, putinţă *(f)*, abilitate *(f)*, capacitate *(f)*, şcoală *(f)*
fagot • *n* fagot *(n)*
faisán • *n* fazan *(m)*
faja • *n* curea *(f)*, centură *(f)*, cordon *(n)*, brâu *(n)*
fajar • *v* înfăşura, împacheta
fajo • *n* snop *(m)*, mănunchi, fascicul *(n)*, legătură *(f)*
falaropo • *n* notătiţă *(f)*
falcón • *n* şoim *(m)*
falda • *n* fustă *(f)*
fálico • *adj* falic
falla • *n* hibă *(f)*
fallo • *n* eşec *(n)*
falo • *n* falus *(n)*
falsificar • *v* denatura, falsifica
falso • *adj* nesincer, fals, neadevăr, păcăleală *(f)*, greşit, incorect, necinstit
falta • *n* absenţă *(f)*, lipsă *(f)*
fama • *n* renume, faimă *(f)*, reputaţie *(f)*, renume *(n)*, nume *(n)*, faimă
familia • *n* familie *(f)*, familie
familiar • *n* familiar • *adj* colocvial, familiar
familiaridad • *n* familiaritate *(f)*
famoso • *adj* ilustru *(m)*, reputat *(m)*, celebru, faimos
fandango • *n* freamăt *(n)*, agitaţie *(f)*, frământare *(f)*
fango • *n* noroi *(n)*
fantasma • *n* fantomă *(f)*
fantástico • *adj* fabulos, fantastic
fantoche • *n* păpuşă *(f)*, marionetă *(f)*
faraón • *n* faraon *(m)*
fárfara • *n* podbeal *(m)*
farmacéutica • *n* farmacist *(m)*
farmacéutico • *n* farmacist *(m)*
farmacia • *n* farmacie *(f)*
farmacóloga • *n* farmacolog *(m)*
farmacología • *n* farmacologie *(f)*
farmacólogo • *n* farmacolog *(m)*
faro • *n* far *(n)*, oposum *(m)*, sarigă *(f)*
farol • *n* felinar *(n)*, lanternă *(f)*
fascismo • *n* fascism *(m)*
fase • *n* fază *(f)*
fatalismo • *n* fatalism *(n)*
fatiga • *n* extenuare *(f)*, oboseală *(f)*
fatigado • *adj* obosit *(m)*, obosită *(f)*
fauna • *n* faună *(f)*, regnul animal *(n)*
favor • *n* favoare *(f)*
favorito • *adj* favorit *(m)*, favorită *(f)*
fax • *n* fax

fayenza • *n* faianță *(f)*
faz • *n* față *(f)*, față
fe • *n* credință *(f)*
feble • *adj* slab, debil, lânced
febril • *adj* febril
feca • *n* cafea *(f)*
fecha • *n* dată *(f)*
fecundación • *n* fecundare *(f)*
federación • *n* federație *(f)*
federal • *adj* federal
federalización • *n* federalizare *(f)*
felación • *n* felație *(f)*
felicidad • *n* fericire *(f)*, bucurie *(f)*, fericire *(f)*, bucurie *(f)*, jovialitate *(f)*, veselie *(f)*, voioșie
felicitación • *interj* felicitări
felicitar • *v* ferici, ura, felicita
feligreses • *n* parohie *(f)*, enorie *(f)*
felina • *n* pisică *(f)*, motan *(m)*, cotoi *(m)*, mâță *(f)*, felină *(f)*
felino • *n* pisică *(f)*, motan *(m)*, cotoi *(m)*, mâță *(f)*, felină *(f)* • *adj* felin *(m)*, felină *(f)*
feliz • *adj* fericit, bucuros, norocos
fellatio • *n* felație *(f)*
felpudo • *n* rogojină *(f)*
femenino • *adj* feminin, femeiesc
feminidad • *n* feminitate *(f)*
fenilalanina • *n* fenilalanină *(f)*
fénix • *n* fenix *(m)*
fenogreco • *n* fenugrec *(m)*, fân grecesc *(n)*, schinduf *(m)*
fenómeno • *n* fenomen *(n)*
fenotipo • *n* fenotip *(n)*
feo • *adj* urât
féretro • *n* sicriu *(n)*, coșciug *(n)*
feria • *n* schimb (de bani) *(n)*
fermentación • *n* fermentare *(f)*, fermentație *(f)*
fermentar • *v* fermenta, dospi
fermento • *n* catalizator *(m)*
fermio • *n* fermiu *(n)*
feroz • *adj* feroce, fioros
férreo • *adj* fier
ferri • *n* bac *(m)*
ferrocarril • *n* cale ferată *(f)*, rețea feroviară *(f)*, căi ferate
ferry • *n* bac *(m)*
fértil • *adj* roditor, rodnic, fertil, fructuos *(m)*
fertilización • *n* fertilizare
fertilizante • *n* fertilizator *(n)*, îngrășământ *(n)*, fertilizant *(m)*
fertilizar • *v* fertiliza
fervor • *n* zel *(n)*, ardoare *(f)*, înflăcărare *(f)*, pasiune *(f)*, ardență *(f)*
festín • *n* banchet *(n)*, festin *(n)*, ospăț *(n)*
festividad • *n* sărbătoare *(f)*
fetichismo • *n* fetișism
fétido • *adj* fetid
feto • *n* făt *(m)*
feudalismo • *n* feudalism *(n)*
feudo • *n* feudă, fief *(n)*
fi • *n* fi
fiabilidad • *n* fiabilitate *(f)*
fiable • *adj* fiabil *(m)*, sigur *(m)*, sigur, demn de încredere
fiar • *n* credit *(n)*
fichero • *n* fișier *(n)*
ficticio • *adj* fictiv, născocit
fidedigno • *adj* sigur, demn de încredere
fidelidad • *n* fidelitate *(f)*
fideo • *n* tăiței
fiebre • *n* temperatură *(f)*, febră *(f)*
fiero • *adj* feroce, fioros
fierrito • *n* frigare *(f)*
fiesta • *n* sărbătoare *(f)*, petrecere *(f)*, banchet *(n)*, festin *(n)*, ospăț *(n)*
fiestar • *v* petrece
figura • *n* figură
figurado • *adj* figurativ *(n)*
figurativamente • *adv* (în mod) figurat
figurativo • *adj* figurativ *(n)*
fila • *n* rând *(n)*, coadă *(f)*, coadă
filantropía • *n* filantropie *(f)*
filantrópico • *adj* filantropic *(n)*
filasa • *n* in *(n)*
filete • *n* file *(n)*
filfa • *n* cioara vopsita
filiación • *n* afiliație *(f)*, afiliere *(f)*
filigrana • *n* filigran *(n)*
filo • *n* tăiș, ascuțiș, încrengătură *(f)*
filoa • *n* clătită *(f)*
filología • *n* filologie *(f)*
filoso • *adj* ascuțit
filósofa • *n* filozof *(m)*
filosofía • *n* filozofie *(f)*
filosóficamente • *adv* în mod filozofic
filosófico • *adj* filozofic
filósofo • *n* filozof *(m)*
filtrarse • *v* filtra, strecura
fin • *n* sfârșit, final *(n)*, sfârșit, terminație, capăt, încheiere *(f)*
final • *n* încheiere *(f)*
finalizar • *v* termina, finisa, sfârși
finalmente • *adv* în fine, la urma urmei, în definitiv
financiero • *adj* financiar
finca • *n* fermă, avanpost *(n)*, avanposturi
fingido • *adj* păcăleală *(f)*
fingir • *v* păcăli, preface, pretinde

finir • *v* sfârși, termina
finito • *adj* finit, limitat, care are limită
fino • *adj* slab, subțire
fiordo • *n* fiord (n)
firma • *n* autograf, semnătură
firmamento • *n* cer, cer (n), чер (n)
firmar • *v* semna
físico • *adj* fizic (n), fizică (f), material (n), corporal (n), fiziologic (n), fiziologică (f) • *n* fizician (m)
fisióloga • *n* fiziolog
fisiología • *n* fiziologie (f)
fisiológico • *adj* fiziologic
fisiólogo • *n* fiziolog
fisión • *n* fisiune
flaco • *adj* slab, debil, lânced
flagelo • *n* bici
flama • *n* flacără (f), pară (f), văpaie (f)
flaquear • *v* debilita, slăbi
flauta • *n* flaut (n)
flecha • *n* săgeată (f)
fleco • *n* breton (n)
flemón • *n* abces (n)
flequillo • *n* breton (n)
flexibilidad • *n* adaptabilitate (f), flexibilitate (f)
flexible • *adj* flexibil (n)
flojo • *adj* leneș, puturos, indolent, dezinteresat, slab, debil, lânced
flor • *n* floare (f)
flora • *n* floră (f)
florecer • *v* înflori, înmuguri
florero • *n* vază (f)
floresta • *n* pădure (f), codru (m), silvă (f)
florista • *n* florar (m)
flotante • *adj* plutitor (n), flotant (n)
flotar • *v* pluti
fluido • *n* fluid (n) • *adj* fluid
fluir • *v* curge
flujo • *n* pârâu (f), torent (n), șuvoi (n), curent (m), flux (n), curgere (f), lanț (n)
flúor • *n* fluor (n)
fluorina • *n* fluorit (m)
fluorita • *n* fluorit (m)
fluvial • *adj* fluvial
flux • *n* costum (n)
fobia • *n* fobie
foca • *n* focă (f)
foco • *n* lanternă
follar • *v* fute, băga
follarse • *v* fute
folleto • *n* cărticică (f), broșură (f), plachetă (f)
fondo • *n* spate, fund
fonema • *n* fonem (n)
fonético • *adj* fonetic

fontana • *n* sursă (f), izvor (n), fântână (f)
forajido • *n* fugar (m)
forastero • *adj* străin
forinto • *n* forint (m)
forja • *n* forjă (f)
forjador • *n* fierar (m), făurar (m)
forjadora • *n* fierar (m), făurar (m)
forma • *n* fel, mod, fel, gen, stil (n), fel (n), manieră (f), stare (f), formă, formular (n), formă (f)
formal • *adj* formal (n)
formalista • *adj* formalist (m)
formar • *v* forma
formato • *n* format (n), format (n)
formidable • *adj* superb (n), minunat (n), foarte bun (n)
formón • *n* daltă (f)
fórmula • *n* formulă, formulă chimică
formulación • *n* formulare
formulario • *n* formular (n)
forraje • *n* furaj, nutreț, strânsură
forro • *n* acoperire
fortaleza • *n* cetate (f), fortăreață (f), resursă (f), resurse
fortificación • *n* fortificație (f), fortăreață (f), avanpost (n), avanposturi, fortificare (f)
fortuito • *adj* accidental (n), întâmplător (n), accidentală (f)
fortuna • *n* șansă (m), noroc (m), soartă (n)
forzar • *v* forța
fosa • *n* șanț (f), mormânt, groapă (f)
fosfato • *n* fosfat (m)
fosforera • *n* brichetă (f)
fósforo • *n* chibrit, fosfor (n)
fósil • *n* fosilă (f)
fosilización • *n* fosilizare (f), fosilizație (f)
foso • *n* șanț (f)
foto • *n* fotografie, fotografie (f), poză (f), foto (n)
fotografía • *n* fotografie (f), fotografie, poză (f), fotografia (f), foto (n)
fotografiar • *v* fotografia
fotón • *n* foton (m)
fotovoltaico • *adj* fotovoltaic
fotuto • *n* claxon
foxberi • *n* merișor (n)
foxberry • *n* merișor (n)
fracasar • *v* a rata
fracaso • *n* eșec (n)
fracción • *n* fracție, fracție (f)
fraccionamiento • *n* vecinătate
fractura • *n* fractură (f), fracturare (f), rupere (f)

fragante • *adj* parfumat, înmiresmat, dulce
fragmentar • *v* fragmenta
fragmento • *n* extras, surcea, așchie, fragment *(n)*, bucată, fragment
fragor • *n* freamăt, agitație *(f)*, tumult *(n)*
fragua • *n* forjă *(f)*
frailecillo • *n* furtunar *(m)*
frambuesa • *n* zmeură *(f)*
frambueso • *n* zmeur *(m)*
francio • *n* franciu *(n)*
franco • *n* franc *(m)* • *adj* onest, sincer, simplu
francoincienso • *n* tămâie
franja • *n* dungă, fașă
franquincienso • *n* tămâie
frasco • *n* sticlă *(f)*
frase • *n* expresie *(f)*, frază *(f)*
fraternal • *adj* de frate, fratern, frățesc, frățesc, fratern
fraternidad • *n* fraternitate *(f)*, frăție *(f)*
fraternizar • *v* fraterniza, înfrăți
fraterno • *adj* frățesc, fratern
fraudulento • *adj* fraudulos
frazada • *n* pătură *(f)*, valtrap
frecuencia • *n* frecvență *(f)*, desime *(f)*
frecuente • *adj* frecvent
frecuentemente • *adv* des, în mod frecvent, frecvent, deseori
fregadero • *n* chiuvetă
freír • *v* frige, prăji
freírse • *v* prăji
frenar • *v* frâna
frenesí • *n* frenezie, freamăt
freno • *n* frână
frente • *n* frunte *(f)*
fresa • *n* căpșună *(f)*, căpșun *(m)*
fresco • *n* frescă *(f)*, băuturi răcoritoare, răcoritoare • *adj* friguros, dulce, proaspăt
frescura • *n* tupeu *(n)*, insolență *(f)*, nerușinare *(f)*
frialdad • *n* frig *(n)*, răceală *(f)*
fricción • *n* frecare *(m)*, fricțiune *(f)*
friera • *n* degerătură *(f)*
frigorífico • *n* frigider
frijol • *n* fasole *(f)*, bob *(m)*
frío • *adj* rece, rece • *n* frig, frig *(n)*, frigider
frisa • *n* pătură *(f)*, valtrap
frontera • *n* frontieră *(f)*, graniță *(f)*, limită *(f)*, graniță *(f)*, frontieră *(f)*
frontispicio • *n* frontispiciu
frotar • *v* freca
fructífero • *adj* fructuos *(m)*
fructosa • *n* fructoză *(f)*

frustración • *n* frustrare *(f)*, frustrație *(f)*
frustrar • *v* inhiba
fruta • *n* fruct, fruct *(n)*, poamă *(f)*, rod *(n)*
frutilla • *n* căpșună *(f)*, căpșun *(m)*
fruto • *n* fruct *(n)*, poamă *(f)*, rod *(n)*
fucsia • *n* cercelus *(m)*, fucsie *(f)*
fuego • *n* foc *(n)*
fuelle • *n* foale *(f)*
fuente • *n* sursă *(f)*, izvor *(n)*, fântână *(f)*, font *(n)*, sursă *(f)*
fuera • *adv* de aici, afară
fuerte • *adj* tare, tare, puternic
fuerza • *n* forță *(f)*
fuga • *n* scăpare, fugă
fugarse • *v* scăpa
fugaz • *adj* fugaci, fugitiv, trecător *(m)*, efemer *(m)*, care zboară
fugitivo • *adj* fugitiv, fugar, trecător • *n* fugar *(m)*, fugar, evadat, trecător *(m)*
fulana • *n* curvă, târfă *(f)*, prostituată *(f)*
fumador • *n* fumător *(m)*
fumadora • *n* fumător *(m)*
fumar • *v* fuma
fumarel • *n* rândunică-de-mare *(f)*
funccionar • *v* funcționa
función • *n* funcție *(f)*, întrebuințare *(f)*, funcție
funcionar • *v* funcționa
funcionario • *n* funcționar oficial *(m)*, funcționară oficială *(f)*
funda • *n* pungă *(f)*, sac
fundación • *n* fondare *(f)*, întemeiere *(f)*, înființare *(f)*, fundamentare *(f)*, fundație *(f)*, temelie *(f)*, fundație *(f)*
fundador • *n* fondator *(m)*, întemeietor *(m)*
fundamental • *adj* fundamental *(n)*, de bază
fundamentalismo • *n* fundamentalism
fundición • *n* purificare *(f)*, curățire *(f)*
fundillos • *n* chiloți
funeral • *n* înmormântare *(f)*, îngropare *(f)*, înhumare *(f)*, mormântare *(f)* • *adj* funerar, sepulcral, mormântal
funerario • *adj* funerar
fungible • *adj* fungibil *(n)*
fungir • *v* funcționa
furgón • *n* furgonetă *(f)*
furgoneta • *n* furgonetă *(f)*
furia • *n* furie, mânie
furioso • *adj* furios, sever
furor • *n* furie, mânie
furúnculo • *n* abces *(n)*, furuncul *(n)*, buboi *(n)*

fusil • *n* flintă *(f)*, puşcă *(f)*, ghintuită *(f)*
fusta • *n* cravaşă *(f)*, bici
futbol • *n* fotbal *(n)*, fotbal *(n)*
fútbol • *n* fotbal *(n)*

futurismo • *n* futurism *(n)*
futuro • *adj* viitor • *n* viitor

G

gabardina • *n* gabardină *(f)*, stofă-gabardin *(f)*
gacela • *n* gazelă *(f)*
gachas • *n* păsat *(n)*, terci *(n)*
gadolinio • *n* gadoliniu *(n)*
gafas • *n* ochelari
gafe • *n* ghinion *(n)*, neşansă *(f)*
gaita • *n* cimpoi *(n)*, cimpoaie *(f)*, gaidă *(f)*
galán • *n* armăsar *(m)*
galardón • *n* trofeu, medalie, decizie
galaxia • *n* galaxie *(f)*, galaxii
galeón • *n* galion
galería • *n* verandă, arcadă *(f)*, pasaj *(n)*, arcadă *(f)*, pasaj *(n)*
galio • *n* galiu *(n)*
gallina • *n* pui, găină *(f)*, laş *(m)*, laşă *(f)*, găină
gallinazo • *n* afemeiat *(m)*, vânător de fuste *(m)*, crai *(m)*, muieratic *(m)*
gallito • *n* cocoşel *(m)*
gallitos • *n* floricelele de porumb, cocoşei, pop-corn
gallo • *n* cocoşel *(m)*, cocoş *(m)*
galón • *n* fundă *(f)*
galopar • *v* galopa • *n* trap
galope • *n* galop *(n)*
galpón • *n* hambar
galvanómetro • *n* galvanometru *(n)*
gama • *n* gamă *(f)*, paletă *(f)*
gamba • *n* crevetă *(f)*
gamberra • *n* huligan *(m)*
gamberro • *n* huligan *(m)*
gamuza • *n* şamoa *(m)*, capră-neagră *(f)*, capră-de-munte *(f)*
ganado • *n* bovine, vite
ganador • *n* câştigător *(m)*, câştigătoare *(f)*
ganadora • *n* câştigător *(m)*, câştigătoare *(f)*
ganancia • *n* câştig *(n)*, profit *(f)*
ganar • *v* câştiga, primi
ganas • *n* poftă *(f)*, apetit *(n)*, înclinaţie *(f)*
gancho • *n* cârlig *(n)*
ganga • *n* afacere *(f)*
ganglio • *n* ganglion *(m)*
gangrena • *n* cangrenă *(f)*

ganso • *n* gâscan *(m)*, gânsac *(m)*, gâscă *(f)*
garaje • *n* autoservice *(n)*, garaj *(n)*
garante • *n* garant *(m)*, chezaş *(m)*, garant *(m)*
garantía • *n* garanţie *(f)*
garantir • *v* garanta
garantizar • *v* garanta, asigura
garañón • *n* armăsar *(m)*
garbanzo • *n* năut *(m)*
garceta • *n* egretă *(f)*, stârc alb *(m)*
garchar • *v* fute
gardenia • *n* gardenie *(f)*
garfio • *n* cârlig *(n)*
garganta • *n* gât *(n)*
gárgola • *n* gargui *(n)*
garita • *n* cabană *(f)*, baracă *(f)*
garompa • *n* penis *(m)*, pulă
garra • *n* labă *(f)*, gheară *(f)*, gheară *(f)*, unghie *(f)*
garrapata • *n* căpuşă *(f)*
gárrido • *adj* bătător la ochi, ţipător, strident
garrote • *n* bâtă *(f)*
gárrulo • *adj* limbut, guraliv, gureş, flecar
garúa • *n* burniţă *(f)*
garza • *n* egretă *(f)*, stârc alb *(m)*, stârc *(m)*, bâtlan *(m)*
garzón • *n* chelner *(m)*, ospătar *(m)*
gas • *n* gaz *(n)*, gaze
gasa • *n* voal, tifon *(n)*
gaseosa • *n* băuturi răcoritoare, răcoritoare
gasificar • *v* gazifica
gasolina • *n* benzină *(f)*
gástrico • *adj* gastric *(n)*
gastrointestinal • *adj* gastrointestinal *(n)*
gastronomía • *n* gastronomie *(f)*
gata • *n* pisică *(f)*
gataria • *n* iarba-mâţei *(f)*, cătuşnică *(f)*
gatear • *v* târî
gatera • *n* iarba-mâţei *(f)*, cătuşnică *(f)*
gatita • *n* pisoi, pisicuţă
gatito • *n* pisoi, pisicuţă, pisică *(f)*
gato • *n* pisică *(f)*, cotoi *(m)*, motan *(m)*
gaucho • *n* văcar *(m)*

gaveta • *n* sertar *(n)*
gaviota • *n* pescăruș
gaviotín • *n* rândunică-de-mare *(f)*
gay • *n* homosexual *(m)*, homo *(m)*, poponar *(m)*
gayumbos • *n* chiloți
gazapo • *n* iepuraș
géiser • *n* gheizer *(n)*
gelatina • *n* jeleu *(n)*
gema • *n* nestemată *(f)*, piatră prețioasă *(f)*, gemă *(f)*, giuvaier, diamant *(n)*, nestemate, pietre scumpe
gemelo • *n* geamăn *(m)*
gemelos • *n* binoclu *(m)*
gemido • *n* geamăt
gemir • *v* geme
gendarme • *n* jandarm *(m)*, jandarmi
genealogía • *n* genealogie *(f)*
generación • *n* generare *(f)*, generație *(f)*
generador • *n* generator *(m)*
general • *n* general *(m)* • *adj* general *(m)*, comun *(m)*
generalizado • *adj* răspândit *(m)*, extins *(m)*
generar • *v* crea, genera
género • *n* țesătură *(f)*, material țesut *(n)*, textile, fel, gen, sex *(n)*, fel *(f)*, sex, gen *(n)*
géneros • *n* marfă *(f)*
generosidad • *n* generozitate *(f)*, bunătate, noblețe *(f)*
generoso • *adj* generos, darnic, mărinimos
genética • *n* genetică
genético • *adj* genetic
genetista • *n* genetician *(m)*
genetivo • *n* cazul genitiv *(m)*
genia • *n* geniu *(n)*
genial • *adj* grozav, deștept
genio • *n* geniu *(n)*, genialitate *(f)*
genocidio • *n* genocid *(n)*
genoma • *n* genom *(n)*
genotipo • *n* genotip *(n)*
gente • *n* oameni, lume *(f)*
gentil • *adj* bun, amabil
genuflexión • *n* genuflexiune *(f)*, genuflexare
geofísica • *n* geofizică *(f)*
geografía • *n* geografie *(f)*
geográfico • *adj* geografic *(n)*
geólogo • *n* geolog *(m)*
geometría • *n* geometrie *(f)*, geometrie *(f)*
geranio • *n* geraniu *(m)*, mușcată *(f)*, pelargonie *(f)*
gerbillo • *n* gerbil *(m)*

gerente • *n* director, șef
gerifalco • *n* șoim islandez *(m)*
gerifalte • *n* șoim islandez *(m)*
germanía • *n* argou *(n)*, jargon *(n)*, slang *(n)*
germanio • *n* germaniu *(n)*
germinar • *v* germina, încolți
gesticulación • *n* gesticulație *(f)*
gesto • *n* gest *(n)*
gestor • *n* director, șef
gibón • *n* gibon *(m)*
gigante • *adj* uriaș, gigantic • *n* uriaș, gigant
gigantesco • *adj* uriaș, gigantic
gigantez • *n* imensitate *(f)*
gigantismo • *n* gigantism
gigoló • *n* gigolo *(m)*
gilí • *adj* prost, stupid
gilipollez • *n* rahat, căcat *(n)*, vrăjeală *(f)*
gimnasia • *n* gimnastică *(f)*
gimnasio • *n* sală de gimnastică *(f)*, hală de gimnastică *(f)*
gimnasta • *n* gimnast *(m)*, gimnastă *(f)*
gimnástico • *adj* de gimnastică, gimnastic *(n)*
ginebro • *n* ienupăr *(m)*, jneapăn
ginecológico • *adj* ginecologic *(m)*
gineta • *n* genetă *(f)*, ginetă *(f)*
gingivitis • *n* gingivită *(f)*
ginseng • *n* ginseng *(m)*
girar • *v* roti, învârti
girasol • *n* floarea soarelui *(f)*
gis • *n* cretă *(f)*
gitana • *n* țigan *(m)*, țigancă *(f)*
gitano • *n* țigan *(m)*, țigancă *(f)*
glaciar • *n* ghețar *(m)*
glándula • *n* glandă *(f)*
glasé • *n* glazurat *(n)*
glaseado • *n* glazurat *(n)*
glauco • *adj* glauc
glaucoma • *n* glaucom
glicina • *n* glicină *(f)*
globo • *n* glob, balon, balon *(n)*, Pământ, lume, pământ
gloria • *n* glorie *(f)*, slavă *(f)*
glorioso • *adj* glorios
glotón • *n* polifag american *(m)*, gluton *(m)*
glotonería • *n* voracitate *(f)*, lăcomie *(f)*, aviditate *(f)*, avariție *(f)*
glucosa • *n* glucoză *(f)*
glutamina • *n* glutamină *(f)*
glúteo • *n* bucă
gobernar • *v* domni, guverna
gobierno • *n* guvern *(m)*
gocho • *n* porc *(m)*

gol • *n* gol
golero • *n* portar *(m)*, portăriță *(f)*
goleta • *n* goeletă *(f)*
golfa • *n* cățea *(f)*, curvă *(f)*, târfă *(f)*, prostituată *(f)*
golfo • *n* proxenet *(m)*, pește *(m)*, golf *(n)*
golondrina • *n* rândunică *(f)*, lăstun *(m)*, rândunea *(f)*
golpe • *n* lovitură *(f)*, lovitură *(f)*
golpear • *v* lovi, bate
goma • *n* cauciuc *(n)*, clei *(n)*, lipici *(n)*, pneu *(n)*, cauciuc *(n)*, prezervativ *(n)*, mahmureală *(f)*
góndola • *n* gondolă
gondolero • *n* gondolier *(m)*
goniómetro • *n* goniometru *(n)*
gordo • *adj* gras
gorila • *n* gorilă *(f)*, cioară *(f)*
gorrino • *n* porc *(m)*
gorrión • *n* colibri, vrabie *(f)*
gota • *n* picătură *(f)*, gută *(f)*, podagră *(f)*
gotear • *v* pica
gozar • *v* savura, a se bucura de, a se distra
gozne • *n* balama *(f)*, șarnieră *(f)*, țâțână *(f)*
gozo • *n* fericire *(f)*, bucurie *(f)*, jovialitate *(f)*, veselie *(f)*, voioșie, deliciu *(n)*, desfătare *(f)*, plăcere *(f)*, juisare *(f)*
gozque • *n* corcitură
gracia • *n* schepsis, grație *(f)*, eleganță *(f)*, har
gracias • *n* rugăciune de mulțumire *(f)* • *interj* mulțumesc, mersi
gracioso • *adj* caraghios, amuzant *(m)*, drăguț, drăgălaș
grada • *n* grapă *(f)*
grado • *n* grad *(n)*, grade, proporție *(f)*, proporții
graduable • *adj* ajustabil *(n)*
gradualmente • *adv* treptat, în mod gradat, progresiv, în mod treptat
gráfico • *n* grafic *(m)*
gráficos • *n* grafică *(f)*
grafito • *n* grafit *(n)*
graja • *n* cioară de semănătură *(f)*
grajilla • *n* stăncuță *(f)*, gaiță *(f)*
grama • *n* iarbă *(f)*, peluză *(f)*
gramática • *n* gramatică *(f)*
gramatical • *adj* gramatical
gramático • *adj* gramatical
gramo • *n* gram *(n)*
gramola • *n* gramofon *(n)*
gran • *adj* mare
granada • *n* grenadă *(n)*, rodie *(f)*

granado • *n* rodiu *(m)*, rodier *(m)*
granate • *n* granat *(n)*
grande • *adj* mare
grandeza • *n* măreție *(f)*, grandoare *(f)*, mărire *(f)*, mărime *(f)*, mândrie *(f)*, trufie *(f)*
grandote • *adj* uriaș, enorm, imens, gigantic
granero • *n* grânar, hambar
granizar • *v* grindina
granizo • *n* grindină
granja • *n* fermă, untărie *(f)*
granjera • *n* țăran *(m)*, fermier *(m)*
granjero • *n* țăran *(m)*, fermier *(m)*
grano • *n* grăunte, bob
grapa • *n* capsă *(f)*
grapar • *v* capsa
grasa • *n* grăsime *(f)*, grăsime
gratis • *adv* gratis
gratitud • *n* gratitudine *(f)*
gravidez • *n* graviditate
gravitación • *n* gravitație *(f)*
gravitatorio • *adj* gravitațional
gregario • *adj* sociabil, gregar
grieta • *n* crăpătură *(f)*, fisură *(f)*
grifo • *n* grifon *(m)*
grillo • *n* greier *(m)*
gripa • *n* gripă *(f)*, răceală *(f)*
gripe • *n* gripă *(f)*, gripă, răceală *(f)*
gris • *adj* brumăriu, cenușiu, sur • *n* gri
gritar • *v* țipa, striga, urla, plânge
grito • *n* țipăt *(n)*, strigăt *(n)*, urlet *(n)*
grosella • *n* agrișă *(f)*
grosero • *adj* grosier, aspru, ursuz
grotesco • *adj* neadecvat *(n)*, demodat *(n)*, învechit *(n)*, grotesc *(n)*
grúa • *n* macara *(f)*
grueso • *adj* gros
grulla • *n* cocor *(m)*
grumo • *n* bulgăre *(m)*
gruñir • *v* geme
grupo • *n* formație *(f)*, grup *(n)*, bandă *(f)*, grup
guácala • *interj* câh
guacamaya • *n* ara *(m)*
guacamayo • *n* ara *(m)*
guacho • *n* geamăn *(m)*
guadaña • *n* coasă *(f)*
guagua • *n* autobuz *(n)*, bebe *(m)*, bebeluș *(m)*
guajolote • *n* curcan *(m)*, curcă *(f)*
guanaco • *n* guanaco *(m)*
guanajo • *n* curcan *(m)*, curcă *(f)*
guante • *n* mănușă *(f)*
guapa • *n* frumusețe *(f)* • *adj* frumos *(n)*, frumoasă *(f)*
guapísimo • *adj* magnific *(n)*, splendid

(n), superb *(m)*
guapo • *adj* drăguț *(m)*, drăguță *(f)*, frumos, arătos, chipeș, frumos *(n)*, frumoasă *(f)* • *n* maranta *(f)*
guar • *n* fasolea de guar *(f)*
guara • *n* ara *(m)*
guarante • *n* garant *(m)*
guarda • *n* gardă, paznic *(m)*, gardian *(m)*, păzitor *(m)*, conductor *(m)*
guardaespaldas • *n* gardă de corp *(f)*
guardameta • *n* portar *(m)*, portăriță *(f)*
guardar • *v* feri, proteja, păzi, păstra, ține, salva, aproviziona
guardia • *n* gardă, paznic *(m)*, gardian *(m)*, păzitor *(m)*
guares • *n* geamăn *(m)*
guarida • *n* bârlog *(n)*, peșteră *(f)*, vizuină *(f)*, ascunzătoare
guarnición • *n* garnizoană
guarra • *n* curvă *(f)*, târfă *(f)*, prostituată *(f)*
guarro • *n* porc *(m)*
guatusa • *n* aguti *(m)*
guau • *n* ham-ham
guayabo • *n* mahmureală *(f)*
gubernamental • *adj* guvernamental *(m)*
guepardo • *n* ghepard *(m)*
guerra • *n* război *(n)*, răzbel *(n)*
guerrero • *n* combatant *(m)*, luptător *(m)*, combatantă *(f)*, luptător *(m)*

guerrilla • *n* gherilă *(f)*
gueto • *n* ghetou *(n)*
guía • *n* ghid *(n)*, ghid *(m)*
guiar • *v* conduce, ghida, duce
guijarro • *n* pietriș *(m)*, prundíș *(m)*
guillotina • *n* ghilotină *(f)*
guillotinar • *v* ghilotina
guincho • *n* vultur-pescar *(m)*
guinda • *n* cireașă *(f)*, vișină *(f)*
guineo • *n* banană *(f)*
guingambó • *n* bamă *(f)*
guiñar • *v* clipi, face cu ochiul
guion • *n* liniuță *(f)*
guirnalda • *n* cunună, coroană
guisante • *n* mazăre *(f)*, mazăre
güisqui • *n* whisky
guita • *n* mălai *(m)*
guitarra • *n* ghitară *(f)*, chitară *(f)*
guiverno • *n* balaur *(m)*, dragon, zmeu
gula • *n* voracitate *(f)*, lăcomie *(f)*, aviditate *(f)*, lăcomie *(f)*, avariție *(f)*
gules • *adj* roșu • *n* roșu
gurre • *n* tatu *(m)*
gusano • *n* vierme *(m)*, larvă, vierme
gustar • *v* gusta, plăcea, a mulțumi, a satisface, a încânta
gusto • *n* gust
gustos • *n* preferință *(f)*
gustoso • *adj* delicios, gustos, dulce

H

haba • *n* fasole *(f)*, bob *(m)*
haber • *v* fi, exista, avea
habichuela • *n* fasole *(f)*, bob *(m)*
hábil • *adj* îndemânatic, ager, descurcăreț, priceput *(m)*, abil, capabil
habilidad • *n* abilitate *(f)*, dexteritate *(f)*, pricepere *(f)*, talent *(n)*, putință *(f)*, capacitate *(f)*, iscusință
habilidoso • *adj* descurcăreț
habiloso • *adj* descurcăreț
habitación • *n* cameră *(f)*, odaie *(f)*, încăpere *(f)*, dormitor *(n)*, dormitoare, habitat
habitante • *n* locuitor *(m)*, locuitoare *(f)*, rezident *(m)*
habitar • *v* trăi
habitat • *n* habitat
hábito • *n* obicei *(m)*, habitudine *(f)*
habituación • *n* obicei *(n)*
habitual • *adj* de obicei
habitualmente • *adv* uzual, regulat

habla • *n* vorbire *(f)*
hablador • *adj* vorbăreț *(m)*, flecar, limbut, guraliv, gureș
hablante • *n* vorbitor *(m)*, vorbitoare *(f)*
hablar • *v* telefona, suna, vorbi, discuta
hacedor • *n* făcător *(m)*, fabricant *(m)*
hacer • *v* face, deveni
hachazo • *n* mahmureală *(f)*
hachís • *n* hașiș *(n)*
hacia • *prep* pentru, la, către, spre
hada • *n* zână *(f)*
hafnio • *n* hafniu *(n)*
halagüeño • *adj* atrăgător, mișcător
halcón • *n* șoim *(m)*
hallar • *v* găsi
hallazgo • *n* descoperire *(f)*
halógeno • *n* halogen *(m)*
halterofilia • *n* ridicare de greutăți, halterofilie *(f)*
hamaca • *n* hamac *(n)*
hambre • *n* foamete *(n)*, foame *(f)*

hambriento • *adj* flămând
hambruna • *n* foamete *(n)*
hámster • *n* hamster, hârciog
handball • *n* handbal *(n)*
hangar • *n* hangar *(n)*
hangover • *n* mahmureală *(f)*
haragán • *adj* leneş, puturos, indolent
harapo • *n* zdreanţă *(f)*, cârpitură *(f)*, vechitură *(f)*
hardware • *n* hardware *(n)*, aparatură *(f)*, aparataj *(n)*
harina • *n* făină *(f)*
harinoso • *adj* făinos
harpa • *n* harfă *(f)*, harpă *(f)*
harpía • *n* harpie
hartarse • *v* înfuleca
hasta • *adv* chiar
hato • *n* turmă *(f)*, turmă, cârd
hay • *v* este, e
haya • *n* fag *(m)*
haz • *n* snop *(m)*, mănunchi, fascicul *(n)*, legătură *(f)*, mănunchi *(n)*, smoc *(n)*, floc, fascicul de fibre nervoase
hazaña • *n* faptă de vitejie *(f)*, faptă eroică *(f)*
heces • *n* scaun *(n)*
hechizar • *v* vrăji, fermeca, fascina, descânta
hechizo • *n* farmec *(n)*, vrajă *(f)*, descântec *(n)*, descântătură *(f)*
hecho • *n* faptă, fapt *(n)*, faptă *(f)*, fapt
hectárea • *n* hectar *(n)*
heder • *v* puţi
hedonismo • *n* hedonism *(n)*
helada • *n* ger *(n)*
heladera • *n* frigider
helado • *n* îngheţată *(f)*
helar • *v* congela, îngheţa
helecho • *n* ferigă *(f)*
helero • *n* gheţar *(m)*
hélice • *n* elice *(f)*
helicóptero • *n* elicopter
helio • *n* heliu *(n)*
heliocéntrico • *adj* heliocentric *(n)*
heliómetro • *n* heliometru *(n)*
hemisferio • *n* emisferă *(f)*
hemorroide • *n* hemoroid *(m)*
hena • *n* henna *(f)*, cana *(f)*
henna • *n* henna *(f)*, cana *(f)*
heno • *n* fân *(n)*
hepática • *n* crucea-voinicului, crucea-voinicului *(f)*, trei-răi
hepático • *adj* hepatic
hepatitis • *n* hepatită *(f)*
heptágono • *n* heptagon *(n)*
heráldica • *n* heraldică *(f)*
heraldo • *n* mesager *(m)*, herald *(m)*, vestitor *(m)*
herbáceo • *adj* erbaceu *(m)*, erbacee *(f)*, ierbos *(m)*
herbívoro • *n* erbivor *(n)* • *adj* erbivor
herboso • *adj* ierbos
heredado • *adj* ereditar *(n)*, ereditar
heredar • *v* moşteni
hereditario • *adj* ereditar *(n)*, ereditar
herida • *n* rană *(f)*, rană, plagă, leziune *(f)*
herir • *v* răni, vătăma, ciupi
hermafrodita • *adj* hermafrodit *(n)* • *n* hermafrodit
hermana • *n* călugăriţă *(f)*, soră *(f)*, surori
hermandad • *n* fraternitate *(f)*, frăţie *(f)*, fraternitate *(f)*
hermano • *n* frate *(m)*
hermenéutica • *n* hermeneutică *(f)*
hermosa • *adj* frumos *(n)*, frumoasă *(f)*
hermoso • *adj* frumos *(n)*, frumoasă *(f)*, dulce, simpatic
héroe • *n* erou *(m)*, eroină *(f)*
heroico • *adj* eroic
heroína • *n* eroină *(f)*
herrador • *n* potcovar *(m)*
herradura • *n* potcoavă *(f)*
herramienta • *n* sculă *(f)*, unealtă *(f)*, instrument *(n)*, unealtă
herrera • *n* fierar *(m)*
herrero • *n* fierar *(m)*
herrumbre • *n* rugină *(f)*
herrumbroso • *adj* ruginit
hervir • *v* fierbe
hervor • *n* vehemenţă *(f)*
hesitar • *v* oscila
heterogéneo • *adj* eterogen *(n)*, eterogenă *(f)*, neuniform *(n)*
heterosexual • *adj* heterosexual • *n* heterosexual *(m)*, heterosexuală *(f)*
heterosexualidad • *n* heterosexualitate *(f)*
hetman • *n* hatman *(m)*
heurístico • *adj* euristic
hexadecimal • *n* sistem hexazecimal *(n)*
hey • *interj* hei
hibris • *n* hybris *(n)*
hidrargirio • *n* hidrargir
hidrargiro • *n* hidrargir
hidrato • *n* hidrat *(m)*
hidrocarburo • *n* hidrocarbură *(f)*, hidrocarburi
hidrógeno • *n* hidrogen *(n)*
hidróxido • *n* hidroxid *(m)*
hiedra • *n* iederă *(f)*
hiel • *n* bilă, fiere
hielo • *n* gheaţă

hiena • *n* hienă *(f)*, hiene
hierba • *n* iarbă *(f)*
hierro • *n* fier *(n)*
hígado • *n* ficat *(n)*, mai, ficat *(n)*
higiene • *n* igienă *(f)*
higiénico • *adj* igienic
higo • *n* smochină *(f)*
higrómetro • *n* higrometru
higroscópico • *adj* higroscopic *(n)*
higuera • *n* smochin *(m)*
hija • *n* fiu *(m)*, fiică *(f)*, copil *(m)*, copilă *(f)*
hijastro • *n* fiu vitreg *(m)*
hijo • *n* fiu *(m)*, fiică *(f)*, copil *(m)*, copilă *(f)*
hilado • *n* fir *(n)*
hilar • *v* toarce
hilarante • *adj* ilar *(n)*, ilariant *(n)*
hilera • *n* rând *(n)*, coadă
hilo • *n* fir *(n)*, sârmă *(f)*, funie *(f)*, frânghie *(f)*, sfoară *(f)*, șnur *(n)*, ață *(f)*, tort *(f)*, fir *(f)*, cordon, coardă *(f)*
himno • *n* imn *(n)*, imn național *(n)*
hinchado • *adj* umflat *(n)*
hinchar • *v* umfla
hincharse • *v* se umfla
hinchazón • *n* umflătură *(f)*
hinojo • *n* fenicul, genunchi
hipar • *v* sughița
hiperenlace • *n* hyperlink *(n)*, legătură *(f)*
hiperglicemia • *n* hiperglicemia
hiperglucemia • *n* hiperglicemia
hipertrofia • *n* hipertrofie
hipertrofiarse • *v* hipertrofia
hipervínculo • *n* hyperlink *(n)*, legătură *(f)*
hipo • *n* sughiț
hipocresía • *n* ipocrizie *(f)*
hipócrita • *n* ipocrit *(m)*, ipocrită *(f)*
hipónimo • *n* hiponim *(n)*
hipopótamo • *n* hipopotam *(m)*
hipoteca • *n* ipotecă *(f)*
hipotenusa • *n* ipotenuză *(f)*
hipótesis • *n* ipoteză *(f)*, prezumție *(f)*
hipotético • *adj* ipotetic *(n)*
hirudíneo • *n* lipitoare *(f)*
histeria • *n* isterie *(f)*
histidina • *n* histidină *(f)*
historia • *n* istorie, poveste, istorie *(f)*, povestire *(f)*, poveste *(f)*, basm *(n)*
históricamente • *adv* istoricește
histórico • *adj* istoric, istoric *(n)*, istorică *(f)*, istorici
hocico • *n* bot *(n)*, rat *(n)*
hockey • *n* hochei
hogar • *n* casă *(f)*

hoguera • *n* rug *(n)*
hoja • *n* foaie, foaie *(f)*, lamă *(f)*, frunză *(f)*
hojear • *v* răsfoi
hojuela • *n* clătită *(f)*
hola • *interj* alo, haló, salut, bună, noroc, bună ziua, servus
holgazanear • *v* trândăvi
hollín • *n* funingine
holmio • *n* holmiu *(n)*
hombre • *n* bărbat *(m)*, mascul *(m)*, om *(m)*
hombría • *n* virilitate *(f)*
hombro • *n* umăr *(m)*
homenaje • *n* omagiu *(n)*
homeopatía • *n* homeopatie
homínido • *n* hominid *(m)*
homofobia • *n* homofobie *(f)*
homogéneo • *adj* omogen *(m)*, omogenă *(f)*
homólogo • *adj* omolog *(m)*
homónima • *n* tiz *(m)*
homónimo • *n* omonim *(m)*, tiz *(m)*
homosexual • *n* homosexual *(m)* • *adj* homosexual *(m)*
homosexualidad • *n* homosexualitate *(f)*
honda • *n* praștie *(f)*
hondo • *adj* adânc, adâncă, adânci, profund
honestidad • *n* onestitate
honesto • *adj* cinstit, onest
hongo • *n* ciupercă *(f)*
honor • *n* onoare, cinste
honorable • *adj* onorabil
honradez • *n* onestitate
honrar • *v* onora, cinsti
hooker • *n* taloner
hooligan • *n* huligan *(m)*
hora • *n* oră *(f)*, ceas *(n)*, timp *(n)*, timpuri, timpi, vreme, ceas *(m)*, ora zilei *(f)*
horadar • *v* gaurii
horca • *n* furcă *(f)*, eșafod *(n)*, spânzurătoare *(f)*
horizontal • *adj* orizontal *(n)*
horizontalmente • *adv* orizontal
horizonte • *n* orizont *(n)*, orizonturi
hormiga • *n* furnică *(f)*
hormigón • *n* beton *(n)* • *adj* beton
hormiguero • *n* furnicar *(n)*, mușuroi *(n)*
hornear • *v* coace
hornillo • *n* aragaz *(n)*, reșou *(n)*
horno • *n* brutarie, sobă *(f)*, cuptor
horrendo • *adj* oribil, groaznic, îngrozitor
horrible • *adj* lamentabil, oribil, teribil,

atroce, îngrozitor, groaznic
horripilante • *adj* oribil, groaznic
horripilar • *v* înfiora, îngrozi, oripila
horrorizado • *adj* îngrozit
hortaliza • *n* legumă, legume
hortelano • *n* ortolan *(m)*
hortensia • *n* hortensie *(f)*
horticultura • *n* horticultură *(f)*
hospedador • *n* gazdă *(f)*, amfitrion *(m)*
hospedaje • *n* găzduire *(f)*, camere de închiriat
hospedarse • *v* sta, rămâne, zăbovi
hospedero • *n* gazdă *(f)*, amfitrion *(m)*
hospital • *n* spital *(n)*
hostil • *adj* neprietenos, ostil, antagonic, antagonist, ostil *(n)*
hostilidad • *n* ostilitate *(f)*, dușmănie *(f)*, antagonism
hotel • *n* hotel *(m)*
hoy • *adv* astăzi, ziua de azi, acum, azi • *n* astăzi, azi
hoyo • *n* gaură
hoyuelo • *n* gropiță *(f)*, adâncitură *(f)*, cufundătură *(f)*, scobitură *(f)*, scufundătură *(f)*
hoz • *n* seceră
huaso • *n* văcar *(m)*
hueco • *adj* nesubstanțial *(m)* • *n* gaură
huelga • *n* grevă *(f)*
huella • *n* urmă, urmă *(f)*, indiciu *(n)*, vestigiu *(n)*, rămășiță *(f)*
huérfana • *n* orfan *(m)*, orfană *(f)*
huérfano • *n* orfan *(m)*, orfană *(f)*
huerta • *n* pomet *(n)*, livadă *(f)*
hueso • *n* sâmbure *(f)*, os
huésped • *n* oaspete *(m)*, musafir *(m)*
huesudo • *adj* osos
hueva • *n* icre

huevada • *n* rahat, căcat *(n)*, vrăjeală *(f)*
huevas • *n* icre
huevo • *n* ou, coi *(n)*, coajă de ou *(f)*, pulă *(f)*, miel *(m)*
huevos • *n* ouă, coi *(m)*, boașe, coaie
huir • *v* scăpa, evada, fugi
humana • *n* om *(m)*
humanamente • *adv* omenește
humanidad • *n* umanitate *(f)*, omenire, omenire *(f)*
humanismo • *n* umanism
humano • *adj* omenesc, omenește, uman, om *(m)* • *n* om *(m)*
humeante • *adj* fumigen *(m)*, fumigenă *(f)*
humear • *v* fumega, fuma
humedad • *n* umezeală *(f)*, umidiitate *(f)*
húmedo • *adj* umed *(m)*, umedă *(f)*, umed
humildad • *n* umilință *(f)*, umilitate *(f)*
humilde • *adj* umil
humillación • *n* umilire *(f)*, înjosire *(f)*, rușine *(f)*, înjosire *(f)*, degradare *(f)*, umilire *(f)*
humillar • *v* jigni, umili
humo • *n* fum *(n)*
hundir • *v* scufunda, afunda
huracán • *n* uragan *(n)*
huraño • *adj* departe
hurón • *n* nevăstuică *(f)*
hurtar • *v* șterpeli, fura, ciordi
hurto • *n* furt *(m)*, furt
husmear • *v* mirosi
huso • *n* fus
hybris • *n* hybris *(n)*
hydra • *n* hidră *(f)*

I

ibex • *n* capra de stâncă, ibex
íbice • *n* capra de stâncă, ibex
ibis • *n* ibis *(m)*
ibuprofeno • *n* ibuprofen
iceberg • *n* aisberg *(n)*
icono • *n* icoană *(f)*, iconiță *(f)*
ícono • *n* icoană *(f)*, iconiță *(f)*
ictericia • *n* gălbinare, gălbenare, icter
ictiosaurio • *n* ihtiozaur *(m)*
idea • *n* idee *(f)*
idealización • *n* idealizare *(f)*
idealizar • *v* idealiza
idealmente • *adv* ideal, în mod ideal
identidad • *n* identitate *(f)*

identificable • *adj* identificabil
identificación • *n* carte de identificare *(f)*
ideograma • *n* ideogramă *(f)*
ideología • *n* ideologie *(f)*, ideologii
ideológico • *adj* ideologic
idiolecto • *n* idiolect *(n)*
idioma • *n* limbă *(f)*
idiomático • *adj* idiomatic
idiomatismo • *n* idiom
idiosincrasia • *n* trăsătură *(f)*, particularitate *(f)*, idiosincrazie
idiosincrásico • *adj* idiosincratic, idiosincrazic

idiota • *n* măgar *(m)*, idiot *(m)*, idioată *(f)*, idioți, idioate
idiotez • *n* rahat, căcat *(n)*, vrăjeală *(f)*
idiotismo • *n* idiom
ídolo • *n* idol *(m)*, idol *(m)*
iglesia • *n* biserică *(f)*, biserici, biserică
ignífugo • *adj* rezistent la daune de la foc, ignifug
ignominia • *n* ignominie *(f)*
ignorancia • *n* ignoranță *(f)*
ignorante • *adj* ignorant *(n)*, ignorantă *(f)*, neinformat *(n)*
ignorar • *v* desconsidera, ignora
ignoto • *adj* necunoscut, neștiut, obscur
igual • *adj* egal • *n* egal *(m)*, egală *(f)*
igualmente • *adv* egal, în mod egal
ilegal • *adj* ilegal, nelegal *(n)*
ilegalmente • *adv* ilegal *(m)*, nelegal *(m)*
iletrado • *adj* analfabet *(m)*, anaflabetă *(f)*
ilimitado • *adj* nelimitat, nemărginit *(m)*, nelimitată *(f)*
ilógico • *adj* ilogic *(n)*, nelogic *(n)*
iluminación • *n* iluminație *(f)*
iluminar • *v* ilumina, lumina
ilusión • *n* iluzie *(f)*
ilusionado • *adj* doritor, amator, avid, dornic, nerăbdător
ilusorio • *adj* iluzoriu
ilustrar • *v* ilustra
ilustre • *adj* ilustru *(m)*, reputat *(m)*
imagen • *n* imagine *(f)*, poză *(f)*, imagine
imaginación • *n* imaginație *(f)*, fantezie *(f)*, forță de imaginare *(f)*, imagine *(f)*, imaginare *(f)*, închipuire *(f)*
imaginar • *v* imagina, închipui
imán • *n* imam *(m)*, magnet *(m)*
imbécil • *n* măgar *(m)*, idiot *(m)*, prost *(m)*, imbecil
imitación • *n* imitare *(f)*, imitație *(f)*
imitar • *v* imita, maimuțări, copia
impaciencia • *n* nerăbdare *(f)*, impaciență *(f)*
impaciente • *adj* doritor, amator, avid, dornic, nerăbdător
impala • *n* impala *(f)*
impar • *adj* impar
imparable • *adj* de neoprit *(m)*, neopribil *(n)*, de nestopat, nestopabil *(n)*
imparcial • *adj* imparțial, nepărtinitor *(m)*
imparcialidad • *n* imparțialitate, nepărtinitate *(f)*, obiectivitate *(f)*
impedir • *v* împiedica, reține, stânjeni, bloca, întârzia
impenetrable • *adj* impenetrabil, de nepătruns, de nestrăpuns, inscrutabil, neexaminabil, necercetabil, neanchetabil, de necercetat
impensable • *adj* de neconceput, neconcepibil, inimaginabil, neimaginabil
imperfección • *n* imperfecțiune *(f)*
imperfecto • *adj* imperfect *(n)*
imperialismo • *n* imperialism
imperio • *n* imperiu, împărăție
impermeable • *n* haină de ploaie *(f)*, impermeabil *(n)*, manta de ploaie *(f)*, trenci *(n)*
impertinencia • *n* impertinență *(f)*
implacable • *adj* imobil, nemișcabil, nemișcat, ferm, de neclintit, implacabil, sever
implícito • *adj* implicit
impopular • *adj* nepopular *(n)*
impopularidad • *n* nepopularitate *(f)*
importancia • *n* importanță *(f)*, însemnătate *(f)*
importante • *adj* semnificant *(n)*, important *(n)*, semnificativ *(n)*, important
imposibilidad • *n* imposibil *(n)*, imposibilitate *(f)*
imposible • *adj* imposibil
impostura • *n* impostură
impotencia • *n* impotență, lipsă de putere
impotente • *adj* incapabil *(n)*, neputincios *(n)*, incompetent *(n)*
impredecible • *adj* neprevizibil *(n)*, neanticipabil *(n)*, neprevizibili, neprevizibilă *(f)*
impresión • *n* impresie
impresionante • *adj* impresionant, mișcător
impresionismo • *n* impresionism
impresor • *n* imprimator *(m)*, tipograf *(m)*, tipograf *(m)*
impresora • *n* imprimantă *(f)*
imprevisibilidad • *n* neprevizibilitate *(f)*, neanticipabilitate *(f)*
imprevisto • *adj* accidental *(n)*, întâmplător *(n)*, accidentală *(f)*
imprimir • *v* Imprima
improbable • *adj* improbabil, improbabilă *(f)*, improbabil *(n)*
improbablemente • *adv* în mod improbabil, puțin probabil
improvisar • *v* inventa, improviza
impudencia • *n* obrăznicie *(f)*, impudoare *(f)*, impudență *(f)*
impuesto • *n* taxă *(f)*, impozit *(n)*, dare
impulso • *n* impuls *(n)*
impurificar • *v* spurca
inaccesible • *adj* inaccesibil *(n)*, neacce-

sibil *(n)*, indisponibil, neutilizabil
inaceptable • *adj* neacceptabil *(n)*, inacceptabil, nesatisfăcător *(n)*
inadecuado • *adj* neadecvat *(n)*, neconvenabil *(n)*, inconvenabil *(n)*, nepotrivit *(n)*, nenimerit *(n)*, inadecvat *(n)*, inadecvată *(f)*, neadecvată *(f)*
inadmisible • *adj* inadmisibil *(n)*, inadmisibilă *(f)*, neadmisibil *(m)*
inanición • *n* inanitie *(f)*, foamete
inapropiado • *adj* neadecvat *(n)*, neconvenabil *(n)*, inconvenabil *(n)*, nepotrivit *(n)*, nenimerit *(n)*, inadecvat, necorespunzător, impropriu *(n)*, inoportun *(n)*
inasequible • *adj* indisponibil, neutilizabil
inaudible • *adj* neauzibil, inauzibil
incapacidad • *n* incapacitate *(f)*, incapabilitate *(f)*, neputință *(f)*
incapaz • *adj* incapabil, incapabil *(n)*, neputincios *(n)*, incompetent *(n)*
incendio • *n* incendiu *(n)*
incentivar • *v* îndemna
incertidumbre • *n* incertitudine, nesiguranță, dubiu, îndoială
incesto • *n* incest
incidente • *n* incident *(n)*, caz *(n)*
incidir • *v* tăia
incienso • *n* tămâie *(f)*
incierto • *adj* nesigur *(n)*, nesiguri, incert *(n)*, nedecis *(n)*, indecis *(n)*, instabil *(n)*, inconstant *(n)*, nestatornic *(n)*, nestabil *(n)*, instabili
incisión • *n* incizie *(f)*
incisivo • *n* incisiv *(m)*
incitante • *adj* seducător, tentant, încântător, atrăgător
incitar • *v* îndemna
inclinación • *n* pantă *(f)*, înclinație *(f)*, dispoziție *(f)*, pantă *(f)*
inclinar • *v* apleca, închina
incluso • *adv* chiar
incomestible • *adj* incomestibil, necomestibil
incomodar • *v* deranja, incomoda, importuna
incomparable • *adj* incomparabil, necomparabil
incompatibilidad • *n* incompatibilitate
incompleto • *adj* incomplet
incomprensible • *adj* inscrutabil, neexaminabil, necercetabil, neanchetabil, de necercetat
inconcebible • *adj* de neconceput, de neînțeles, de nepriceput, neconceptibil *(m)*, neverosimil *(m)*
incondicional • *adj* nestudiat *(n)*, necercetat *(n)*
incongruente • *adj* neadecvat *(n)*, demodat *(n)*, învechit *(n)*
inconsciente • *adj* neștiutor, neprevenit
inconsecuente • *adj* neconsistent, inconsistent
inconsistencia • *n* inconsistență
inconsistente • *adj* neconsistent, inconsistent
incontrolable • *adj* nesupus *(m)*, neascultător *(m)*, incontrolabil, necontrolabil
inconveniencia • *n* deranj *(n)*, incomodare *(f)*, neplăcere *(f)*, inconveniență *(f)*
incorrectamente • *adv* incorect, în mod incorect
incorrecto • *adj* greșit, incorect
incredulidad • *n* incredulitate *(f)*, scepticism *(n)*, necredință *(f)*
increíble • *adj* mitic, legendar, incredibil
incrementar • *v* crește, mări, spori, urca
incremento • *n* creștere *(f)*, sporire *(f)*, mărire *(f)*
incubación • *n* incubație *(f)*
incubadora • *n* incubator *(n)*
íncubo • *n* incub *(m)*
inculcar • *v* inculca, înrădăcina
indeciso • *adj* nehotărât *(n)*, indecis *(n)*, indecisă *(f)*, șovăitor *(n)*
indefenso • *adj* neajutorat *(m)*
independencia • *n* independență *(f)*
independiente • *adj* independent, liber
indescriptible • *adj* indescriptibil, inexprimabil
indeseable • *adj* nedorit *(m)*
indestructible • *adj* indestructibil *(n)*
indicado • *adj* adecvat *(n)*, convenabil *(n)*, potrivit *(n)*, nimerit *(n)*
indicador • *n* semnalizator *(n)*
índice • *n* deget arătător *(n)*, arătător *(n)*, a cresta *(f)*, index
indiferencia • *n* indiferență *(f)*
indiferente • *adj* apatic, atonic, neinteresat *(n)*, dezinteresat *(n)*, indiferent *(n)*, dezinteresat
indígena • *adj* indigen *(n)*, autohton *(n)*, originar *(n)*, originară *(f)* • *n* indigen, autohton
indigente • *adj* indigent, lipsit, nevoiaș, sărac
indigestión • *n* indigestie *(f)*
indignación • *n* indignare *(f)*, furie *(f)*, mânie *(f)*
indignar • *v* ultragia
índigo • *adj* indigo
indio • *n* indiu *(n)*
indisputable • *adj* indisputabil

indistinguible • *adj* indistingibil *(m)*, nedistingibil *(m)*
individual • *adj* individual *(n)*, individuală *(f)*, individuali, individual
individuo • *n* individ
indoloro • *adj* nedureros, fără durere
indulgente • *adj* indulgent *(n)*, indulgentă *(f)*
industria • *n* industrie, branșă industrială
industrial • *adj* industrial, de industrie
industrioso • *adj* industrios, harnic, laborios
inecuación • *n* inecuație *(f)*
inefable • *adj* inefabil
inelástico • *adj* neelastic *(n)*
inequívocamente • *adv* neechivoc *(n)*
inescrutable • *adj* inscrutabil, neexaminabil, necercetabil, neanchetabil, de necercetat
inesperado • *adj* neașteptat *(n)*, neprevăzut *(n)*, neanticipat *(n)*
inestable • *adj* instabil, inconstant, variabil
inevitabilidad • *n* inevitabilitate
inevitable • *adj* inevitabil *(n)*, neocolibil *(n)*, inevitabil, de neocolit
inevitablemente • *adv* inevitabil, în mod inevitabil
inexistente • *adj* neexistent, nonexistent, inexistent
inexplicable • *adj* inexplicabil *(n)*, inexplicabilă *(f)*, neexplicabil *(n)*
inexpresable • *adj* inexprimabil, neexprimabil
inexpugnable • *adj* inexpugnabil, impenetrabil
infame • *adj* infam, nerușinat
infancia • *n* copilărie *(f)*
infanta • *n* prințesă *(f)*
infante • *n* infanterist *(m)*, copil *(m)*, copilă *(f)*, prinț, bebeluș *(m)*
infantería • *n* infanterie *(f)*
infección • *n* infectare, infecție
infeccioso • *adj* infecțios *(n)*, infecțios
infectar • *v* infecta, contamina
infelicidad • *n* tristețe *(f)*, întristare *(f)*, mâhnire *(f)*, supărare *(f)*, nefericire *(f)*, durere *(f)*, nefericire *(f)*
inferior • *adj* sub
inferir • *v* motiva, deduce, infera, conchide, concluziona
infértil • *adj* nefertil *(n)*, sterilă *(f)*
infestación • *n* infestație *(f)*
infidelidad • *n* infidelitate *(f)*
infiel • *n* necredincios *(m)*
infinidad • *n* infinit *(n)*, nesfârșit *(n)*, infinitate *(f)*
infinitivo • *n* infinitiv *(n)*
infinito • *n* infinit *(n)*, infinit • *adj* fără sfîrșit, nesfîrșit. *(m)*, interminabil *(m)*, infinit *(m)*, fără limită
inflación • *n* inflație *(f)*
inflado • *adj* umflat *(n)*
inflamable • *adj* inflamabil
inflamación • *n* aprindere, inflamare *(f)*
inflar • *v* umfla
inflarse • *v* se umfla
inflexible • *adj* rigid *(n)*, neflexibil *(n)*, inflexibil *(n)*
inflingir • *v* a cauza, provoca, varsa nervii
inflorescencia • *n* inflorescență *(f)*
influencia • *n* influență *(f)*, influențător *(n)*, superioritate *(f)*, supremație *(f)*, ascendență *(f)*, influențare *(f)*
influenciar • *v* influența, înrâuri
influir • *v* influența, înrâuri
información • *n* informație *(f)*
informar • *v* reporta
infortunio • *n* ghinion *(n)*, neșansă *(f)*, pățeală *(f)*, pățanie *(f)*
infraestructura • *n* infrastructură, infrastructură *(f)*
inframundo • *n* viața de dincolo *(f)*, viața de mai târziu *(f)*
infrarrojo • *adj* infraroșu *(n)*, infraroșie *(f)*, infraroșii
infringir • *v* încălca
infructuoso • *adj* infructuos, neroditor, nerodnic, sterp, steril
infusión • *n* infuzie *(f)*
ingeniería • *n* inginerie *(f)*
ingeniero • *n* inginer *(m)*, ingineră *(f)*
ingenio • *n* schepsis
ingenioso • *adj* cu iscusință, iscusit, ingenios
ingrediente • *n* ingredient
ingurgitar • *v* înghiți
inhalación • *n* inhalare *(f)*
inhalagüeño • *adj* respingător, insuportabil, grețos, neplăcut, dezagreabil, nesuferit *(m)*
inhalar • *v* inspira, aspira, inhala
inhibición • *n* inhibare, inhibiție
inhibidor • *n* inhibitor
inhibir • *v* inhiba
iniciado • *n* începător *(m)*, începătoare *(f)*
iniciar • *v* porni, începe
inicio • *n* începere *(f)*, început *(n)*, inițiere *(f)*, debut *(n)*, început
inigualable • *adj* incomparabil, necomparabil

inimaginable • *adj* inimaginabil *(n)*, neimaginabil *(n)*, neînchipuibil
ininteligible • *adj* neinteligibil
ininterrumpido • *adj* neîntrerupt *(m)*, neîntreruptă *(f)*, fără pauză
injertar • *v* altoi
injerto • *n* altoi
inmadurez • *n* imaturitate *(f)*
inmediatamente • *adv* imediat, fără întârziere, numaidecât, de îndată
inmediato • *adj* imediat
inmenso • *adj* imens, uriaș
inmigración • *n* imigrație *(f)*, imigrare
inmigrante • *n* imigrant *(m)*
inminente • *adj* iminent *(m)*
inmoral • *adj* imoral *(n)*
inmoralidad • *n* imoralitate *(f)*
inmortal • *adj* nemuritor, imortal
inmunología • *n* imunologie *(f)*
inmutable • *adj* imuabil
innecesariamente • *adv* în mod nenecesar
innecesario • *adj* nenecesar *(n)*, inutil *(n)*, netrebuibil *(n)*
innombrable • *adj* nenumărabil, de nenumărat
inocente • *adj* inocent *(m)*
inodoro • *n* toaletă *(f)*, closet *(f)*, vece *(n)*, privată *(f)*, closet *(n)*
inolvidable • *adj* de neuitat, neuitabil
inorgánico • *adj* anorganic
inquieto • *adj* îngrijorat, anxios *(n)*, neliniștit *(n)*, neliniștit *(n)*, agitat *(n)*, agitată *(f)*
inquietud • *n* trepidație *(f)*, trepidare *(f)*, neastâmpăr *(n)*, nerăbdare *(f)*, înfrigurare *(f)*, neliniște *(f)*, agitație *(f)*, frământare *(f)*
insaboro • *adj* fără gust
insalvable • *adj* insurmontabil *(m)*
insatisfecho • *adj* nemulțumit *(n)*, nesatisfăcut *(n)*
insecticida • *n* insecticid *(n)*
insecto • *n* insectă *(f)*
insensible • *adj* amorțit *(n)*
inseparable • *n* papagal amorez *(m)*
insertar • *v* a băga
insidioso • *adj* insidios
insignificancia • *n* nesemnificanță *(f)*, neimportanță *(f)*
insignificante • *adj* mărunt, nesemnificant *(n)*, nesemnificativ *(n)*, neimportant *(n)*, nesemnificantă *(f)*
insípido • *adj* fără gust, fără gust, insipid, fad, searbăd
insolación • *n* izolare *(f)*
insomnio • *n* insomnie *(f)*

insondable • *adj* inscrutabil, neexaminabil, necercetabil, neanchetabil, de necercetat
insoportable • *adj* nesuportabil, insuportabil
inspección • *n* inspecție *(f)*, control *(n)*, verificare, inspecționare *(f)*, controlare *(f)*, inspectare *(f)*
inspeccionar • *v* căuta
inspector • *n* conductor *(m)*
inspiración • *n* inspirație
inspirar • *v* aspira, inhala
instalación • *n* instalație *(f)*, instalare *(f)*
instalar • *v* monta
instantáneo • *adj* instantaneu *(m)*, momentan *(m)*
institución • *n* instituție *(f)*
instrucción • *n* instrucțiune *(f)*, instrucțiuni, instrucțiune *(f)*, indicație, învățătură *(f)*, îndrumare *(f)*
instructor • *n* instructor *(m)*
instruir • *v* educa, instrui
instrumental • *adj* instrumental
instrumento • *n* instrument *(n)*
insuficiente • *adj* insuficient *(n)*, neîndestulător *(n)*, nesuficient *(n)*
insulina • *n* insulină
insultar • *v* jigni, insulta
insulto • *n* insultă, jignire, injurie
insuperable • *adj* insurmontabil *(m)*
insustancial • *adj* nesubstanțial *(m)*
intacta • *adj* virgin
intacto • *adj* virgin
intangible • *adj* intangibil *(m)*, de neatins, nepalpabil *(m)*
integración • *n* integrare *(f)*
integrado • *adj* integrat *(n)*
integral • *n* integrală *(f)*
integridad • *n* integritate *(f)*, deplinătate, plenitudine *(f)*, caracter complet *(n)*
integumento • *n* tegument *(n)*, înveliș *(n)*
intelecto • *n* intelect *(m)*
intelectual • *adj* descurcăreț, deștept, isteț *(m)*
inteligencia • *n* inteligență, judecată, schepsis
inteligente • *adj* deștept, inteligent *(n)*
inteligible • *adj* inteligibil *(m)*
intención • *n* scop *(n)*, intenție *(f)*, rost, obiectiv *(n)*, intenție *(f)*, înclinație *(f)*
intencionalmente • *adv* intenționat, premeditat *(m)*
intendente • *n* primar *(m)*
intensidad • *n* intensitate *(f)*
intenso • *adj* intens
intentar • *v* încerca, proba, vrea, avea

intenția, gândi
intento • *n* încercare *(f)*, tentativă *(f)*, probă *(f)*
interacción • *n* interacțiune *(f)*, interacționare *(f)*
intercambiar • *v* schimba
intercambio • *n* schimb *(n)*, troc
interés • *n* dobândă *(f)*, interes *(n)*, interes material *(n)*, preocupare *(f)*
interesado • *adj* interesat *(m)*
interesante • *adj* interesant
interesar • *v* interesa
interestelar • *adj* interstelar *(n)*, interastral *(n)*
intergaláctico • *adj* intergalactic *(n)*, intergalactică *(f)*
interior • *adj* intern, interior
interiores • *n* chiloți
intermediario • *n* agent *(m)*, intermediar *(m)*
interminable • *adj* fără sfîrșit, nesfîrșit. *(m)*, interminabil *(m)*, interminabil
internacional • *adj* internațional
interpertase • *v* a fi citit, a fi lecturat
interplanetario • *adj* interplanetar
interpretación • *n* interpretare *(f)*
intérprete • *n* interpretor *(n)*, interpret, interpretă *(f)*, translator *(m)*, translatoare *(f)*, traducător *(m)*
interrogar • *v* întreba
interrumpir • *v* întrerupe
interrupción • *n* întrerupere *(f)*
interruptor • *n* comutator *(n)*, întrerupător *(n)*
intersección • *n* intersecție *(f)*
intervalo • *n* interval *(n)*
intestino • *n* intestin, maț, intestine, intestin
intestinos • *n* intestin
intimidad • *n* intimitate *(f)*, familiaritate *(f)*, intimitate *(f)*
intimidante • *v* amenințător
intimidar • *v* intimida
intolerancia • *n* intoleranță *(f)*
intoxicar • *v* intoxica
intraducible • *adj* netraductibil *(m)*
intranquilidad • *n* nervozitate *(f)*
intransitivo • *adj* intransitiv
intrascendencia • *n* nesemnificanță *(f)*, neimportanță *(f)*
intratable • *adj* supărăcios, susceptibil, iritabil
introducción • *n* introducere *(f)*, prezentare *(f)*, introducere *(f)*
inundación • *n* inundare *(f)*, inundație *(f)*
inusual • *adj* caraghios

inútil • *adj* inutil *(n)*, netrebuincios *(n)*, nefolositor *(n)*
invalidar • *v* anula, revoca
inválido • *adj* nul
invasor • *n* invadator
invasora • *n* invadator
invención • *n* invenție *(f)*, invenții
inventar • *v* urzi, scorni, născoci, inventa
invernadero • *n* seră *(f)*
invernar • *v* ierna
invertebrado • *adj* nevertebrat *(n)* • *n* nevertebrată *(f)*, nevertebrat *(m)*
investigación • *n* cercetare *(f)*
investigador • *n* investigator *(m)*
investigadora • *n* investigator *(m)*
invierno • *n* iarnă *(f)*
invisibilidad • *n* invizibilitate *(f)*
invisible • *adj* invizibil *(m)*
invitar • *v* invita, ospăta, trata
involucro • *n* involucru *(n)*
inyectable • *n* injectabil *(n)*
ionización • *n* ionizare *(f)*, ionizație *(f)*
ionosfera • *n* ionosferă *(f)*
ir • *v* merge, duce
ira • *n* furie *(f)*, mânie *(f)*, enervare *(f)*, urgie *(f)*
irascible • *adj* irascibil
iridio • *n* iridiu *(n)*
iris • *n* iris *(n)*
ironía • *n* ironie *(f)*
irónico • *adj* ironic
irracional • *adj* irațional *(n)*, nerațional *(n)*
irradiar • *v* iradia
irrazonable • *adj* nerezonabil *(m)*
irreal • *adj* nereal, nerealist, irealist
irregular • *adj* iregular *(n)*, nereglementar *(n)*, neregulat *(n)*
irregularidad • *n* iregularitate *(f)*, neregularitate *(f)*
irresistible • *adj* irezistibil *(n)*
irrespetar • *v* disprețui
irrespeto • *n* lipsă de respect
irresponsable • *adj* nepăsător, neglijent
irrisorio • *adj* absurd, ridicol
irritable • *adj* iritabil *(n)*, iritabil
irritación • *n* iritare *(f)*
irrumpir • *v* ataca, asalta • *n* atac *(n)*, asalt *(n)*
irse • *v* pleca
isla • *n* insulă *(f)*
isoleucina • *n* izoleucină *(f)*
isótopo • *n* izotop *(m)*
istmo • *n* istm *(n)*
ítem • *n* articol *(n)*, exemplar *(n)*, bucată *(f)*

iterbio • *n* yterbiu *(n)*
itrio • *n* ytriu *(n)*
izquierda • *n* stângă *(f)* • *adj* stâng

izquierdo • *adj* stâng

J

jaba • *n* pungă *(f)*, sac
jabalina • *n* suliţă *(f)*
jabón • *n* săpun *(n)*
jácena • *n* grindă *(f)*, bârnă *(f)*
jacinto • *n* zambilă *(f)*, iacint *(m)*
jade • *n* jad *(n)*
jaguar • *n* jaguar *(m)*
jaiba • *n* crab *(m)*
jalar • *v* fute, trage
jalea • *n* jeleu *(n)*
jaleo • *n* freamăt *(n)*, agitaţie *(f)*, frământare *(f)*
jamaica • *n* trandafirul de Abisinia *(m)*
jamás • *adv* niciodată, nicicând
jambar • *v* devora
jamón • *n* şuncă *(f)*
jaque • *n* şah
jaqueca • *n* durere de cap
jarabe • *n* sirop *(n)*
jarana • *n* ghitară *(f)*, chitară *(f)*
jarcia • *n* tachelaj *(n)*
jardín • *n* grădină *(f)*, curte *(f)*
jardinera • *n* grădinar *(m)*, grădinară *(f)*, grădinăreasă *(f)*
jardinero • *n* grădinar *(m)*, grădinară *(f)*, grădinăreasă *(f)*
jardines • *n* parc *(n)*, grădina publică *(f)*
jarina • *n* burniţă *(f)*
jarra • *n* bărdacă *(n)*, urcior *(n)*, bidon *(n)*
jarro • *n* cană *(f)*
jarrón • *n* vază *(f)*
jaspe • *n* jasp
jaula • *n* cuşcă
jauría • *n* haită *(f)*
jazmín • *n* jasmin *(m)*, iasomie *(f)*
jefa • *n* şef *(m)*
jefe • *n* şef *(m)*, cap *(m)*, lider *(m)*, căpetenie *(f)*
jengibre • *n* ghimber *(m)*
jenízaro • *n* ienicer *(m)*
jeque • *n* şeic
jerarquía • *n* ierarhie *(f)*
jerárquico • *adj* ierarhic *(n)*
jerbo • *n* jerboa *(m)*
jerga • *n* jargon, argou *(n)*, jargon *(n)*, slang *(n)*
jeringa • *n* seringă *(f)*
jibia • *n* sepie *(f)*

jicoria • *n* hicori *(m)*
jilguero • *n* sticlete *(m)*
jimagua • *n* geamăn *(m)*
jineta • *n* genetă *(f)*, ginetă *(f)*
jinete • *n* călăreţ, jocheu *(m)*
jiñar • *v* câca, defeca
jirafa • *n* girafă *(f)*
jirón • *n* cârpă *(f)*, şuviţă *(f)*, şuviţe
jocoso • *adj* glumeţ
joder • *v* fute, strica, băga
jodidamente • *adv* pula
jodienda • *n* futere *(f)*
jodontón • *adj* excitat
jornada • *n* voiaj *(n)*, călătorie *(f)*
joroba • *n* cocoaşă *(f)*
jotear • *v* curta
joto • *n* poponar *(m)*, bulangiu *(m)*
joule • *n* joule
joven • *adj* tânăr, june, mic • *n* tânăr
joya • *n* nestemată *(f)*, piatră preţioasă *(f)*, gemă *(f)*, giuvaier, bijuterie *(f)*, bijuterii, giuvaeruri, nestemate, pietre scumpe
joyero • *n* bijutier *(m)*, bijutieri, giuvaergiu *(m)*
júbilo • *n* fericire *(f)*, bucurie *(f)*, jovialitate *(f)*, veselie *(f)*, voioşie
judía • *n* fasole *(f)*, bob *(m)*
judo • *n* judo
juego • *n* joc *(n)*, set *(n)*, colecţie *(f)*, ansamblu *(n)*, joc *(f)*, trusă *(f)*
juez • *n* judecător
jugador • *n* jucător *(m)*, jucători, jucătoare *(f)*
jugadora • *n* jucător *(m)*, jucători, jucătoare *(f)*
jugar • *v* juca
juglar • *n* menestrel *(m)*
jugo • *n* suc *(n)*
juguete • *n* jucărie *(f)*
juicio • *n* judecare *(f)*, judecată *(f)*, proces *(n)*, judecată
juicioso • *adj* cu scaun la cap, înţelept
julio • *n* joule
juncácea • *n* papură *(f)*, pipirig *(m)*
junco • *n* stuf
jungla • *n* junglă *(f)*
junípero • *n* ienupăr *(m)*, jneapăn
juntar • *v* îmbina, combina, alătura, îm-

preuna, uni, culege, fixa, ataşa, aduna, colecta
junto • *adv* împreună, laolaltă
jurado • *n* juriu *(n)*
juramento • *n* jurământ, legământ
jurar • *v* jura, promite, garanta, înjura
jurisdicción • *n* jurisdicţie *(f)*
justedad • *n* justiţie, dreptate *(f)*, justeţe *(f)*
justeza • *n* justiţie, dreptate *(f)*, justeţe *(f)*

justicia • *n* justiţie, dreptate *(f)*, justeţe *(f)*, justiţie *(f)*
justificación • *n* justificare *(f)*, justificaţie *(f)*
justo • *adj* drept, corectitudine *(f)*
juventud • *n* tinereţe, junimea
juzgado • *n* curte
juzgar • *v* cerne, critica, judeca, reproşa, imputa

K

kan • *n* han *(m)*
kelvin • *n* kelvin *(m)*
kilobyte • *n* kilobyte *(m)*, kilooctet *(m)*
kilogramo • *n* kilogram *(n)*
kínder • *n* grădiniţă *(f)*
kinético • *adj* cinetic *(n)*
kiosco • *n* chioşc de ziare *(n)*, chioşc *(n)*
kiwi • *n* kiwi *(m)*

koala • *n* koala *(f)*
koljós • *n* colhoz *(n)*
kópek • *n* copeică *(f)*
kosher • *adj* cuşer
kumquat • *n* kumquat *(n)*
kvas • *n* cvas

L

la • *art* -ul *(n)*, -a *(f)*, -i, -le, cel *(m)*, cea *(f)*, cele
laberinto • *n* labirint
labio • *n* labie *(f)*, buză *(f)*, buze
labios • *n* buze
laboratorio • *n* laborator *(m)*
laborioso • *adj* industrios, harnic, laborios
labranza • *n* arătură *(f)*, pământ arabil *(n)*, pământ cultivat
labrar • *v* ara, a face de mână
labro • *n* buză *(f)*, buze
laca • *n* lac *(n)*
lacayo • *n* răsfăţat
lacho • *n* afemeiat *(m)*, vânător de fuste *(m)*, crai *(m)*, muieratic *(m)*
lacio • *adj* dezinteresat
lacónico • *adj* laconic
lacrimar • *v* plânge, lăcrima
lacrimógeno • *adj* lăcrimos
lacrimoso • *adj* lăcrimos
lácteos • *n* lactate
lado • *n* faţă, latură
ladrar • *v* lătra
ladrido • *n* lătrat
ladrillo • *n* cărămidă
ladro • *n* ham-ham
ladrón • *n* hoţ *(m)*, hoaţă *(f)*

lagar • *v* desfăşura
lagarto • *n* şopârlă *(f)*
lago • *n* lac *(n)*
lagópodo • *n* cocoş polar *(m)*, ptarmigan *(m)*, potârniche albă *(f)*
lágrima • *n* lacrimă *(f)*
lagrimar • *v* plânge, lăcrima
laguna • *n* baltă *(f)*
lama • *n* lama *(m)*
lamber • *v* linge
lamentable • *adj* nenorocit, deplorabil, lamentabil
lamentar • *v* boci, deplânge, jelui, lamenta
lamer • *v* linge
lámina • *n* placă *(f)*
lámpara • *n* lampă *(f)*, lampă electrică *(f)*, lanternă, lămpi
lampazo • *n* brusture
lamprea • *n* chişcar *(m)*
lana • *n* mălai *(m)*, ban *(m)*, lână, lână *(f)*
lancero • *n* lăncier *(m)*
langosta • *n* lăcustă *(f)*, homar *(m)*
langostino • *n* crevetă *(f)*
languecer • *v* slăbi
languidecer • *v* dori, slăbi
languidez • *n* langoare *(f)*, moleşeală *(f)*

lánguido • *adj* lânced
languor • *n* langoare *(f)*, moleşeală *(f)*
lanoso • *adj* lânos
lantano • *n* lantan *(n)*
lanza • *n* lance, suliţă, fuşte
lanzallamas • *n* aruncător de flăcări *(m)*
lanzamiento • *n* aruncare
lanzar • *v* arunca, a trage cu praştia
lapa • *n* ara *(m)*
lapaizo • *n* brusture
lapicera • *n* stilou *(n)*
lápida • *n* piatră de mormânt
lápiz • *n* creion *(n)*
largo • *adj* lung • *n* lungime
laringe • *n* laringe *(n)*
larva • *n* larvă *(f)*, larvă, vierme
las • *art* -ul *(n)*, -a *(f)*, -i, -le, cel *(m)*, cea *(f)*, cele
lascivo • *adj* lasciv *(m)*, indecent *(m)*, lasciv
láser • *n* laser *(n)*
lástima • *n* compasiune *(f)*, milă *(f)*, compătimire *(f)*, păcat *(n)*
lastimar • *v* răni, vătăma
lastre • *n* balast, lest
lata • *n* canistră *(f)*
latente • *adj* inactiv, suspendat
látex • *n* latex *(n)*, latex *(m)*
látigo • *n* bici
latir • *v* pulsa
latitud • *n* latitudine *(f)*
latón • *n* alamă *(f)*
latrocinio • *n* furt
laúd • *n* lăută *(f)*
laurel • *n* laur *(m)*, dafin *(m)*
laurencio • *n* lawrenciu *(n)*
lava • *n* lavă
lavabo • *n* chiuvetă
lavado • *n* rufe, lucruri de spălat
lavamanos • *n* chiuvetă *(f)*, chiuvetă
lavanda • *n* levănţică *(f)*, lavandă *(f)*
lavandera • *n* codobatură *(f)*, prundaş *(m)*
lavandería • *n* spălătorie *(f)*, cameră de spălat *(f)*
lavaplatos • *n* maşină de spălat vase
lavar • *v* spăla
lavavajillas • *n* maşină de spălat vase
lawrencio • *n* lawrenciu *(n)*
laxo • *adj* tolerant *(n)*, tolerantă *(f)*, indulgent *(n)*, blând *(n)*, îngăduitor *(n)*
lazo • *n* fundă *(f)*, cursă, laţ, legătură *(f)*
lealtad • *n* loialitate *(f)*
lebrato • *n* iepuraş
lección • *n* lecţie *(f)*
leche • *n* sloboz *(m)*
lechecilla • *n* momite

lechero • *n* lăptar *(m)*
lecho • *n* pat *(n)*
lechón • *n* purcel
lechosa • *n* papaia *(f)*
lechoso • *adj* lăptos
lechuga • *n* lăptucă *(f)*, salată
lechuza • *n* bufniţă, zmeu *(n)*
lectura • *n* citire *(f)*, lecturare, intonare *(f)*
leer • *v* citi, lectura, răsfoi
leerse • *v* a fi citit, a fi lecturat
lefa • *n* sloboz *(m)*
legado • *n* moştenire *(f)*
legal • *adj* legal, juridic
legalidad • *n* legalitate *(f)*
legalmente • *adv* legal *(m)*
legaña • *n* urdoare
legendario • *adj* legendar *(m)*, legendară *(f)*, mitic *(n)*
legible • *adj* lizibil, citeţ, deluşit, descifrabil
legión • *n* legiune
legislador • *n* legiuitor *(m)*, legislator *(m)*
legislativo • *adj* legislativ *(m)*
legislatura • *n* corp legislativ *(n)*
legitimidad • *n* legitimitate *(f)*
legrado • *n* chiuretaj *(n)*, chiuretare *(f)*, raclaj *(n)*
legua • *n* leghe
legumbre • *n* legumă, legume
leído • *adj* învăţat *(n)*, erudit *(m)*
lejano • *adj* departe, îndepărtat
lejía • *n* leşie
lejos • *adv* departe
lema • *n* deviză *(f)*
lemming • *n* leming *(m)*
lémur • *n* lemur *(m)*
lengua • *n* limbă *(f)*
lenguado • *n* solă *(f)*, limbă-de-mare *(f)*
lenguaje • *n* limbaj *(n)*, jargon *(n)*, vorbire *(f)*, limbă *(f)*
lengüeta • *n* limbă de ghete *(f)*, limbă *(f)*
leniente • *adj* tolerant *(n)*, tolerantă *(f)*, indulgent *(n)*, blând *(n)*, îngăduitor *(n)*
lentamente • *adv* încet
lente • *n* lentilă *(f)*
lenteja • *n* linte, linte *(f)*
lentes • *n* ochelari
lentitud • *n* lentoare
lento • *adj* încet
leño • *n* buştean *(m)*, trunchi *(n)*
león • *n* leu *(m)*
leona • *n* leoaică *(f)*
leopardo • *n* leopard *(m)*
lesbiana • *n* lesbiană *(f)*, lesbi *(f)*

lesión • *n* rană (*f*), leziune (*f*)
lesionar • *v* răni, vătăma
lesna • *n* sulă (*f*)
letal • *adj* ucigător, mortal, letal
letargo • *n* letargie (*f*)
letra • *n* bilet de bancă (*n*), literă (*f*), caracter (*n*)
letrina • *n* latrină (*f*), privată (*f*)
leucemia • *n* leucemie (*f*)
leucina • *n* leucină (*f*)
leva • *n* recrutare, înrolare (*f*)
levadura • *n* drojdie (*f*), levură (*f*), ferment, catalizator (*m*)
levantamiento • *n* educare (*f*), creștere (*f*), cultivare
levantar • *v* ridica
levantarse • *v* ridica
levante • *n* est
levístico • *n* leuștean (*m*)
levitar • *v* pluti
lexema • *n* lexem (*n*)
léxico • *n* vocabular (*n*), lexic (*n*)
ley • *n* lege (*f*)
leyenda • *n* legendă, mit
lezna • *n* sulă (*f*)
liar • *v* cupla, conecta, lega, a lega (la un loc), a matisa
libélula • *n* libelulă (*f*)
liberación • *n* scăpare, fugă
liberarse • *v* scăpa
libertad • *n* libertate (*f*), slobod (*f*)
libidinoso • *adj* libidinos
libra • *n* livră (*f*), pfund (*m*), liră (*f*)
librar • *v* elibera
libre • *adj* liber, slobod, neîmpiedicat, gratuit, liber (*m*), neocupat • *n* taximetru
librea • *n* livrea (*f*)
librera • *n* librar (*m*)
librería • *n* librărie (*f*), bibliotecă (*f*)
librero • *n* librar (*m*)
libreto • *n* cărticică (*f*), broșură (*f*), plachetă (*f*)
libro • *n* carte (*f*)
licántropo • *n* pricolici
licor • *n* spirt (*n*), spirturi, lichior (*n*), lichioruri
líder • *n* șef (*m*), cap (*m*), lider (*m*), căpetenie (*f*), conducător, lider (*m*), ghid (*m*)
liebre • *n* iepure-de-câmp (*m*)
liendre • *n* lindină (*f*)
liga • *n* ligă (*f*), alianță (*f*), coaliție (*f*), ligă, vâsc
ligadura • *n* ligatură (*f*)
ligar • *v* lega
ligero • *adj* ușor
lighter • *n* brichetă (*f*)

ligustro • *n* lemn-câinesc (*n*)
lijar • *v* sabla
lila • *n* liliac (*m*)
lima • *n* limetă (*f*), lămâie verde (*f*), pilă (*f*)
limaco • *n* melc (*m*), limax (*m*)
limitación • *n* constrângere (*f*), obligație (*f*)
limitado • *adj* limitat (*n*), mărginit (*n*), finit, limitat, care are limită
limitar • *v* limita, restrânge
límite • *n* limită (*f*), frontieră (*f*), graniță (*f*)
limón • *n* lămâi (*m*), lămâie (*f*)
limonado • *adj* galben-verziu
limonero • *n* lămâi (*m*)
limpia • *n* purificare (*f*), curățire (*f*)
limpiar • *v* șterge, curăța
límpido • *adj* limpede
limpio • *adj* curat (*m*), curat
limusina • *n* limuzină
lince • *n* linx (*m*), râs (*m*)
linda • *adj* frumos (*n*), frumoasă (*f*)
lindo • *adj* drăguț, drăgălaș, dulce, simpatic
línea • *n* linie (de portativ) (*f*), rând (*n*), dungă, funie (*f*), frânghie (*f*), sfoară (*f*), șnur (*n*), ață (*f*), muchie (*f*), cant (*n*), linie, coadă (*f*), linie (*f*)
linfocito • *n* limfocit, limfocită (*f*)
linge • *n* in (*n*)
lingonberi • *n* merișor (*n*)
lingonberry • *n* merișor (*n*)
lingote • *n* lingou (*n*)
lingüística • *n* lingvistică (*f*)
lingüístico • *adj* lingvistic, de lingvistică
lino • *n* in (*n*), in (*m*)
linterna • *n* lanternă, lanternă
lío • *n* problemă (*f*)
liquen • *n* lichen (*m*)
liquidez • *n* lichiditate (*f*)
líquido • *n* lichid (*m*) • *adj* lichid (*m*), lichidă (*f*)
lirio • *n* iris (*m*), stânjen (*m*), stânjenel (*m*)
lirón • *n* șoarece de pădure
lisiado • *adj* schilod, infirm
lisina • *n* lizină (*f*)
liso • *adj* neted, lin, lis, drept
lisonjero • *adj* plăcut (*n*), agreabil (*n*), potrivit (*n*), laudativ (*m*), măgulitor (*m*)
lista • *n* dungă, listă (*f*)
listo • *adj* deștept, pregătit, gata, descurcăreț, deștept, isteț (*m*)
litera • *n* lectică, litieră
literalmente • *adv* literalmente

literario • *adj* literar (n), literară (f), literari
literatura • *n* literatură (f)
litigio • *n* caz judiciar (n), proces, cauză (f)
litio • *n* litiu (n)
litoral • *n* coastă, țărm de mare, coborâre la vale, liman, mal, limită, hotar
liturgia • *n* liturghie (f)
liviano • *adj* ușor
llaga • *n* plagă, ulcer (n), rană, plagă, leziune (f)
llama • *adv* în flăcări • *n* lamă (f), flacără (f), pară (f), văpaie (f)
llamada • *n* chemare, legătură (f)
llamar • *v* chema, suna, telefona, numi, vizita
llanero • *n* văcar (m)
llano • *adj* plan, șes, neted, plat
llanta • *n* pneu (n), cauciuc (n)
llantén • *n* pătlagină (f)
llanto • *n* plânset (n)
llanura • *n* șes, câmpie
llave • *n* cheie (f), ventil (n), cheie fixă
llegada • *n* venire (f), sosire (f)
llegar • *v* ajunge, sosi
lleno • *adj* plin, saturat, sătul
llevar • *v* aduce, duce, purta, căra, lua
llorar • *v* plânge, lăcrima
llover • *v* ploua
llovizna • *n* burniță (f)
lloviznar • *v* bura, țârâi
lluvia • *n* precipitație (f), ploaie (f)
lluvioso • *adj* ploios
lo • *art* -ul (n), -a (f), -i, -le, cel (m), cea (f), cele
loa • *n* laudă (f), elogiu (n), glorificare (f)
loable • *adj* lăudabil, elogiabil, recomandabil, admirabil
loar • *v* lăuda
loba • *n* cățea (f), lupoaică (f), vulpoaică (f)
lobisón • *n* pricolici
lobo • *n* lup (m)
lóbulo • *n* lob
local • *adj* local (n), locală (f), local
localización • *n* poziție (f), localizare (f), localizare, situare (f), situație (f)
locho • *adj* leneș, puturos, indolent
loco • *adj* nebun, necontrolat, nebun (m), înnebunit, tulburat • *n* nebun (m), țicnit (m)
locomotora • *n* motor (n), locomotivă (f)
locuaz • *adj* vorbăreț, limbut, flecar, gureș, guraliv

locura • *n* demență (f), alienație mintală (f), nebunie (f)
lodo • *n* noroi (n)
logaritmo • *n* logaritm (m), logaritmi
logia • *n* lojă (f)
lógica • *n* logică (f)
lógico • *adj* rezonabil (n), logic (n), rezonabili
logística • *n* logistica
logogrifo • *n* logogrif (m)
lola • *n* fată (f), copilă (f)
loma • *n* deal (f), colină (f)
lombriz • *n* vierme (m)
lomo • *n* sfârșit (n), spate, dos, spinare, legare (f)
lona • *n* canava (f)
longitud • *n* lungime, longitudine (f)
loro • *n* papagal (m)
los • *art* -ul (n), -a (f), -i, -le, cel (m), cea (f), cele
losa • *n* dală (f), lespede (f)
lote • *n* șarjă (f)
lotería • *n* loterie (f)
loto • *n* lotus (m)
loza • *n* olărie (f), faianță (f)
lubina • *n* biban (m)
lubricante • *n* lubrifiant (m)
lubricar • *v* lubrifia
lubrificante • *n* lubrifiant (m)
lucha • *n* luptă (f), bătaie, bătălie (f)
luchador • *n* luptător, combatant (m), luptător (m), combatantă (f)
luchar • *v* lupta, se bate, zbate
lucidez • *n* luciditate (f)
lúcido • *adj* lucios (m), strălucitor (m)
luciérnaga • *n* licurici
lucio • *adj* luminos, clar, strălucitor • *n* știucă (f)
lucir • *v* parada, străluci, luci, lumina
lucrativo • *adj* lucrativ
ludo • *n* joc (n)
luego • *adv* apoi
lugar • *n* localitate (f), loc (n), locuri, spațiu • *adv* aiurea
lugareño • *n* locuitor (m), locuitoare (f)
lúgubre • *adj* lugubru
lujuria • *n* luxură (f), desfrânare (f), concupiscență (f), desfrâu
luminiscencia • *n* luminiscență (f)
luminosidad • *n* luminozitate
luminoso • *adj* luminos, clar, strălucitor
luna • *n* lună (f)
lunar • *n* semn de naștere (n), aluniță (f) • *adj* lunar (m), lunară (f)
lupanar • *n* bordel, lupanar
lúpulo • *n* hamei
lupus • *n* lupus (n)

lustre • *n* lustru
lustroso • *adj* lucios *(m)*, strălucitor *(m)*
lutecio • *n* luteţiu *(n)*
lutria • *n* lutră *(f)*, vidră *(f)*

luz • *n* lumină *(f)*, miză *(f)*, corp de iluminat *(n)*, far *(n)*

M

macaco • *n* macac *(m)*
macana • *n* pula
macanudo • *adj* pretenţios
maceta • *n* cap *(n)*
machacar • *v* măcina, pulveriza
macho • *n* mascul *(m)*, bărbat *(m)*, bărbătuş *(m)* • *adj* mascul, masculin
macilento • *adj* epuizat *(n)*, istovit *(n)*, secătuit, obosit *(n)*
maciza • *adj* durdliu
macizo • *n* armăsar *(m)*
macoca • *n* ţâţă *(f)*, sân *(m)*
macromolécula • *n* macromoleculă
macroscópico • *adj* macroscopic *(n)*
madrastra • *n* maşteră *(f)*, mamă vitregă *(f)*
madre • *n* mamă *(f)*, maică *(f)*
madreselva • *n* caprifoi *(m)*
madriguera • *n* bârlog *(n)*, peşteră *(f)*, baracă *(f)*, adăpost *(n)*, colibă *(f)*, vizuină *(f)*
madrina • *n* naşă *(f)*, nună *(f)*
madrugada • *n* zori, auroră *(f)*, alba *(f)*, dimineaţă *(f)*
madrugador • *n* persoană matinală *(f)*
madura • *adj* copt, matur
madurar • *v* coace
madurez • *n* maturitate *(f)*
maduro • *adj* copt, matur, matur
mae • *n* tip *(m)*
maese • *n* maestru *(m)*
maestra • *n* profesor *(m)*, profesoară *(f)*, învăţător *(m)*
maestro • *n* original *(n)*, profesor *(m)*, profesoară *(f)*, învăţător *(m)*, stăpân *(m)*
magacín • *n* revistă *(f)*
magia • *n* magie
mágico • *adj* magic
magnesio • *n* magneziu *(n)*
magnético • *adj* atractiv, magnetic
magnetismo • *n* magnetism *(n)*
magnetización • *n* magnetizare *(f)*, magnetizaţie *(f)*
magnitud • *n* mărime *(f)*, magnitudine *(f)*, cantitate *(f)*, mărime stelară *(f)*
mago • *n* vrăjitor *(m)*, magician *(m)*, mag *(m)*
magro • *adj* slab

maguey • *n* agavă *(f)*
magullar • *v* zgâria
majestad • *n* măreţie, maiestate
majestuosa • *adj* pompos
majestuoso • *adj* pompos
mal • *adv* rău • *n* rău, răutate *(f)* • *adj* rău, răutăcios, hain, câinos
malagua • *n* meduză *(f)*
malamente • *adv* rău
malaquita • *n* malahit *(n)*
malcriar • *v* răsfăţa
maldad • *n* abominaţiune *(f)*, răutate *(f)*, perversitate *(f)*, ticăloşie *(f)*
maldecir • *v* blestema, înjura
maldición • *n* blestem *(n)*, maledicţie *(f)*
maldito • *n* la naiba!
maleabilidad • *n* maleabilitate *(f)*
maleable • *adj* maleabil
maleducado • *adj* ursuz
maléfico • *adj* rău, răutăcios, hain, câinos
malestar • *n* indispoziţie
malevolencia • *n* rea-voinţă *(f)*, ostilitate *(f)*, pizmă *(f)*
malévolo • *adj* maliţios *(m)*, ranchiunos *(m)*, rău, răutăcios, hain, câinos
maleza • *n* buruiană
malgastar • *v* irosi, pierde, risipi
malhechor • *n* răufăcător *(m)*
malhechora • *n* răufăcător *(m)*
malhumorado • *adj* iritabil, acru, morocănos, moros, ursuz
malicia • *n* ciudă, răutate, maliţie *(f)*, maliţiozitate *(f)*, venin *(n)*, fiere
maligno • *adj* maliţios *(m)*
malísimo • *adj* lamentabil
malleus • *n* ciocan *(n)*
malo • *adj* rău, rău, depravat, decăzut, desfrânat, răutăcios, hain, câinos
malva • *n* nalbă
malvado • *adj* rău, depravat, decăzut, desfrânat, atroce, rău *(n)*, răutăcios *(n)*, hain *(m)*, rău, răutăcios, hain, câinos
malvarrosa • *n* nalbă, nalbă-de-grădină *(f)*
malvavisco • *n* bezea *(f)*, nalbă
mamá • *n* mămică *(f)*, măicuţă *(f)*, ma-

mă (f)
mamada • n felație (f)
mamalogía • n mamalogie (f)
mamar • v suge
mamboretá • n călugăriță (f)
mamífero • n mamifer (n)
mamón • n muist (m), muistă (f), sugator de pula (m), sugatoare de pul (f), muist, papaia (f)
mamut • n mamut (m)
maná • n mană (f)
manada • n turmă (f), turmă, cârd
manantial • n izvor (n)
manatí • n lamantin (m)
mancebía • n bordel, lupanar
mancebo • n tânăr
mancha • n păta, frotiu, urmă (f), pată (f)
manchar • v păta, badijona
manda • n jurământ
mandamiento • n comandament (n)
mandar • v domni, comanda, ordona, porunci, trimite, expedia
mandarina • n tangerină (f)
mandato • n ordin (n), comandă (f), poruncă (f)
mandíbula • n mandibulă (f), mandibule, falcă, maxilar
mandil • n sort
mando • n control (n), comandă (f)
mandola • n mandolă (f)
mandolina • n mandolină (f)
mandragora • n mandragoră (f)
mandril • n mandril (m)
manecilla • n ac indicator, limbă
manejar • v conduce, ghida
manejo • n control (n), autoritate (f)
manera • n fel, mod, manieră (f), fel (n), purtare (f), comportament (n), conduită (f), stil (n)
manga • n mânecă (f), mango (n)
manganeso • n mangan (n)
mango • n armăsar (m), mango (n)
mangó • n mango (n)
mangosta • n mangustă (f)
mangostán • n mangustan (m)
mangostino • n mangustan (m)
maní • n arahidă, alună de pământ (f), alună americană (f)
manía • n frenezie, particularitate (f), mânie
maniático • n maniac
manicomio • n azil (n)
manifestación • n manifestare (f), manifestație (f), epifanie (n)
manifiesto • adj evident (n), clar (n), manifest (n), vădit (n)

manigordo • n ocelot (m)
manillar • n ghidon (n), mâner (n)
maniobrar • v manevra
manipulador • adj manipulator (n)
manipular • v manipula
maniquí • n manechin (n)
manivela • n manivelă
mano • n mână (f), parte, latură, deget (n)
manojo • n smoc (n), floc, mănunchi
manosear • v mîngîia
mansión • n palat (n), conac (n), curte (f)
manta • n pătură (f), valtrap
manteca • n untură, unt (n)
mantel • n față de masă (f)
mantenerse • v sta, rămâne, dăinui
mantequilla • n unt (n)
mantis • n călugăriță (f)
mantodeo • n călugăriță (f)
manual • adj manual (n) • n cutie de viteze (f), manual (n)
manufactura • n fabricare (f)
manuscrito • n manuscris
manzana • n măr (n)
maña • n abilitate (f), pricepere (f), talent (n)
mañana • n dimineață (f), mâine (n) • adv mâine
mañoso • adj irascibil, supărăcios, susceptibil, iritabil
mapa • n hartă (f)
mapache • n raton (m), ursuleț spălător (m)
maquillaje • n machiaj (n)
máquina • n mașină (f), mașină electrică (f), mașină mecanică (f), mașină, automobil (n)
mar • n mare (f)
mara • n bandă (f)
marabú • n marabu (m)
maranta • n maranta (f)
maratón • n maraton
maravilla • n minune, mirare (f), floarea soarelui (f), minune (f)
maravilloso • adj foarte bun, extrem de bun, incredibil
marbete • n etichetă
marca • n marcă (f), semn (n), bornă (f), marcă înregistrată (f), efigie (f), urmă (f), pată (f)
marcha • n cutie de viteze (f), schimbător de viteză (n)
marchar • v mărșălui, mărșui
marchitar • v veșteji, ofili
marchito • adj ofilit, veștejit, veșted
marco • n ramă (f)

marea • *n* reflux *(n)*, maree *(f)*
mareado • *adj* bolnav, abătut
marfil • *n* fildeș *(n)*, ivoriu *(n)*
margarina • *n* margarină *(f)*
margarita • *n* filimică *(f)*, gălbenele
marica • *n* zână *(f)*
maricón • *n* poponar *(m)*, bulangiu *(m)*
marido • *n* soț *(m)*
mariguana • *n* marijuana *(f)*
marihuana • *n* marijuana *(f)*, cânepă *(f)*
marimba • *n* marimba *(f)*
marina • *n* marină *(f)*, flotă *(f)*, forță navală *(f)*, marină militară *(f)*
marinera • *n* marinar *(m)*
marinero • *n* marinar, matelot, matroz *(m)*, marinar *(m)*
marino • *adj* marin, maritim
marioneta • *n* marionetă *(f)*, păpușă *(f)*
mariposa • *n* fluture *(m)*
marítimo • *adj* marin, maritim
marlo • *n* știulete
marmita • *n* oală *(f)*
mármol • *n* marmură *(f)*
marmota • *n* marmotă *(f)*
marote • *n* cap *(n)*
marrano • *n* porc *(m)*
marrón • *n* brun, maro *(n)*, ruginiu • *adj* maro, brun, roib
marrubio • *n* unguraș *(m)*, voronic *(m)*
marsmelo • *n* bezea *(f)*
marsopa • *n* marsuin *(m)*
marsupial • *n* marsupial • *adj* marsupial
marta • *n* jder
martillo • *n* ciocan *(n)*
mártir • *n* mucenic, martir
marzoleto • *n* păducel *(m)*, gherghin *(m)*
mas • *conj* totuși
masa • *n* masa, vrac, aluat, masă *(f)*
masaje • *n* masaj *(n)*, masare *(f)*
masajear • *v* masa, a face masaj
masajista • *n* maseur *(m)*, maseuză *(f)*
mascar • *v* mesteca
máscara • *n* mască *(f)*
masculinidad • *n* masculinitate *(f)*
masculino • *adj* mascul, masculin, bărbătesc, viril, masculin *(m)*
masiva • *adj* masiv, voluminos
masivo • *adj* masiv, voluminos, masiv, solid
máster • *n* stăpân *(m)*
masticar • *v* mesteca
mástil • *n* catarg, arbore
mastodonte • *n* mastodont *(m)*
mastozoología • *n* mamalogie *(f)*
masturbación • *n* masturbație *(f)*, masturbare *(f)*
masturbador • *n* masturbator *(m)*, onanist *(m)*, malahian *(m)*, malahist
mata • *n* plantă *(f)*, arbust *(m)*, tufă *(f)*
matadero • *n* abator *(n)*, măcelărie *(f)*
matador • *n* ucigaș, ucigașă *(f)*, asasin *(m)*
matanza • *n* măcel
matar • *v* măcelări, omorî, tăia, măcelări *(m)*
matasiete • *n* tiran *(m)*
mate • *n* șah-mat *(n)*
matemática • *adj* matematic *(n)*, matematică *(f)*
matemáticas • *n* matematică *(f)*
matemático • *adj* matematic *(n)*, matematică *(f)*
materia • *n* materie *(f)*, disciplină, temă *(f)*, subiect *(n)*
material • *adj* material *(n)*, materială *(f)* • *n* material *(n)*, materie *(f)*, material *(n)*
materialismo • *n* materialism *(n)*, materialism *(n)*
materialista • *n* materialist *(m)*, materialistă *(f)* • *adj* materialist, materialist *(m)*
maternal • *adj* matern
materno • *adj* matern
matón • *n* tiran *(m)*
matorral • *n* crâng *(n)*, dumbravă *(f)*, pădure măruntă *(f)*, subarboret *(n)*, tufiș de arbuști, tufiș *(n)*, subarboret *(n)*, pădurice *(f)*, crâng *(n)*, arboret *(n)*, desiș *(n)*
matraca • *n* miță *(f)*
matrícula • *n* plăcuță de înmatriculare *(f)*
matrimonio • *n* căsătorie *(f)*, căsnicie *(f)*, căsătorie
matriz • *n* matrice *(f)*, uter *(n)*, matcă *(f)*
matrona • *n* moașă
maullar • *v* mieuna, miorlăi
maullido • *interj* miau
mausoleo • *n* mausoleu *(n)*
máxima • *n* maximă *(f)*, maxime
máximo • *adj* maximal • *n* maximum
mayate • *n* cioară *(f)*
mayonesa • *n* maioneză
mayor • *n* maior *(m)*, maiori
mayoría • *n* majoritate *(f)*, majorat
maza • *n* buzdugan *(n)*
mazacote • *n* bulgăre *(m)*
mazapán • *n* marțipan *(m)*
mazo • *n* mai *(n)*
mazorca • *n* știulete
me • *pron* imi, mine, mă
mear • *v* pișa, face pipi, urina

mearse • *v* uda
mecánico • *adj* mecanic • *n* mecanic *(f)*
mecanismo • *n* aparat *(n)*, piesă *(f)*, dispozitiv *(n)*, element *(n)*, componentă *(f)*, unitate *(f)*, mecanism *(n)*
mecate • *n* coardă *(f)*
mecer • *v* legăna, balansa
mecha • *n* fitil *(n)*, muc, buclă *(f)*
mechero • *n* brichetă *(f)*
mechón • *n* smoc *(n)*, floc, şuviţă *(f)*, şuviţe
medalla • *n* medalie *(f)*, distincţie *(f)*, insignă *(f)*
medallón • *n* medalion
médano • *n* dună *(f)*
media • *n* mijloc, mediu, medie, medie, mediu
medialuna • *n* semilună *(f)*
mediano • *adj* mediu
medianoche • *n* miezul nopţii, miez de noapte, mijloc de noapte *(n)*, мезул нопций
mediante • *prep* prin
mediar • *v* media
médica • *n* medic *(m)*, doctor *(m)*, doctoriţă *(f)*
medicación • *n* medicaţie
medicamento • *n* medicament *(n)*
medicina • *n* medicament *(n)*, medicină *(f)*
medicinal • *adj* medicinal, vindecător
medición • *n* măsurare *(f)*, măsurătoare, măsurare *(f)*, măsurătoare, măsurare *(f)*
mediciones • *n* măsurare *(f)*, măsurătoare
médico • *n* medic *(m)*, doctor *(m)*, doctoriţă *(f)*
medida • *n* măsurare *(f)*, măsurătoare, măsură, măsură *(f)*, măsură *(f)*, mărime *(f)*
medidas • *n* măsurare *(f)*, măsurătoare, măsură *(f)*, mărime *(f)*
medidor • *n* metru *(m)*, contor *(n)*
medio • *adj* mediu • *n* mediu *(n)*, ambient *(n)*, mijloc, miez, sistem de operare *(n)*, mediu *(n)*
medioambiente • *n* ecosistem *(n)*, mediu ambiant *(n)*
mediocre • *adj* mediocru *(n)*, mediocră *(f)*, mijlociu *(n)*, mijlocie *(f)*, mediu *(n)*, mediocru *(m)*, mediocră *(f)*
mediodía • *n* amiază *(f)*, miezul zilei *(n)*, mijloc de zi *(n)*
medir • *v* măsura
médium • *n* medium *(m)*
médula • *n* măduvă
medusa • *n* meduză *(f)*
megalomanía • *n* megalomanie *(f)*, grandomanie *(f)*
mejilla • *n* obraz, bucă *(f)*
mejor • *adj* mai bun, mai bine • *adv* mai bine
mejora • *n* îmbunătăţire *(f)*, ameliorare *(f)*
mejorado • *adj* îmbunătăţit
mejoramiento • *n* îmbunătăţire *(f)*
mejorar • *v* a se îmbunătăţi, îmbunătăţi
mejores • *adv* mai bine
mejoría • *n* îmbunătăţire *(f)*, ameliorare *(f)*
melancolía • *n* melancolie *(f)*, tristeţe *(f)*
melancólica • *adj* melancolic
melancólico • *adj* melancolic, deprimat *(m)*, trist *(m)*
melena • *n* coamă *(f)*
mellizo • *n* geamăn *(m)*
melocotón • *n* piersic *(m)*, piersică
melocotonero • *n* piersic *(m)*
melodía • *n* melodie *(f)*
melódico • *adj* melodic
melodioso • *adj* melodios, dulce
melodrama • *n* melodramă *(f)*
melodramático • *adj* melodramatic
melón • *n* ţâţă *(f)*, sân *(m)*, pepene, pepene galben
membrana • *n* membrană *(f)*, membrane
membrillero • *n* gutui *(m)*
membrillo • *n* gutuie *(f)*, gutui *(m)*
meme • *n* memă *(f)*
memorable • *adj* plin de evenimente *(m)*, memorabil *(m)*, memorabil
memoria • *n* amintire *(f)*, memorie *(f)*, reamintire *(f)*
memorizar • *v* memoriza
mena • *n* minereu *(n)*
mendelevio • *n* mendeleviu *(n)*
mendigar • *v* cerşi
mendigo • *n* cerşetor *(m)*
menhir • *n* menhir
menos • *adj* mai puţin
menospreciar • *v* dispreţui
mensario • *n* faţă de masă *(f)*
menso • *adj* prost, stupid
mensualmente • *adv* lunar, mensual
menta • *n* mentă *(f)*
mental • *adj* mintal, mental *(n)*
mentalidad • *n* schepsis
mentalmente • *adv* mintal
mente • *n* minte *(f)*
mentir • *v* minţi
mentira • *n* falsitate, minciună *(f)*
mentirosa • *n* mincinos *(m)*, mincinoasă *(f)*
mentiroso • *n* trombon *(n)*, mincinos

(m), mincinoasă *(f)* • *adj* mincinos, neveridic *(n)*, fals *(n)*, mincinos *(n)*, necinstit
mentón • *n* bărbie *(f)*
menú • *n* meniu, meniu *(n)*
menudo • *adj* minuscul, mărunt • *n* schimb (de bani) *(n)*
mercader • *n* negustor, comerciant
mercado • *n* târg *(n)*, piață *(f)*
mercancía • *n* marfă *(f)*
merced • *n* har, grație *(f)*
mercurio • *n* mercur *(n)*, hidrargir *(n)*, argint viu
Mercurio • *n* mercur *(n)*, argint viu *(n)*, hidrargir
merecer • *v* merita
meridiano • *n* meridian *(n)*
meridional • *adj* sudic, sudic *(n)*, austral *(n)*
meritar • *v* merita
mermelada • *n* marmeladă *(f)*, gem *(n)*, marmeladă *(f)*
mes • *n* lună *(f)*
mesa • *n* masă *(f)*
mesera • *n* chelneriță *(f)*, ospătăriță *(f)*
mesero • *n* chelner *(m)*, ospătar *(m)*
meseta • *n* platou *(n)*, podiș *(n)*
mesonero • *n* chelner *(m)*, ospătar *(m)*
mestiza • *n* metis
mestizo • *n* metis
meta • *n* sfârșit, final *(n)*, scop, obiectiv
metabolismo • *n* metabolism *(n)*
metáforo • *n* metaforă *(f)*
metal • *n* metal *(n)*
metaloide • *n* metaloid *(m)*
metamorfosis • *n* metamorfoză *(f)*
metanfetamina • *n* metanfetamină *(f)*
metano • *n* metan *(n)*
metanol • *n* metanol *(m)*
meteoro • *n* meteor
method • *n* metodă *(f)*
meticulosidad • *n* meticulozitate
meticuloso • *adj* meticulos *(n)*
metilo • *n* metil *(m)*
metionina • *n* metionină *(f)*
metódico • *adj* metodic *(n)*
método • *n* metodă *(f)*
metonimia • *n* metonimia *(f)*
métrico • *adj* metric
metro • *n* metru *(m)*, contor *(n)*, metrou *(m)*, metropolitan *(m)*, metrou *(n)*
metropolitano • *n* mitropolit *(m)*
mezcla • *n* amestec *(n)*, mixtură *(f)*, amestecătură *(f)*, amestec, mixtură
mezclar • *v* amesteca, mesteca
mezcolanza • *n* melanj *(n)*
mezquino • *adj* ciufut
mezquita • *n* moschee *(f)*

miau • *interj* miau
micelio • *n* miceliu *(n)*
mico • *n* maimuță *(f)*, simie *(f)*
micro • *n* autobuz *(n)*, autobuz *(n)*
microbio • *n* microb *(m)*
microcosmos • *n* microcosm *(n)*, microcosmos *(n)*
micrófono • *n* microfon
micrómetro • *n* micrometru
microonda • *n* microunde *(f)*
microorganismo • *n* microorganism *(n)*
microprocesador • *n* microprocesor *(n)*
microscópico • *adj* microscopic *(n)*
microscopio • *n* microscop *(n)*
miedo • *n* fobie, frică *(f)*, teamă *(f)*
miel • *n* miere *(f)*, mieriu
miembro • *n* membru *(n)*, extremitate *(f)*, mădular, ciolan, membru, membru *(m)*, penis *(m)*, pulă, membru, mădular
mientras • *conj* în timp ce
mierda • *n* rahat, căcat *(n)*, vrăjeală *(f)*, căcat *(m)*, rahat *(m)*, excrement *(n)*
mies • *n* mănunchi *(n)*, fascicul *(n)*, legătură *(f)*
miga • *n* miez
migración • *n* migrație, migrare
mijo • *n* mei *(m)*
milagro • *n* miracol *(n)*, minune *(f)*, minunăție *(f)*
milagroso • *adj* miraculos
milano • *n* milan *(m)*, erete *(m)*, gaie *(f)*
mildiu • *n* mucegai
milenio • *n* mileniu *(n)*
milenrama • *n* coada șoricelului
milésimo • *adj* al miilea *(m)*, a mia *(f)*
milicia • *n* miliția *(f)*
miligramo • *n* miligram *(n)*
milisegundo • *n* milisecundă *(f)*
militar • *adj* militar
milla • *n* milă *(f)*
millo • *n* floricelele de porumb, cocoșei, pop-corn
milpiés • *n* miriapod
mimar • *v* răsfăța, alinta
mimosa • *n* mimoză *(f)*
mina • *n* mină
minar • *v* mina
mineral • *n* mineral *(n)*, minerale, minereu *(n)*
mineralogía • *n* mineralogie *(f)*
mineralogista • *n* mineralog *(m)*
minero • *n* miner *(m)*
mínimo • *n* banană *(f)*, minimum • *adj* minimal
minino • *n* pisoi, pisicuță
ministerio • *n* minister *(m)*
minoría • *n* minoritate

minucioso • *adj* meticulos *(n)*, minuțios, amănunțit
minué • *n* menuet *(n)*
minueto • *n* menuet *(n)*
minúsculas • *adj* mici
minúsculo • *adj* minuscul, micuț
minuto • *n* minut *(n)*
mío • *pron* al meu *(m)*, a mea *(f)*, al meu *(m)*, a mea *(f)*
miopía • *n* miopie *(f)*
mirar • *v* privi, uita, vedea
mirasol • *n* floarea soarelui *(f)*
mirlo • *n* sturz *(m)*, mierla-neagră *(f)*, mierlă *(f)*
mirtilo • *n* afin
mirto • *n* mirt *(m)*
misantropía • *n* mizantropie *(f)*
misceláneo • *adj* amestecat *(n)*, divers *(n)*
miserable • *adj* nenorocit
miseria • *n* mizerie *(f)*
misericordia • *n* mizericordie *(f)*, îndurare *(f)*
misil • *n* rachetă *(f)*
misión • *n* misiune *(f)*, misiune, însărcinare *(f)*, misiuni
misionario • *n* misionar *(m)*
misionera • *n* misionar *(m)*
misionero • *n* misionar *(m)*
mismo • *adj* același, la fel • *n* eu însumi *(m)*, eu însămi *(f)*
misoginia • *n* misoginie *(f)*
misterio • *n* mister *(n)*
misterioso • *adj* straniu, superstițios, misterios
misto • *n* chibrit
mitad • *n* jumătate *(f)*
mitigar • *v* alina, ușura, calma
mito • *n* mit *(n)*, legendă *(f)*
mitología • *n* mitologie *(f)*, colecție mitologică *(f)*
mitzli • *n* pumă *(f)*
mixto • *adj* amestecat *(n)*, mixt *(n)*
mobiliario • *n* mobilă *(f)*
moca • *n* moca *(f)*
mochila • *n* rucsac *(n)*, ghiozdan *(n)*
mocho • *adj* ipocrit
mochuelo • *n* bufniță
moco • *n* muci, mucus, muc
modelo • *n* standard *(n)*, pildă *(f)*, luceafăr *(m)*, model de perfecțiune *(n)*, model *(n)*, șablon *(n)*
módem • *n* modem *(n)*
moderada • *adj* moderat *(n)*, moderată *(f)*, centrist *(n)*
moderado • *adj* moderat *(n)*, moderată *(f)*, centrist *(n)*

moderar • *v* modera
modesto • *adj* umil, modest
modificación • *n* adaptare *(f)*, alterare *(f)*, schimbare *(f)*, schimb *(n)*, modificare *(f)*, ajustare *(f)*, acomodare *(f)*
modificado • *adj* modificat *(n)*
modificar • *v* modifica, schimba
modismo • *n* idiom
modista • *n* croitor *(m)*, croitoreasă *(f)*
modisto • *n* croitor *(m)*, croitoreasă *(f)*
modo • *n* fel, mod, stil *(n)*, fel *(n)*, manieră *(f)*
mofletudo • *adj* cărnos
moho • *n* mucegai, rugină *(f)*
mohoso • *adj* muced
mojado • *adj* ud, umed
mojar • *v* uda
molde • *n* model *(n)*, șablon *(n)*
molécula • *n* moleculă *(f)*
molecular • *adj* molecular
moler • *v* măcina, pisa
molestar • *v* deranja, molesta, necăji, enerva, irita, supăra, incomoda
molesto • *adj* supărat
molibdeno • *n* molibden *(n)*
molinero • *n* morar *(m)*
molinete • *n* turnichet
molino • *n* moară
molleja • *n* momite, pipota *(f)*
molondrón • *n* bamă *(f)*
momento • *n* minut *(n)*, clipă *(n)*, moment, punct *(n)*
momia • *n* mumie *(f)*
monarca • *n* monarh *(m)*
monarquía • *n* monarhie *(f)*
monárquico • *n* monarhist *(n)*
monasterio • *n* mânăstire *(f)*, mănăstire *(f)*
moneda • *n* valută *(f)*, monedă *(f)*
monetario • *adj* monetar *(n)*
monismo • *n* monism
monitor • *n* monitor *(n)*
monja • *n* călugăriță *(f)*
monje • *n* călugăr *(m)*, monah *(m)*
mono • *n* maimuță *(f)*, simie *(f)*, cioară *(f)* • *adj* dulce, simpatic
monocromo • *adj* monocrom
monóculo • *n* monoclu *(n)*
monogamia • *n* monogamie *(f)*
monografía • *n* monografie *(f)*
monolito • *n* monolit *(n)*
monómero • *n* monomer *(m)*
monoteísmo • *n* monoteism
monotonía • *n* monotonie *(f)*
monótono • *adj* monoton
monotrema • *n* monotrem *(n)*, monotremă *(f)*

monóxido • *n* monoxid
monstruo • *n* monstru
monstruoso • *adj* cumplit, atroce, groaznic, enorm, colosal, monstruos, hidos, oribil
montador • *n* monteuză *(f)*
montadora • *n* monteuză *(f)*
montaña • *n* munte *(m)*
montar • *v* încăleca, monta
montaraz • *adj* sălbatic
monte • *n* munte
montículo • *n* movilă *(f)*
monto • *n* sumă *(f)*, valoare *(f)*
montón • *n* mulțime *(f)*, masă de oameni *(f)*, gloată, grămadă *(f)*, munte *(f)*, noian *(n)*, mulțime *(f)*, maldăr *(n)*
monumento • *n* monument
moño • *n* fundă *(f)*
moqueta • *n* covor *(m)*
moquito • *n* muc
mora • *n* mur *(m)*, dudă *(f)*
moral • *n* dud *(m)*
moralidad • *n* moralitate
morar • *v* trăi, locui, a avea locuință
moratón • *n* julitură *(f)*
mordaz • *adj* caustic
morder • *v* mușca
mordida • *n* mită *(f)*, mușcătură *(f)*
morena • *adj* brunetă
moreno • *n* brun, maro *(n)*
moretón • *n* julitură *(f)*
morfema • *n* morfem *(n)*
morfología • *n* morfologie *(f)*, morfologie *(f)*
morgue • *n* morgă *(f)*, cameră mortuară *(f)*
moribundo • *adj* muribund, pe moarte
morir • *v* muri
morocha • *adj* brunetă
morocho • *n* geamăn *(m)*
morralla • *n* schimb (de bani) *(n)*
morrena • *n* morenă *(f)*
morro • *n* bot *(n)*
morrocoy • *n* țestoasă *(f)*, broască țestoasă *(f)*
morsa • *n* morsă *(f)*
mortal • *adj* ucigător, mortal, letal, muritor, pieritor
mortero • *n* mortar *(n)*, piuliță *(f)*, piuă *(f)*, mojar *(n)*, mortier *(n)*
mortífero • *adj* ucigător, mortal, letal
mortificar • *v* înfrunta, sfida
morueco • *n* berbec *(m)*, arete *(m)*
mosaico • *n* mozaic *(n)*
mosca • *n* mălai *(m)*, muscă *(f)*, momeală *(f)*
moscardón • *n* bondar *(m)*

mosco • *n* țânțar *(m)*
mosquete • *n* muschetă *(f)*, muschet *(n)*
mosquito • *n* țânțar *(m)*
mostacho • *n* mustață *(f)*
mostaza • *n* muștar *(m)*, muștar *(n)*
mosto • *n* must
mostrar • *v* arăta
mote • *n* deviză *(f)*, poreclă *(f)*
motivación • *n* motivație *(f)*
motivar • *v* produce, îndemna
motivo • *n* motiv, rațiune, motiv *(n)*
moto • *n* motocicletă *(f)*
motocicleta • *n* motocicletă *(f)*, moped
motoneta • *n* moped
motor • *n* motor *(n)*, motor *(n)*
mouse • *n* maus *(n)*, șoricel *(m)*
mover • *v* mișca, muta
moverse • *v* mișca, muta
móvil • *n* celular *(n)*, mobil *(n)* • *adj* mobil
movilización • *n* mobilizare *(f)*
movimiento • *n* mișcare, mișcare *(f)*
mozo • *n* servitor *(m)*, slugă *(f)*, slujitor *(m)*, tânăr, chelner *(m)*, ospătar *(m)*
mu • *n* muget *(n)* • *interj* mu
muca • *n* oposum *(m)*, sarigă *(f)*
muchacha • *n* fecioară *(f)*, fecior *(m)*, tipă *(f)*, fată *(f)*, copilă *(f)*, adolescent *(m)*, adolescentă *(f)*
muchacho • *n* adolescent *(m)*, adolescentă *(f)*, băiat, fiu
muchedumbre • *n* mulțime *(f)*, masă de oameni *(f)*, gloată
mucho • *adv* mult
mudanza • *n* mutare *(f)*
mudar • *v* muta, schimba, modifica
mudez • *n* muțenie *(f)*
mudo • *adj* mut, fără voce
mueble • *n* mobilă *(f)*
mueca • *n* grimasă *(f)*
muela • *n* piatră de moară *(f)*, gresie *(f)*, cute
muelle • *adj* moale • *n* arc *(n)*, chei
muérdago • *n* vâsc
muerte • *n* moarte *(f)*
muerto • *adj* mort
muestra • *n* mostră *(f)*, semn
muffin • *n* brioșă *(f)*
muflón • *n* muflon *(m)*
mugido • *n* muget *(n)*
mugir • *v* mugi
mugre • *n* mizerie *(f)*, murdărie *(n)*, murdărie *(f)*
mujer • *n* femeie *(f)*, muiere *(f)*, doamnă, soție *(f)*, nevastă *(f)*, muiere
mujeriego • *n* afemeiat *(m)*, vânător de fuste *(m)*, crai *(m)*, muieratic *(m)*

mujerzuela • *n* curvă *(f)*, târfă *(f)*, prostituată *(f)*
mula • *n* catâr *(m)*, mul *(m)*
mulato • *n* cioroi *(m)*
muleta • *n* cârjă *(f)*
mulita • *n* tatu *(m)*
mulo • *n* bardou *(m)*, catâr *(m)*, mul *(m)*
multa • *n* amendă *(f)*, amendare contravențională *(f)*, cupon de amendă
multicultural • *adj* multicultural
multimedia • *adj* multimedia *(f)* • *n* multimedia *(f)*
multiplexor • *n* multiplexor *(n)*
multiplicación • *n* multiplicare *(f)*, înmulțire
multiplicador • *n* multiplicator *(m)*, înmulțit *(m)*
multiplicar • *v* multiplica, înmulți
múltiplo • *n* multiplu *(m)*
multitud • *n* multitudine *(f)*, puzderie *(f)*, mulțime *(f)*, masă de oameni *(f)*, gloată, grămadă *(f)*, maldăr *(n)*
mundialmente • *adv* în toată lumea, în lumea întreagă
mundo • *n* lume, pământ
munición • *n* muniție
municipio • *n* municipalitate *(f)*

muñeca • *n* încheietura mâinii *(n)*, păpușă *(f)*
muralla • *n* zid, perete *(m)*
murciélago • *n* liliac *(m)*
muro • *n* zid
murta • *n* mirt *(m)*
musaraña • *n* chițcan *(m)*
muscular • *adj* muscular, mușchiular
músculo • *n* mușchi
musculoso • *adj* mușchiulos, musculos
museo • *n* muzeu *(n)*
musgo • *n* mușchi *(n)*
música • *n* partitură *(f)*, muzică *(f)*, melodie *(f)*
músico • *n* muzician *(m)*, muziciană *(f)*
muslo • *n* coapsă *(f)*
mustela • *n* nevăstuică *(f)*
mutable • *adj* muabil
mutación • *n* schimb *(n)*, schimbare *(f)*, modificare *(f)*
mutante • *n* mutantului
mutilar • *v* mutila, schilodi, devasta
mutuamente • *adv* (în mod) mutual
mutuo • *adj* mutual *(n)*, reciproc *(n)*, reciproc, reciprocă *(f)*
muy • *adv* foarte

N

nabo • *n* navetă *(f)*, nap *(m)*
nacido • *adj* născut
nacimiento • *n* naștere *(f)*, natalitate *(f)*
nación • *n* națiune
nacional • *adj* național
nacionalidad • *n* naționalitate *(f)*
nacionalismo • *n* naționalism *(m)*
nada • *pron* nimic • *n* zero *(n)*
nadar • *v* înota
nadie • *pron* nimeni
nafta • *n* benzină *(f)*
nalga • *n* bucă *(f)*, buci, bucă
nalgada • *n* strașnic
nalgas • *n* cur *(n)*, fund *(n)*
nana • *n* cântec de leagăn *(n)*
naranja • *n* portocaliu *(n)*, oranj *(n)*, portocală *(f)* • *adj* portocaliu, oranj
naranjo • *n* portocal *(m)*
narciso • *n* narcisă *(f)*
narcolepsia • *n* narcolepsie
narcótico • *n* narcotică *(f)*
narguile • *n* narghilea
narina • *n* nară
nariz • *n* aromă *(f)*, buchet *(n)*, lungime de nas *(f)*, nas

narval • *n* narval *(m)*
nata • *n* smântână *(f)*
natación • *n* înot
natal • *adj* nativ, de la naștere, matern
natalicio • *n* aniversare, zi de naștere
nativo • *adj* indigen *(n)*, autohton *(n)*, localnic *(n)*, localnică *(f)*, autohton
nato • *adj* născut
natural • *adj* natural *(m)*, naturală *(f)*
naturales • *adj* natural *(m)*, naturală *(f)*
naturaleza • *n* natură *(f)*, ecosistem *(n)*, mediu ambiant *(n)*
naturalidad • *n* naturalitate *(f)*, naturalețe *(f)*
naturalismo • *n* naturalism *(n)*
naturalmente • *adv* natural
náufrago • *n* vas naufragiat
náusea • *n* greață *(f)*, nausea *(f)*
nauseabundo • *adj* dezgustător, respingător, scârbos
navaja • *n* brici *(n)*, briceag *(n)*
nave • *n* navă, corabie, vas, naos *(n)*, navă *(f)*
navegar • *v* naviga
navidad • *n* naștere *(f)*, natalitate *(f)*

nébeda • *n* iarba-mâței *(f)*, cătușnică *(f)*, iarba-mâței *(f)*, cătușnică *(f)*
neblina • *n* ceață *(f)*, negură *(f)*
nebulosa • *n* nebuloasă *(f)*
necesario • *adj* necesar
necesidad • *n* necesitate, necesitate *(f)*, cerință *(f)*, nevoie
necesidades • *n* necesitate *(f)*, cerință *(f)*, nevoie
necesitar • *v* trebui
necio • *n* prost *(m)*
necrología • *n* necrolog *(n)*
necromancia • *n* necromanția *(f)*
necrosis • *n* necroză *(f)*
necrótico • *adj* necrotic *(m)*
nectarina • *n* nectarină *(f)*
negación • *n* negare *(f)*, negație *(f)*
negar • *v* nega
negligencia • *n* neglijență, delăsare
negligente • *adj* nepăsător, neglijent
negociar • *v* trata, negocia
negocio • *n* afacere, magazin *(n)*, spațiu comercial, afacere *(f)*
negra • *n* negru, negresă *(f)*
negraso • *n* cioară *(f)*
negrillo • *n* cioară *(f)*
negrito • *n* cioară *(f)*
negro • *n* negru, negresă *(f)*, cioroi *(m)*, cioară *(f)* • *adj* negru
negrote • *n* cioară *(f)*
nena • *n* fată *(f)*, copilă *(f)*, drăguță *(f)*, frumoaso
nene • *n* drăguță *(f)*, frumoaso, bebe *(m)*, bebeluș *(m)*
neoclasicismo • *n* neoclasicism *(n)*
neocolonialismo • *n* neocolonialism *(n)*
neodimio • *n* neodim *(n)*
neologismo • *n* neologism *(n)*
neón • *n* neon *(n)*
neonatal • *adj* de noi născuți, neonatal
nepotismo • *n* nepotism *(n)*
neptunio • *n* neptuniu *(n)*
nervio • *n* nerv *(m)*
nervios • *n* nervi
nerviosidad • *n* nervozitate *(f)*
nerviosismo • *n* nervozitate *(f)*
nervioso • *adj* emoționat, nerăbdător, nervos
neumático • *n* pneu *(n)*, cauciuc *(n)*
neurología • *n* neurologie *(f)*
neurológico • *adj* neurologic *(m)*, neurologică *(f)*
neurólogo • *n* neurolog *(m)*
neutral • *adj* neutru, imparțial
neutrino • *n* neutrino *(m)*
neutro • *adj* neutru *(n)*
neutrón • *n* neutron *(m)*

nevada • *n* ninsoare *(f)*, cădere de zăpadă *(f)*
nevado • *adj* înzăpezit *(m)*
nevar • *v* ninge
nevera • *n* frigider
newton • *n* newton *(m)*
ni • *conj* nici
nicotina • *n* nicotină *(f)*
nido • *n* cuib
niebla • *n* ceață *(f)*, negură *(f)*
nieta • *n* nepoată
nieto • *n* nepot
nieve • *n* zăpadă *(f)*, nea *(f)*, omăt *(n)*
nieves • *n* ninsoare *(f)*, cădere de zăpadă *(f)*
nigromancia • *n* necromanția *(f)*
nihilismo • *n* nihilism
nihilista • *n* nihilist *(m)*
nimbo • *n* nimb *(n)*, aureolă *(f)*
ninfa • *n* nimfă *(f)*
ningunear • *v* disprețui
ninguno • *pron* nimeni, nici unul *(m)*, nici una *(f)*
niña • *n* copil *(m)*, copilă *(f)*, fată *(f)*, bebe *(m)*, bebeluș *(m)*
niñera • *n* doică *(f)*
niñez • *n* copilărie *(f)*
niño • *n* băiat *(m)*, copil *(m)*, copilă *(f)*, copil mic *(m)*, bebe *(m)*, bebeluș *(m)*, băiat, fiu
niobio • *n* niobiu *(n)*
niple • *n* sfârc *(n)*
níquel • *n* nichel *(n)*
niquelar • *v* nichela
nítido • *adj* clar, limpede
nitrógeno • *n* azot *(n)*
nivel • *n* post *(n)*, posturi, poziție *(f)*, grad *(n)*, grade, nivel *(n)*, nivele
nivelado • *adj* plan, plat, șes, nivelat
no • *adv* nu • *n* nu
nobelio • *n* nobeliu *(n)*
noble • *n* nobil, aristocrat
nobleza • *n* noblețe *(f)*, nobilime
noche • *n* noapte *(f)*
noción • *n* noțiune *(f)*
nocivo • *adj* nociv *(n)*, vătămător *(n)*, nesănătos *(n)*
nodo • *n* nod *(n)*, punct de joncțiune *(n)*, punct nodal *(n)*
nódulo • *n* nodul *(n)*
nogal • *n* nuc *(n)*
noguera • *n* nuc *(m)*
nombrar • *v* vizita
nombre • *n* substantiv *(n)*, nume *(n)*
nomeolvides • *n* nu-mă-uita, miozotis *(m)*
nominal • *adj* nominal

nominativo • *adj* nominativ
nonagésimo • *adj* nouăzecilea
norma • *n* mărime *(f)*, normă *(f)*, regulă *(f)*
normal • *adj* obişnuit, normal, uzual
normalmente • *adv* de obicei
normativo • *adj* normativ *(n)*
noroeste • *n* nord-vest *(n)* • *adj* de nord-vest, nordvestic
norte • *n* nord *(n)*
norteño • *adj* nordic *(n)*
nos • *pron* ne, nouă
nosotras • *pron* noi, ne, nouă
nosotros • *pron* noi, ne, nouă
nota • *n* notă *(f)*, act *(n)*, notă *(f)*, notiţă *(f)*
notable • *adj* remarcabil *(m)*, notabil *(m)*
notario • *n* avocat, advocat, notar public
noticias • *n* ştire, noutate
notificación • *n* notificare *(f)*, aviz *(n)*, avertisment *(n)*
nova • *n* nová *(f)*
novato • *n* novice *(f)*, ageamiu *(m)*, mucos *(m)*, începător, debutant, începător *(m)*, începătoare *(f)*
novedad • *n* noutate
novedosa • *adj* nou *(m)*, original *(m)*, original
novedoso • *adj* nou *(m)*, original *(m)*, original
novela • *n* roman *(n)*
novena • *n* cel al nouălea *(m)*, cea a noua *(f)*
noveno • *n* cel al nouălea *(m)*, cea a noua *(f)*
novia • *n* prieten, iubit, prietenă *(f)*, nevastă *(f)*, mireasă *(f)*
novicio • *n* mucos *(m)*
novillo • *n* bou *(m)*

novio • *n* prieten, iubit, iubitul, mire *(m)*, prieten *(m)*
nube • *n* nor *(m)*
nubes • *n* bezea *(f)*
nublado • *adj* înnorat
nublar • *v* înnora, înnegura, întuneca
nubosidad • *n* stare noroasă *(f)*
nuca • *n* gât *(n)*, ceafă *(f)*, grumaz *(f)*, cerbice
nucela • *n* nucelă *(f)*
nuclear • *adj* nuclear *(n)*, atomic *(n)*, nuclear *(n)*, atomic *(n)*
núcleo • *n* nucleu *(n)*
nucleón • *n* nucleon *(m)*
nucleótido • *n* nucleotide
nudismo • *n* nudism *(n)*
nudista • *adj* nudist
nudo • *n* nod
nudoso • *adj* nodos
nuera • *n* noră *(f)*
nuevamente • *adv* iarăşi, din nou
nuevo • *adj* proaspăt, nou, nou *(n)*
nuez • *n* nucă *(f)*, alună
nula • *n* zero *(n)*
nulo • *n* zero *(n)* • *adj* nul
numerador • *n* numărător
numerar • *v* număra, numerota
número • *n* număr *(n)*, cantitate *(f)*, numărare *(f)*, număr *(n)*, număr întreg *(n)*
numerosa • *adj* numeros *(n)*
numeroso • *adj* numeros *(n)*
nunca • *adv* niciodată, nicicând
nupcial • *adj* de nuntă, nupţial, nupţială *(f)*
nupcias • *n* nuntă *(f)*
nutria • *n* lutră *(f)*, vidră *(f)*
nutrición • *n* nutrire, nutriţie *(f)*
nutrir • *v* nutri

Ñ

ñafle • *n* pulă *(f)*, miel *(m)*
ñajú • *n* bamă *(f)*
ñame • *n* ignamă *(f)*
ñandú • *n* nandu *(m)*
ñau • *interj* miau

ñeque • *n* aguti *(m)*
ñew • *interj* miau
ñu • *n* gnu *(m)*

O

o • *conj* ori, sau
o(b)scurantismo • *n* obscurantism *(n)*
oasis • *n* oază *(f)*
obediencia • *n* ascultare
obediente • *adj* ascultător, obedient, docil, supus
obesidad • *n* obezitate
obeso • *adj* obez
obispo • *n* episcop *(m)*
obituario • *n* necrolog *(n)*
objeción • *n* obiecție *(f)*, protest
objecto • *n* obiect *(n)*, lucru *(n)*
objetar • *v* obiecta, opune
objetividad • *n* obiectivitate
objetivo • *n* scop *(n)*, intenție *(f)*, obiectiv *(n)*, țintă *(f)*, țel, rost, obiectiv *(m)* • *adj* obiectiv, obiectiv *(f)*
objeto • *n* obiect *(n)*, cauză, motiv *(n)*, rost *(n)*, lucru *(n)*, subiect *(n)*, temă *(f)*
obligación • *n* datorie *(f)*, obligație *(f)*
obligar • *v* forța, supune, violenta
oblongo • *adj* prelung
oboe • *n* oboi *(m)*
obra • *n* faptă, operă *(f)*, creație *(f)*, lucrare *(f)*
obrera • *n* albină lucrătoare *(f)*
obrero • *n* lucrător *(m)*, lucrătoare *(f)*, muncitor *(m)*, muncitoare *(f)*
obsceno • *adj* obscen *(n)*
obscuro • *adj* obscur, întunecos
obsequioso • *adj* servil, obsecvios
observación • *n* observare *(f)*, observație *(f)*, observație *(f)*, observare *(f)*
observancia • *n* observare *(f)*, observație *(f)*
observar • *v* observa, vedea, privi, urmări
observatorio • *n* observator *(n)*
obsesión • *n* idee fixă *(f)*, obsesie *(f)*
obsidiana • *n* obsidian *(n)*
obstáculo • *n* obstacol, piedică, piedică, impediment *(n)*, obstacol *(n)* • *adj* liber, neîmpiedicat
obstar • *v* împiedica, stânjeni
obstetricia • *n* obstetrică *(f)*
obstétrico • *adj* obstetric
obstinación • *n* încăpățânare *(f)*, obstinație *(f)*
obstinado • *adj* obstinat, încăpățânat
obstruir • *v* înfunda, obtura, astupa
obtener • *v* avea, obține
obvio • *adj* clar, limpede, evident, vădit
oca • *n* gâscă *(f)*, gânsac *(m)*
ocapi • *n* okapi *(f)*
ocasión • *n* ocazie *(f)*, situație, favorabilă *(f)*
ocasional • *adj* ocazional *(n)*

ocasionalmente • *adv* ocazional, câteodată, uneori
ocaso • *n* crepuscul, apus, amurg *(n)*, răsărit *(n)*, asfințit *(n)*, apus *(n)*, asfințire *(f)*, crepuscul *(n)*
occidental • *adj* vestic *(n)*, occidental *(n)*, apusean *(n)*
océano • *n* ocean *(n)*
oceanografía • *n* oceanografie *(f)*, oceanologie *(f)*
oceanología • *n* oceanografie *(f)*, oceanologie *(f)*
ocelote • *n* ocelot *(m)*
ocio • *n* răgaz *(n)*, timp liber
oclusiva • *n* oclusivă *(f)*
ocular • *adj* ocular *(m)*
ocultar • *v* acoperi, ascunde, oculta
ocupado • *adj* harnic
ocurrencia • *n* caz *(n)*, eveniment *(n)*, întâmplare *(f)*
ocurrir • *v* întâmpla, petrece, trece
oda • *n* poem, odă
odiar • *v* urî
odio • *n* abhorare *(f)*, aversiune *(f)*, repugnanță *(f)*, ură *(f)*
odiosa • *adj* respingător, insuportabil, grețos, neplăcut, dezagreabil, nesuferit *(m)*
odioso • *adj* respingător, insuportabil, grețos, neplăcut, dezagreabil, nesuferit *(m)*
odontólogo • *n* dentist
oeste • *n* vest *(n)*
ofensiva • *n* ofensivă *(f)*, atac *(n)* • *adj* ofensant *(n)*, ofensantă *(f)*
ofensivo • *adj* atroce, ofensator, ofensant *(n)*, ofensantă *(f)*
oferta • *n* aprovizionare, alimentare
oficial • *adj* oficial *(n)*
oficina • *n* birou *(n)*, agenție *(f)*, agentură *(f)*, minister *(n)*, departament *(n)*, oficiu *(n)*
oficinista • *n* secretar *(m)*, birocrat *(m)*, funcționar *(m)*
ofrecer • *v* oferi
oftalmóloga • *n* oftalmolog *(m)*, oftalmologă *(f)*
oftalmólogo • *n* oftalmolog *(m)*, oftalmologă *(f)*
ofuscar • *v* confunda, încurca, zăpăci
ogro • *n* căpcăun *(m)*
oíble • *adj* auzibil
oído • *n* auz *(n)*, auzit *(n)*, ureche *(f)*
oigo • *interj* alo, haló
oír • *v* auzi, asculta
ojo • *n* ochi *(m)*
okapi • *n* okapi *(f)*

okra • *n* bamă *(f)*
óleo • *n* ulei
oler • *v* mirosi
olfato • *n* nas *(n)*, miros *(n)*
olíbano • *n* tămâie
oligosacárido • *n* oligozaharidă *(f)*
oliva • *n* măslină *(f)*, olivă *(f)*
olla • *n* oală *(f)*
olmo • *n* ulm *(m)*
olor • *n* miros *(n)*
oloroso • *adj* parfumat, înmiresmat, dulce
olote • *n* ştiulete
olvidadiza • *adj* uituc *(m)*
olvidadizo • *adj* uituc *(m)*
olvidar • *v* uita
ombligo • *n* buric *(n)*
omega • *n* omega *(m)*
ominosa • *adj* fatidic, de rău augur
ominoso • *adj* fatidic, de rău augur, sinistru, prevestitor
omitir • *v* omite, a lăsa la o parte
ómnibus • *n* autobuz *(n)*
omnipotente • *adj* atotputernic, omnipotent, omnipotent, atotputernic
omnipresencia • *n* omniprezenţă *(f)*
omnipresente • *adj* omniprezent
omnisciente • *adj* omniscient, atotştiutor
omniscio • *adj* omniscient, atotştiutor
onceavo • *n* cel al unsprezecelea *(m)*, cea a unsprezecea *(f)*
onde • *adv* încotro
ónice • *n* onix *(m)*
ónique • *n* onix *(m)*
ónix • *n* onix *(m)*
onomatopeya • *n* onomatopee *(f)*
onomatopéyico • *adj* onomatopeic, onomatopeic
ontología • *n* ontologie
ontológico • *adj* ontologic
opaco • *adj* netransparent, opac
ópera • *n* operă *(f)*
operación • *n* operaţie *(f)*, operaţiune *(f)*, operare *(f)*
operar • *v* opera, acţiona
opinar • *v* crede, considera
opinión • *n* judecată, părere *(f)*, opinie *(f)*
opio • *n* opiu *(n)*
oponente • *n* adversar *(m)*, oponent *(m)*
oponer • *v* opune, contrazice
oportunidad • *n* oportunitate *(f)*, şansă *(f)*, şanse, ocazie *(f)*
oportuno • *adj* potrivit *(n)*, apt *(n)*, oportun *(n)*, adecvat *(n)*
opuesto • *adj* opus *(n)*, opusă *(f)*, opozant *(n)*, contrar *(n)*, opus
opulencia • *n* opulenţă *(f)*
oración • *n* rugăciune, propoziţie *(f)*
orador • *n* vorbitor *(m)*, vorbitoare *(f)*
oradora • *n* vorbitor *(m)*, vorbitoare *(f)*
orangután • *n* urangutan *(m)*
orar • *v* ruga
órbita • *n* orbită *(f)*
orbital • *adj* orbital *(n)*, orbitală *(f)*
orco • *n* orc *(m)*, viaţa de dincolo *(f)*, viaţa de mai târziu *(f)*
ordalía • *n* ordalie *(f)*
orden • *n* ordin *(n)*, comandă *(f)*, poruncă *(f)*, ordine *(f)*, rânduială *(f)*
ordenador • *n* computer *(n)*, calculator *(n)*
ordenanza • *n* ordonanţă *(f)*
ordenar • *v* comanda, ordona, porunci, sorta, aranja
ordinario • *adj* normal *(m)*, uzual *(m)*, ordinar *(m)*
orégano • *n* oregano *(m)*, sovârf *(m)*
oreja • *n* delator, denunţător, informator, iudă, trădător, turnător, vânzător, ureche *(f)*
orfebre • *n* aurar
organismo • *n* organism *(n)*
organización • *n* organizaţie *(f)*, organizare *(f)*, control *(n)*, autoritate *(f)*
organizar • *v* organiza
órgano • *n* organ *(n)*, orgă *(f)*
orgasmo • *n* orgasm *(n)*
orgullo • *n* orgoliu *(n)*, îngâmfare *(f)*, mândrie *(f)*, trufie
oriental • *adj* estic *(n)*, oriental *(n)*, de est
oriente • *n* est
orificio • *n* gură *(f)*, orificiu *(n)*, deschizătură *(f)*
origen • *n* origine *(f)*, origină *(f)*
originalidad • *n* originalitate *(f)*
orilla • *n* mal *(f)*, ţărm *(f)*, coastă *(f)*, margine
orín • *n* rugină *(f)*
ornamental • *adj* ornamental *(n)*
ornamento • *n* ornament *(n)*
ornar • *v* decora, ornamenta, înfrumuseţa, împodobi, orna
ornitina • *n* ornitină *(f)*
ornitorrinco • *n* ornitorinc *(m)*
oro • *n* aur, aur *(n)*, auriu • *adj* de aur, din aur, aurit, auriu
orquestal • *adj* orchestral, de orchestră
orquídea • *n* orhidee *(f)*
ortejo • *n* deget de la picior *(n)*
ortiga • *n* urzică *(f)*
orto • *n* răsărit *(n)*, asfinţit *(n)*

ortoclasa • *n* ortoză *(f)*
ortografía • *n* ortografie *(f)*
ortográfico • *adj* ortografic *(m)*
ortosa • *n* ortoză *(f)*
oruga • *n* omidă *(f)*, şenilă *(f)*, rucolă *(f)*, aragulă *(f)*, rucheţă *(f)*
osadía • *n* îndrăzneală *(f)*
osamenta • *n* schelet *(n)*, osatură *(f)*
osario • *n* osuar *(n)*
oscilar • *v* oscila
oscuridad • *n* întuneric, întunecime *(f)*, obscuritate *(f)*
oscuro • *adj* murg, închis, întunecat, negru
óseo • *adj* osos
osmio • *n* osmiu *(n)*
oso • *n* urs *(m)*
ostentar • *v* parada
ostentoso • *adj* ostentativ *(n)*, provocator *(n)*, ostentaţios *(n)*
ostracismo • *n* ostracism
ostrero • *n* scoicar *(m)*, ostrigar *(m)*

otario • *n* fraier *(m)*
otoño • *n* toamnă *(f)*
otra • *adj* alt
otras • *adj* alt
otro • *adj* alt
otros • *n* alţii, altele • *adj* alt
óvalo • *n* oval *(n)*
ovario • *n* ovar
oveja • *n* oaie *(f)*, oiţă *(f)*
ovejero • *n* cioban *(m)*, dohotar, oier *(m)*, păstor *(m)*, păcurar *(m)*
overtime • *n* ore suplimentare, ore suplimentare plătite
óvulo • *n* ovul *(n)*
oxidación • *n* ardere *(f)*, oxidare *(f)*
óxido • *n* oxid *(m)*, rugină *(f)*
oxígeno • *n* oxigen *(n)*
oxímoron • *n* oximoron *(n)*
oye • *interj* hei
oyente • *n* ascultător, auditor
ozono • *n* ozon *(m)*

P

pacer • *v* paşte, păstori
pachanga • *n* petrecere *(f)*
paciencia • *n* răbdare *(f)*
pacífico • *adj* încet
pacto • *n* legământ
padrastro • *n* tată vitreg *(m)*
padre • *n* părinte, tată *(m)*
padrillo • *n* armăsar *(m)*
padrino • *n* naş *(m)*, nun *(m)*
paganismo • *n* păgânism, păgânătate
pagano • *adj* păgân • *n* păgân, păgân *(m)*
pagar • *v* merita, a fi profitabil, plăti
página • *n* pagină *(f)*, пажинэ *(f)*
pago • *n* plată *(f)*, plătire
pagoda • *n* pagodă *(f)*
país • *n* ţară *(f)*, pământ, naţiune, stat *(n)*, patrie *(f)*
paisaje • *n* peisaj *(n)*, decor, peisaj, culise
paja • *n* masturbaţie *(f)*, masturbare *(f)*, pai *(n)*, paie *(f)*
pájaro • *n* pasăre *(f)*
pala • *n* lopată *(f)*, cazma *(f)*
palabra • *n* cuvânt *(n)*, vorbă *(f)*, vorbire *(f)*, cuvinte, exprimare *(f)*, expresie *(f)*, cuvânt de onoare *(n)*
palacete • *n* palat *(n)*, conac *(n)*, curte *(f)*
palacio • *n* palat *(n)*

paladar • *n* palat *(n)*
paladio • *n* paladiu *(n)*
palanquín • *n* palanchin *(n)*
palco • *n* lojă *(f)*
paleontóloga • *n* paleontolog *(m)*
paleontología • *n* paleontologie *(f)*
paleontológico • *adj* paleontologic *(n)*
paleontólogo • *n* paleontolog *(m)*
palero • *n* troscot *(m)*
paleto • *n* ţăran *(m)*, mojic *(m)*, bădăran *(m)*, ţărănoi *(m)*
paliar • *v* uşura, alina, calma
palidez • *n* paliditate *(f)*, gălbinare *(f)*
pálido • *adj* pal
palillo • *n* scobitoare *(f)*
palimpsesto • *n* palimpsest *(n)*
palma • *n* palmă *(f)*
palo • *n* băţ *(m)*
paloma • *n* porumbel *(m)*, porumbă *(f)*, pulă *(f)*, miel *(m)*
palomar • *n* porumbar *(m)*, porumbărie *(f)*
palomo • *n* porumbel *(m)*, porumbă *(f)*
palpar • *v* bîjbîi
palto • *n* avocado *(n)*
palurdo • *n* ţăran *(m)*, mojic *(m)*, bădăran *(m)*
pambol • *n* fotbal *(n)*
pampelmusa • *n* pomelo
pamporcino • *n* ciclamă *(f)*

pan • *n* pâine *(f)*
panadería • *n* brutarie
panadero • *n* brutar, pâinar
panal • *n* fagure
pancake • *n* clătită *(f)*
páncreas • *n* pancreas
pandereta • *n* tamburină *(f)*
pandero • *n* zmeu *(n)*, tamburină *(f)*
pandilla • *n* bandă *(f)*
pandorga • *n* zmeu *(n)*
panecillo • *n* covrig
panel • *n* panou *(n)*, tăblie *(f)*
panocha • *n* pizdă *(f)*, păsărică *(f)*
panorama • *n* spectacol *(n)*, priveliște *(f)*
panqueca • *n* clătită *(f)*
panqueque • *n* clătită *(f)*
pantalla • *n* cercel *(m)*, abajur *(n)*, ecran *(n)*
pantalón • *n* pantalon
pantaloncillos • *n* chiloți
pantalones • *n* pantalon
pantano • *n* mlaștină, mlaștină *(f)*, smârc
pantorrilla • *n* pulpă *(f)*, gambă *(f)*
pantufla • *n* papuc *(m)*
panza • *n* burtă, abdomen, pântece, vintre
pañal • *n* scutec *(n)*
pañuelo • *n* batistă *(f)*, năframă *(f)*
papa • *n* pontif, cartof *(m)*, barabulă *(f)*
Papa • *n* papă *(m)*
papá • *n* tată *(m)*, tătic
papafigo • *n* ortolan *(m)*
papagayo • *n* ara *(m)*, zmeu *(n)*, papagal *(m)*, papagal *(m)*
papaíto • *n* tătic
papalote • *n* zmeu *(n)*
papaya • *n* papaia *(f)*
papel • *adj* hârtie • *n* hârtie *(f)*
papelera • *n* coș de hârtii *(n)*
papelillo • *n* bougainvillea *(f)*
papelote • *n* zmeu *(n)*
papirola • *n* penis *(m)*, pulă
papirote • *n* bobârnac *(n)*
papito • *n* tătic
páprika • *n* paprică *(f)*, boia *(f)*
paquete • *n* pachet *(n)*, colet *(n)*, pachet *(n)*, pachete, pachet de date *(n)*
par • *n* pereche, frate *(m)* • *adj* par *(m)*, pară *(f)*
para • *prep* pentru
paraba • *n* ara *(m)*
parabrisas • *n* parbriz *(n)*, fereastră de față *(f)*
paracaídas • *n* parașută *(f)*
parada • *n* paradă *(f)*, oprit, imobilizat

parado • *adj* șomer
paradoja • *n* paradox *(n)*
parafrasear • *v* parafraza, perifraza
paraguas • *n* umbrelă *(f)*
paraíso • *n* rai, rai *(n)*, paradis
paralaje • *n* paralaxă
paralelo • *adj* paralel
parálisis • *n* paralizie *(f)*
paralítica • *n* paralitic *(m)*, paralitică *(f)*
paralítico • *adj* paralitic • *n* paralitic *(m)*, paralitică *(f)*
paramétrico • *adj* parametric
parámetro • *n* parametru
parapléjico • *adj* paraplegic *(m)*
parar • *v* opri, semnaliza, grevă
pararse • *v* a se strica, ridica
parasitario • *adj* parazitar *(n)*, parazitară *(f)*
parasítico • *adj* parazitar *(n)*, parazitară *(f)*
parásito • *n* parazit *(m)*, parazită *(f)* • *adj* parazitar *(n)*
parasol • *n* umbrelă *(f)*
parcial • *adj* parțial *(n)*, părtinitor *(n)*, neobiectiv *(n)*
pardo • *n* brun, maro *(n)* • *adj* maro, brun
parecer • *v* părea, da impresia
parecerse • *v* semăna
parecido • *adj* similar, asemănător
pared • *n* perete *(m)*
pareja • *n* pereche, cuplu *(n)*
parejo • *adj* plat
parentela • *n* părinți, descendență *(f)*
parentesco • *n* înrudire *(f)*, rudenie *(f)*
parida • *n* nonsens *(n)*, absurditate *(f)*, nonsens
parir • *v* făta
parlamentario • *adj* parlamentar *(n)*
parlamento • *n* parlament *(n)*
parmesano • *n* parmezan *(n)*
paro • *n* șomaj *(n)*, arestare *(f)*
parpadear • *v* clipi, licări, pâlpâi
parpadeo • *n* licăr *(n)*, scânteiere *(f)*, licărire *(f)*, sclipire *(f)*
párpado • *n* pleoapă *(f)*
parque • *n* parc *(n)*
parquedad • *n* cumpătare
parra • *n* viță de vie, viță de vie
párrafo • *n* paragraf *(n)*
párroco • *n* preot
parroquia • *n* parohie *(f)*, enorie *(f)*
parroquial • *adj* parohial
parsimonia • *n* cumpătare, cumpătare, parcimonie *(f)*
parte • *n* amendă *(f)*, amendare contravențională *(f)*, cupon de amendă, parte

| partera | pectoral |

(f) • *adv* aiurea
partera • *n* moașă
participación • *n* parte *(f)*, părți
participar • *v* participa
partícula • *n* particulă *(f)*
partida • *n* plecare *(f)*
partidista • *adj* partinic *(m)*
partido • *n* partid *(n)*, meci *(n)*, partidă *(f)*, întâlnire *(f)*, joc *(n)*
partir • *v* despica, diviza, scinda, spinteca, pleca, separa
parvulario • *n* grădiniță *(f)*
pasa • *n* stafidă *(f)*
pasado • *adj* trecut *(n)*, trecută *(f)* • *n* trecut *(n)*
pasador • *n* șiret *(m)*
pasaje • *n* extras, bilet *(n)*
pasajero • *n* călător, pasager
pasaporte • *n* pașaport *(n)*
pasar • *v* trece, întâmpla, petrece
pasarela • *n* punte
pasear • *v* plimba
pasearse • *v* plimba
pasérido • *n* vrabie *(f)*
pasillo • *n* coridor aerian *(n)*, culoar *(f)*, coridor *(m)*
pasión • *n* ardoare *(f)*, pasiune *(f)*
pasivo • *adj* pasiv *(n)* • *n* pasiv, zână *(f)*
pasmado • *adj* îngrozit
pasmar • *v* uimi, minuna, ului
paso • *n* pas, pași, pas *(m)*, strâmtoare, ritm *(n)*, tempo *(n)*
pasos • *n* pași
pasta • *n* mălai *(m)*, aluat, ban *(m)*
pastar • *v* paște, păstori, pășuna
pastas • *n* paste făinoase
pastel • *n* plăcintă *(f)*, tort, prăjitură *(f)*, turtă *(f)*
pasterizar • *v* pasteuriza
pasteurizar • *v* pasteuriza
pastiche • *n* pastișă *(f)*
pasto • *n* iarbă *(f)*, peluză *(f)*, pășune
pastor • *n* cioban *(m)*, dohotar, oier *(m)*, păstor *(m)*, păcurar *(m)*
pastrami • *n* pastramă *(f)*
pastrón • *n* pastramă *(f)*
pata • *n* rață *(f)*, picior *(n)*, gambă, labă *(f)*
pataleta • *n* pandalie *(f)*, toană *(f)*
patata • *n* cartof *(m)*, barabulă *(f)*
patear • *v* lovi
paterno • *adj* patern
patético • *adj* disperat, patetic, emoționant
patíbulo • *n* eșafod *(n)*, spânzurătoare *(f)*
patilla • *n* pepene verde

pátina • *n* patină *(f)*
patio • *n* curte *(f)*, curte, curte *(f)*
patito • *n* rățușcă *(f)*, rățișoară *(f)*, rățucă *(f)*, boboc *(m)*
pato • *n* rață *(f)*, rățoi *(m)*
patógeno • *n* agent patogen
patología • *n* patologie *(f)*
patológicamente • *adv* în mod patologic
patológico • *adj* patologic *(n)*
patoso • *adj* stângaci, neîndemânatic, greoi
patria • *n* patrie, țară *(f)*
patriota • *n* patriot *(m)*
patrioterismo • *n* șovinism *(n)*
patriotismo • *n* patriotism *(n)*
patrocinar • *v* sponsoriza
patrón • *n* standard *(n)*, model *(n)*, șablon *(n)*
patrulla • *n* patrulare
pau-Brasil • *n* fernambuc *(m)*, pernambuc *(m)*
paulatinamente • *adv* treptat, în mod gradat, progresiv, în mod treptat
pauperismo • *n* sărăcie *(f)*, mizerie *(f)*, paupertate *(f)*
pausa • *n* semn de pauză *(n)*, pauză
pauta • *n* portativ *(n)*
pava • *n* breton *(n)*
pavo • *n* curcan *(m)*, curcă *(f)*, păun *(m)*
pavonar • *v* bronza
pavor • *n* fobie
pavorreal • *n* păun *(m)*
payasa • *n* imbecil *(m)*, cretin *(m)*, neghiob *(m)*, paiață *(f)*, clovn *(m)*, claun *(m)*, bufon *(m)*
payasada • *n* bufonerie, caraghioslâc *(n)*
payaso • *n* imbecil *(m)*, cretin *(m)*, neghiob *(m)*, paiață *(f)*, clovn *(m)*, claun *(m)*, bufon *(m)*
paz • *n* pace *(f)*, pace, liniște *(f)*, armonie *(f)*
peana • *n* piedestal *(n)*
peatón • *n* pedestru
peatonal • *adj* pedestru, pentru pietoni
peca • *n* pistrui *(n)*
pecado • *n* păcat *(n)*
pecar • *v* păcătui
pecarí • *n* pecari *(m)*
pecera • *n* acvariu *(n)*
pechiazul • *n* gușă-albastră *(f)*
pecho • *n* piept *(f)*, sân *(m)*, piept, torace *(n)*
pechugona • *adj* durdliu
pectina • *n* pectină *(f)*
pectoral • *adj* pectoral

peculiaridad • *n* particularitate *(f)*
pedazo • *n* bucată, parte *(f)*
pederasta • *n* pederast *(m)*
pederastia • *n* pederastie *(f)*
pederastico • *adj* pederastic
pedernal • *n* silex, cremene *(n)*
pedestal • *n* piedestal *(n)*
pedir • *v* cere, ruga, invita
pedo • *n* vânt *(n)*, flatulență *(f)*, bășină *(f)*, pârț *(n)*, beție *(f)* • *adj* beat, băut, îmbătat
pedorrear • *v* băși, pârțâi
pedrisco • *n* grindină
peer • *v* băși, pârțâi
pegadillo • *n* brusture
pegajoso • *adj* lipicios
pegamento • *n* clei *(n)*, lipici *(n)*
pegar • *v* lovi, bate, lipi, agăța
peinar • *v* pieptăna
peinarse • *v* pieptăna
pelagatos • *n* nimeni
pelaje • *n* blană *(f)*
peldaño • *n* treaptă
pelea • *n* ceartă *(f)*, dispută *(f)*, contraargumentare *(f)*, încăierare *(f)*
pelear • *v* lupta, se bate, certa
peleón • *n* tiran *(m)*
pelícano • *n* pelican *(m)*
película • *n* film *(n)*
peligro • *n* primejdie *(f)*, pericol *(n)*, pericol
peligroso • *adj* periculos
pellizcar • *v* pișca, ciupi
pelo • *n* păr *(m)*, blană *(f)*, fir de păr *(n)*
pelota • *n* bilă *(f)*, minge
pelotas • *n* coi *(m)*, boașe, coaie, ouă
peltre • *n* aliaj alb *(n)*
peluca • *n* perucă *(f)*
peludo • *adj* păros
peluquera • *n* frizer *(m)*, coafor *(m)*
peluquero • *n* bărbier *(m)*, frizer, frizer *(m)*, coafor *(m)*
pelusa • *n* scamă *(f)*
pena • *n* tristețe *(f)*, întristare *(f)*, mâhnire *(f)*, necaz *(n)*, suferință *(f)*, supărare *(f)*, chin *(n)*, durere *(f)*, tristețe *(f)*, întristare *(f)*, mâhnire *(f)*, nefericire *(f)*
penacho • *n* smoc *(n)*, floc
pendejada • *n* rahat, căcat *(n)*, vrăjeală *(f)*
pendejo • *adj* prost, stupid
pendenciero • *n* tiran *(m)*
pender • *v* bălăbăni, legăna
pendiente • *n* cercel *(m)*, pantă *(f)*, pandantiv *(n)*
péndulo • *n* pendul *(n)*
pene • *n* penis *(m)*, pulă

penetrar • *v* penetra, pătrunde
penicilina • *n* penicilină *(f)*
península • *n* peninsulă *(f)*
penitencia • *n* penalizare, pedeapsă punitivă *(f)*, pocăință
penitenciaría • *n* închisoare, pușcărie, temniță
pensable • *adj* imaginabil *(m)*, posibil, gândibil
pensamiento • *n* gândire *(f)*, cugetare *(f)*, gând *(n)*, cuget *(n)*, pansea *(f)*, panseluță *(f)*
pensar • *v* crede, considera, gândi, cugeta
pentagrama • *n* portativ *(n)*
penúltimo • *adj* penultim
penumbra • *n* crepuscul *(n)*
penuria • *n* lipsă *(f)*
peña • *n* stană *(f)*
peñasco • *n* bolovan *(m)*
peón • *n* pion *(m)*
peonía • *n* bujor *(m)*
pepinillo • *n* cornișon *(m)*
pepino • *n* castravete *(m)*
péptido • *n* peptidă *(f)*
pequeñito • *adj* minuscul, micuț
pequeño • *adj* mărunt, mic, mică *(f)*, tânăr
pera • *n* bărbie *(f)*, pară *(f)*
peral • *n* păr *(m)*
perca • *n* biban *(m)*
percepción • *n* percepție, percepere, discernere, discernământ, percepție
percha • *n* cuier *(f)*
percibir • *v* discerne, percepe, realiza, pricepe, înțelege
perder • *v* pierde
pérdida • *n* irosire *(f)*, pierdere *(f)*
perdido • *adj* pierdut
perdiz • *n* potârniche *(f)*
perdón • *n* iertare *(f)*, scuză *(f)*, pardon *(n)*
perdóname • *interj* îmi pare rău, scuză, scuză-mă, scuzați, scuzați-mă
perdonar • *v* scuza, ierta
perdonavidas • *n* tiran *(m)*
perdurable • *adj* trainic *(n)*, durabil *(n)*
perdurar • *v* îndura, răbda
perecear • *v* amâna
perecer • *v* pieri
peregrino • *n* pelerin *(m)*
perejil • *n* pătrunjel *(m)*
pereza • *n* leneș *(m)*, lene *(f)*
perezoso • *n* leneș *(m)* • *adj* leneș, puturos, indolent
perfección • *n* perfecțiune *(f)*
perfeccionar • *v* perfecta

perfecto • *adj* perfect
perforar • *v* străpunge, gaurii, gauri
pergamino • *n* pergament *(m)*
pericardio • *n* pericard *(n)*
pericarpio • *n* pericarp *(n)*
perico • *n* peruș *(m)*
peridoto • *n* olivină
periferia • *n* periferie *(f)*
periférico • *adj* auxiliar *(n)*, periferic *(n)*
perifolio • *n* hasmațuchi *(m)*
perifollo • *n* hasmațuchi *(m)*
periné • *n* perineu *(n)*
perineal • *adj* perineal
perineo • *n* perineu *(n)*
periódico • *n* ziar, ziare
periodismo • *n* jurnalism
periodista • *n* ziarist *(m)*, gazetar *(m)*
período • *n* interval *(n)*, eră *(f)*, epocă *(f)*, perioadă *(f)*
peristalsis • *n* peristaltică *(f)*, peristaltism *(n)*
perito • *n* expert *(m)*
perjudicar • *v* strica
perla • *n* perlă *(f)*, mărgăritar *(n)*
permanecer • *v* sta, rămâne, lenevi, zăbovi, amâna, întârzia
permear • *v* pătrunde
permiso • *n* permis *(n)*
permitir • *v* permite, îngădui, lăsa, acorda, admite
pernambuco • *n* fernambuc *(m)*, pernambuc *(m)*
pernicioso • *adj* pernicios, vătămător, dăunător, plictisitor, sâcâitor, pisălog
pero • *conj* dar
perpendicular • *adj* drept
perpetrador • *n* făptaș *(m)*, făptuitor *(m)*
perpetrar • *v* comite
perplejidad • *n* uluire *(f)*, consternare *(f)*, stupoare *(f)*
perra • *n* cățea *(f)*, lupoaică *(f)*, vulpoaică *(f)*
perrera • *n* breton *(n)*
perrito • *n* cățel *(m)*, cățeluș *(m)*
perro • *n* câine, cîine, câini, câine *(m)*
persecución • *n* persecutare *(f)*, urmărire, vânătoare
perseguidora • *n* mahmureală *(f)*
perseguir • *v* urmări
perseverancia • *n* perseverență *(f)*, persistență *(f)*
perseverar • *v* persevera
persignarse • *v* cruci, închina
persistencia • *n* persistență *(f)*
persona • *n* persoană *(f)*
personaje • *n* personaj *(n)*
personal • *n* personal, personal *(n)*

personalidad • *n* personalitate *(f)*
perspectivas • *n* perspectivă *(f)*
perspicaces • *adj* perspicace
perspicacia • *n* perspicacitate *(f)*
perspicaz • *adj* perspicace, perceptiv
persuadir • *v* convinge
pertenecia • *n* posesie *(f)*, drept de proprietate *(n)*, posesiune *(f)*
pertinente • *adj* aplicabil *(m)*, adecvat *(m)*, potrivit *(m)*, relevant *(m)*, pertinent *(m)*
perturbación • *n* deranjare *(f)*, tulburare *(f)*, perturbare *(f)*, perturbație *(f)*, deranjament *(n)*, deranj *(n)*, încomodare *(f)*, perturbație *(f)*
perturbado • *adj* supărat
perturbar • *v* deranja
perversidad • *n* răutate *(f)*, perversitate *(f)*, ticăloșie *(f)*
perverso • *adj* rău, răutăcios, hain, câinos
pesa • *n* greutate *(f)*, halteră, haltere
pesadilla • *n* coșmar *(n)*
pesado • *adj* greu *(m)*, care atârnă greu, grea *(f)*, plictisitor, sâcâitor, pisălog
pésame • *n* condoleanțe
pesar • *n* regret *(n)*, tristețe *(f)*, întristare *(f)*, mâhnire *(f)*, tristețe *(f)*, întristare *(f)*, mâhnire *(f)*, supărare *(f)*, nefericire *(f)*, durere *(f)* • *v* cântări, avea greutate, cântări greu, pondera
pesca • *n* pescuire, pescuit *(n)*, pescuire *(f)*
pescadera • *n* negustor de pește *(m)*, pescar *(m)*
pescadero • *n* negustor de pește *(m)*, pescar *(m)*
pescado • *n* pește *(m)*
pescador • *n* pescar *(m)*, pescari
pescar • *v* pescui
pescuezo • *n* gât *(n)*
peso • *n* greutate *(f)*
pésol • *n* mazăre *(f)*
pestaña • *n* geană *(f)*
pestífero • *adj* pestifer, pestilențial, plictisitor, sâcâitor, pisălog
peta • *n* broască țestoasă *(f)*
petaca • *n* zmeu *(n)*
pétalo • *n* petală *(f)*
petardear • *v* înșela
petardo • *n* petardă *(f)*, pocnitoare *(f)*
petirrojo • *n* gușă-roșie *(f)*, măcăleandru *(m)*
peto • *n* pieptar *(n)*
petrificar • *v* petrifica, împietri
petróleo • *n* petrol, păcură, benzină, țiței *(n)*

petulancia • *n* automulțumire *(f)*, autoîncântare *(f)*
pez • *n* pește *(m)*, rășină *(f)*, smoală *(f)*
pezón • *n* sfârc *(n)*, sfârc, țâță
pezote • *n* coati *(m)*
pezuña • *n* copită
pi • *n* pi *(m)*
pianista • *n* pianist *(m)*, pianistă *(f)*
piano • *n* pian *(n)*
pica • *n* pică *(f)*
picadillo • *n* carne tocată *(f)*
picaflor • *n* colibri
picante • *adj* picant *(m)*, iute, picant
picar • *v* mușca, înțepa
pícaro • *adj* rău
picaza • *n* cotofană *(f)*
picazón • *n* mâncărime *(f)*
pícea • *n* molid *(m)*
picha • *n* pula, pulă *(f)*, miel *(m)*
pichar • *v* fute, băga
pichi • *n* pulă *(f)*, miel *(m)*
pichí • *n* pipi *(n)*
pichón • *n* porumbel *(m)*, porumbă *(f)*, pui
pichula • *n* pula, pulă *(f)*, miel *(m)*
pico • *n* cioc *(n)*, plisc *(n)*, pulă *(f)*, miel *(m)*, cioc *(m)*, culme
picogordo • *n* botgros *(m)*, cireșar *(m)*
picor • *n* mâncărime *(f)*
picoso • *adj* iute, picant
picozapato • *n* abumarkub *(m)*
picure • *n* aguti *(m)*
pie • *n* picior *(n)*, portaltoi
piedad • *n* compasiune *(f)*, milă *(f)*, compătimire *(f)*, evlavie, pietate, compătimire *(f)*, compasiune *(f)*, iertare *(f)*
piedra • *n* stâncă, rocă, piatră *(f)*, dală *(f)*, lespede *(f)*
piel • *n* blană *(f)*, piele *(f)*, blană *(f)*
pienso • *n* strânsură, nutreț, furaj, nutreț, strânsură
pierna • *n* picior *(n)*, gambă
pieza • *n* bucată, cameră *(f)*, odaie *(f)*, încăpere *(f)*, dormitor *(n)*, dormitoare
pija • *n* penis *(m)*, pulă, pula, pulă *(f)*, miel *(m)*
pijama • *n* pijama *(f)*
pijamas • *n* pijama *(f)*
pijo • *n* snob *(m)*
pila • *n* căpiță *(f)*, stivă *(f)*, baterie *(f)*, pilă electrică *(f)*
pilar • *n* stâlp *(f)* • *v* pisa, bate
pileta • *n* chiuvetă *(f)*
pillo • *adj* deștept
pilón • *n* pistil *(n)*
piloto • *n* pilot
pimentero • *n* piper *(m)*

pimentón • *n* paprică *(f)*, boia *(f)*
pimienta • *n* piper *(m)*
pimiento • *n* ardei *(m)*
pimpollo • *n* răsad *(n)*
pincel • *n* perie *(f)*, pensulă *(f)*
pinche • *adv* pula
pincho • *n* țăruș *(m)*, piron *(n)*, frigare *(f)*
pinga • *n* pulă *(f)*, miel *(m)*
pingüino • *n* pinguin *(m)*
pink • *n* roz
pino • *n* pin *(m)*
pintado • *n* pictare *(f)*
pintalabios • *n* ruj *(n)*, roșu de buze *(m)*
pintar • *v* picta, vopsi
pinte • *n* atu *(n)*
pintor • *n* pictor *(m)*, pictoriță *(f)*
pintora • *n* pictor *(m)*, pictoriță *(f)*
pintoresco • *adj* pitoresc
pintura • *n* pictură *(f)*, pictură *(f)*, culoare *(f)*, vopsea *(f)*
pinza • *n* clește *(m)*
pinzas • *n* clește *(m)*
pinzón • *n* cinteză *(f)*, fringilidă *(f)*, fringilid *(n)*
piña • *n* ananas *(m)*
piocha • *n* distincție *(f)*, insignă *(f)*
piojo • *n* păduche *(m)*
piojoso • *adj* păduchios
piola • *n* petardă *(f)*, pocnitoare *(f)*
pionero • *n* pionier *(m)*
pipe • *n* penis *(m)*, pulă, pulă *(f)*, miel *(m)*
pipí • *n* pipi *(n)*
pipilacha • *n* libelulă *(f)*
pipiolo • *n* mucos *(m)*
pipirigallo • *n* sparcetă *(f)*
pipoca • *n* floricelele de porumb, cocoșei, pop-corn
piquituerto • *n* forfecuță *(f)*, forfecuță galbenă *(f)*, pasăre-cu-cioc-încrucișat *(f)*
pira • *n* rug *(n)*
pirámide • *n* piramidă *(f)*
piraña • *n* pirania *(f)*
pirata • *n* pirat *(m)*
pirita • *n* pirită *(f)*
pirula • *n* penis *(m)*, pulă, pulă *(f)*, miel *(m)*
pirulo • *n* penis *(m)*, pulă, pulă *(f)*, miel *(m)*
pis • *n* pipi *(n)*
pisada • *n* urmă *(f)*, indiciu *(n)*, vestigiu *(n)*, rămășiță *(f)*
pisar • *v* călca
pisco • *n* curcan *(m)*, curcă *(f)*
piscucha • *n* zmeu *(n)*
piso • *n* podea *(f)*, planșeu *(n)*, aparta-

ment *(n)*
pista • *n* rând *(n)*
pistilo • *n* pistil *(n)*
pisto • *n* ban *(m)*
pistola • *n* pistol *(n)*, revolver *(n)*
pistón • *n* piston *(n)*
pita • *n* agavă *(f)*
pitada • *n* fluierat *(n)*
pitar • *v* fluiera, șuiera
pitero • *n* tatu *(m)*
pitido • *n* fluierat *(n)*
pito • *n* fumegară *(f)*, ghionoaie *(f)*, ciocănitoare *(f)*, penis *(m)*, pulă, pulă *(f)*, miel *(m)*, claxon, fluier *(n)*
pitón • *n* piton *(m)*, șarpe piton *(m)*
pituco • *n* snob *(m)*
pituso • *adj* drăguț, drăgălaș
pizarra • *n* ardezie *(f)*, tablă *(f)*
pizarrón • *n* tablă *(f)*
pizote • *n* coati *(m)*
pizza • *n* pizza *(f)*
placa • *n* placă *(f)*, plăcuță de înmatriculare *(f)*
placenta • *n* placentă *(f)*
placentario • *adj* placentar
placentero • *adj* plăcut *(m)*, plăcută *(f)*, savurabil *(n)*, agreabil *(n)*
placer • *n* plăcere *(f)*, deliciu *(n)*, desfătare *(f)*, juisare *(f)* • *v* a mulțumi, a satisface, a incânta, plăcea
plaga • *n* ciumă *(f)*, pestă *(f)*, țânțar *(m)*, ciumă, pestă
plancha • *n* fier de călcat *(m)*
planchar • *v* călca
planeador • *n* planor *(n)*
planeta • *n* planetă *(f)*
planetario • *n* planetariu *(n)* • *adj* planetar
planetoide • *n* asteroid *(m)*, asteroizi
planicie • *n* șes, câmpie
planilla • *n* formular *(n)*
plano • *adj* planar *(m)*, plan, șes, neted, plat • *n* harta orașului *(f)*
planta • *n* plantă *(f)*, talpă *(f)*, fabrică *(f)*, uzină *(f)*
plantar • *v* planta
plantilla • *n* model *(n)*, format *(n)*, șablon *(n)*, personal *(n)*
plasma • *n* plasmă *(f)*
plata • *n* mălai *(m)*, argint *(n)*, ban *(m)* • *adj* argintiu
plataforma • *n* peron *(n)*, chei *(n)*
platano • *n* platan *(m)*
plátano • *n* banană *(f)*, platan *(m)*
plateada • *adj* argintiu
plateado • *adj* argintiu, argintiu • *n* argintiu *(n)*, argintie *(f)*

platería • *n* argintărie *(f)*, obiecte argintate *(n)*
platica • *n* plătică *(f)*
platino • *n* platină *(f)*
plato • *n* platou *(n)*, farfurie *(f)*
plató • *n* platou *(n)*, platou de filmare *(n)*
plausibilidad • *n* plauzibilitate
playa • *n* plajă *(f)*
playero • *n* fugaci *(m)*
plaza • *n* târg *(n)*, piață *(f)*, piețe, pătrat *(n)*
plebeyo • *n* plebe
plegadizo • *adj* pliabil *(m)*, pliant *(m)*
plegado • *adj* gârbov, îndoit
plegar • *v* îndoi, plia
pleito • *n* caz judiciar *(n)*, proces, cauză *(f)*
plenario • *adj* plenar
pleonasmo • *n* tautologie *(f)*, pleonasm *(n)*
plomo • *n* plumb *(n)*
pluma • *n* stilou *(n)*, fulg *(n)*, pană *(f)*
plumajillo • *n* coada șoricelui
plural • *n* plural *(n)* • *adj* plural *(f)*
pluralismo • *n* pluralism *(n)*
plutonio • *n* plutoniu *(n)*
pluvioso • *adj* ploios
población • *n* populație *(f)*
pobre • *adj* prost *(m)*, slab *(m)*, amărât *(m)*, biet *(m)*, sărac, sărman, pauper, mizer, nevoiaș
pobreza • *n* sărăcie *(f)*, mizerie *(f)*, paupertate *(f)*
poceta • *n* toaletă *(f)*, closet *(n)*
pochoclo • *n* floricelele de porumb, cocoșei, pop-corn
pocilga • *n* cocină *(f)*
poco • *adv* puțin
podar • *v* tunde, curăță, emonda
poder • *v* putea • *n* putere *(f)*, forță *(f)*, tărie *(f)*
podrir • *v* putrezi, descompune
poema • *n* poem
poesía • *n* poem, poezie
poeta • *n* poet *(m)*, poetă *(f)*
poética • *adj* poetic
poético • *adj* poetic
poetisa • *n* poet *(m)*, poetă *(f)*
pogromo • *n* pogrom *(n)*
póker • *n* poker *(n)*
polca • *n* polcă *(f)*
polea • *n* scripete *(m)*
polémica • *n* controversă *(f)*, dispută (principială) *(f)*, discuție *(f)*
polen • *n* polen *(n)*
policía • *n* polițist *(m)*, poliție *(f)*

policial • *n* polițist *(m)*
policromo • *adj* policromatic
polícromo • *adj* policromatic
poliedro • *n* poliedru *(n)*, poliedre
polietileno • *n* polietilenă *(f)*
polifosfato • *n* polifosfat *(m)*
poligamia • *n* poligamie
polígono • *n* troscot *(m)*, poligon
polilla • *n* molie *(f)*
polímero • *n* polimer *(m)*
polinización • *n* polenizare *(f)*, polenizație *(f)*
polinomial • *adj* polinomial *(m)*, polinomic *(m)*
polinómico • *adj* polinomial *(m)*, polinomic *(m)*
polinomio • *n* polinom *(n)*
polisón • *n* turnură *(f)*
Politburó • *n* Birou Politic *(n)*
politeísmo • *n* politeism *(n)*
política • *n* politică *(f)*, politician
político • *adj* politic *(n)*, politică *(f)* • *n* politician
polla • *n* puică *(f)*, penis *(m)*, pulă, pulă *(f)*, miel *(m)*
pollera • *n* fustă *(f)*
pollina • *n* breton *(n)*
pollito • *n* pui, păsărea *(f)*, păsărică *(f)*
pollo • *n* pui, găină *(f)*
polluela • *n* ralid *(n)*, cristei *(m)*
polluelo • *n* păsărea *(f)*, păsărică *(f)*, pui
polo • *n* pol *(m)*
pololear • *v* curta
pololo • *n* prieten *(m)*
polonio • *n* poloniu *(n)*
polvo • *n* futai, futere, pudră *(f)*, pulbere *(f)*, futai *(n)*, praf *(n)*, colb *(n)*
pólvora • *n* praf de pușcă *(n)*
pomelo • *n* pomelo
pompa • *n* balon *(n)*, bășică *(f)*, bulă *(f)*
pomposo • *adj* pompos
ponderar • *v* mira, pondera
poner • *v* pune, apune, asfinți, scăpăta, oua, așeza
poni • *n* ponei *(m)*
ponqué • *n* tort, prăjitură *(f)*, turtă *(f)*
pontífice • *n* pontif
ponzoña • *n* minciună gogonată *(f)*
ponzoñoso • *adj* otrăvitor, veninos
pop • *n* floricelele de porumb, cocoșei, pop-corn
popcorn • *n* floricelele de porumb, cocoșei, pop-corn
poporopo • *n* floricelele de porumb, cocoșei, pop-corn
popular • *adj* popular *(n)*, agreat *(n)*, populară *(f)*

popularidad • *n* popularitate *(f)*
póquer • *n* poker *(n)*
poquito • *adv* puțin
por • *prep* lângă, via, prin, în jurul, de, cu, pentru, de-a lungul, în lungul • *conj* deoarece, pentru că, fiindcă • *v* răsfoi • *n* dată *(f)*, oară *(f)*
porcelana • *n* porțelan *(n)*
porche • *n* verandă
porción • *n* parte *(f)*, porțiune *(f)*, bucată *(f)*, porție *(f)*, fragment *(n)*, cotă-parte *(f)*
porfa • *adv* vă rog, te rog
porfía • *n* încăpățânare *(f)*, obstinație *(f)*
pornógrafa • *n* pornograf *(m)*
pornografía • *n* pornografie *(f)*
pornográfica • *adj* pornografic
pornográfico • *adj* pornografic
pornógrafo • *n* pornograf *(m)*
poro • *n* praz *(m)*
poronga • *n* penis *(m)*, pulă
pororó • *n* floricelele de porumb, cocoșei, pop-corn
poroto • *n* fasole *(f)*, bob *(m)*
porque • *adv* din cauză că, din cauza • *conj* pentru că, din cauză că, datorită, deoarece, căci
porqué • *n* pentru ce
porquera • *n* porcar
porquería • *n* murdărie *(f)*
porquero • *n* porcar
porrígine • *n* mătreață
porrista • *n* majoretă *(f)*
porro • *n* praz *(m)*
porrón • *n* rață sunătoare *(f)*
portado • *v* purtat *(n)*
portaobjeto • *n* lamă *(f)*
portaobjetos • *n* lamă *(f)*
portátil • *n* computer portabil *(n)*, laptop *(n)*, notebook *(n)*, calculator portabil *(n)*
portería • *n* poartă *(f)*
portero • *n* portar *(m)*, portăriță *(f)*
portón • *n* poartă *(f)*
porvenir • *n* viitor
posada • *n* han
posdata • *n* postscriptum *(n)*
poseer • *v* deține, avea, poseda
posesión • *n* posesie *(f)*, proprietate *(f)*, posesiune *(f)*, proprietăți
posibilidad • *n* posibil *(n)*, posibilitate *(f)*, șansă *(f)*, șanse, ocazie *(f)*
posible • *adj* posibil
posición • *n* poziție
positivismo • *n* pozitivism *(n)*
positivo • *n* pozitiv grad *(n)* • *adj* pozitiv *(m)*

positrón • *n* pozitron *(m)*
posmodernismo • *n* postmodernism *(m)*
posponer • *v* amâna
postal • *n* carte poștală *(f)*
poste • *n* penis *(m)*, pulă, pulă *(f)*, miel *(m)*, stâlp *(m)*
postergar • *v* amâna
posteridad • *n* posteritate *(f)*
postizo • *adj* fals, artificial, contrafăcut
postmodernidad • *n* postmodernism *(m)*
postración • *n* consternație *(f)*, consternare *(f)*
postre • *n* desert *(n)*
postura • *n* atitudine *(f)*, poziție *(f)*, postură *(f)*, postură *(f)*, ținută *(f)*
potable • *adj* potabil
potasio • *n* potasiu *(n)*, kaliu *(n)*
pote • *n* vas *(n)*, castron *(n)*, blid *(n)*
potencia • *n* putere *(f)*, randament *(n)*, potență *(f)*, forță *(f)*, tărie *(f)*
potra • *n* mânză *(f)*, mânz *(m)*
potranco • *n* mânz *(m)*, mânză *(f)*
potro • *n* armăsar *(m)*, mânz *(m)*, mânză *(f)*, capră
poza • *n* baltă *(f)*
pozal • *n* găleată *(f)*, căldare *(f)*
pozo • *n* fântână *(f)*, puț *(n)*
PP • *n* corcitură
práctica • *n* practică *(f)*, aplicare *(f)*, antrenament *(n)* • *adj* practic
práctico • *adj* îndemânatic, practic
pradera • *n* pășune
prado • *n* livadă
pragmático • *adj* pragmatic *(n)*, pragmatică *(f)*
pragmatismo • *n* pragmatism *(n)*
praseodimio • *n* praseodim *(n)*
precavidamente • *adv* prudent, cu prudență, prevăzător, cu prevedere, precaut, cu precauție
precedencia • *n* precedență
precedente • *n* precedent
preceder • *v* preceda
precio • *n* preț *(n)*
precioso • *adj* drăguț *(m)*, drăguță *(f)*, prețios, drăguț, drăgălaș, scump *(n)*
precipicio • *n* stâncă *(f)*, faleză *(f)*, pantă *(f)*, prăpăstie *(f)*, genune, râpă *(f)*
precipitación • *n* precipitație *(f)*
precipitar • *v* precipita, condensa
precisión • *n* precizie *(f)*, exactitate *(f)*, acuratețe *(f)*
precoz • *adj* devreme, timpuriu
predecible • *adj* predictibil *(n)*, anticipabil *(n)*, previzibil *(n)*

predecir • *v* prezice
predicado • *n* predicat *(n)*
predicador • *n* predicator
predicción • *n* predicție *(f)*, previziune *(f)*, prevestire *(f)*
predilección • *n* predilecție *(f)*
predilecto • *adj* favorit *(m)*, favorită *(f)*
predisposición • *n* predispoziție *(f)*
predominio • *n* superioritate *(f)*, supremație *(f)*, ascendență *(f)*
preescolar • *adj* preșcolar *(n)*, preșcolară *(f)*
prefectura • *n* prefectură
preferencias • *n* preferință *(f)*
preferiblemente • *adv* (în mod) preferabil, (în manieră) preferabilă
preferido • *adj* favorit *(m)*, favorită *(f)*
preferir • *v* prefera
prefijo • *n* prefix *(n)*
pregonar • *v* vinde
pregonero • *n* conducător de licitație *(m)*
pregunta • *n* întrebare *(f)*
preguntar • *v* întreba
preguntarse • *v* mira
prehistórico • *adj* preistoric
prejuicio • *n* prejudecată *(f)*
preliminar • *adj* introductiv *(n)*, preliminar *(n)*, pregătitor *(n)*
premeditado • *adj* premeditat *(m)*, deliberat *(m)*
premio • *n* trofeu, medalie, decizie, premiu *(n)*
premisa • *n* premisă *(f)*
prenatal • *adj* prenatal, de până la naștere
prenda • *n* rufe, haină, veșmânt, articol de îmbrăcăminte *(n)*
prender • *v* lua
preñada • *adj* gravidă *(f)*, însărcinată *(f)*, borțoasă *(f)*
preñado • *adj* gravidă *(f)*, însărcinată *(f)*, borțoasă *(f)*
preocupación • *n* problemă *(f)*, trepidație *(f)*, trepidare *(f)*, grijă *(f)*, preocupare *(f)*, îngrijorare *(f)*, frământare *(f)*
preocupado • *adj* îngrijorat
preocupar • *v* îngrijora
preparación • *n* preparat *(n)*, preparare *(f)*, pregătire *(f)*
preparar • *v* prepara, pregăti
preposición • *n* prepoziție *(f)*
prepucio • *n* prepuț *(n)*
presa • *n* vânat *(n)*, baraj *(n)*, ecluza *(f)*, deschizatura *(f)*, pradă
presagiar • *v* indica
presagio • *n* semn, augur *(n)*, auspiciu

(n)
prescribir • *v* prescrie
prescripción • *n* prescripție (f), recomandare (f)
presencia • *n* prezență (f)
presentación • *n* prezentare (f)
presentar • *v* introduce, pune, descrie
presente • *adj* prezent (n) • *n* cadou (n), dar (n)
preservar • *v* proteja
preservativo • *n* conservant (m), prezervativ (n)
presidenta • *n* președinte (f)
presidente • *n* președinte (f), director, președinte (m)
presidio • *n* avanpost (n), avanposturi
presión • *n* presiune (f)
preso • *n* pușcăriaș (m)
prestación • *n* realizare (f), realizări, performanță (f), prestație (f)
préstamo • *n* cuvânt împrumutat (n), împrumut (n)
prestar • *v* împrumuta
presumido • *adj* arogant
presumir • *v* racola, parada
presunción • *n* trufie (f), vanitate (f)
pretencioso • *adj* pretențios
pretender • *v* vrea, avea intenția, gândi
pretérito • *n* trecut (n)
pretzel • *v* covrigel (m), covrig (m)
prever • *v* prevedea, anticipa
previsibilidad • *n* previzibilitate (f), anticipabilitate (f)
previsión • *n* anticipare (f), anticipație (f)
prima • *n* văr (m), vară (f)
primariamente • *adv* în primul rând, înainte de toate, în principal
primavera • *n* primăvară (f), primulă (f), ciuboțica-cucului (f)
primera • *adj* prim (m), primă (f), primul (m), prima (f)
primero • *n* primul (m) • *adj* prim (m), primă (f), primul (m), prima (f), devreme
primitivo • *adj* primitiv
primo • *n* văr (m), vară (f), primul (m)
princesa • *n* prințesă (f)
principado • *n* principat (n)
principal • *adj* principal
principalmente • *adv* îndeosebi, mai ales, mai cu seamă, în principal
príncipe • *n* prinț, prinț
principiante • *n* novice (f), ageamiu (m), începător, debutant, începător (m), începătoare (f)
principiar • *v* începe

principio • *n* început (n), debut (n), începere (f), inițiere (f)
prioridad • *n* prioritate, precedență
prisión • *n* închisoare, pușcărie, temniță
prisionero • *n* pușcăriaș (m)
prismáticos • *n* binoclu (m)
prístino • *adj* virgin
privar • *v* fura
privilegio • *n* privilegiu (n), onoare (f)
proa • *n* proră (f), provă (f)
probabilidad • *n* probabilitate (f)
probable • *adj* plauzibil (n), probabil (n)
probablemente • *adv* probabil
probar • *v* gusta, încerca, proba, dovedi, stabili, arăta, testa
problema • *n* problemă (f), problemă (f), indispoziție (f), tulburare (f), dereglare (f), deranjament (n)
procedimiento • *n* procedură (f), procedeu (n)
proceso • *n* proces (n), judecată (f), procese
procrastinación • *n* amânare (f)
procrastinar • *v* amâna, tărăgăna, procrastina
procrear • *v* procrea, zămisli, reproduce, da naștere
producción • *n* producere
producir • *v* produce, fabrica, face, genera
productivo • *adj* fructuos (m), productiv, fertil, rodnic
producto • *n* produs (n), producție (f)
proeza • *n* faptă de vitejie (f), faptă eroică (f)
profanar • *v* spurca
profesión • *n* profesie, meserie, profesiune (f)
profesional • *adj* profesional (n), profesionist (n), profesional (n) • *n* profesional (m)
profesionalmente • *adv* profesional, în mod profesional
profesionista • *n* profesional (m)
profesor • *n* profesor (m), profesoară (f), învățător (m)
profesora • *n* profesor (m), profesoară (f), învățător (m)
profeta • *n* proroc (m)
profetisa • *n* proroc (m)
profetizar • *v* profetiza, profeți, prezice
profiláctico • *n* prezervativ (n)
profundidad • *n* adâncime, profunzime
profundizar • *v* pătrunde, înțelege

profundo • *adj* adânc, adâncă, adânci, profund, profund, care e în adânc, adânc
profusión • *n* profuziune *(f)*, abundență *(f)*
progenitor • *n* strămoș *(m)*, străbun *(m)*
programa • *n* program, software *(n)*, programe de computer *(n)*, emisiune *(f)*, mediu *(n)*, sistem de operare *(n)*, program *(f)*
programación • *n* programare
programador • *n* programator, programatoare *(f)*
programadora • *n* programator, programatoare *(f)*
progresar • *v* evolua
progresivo • *adj* progresiv *(n)*
prohibido • *adj* interzis
prohibir • *v* interzice
prolífico • *adj* fructuos *(m)*
prolina • *n* prolină *(f)*
prolongado • *adj* prelung, îndelungat
prolongar • *v* prelungi, lungi, alungi
promecio • *n* promețiu *(n)*
promedio • *n* medie
promesa • *n* promisiune *(f)*, legământ, jurământ
prometer • *v* promite, garanta
prominencia • *n* proeminență *(f)*
prominente • *adj* proeminent
promulgar • *v* promulga
pronombre • *n* pronume *(n)*
pronto • *adv* curând
pronunciación • *n* pronunție *(f)*, pronunțare *(f)*, pronunție, vorbi
pronunciar • *v* pronunța
propenso • *adj* susceptibil
propiedad • *n* proprietate *(f)*, posesiune *(f)*, proprietăți, însușire *(f)*, atribut *(n)*, caracter *(n)*, posesie *(f)*, cuviință, corectitudine *(f)*
propietario • *n* proprietar *(m)* • *adj* proprietar, de proprietate
propina • *n* bacșiș
propio • *adj* eligibil *(n)*
proponer • *v* propune, sugestiona
proporcional • *adj* proporțional *(n)*, porțională *(f)*
proposición • *n* propunere *(f)*, sugestie *(f)*
propósito • *n* scop *(n)*, rost, țel, țintă *(f)*, obiectiv *(n)*, cauză, motiv *(n)*, rost *(n)*
propuesta • *n* afirmație *(f)*, declarație, sugestionare *(f)*, sugestie, propunere, propunere *(f)*
propulsar • *v* împinge, buși, împunge
propulsor • *n* elice *(f)*

prosodia • *n* prosodie *(f)*
prosperidad • *n* avere *(f)*, bogăție *(f)*, prosperitate *(f)*
próstata • *n* prostată *(f)*
prostíbulo • *n* bordel, lupanar
prostituta • *n* prostituată *(f)*, curvă *(f)*, târfă *(f)*, curvă *(f)*, târfă *(f)*, prostituată *(f)*
protactinio • *n* protactiniu *(n)*
protección • *n* protejare *(f)*, ocrotire *(f)*, protecție *(f)*
protector • *n* protector *(m)*, protector *(n)*, protectoare *(f)*, protecție *(f)*, apărătoare *(f)*
protectora • *n* protector *(n)*, protectoare *(f)*
proteger • *v* ocroti, a proteja
protegido • *adj* protejat
proteína • *n* proteină *(f)*
proteles • *n* lupul de pământ *(m)*
prótesis • *n* proteză *(f)*, proteze
protesta • *n* obiecție *(f)*, protest *(n)*
protestar • *v* protesta
protón • *n* proton *(m)*
prototipo • *n* prototip *(n)*, prim-model *(n)*
provecho • *n* avantaj *(n)*
provechoso • *adj* avantajos *(n)*
proverbio • *n* zicală *(f)*, proverb, proverb *(n)*, proverbe
provincia • *n* provincie *(f)* • *adj* rural, țara
provinciano • *adj* rural, țara
provisión • *n* provizie *(f)*
provisiones • *n* provizie, rezervă
provocar • *v* înfrunta, sfida, a cauza, provoca, varsa nervii
proxeneta • *n* proxenet *(m)*, pește *(m)*
proximidad • *n* proximitate *(f)*, vecinătate *(f)*
próximo • *adj* următor
proyección • *n* proiectare *(f)*, proiecție *(f)*
proyectil • *n* rachetă *(f)*, glonț *(n)*, glonte *(n)*, halíce *(n)*, proiectil *(n)*, proiectile
proyecto • *n* proiect *(n)*
prueba • *n* probare *(f)*, experimentare *(f)*, probă, test, dovadă
prusiato • *n* cianura *(f)*
psicoanálisis • *n* psihoanaliză *(f)*
psicodélico • *adj* psihedelic
psicología • *n* psihologie *(f)*
psicológico • *adj* psihologic *(n)*
psicometría • *n* psihometrie
psicosis • *n* psihoză *(f)*
psiquiatra • *n* psihiatru *(m)*, medic psihiatru *(m)*
psiquiatría • *n* psihiatrie *(f)*
pub • *n* cârciumă *(f)*

publicación • *n* publicare *(f)*, publicație *(f)*, revistă *(f)*
publicidad • *n* anunț *(n)*, reclamă *(f)*, publicitate *(f)*, reclamă
pudín • *n* tort, prăjitură *(f)*, turtă *(f)*
pudrir • *v* putrezi, descompune
pueblo • *n* popor *(n)*, neam *(n)*, națiune *(f)*, sat *(n)*, oraș *(n)*, orașe, popor
puente • *n* pod *(n)*, punte *(f)*
puerca • *n* scroafă, purcea, poarcă
puerco • *n* carne de porc, porc *(m)*
puercoespín • *n* porc spinos, porc-ghimpos *(m)*
puerro • *n* praz *(m)*
puerta • *n* ușă *(f)*, uși, poartă, poartă *(f)*
puerto • *n* port *(n)*
pues • *conj* pentru că, căci
puesto • *n* post *(n)*, posturi, poziție *(f)*, avanpost *(n)*, avanposturi, funcție *(f)* • *v* purtat *(n)*
puf • *interj* câh
pulga • *n* purice *(m)*
pulgada • *n* țol *(m)*
pulgar • *n* deget mare *(n)*, policar
pulmón • *n* plămân *(m)*, pulmon, plămâni
pulpa • *n* pulpă *(f)*
púlpito • *n* amvon *(m)*
pulpo • *n* caracatiță *(f)*
pulsado • *n* clic *(n)*, clicare
púlsar • *n* pulsar *(m)*
pulsera • *n* brățară *(f)*
pulverizar • *v* pisa
pum • *interj* bum
puma • *n* pumă *(f)*, pumă *(f)*
pumita • *n* piatră ponce

pundonor • *n* cuviință, cădere, decență
punir • *v* pedepsi
punitivo • *adj* punitiv *(m)*
punta • *n* punct, pizdă *(f)*, păsărică *(f)*, țăruș *(m)*, piron *(n)*
puntaje • *n* scor *(m)*
punto • *n* punct, scor *(n)*, punct
puntuación • *n* punctuație *(f)*
puntualidad • *n* punctualitate *(f)*
punzón • *n* sulă *(f)*
puñado • *n* mănunchi
puñal • *n* pumnal *(n)*, junghcr *(n)*, stilet *(n)*
puño • *n* pumn
pupila • *n* pupilă *(f)*
pupilo • *n* elev *(m)*, eleva *(f)*
pupitre • *n* birou *(m)*
pureza • *n* puritate *(f)*
purgatorio • *n* purgatoriu *(n)*
purificación • *n* purificare *(f)*, curățire *(f)*
puro • *adj* sadea, pur, curat *(n)* • *n* trabuc *(n)*
púrpura • *adj* purpuriu
purulento • *adj* purulent, supurant
pururú • *n* floricelele de porumb, cocoșei, pop-corn
pus • *n* puroi *(n)*
pústula • *n* pustulă *(f)*
puta • *n* coarda *(f)*, cățea *(f)*, curvă *(f)*, târfă *(f)*, prostituată *(f)*
puto • *n* gigolo *(m)*, cățea *(f)*, poponar *(m)*, bulangiu *(m)*
putona • *n* coarda *(f)*

Q

que • *prep* ca, decât • *conj* că • *v* să • *pron* care, ce
qué • *pron* ce • *adv* ce
quebrado • *n* fracție *(f)* • *adj* rupt, frânt
quedar • *v* amâna, întârzia, păstra, ține
quedarse • *v* sta, rămâne, zăbovi
queja • *n* plângere *(f)*, nemulțumire *(f)*, reclamație *(f)*
quejar • *v* boci, deplânge, jelui
quejarse • *v* plânge
quejido • *n* geamăt
quelpo • *n* laminaria *(f)*, varec *(n)*
quemado • *n* combustie *(f)*, combustii, ardere *(f)*, arderi
quemadura • *n* arsură *(f)*
quemar • *v* arde

queque • *n* tort, prăjitură *(f)*, turtă *(f)*
queratina • *n* corn
querer • *v* vrea
querida • *n* drag *(m)*, dragă *(f)*, iubit *(m)*, iubită *(f)*
querido • *adj* dragă, drag, drag, iubit, scump • *n* drag *(m)*, dragă *(f)*, iubit *(m)*, iubită *(f)*
queroseno • *n* petrol lampant *(n)*
queso • *n* brânză *(f)*, caș *(n)*, cașcaval *(n)*
quien • *pron* care, ce
quién • *pron* cine
quiénes • *pron* cine
quieto • *adj* încet
quilogramo • *n* kilogram *(n)*

quiltro • *n* corcitură
quimbombó • *n* bamă *(f)*
química • *n* chimist *(m)*, chimistă *(f)*, chimie *(f)*
químico • *n* chimist *(m)*, chimistă *(f)* • *adj* chimic
quincena • *adv* două săptămâni
quinde • *n* colibri
quingombó • *n* bamă *(f)*
quinoto • *n* kumquat *(n)*
quinteto • *n* cvintet *(n)*, cvintet
quinto • *adj* cincilea *(m)*, cincea *(f)*

quiosco • *n* chioşc de ziare *(n)*, chioşc *(n)*
quiquiriquí • *interj* cucurigu
quiropráctica • *n* chiropractician *(m)*
quiropráctico • *n* chiropractician *(m)*
quirquincho • *n* tatu *(m)*
quisquilloso • *adj* minuţios
quitar • *v* aboli, scoate, îndepărta, fura
quizá • *adv* poate
quizás • *adv* poate • *v* se poate

R

rábano • *n* ridiche, ridiche *(f)*
rabia • *n* furie *(f)*, mânie *(f)*, enervare *(f)*, mânie, furie, turbare *(f)*, rabie *(f)*
rabieta • *n* pandalie *(f)*, toană *(f)*
rabino • *n* rabin *(m)*
rabioso • *adj* turbat
rabipelado • *n* oposum *(m)*, sarigă *(f)*
racimo • *n* racem *(n)*, mănunchi
racional • *adj* raţional *(n)*
racionalismo • *n* raţionalism
racismo • *n* rasism *(n)*
racista • *n* rasist *(n)*, rasistă *(f)*
radar • *n* radar *(n)*
radiactivo • *adj* radioactiv *(m)*, radioactivă *(f)*
radiador • *n* radiator
radial • *adj* radial *(m)*
radiante • *adj* strălucind, scânteind, lucitor
radicchio • *n* radicchio *(m)*
radio • *n* radio *(n)*, radioreceptor *(n)*, aparat de radio *(n)*, radiu *(n)*, radio
radioactividad • *n* radioactivitate
radón • *n* radon *(n)*
raíces • *n* rădăcină de dinte *(f)*, rădăcină dentară (dentală) *(f)*
raíz • *n* rădăcină *(f)*, rădăcină de dinte *(f)*, rădăcină dentară (dentală) *(f)*, rădăcină de păr *(f)*
raja • *n* crăpătură *(f)*, pizdă *(f)*, păsărică *(f)*
rama • *n* ramură *(f)*, ram *(n)*, creangă *(f)*
ramal • *n* ramură *(f)*
ramera • *n* căţea *(f)*, curvă *(f)*, târfă *(f)*, prostituată *(f)*
ramificación • *n* ramură *(f)*
ramificar • *v* ramifica
ramilla • *n* rămurea *(f)*, rămurică *(f)*, nuia *(f)*, vargă *(f)*, smicea *(f)*
ramita • *n* buchet *(n)*, nuia *(f)*, creangă

(f), rămurea *(f)*, rămurică *(f)*, vargă *(f)*, smicea *(f)*
ramo • *n* materie *(f)*, disciplină, buchet *(n)*, mănunchi, creangă *(f)*
ramón • *n* sâmbovină *(f)*
rampar • *v* târî
rana • *n* broască *(f)*, brotac *(m)*
ranacuajo • *n* mormoloc *(m)*
rancio • *adj* rânced
rangífero • *n* ren *(m)*
ranúnculo • *n* piciorul-cocoşului *(n)*, gălbenea *(f)*
rapado • *n* păr scurt
rapar • *v* tunde, rade, bărbieri
rápidamente • *adv* repede, rapid
rapidez • *n* viteză *(f)*, rapiditate *(f)*, iuţeală *(f)*
rápido • *adv* rapid, repede • *adj* rapid, prompt, repede, iute, grăbit
raposa • *n* oposum *(m)*, sarigă *(f)*
raptar • *v* răpi
raptor • *n* răpitor *(m)*
raqueta • *n* rachetă *(f)*
raquis • *n* rahis *(n)*
raquitismo • *n* rahitism *(n)*
raramente • *adv* rar, rareori
rareza • *n* raritate, raritate *(f)*, rarităţi
raridad • *n* raritate *(f)*, rarităţi
raro • *adj* rar, necomun, straniu *(m)*, ciudat *(n)*, bizar *(n)*, neobişnuit *(n)*, curios *(n)*, caraghios, ciudat, straniu, neobişnuit, nenatural *(n)*
rascacielos • *n* zgârie-nori, building *(n)*
rascar • *v* scărpina
rasgar • *v* rupe, sfâşia
rasgo • *n* trăsătură
rasguñar • *v* zgâria
raspar • *v* abraza, zgâria
rastra • *n* grapă *(f)*
rastrillo • *n* greblă *(f)*

rastro • *n* urmă
rasurar • *v* rade, bărbieri
rato • *n* vreme *(f)*, interval *(n)*
ratón • *n* şoarece *(m)*, maus *(n)*, şoricel *(m)*, mahmureală *(f)*
ratona • *n* pitulice *(f)*
ratonera • *n* vizuină *(f)*, cursă de şoareci
raya • *n* dungă
rayo • *n* spiţă *(f)*, fulger *(n)*, rază *(f)*
raza • *n* rasă *(f)*, neam *(n)*
razón • *n* raţiune, cauză, motiv *(n)*, rost *(n)*
razonable • *adj* raţional *(n)*, rezonabil *(n)*
reacción • *n* reacţia *(f)*, reacţie *(m)*
reacio • *adj* prevăzător
real • *adj* real, adevărat, regal *(n)*, regală *(f)*, regal *(m)* • *n* ban *(m)*
realidad • *n* realitate *(f)*
realimentación • *n* reacţie *(f)*, efect retroactiv *(n)*, conexiune inversă *(f)*
realismo • *n* realism
realista • *adj* realist
realístico • *adj* realist
realizable • *adj* practicabil
realización • *n* realizare *(f)*, realizări, performanţă *(f)*, prestaţie *(f)*
realizar • *v* satisface
realmente • *adv* pe bune, într-adevăr
reanudar • *v* înnoi, reînnoi, renova
reata • *n* pula
rebaja • *n* rabat *(n)*, reducere de preţ *(f)*
rebajamiento • *n* înjosire *(f)*, degradare *(f)*, umilire *(f)*
rebaño • *n* turmă *(f)*, turmă, cârd
rebasar • *v* întrece, depăşi
rebatir • *v* refuta
rebeco • *n* şamoa *(m)*, capră-neagră *(f)*, capră-de-munte *(f)*
rebelde • *adj* individualist
rebelión • *n* revoltă
recámara • *n* cameră *(f)*, odaie *(f)*, încăpere *(f)*, dormitor *(n)*, dormitoare
recambiar • *v* înlocui
recelo • *n* neîncredere *(f)*, dificenţă *(f)*, neîncredere *(f)*, dificenţă *(f)*
receptáculo • *n* recipient, vas *(n)*
receptivo • *adj* receptiv *(n)*, primitor *(n)*
recesión • *n* recesiune *(f)*
receso • *n* pauză, vacanţă *(f)*
receta • *n* reţetă *(f)*
recetar • *v* prescrie
rechazar • *v* respinge, refuza
rechoncho • *adj* îndesat, bondoc, scurt şi gros, mic şi solid
recibir • *v* primi, recepţiona
reciclaje • *n* reciclare *(f)*

reciente • *adj* recent
recientemente • *adv* recent, de curând, în ultimul timp
recinto • *n* recipient, vas *(n)*
recipiente • *n* recipient, vas *(n)*, container *(n)*, recipient *(m)*, cutie *(f)*, butelie *(f)*
recíprocamente • *adv* (în mod) reciproc, (în manieră) reciprocă
recíproco • *adj* reciproc *(n)*, reciproc, reciprocă *(f)*
reclamación • *n* pretenţie *(f)*, revendicare *(f)*, petiţie *(f)*
reclamar • *v* revendica *(f)*
reclamo • *n* anunţ *(n)*, reclamă *(f)*
reclinar • *v* ţine
reclutamiento • *n* recrutare, înrolare *(f)*
reclutar • *v* recruta
recogedor • *n* făraş
recoger • *v* mătura, culege, aduna, colecta
recogida • *n* colectare *(f)*
recolección • *n* colectare *(f)*
recolector • *n* adunător *(m)*
recomendación • *n* lăudare *(f)*, elogiere *(f)*, recomandare *(f)*
reconciliación • *n* reconciliere *(f)*, împăcare *(f)*
reconciliar • *v* reconcilia, împăca
reconcomer • *v* îngrijora, roade
reconocer • *v* mărturisi, recunoaşte
reconocido • *adj* conoscut, recunoscut *(m)*, recunoscută *(f)*, acceptat *(m)*, renumit, faimos
reconocimiento • *n* recunoaştere *(f)*, cercetare *(f)*
reconstrucción • *n* reconstituire *(f)*, reconstrucţie *(f)*, reconstruire, restaurare *(f)*, restauraţie
reconstruir • *v* reconstrui, restaura
récord • *n* record *(n)*, recorduri
recordar • *v* aminti
recortar • *v* decupa, tăia, diminua, reduce
recorte • *n* decupare *(f)*
recreo • *n* pauză
recta • *n* dreaptă *(f)*, linie deaptă *(f)*
rectángulo • *n* dreptunghi
rectificar • *v* rectifica, corecta
rectitud • *n* rectitudine *(f)*, echitate *(f)*, rigoare *(f)*
recto • *adj* drept
recubrimiento • *n* strat
recuerdo • *n* memorie *(f)*, amintire *(f)*, reamintire *(f)*
recuperación • *n* recuperare *(f)*
recurrencia • *n* repetare *(f)*, reîncepere *(f)*, reîntoarcere *(f)*

recurrente • *adj* recurent *(m)*, reînceput *(m)*, repetat *(m)*
recurso • *n* ajutor, resursă *(f)*, resurse
red • *n* reţea, reţea computerică *(f)*, reţea de computere *(f)*, reţea *(f)*, reţea de calculatoare, plasă, reţele
redil • *n* stână *(f)*, ţarc *(n)*, oierie *(f)*
redituar • *v* merita, a fi profitabil
redondo • *adj* rotund
reducido • *adj* redus *(n)*, micşorat *(n)*
reducir • *v* reduce, diminua, micşora, scurta
reducto • *n* redută
redundancia • *n* tautologie *(f)*, pleonasm *(n)*
reembolsable • *adj* rambursabil *(m)*, restituibil *(n)*
reembolsar • *v* rambursa
reembolso • *n* rambursare, rambursare
reemplazar • *v* înlocui, substitui
referencia • *n* referinţă *(f)*, sursă de referinţă *(f)*, referinţă *(f)*
referencias • *n* atestat, referinţă, dovadă
referirse • *v* face aluzie, referi
refinado • *adj* rafinat, elegant, sofisticat
reflexión • *n* reflectare *(f)*, reflecţie *(f)*, reflexie *(f)*
reflexivo • *adj* reflectiv, reflexiv
reflujo • *n* reflux *(n)*
reforma • *n* reformă
refracción • *n* refracţie *(f)*
refractómetro • *n* refractometru *(n)*
refrán • *n* zicală *(f)*, proverb
refrescar • *v* împrospăta
refresco • *n* băuturi răcoritoare, răcoritoare
refrigerador • *n* frigider
refrigeradora • *n* frigider
refrigerar • *v* refrigera
refulgente • *adj* stralucitor
refutar • *v* refuta
regadera • *n* duş *(n)*
regalar • *v* ospăta, dărui
regalo • *n* cadou *(n)*, dar *(n)*
regalonear • *v* răsfăţa, alinta
regañar • *v* certa, mustra
regatear • *v* neguţa, ţigăni
regente • *n* primar *(m)*
regicidio • *n* regicid *(n)*
regimiento • *n* regiment *(n)*
regio • *adj* regal *(n)*, regală *(f)*
región • *n* regiune, suprafaţă *(f)*, areal *(n)*, zonă *(f)*, arie *(f)*
registrado • *adj* înregistrat *(m)*
registrar • *v* înregistra
registrarse • *v* înregistra

registro • *n* observaţie *(f)*, observare *(f)*, registrul mare *(n)*, linie *(f)*
regla • *n* riglă *(f)*, linie *(f)*, regulă
reglamento • *n* reglementare *(f)*, regulament *(n)*
regocijar • *v* bucura
regocijo • *n* fericire *(f)*, bucurie *(f)*, jovialitate *(f)*, veselie *(f)*, voioşie, deliciu *(n)*, desfătare *(f)*, plăcere *(f)*, juisare *(f)*
regodeón • *adj* minuţios
regoldar • *v* râgâi
regresar • *v* întoarce • *n* reîntoarcere *(f)*, înapoiere *(f)*, revenire *(f)*
regulable • *adj* ajustabil *(n)*
regular • *v* ajusta, potrivi, regla
rehén • *n* ostatic *(m)*, ostatică *(f)*
reina • *n* regină *(f)*, damă *(f)*
reinar • *v* domni
reincidir • *v* recidiva
reinita • *n* silvie *(f)*
reino • *n* regat *(n)*
reinstalar • *v* reinstala
reír • *v* râde
reja • *n* brăzdar *(n)*
relación • *n* relaţie *(f)*, legătură *(f)*, raport *(n)*, asociere, relaţie, relaţie *(n)*, relaţii sexuale
relacionado • *adj* relaţionat *(n)*
relajación • *n* relaxare *(f)*, repaus *(n)*
relajado • *adj* relaxat *(m)*
relajar • *v* relaxa, destinde, desface
relamer • *v* jubila
relámpago • *n* fulger *(n)*
relativamente • *adv* în mod relativ
relativismo • *n* relativism
relativo • *adj* relativ
relax • *n* relaxare *(f)*, repaus *(n)*
relé • *n* releu *(n)*
relevancia • *n* relevanţă *(f)*, pertinenţă *(f)*
relevos • *n* ştafetă *(f)*
relicario • *n* relicvariu *(n)*
relieve • *n* relief *(n)*, basorelief *(n)*, altorelief *(n)*
religión • *n* religie *(f)*
relinchar • *v* râncheza
relinchido • *n* nechezat *(n)*
relincho • *n* nechezat *(n)*
reliquia • *n* moaşte
rellenar • *v* înfunda, înghesui, îndesa, îndopa, îmbuiba
reloj • *n* ceas *(n)*
relojera • *n* ceasornicar *(m)*
relojero • *n* ceasornicar *(m)*
remar • *v* vâsli
rematador • *n* conducător de licitaţie *(m)*

remedar • *v* imita, maimuțări
remedio • *n* ajutor, tratament
remendar • *v* repara, drege
remitente • *n* expeditor *(m)*, expeditoare *(f)*, expeditori, emițător *(m)*
remo • *n* ramă *(f)*, vâslă *(f)*
remodelar • *v* remodela
remojar • *v* muia
remolacha • *n* nap *(m)*, sfeclă *(f)*, sfeclă roșie *(f)*
remolcador • *n* remocher
remolino • *n* vâltoare *(f)*, volbură *(f)*, contracurent *(m)*, bulboană, vârtej *(n)*, vâltoare, bulboană *(f)*
remordimiento • *n* compuncțiune *(f)*, remușcare *(f)*, regret *(n)*
remover • *v* scoate, îndepărta, jupui
remuneración • *n* remunerație *(f)*, rambursare *(f)*, salariu *(n)*, retribuție *(f)*, plată *(f)*
renacuajo • *n* mormoloc *(m)*
rencor • *n* ranchiună *(f)*, pică *(f)*, rancoare *(f)*, ciudă, răutate, pică *(f)*, pizmă *(f)*, ranchiună *(f)*
rencoroso • *adj* malitios *(m)*, ranchiunos *(m)*
rendija • *n* crăpătură *(f)*
rendimiento • *n* realizare *(f)*, realizări, performanță *(f)*, prestație *(f)*
renegar • *v* înjura
renglón • *n* rând *(n)*, linie *(f)*
rengo • *adj* șchiop *(m)*, olog *(m)*
renio • *n* reniu *(n)*
reno • *n* caribu *(n)*, karibu *(n)*, ren *(m)*
renombrado • *adj* ilustru *(m)*, reputat *(m)*, renumit, faimos
renombre • *n* renume, faimă *(f)*, reputație *(f)*, renume *(n)*, nume *(n)*, faimă
renovar • *v* înnoi, reînnoi, renova
renta • *n* chirie *(f)*, locațiune *(f)*, rentă *(f)*
rentar • *v* închiria, arenda
renuente • *adj* prevăzător
renunciar • *v* lepăda, renunța, abandona, părăsi
reñir • *v* certa
reparación • *n* reparare, reparație
reparar • *v* repara
repartir • *v* distribui, aloca, repartiza, diviza
repatriación • *n* repatriere
repelente • *adj* respingător *(m)*
repentinamente • *adv* subit, brusc, deodată, instantaneu
repentino • *adj* subit, brusc, neașteptat, neprevăzut
repercutir • *v* răsuna
repetición • *n* repetare *(f)*, repetiție *(f)*

repetir • *v* răsuna
repiquetear • *v* certa
replanteo • *n* plan *(n)*
réplica • *n* copie *(f)*, copii, replică *(f)*, reproducere *(f)*
repollo • *n* varză *(f)*
reposar • *v* odihni, repauza
reposo • *n* odihnă, repaus, pace *(f)*, repaus
reprehensible • *adj* condamnabil *(m)*, de condamnat
reprender • *v* mustra, certa, admonestare, certare
representable • *adj* reprezentabil *(m)*
representación • *n* reprezentare *(f)*, înfățișare *(f)*, închipuire *(f)*
representante • *n* impresar *(m)* • *adj* reprezentativ *(n)*
representar • *v* înfățișa, descrie, picta, ilustra, reprezenta
representativo • *adj* reprezentativ *(n)*
reprimir • *v* reține, înfrâna, mustra
reprobar • *v* mustra, certa
reprochar • *v* inculpa, învinui, învinovăți, blama, mustra, certa, reproșa, imputa
reproche • *n* reproș
reproducción • *n* reproducere *(f)*, duplicat *(n)*, duplicare, reproducție *(f)*
reproducirse • *v* procrea
reproductivo • *adj* reproductiv *(m)*, reproductor *(m)*
reproductor • *adj* reproductiv *(m)*, reproductor *(m)*
reptar • *v* târî
reptil • *n* reptilă
república • *n* republică *(f)*
republicanismo • *n* republicanism *(n)*
repugnancia • *n* dezgust, abhorare *(f)*, aversiune *(f)*, repugnanță *(f)*, repulsie *(f)*
repugnante • *adj* dezgustător, respingător, scârbos, repugnant
repugnar • *v* dezgusta, îngrețoșa, scârbi
repulsa • *n* dezgust
repulsivo • *adj* scârbos, dezgustător, repulsiv *(m)*, antipatic *(m)*, antipatică *(f)*, respingător
reputación • *n* reputație *(f)*, renume *(n)*, nume *(n)*, faimă • *v* defăima
reputado • *adj* ilustru *(m)*, reputat *(m)*
requerir • *v* cere, invita, ruga
requetebueno • *adj* grozav
requisito • *n* timp limită, condiție *(f)*
resaca • *n* mahmureală *(f)*
resbalar • *v* aluneca
rescatar • *v* ajuta, salva
resentimiento • *n* resentiment *(n)*

reserva • *n* rezervă *(f)*, distanță *(f)*, răceală *(f)*
reservado • *adj* secretos, tăcut
reservar • *v* rezerva, salva, aproviziona
reservas • *n* rezervă *(f)*
resfriado • *n* gripă *(f)*, răceală *(f)*
resguardado • *adj* sigur *(m)*, protejat
residencia • *n* reședință *(f)*, rezidență *(f)*
residente • *n* locuitor *(m)*, locuitoare *(f)*, rezident *(m)*
resina • *n* rășină *(f)*
resinoso • *adj* rășinos
resistencia • *n* rezistare *(f)*, opunere *(f)*, rezistență
resistente • *adj* rezistent *(n)*, rezistentă *(f)*, puternic
resistible • *adj* rezistibil
resistir • *v* suporta, tolera
resolución • *n* determinare *(f)*
resolver • *v* conchide, hotărî, rezolva, soluționa, lămuri, decide
resonar • *v* răsuna
resorber • *v* resorbi
resorte • *n* arc *(n)*
respaldo • *n* sprijinire *(f)*
respetabilidad • *n* respectabilitate *(f)*
respetable • *adj* respectabil *(m)*
respetar • *v* onora, respecta
respeto • *n* respect, lipsă de respect, frică *(f)*, spaimă *(f)*
respetuoso • *adj* respectos *(m)*
respiración • *n* suflu *(m)*, respirație
respirar • *v* respira
resplandeciente • *adj* strălucind, scânteind, lucitor, luminos, clar, strălucitor
responder • *v* răspunde
responsabilidad • *n* responsabilitate *(f)*, responsabilitate, sarcină, responsabilitate angajată *(f)*
responsable • *adj* responsabil *(m)*
respuesta • *n* răspuns *(n)*, rezolvare *(f)*, soluție *(f)*
resta • *n* scădere *(f)*
restauración • *n* reconstruire, restaurare *(f)*, restaurație
restaurante • *n* restaurant *(n)*
resto • *n* rest *(n)*
restorán • *n* restaurant *(n)*
restricción • *n* constrângere *(f)*, obligație *(f)*, restricție *(f)*
restrictivo • *adj* restrictiv
restringir • *v* restrânge, opri, împiedica, îngrădi
resucitación • *n* reanimare *(f)*, resuscitare, reînviere
resultado • *n* rezultat *(n)*
resumen • *n* bilanț *(n)*, rezumat *(n)*, conspect *(n)*, extras *(n)*
resurrección • *n* reînviere *(f)*, înviere *(f)*
retama • *n* drob *(m)*
retar • *v* certa, provoca, mustra
retención • *n* reținere *(f)*, retenție *(f)*
retener • *v* a reține, reține, a ține închis,, a deține
retentiva • *n* memorare *(f)*, reținere *(f)*
retina • *n* retină *(f)*
reto • *n* provocare *(f)*
retoñar • *v* înmuguri, înflori
retoño • *n* boboc *(m)*
retorcer • *v* stoarce
retornar • *n* reîntoarcere *(f)*, înapoiere *(f)*, revenire *(f)*
retorta • *n* retortă
retractar • *v* retracta, dezice
retraer • *v* retrage, retracta
retransmitir • *v* transmite
retrasar • *v* întârzia, amâna
retraso • *n* întârziere *(f)*, așteptare *(f)*
retrato • *n* portret *(n)*
retrete • *n* toaletă *(f)*, closet *(f)*, vece *(n)*, privată *(f)*, latrină *(f)*
retroacción • *n* reacție *(f)*, efect retroactiv *(n)*, conexiune inversă *(f)*
retroalimentación • *n* reacție *(f)*, efect retroactiv *(n)*, conexiune inversă *(f)*
retrospectivo • *adj* retrospectiv
reunión • *n* ședință
reunir • *v* culege
revelación • *n* revelație *(f)*, revelare *(f)*
revelador • *n* developator *(m)*, lichid developator *(n)*, revelator *(m)*
revelar • *v* expune
reventón • *n* petrecere *(f)*
reverenciar • *v* celebra
reverso • *n* spate, dos
revés • *n* spate, dos
revesa • *n* contracurent *(m)*, bulboană, volbură *(f)*, vârtej *(n)*
revisor • *n* conductor *(m)*
revista • *n* revistă *(f)*
revocar • *v* anula, revoca
revolotear • *v* pluti
revoltoso • *adj* nesupus *(m)*, neascultător *(m)*
revolución • *n* revoluție *(f)*
revolucionaria • *adj* revoluționar
revolucionario • *adj* revoluționar
revolver • *v* amesteca
revólver • *n* revolverul
revuelta • *n* revoltă
rey • *n* rege, popă
reyezuelo • *n* aușel *(m)*
rezar • *v* ruga, închina
rico • *adj* delicios, gustos, bogat *(m)*, bo-

gată *(f)*, avut *(m)*, avută *(f)*, dulce
ridiculo • *adj* absurd, ridicol
ridículo • *adj* ridicol *(m)*
riel • *n* cale ferată *(f)*, rețea feroviară *(f)*
riesgo • *n* hazard *(n)*, întâmplare *(f)*, risc *(n)*
rifa • *n* tragere *(f)*
rifle • *n* pușcă *(f)*, flintă *(f)*, ghintuită *(f)*
rima • *n* rimă *(f)*, rimă *(f)*
rimar • *v* rima
rímel • *n* mascara *(f)*
rincón • *n* colț *(n)*, ungher *(n)*
rinoceronte • *n* rinocer *(m)*
riña • *n* ceartă *(f)*, dispută *(f)*, contraargumentare *(f)*
riñón • *n* rinichi
río • *n* râu *(n)*, fluviu *(n)*
ripia • *n* șindrilă *(f)*
riqueza • *n* avere *(f)*, bogăție *(f)*
risa • *n* râs *(n)*, râset, râs, râset
risco • *n* stâncă *(f)*, faleză *(f)*, pantă *(f)*
ritmo • *n* ritm *(n)*, pas *(m)*, tempo *(n)*, ritm
rito • *n* ritual *(n)*, rit *(n)*
rivalo • *n* rival
róbalo • *n* biban *(m)*
robar • *v* fura
roble • *n* stejar *(m)*
robo • *n* furt *(m)*, furt *(n)*, furat *(n)*, furătură *(f)*
robótica • *n* robotica
robusto • *adj* robust *(n)*, puternic *(n)*, vânjos *(n)*, robustă *(f)*
roca • *n* stâncă, rocă, piatră *(f)*
rocío • *n* rouă *(f)*
rodilla • *n* genunchi
rodillo • *n* vargă, nuia, vergea, băț
rodio • *n* rodiu *(n)*
rododendro • *n* rododendron *(m)*
roedor • *n* rozător *(n)*
roer • *v* roade
rogar • *v* ruga, implora, conjura
rojizo • *adj* roșcat • *n* ruginiu
rojo • *n* roșu • *adj* roșu
roldana • *n* scripete *(m)*
romanticismo • *n* romantism
rombo • *n* romb
romero • *n* rozmarin *(m)*
romo • *adj* tocit, neascutit, banal
rompecorazones • *n* afemeiat *(m)*, vânător de fuste *(m)*, crai *(m)*, muieratic *(m)*
romper • *v* distruge, nimici
ron • *n* rom *(m)*
roncar • *v* sforăi
ronco • *adj* răgușit *(n)*
ronquido • *n* sforăit *(n)*, sforăială *(f)*, sforăitură *(f)*

ronronear • *v* toarce
ronroneo • *n* tors *(n)*
roña • *n* rugină *(f)*
ropa • *n* haine, îmbrăcăminte, rufe, îmbrăcăminte *(f)*, haină
roqueta • *n* rucolă *(f)*, aragulă *(f)*, rucheță *(f)*
rosa • *n* trandafir *(m)*, roză *(f)*, roz • *adj* roz
rosado • *n* roz • *adj* roz, roz *(f)*, trandafiriu
rosal • *n* trandafir *(m)*, roză *(f)*
rosario • *n* mătănii
roscas • *n* floricelele de porumb, cocoșei, pop-corn
rosquilla • *n* gogoașă *(f)*
rostro • *n* față
rotación • *n* alternare *(f)*
rotar • *v* învârti
roto • *adj* rupt, frânt
rotor • *n* rotor *(n)*
rotular • *v* eticheta, categorisi
rotura • *n* ruptură
roya • *n* rugină *(f)*
rozar • *v* șterge
rúbeo • *adj* roșu
rubescente • *adj* roșcat
rubí • *n* rubin
rubicunda • *adj* roșcat
rubicundo • *adj* roșu, roșcat
rubidio • *n* rubidiu *(n)*
rubio • *n* blondă
rublo • *n* rublă *(f)*, рублэ *(f)*
ruborizarse • *v* împurpura, înroși, îmbujora, roși
rubro • *adj* roșu
ruca • *n* rucolă *(f)*, aragulă *(f)*, rucheță *(f)*
rúcula • *n* rucolă *(f)*, aragulă *(f)*, rucheță *(f)*
ruda • *n* virnanț *(m)*, rută *(f)*
rudo • *adj* grosier, aspru
rueda • *n* pneu *(n)*, cauciuc *(n)*, roată *(f)*
rufa • *n* autobuz *(n)*
rufo • *adj* arămiu, roșu
rugir • *v* urla, rage, mugi, zbiera
ruibarbo • *n* rubarbă *(f)*, revent *(m)*
ruido • *n* perturbație *(f)*, răsunet *(n)*, zgomot de semnal *(n)*, zgomot *(n)*, sunet *(n)*, gălăgie *(f)*, larmă *(f)*, vacarm *(n)*
ruidoso • *adj* gălăgios
ruina • *n* ruină *(f)*
ruiseñor • *n* privighetoare
rulo • *n* buclă *(f)*
rumiante • *n* rumegătoare *(f)*
rumiar • *v* rumega
rural • *adj* rural, țărănesc, câmpenesc

rústico • *adj* grosier, aspru
ruta • *n* drum *(n)*, cale *(f)*
rutenio • *n* ruteniu *(n)*

rutherfordio • *n* rutherfordiu *(n)*
rutina • *n* rutină *(f)*

S

sabañón • *n* degerătură *(f)*
saber • *v* şti
sabiduría • *n* înțelepciune, judecată, înțelepciune
sabio • *adj* cu scaun la cap, înțelept
sabiola • *n* cap *(n)*
sable • *n* neagră • *adj* negru
sabotaje • *n* sabotaj *(n)*, sabotare *(f)*, subminare *(f)*
sabroso • *adj* delicios, gustos, dulce
sacacorchos • *n* tirbușon *(n)*
sacar • *v* preleva, retrage
sacerdote • *n* preot
sachavaca • *n* tapir *(m)*
saciar • *v* sătura
saciedad • *n* sațietate *(f)*
saco • *n* pungă *(f)*, sac
sacrificar • *v* sacrifica, jertfi
sacrificio • *n* sacrificiu *(n)*, jertfă *(f)*
sacristán • *n* paracliser *(m)*
sacro • *adj* sacru
sacudir • *v* agita
sádico • *adj* sadic *(n)*
sadismo • *n* sadism *(n)*
sadomasoquismo • *n* sadism *(n)*
saga • *n* legendă nordică
sagrado • *adj* sacru, sfânt *(n)*, sfântă *(f)*
sagú • *n* maranta *(f)*
sah • *n* şah *(m)*
sahumerio • *n* tămâie *(f)*
sahumo • *n* tămâie *(f)*
saiga • *n* saiga *(f)*
saíno • *n* pecari *(m)*
sal • *n* sare *(f)*
sala • *n* cameră *(f)*, odaie *(f)*, încăpere *(f)*
salamandra • *n* salamandră
salar • *v* săra
salario • *n* plată *(f)*, salariu *(n)*, leafă *(f)*, retribuție *(f)*
salchicha • *n* cârnat *(m)*
salchichón • *n* cârnat *(m)*
salida • *n* ieșire, plecare *(f)*
salir • *v* ieși, răsări, pleca
saliva • *n* salivă *(f)*
salmo • *n* psalm *(m)*
salmón • *n* somon *(m)*
salmuera • *n* saramură *(f)*
salsa • *n* sos *(n)*, zeamă *(f)*
saltador • *n* scufundător *(m)*, scafandru

(m), scafandrier *(m)*
saltadora • *n* scufundător *(m)*, scafandru *(m)*, scafandrier *(m)*
saltamontes • *n* lăcustă *(f)*
saltar • *v* sări, sălta
salterio • *n* țambal *(m)*
saltimbanqui • *n* acrobat *(m)*
salto • *n* săltare *(f)*, salt *(n)*
salud • *n* sănătate, sănătate *(f)* • *interj* sănătate!
saludable • *adj* sănătos, zdravăn
saludar • *v* saluta, întâmpina
saludo • *n* salut *(n)*, salutare *(f)*
salva • *n* salvă *(f)*
salvación • *n* salvare *(f)*
salvado • *n* tărâțe
salvaje • *adj* sălbatic
salvar • *v* scăpa, ajuta, salva
salvia • *n* salvie *(f)*, jale *(f)*
samario • *n* samariu *(n)*
samovar • *n* samovar *(n)*
samurái • *n* samurai *(m)*
sanar • *v* vindeca
sándalo • *n* santal *(m)*
sandía • *n* pepene verde *(m)*, lubeniță *(f)*, pepene *(m)*, pepene verde
sánduche • *n* sandviș *(n)*
sandwich • *n* sandviș *(n)*
sangrar • *v* sângera
sangre • *n* sânge *(n)*
sangriento • *adj* sângeros, crunt
sánguche • *n* sandviș *(n)*
sanguijuela • *n* lipitoare *(f)*
sanguinolento • *adj* sângeros, crunt
sanguja • *n* lipitoare *(f)*
sanidad • *n* sănătate *(f)*
sanitario • *n* toaletă *(f)*, closet *(n)*
sano • *adj* sănătos, zdravăn, sănătos *(m)*, sănătos *(n)*, nevătămat *(n)*, teafăr *(n)*, zdravăn *(n)*
santa • *n* sfânt *(m)*, sfântă *(f)*, sânt *(m)*, sântă *(f)*, sânt
santateresa • *n* călugăriță *(f)*
santidad • *n* sfințenie *(f)*, caracter sfânt *(n)*
santiguarse • *v* cruci, închina
santo • *n* sfânt *(m)*, sfântă *(f)*, sânt *(m)*, sântă *(f)*, sânt • *adj* sfânt *(n)*, sfântă *(f)*
santuario • *n* azil *(n)*, adăpost *(n)*, sanc-

tuar *(n)*
sapo • *n* broască râioasă *(f)*
saquear • *v* prăda, despuia
saqueo • *n* pradă
sarampión • *n* rujeolă *(f)*
sarcasmo • *n* sarcasm
sarcástico • *adj* acrimonios
sarcófago • *n* sarcofag
sarda • *n* bonită *(f)*, pălămidă *(f)*
sardina • *n* sardină *(f)*
sarga • *n* gabardină *(f)*, stofă-gabardin *(f)*
sargento • *n* sergent *(m)*
sarna • *n* scabie, râie, jigodie, râie, scabie
sarrio • *n* șamoa *(m)*, capră-neagră *(f)*, capră-de-munte *(f)*
sarro • *n* piatră
sartorial • *adj* vestimentar
sastre • *n* lufar, croitor *(m)*, croitoreasă *(f)*
satánico • *adj* satanic, diavolesc, diabolic, drăcesc
satélite • *n* lună *(f)*, satelit
sátira • *n* satiră *(f)*
satírico • *adj* satiric
satisfacción • *n* satisfacție *(f)*, mulțumire *(f)*, satisfacție *(f)*, satisfacere, îndeplinire *(f)*, satisfacere *(f)*
satisfacer • *v* alina
satisfactorio • *adj* satisfăcător
satisfecho • *adj* săturat, sătul, satisfăcut *(n)*, mulțumit *(n)*, fericit, bucuros
sato • *n* corcitură
saturar • *v* satura
sauce • *n* salcie *(f)*
saúco • *n* soc *(m)*
sauna • *n* saună *(f)*
saxifraga • *n* saxifragă *(f)*
saxofonista • *n* saxofonist *(m)*
saya • *n* fustă *(f)*
sazonar • *v* condimenta
scooter • *n* scuter *(n)*
se • *v* fi • *pron* se
seca • *n* secetă
secante • *n* secantă *(f)*
sección • *n* secționare *(f)*, tăiere *(f)*, secțiune *(f)*, tăietură *(f)*, parte, secție *(f)*, sector *(n)*, subdiviziune *(f)*, despărțitură *(f)*, segment *(n)*, departament *(n)*
seco • *adj* uscat, sec, veșted
secoya • *n* sequoia *(m)*
secreción • *n* secreție *(f)*, secretare *(f)*, secreționare, secrețiere *(f)*
secretaria • *n* secretar *(m)*, secretară *(f)*
secretario • *n* secretar *(m)*, secretară *(f)*, birocrat *(m)*, funcționar *(m)*

secreto • *n* secretism *(n)*, secretețe *(f)*, secret *(n)*, taină *(f)* • *adj* secret *(m)*, secretă *(f)*, tainic *(m)*, tainică *(f)*
secta • *n* cult *(n)*
secuencia • *n* secvență *(f)*
secuestrador • *n* răpitor *(m)*
secuestrar • *v* răpi
secundar • *v* susține, secunda
secundario • *adj* secundar
sed • *n* sete *(f)*
seda • *n* mătase *(f)*
sede • *n* sediu *(n)*, centrală *(f)*
sedentario • *adj* sedentar
sediento • *adj* setos
segar • *v* tunde, secera
segmentar • *v* segmenta
segmento • *n* segment (de dreaptă) *(n)*, segment *(n)*
seguido • *adv* des
seguir • *v* urma, urmări
segundo • *adj* secund *(m)*, al doilea *(m)* • *n* secundă
seguridad • *n* securitate *(f)*, siguranță *(f)*, siguranță, securitate
seguro • *adj* sigur *(m)*, protejat, asigurat *(m)*, sigur *(m)*, sigur, cert, stabil *(m)* • *n* asigurare *(f)*, asigurare
selección • *n* selectare *(f)*, selecție *(f)*, selecție
selectivo • *adj* selectiv, de selecție
selenio • *n* seleniu *(n)*
selva • *n* junglă *(f)*, pădure *(f)*, codru *(m)*, silvă *(f)*
semana • *n* săptămână *(f)*
semanal • *adj* săptămânal *(n)*
sembrar • *v* planta, semăna
semejante • *adj* similar, asemănător
semejanza • *n* similaritate
semejar • *v* semăna
semen • *n* sloboz *(m)*, spermă *(f)*
semental • *n* armăsar *(m)*
semeruco • *n* acerola *(f)*
semestre • *n* trimestru, semestru *(n)*
semicircular • *adj* semicircular *(m)*
semicírculo • *n* semicerc *(n)*, semicercuri
semiconductor • *n* semiconductor *(n)*
semiconsonante • *n* semivocală
semilla • *n* sămânță *(f)*, sâmbure *(f)*
semimetal • *n* metaloid *(m)*
semivocal • *n* semivocală
sémola • *n* griș *(m)*
sencillo • *n* schimb (de bani) *(n)* • *adj* onest, sincer, simplu, simplu *(n)*, necomplicat *(n)*
senda • *n* cărare, potecă
sendero • *n* cărare, potecă

senilidad • *n* senilitate *(f)*
seno • *n* sinus *(n)*, piept *(f)*, sân *(m)*
sensación • *n* sentiment *(n)*, sentimente
sensato • *adj* rezonabil *(n)*, rațional *(n)*
sensibilidad • *n* sensibilitate *(f)*
sensible • *adj* receptiv *(n)*, sensibil *(n)*, simțitor *(n)*, sensibil, de precizie, susceptibil *(n)*, impresionabil *(n)*, răspundent *(n)*
sensitivo • *adj* sensibil *(n)*, susceptibil *(n)*, impresionabil *(n)*, receptiv *(n)*
sensual • *adj* bun
sensualidad • *n* senzualitate *(f)*
sentar • *v* ședea, așeza
sentarse • *v* se așeza
sentencia • *n* sentință *(f)*, verdict *(n)*
sentido • *n* sens *(n)*, simț *(n)*
sentimental • *adj* sentimental *(m)*, sentimental
sentimiento • *n* sentiment *(n)*, sentimente
sentir • *v* simți
seña • *n* semn
señal • *n* semnal indicator *(n)*, semnalizator *(n)*, semnal *(n)*, semnal
señalar • *v* semnala
señor • *n* maestru *(m)*, domn *(m)*, domnule
señora • *n* doamnă, lady *(f)*, doamnă *(f)*
señores • *n* domnilor!, domnii mei!
señorita • *n* fecioară *(f)*, virgină *(f)*, virgin *(m)*
señorito • *n* jupân *(m)*
seor • *n* domn *(m)*
separación • *n* separare *(f)*, izolare *(f)*
separado • *adj* separat *(n)*, separată *(f)*
separar • *v* despărți, separa, sechestra, pune sub sechestru
sepia • *n* sepie *(f)*, sepie *(f)*, sepia *(f)*
septentrional • *adj* nordic *(n)*
sepultura • *n* mormânt • *v* îngropa
sepulturero • *n* groparul
sequía • *n* secetă
ser • *v* fi, exista • *n* ființă, creatură, făptură, domn *(m)*
serenata • *n* serenadă *(f)*
serendipia • *n* serendipitate *(f)*
serendipicia • *n* serendipitate *(f)*
serendipidad • *n* serendipitate *(f)*
serenidad • *n* seninătate
sereno • *n* rouă *(f)* • *adj* calm, liniștit, netulburat, senin
sereque • *n* aguti *(m)*
serie • *n* serie *(f)*, cantitate *(f)*, număr *(n)*
seriedad • *n* seriozitate
serina • *n* serină *(f)*
serio • *adj* serios

sermón • *n* predică *(f)*, propovedanie *(f)*, cazanie *(f)*
serotonina • *n* serotonină *(f)*
serpentario • *n* pasăre secretar *(f)*
serpiente • *n* șarpe *(m)*
serrín • *n* rumeguș *(n)*
servicial • *adj* util, ajutător *(m)*
servicio • *n* serviciu *(n)*
servil • *adj* servil *(n)*, obsecvios
servilismo • *n* servilism *(n)*, servilitate *(f)*
servilleta • *n* șervețel *(n)*
servir • *v* servi
sésamo • *n* susan *(m)*, sesam *(m)*
set • *n* set *(n)*
seta • *n* ciupercă *(f)*
seto • *n* gard
severidad • *n* severitate *(f)*, asprime *(f)*
severo • *adj* aspru, sever, auster *(n)*, dur
sexagésimo • *adj* șaizecilea
sexismo • *n* sexism *(n)*
sexo • *n* sex *(n)*, gen, sex, relații sexuale
sextante • *n* sextant *(n)*
sexteto • *n* sextet *(m)*
sexto • *n* cel al șaselea *(m)*, cea a șasea *(f)*, șesime *(f)* • *adj* șaselea *(m)*, șasea *(f)*
sexual • *n* relații sexuale • *adj* sexual *(n)*, sexuală *(f)*
sexy • *adj* sexy, sexos
sheriff • *n* șerif *(m)*
shopping • *n* cumpărături
show • *n* spectacol *(n)*
si • *conj* dacă
sicodélico • *adj* psihedelic
siempre • *adv* totdeauna, mereu, întotdeauna
sien • *n* tâmplă
sierpe • *n* șarpe *(m)*, șarpe *(m)*
sierra • *n* creastă *(f)*, ferăstrău *(n)*
siervo • *n* iobag *(m)*, șerb *(m)*
siesta • *n* pui de somn *(m)*, somnișor *(n)*, somnuleț *(n)*
siete • *n* șapte
sífilis • *n* sifilis *(n)*
siglo • *n* secol *(n)*, veac *(n)*
significación • *n* semnificanță *(n)*, importanță *(f)*, semnificativitate *(f)*, sens *(n)*
significado • *n* semnificanță *(n)*, importanță *(f)*, semnificativitate *(f)*, sens *(n)*
significar • *v* a semnifica, indica, însemna, a vrea să spună
significativamente • *adv* (în mod) semnificativ, cu înțeles, (în mod) considerabil
significativo • *adj* semnificant *(n)*, important *(n)*, semnificativ *(n)*

signo • *n* semn
siguiente • *adj* următor
sílaba • *n* silabă *(f)*
silbar • *v* fluiera, șuiera
silbato • *n* fluier *(n)*, fluierat *(n)*
silencio • *n* liniște *(f)*, tăcere *(f)*
silencioso • *adj* încet, tăcut
silente • *adj* încet
sílex • *n* silex, cremene *(n)*
silicio • *n* siliciu *(n)*
silicona • *n* silicon *(m)*
silla • *n* scaun *(n)*, scaune, taburet *(n)*
sillín • *n* șa *(f)*
sillón • *n* fotoliu *(n)*
silo • *n* siloz *(n)*
silogismo • *n* silogism *(n)*
silueta • *n* siluetă *(f)*
siluro • *n* somn *(m)*, silur *(m)*
sima • *n* abis *(n)*, adânc *(n)*, adâncime *(f)*, prăpastie *(f)*, hău *(n)*
simbólicamente • *adv* simbolic
simbólico • *adj* simbolic
simbolizar • *v* simboliza
símbolo • *n* simbol *(m)*
simetría • *n* simetrie *(f)*
simétrico • *adj* simetric *(n)*
símico • *adj* simian
similar • *adj* similar, asemănător
similaridad • *n* similaritate
similitud • *n* similaritate
simio • *n* maimuță *(f)*, simie *(f)*, simian *(m)*
simonía • *n* simonie *(f)*
simple • *adj* prevenitor *(m)*, afabil, gentil, pritenos, simplu *(n)*, necomplicat *(n)*
simplificar • *v* simplifica
simposio • *n* simpozion *(n)*
simultáneamente • *adv* simultan, în mod simultan
simultaneidad • *n* simultaneitate *(f)*
sin • *prep* fără
sinagoga • *n* sinagogă *(f)*
sinceridad • *n* sinceritate *(f)*, onestitate
sincero • *adj* cinstit, onest, sincer
sinclinal • *n* sinclinal
sincronización • *n* sincronizare *(f)*
sincronizar • *v* sincroniza
síncrono • *adj* sincron *(m)*, în același timp
síndico • *n* primar *(m)*
sinecura • *n* sinecură *(f)*
singular • *adj* singular *(m)*, singular, unic *(m)*, neobișnuit
singularidad • *n* singularitate *(f)*
singulto • *n* sughiț
siniestro • *adj* sinistru, sinistru, prevestitor

sinónimo • *n* sinonim *(n)*
sinople • *n* verde
sintagma • *n* frază *(f)*, expresie *(f)*, sintagmă *(f)*
sintaxis • *n* sintaxă *(f)*
síntesis • *n* sinteză
sintetizador • *n* sintetizator *(m)*
síntoma • *n* simptomă
sintomático • *adj* simptomatic
sinusitis • *n* sinuzită
sinvergüenza • *n* păduche *(m)*
siquiatra • *n* psihiatru *(m)*, medic psihiatru *(m)*
sirena • *n* sirenă *(f)*
sirimiri • *n* burniță *(f)*
sirope • *n* sirop *(n)*
sirviente • *n* servitor *(m)*, slugă *(f)*, slujitor *(m)*
sisear • *v* șuiera
siseo • *n* sâsâit
sistema • *n* sistem *(n)*
sistematización • *n* sistematizare *(f)*
sistematizar • *v* sistematiza
sita • *n* scorțar *(m)*, țiclete *(m)*
sitiar • *v* împresura
sitio • *n* localitate *(f)*, loc *(n)*, locuri
situación • *n* stadiu *(n)*, etapă *(f)*, situație *(f)*, condiție *(f)*, stare, stare *(f)*, situație
situar • *v* pune
siútico • *n* snob *(m)*
sobaco • *n* subsuoară *(f)*
sobar • *v* mîngîia
soberano • *adj* suveran • *n* suveran *(m)*
soberbia • *n* trufie, mândrie, aroganță *(f)*
soberbio • *adj* arogant, mândru
soborno • *n* mită *(f)*
sobra • *n* rest *(n)*
sobrado • *v* rămas
sobrar • *v* rămâne
sobras • *v* rămas
sobre • *n* plic *(n)* • *prep* deasupra, pe, despre
sobrenatural • *adj* supranatural *(n)*
sobrenombre • *n* poreclă *(f)*
sobrepasar • *v* depăși, întrece
sobrepeso • *n* obezitate
sobresaliente • *adj* proeminent
sobrevivir • *v* supraviețui
sobrina • *n* nepoată *(f)*
sobrino • *n* nepot *(m)*
socavar • *v* surpa, submina, săpa
social • *adj* social *(n)*
socialismo • *n* socialism *(n)*, socialism
socialista • *adj* socialist *(m)*
sociedad • *n* societate, mediu, societate

(f)
socio • *n* partener *(m)*
sociología • *n* sociologie *(f)*
socorro • *n* ajutor *(n)*, asistenţă *(f)*
soda • *n* băuturi răcoritoare, răcoritoare
sodio • *n* sodiu *(n)*, natriu *(n)*
sofá • *n* canapea *(f)*, canapele
sofisticado • *adj* sofisticat, complicat *(n)*, rafinat, elegant
software • *n* software *(n)*, programe de computer *(n)*
soga • *n* frânghie *(f)*, coardă, funie
sojuzgar • *v* subjuga
sol • *n* sol *(m)*, soare *(m)*, lumina soarelui *(f)*, soare *(m)*, sol *(n)*
solamente • *adv* numai
solaz • *n* consolare *(f)*, reconfortare *(f)*
soldado • *n* soldat *(m)*, ostaş *(m)*, militar *(m)*
soleado • *adj* însorit
soledad • *n* singurătate *(f)*
solemne • *adj* serios, solemn
solemnidad • *n* solemnitate
solicitud • *n* aplicaţie *(f)*, cerere *(f)*
solidificar • *v* solidifica
solidificarse • *v* întări, solidifica
sólido • *adj* solid
solista • *n* solo, solist *(m)*, solistă *(f)*
solitud • *n* singurătate *(f)*
sollozo • *n* suspin *(n)*
solo • *adv* numai, singur • *adj* singur, unit, unitar *(n)*, întreg, nedivizat *(n)*, solo • *n* solo
sólo • *adv* numai, doar
solsticio • *n* solstiţiu *(n)*, solstiţiul verii *(n)*, solstiţiul iernii *(n)*
soltar • *v* desface
soltera • *adj* celibatar *(m)*, necăsătorit *(n)*
soltero • *n* flăcău *(m)* • *adj* celibatar *(m)*, necăsătorit *(n)*, burlac
soluble • *adj* solubil *(n)*, dizolvabil *(n)*, dizolvabilă *(f)*, plătibil *(n)*, solvabil *(n)*, solvabilă *(f)*
solución • *n* soluţie *(f)*, rezultat *(n)*, soluţionare *(f)*, rezolvare *(f)*
solucionable • *adj* plătibil *(n)*, solvabil *(n)*, solvabilă *(f)*
solucionar • *v* rezolva, soluţiona, lămuri
sombra • *n* umbră, umbră *(f)*
sombrear • *v* adumbri, umbri
sombrero • *n* pălărie *(f)*
sombrilla • *n* umbrelă *(f)*
someter • *v* supune, cuceri, subjuga, închina
somormujo • *n* cufundar *(m)*, corcodel *(m)*
son • *n* sunet
sonambulismo • *n* somnambulism *(n)*, noctambulism *(n)*, selianism *(n)*
sonámbulo • *n* somnambul *(m)*, somnambulist *(m)*
sonar • *v* bate, suna
sonata • *n* sonată *(f)*
sondar • *v* măsura, sonda
sondear • *v* măsura, sonda
soneto • *n* sonet *(n)*
sonido • *adj* audio • *n* sunet
sonoro • *n* sonoră *(f)*, consoană sonoră *(f)*, sunet sonor *(n)*, sunet fonic *(n)*
sonreír • *v* zâmbi, surâde
sonrisa • *n* zâmbet *(n)*, surâs
sonrojarse • *v* împurpura, înroşi, îmbujora, roşi
soñador • *n* visător *(m)*, visătoare *(f)*
soñadora • *n* visător *(m)*, visătoare *(f)*
soñar • *v* visa, imagina
soñoliento • *adj* somnoros, somnolent *(n)*
soplar • *v* umfla, sufla
sopor • *n* letargie *(f)*
soportar • *v* suporta, tolera
soporte • *n* suport *(n)*, suporturi, reazem *(n)*
sor • *n* călugăriţă *(f)*
sorber • *v* suge, sorbi
sordo • *adj* surd
sororal • *adj* de soră
sorprendente • *adj* uimitor, extraordinar
sorprender • *n* surpriză *(f)* • *v* uimi, minuna, surprinde
sorpresa • *n* surprindere *(f)*, surpriză *(f)*, uimire *(f)*, uluire *(f)*, surpriză *(f)*
sorteo • *n* tragere *(f)*
sortija • *n* inel *(f)*
sosiego • *n* pace, linişte *(f)*, seninătate
sospechoso • *adj* suspect, dubios, suspicios
sostén • *n* sutien *(n)*
sostener • *v* ţine, susţine, sprijini, propti
sostenido • *adj* diez *(m)*
sótano • *n* subsol *(m)*, pivniţă *(f)*, beci *(n)*
soto • *n* crâng *(n)*, dumbravă *(f)*, pădure măruntă *(f)*, subarboret *(n)*, tufiş de arbuşti
soutien • *n* sutien *(n)*
sóviet • *n* soviet
suástica • *n* svastică *(f)*
suave • *adj* prietenos *(m)*, blând, liniştitor *(m)*, prevenitor *(m)*, afabil, gentil,

pritenos
suavidad • *n* blândețe, gentilețe *(f)*, moliciune *(f)*
subastador • *n* conducător de licitație *(m)*
subatómico • *adj* subatomic *(m)*
subconsciencia • *n* subconștient *(n)*, subconștiință *(f)*
subconsciente • *adj* subconștient
subcontinente • *n* subcontinent
subdividir • *v* subdiviza
subfamilia • *n* sub-familie *(f)*
subgrupo • *n* subgrup *(n)*
subir • *v* urca, sui, încăleca, înălța, ridica
súbitamente • *adv* subit, brusc, deodată, instantaneu
súbito • *adj* subit, brusc, neașteptat, neprevăzut
subjetividad • *n* subiectivitate
subjetivo • *adj* subiectiv
submarinista • *n* scufundător *(m)*, scafandru *(m)*, scafandrier *(m)*
submarino • *n* submarin *(n)* • *adj* submarin *(n)*
submundo • *n* viața de dincolo *(f)*, viața de mai târziu *(f)*
subordinado • *adj* subordonat *(m)*, subordonată *(f)*
subscribirse • *v* abona
substantivo • *n* substantiv *(n)*
substituir • *v* înlocui, substitui
substituto • *n* substitut *(n)*, înlocuitor *(m)*, locțiitor *(m)*, substituent *(m)*, substituitor *(m)*
substracción • *n* scădere *(f)*
substraer • *v* scădea, sustrage
subte • *n* metrou *(n)*
subterráneo • *adj* subteran
suburban • *n* suburban *(n)*, suburbană *(f)*
subversivo • *adj* subversiv
suceder • *v* succeda, întâmpla, petrece, succede
suceso • *n* eveniment *(n)*
suciedad • *n* mizerie *(f)*, murdărie *(n)*
sucio • *adj* murdar
sucursal • *n* filială *(f)*, sucursală *(f)*
sudar • *v* transpira, asuda
sudor • *n* sudoare *(f)*, transpirație *(f)*
suegra • *n* soacră *(f)*
suegro • *n* socru *(m)*
suela • *n* talpă *(f)*, pingea *(f)*
sueldo • *n* plată *(f)*, salariu *(n)*, leafă *(f)*, retribuție *(f)*
suelo • *n* pământ *(n)*, sol *(n)*, podea *(f)*, planșeu *(n)*, pământ

suelto • *n* schimb (de bani) *(n)*
sueño • *n* somn *(n)*, somnolență *(f)*, vis *(n)* • *adj* somnoros, somnolent *(n)*
suero • *n* zer *(f)*
suerte • *n* noroc *(n)*, șansă *(f)*, soartă, fel *(f)*, gen, întâmplare *(f)*, accident *(n)*
suertudo • *adj* norocos *(m)*
suficiencia • *n* automulțumire *(f)*, autoîncântare *(f)*
suficientemente • *adv* destul, suficient, de ajuns
sufijo • *n* sufix *(n)*
sufrido • *adj* suferință *(f)*
sufrimiento • *n* tristețe *(f)*, întristare *(f)*, mâhnire *(f)*, suferință *(f)*, păs
sufrimientos • *n* greutate *(f)*, dificultate *(f)*, adversitate *(f)*
sufrir • *v* durea, suferi
sugerencia • *n* sugestionare *(f)*, sugestie, propunere
sugerible • *adj* sugestionabil *(n)*
sugerir • *v* sugera
sugestión • *n* sugestionare *(f)*, sugestie *(f)*
sugestionable • *adj* sugestionabil *(n)*
suicida • *n* sinucigaș *(m)*, sinucigașă *(f)*
suicidio • *n* sinucidere *(f)*
sujetador • *n* sutien *(n)*
sujetar • *v* ține
sujeto • *n* subiect *(n)*
sulfato • *n* sulfat *(m)*
sulfuro • *n* sulfură *(f)*
sultán • *n* sultan *(m)*
sultanía • *n* sultanat *(n)*
suma • *n* adunare, sumă *(f)*
sumamente • *adv* în mod extrem
sumar • *v* aduna
sumergir • *v* scufunda
sumiso • *adj* servil, obsecvios, supus *(n)*, docil *(n)*, umil *(n)*
sumo • *adj* suprem
suntuoso • *adj* somptuos *(m)*
superficial • *adj* plat, puțin adânc
superficie • *n* suprafață
superfluidad • *n* superfluitate *(f)*
superfluo • *adj* superfluu *(n)*, superfluă *(f)*, de prisos
superior • *adj* superior *(m)*, mai bun, mai sus
supermercado • *n* supermagazin, magazin universal *(n)*
supervivencia • *n* supraviețuire *(f)*
suplicar • *v* ruga
suponer • *v* bănui, presupune, prepune, crede
suposición • *n* ipoteză, supoziție, teoremă, presupunere *(f)*

suprema • *adj* suprem *(n)*
supremacía • *n* supremație *(f)*
supremo • *adj* suprem *(n)*, suprem, superlativ
suprimir • *v* aboli
sur • *n* sud *(n)*
surco • *n* brazdă *(f)*, rid *(n)*
sureño • *adj* sudic, sudic *(n)*, austral *(n)*
surgir • *v* ridica, scula
suroeste • *adj* de sud-vest, sudvestic • *n* sud-vest *(n)*, sudvest *(n)*
surrealismo • *n* suprarealism
surtidor • *n* pompă *(f)*
surtir • *v* sorta, aranja
susceptibilidad • *n* susceptibilitate *(f)*
susceptible • *adj* susceptibil, receptiv *(n)*, sensibil *(n)*, simțitor *(n)*
sushi • *n* sushi
suspender • *v* amâna, abandona, părăsi
suspendido • *adj* atârnat
suspicaz • *adj* suspicios
suspirar • *v* suspina

suspiro • *n* suspin *(n)*, oftat, geamăt *(n)*, glazură *(f)*
sustancia • *n* substanță *(f)*, bezea *(f)*
sustantivo • *n* substantiv *(n)*
sustituir • *v* înlocui, substitui
sustituto • *n* substitut *(n)*, înlocuitor *(m)*, locțiitor *(m)*, substituent *(m)*, substituitor *(m)*
susto • *n* spaimă
susurrar • *v* șopti, susura
susurro • *n* șoaptă *(f)*
suya • *pron* al lor *(m)*, a lor *(f)*, ai lor, ale lor
suyas • *pron* al lor *(m)*, a lor *(f)*, ai lor, ale lor
suyo • *pron* al lor *(m)*, a lor *(f)*, ai lor, ale lor
suyos • *pron* al lor *(m)*, a lor *(f)*, ai lor, ale lor
switch • *n* comutator *(n)*

T

tabaco • *n* tutun *(f)*, tabac *(n)*, tutun *(m)*
tábano • *n* tăun *(m)*
tabaquismo • *n* fumător *(m)*, fumătoare *(f)*, fumători, fumătoare
taberna • *n* bodegă *(f)*, berărie *(f)*, braserie *(f)*, cârciumă *(f)*
tabique • *n* perete *(m)*
tabla • *n* tabel *(n)*, scândură *(f)*
tablas • *n* tabelă *(f)*, tabel *(n)*
tablero • *n* tablă *(f)*, scândură *(f)*, panou cu taste, bord cu taste *(n)*
tablilla • *n* șindrilă *(f)*
tablón • *n* scândură *(f)*
taburete • *n* taburet *(n)*
tacañería • *n* avariție *(f)*, zgârcenie *(f)*, parcimonie *(f)*
tacaño • *adj* ciufut
tácitamente • *adv* în mod tacit
táctica • *n* tactică *(f)*
tacuacín • *n* oposum *(m)*, sarigă *(f)*
tacuazín • *n* oposum *(m)*, sarigă *(f)*
tacuche • *n* costum *(n)*
tahona • *n* brutarie
taiga • *n* taiga
tala • *n* sâmbovină *(f)*
taladradora • *n* burghiu, sfredel
taladro • *n* burghiu, sfredel
talego • *n* pungă *(f)*, sac
talento • *n* dar *(n)*, abilitate *(f)*, pricepere *(f)*, talent *(n)*

talio • *n* taliu *(n)*
talismán • *n* amuletă *(f)*, talisman, amuletă
tallarín • *n* tăiței
taller • *n* autoservice *(n)*, atelier *(n)*
tallo • *n* tulpină *(f)*, trunchi, tulpină *(f)*
talón • *n* călcâi, cec
talonador • *n* taloner
talonadora • *n* taloner
tamarindo • *n* tamarin *(m)*
también • *adv* și, de asemenea, încă, deasemenea
tambor • *n* tobă *(f)*
tamiz • *n* sită *(f)*
tamizar • *v* strecura
tampoco • *adv* nici
tan • *adv* la fel de, atât
tanda • *n* dată *(f)*, oară *(f)*
tangente • *n* tangentă *(f)*
tangible • *adj* tangibil *(m)*, palpabil *(m)*
tanque • *n* tanc rezervor *(n)*, rezervor *(n)*, recipient, tanc
tántalo • *n* tantal *(n)*
tantear • *v* bîjbîi
tantos • *n* scor *(m)*
tapa • *n* capac *(f)*
tapador • *n* protecție *(f)*, apărătoare *(f)*
tapar • *v* închide
tapicería • *n* capitonare *(f)*
tapir • *n* tapir *(m)*

tarabilla • *n* mărăcinar *(m)*
tararear • *v* fredona
tarde • *n* seară, noapte, după-amiază *(f)* • *adj* târziu • *adv* târziu
tarea • *n* temă *(f)*
tarifa • *n* tarif *(n)*, bilet *(n)*
tarjeta • *n* card *(m)*, carte *(f)*
tarro • *n* călifar *(m)*
tarta • *n* tort, prăjitură *(f)*, turtă *(f)*
tartamudear • *v* bâlbâi
tartamudeo • *n* bâlbâire, Balbism
tasa • *n* taxă *(f)*, impozit *(n)*, dare
tasación • *n* evaluare *(f)*, apreciere *(f)*
tatú • *n* tatu *(m)*
tatuaje • *n* tatuaj *(n)*
tatuar • *v* tatua
tauromaquia • *n* coridă *(f)*
tautología • *n* tautologie *(f)*, pleonasm *(n)*
taxi • *n* taximetru
taxímetro • *n* taximetru
taxonomía • *n* taxonomie *(f)*
taza • *n* ceașcă *(f)*, cană *(f)*
tazón • *n* castron *(n)*
té • *n* ceai *(m)*
teatral • *adj* teatral *(n)*
teatro • *n* teatru *(m)*
teca • *n* tec *(m)*
techar • *v* șindrili
techo • *n* plafon *(n)*, tavan *(n)*, acoperiș *(n)*, acoperământ *(n)*
tecla • *n* clapă *(f)*, tastă *(f)*
teclado • *n* tastatură *(f)*, claviatură *(f)*
tecnecio • *n* technețiu *(n)*
técnica • *n* tehnică
técnico • *adj* tehnic *(n)*, tehnici, tehnică *(f)*
tecnocracia • *n* tehnocrație
tecnología • *n* tehnologie *(f)*, tehnologie
tecnológico • *adj* tehnologic *(n)*
tecolote • *n* bufniță
tedio • *n* plictiseală *(f)*, urât *(n)*, anosteală *(f)*
teísmo • *n* teism *(n)*
teja • *n* țiglă *(f)*, olan *(n)*
tejado • *n* acoperiș *(n)*
tejer • *v* țese
tejido • *n* țesătură *(f)*, material țesut *(n)*, textile, țesut *(n)*, batistă *(f)*, șervețel *(n)*
tejo • *n* tisă, tisă *(f)*
tejón • *n* coati *(m)*, viezure *(m)*, bursuc *(m)*
tela • *n* țesătură *(f)*, material țesut *(n)*, textile, pânză *(f)*, stofă *(f)*
telar • *n* război de țesut *(n)*
telefonear • *v* suna, telefona
telefonema • *n* chemare

teléfono • *n* telefon *(n)*
telégrafo • *n* telegraf
telegrama • *n* telegramă *(f)*, telegrame
telepatía • *n* telepatie *(f)*
telescópico • *adj* telescopic *(n)*
telescopio • *n* telescop *(n)*, lunetă *(f)*
televisión • *n* televiziune *(f)*, televizor *(n)*
televisor • *n* televizor *(n)*
telón • *n* cortină *(f)*
teluro • *n* telur *(n)*
tema • *n* temă, temă *(f)*, subiect *(n)*, subiect *(n)*, temă *(f)*
temblar • *v* tremura
temblor • *n* cutremur *(n)*
temer • *v* teme
temeridad • *n* temeritate *(f)*
temor • *n* frică *(f)*, teamă *(f)*, temere *(f)*, spaimă *(f)*
témpano • *n* aisberg *(n)*
temperamento • *n* caracter *(n)*, fire *(f)*
temperatura • *n* temperatură *(f)*
tempestad • *n* furtună *(f)*, furtună
tempestuoso • *adj* furtunos *(m)*, turbulent *(n)*
templanza • *n* sobrietate *(f)*, cumpătare *(f)*
templar • *v* reveni, căli, tempera, modera, regula
temple • *n* revenire *(f)*
templo • *n* templu *(n)*
temporal • *n* furtună, vijelie *(f)*
temporizador • *n* cronometru *(n)*, cronograf *(n)*, regulator de timp, timpizor *(n)*
temprano • *adv* devreme • *adj* devreme, timpuriu
tenaz • *adj* tenace, imobil, nemișcabil, nemișcat, ferm, de neclintit
tenaza • *n* clește *(m)*
tendencia • *n* tendință *(f)*, înclinație *(f)*
tendón • *n* tendon *(n)*, ligament *(n)*, capăt de mușchi *(n)*
tenebroso • *adj* tenebros, întunecat
tenedor • *n* furculiță *(f)*
tenencia • *n* posesie *(f)*
tener • *v* ține, avea
tenida • *n* costum *(n)*
tenis • *n* tenis *(n)*
tensar • *v* a contracta, strânge
tensión • *n* tensiune *(f)*, încordare *(f)*
tentador • *adj* seducător, tentant, încântător, atrăgător
tentar • *v* tenta
tentativa • *n* tentativă *(f)*
tenue • *adj* vag *(n)*, încet, tern *(n)*, prevenitor *(m)*, afabil, gentil, pritenos

teñir • *v* colora
teología • *n* teologie *(f)*
teológico • *adj* teologic *(n)*
teoría • *n* teorie *(f)*, teorii, ipoteză, supoziție, teoremă, presupunere *(f)*, teorie
teosofía • *n* teozofie *(f)*
terapeuta • *n* terapeut
terapéutico • *adj* terapeutic *(n)*
terbio • *n* terbiu *(n)*
tercero • *n* cel de al treilea *(n)*, cea de a treia *(f)*
tercio • *n* treime *(f)*, regiment de infanterie *(n)*
terciopelado • *adj* catifelat
terciopelo • *n* catifea *(f)*
teriología • *n* mamalogie *(f)*
termal • *adj* termal, termic
termes • *n* termită *(f)*
terminación • *n* terminare *(f)*, sfârșire, încheiere *(f)*
terminal • *n* terminal *(n)*
terminar • *v* termina, finisa, completa, sfârși, slobozi
término • *n* termen, expresie, cuvânt
terminología • *n* terminologie *(f)*, terminologie
términos • *n* limită *(f)*, condiție *(f)*, clauză *(f)*
termistor • *n* termistor
termita • *n* termită *(f)*
termómetro • *n* termometru *(n)*
termosfera • *n* termosferă *(f)*
ternera • *n* vițel *(m)*, vițea *(f)*, carne de vițel *(f)*
ternero • *n* vițel *(m)*, vițea *(f)*
terno • *n* costum *(n)*
ternura • *n* afecțiune *(f)*, dezmierdare *(f)*, îndrăgire *(f)*, tandrețe *(f)*, educare *(f)*, creștere *(f)*, cultivare
terquedad • *n* încăpățânare *(f)*, obstinație *(f)*
terrado • *n* terasă *(f)*
terraplenar • *v* terasa
terrateniente • *n* gazdă *(f)*
terraza • *n* terasă *(f)*
terremoto • *n* cutremur *(n)*
terreno • *n* pământ, domeniu *(n)*, teren, sferă, câmp, teren *(n)*
terrible • *adj* lamentabil, oribil, teribil, atroce, îngrozitor, groaznic, teribil *(m)*
territorial • *adj* teritorial *(n)*
territorio • *n* teritoriu *(m)*
terror • *n* spaimă, teroare *(f)*
terrorismo • *n* terorism *(m)*
terrorista • *n* terorist *(m)*, teroristă *(f)* • *adj* terorist *(n)*, teroristă *(f)*
tesoro • *n* iubit *(m)*, iubită *(f)*, drag *(m)*, dragă *(f)*, comoară *(f)*, tezaur *(n)*, tezaur literar *(n)*
test • *n* examen, probă, test
testa • *n* cap *(n)*
testamento • *n* testament *(n)*
testarudez • *n* încăpățânare *(f)*, încăpățânare *(f)*, obstinație *(f)*
testicular • *adj* testicular
testigo • *n* martor
testimonio • *n* depoziție *(f)*, declarație *(f)*, depoziție scrisă *(f)*
testosterona • *n* testosteron *(m)*
teta • *n* mamelon *(n)*, sfârc *(n)*, țâță *(f)*, sân *(m)*, piept *(f)*, sân *(m)*
tetera • *n* ceainic, ibric *(n)*
texto • *n* manual *(n)*
tez • *n* trăsătura *(f)*, ten *(f)*
tía • *n* mătușă *(f)*
tibio • *adj* dezinteresat
tiburón • *n* rechin *(m)*
tiempo • *n* timp *(n)*, timpuri, timpi, vreme, stare atmosferică *(f)*, timp
tienda • *n* magazin *(n)*, spațiu comercial
tierno • *adj* iubit, gentil, dulce, drăguț
tierra • *n* pământ, uscat *(n)*, pământ *(n)*, sol *(n)*, lume
tieso • *n* erecție *(f)*
tifón • *n* taifun *(n)*
tifus • *n* tifos *(n)*
tigre • *n* tigru *(m)*, jaguar *(m)*
tigrecillo • *n* ocelot *(m)*
tigresa • *n* tigroaică *(f)*
tigrillo • *n* ocelot *(m)*
tijera • *n* foarfece, foarfecă
tijereta • *n* urechelniță *(f)*
tilde • *n* accent *(n)*
tilo • *n* tei, tei *(m)*
timar • *v* înșela, frauda, defrauda
timbre • *n* sonerie *(f)*
timidez • *n* timiditate *(f)*
timón • *n* cârmă *(f)*, cârmă *(f)*, timonă *(f)*
tina • *n* cadă *(f)*
tinamú • *n* tinamu *(m)*
tinaquero • *n* corcitură
tincar • *v* trece
tinta • *n* cerneală *(f)*
tinto • *n* cafea *(f)*
tío • *n* tip *(m)*, unchi
tipo • *n* tip *(m)*, fel, gen, fel *(f)*
tipografía • *n* tipografie, tipar
tipográfico • *adj* tipografic, de tipografie
tiranía • *n* tiranie *(f)*
tiránico • *adj* opresiv, tiranic, despotic, tiranic *(n)*

tiranosaurio • *n* tiranozaur *(m)*
tirar • *v* fute, trage, strica, băga, a trage cu praştia, arunca
tirarse • *v* fute
tiritar • *v* tremura
tiro • *n* tras *(n)*, tragere *(f)*
tirón • *n* răsucire
tirosina • *n* tirozină *(f)*
titanio • *n* titan *(n)*
títere • *n* păpuşă *(f)*, marionetă *(f)*
titilar • *v* stimula, excita, gâdila, stârni, licări, pâlpâi
titular • *adj* titular *(m)*, beneficiar *(m)* • *v* desemna
título • *n* grad academic *(n)*, diplomă academică *(f)*, titlu *(n)*, titlu *(n)*
tiza • *n* cretă *(f)*
tlacuache • *n* oposum *(m)*, sarigă *(f)*
toalla • *n* prosop *(n)*
tobillo • *n* gleznă *(f)*
tobo • *n* găleată *(f)*, căldare *(f)*
tobogán • *n* tobogan *(n)*
tocar • *v* atinge, cânta, emoţiona, simţi
tocaya • *n* tiz *(m)*
tocayo • *n* tiz *(m)*
toche • *n* tatu *(m)*
tocino • *n* bacon *(n)*, slănină *(f)*, lard, porc *(m)*
tocón • *n* ciot *(n)*
todavía • *adv* şi, încă
todo • *adv* tot *(m)*, toata *(f)*, toţi, toate • *n* tot • *pron* tot
todopoderoso • *adj* atotputernic, omnipotent
todos • *pron* oricine, toţi, fiecare, fiecine, toată lumea, toţi oamenii *(m)*
toisón • *n* lână
tolerable • *adj* tolerabil *(n)*
tolerancia • *n* rezistenţă *(f)*, tolernaţă *(f)*, toleranţă *(f)*, acceptare *(f)*, conformare
tolerante • *adj* tolerant *(n)*, toleranţă *(f)*, indulgent *(n)*, blând *(n)*, îngăduitor *(n)*
tolerar • *v* tolera, suporta
tomador • *n* beţiv *(m)*, beţivă *(f)*, beţivan *(m)*, beţivană *(f)*
tomar • *v* bea, ţine, lua
tomate • *n* roşie *(f)*, tomată *(f)*
tomillo • *n* lămâioară *(f)*, cimbru *(m)*
tonel • *n* bute *(f)*, butoi *(n)*, butoi, bute
tonelero • *n* dogar *(m)*
tono • *n* ton, înălţime *(f)*
tonsurar • *v* tunde
tontería • *n* rahat, căcat *(n)*, vrăjeală *(f)*, nonsens *(n)*, absurditate *(f)*, nonsens
tonterías • *n* nerozie *(f)*, nerozii, prostie *(f)*
tonto • *n* prost *(m)*

topacio • *n* topaz *(n)*
topetada • *n* izbitura *(f)*, lovitura puternica cu capul
topetar • *v* lovi puternic, izbi cu capul
topetazo • *n* izbitura *(f)*, lovitura puternica cu capul
topillo • *n* şoarece-de-câmp *(m)*
topo • *n* cârtiţă *(f)*, sobol *(m)*
topología • *n* topologie *(f)*
torcecuello • *n* capîntortură *(f)*
torcer • *v* răsuci, învârti, întortochea, stoarce
torcido • *adj* strâmb
tordo • *n* sturz *(m)*
toreo • *n* coridă *(f)*
torio • *n* toriu *(n)*
tormenta • *n* furtună *(f)*, furtună
tormento • *n* chin *(n)*, turment *(n)*, zbucium *(n)*
tornado • *n* tornadă *(f)*
tornasol • *n* floarea soarelui *(f)*
tornillo • *n* bolţ, şurub *(n)*
torniquete • *n* turnichet
torno • *n* strung *(n)*
toro • *n* bou *(m)*, taur *(m)*
torpe • *adj* neîndemânatic, stângaci, grosolan, butucănos, greoi
torpedo • *n* torpilă *(f)*, torpedo *(n)*
torre • *n* zgârie-nori, building *(n)*, turn, turlă *(f)*, turn *(n)*
torrente • *n* torent *(n)*, puhoi
torso • *n* trunchi *(n)*, trup *(n)*, tors *(n)*
torta • *n* sandviş *(n)*, tort, prăjitură *(f)*, turtă *(f)*
tortita • *n* clătită *(f)*
tortuga • *n* broască ţestoasă *(f)*, ţestoasă *(f)*
tortura • *n* tortură *(f)*, chin *(n)*
torturar • *v* tortura, chinui
torvo • *adj* dubios
tos • *n* tuse
tosco • *adj* grosier, aspru
toser • *v* tuşi
tostado • *adj* bronzat, cafeniu • *n* bronz *(n)*, bronzare *(f)*
totalidad • *n* tot *(n)*, totalitate *(f)*, întreg *(m)*, total *(n)*
totalmente • *adv* total *(m)*, bine
tótem • *n* totem
totol • *n* curcan *(m)*, curcă *(f)*
tóxico • *adj* otrăvitor, veninos, toxic
toxicología • *n* toxicologie *(f)*
trabajador • *adj* industrios, harnic, laborios, sârguincios, muncitor, diligent • *n* lucrător *(m)*, lucrătoare *(f)*, muncitor *(m)*, muncitoare *(f)*
trabajar • *v* face, munci, lucra

trabajo • *n* muncă *(f)*, efort *(n)*, lucrare *(f)*, serviciu *(n)*, ocupaţie *(f)*, îndeletnicire *(f)*
tractor • *n* tractor *(n)*
tradición • *n* tradiţie *(f)*, datină *(f)*
tradicional • *adj* tradiţional
traducción • *n* translaţie *(f)*, traducere *(f)*
traducir • *v* traduce
traductor • *n* traducător *(m)*, interpret *(m)*, translator *(m)*
traductora • *n* traducător *(m)*, interpret *(m)*, translator *(m)*
traer • *v* aduce
tragaluz • *n* lucarnă
tragar • *v* înghiţi
tragedia • *n* tragedie *(f)*
trago • *n* băutură *(f)*, înghiţitură *(f)*, gură *(f)*, pileală
traición • *n* trădare
traicionar • *v* trăda
traidor • *n* delator, denunţător, informator, iudă, trădător, turnător, vânzător, trădător
traidora • *n* trădător
traje • *n* costum *(n)*, rochie *(f)*, rochii
trama • *n* subiect *(n)*, reţea, latice
tramar • *v* urzi
tramoyista • *n* maşinist
trampolín • *n* trambulină *(f)*, trambulină
tranca • *n* penis *(m)*, pulă, pulă *(f)*, miel *(m)*
tranquilamente • *adv* calm
tranquilidad • *n* seninătate
tranquilo • *adj* încet, relaxat *(m)*, calm, liniştit, netulburat
transatlántico • *adj* transatlantic *(n)*, transatlantică *(f)*
transbordador • *n* bac *(m)*
transbordo • *n* transbordare *(f)*
transcribir • *v* transcrie
transcripción • *n* transcripţie *(f)*, transliteraţie *(f)*
transferir • *v* transfera
transformación • *n* transformare *(f)*
transformador • *n* transformator *(n)*
transfusión • *n* transfuzie de sânge *(f)*
transgredir • *v* greşi
transitivo • *adj* tranzitiv
transitorio • *adj* trecător, efemer, tranzient, tranzitoriu
transliteración • *n* transcripţie *(f)*, transliteraţie *(f)*
transmisor • *n* transmiţător
transmutar • *v* a transmuta
transmutarse • *v* a transmuta

transparencia • *n* transparenţă *(f)*
transparente • *adj* transparent *(n)*, clar, limpede, clar *(n)*, evident *(n)*, limpede *(n)*, vădit *(n)*
transportar • *v* transporta, căra
transporte • *n* transportare
tranvía • *n* tramvai
trapo • *n* cârpă *(f)*, zdreanţă *(f)*, cârpitură *(f)*, vechitură *(f)*
tráquea • *n* gât, trahee
tras • *prep* în căutarea, pe urmele, după, în urmă
trascendental • *adj* transcendental *(n)*
trasero • *n* cur *(n)*, fund *(n)*, spate • *adj* în spatele
trasformar • *v* transforma
trasgo • *n* iazmă *(f)*
traslación • *n* translaţie *(f)*
trasladar • *v* transporta, căra, a transmuta, mişca, muta
trasladarse • *v* a transmuta
trasojado • *adj* epuizat *(n)*, istovit *(n)*, secătuit, obosit *(n)*
trasto • *n* ruină *(f)*, epavă *(f)*
trastonado • *adj* nebun *(m)*, înnebunit, tulburat
trastornado • *adj* nebun *(m)*, înnebunit, tulburat, supărat
trastorno • *n* tulburare *(f)*, perturbaţie *(f)*
trata • *n* trata *(f)*
tratado • *n* tratat *(n)*, convenţie *(f)* • *v* trata
tratamiento • *n* tratament
tratar • *v* trata, negocia, încerca, proba, îngriji
trato • *n* afacere *(f)*, tratament
traumático • *adj* traumatic
travesaño • *n* treaptă
traviesa • *n* traversă *(f)*
travieso • *adj* răutăcios, răuvoitor, obraznic, rău
trayectoria • *n* traiectorie *(f)*
traza • *n* urmă
trébol • *n* trifoi *(n)*, trifoi
tregua • *n* armistiţiu *(n)*
tren • *n* tren *(n)*
trenza • *n* împletitură *(m)*, şiret *(m)*
trenzar • *v* împleti
trepar • *v* încăleca
trepidación • *n* trepidaţie *(f)*, trepidare *(f)*
triángulo • *n* triunghi *(n)*
tribu • *n* trib *(n)*
tribulo • *n* colţii-babei *(m)*
tribunal • *n* curte
tributario • *n* afluent *(m)*

triciclo • *n* triciclu *(m)*
tridimensional • *adj* tridimensional *(n)*, tridimensională *(f)*
trifulca • *n* încăierare *(f)*, ceartă *(f)*
trigésima • *adj* al treizecilea *(m)*, a treizecea *(f)*
trigésimo • *adj* al treizecilea *(m)*, a treizecea *(f)*
trigo • *n* grâu *(m)*, grâne
trigonometría • *n* trigonometrie *(f)*
trilla • *n* rândunică-de-mare *(f)*
trillar • *v* treiera
trimestre • *n* trimestru *(n)*, trimestru, trimestru *(n)*
trinche • *n* furcă *(f)*, furculiță *(f)*
trinchera • *n* șanț *(m)*
trineo • *n* sanie *(f)*
trinidad • *n* triadă *(f)*
trinitaria • *n* bougainvillea *(f)*
trío • *n* triadă *(f)*
tripa • *n* mațe, măruntaie, intestin, mâț, intestine
tripas • *n* mațe, măruntaie
triple • *n* triplu *(n)*
triptófano • *n* triptofan *(m)*
triquitraque • *n* petardă *(f)*, pocnitoare *(f)*
triste • *adj* trist, tristă *(f)*, abătut *(n)*, abătută *(f)*, bolnăvicios, slab, deprimat *(m)*, trist *(m)*, lugubru
tristeza • *n* tristețe *(f)*, întristare *(f)*, mâhnire *(f)*, supărare *(f)*, nefericire *(f)*, durere *(f)*
tritón • *n* triton *(m)*
triturar • *v* măcina, pisa
triunfador • *adj* triumfător *(m)*, victorios *(m)*, triumfant *(m)*
triunfante • *adj* triumfător *(m)*, victorios *(m)*, triumfant *(m)*
triunfar • *v* triumfa, învinge
triunfo • *n* atu *(n)*, triumf *(n)*
trivial • *adj* mărunt
trofeo • *n* trofeu *(n)*
trol • *n* troll *(m)*, trol *(m)*, трол *(m)*
trombón • *n* trombon *(n)*
trombosis • *n* tromboză *(f)*
trompeta • *n* trompetă *(f)*
tronada • *n* furtună *(f)*
tronar • *v* tuna
tronco • *n* buștean *(m)*, trunchi *(n)*
trono • *n* tron *(n)*, scaun *(n)*
tropezar • *n* împiedicare *(f)*, poticneală *(f)* • *v* împiedica
tropical • *adj* tropical *(n)*, tropicală *(f)*
tropo • *n* trop *(m)*
troposfera • *n* troposferă *(f)*
tropósfera • *n* troposferă *(f)*
trotar • *v* trota
trovador • *n* trubadur
trovadora • *n* trubadur
trozo • *n* parte *(f)*
trucha • *n* păstrăv *(m)*
trueno • *n* tunet
trufa • *n* trufă
trusa • *n* chiloți
try • *n* încercare *(f)*
tú • *pron* tu, dumneata, dumneavoastră, tu
tuberculosis • *n* tuberculoză *(f)*
tucán • *n* tucan *(m)*
tucúquere • *n* bufniță
tucusito • *n* colibri
tueco • *n* ciot *(n)*
tuerca • *n* piuliță *(f)*
tuerto • *adj* cu un singur ochi, chior *(m)*
tufo • *n* putoare *(f)*
tulio • *n* tuliu *(n)*
tulipán • *n* lalea *(f)*, tulipă *(f)*
tumba • *n* mormânt, mormânt *(m)*
túmulo • *n* tumul *(m)*
tunco • *n* porc *(m)*
tundir • *v* tunde
tundra • *n* tundră *(f)*
túnel • *n* tunel *(n)*
tungsteno • *n* tungsten *(n)*, wolfram
túnica • *n* tunică *(f)*
turba • *n* mulțime *(f)*, masă de oameni *(f)*, gloată
turbio • *adj* tulbure *(f)*, dubios
turbulencia • *n* tulburare *(f)*, turbulență *(f)*
turbulento • *adj* turbulent *(n)*
turca • *n* pulă *(f)*, miel *(m)*
turismo • *n* turism *(n)*
turista • *n* turist *(m)*, turiști, turistă *(f)*
turón • *n* nevăstuică *(f)*, dihor
turquesa • *n* turcoaz, turcoază *(f)*, peruzea *(f)* • *adj* turcoaz
tusa • *n* știulete
tusilago • *n* podbeal *(m)*
tuto • *n* somnolență *(f)*
tutor • *n* preceptor *(m)*

U

u • *conj* ori, sau
ubicación • *n* poziție *(f)*, localizare *(f)*, situare *(f)*, situație *(f)*
ubicuo • *adj* ubicuu, omniprezent *(m)*, omniprezentă *(f)*
ubre • *n* uger
ufanía • *n* automulțumire *(f)*, autoîncântare *(f)*
úlcera • *n* ulcer *(n)*
últimamente • *adv* recent, de curând, în ultimul timp
último • *adj* ultim
ultraje • *n* ultraj *(n)*
ultratumba • *n* viața de dincolo *(f)*, viața de mai târziu *(f)*
ultravida • *n* viața de dincolo *(f)*, viața de mai târziu *(f)*
umbela • *n* umbelă *(f)*
umbral • *n* prag *(n)*
umbroso • *adj* umbros
un • *art* un *(m)*, o *(f)*
una • *art* un *(m)*, o *(f)*
uncir • *v* înjuga
undécima • *n* cel al unsprezecelea *(m)*, cea a unsprezecea *(f)*
undécimo • *n* cel al unsprezecelea *(m)*, cea a unsprezecea *(f)*
única • *adj* unic *(n)*
únicamente • *adv* numai
único • *adj* singur, unit, unitar *(n)*, întreg, nedivizat *(n)*, unic, unic *(n)*, unic *(m)*
unicornio • *n* unicorn *(m)*
unidad • *n* unitate *(f)*, unire
unido • *adj* unit *(n)*, unită *(f)*
unificación • *n* unificare *(f)*
uniforme • *n* uniformă *(f)*
unilateral • *adj* unilateral *(m)*, unilaterală *(f)*
unión • *n* joncțiune, unire *(f)*, legare *(f)*, conjuncționalizare, conjunctare, unire, unitate *(f)*, uniune *(f)*, uniune
unir • *v* îmbina, combina, fixa, atașa, uni
universidad • *n* școală superioară *(f)*, universitate *(f)*, facultate *(f)*, colegiu *(n)*
universo • *n* univers *(n)*
uno • *n* unu *(m)*
untar • *v* badijona
uña • *n* unghie *(f)*
uranio • *n* uraniu *(n)*
urbanización • *n* urbanizare *(f)*
urbe • *n* oraș *(n)*, cetate *(f)*, urbe *(f)*
urdimbre • *n* urzeală, natră *(f)*
urna • *n* sicriu *(n)*, coșciug *(n)*
uro • *n* bour *(m)*
urogallo • *n* cocoșul de munte, cocoș-de-munte *(m)*, cocoș-sălbatic *(m)*
urraca • *n* gaiță *(f)*, coțofană *(f)*
usado • *v* purtat *(n)*
usar • *v* utiliza, folosi
uso • *n* folosire *(f)*, uz *(f)*, întrebuințare *(f)*
usted • *pron* tu, dumneata, dumneavoastră
ustedes • *pron* tu, dumneata, dumneavoastră, voi
usual • *adj* uzual *(n)*, obișnuit *(n)*
usualmente • *adv* de obicei, în general
usuario • *n* utilizator *(m)*, consumator *(m)*, utilizatoare *(f)*
usurpador • *n* uzurpator *(m)*
usurpar • *v* uzurpa, răpi
utensilio • *n* unealtă, instrument *(n)*
útero • *n* uter *(n)*, matcă *(f)*
útil • *n* provizie, rezervă • *adj* util, folositor, trebuincios *(n)*, ajutător *(m)*
utilidad • *n* utilitate, folos, utilitate *(f)*, folosință *(f)*
utilizar • *v* utiliza, folosi
utopía • *n* utopie *(f)*
uuh • *interj* bau
uva • *n* strugure *(m)*
úvula • *n* uvulă *(f)*
uy • *interj* ai, au, ah, vai, aoleu

V

vaca • *n* vacă *(f)*
vacaciones • *n* vacanță
vacante • *adj* gol
vaciar • *v* goli, descărca, deșerta, liber *(n)*
vacilar • *v* oscila, ezita, șovăi, pregeta, codi
vacío • *n* vid *(n)* • *adj* nesubstanțial *(m)*, vid, gol, deșert, golit *(n)*
vacuna • *n* vaccin
vacuno • *n* vită *(f)*
vado • *n* vad *(n)*
vagabundo • *n* vagabond *(m)* • *adj* fără casă, fără adăpost, vagabond
vagar • *v* hoinări, umbla, plimba
vagina • *n* vagin *(n)*
vago • *adj* leneș, puturos, indolent
vagón • *n* vagon *(n)*

vaina • *n* teacă *(f)*, păstaie *(f)*, silicvă *(f)*
vainilla • *n* vanilie *(f)*
vaivoda • *n* voievod *(m)*
vale • *interj* e drept, aşa-i
valentía • *n* curaj *(n)*
valeroso • *adj* curajos, brav
validez • *n* validitate *(f)*
válido • *adj* valid
valiente • *adj* viteaz, curajos, brav
valina • *n* valină *(f)*
valioso • *adj* valoros, preţios
valla • *n* obstacol *(n)*, gard
valle • *n* vale *(f)*
valor • *n* valoare *(f)*, bravură *(f)*, curaj *(n)*, bărbăţie *(f)*, temeritate *(f)*, cutezanţă *(f)*, neînfricare *(f)*
valoración • *n* estimare, evaluare *(f)*, apreciere *(f)*
valquiria • *n* walkirie
válvula • *n* valvă *(f)*, ventil *(n)*
vampiro • *n* vampir *(m)*, vampiră *(f)*, strigoi, vârcolac, vampiri, strigoaie *(f)*
van • *n* furgonetă *(f)*
vanadinita • *n* vanadinit *(n)*
vanadio • *n* vanadiu *(n)*
vándala • *n* huligan *(m)*
vandalismo • *n* vandalism *(n)*
vándalo • *n* huligan *(m)*
vanguardia • *n* avangardă *(f)*, gardă *(f)*, pază *(f)*, apărare *(f)*, antegardă *(f)*
vanidad • *n* trufie *(f)*, vanitate *(f)*, mândrie, îngâmfare *(f)*
vapor • *n* abur *(m)*
vaquera • *n* văcăriţă *(f)*
vaquero • *n* văcar, boar, văcar *(m)*
vara • *n* rămurea *(f)*, rămurică *(f)*, nuia *(f)*, vargă *(f)*, smicea *(f)*
varas • *n* portativ *(n)*
variable • *n* variabilă, parametru • *adj* variabil *(n)*
variación • *n* variaţie *(f)*, variere *(f)*
variante • *n* deviaţie *(f)*, ocolire *(f)*
variedad • *n* rasă *(f)*, varietate *(f)*, sort *(n)*, fel *(n)*, sortiment *(n)*
variegado • *adj* vărgat, bălţat
varios • *adj* amestecat *(n)*, divers *(n)*
varón • *n* bărbat *(m)*, mascul *(m)*, băiat, fiu
varonil • *adj* masculin, bărbătesc, viril
vasallo • *n* vasal *(m)*
vasija • *n* recipient, vas *(n)*
vaso • *n* recipient, vas *(n)*, pahar *(n)*, ambarcaţiune *(f)*
váter • *n* toaletă *(f)*, closet *(n)*
veces • *n* dată *(f)*, oară *(f)*
vecindad • *n* vecinătate
vedar • *v* interzice

vega • *n* livadă
vegetación • *n* vegetaţie *(f)*
vegetal • *n* plantă *(f)*, vegetală *(f)*, legumă *(f)* • *adj* vegetal *(n)*
vegetariana • *n* vegetariană *(f)*, vegetarian *(m)*
vegetarianismo • *n* vegetarianism *(n)*
vegetariano • *n* vegetariană *(f)*, vegetarian *(m)* • *adj* vegetarial *(m)*
vehemencia • *n* vehemenţă *(f)*
vehículo • *n* vehicul *(n)*
vejación • *n* vexaţiune *(f)*, vexare *(f)*
vejiga • *n* vezică *(f)*, băşică *(f)*
vela • *n* velă *(f)*, pânză *(f)*, lumânare
veladura • *n* emailat *(n)*
velero • *n* planor *(n)*
velludo • *adj* păros
velo • *n* văl, voal
velocidad • *n* viteză *(f)*, rapiditate *(f)*, iuţeală *(f)*
velocímetro • *n* vitezometru *(n)*
vena • *n* venă *(f)*, vână
venado • *n* cerb *(m)*, ciută *(f)*, căprioară
vencedor • *n* câştigător *(m)*, câştigătoare *(f)*
vencejo • *n* drepnea
vencer • *v* învinge, înfrânge, bate
venda • *n* bandaj, faşă, pansament
vendaje • *n* bandaj, faşă, pansament
vendaval • *n* vijelie *(f)*
vendedor • *n* vânzător, vânzătoare *(f)*, vânzător *(m)*, vânzătoare *(f)*
vendedora • *n* vânzător *(m)*, vânzătoare *(f)*
vender • *v* vinde
veneno • *n* otravă *(f)*, venin *(n)*
venenoso • *adj* otrăvitor, veninos, malitios *(m)*, ranchiunos *(m)*
venganza • *n* răzbunare *(f)*
vengar • *v* răzbuna
vengativo • *adj* vindicativ, răzbunător, duşmănos *(m)*, ranchiunos *(m)*
venia • *n* salut *(n)*, salutare *(f)*
venida • *n* venire *(f)*, sosire *(f)*
venidero • *adj* viitor
venir • *v* veni, slobozi
venirse • *v* slobozi
venta • *n* vânzare *(f)*, vindere *(f)*
ventaja • *n* avantaj *(n)*, avantaj *(n)*
ventajoso • *adj* avantajos *(n)*
ventana • *n* fereastră *(f)*
ventilador • *n* ventilator *(n)*
ventilar • *v* vântura
ventoso • *adj* vântos
ventral • *adj* ventral *(n)*
ver • *v* vedea
veranear • *v* văra

veranera • *n* bougainvillea *(f)*
verano • *n* vară *(f)*
verbal • *adj* verbal *(m)*, oral *(m)*
verbo • *n* verb *(n)*
verdad • *n* adevăr *(n)*, corectitudine *(f)*, sinceritate, bună credință *(f)*, veridicitate, adevăr, veridicitate *(f)* • *interj* nu-i așa?, și atunci?
verdaderamente • *adv* pe bune, într-adevăr
verdadero • *adj* adevărat *(n)*, loial *(n)*, fidel *(n)*, sincer *(n)*
verde • *n* verde • *adj* verde
verdecillo • *n* scatiu *(m)*
verdolaga • *n* agurijoară *(f)*, iarbă-grasă *(f)*, portulacă *(f)*
verdoso • *adj* verzui, verziu, verzuriu
verdugo • *n* călău *(m)*, gâde *(m)*, gealat *(m)*
verdura • *n* legumă, legume
vereda • *n* caldarâm *(n)*, trotuar *(n)*
verga • *n* penis *(m)*, pulă, pulă *(f)*, miel *(m)*
vergar • *v* fute, băga
vergón • *adj* pulos
vergüenza • *n* jenă *(f)*, rușine *(f)*
verificación • *n* inspecție *(f)*, control *(n)*, verificare
verificar • *v* verifica
verme • *n* larvă, vierme
vermellón • *n* vermillon
vermillo • *n* vermillon
verosimilitud • *n* probabilitate, verosimilitate
verraco • *n* vier, mascur
verruga • *n* neg, gâlmă *(f)*
verruguera • *n* calcea calului *(f)*
versátil • *adj* versatil, multilateral
vértebra • *n* vertebră *(f)*
vertebrado • *n* vertebrat *(n)*
verter • *v* turna
vertical • *adj* vertical *(n)*
vestíbulo • *n* vestibul *(n)*, antreu *(n)*, hol de intrare *(n)*
vestido • *n* costum *(n)*, rochie *(f)*, rochii
vestir • *v* îmbrăca
vestirse • *v* îmbrăca • *n* imbracat
vetar • *v* interzice
veterinario • *n* doctor veterinar *(m)*
vez • *n* dată *(f)*, oară *(f)*
veza • *n* măzăriche *(f)*
vía • *n* cale *(f)*, drum *(n)*, cale ferată *(f)*, rețea feroviară *(f)* • *prep* via
viabilidad • *n* practicabilitate
viajar • *v* călători
viaje • *n* voiaj *(n)*, călătorie *(f)*, excursie *(f)*

viandante • *n* pedestru
víbora • *n* năpârcă *(f)*, viperă, șarpe *(m)*
vibráfono • *n* vibrafon
vibrisa • *n* mustață *(f)*, vibrisă *(f)*
vicio • *n* viciu
víctima • *n* victimă *(f)*, jertfă *(f)*
victoria • *n* victorie *(f)*
victorioso • *adj* victorios *(n)*
vid • *n* viță de vie, viță
vida • *n* viață *(f)*, durată de viață
video • *n* video
vídeo • *n* video
videocasete • *n* videocasetă *(f)*
vidrio • *n* sticlă *(f)*, geam *(n)*
viejo • *adj* vechi, bătrân, antic, fost, anterior
viento • *n* vânt *(n)*, corn *(n)*, cornuri
vientre • *n* abdomen *(n)*, burtă *(f)*, burtă, abdomen, pântece, vintre
vierme • *n* larvă, vierme
viga • *n* grindă *(f)*, bârnă *(f)*, căprior *(m)*
vigilancia • *n* vigilență *(f)*, observare *(f)*, observație *(f)*
vigilante • *adj* vigilent, precaut, atent
vigilar • *v* veghea, păzi, feri, proteja
vigilia • *n* veghe, gardă, ajun *(n)*, preziuă *(f)*, priveghi *(n)*
vigoroso • *adj* viguros *(n)*, viguroasă *(f)*
villa • *n* vilă *(f)*
villano • *n* mișel, spirit rău *(n)*, viclean *(m)*, răufăcător *(m)*
vinagre • *n* oțet *(n)*
vinagrera • *n* măcriș *(m)*, acriș *(n)*
vinajera • *n* oțetar *(n)*
vinculación • *n* conectare *(f)*, legare *(f)*, unire *(f)*, îmbinare *(f)*
vínculo • *n* hyperlink *(n)*, legătură *(f)*
vindicativo • *adj* vindicativ, răzbunător, dușmănos *(m)*, ranchiunos *(m)*
vino • *n* vin *(n)*
viña • *n* vie *(f)*
viñedo • *n* vie *(f)*
viola • *n* violă *(f)*, alto *(m)*
violación • *n* răpire *(f)*, viol *(n)*
violar • *v* răpi, viola, încălca
violencia • *n* violență *(f)*
violento • *adj* violent, violent *(m)*
violeta • *n* violetă *(f)*, viorea *(f)*, violet *(n)*, violă *(f)*, toporaș *(m)*
violín • *n* vioară *(f)*
violinista • *n* violonist *(m)*
violonchelo • *n* violoncel *(n)*
virar • *v* învârti
virgen • *n* fecioară *(f)*, virgină *(f)*, virgin *(m)* • *adj* virgin, virgin, fecioresc, feciorelnic, virgină *(f)*, virgin *(m)*
virginal • *adj* fecioresc, feciorelnic, vir-

gină *(f)*, virgin *(m)*
virginidad • *n* virginitate *(f)*, feciorie *(f)*
viril • *adj* viril
virilidad • *n* virilitate *(f)*
virología • *n* virusologie
virtud • *n* virtute
viruela • *n* variolă *(f)*, vărsat *(n)*
virus • *n* virus, virus *(m)*, virus de computer *(m)*, virus computeric *(m)*, virus informatic *(m)*
visa • *n* viză *(f)*
visado • *n* viză *(f)*
viscosímetro • *n* viscozimetru *(n)*
viscoso • *adj* vâscos, cleios
visibilidad • *n* vizibilitate *(f)*
visible • *adj* vădit *(n)*, evident *(n)*, vizibil *(n)*
visión • *n* viziune *(f)*, vedenie *(f)*, apariție *(f)*, vedere *(f)*, vedere *(f)*, văz *(n)*, punct de vedere *(n)*, obiectiv *(n)*
visionario • *adj* vizionar, vizionar
visir • *n* vezír
visita • *n* vizită *(f)*, vizită *(f)*
visitaflor • *n* colibri
visitar • *v* vizita
visón • *n* nurcă *(f)*
víspera • *n* ajun *(n)*, preziuă *(f)*
vista • *n* vedere *(f)*, vedere *(f)*, priveliște *(f)*, perspectivă *(f)*, văz *(n)*
vistazo • *n* ocheadă *(f)*, privire *(f)*, ochire *(f)*
vitamina • *n* vitamină *(f)*
viticultura • *n* viticultură *(f)*
vitrina • *n* vitrină *(f)*, dulap *(m)*
vituperar • *v* admonestare, certare
viuda • *n* văduvă *(f)*
viudo • *n* văduv • *adj* văduv
vivacidad • *n* vitalitate *(f)*, vioiciune *(f)*, însuflețire *(f)*, vivacitate *(f)*
vivaracho • *adj* deștept
vivencia • *n* experienta, experiență *(f)*
vivienda • *n* apartament *(n)*
viviente • *adj* viu
vivificación • *n* animare *(f)*, însuflețire *(f)*
vivir • *v* locui, a avea locuință, trăi, păți
vivo • *adj* viu, deștept
vizconde • *n* viconte *(m)*

vocablo • *n* cuvânt *(n)*, vorbă *(f)*
vocabulario • *n* vocabular *(n)*, lexic *(n)*, glosar *(n)*
vocal • *n* vocală *(f)*
vocalizar • *v* articula
vociferación • *n* vociferare *(f)*
vodka • *n* vodcă *(f)*
voevoda • *n* voievod *(m)*
voivoda • *n* voievod *(m)*
volador • *n* zmeu *(n)*
volante • *n* foaie volantă *(f)*
volantín • *n* zmeu *(n)*
volátil • *adj* volatil *(m)*
volcán • *n* vulcan *(m)*
volcar • *v* a cauza, provoca, varsa nervii
voleibol • *n* volei *(m)*
voltaje • *n* tensiune *(f)*, voltaj *(n)*
voltereta • *n* tumbă, rostogolire
voltio • *n* volt
volumen • *n* volum *(n)*
voluminoso • *adj* mare, voluminos
voluntad • *n* voință *(f)*
voluntario • *n* voluntar *(m)*, voluntară *(f)*
voluta • *n* șuviță *(f)*, șuvițe
volver • *v* întoarce, deveni • *n* reîntoarcere *(f)*, înapoiere *(f)*, revenire *(f)*
vombátido • *n* wombat *(m)*
vomitar • *v* vomita, borî, vărsa
vos • *pron* tu, dumneata, dumneavoastră
vosotras • *pron* voi, dumneavoastră
vosotros • *pron* tu, dumneata, dumneavoastră, voi
votar • *v* vota
voto • *n* vot *(n)*, jurământ
voz • *n* voce, voci, glas *(n)*, glasuri, diateză *(f)*, sunet, ton *(n)*, voce *(f)*
vuelo • *n* zbor *(n)*, zburare *(f)*
vuelto • *n* schimb (de bani) *(n)*
vulcanología • *n* vulcanologie *(f)*
vulgar • *adj* grosolan *(n)*, comun *(n)*, ordinar *(n)*, vulgar, obscen *(n)*, vulgar *(n)*
vulgo • *n* mulțime *(f)*, masă de oameni *(f)*, gloată
vulnerabilidad • *n* vulnerabilitate *(f)*

W

wáter • *n* toaletă *(f)*, closet *(n)*
watercló • *n* toaletă *(f)*, closet *(n)*
whisky • *n* whisky

wolframio • *n* tungsten *(n)*, wolfram
wombat • *n* wombat *(m)*

X

xenofobia • *n* xenofobie
xenón • *n* xenon *(n)*

xilema • *n* xilem *(n)*

Y

y • *conj* și
ya • *adv* deja, imediat, fără întârziere, numaidecât, de îndată
yac • *n* iac *(m)*
yacer • *v* sta culcat, zăcea, a sta întins, a sta orizontal
yaguareté • *n* jaguar *(m)*
yak • *n* iac *(m)*
yegua • *n* cal, iapă *(f)*
yelmo • *n* cască *(f)*, coif *(m)*
yema • *n* mugure *(m)*, mugur *(m)*, boboc *(m)*, gălbenuș *(n)*
yerno • *n* ginere *(m)*
yesca • *n* iască *(f)*

yesquero • *n* brichetă *(f)*
yihad • *n* jihad *(n)*
yodo • *n* iod *(n)*
yogur • *n* iaurt *(n)*
yóquey • *n* jocheu *(m)*
yoqui • *n* jocheu *(m)*
yuca • *n* yucca *(f)*
yudo • *n* judo
yugo • *n* jug
yunque • *n* nicovală *(f)*, nicovală, ilău
yute • *n* iută *(f)*
yuyo • *n* buruiană

Z

zacate • *n* peluză *(f)*
zafiro • *n* safir *(n)*
zaguate • *n* corcitură
zahína • *n* sorg *(m)*
zambullidor • *n* cufundar *(m)*, corcodel *(m)*
zanahoria • *n* morcov *(m)*, carotă *(f)*
zancada • *n* pas
zanco • *n* piciorong *(n)*
zancudo • *n* țânțar *(m)*
zángano • *n* trântor *(m)*
zanja • *n* șanț *(m)*
zapallo • *n* dovleac, bostan *(m)*
zapata • *n* șaibă *(f)*
zapatera • *n* pantofar *(m)*
zapatero • *n* pantofar *(m)*
zapatilla • *n* papuc *(m)*
zapato • *n* pantof *(m)*, gheată *(f)*, încălțăminte *(f)*
zar • *n* țar *(m)*
zarapito • *n* corlă *(f)*, găinușă-de-baltă *(f)*
zarcillo • *n* cercel *(m)*
zarigüeya • *n* oposum *(m)*, sarigă *(f)*
zarpa • *n* labă *(f)*
zarza • *n* mur *(m)*
zarzamora • *n* mur *(m)*, mură *(f)*, mur *(m)*
zinc • *n* zinc *(n)*
zircón • *n* zircon
zodíaco • *n* zodiac *(n)*
zombi • *n* zombi *(m)*
zombie • *n* zombi *(m)*
zoo • *n* zoo *(f)*, parc zoologic *(n)*, grădină zoologică *(f)*, zooparc *(n)*
zoofilia • *n* bestialitate *(f)*
zoóloga • *n* zoolog *(m)*, zoologă *(f)*
zoología • *n* zoologie *(f)*
zoológico • *n* zoo *(f)*, parc zoologic *(n)*, grădină zoologică *(f)*, zooparc *(n)*
zoólogo • *n* zoolog *(m)*, zoologă *(f)*
zorra • *n* coarda *(f)*, cățea *(f)*, lupoaică *(f)*, vulpoaică *(f)*, cățea *(f)*, vulpiță *(f)*, vulpoaică *(f)*, vulpe *(f)*, curvă *(f)*, târfă *(f)*, prostituată *(f)*
zorro • *n* vulpe *(f)*
zorzal • *n* sturz *(m)*
zozobra • *n* grijă *(f)*, anxietate *(f)*
zozobrar • *v* a rata
zumbador • *n* colibri
zumo • *n* suc *(n)*
zunzún • *n* colibri
zurdo • *n* stângaci

RUMANO-ESPAÑOL

A

a • *interj* eh
abac • *n* ábaco *(m)*
abaca • *n* abacá *(m)*
abajur • *n* pantalla *(f)*
abandon • *n* aborto *(m)*, abandono *(m)*
abandona • *v* renunciar, suspender, abandonar
abandonare • *n* abandono *(m)*
abandonat • *adj* desierto *(m)*, desolado *(m)*, abandonado
abanos • *n* ébano
abator • *n* matadero *(m)*
abațial • *adj* abacial
abație • *n* abadía *(f)*
abătut • *adj* triste, enfermo, mareado
abătută • *adj* triste
abces • *n* absceso *(m)*, flemón *(m)*, furúnculo *(m)*
abdomen • *n* abdomen *(m)*, vientre *(m)*, vientre, barriga, panza
abdominal • *adj* abdominal
abduce • *v* abducir
aberant • *adj* anormal, aberrante
aberanță • *n* aberración *(f)*
aberație • *n* aberración *(f)*
abhora • *v* aborrecer, detestar, abominar
abhorare • *n* repugnancia *(f)*, aborrecimiento *(m)*, odio *(m)*
abia • *adv* apenas
abil • *adj* hábil, diestro, capaz
abilitat • *adj* competente
abilitate • *n* destreza *(f)*, facultad *(f)*, habilidad *(f)*, talento *(m)*, maña *(f)*
abiogeneză • *n* autogénesis *(f)*, generación espontánea *(f)*
abis • *n* abismo *(m)*, sima *(f)*
abisal • *adj* abisal
abject • *adj* bajo, desdeñable, despreciable, abatido
ablațiune • *n* ablación *(f)*
ablaut • *n* apofonía *(f)*
abluțiune • *n* ablución *(f)*
abnegație • *n* abnegación *(f)*
aboli • *v* abrogar, abolir, suprimir, quitar
abolire • *n* abolición *(f)*
aboliționist • *n* abolicionista *(m)*
abominabil • *adj* abominable, aborrecible
abominațiune • *n* abominación *(f)*, maldad *(f)*
abona • *v* subscribirse
abonament • *n* abono *(m)*

abordabil • *adj* accesible, asequible
abraza • *v* escoriar, raspar
abrevia • *v* abreviar
abreviat • *adj* abreviado
abreviație • *n* abreviación *(f)*
abreviere • *n* abreviación *(f)*
abroga • *v* abrogar, derogar
abrupt • *adv* abruptamente • *adj* abrupto, brusco
abscisă • *n* abscisa *(f)*
absciziune • *n* abscisión *(f)*
absent • *adj* ausente, distraído
absentă • *adj* ausente
absență • *n* ausencia *(f)*, falta *(f)*
absint • *n* ajenjo *(m)*, absintio *(m)*
absorbant • *n* absorbente *(m)*
absorbanță • *n* absorbencia *(f)*
absorbire • *n* absorción *(f)*
absorbit • *adj* absorto, ensimismado
absorbție • *n* absorción *(f)*
abstracție • *n* arte abstracto *(m)*, abstracción *(f)*
abstracționism • *n* abstraccionismo *(m)*
absurd • *n* absurdo *(m)* • *adj* absurdo, irrisorio, ridiculo
absurditate • *n* absurdo *(m)*, tontería *(f)*, disparate *(m)*, parida *(f)*
abține • *v* abstenerse
abținere • *n* abstención *(f)*
abumarkub • *n* picozapato *(m)*
abunda • *v* abundar, ser abundante
abundent • *adj* abundante, copioso, cuantioso
abundență • *n* profusión *(f)*, abundancia
abur • *n* vapor *(m)*
abuz • *n* exceso *(m)*, abuso *(m)*
ac • *n* aguja *(f)*, acícula *(f)*
acacia • *n* acacia *(f)*
academic • *adj* académico
academie • *n* academia *(f)*, cantera *(f)*
acaju • *n* caoba *(f)*, anacardo *(m)*
acantă • *n* acanto *(m)*
acarian • *n* ácaro *(m)*
accelera • *v* acelerar
accelerare • *n* aceleración *(f)*
accelerator • *n* acelerador *(m)*, chala *(f)*, chancla *(f)*, chancleta *(f)*, chola *(f)*
accelerație • *n* aceleración, aceleración *(f)*
accelerometru • *n* acelerómetro *(m)*
accent • *n* acento *(m)*, tilde *(f)*
accepta • *v* aceptar
acceptabil • *adj* aceptable

acceptabilitate • *n* aceptabilidad *(f)*
acceptanță • *n* aceptación *(f)*
acceptare • *n* tolerancia *(f)*, aceptación *(f)*
acceptat • *adj* reconocido, aceptado, admitido
acces • *n* acceso *(m)*
accesibil • *adj* accesible, asequible
accesoriu • *adj* accesorio, auxiliar • *n* accesorio *(m)*, complemento *(m)*
accident • *n* accidente *(m)*, accidente, azar *(m)*, suerte *(f)*, choque *(m)*, casualidad *(f)*
accidental • *adj* accidental, casual, imprevisto, fortuito
accidentală • *adj* accidental, casual, imprevisto, fortuito
acea • *pron* ése *(m)*, ésa *(f)*, aquél *(m)*, aquélla *(f)*
aceasta • *pron* esto
acel • *pron* ése *(m)*, ésa *(f)*, aquél *(m)*, aquélla *(f)*
același • *adj* mismo
aceră • *n* águila *(f)*
acerola • *n* acerola *(f)*, semeruco *(m)*
acest • *pron* esto
acetamidă • *n* acetamida *(f)*
acetilenă • *n* acetileno *(m)*
acetonă • *n* acetona *(f)*
achenă • *n* aquenio *(m)*
achita • *v* absolver, exculpar
achiziție • *n* adquisición *(f)*
achiziționare • *n* adquisición *(f)*
aci • *adv* aquí, acá
acid • *adj* ácido, agrio • *n* ácido *(m)*
acidificare • *n* acidificación
aclamare • *n* aclamación
aclamație • *n* aclamación
acnee • *n* acné *(m)*
acolo • *adv* allí, ahí, allá
acomodare • *n* modificación *(f)*, ajuste *(m)*
acompania • *v* acompañar
acompaniament • *n* acompañamiento *(m)*
aconit • *n* acónito *(m)*
acoperământ • *n* techo
acoperi • *v* esconder, abrigar, cubrir, ocultar
acoperire • *n* forro *(m)*
acoperiș • *n* techo *(m)*, tejado
acoperit • *adj* cubierto
acord • *n* concordia *(f)*, convenio *(m)*, acuerdo *(m)*, acorde
acorda • *v* dejar, permitir, conceder
acordeon • *n* acordeón *(m)*
acrilic • *adj* acrílico

acrimonie • *n* acrimonia *(f)*
acrimonios • *adj* áspero *(m)*, cáustico *(m)*, sarcástico *(m)*
acriș • *n* acedera común, vinagrera
acrobat • *n* acróbata *(f)*, saltimbanqui *(m)*, equilibrista *(m)*
acrobatică • *n* acrobática *(f)*
acrobație • *n* acrobática *(f)*
acronim • *n* acrónimo *(m)*
acropolă • *n* acrópolis *(f)*
acrostih • *n* acróstico *(m)*
acru • *adj* ácido, agrio, malhumorado, acre
act • *n* nota *(f)*
actiniu • *n* actinio *(m)*
actinometru • *n* actinómetro *(m)*
actinomicoză • *n* actinomicosis *(f)*
activ • *adj* activo
activist • *n* activista *(f)*
activistă • *n* activista *(f)*
activitate • *n* actividad *(f)*
actor • *n* actor *(m)*, actriz *(f)*
actriță • *n* actor *(m)*, actriz *(f)*
acționa • *v* hacer funcionar, operar
acțiune • *n* acción *(f)*
acuitate • *n* acuidad *(f)*, agudeza *(f)*
acum • *adv* hoy, hoy en día, hoy día, actualmente, ahora
acumulare • *n* acumulación *(f)*, almacenamiento *(m)*
acupunctură • *n* acupuntura *(f)*
acuratețe • *n* precisión *(f)*, exactitud
acustică • *n* acústica *(f)*
acuzativ • *n* acusativo *(m)*, caso acusativo *(m)*, complemento directo *(m)* • *adj* acusativo
acuzator • *adj* acusativo
acuzatorie • *adj* acusatorio
acuzatorii • *adj* acusatorio
acuzatoriu • *adj* acusatorio
acvamarin • *n* aguamarina *(f)*
acvariu • *n* acuario *(m)*, pecera *(f)*
acvatic • *adj* acuático
acvilă • *n* águila *(f)*
adaos • *n* adición *(f)*, añadidura *(f)*
adapta • *v* ajustar, adaptar
adaptabil • *adj* adaptable, amoldable
adaptabilă • *adj* adaptable, amoldable
adaptabilitate • *n* adaptabilidad *(f)*, flexibilidad *(f)*
adaptare • *n* adaptación *(f)*, modificación *(f)*
adaptat • *adj* adaptado
adaptor • *n* adaptador *(m)*
adăpost • *n* asilo *(m)*, santuario *(m)*, madriguera *(f)*
adăuga • *v* añadir

adăugire • *n* adición *(f)*, añadidura *(f)*
adânc • *adj* profundo *(m)*, profundo, hondo *(m)* • *adv* a fondo • *n* abismo *(m)*, sima *(f)*
adâncă • *adj* profundo *(m)*, hondo *(m)*
adânci • *adj* profundo *(m)*, hondo *(m)*
adâncime • *n* profundidad *(f)*, abismo *(m)*, sima *(f)*
adâncitură • *n* hoyuelo *(m)*
adecvat • *adj* apropiado, indicado, aplicable, pertinente, oportuno, adecuado
ademeni • *v* engañar
adenină • *n* adenina *(f)*
adenoid • *n* adenoide *(f)*
aderent • *n* adherente *(m)* • *adj* adhesivo
adevăr • *n* verdad *(f)*
adevărat • *adj* cierto, real, verdadero, auténtico
adeveri • *v* avalar, atestiguar, corroborar
adeverire • *n* atestación *(f)*
adiacent • *adj* adyacente, colindante, contiguo
adică • *adv* específicamente, a saber
adiere • *n* brisa *(f)*
adio • *interj* adiós • *n* adiós, chau, hasta luego, hasta la vista
adipos • *adj* adiposo
adițional • *adj* adicional, extra, de más
adjectiv • *adj* adjetivo • *n* adjetivo *(m)*
adjectival • *adj* adjetival, adjetivo
adjectivă • *adj* adjetivo
adjutant • *n* ayudante
administrare • *n* administración *(f)*, administración
administrativ • *adj* administrativo
administrator • *n* administrador *(m)*
administrație • *n* administración *(f)*
admirabil • *adj* loable, admirable
admirare • *n* admiración *(f)*
admirație • *n* admiración *(f)*
admisibil • *adj* admisible, aceptable
admite • *v* dejar, permitir, conceder
admonestare • *v* reprender, vituperar
adnota • *v* anotar
adolescent • *n* muchacha *(f)*, chico *(m)*, adolescente *(f)*, chica *(f)*, muchacho *(m)* • *adj* adolescente
adolescentă • *n* muchacha *(f)*, chico *(m)*, adolescente *(f)*, chica *(f)*, muchacho *(m)*
adolescență • *n* adolescencia *(f)*
adopta • *v* adoptar, ahijar
adoptare • *n* adopción *(f)*
adoptiv • *adj* adoptivo
adopție • *n* adopción *(f)*
adorabil • *adj* encantador, adorable

adorare • *n* adoración *(f)*, adoración
adorație • *n* adoración *(f)*
adormit • *adj* dormido
adrenalină • *n* adrenalina *(f)*
adresa • *v* dirigir
adresă • *n* dirección *(f)*
aduce • *v* traer, llevar
adult • *n* adulto *(m)*, adulta *(f)* • *adj* adulto
adultă • *n* adulto *(m)*, adulta *(f)*
adumbri • *v* sombrear
aduna • *v* juntar, recoger, adicionar, sumar
adunare • *n* adición *(f)*, suma *(f)*
adunător • *n* recolector *(m)*
adverb • *n* adverbio *(m)*
adverbial • *adj* adverbial
advers • *adj* adverso, desfavorable, contrario
adversar • *n* adversario *(m)*, adversaria *(f)*, oponente *(m)*
adversitate • *n* apuro, adversidad *(f)*, sufrimientos
advocat • *n* abogado *(m)*, abogada *(f)*, notario *(m)*
aer • *n* aire *(m)*
aera • *v* aerar, airear
aerare • *n* aireación *(f)*
aerian • *adj* aéreo *(m)*
aerisi • *v* aerar, airear
aerobic • *adj* aeróbico *(m)*
aerodinamică • *n* aerodinámica *(f)*
aerodrom • *n* aeródromo *(m)*
aerometru • *n* aerómetro *(m)*
aeronautică • *n* aeronáutica *(f)*
aeronavă • *n* aeronave *(f)*
aeroplan • *n* avión *(m)*, aeroplano *(m)*
aeroport • *n* aeropuerto *(m)*
aerospațial • *adj* aeroespacial
aerospațiu • *n* aeroespacio *(m)*
afabil • *adj* suave, afable, tenue, desabrido, simple, debil
afabilitate • *n* afabilidad *(f)*, amabilidad *(f)*
afacere • *n* negocio *(m)*, trato *(m)*, ganga *(f)*, bicoca *(f)*
afară • *adv* fuera, afuera
afecțiune • *n* cariño *(m)*, ternura *(f)*, afecto *(m)*
afemeiat • *adj* afeminado, amanerado • *n* mujeriego *(m)*, gallinazo *(m)*, rompecorazones *(f)*, donjuán *(m)*, cachero del oeste, lacho *(m)*
afereză • *n* aféresis *(f)*
afidă • *n* áfido *(m)*
afide • *n* áfido *(m)*
afiliație • *n* afiliación *(f)*, filiación *(f)*

afiliere • *n* afiliación *(f)*, filiación *(f)*
afin • *n* arándano *(m)*, mirtilo *(m)*
afină • *n* arándano *(m)*, mora azul *(f)*, arándano azul *(m)*
afinitate • *n* afinidad *(f)*
afirmație • *n* declaración *(f)*, propuesta *(f)*
afiș • *n* cartel *(m)*, cartel
afix • *n* afijo
afla • *v* aprender, enterarse
afluent • *n* tributario *(m)*
afluență • *n* entrada *(f)*
aflux • *n* entrada *(f)*
aforism • *n* aforismo *(m)*
aforisme • *n* aforismo *(m)*
afrodiziac • *n* afrodisíaco *(m)*
afront • *n* afrenta *(f)*
afuma • *v* ahumar
afunda • *v* hundir
agavă • *n* maguey *(m)*, agave *(f)*, pita *(f)*
agăța • *v* pegar, aferrar, enganchar
ageamiu • *n* amateur *(f)*, novato *(m)*, principiante *(f)*
agendă • *n* agenda *(f)*
agent • *n* corredor, intermediario *(m)*
agentură • *n* oficina *(f)*, agencia *(f)*
agenție • *n* oficina *(f)*, agencia *(f)*
ager • *adj* hábil, ágil
agita • *v* agitar, sacudir
agitare • *n* agitación *(f)*, desasosiego *(m)*
agitat • *adj* inquieto *(m)*
agitată • *adj* inquieto *(m)*
agitator • *n* agitador *(m)*, agitadora *(f)*
agitație • *n* inquietud *(f)*, desazón *(f)*, agitación *(f)*, desasosiego *(m)*, clamor *(m)*, bullicio *(m)*, fandango *(m)*, jaleo *(m)*, escándalo *(m)*, fragor *(m)*, cansón *(n)*
aglomerat • *adj* atestado *(m)*
aglomerație • *n* aglomeración *(f)*
agnostic • *n* agnóstico *(m)*, agnóstica *(f)*
agnostică • *n* agnóstico *(m)*, agnóstica *(f)*
agnosticism • *n* agnosticismo *(m)*
agonie • *n* angustia, angustia *(f)*, congoja *(f)*, anxtia *(m)*, agonía *(f)*
agreabil • *adj* lisonjero, agradable, placentero • *adv* agradablemente
agreat • *adj* popular
agresiune • *n* agresión *(f)*
agresiv • *adj* agresivo
agresivitate • *n* agresividad *(f)*
agricol • *adj* agrícola
agricultură • *n* agricultura *(f)*
agrișă • *n* grosella *(f)*
agurijoară • *n* verdolaga *(f)*
aguti • *n* agutí *(m)*, añuje *(m)*, cotuza *(f)*, guatusa *(f)*, jochi colorado *(m)*, ñeque *(m)*, picure *(m)*, sereque *(m)*
ah • *interj* ay, uy
ai • *interj* ay, uy • *n* ajo *(m)*
aia • *pron* ése *(m)*, ésa *(f)*, aquél *(m)*, aquélla *(f)*
aici • *adv* aquí, acá
aior • *n* euforbio *(m)*
aisberg • *n* banquisa *(f)*, iceberg *(m)*, témpano de hielo *(m)*, témpano *(m)*
aiurea • *adv* lugar, parte
ajun • *n* vigilia *(f)*, víspera *(f)*
ajuna • *v* ayunar
ajunge • *v* llegar, alcanzar, arribar • *interj* basta
ajusta • *v* ajustar, arreglar, regular
ajustabil • *adj* ajustable, regulable, graduable
ajustare • *n* modificación *(f)*, ajuste *(m)*
ajuta • *v* ayudar, asistir, salvar, rescatar
ajutător • *adj* útil, servicial
ajutor • *n* ayuda *(f)*, auxilio *(m)*, remedio *(m)*, recurso *(m)*, asistencia *(f)*, socorro *(m)*, ayudante *(f)*, asistente *(f)*
alabastru • *n* alabastro *(m)*
alac • *n* espelta *(f)*, escanda *(f)*
alamă • *n* latón *(m)*
alambicat • *adj* complicado
alanină • *n* alanina *(f)*
alămuri • *n* cobres
alăpta • *v* amamantar
alătura • *v* juntar
alături • *prep* con, cabe, al lado de
alb • *adj* blanco • *n* blanco *(m)*
alb-ivoriu • *n* ebúrneo
alba • *n* amanecer *(m)*, amanecer, alba *(f)*, alba, aurora *(f)*, madrugada *(f)*
albaspină • *n* espino
albastru • *n* azul *(m)*, celeste *(m)*, cerúleo *(m)* • *adj* azul, celeste
albastru-verzui • *adj* azul petróleo
albatros • *n* albatros *(m)*
albăstrea • *n* azulejo *(m)*, aciano *(m)*
albăstriu • *adj* azulado
albăstrui • *adj* azulado
albeață • *n* albura *(f)*, blancura *(f)*, albor *(m)*
albedo • *n* albedo *(m)*
albi • *v* blanquear
albiciune • *n* albura *(f)*, blancura *(f)*, albor *(m)*
albie • *n* cauce
albinar • *n* apicultor *(m)*, apicultora *(f)*, colmenero *(m)*, colmenera *(f)*, abejero *(m)*, abejera *(f)*
albinară • *n* apicultor *(m)*, apicultora *(f)*, colmenero *(m)*, colmenera *(f)*, abeje-

ro *(m)*, abejera *(f)*
albină • *n* abeja *(f)*
albinism • *n* albinismo *(m)*
albitate • *n* albura *(f)*, blancura *(f)*, albor *(m)*
albumină • *n* albúmina *(f)*
alburn • *n* albura *(f)*, alburno *(m)*
albuş • *n* albumen *(f)*, clara *(f)*
alcalin • *adj* alcalino
alcaloid • *n* alcaloide *(m)*
alcazar • *n* alcázar *(m)*
alcă • *n* alca *(f)*
alcătui • *v* compilar
alchenă • *n* alqueno *(m)*
alchimist • *n* alquimista *(f)*
alcool • *n* alcohol *(m)*
alcoolic • *adj* alcohólico • *n* alcohólico *(m)*, borracho *(m)*
alcoolică • *n* alcohólico *(m)*
alcoolism • *n* alcoholismo *(m)*
alcoolizat • *adj* borracho
aleatoriu • *adj* aleatorio
alee • *n* callejón *(m)*
alegători • *n* electorado *(m)*
alege • *v* escoger, elegir
alegere • *n* elección *(f)*
aleluia • *interj* aleluya *(f)*
alenă • *n* aliento *(m)*
alerga • *v* correr
alergător • *n* corredor *(m)*
alergie • *n* alergia *(f)*
alfa • *n* alfa
alfabet • *n* alfabeto *(m)*, abecedario *(m)*
alfabetic • *adj* alfabético
alfabetică • *adj* alfabético
alfabetism • *n* alfabetismo *(m)*
alfabetizare • *n* alfabetismo *(m)*
alfanumeric • *adj* alfanumérico
alfanumerică • *adj* alfanumérico
alfanumerici • *adj* alfanumérico
algă • *n* alga *(f)*
algebră • *n* álgebra *(m)*
algebric • *adj* algebraico
algoritm • *n* algoritmo *(m)*
algoritmi • *n* algoritmo *(m)*
aliaj • *n* aleación *(f)*
alianţă • *n* alianza, alianza *(f)*, liga *(f)*
aliat • *n* aliado
alien • *n* desconocido *(m)*, extranjero *(m)*, extranjera *(f)*, desconocida *(f)*
alienă • *n* desconocido *(m)*, extranjero *(m)*, extranjera *(f)*, desconocida *(f)*
alifatic • *adj* alifático
aligator • *n* aligátor *(m)*, aligator *(m)*, caimán *(m)*
alilic • *adj* alílico
aliment • *n* comida *(f)*, alimento *(m)*

alimentare • *n* oferta *(f)*, abasto *(m)*
alina • *v* calmar, aliviar, mitigar, satisfacer, paliar, aquietar
alinare • *n* alivio *(m)*, desahogo *(m)*
alinta • *v* acariciar, mimar, consentir, regalonear
alior • *n* euforbio *(m)*
alo • *interj* aló, bueno, diga, dígame, hola, oigo
aloca • *v* distribuir, repartir
aloe • *n* áloe *(m)*, aloe *(m)*
alotropic • *adj* alotrópico
alpaca • *n* alpaca *(f)*
alt • *adj* otros, otro *(m)*, otra *(f)*, otras
altar • *n* altar *(m)*
altele • *n* otros
alterare • *n* modificación *(f)*, alteración *(f)*, alteración, cambio *(m)*
alteraţie • *n* alteración
alternare • *n* alternancia *(f)*, rotación *(f)*
alternator • *n* alternador *(m)*
altitudine • *n* altitud
alto • *n* viola *(f)*
altoi • *n* injerto *(m)* • *v* injertar
altorelief • *n* relieve *(m)*
altruism • *n* altruismo *(m)*
altruist • *adj* altruista
alţii • *n* otros
aluat • *n* pasta *(f)*, masa *(f)*
alun • *n* avellano *(m)*
alună • *n* nuez *(f)*, fruta seca *(f)*, avellana *(f)*
aluneca • *v* resbalar, deslizar
alunecare • *n* corrimiento *(m)*, corrimiento de tierra *(m)*, deslizamiento *(m)*
alunga • *v* desterrar
alungi • *v* alcanzar, prolongar
aluniţă • *n* mancha de nacimiento *(f)*, lunar *(m)*, marca de nacimiento *(f)*
aluziv • *adj* alusivo
alveolar • *adj* alveolar
amabil • *adj* amable, bondadoso, gentil, cariñoso
amabilitate • *n* afabilidad *(f)*, bondad *(f)*, amigabilidad *(f)*, amabilidad *(f)*, educación cortesía *(f)*
amanet • *n* casa de empeño *(f)*
amaneta • *v* empeñar
amant • *n* amante *(f)*, amor prohibido *(m)*, aventura secreta *(f)*
amanta • *n* amante *(f)*, amor prohibido *(m)*, aventura secreta *(f)*
amar • *adj* amargo
amarant • *n* amaranto *(m)*
amarilis • *n* amarilis *(f)*
amator • *adj* impaciente, ilusionado, entusiasmado, ávido, anhelante • *n* ama-

teur, aficionado, diletante
amăgi • *v* engañar, burlar
amănunțit • *adj* minucioso
amărăciune • *n* amargo *(m)*
amărât • *adj* pobre
amăreală • *n* amargo *(m)*
amâna • *v* permanecer, demorar, suspender, posponer, diferir, aplazar, postergar, atrasar, perecear, retrasar, quedar, procrastinar
amânare • *n* desidia *(f)*, dejar algo para más tarde, para mañana..., procrastinación *(f)*, aplazamiento *(m)*
ambarcațiune • *n* barco *(m)*, vaso *(m)*, casco *(m)*, embarcación *(f)*
ambasadă • *n* embajada *(f)*
ambasador • *n* embajador *(m)*, embajadora *(f)*
ambianță • *n* atmósfera *(f)*, ambiente *(m)*, ambiente, clima *(m)*, clima
ambidextru • *adj* ambidextro, ambidiestro *(m)*
ambient • *n* atmósfera *(f)*, medio, ambiente *(m)*, ambiente, clima *(m)*, clima, entorno
ambiguitate • *n* ambigüedad *(f)*
ambiguu • *adj* ambiguo
ambră • *n* ámbar *(m)*, ámbar gris *(m)*
ambreiaj • *n* cloch *(m)*, cloche *(m)*, clutch *(m)*, croche *(m)*, embrague *(m)*
ambulanță • *n* ambulancia *(f)*
ameliorare • *n* mejora *(f)*, mejoría *(f)*
amendă • *n* parte *(f)*, multa *(f)*
amenința • *v* amenazar
amenințare • *n* amenaza *(f)*
amenințat • *adj* amenazado
amenințător • *v* amenazante *(f)*, intimidante *(f)* • *adj* amenazador
ament • *n* amento *(m)*
americiu • *n* americio *(m)*
amestec • *n* mezcla *(f)*
amesteca • *v* revolver, mezclar
amestecat • *adj* mixto, varios, misceláneo
amestecătură • *n* mezcla *(f)*
ametist • *n* amatista *(f)*
amețit • *adj* borracho
amfitrion • *n* anfitrión *(m)*, hospedador *(m)*, hospedero *(m)*
amiază • *n* mediodía *(m)*
amic • *n* amigo *(m)*, amiga *(f)*, conocido *(m)*
amical • *adj* amistoso, amigable
amică • *n* amigo *(m)*, amiga *(f)*
amiciție • *n* amistad *(f)*
amidă • *n* amida *(f)*
amidon • *n* almidón *(m)*

amigdală • *n* amígdala *(f)*, amígdala palatina *(f)*
amigdalită • *n* amigdalitis *(f)*
amin • *adv* amén
amină • *n* amina *(f)*
aminti • *v* acordar, recordar
amintire • *n* recuerdo *(m)*, memoria *(f)*
amiral • *n* almirante *(m)*
amnezie • *n* amnesia *(f)*
amoniac • *n* amoníaco *(m)*
amor • *n* amor *(m)*
amorezat • *adj* enamorado
amoros • *adj* cariñoso *(m)*, amoroso *(m)*
amorțit • *adj* dormido, entumecido, entumido, insensible, entorpecido, adormecido
amper • *n* amperio *(m)*, ampere *(m)*
amplificare • *n* amplificación *(f)*
amplitudine • *n* amplitud *(f)*
amuletă • *n* amuleto *(m)*, talismán *(m)*
amurg • *n* ocaso *(m)*, crepúsculo *(m)*, anochecer *(m)*
amuzament • *n* diversión *(f)*
amuzant • *adj* divertido *(m)*, cómico *(m)*, gracioso *(m)*, chistoso *(m)*
amvon • *n* púlpito *(m)*
an • *n* año *(m)*
anacardier • *n* anacardo *(m)*
anaflabetă • *adj* analfabeto, iletrado
anale • *n* anales
analfabet • *adj* analfabeto, iletrado
analgezic • *adj* analgésico *(m)*
analiza • *v* analizar
analiză • *n* análisis *(m)*, análisis
analog • *adj* análogo
analogic • *adj* análogo
analogie • *n* analogía *(f)*
ananas • *n* piña *(f)*, ananás *(m)*
anarhic • *adj* anárquico
anarhie • *n* anarquía *(f)*
anarhism • *n* anarquismo *(m)*
anarhisră • *n* anarquista *(f)*
anarhist • *n* anarquista *(f)*
anason • *n* anís *(m)*
anatemă • *n* anatema *(f)*
anatomic • *adj* anatómico
anatomie • *n* anatomía *(f)*
ancestral • *adj* ancestral
ancora • *v* anclar
ancoră • *n* ancla *(f)*
andivă • *n* escarola *(f)*, endivia *(f)*
androgin • *adj* andrógino
anecdotic • *adj* anecdótico
anemie • *n* anemia *(f)*
anemonă • *n* anémona *(f)*
anevoios • *adj* difícil
anexare • *n* anexión *(f)*

anexat • *v* anexar, adjuntar
anexă • *n* añadidura *(f)*, apéndice *(m)*
angaja • *v* contratar, emplear
angajat • *n* empleado *(m)*, empleada *(f)*
angajată • *n* empleado *(m)*, empleada *(f)*
angajator • *n* empleador *(m)*
angelic • *adj* angélico, angelical
angelică • *n* angélica *(f)*
anghilă • *n* anguila *(f)*
anghinare • *n* alcachofa *(f)*, alcaucil *(m)*, alcacil *(m)*
angiografie • *n* angiografía *(f)*
angiopatie • *n* angiopatía *(f)*
angrenaj • *n* caja de cambios *(f)*
anhidridă • *n* anhídrido *(m)*
anihila • *v* aniquilar, anihilar
anima • *v* animar
animal • *n* bestia *(f)*, animal *(m)* • *adj* animal
animalic • *adj* animal, bestial, animalesco
animalică • *adj* bestial, animalesco
animare • *n* vivificación, animación
anime • *n* anime
animozitate • *n* animosidad *(f)*, animadversión *(f)*
anin • *n* aliso *(m)*
anison • *n* anís *(m)*
aniversare • *n* aniversario *(m)*, cumpleaños *(m)*, natalicio *(m)*
anoa • *n* anoa *(m)*
anomalie • *n* anomalía *(f)*
anonim • *adj* anónimo *(m)*, anónimo • *adv* anónimamente
anonimitate • *n* anonimato *(m)*
anorexic • *n* anoréxico *(m)*, anoréxica *(f)*
anorexica • *n* anoréxico *(m)*, anoréxica *(f)*
anorganic • *adj* inorgánico
anormal • *adj* anormal
anormalitate • *n* anormalidad *(f)*
anost • *adj* insulso, soso, aburrido, chafa
anosteală • *n* tedio *(m)*
anotimp • *n* estación *(f)*
ansamblu • *n* juego *(m)*
anșoa • *n* anchoa *(f)*, boquerón *(m)*
antagonic • *adj* antagonista, hostil, antagónico
antagonism • *n* hostilidad *(f)*, antagonismo *(m)*
antagonist • *n* antagonista *(f)* • *adj* antagonista, hostil, antagónico
antebraț • *n* antebrazo *(m)*
antecedent • *adj* antecedente

antegardă • *n* vanguardia *(f)*
antenă • *n* antena *(f)*
antepenultim • *adj* antepenúltimo
anteră • *n* antera *(f)*
anterior • *adj* viejo, anterior, atrasado
antibacterial • *adj* antibacteriano, antibacterial
antic • *adj* viejo, ex-
antichitate • *n* antigüedad *(f)*
anticipa • *v* anticipar, prever
anticipabil • *adj* predecible
anticipabilitate • *n* previsibilidad *(f)*
anticipare • *n* expectación *(f)*, previsión *(f)*, anticipación *(f)*
anticipație • *n* previsión *(f)*, anticipación *(f)*
anticorp • *n* anticuerpo *(m)*
anticorpi • *n* anticuerpo *(m)*
anticrist • *n* anticristo *(m)*
antierou • *n* antihéroe *(m)*
antigen • *n* antígeno *(m)*
antihrist • *n* anticristo *(m)*
antilopă • *n* antílope *(m)*
antimoniu • *n* antimonio *(m)*
antiparticulă • *n* antipartícula *(f)*
antipatic • *adj* repulsivo
antipatică • *adj* repulsivo
antipatie • *n* aversión *(f)*, antipatía *(f)*
antiproton • *n* antiprotón *(m)*
antonim • *n* antónimo *(m)*
antrax • *n* carbunco *(m)*
antrena • *v* educar, escolarizar
antrenament • *n* práctica *(f)*, capacitación *(f)*, entrenamiento *(m)*
antrenor • *n* entrenador *(m)*, entrenadora *(f)*
antrepozit • *n* almacén *(m)*, depósito *(m)*
antreprenor • *n* comerciante *(m)*, emprendedor *(m)*, emprendedor comercial *(m)*, comerciante novato *(m)*
antreu • *n* vestíbulo *(m)*
antropocentrism • *n* antropocentrismo *(m)*
antropofag • *adj* caníbal, antropófago
antropoid • *adj* antropoide
antropologie • *n* antropología *(f)*
antropomorf • *adj* antropoide
anual • *adj* anual, añal
anuar • *n* anuario *(m)*
anula • *v* abrogar, derogar, casar, anular, cancelar, revocar, invalidar
anulabil • *adj* anulable
anulare • *n* anulación *(f)*
anume • *adj* cierto
anunț • *n* anuncio *(m)*, publicidad *(f)*, reclamo *(m)*

anunța • *v* anunciar
anus • *n* ano *(m)*
anxietate • *n* ansiedad *(f)*, ansiedad, desazón *(f)*, zozobra *(f)*
anxios • *adj* inquieto, ansioso
aoleu • *interj* ay, uy
aparat • *n* equipo *(m)*, aparato *(m)*, dispositivo *(m)*, mecanismo *(m)*, aparejo
aparataj • *n* hardware *(m)*
aparatură • *n* aparato *(m)*, hardware *(m)*
aparență • *n* apariencia *(f)*
apariție • *n* aparición *(f)*, visión *(f)*
apartament • *n* piso *(m)*, apartamento *(m)*, departamento *(m)*, vivienda
apatic • *adj* apático, indiferente
apatie • *n* apatía *(f)*
apatit • *n* apatita *(f)*
apă • *n* agua *(f)*, aguas
apăra • *v* defender
apărare • *n* vanguardia *(f)*, defensa *(f)*
apărătoare • *n* protector *(m)*, tapador *(m)*, bloque *(m)*
apărea • *v* aparecer
apăsa • *v* empujar
apătos • *adj* acuoso
apeduct • *n* acueducto *(m)*
apela • *v* apelar
apendice • *n* apéndice *(m)*
apetit • *n* apetito *(m)*, deseo *(m)*, ganas
apicultoare • *n* apicultor *(m)*, apicultora *(f)*, colmenero *(m)*, colmenera *(f)*, abejero *(m)*, abejera *(f)*
apicultor • *n* apicultor *(m)*, apicultora *(f)*, colmenero *(m)*, colmenera *(f)*, abejero *(m)*, abejera *(f)*
aplatiza • *v* aplanar, achatar
aplauda • *v* aplaudir
apleca • *v* doblar, inclinar, agacharse
aplicabil • *adj* aplicable, pertinente
aplicabilitate • *n* aplicabilidad *(f)*
aplicare • *n* práctica *(f)*, aplicación *(f)*
aplicație • *n* solicitud *(f)*, aplicación *(f)*
apocaliptic • *adj* apocalíptico
apofonie • *n* apofonía *(f)*
apogeu • *n* apogeo *(m)*
apoi • *adv* entonces, después, luego
apostazie • *n* apostasía *(f)*
apostrof • *n* apóstrofe *(f)*, apóstrofo *(m)*
apreciere • *n* adoración *(f)*, valoración *(f)*, evaluación *(f)*, tasación *(f)*
aprehensiune • *n* aprensión *(f)*
aprinde • *v* encender
aprindere • *n* inflamación *(f)*
aproape • *adj* cerca, cercano • *adv* casi
aprobare • *n* aprobación *(f)*
apropia • *v* acercar
apropo • *adv* a propósito, por cierto

aproviziona • *v* reservar, ahorrar, guardar
aprovizionare • *n* oferta *(f)*, abasto *(m)*
aproximare • *n* aproximación *(f)*
aproximativ • *adv* aproximadamente
aproximație • *n* aproximación *(f)*
apt • *adj* apropiado, apto, acertado, oportuno
apuca • *v* agarrar, abrazar, aferrar
apune • *v* poner
apus • *n* ocaso *(m)*, puesta del sol *(f)*
apusean • *adj* occidental
ara • *n* guacamaya *(f)*, guacamayo *(m)*, guara *(f)*, lapa *(f)*, papagayo *(m)*, paraba *(f)* • *v* arar, labrar
arabil • *adj* arable, cultivable
aragaz • *n* cocina *(f)*, estufa *(f)*, hornillo *(m)*, calentador *(m)*
aragulă • *n* oruga *(f)*, roqueta *(f)*, ruca *(f)*, rúcula *(f)*
arahidă • *n* maní *(m)*, cacahuate, cacahuete *(m)*
arahnidă • *n* arácnido *(m)*
aramă • *n* cobre *(m)*
aranja • *v* arreglar, ordenar, surtir, disponer, poner en orden
aranjament • *n* arreglo
aranjare • *n* arreglo
arămiu • *adj* rufo *(m)*
arăta • *v* exhibir, probar, demostrar, mostrar
arătător • *n* índice *(m)*, dedo índice *(m)*
arătos • *adj* guapo *(m)*, apuesto
arătură • *n* labranza *(f)*
arbaletă • *n* ballesta *(f)*
arbitraj • *n* arbitraje
arbitrar • *adj* arbitrario
arbitrare • *n* arbitraje
arbitri • *n* árbitro *(m)*, árbitra *(f)*
arbitru • *n* árbitro *(m)*, árbitra *(f)*
arbore • *n* árbol *(m)*, mástil *(m)*
arbore-de-cacao • *n* cacao *(m)*
arbore-de-cafea • *n* café *(m)*, cafeto *(m)*
arboret • *n* arboreto *(m)*, arboretum *(m)*, matorral, arboleda *(f)*
arbust • *n* mata *(f)*, arbusto *(m)*
arc • *n* curva *(f)*, muelle *(m)*, resorte *(m)*, arco *(m)*
arca • *n* arca *(f)*
arcadă • *n* galería *(f)*, galería, ceja *(f)*, claustro *(m)*, arcada *(f)*
arcaș • *n* arquero *(m)*
arde • *v* quemar, arder
ardei • *n* pimiento *(m)*
ardență • *n* fervor *(m)*, ardor *(m)*
ardere • *n* reacción química *(f)*, combustión *(f)*, oxidación *(f)*, quemado *(m)*

arderi • *n* combustión *(f)*, quemado *(m)*
ardezie • *n* pizarra *(f)*
ardoare • *n* entusiasmo *(m)*, ahínco *(m)*, fervor *(m)*, celo *(m)*, ardor *(m)*, pasión *(f)*, ansia *(f)*
areal • *n* área *(f)*, región *(f)*
arenă • *n* arena *(f)*, estadio *(m)*
arenda • *v* alquilar, arrendar, rentar
arest • *n* arresto *(m)*
aresta • *v* detener
arestare • *n* paro, arresto *(m)*
arete • *n* carnero *(m)*, morueco *(m)*, ariete *(m)*
argăsi • *v* curtir
argăsitor • *n* curtidor *(m)*, curtidora *(f)*
argilă • *n* arcilla *(f)*, barro *(m)*
arginină • *n* arginina *(f)*
argint • *n* plata *(f)*
argintărie • *n* platería *(f)*
argintie • *n* plateado *(m)*
argintiu • *adj* plata, blanco, plateado, plateado *(m)*, argentino, argentino *(m)*, plateada *(f)*, argénteo *(m)*, argéntea *(f)*, argentina *(f)* • *n* plateado *(m)*
argon • *n* argón *(m)*
argou • *n* jerga *(f)*, argot *(m)*, germanía *(f)*
argument • *n* argumento *(m)*
argumentativ • *adj* discutidor
arhaic • *adj* arcaico
arhanghel • *n* arcángel *(m)*
arheolog • *n* arqueólogo *(m)*, arqueóloga *(f)*
arheologă • *n* arqueólogo *(m)*, arqueóloga *(f)*
arheologie • *n* arqueología *(f)*
arhidioceză • *n* archidiócesis *(f)*
arhiepiscop • *n* arzobispo *(m)*
arhipelag • *n* archipiélago *(m)*
arhiplin • *adj* atestado *(m)*
arhitect • *n* arquitecto, arquitecta *(f)*
arhitectă • *n* arquitecto, arquitecta *(f)*
arhitectonic • *adj* arquitectónico
arhitectural • *adj* arquitectónico
arhitectură • *n* arquitectura *(f)*
arhiva • *v* archivar
arhivă • *n* archivo *(m)*
arici • *n* erizo *(m)*, erizo
arie • *n* aria *(f)*, área *(f)*, región *(f)*
arii • *n* área *(f)*
arin • *n* aliso *(m)*
arină • *n* arena *(f)*
arinos • *adj* arenoso *(m)*, arenoso
aripă • *n* ala *(f)*
aristocrat • *n* noble
aristocratic • *adj* aristocrático
aristocraţie • *n* aristocracia *(f)*

aritmetic • *adj* aritmético
aritmetică • *n* aritmética *(f)*
arma • *v* armar
armat • *adj* armado
armată • *n* ejército *(m)*
armă • *n* arma *(f)*
armăsar • *n* entero *(m)*, potro *(m)*, semental *(m)*, cojudo *(m)*, padrillo *(m)*, galán *(m)*, garañón *(m)*, mango *(m)*, macizo *(m)*
armistiţiu • *n* armisticio *(m)*, tregua *(f)*
armonie • *n* paz *(f)*, armonía
armură • *n* armadura *(f)*, blindaje *(m)*
arnică • *n* árnica *(f)*
arogant • *adj* creído, arrogante, soberbio, altivo, altanero, presumido
aroganţă • *n* arrogancia *(f)*, soberbia *(f)*, altanería *(f)*, altivez *(f)*
aromat • *adj* aromático
aromatic • *adj* aromático
aromă • *n* nariz *(f)*, aroma *(f)*
arsen • *n* arsénico *(m)*
arsură • *n* quemadura *(f)*
arşiţă • *n* ardor *(m)*
artă • *n* arte *(m)*
arteră • *n* arteria *(f)*
arterioscleroză • *n* arteriosclerosis *(f)*
articol • *n* artículo *(m)*, ítem
articula • *v* articular, vocalizar
artificial • *adj* artificial, postizo • *n* artificio *(m)*
artificiu • *n* fuego artificial *(m)*
artilerie • *n* artillería *(f)*
artist • *n* artista *(f)*
artistă • *n* artista *(f)*
artistic • *adj* artístico *(m)*
artizan • *n* artesano
artrită • *n* artritis *(f)*
artropod • *n* artrópodo *(m)*
artroză • *n* artritis *(f)*
arţar • *n* arce *(m)*
arunca • *v* tirar, aventar, lanzar, arrojar
aruncare • *n* lanzamiento *(m)*
as • *n* ace *(m)*, as *(m)*
asalt • *n* irrumpir, asaltar
asalta • *v* irrumpir
asana • *v* desaguar
asasin • *n* asesino *(m)*, matador *(m)*
asasina • *v* asesinar
asasinat • *n* asesinato *(m)*
asbestoză • *n* asbestosis *(f)*
ascendenţă • *n* influencia *(f)*, ascendiente *(m)*, predominio *(m)*, ascendencia *(f)*
ascensor • *n* ascensor *(m)*, elevador *(m)*
asculta • *v* oír, escuchar
ascultare • *n* obediencia *(f)*
ascultător • *n* oyente *(f)* • *adj* obediente

ascunde • *v* esconder, cubrir, ocultar, esconderse
ascunzătoare • *n* guarida *(f)*, escondrijo *(m)*, escondite *(m)*
ascuți • *v* afilar
ascuțiș • *n* filo *(m)*
ascuțit • *adj* afilado, filoso, agudo
asemănător • *adj* similar, semejante, parecido
asfinți • *v* poner
asfințire • *n* ocaso *(m)*, puesta del sol *(f)*
asfințit • *n* ocaso, salida del sol, puesta de sol, orto
asiduu • *adj* asiduo, diligente
asigura • *v* garantizar, asegurar
asigurare • *n* seguro *(m)*
asigurat • *adj* confiable, seguro *(m)*
asimetric • *adj* asimétrico
asimilare • *n* asimilación *(f)*
asimilație • *n* asimilación *(f)*
asimptotă • *n* asíntota *(f)*
asimptotic • *adj* asintótico
asin • *n* asno *(m)*, burro *(m)*
asista • *v* ayudar, asistir
asistent • *n* ayudante *(m)*, asistente *(f)*
asistență • *n* ayuda *(f)*, auxilio *(m)*, asistencia *(f)*, socorro *(m)*
asociat • *n* asociado *(m)*
asociație • *n* asociación *(f)*
asociere • *n* relación *(f)*, asociación *(f)*
asparagină • *n* asparagina *(f)*
aspect • *n* aspecto *(m)*, apariencia *(f)*
asperitate • *n* aspereza *(f)*
aspira • *v* inhalar, aspirar, inspirar
aspirare • *n* aspiración *(f)*
aspirație • *n* aspiración *(f)*
aspirină • *n* aspirina *(f)*, aspirinar *(f)*
asprime • *n* aspereza *(f)*, severidad *(f)*
aspru • *adj* duro, tosco, rústico, rudo, bruto, crudo, grosero, burdo, severo, áspero *(m)*, áspero
asta • *pron* esto
astatin • *n* astato *(m)*
astăzi • *adv* hoy, hoy en día, hoy día, actualmente • *n* hoy *(m)*, hoy día *(m)*
astâmpăra • *v* apaciguar, calmar, aquietar, aplacar
aster • *n* áster *(m)*
asterisc • *n* asterisco *(m)*
asteroid • *n* asteroide *(m)*, planetoide *(m)*
asteroizi • *n* asteroide *(m)*, planetoide *(m)*
astfel • *adv* así, de esta manera, por lo tanto
astigmatism • *n* astigmatismo *(m)*
astmă • *n* asma *(f)*

astral • *adj* astral, estelar
astrofizică • *n* astrofísica
astrologie • *n* astrología *(f)*
astronaut • *n* astronauta *(f)*
astronom • *n* astrónomo *(m)*
astronomă • *n* astrónomo *(m)*
astronomie • *n* astronomía *(f)*
astupa • *v* entorpecer, estorbar, atorar, obstruir
asuda • *v* sudar
asurzi • *v* ensordecer
asurzitor • *adj* ensordecedor *(m)*
așa • *adv* así, de esta manera, por lo tanto
așa-i • *interj* vale
așadar • *adv* así, por eso
așchie • *n* astilla, astilla *(f)*, esquirla *(f)*, fragmento
așeza • *v* poner, colocar, sentar, estar sentado, dejar
așezare • *n* establecimiento *(m)*
așezământ • *n* establecimiento *(m)*
aștepta • *v* esperar, aguardar
așteptare • *n* retraso *(m)*, expectación *(f)*, espera *(f)*
așterne • *v* esparcir, extender, alcanzar
atac • *n* irrumpir, ofensiva *(f)*, asaltar, ataque *(m)*
ataca • *v* irrumpir, atacar
atacant • *n* atacante *(f)*, asaltante *(f)*
atacantă • *n* atacante *(f)*, asaltante *(f)*
ataraxie • *n* ataraxia *(f)*
atasat • *v* anexar, adjuntar
atașa • *v* juntar, unir, atar
atașament • *n* cariño, apego *(m)*, afición *(f)*
atârna • *v* colgar
atârnat • *adj* suspendido, colgando, colgante
atât • *adv* tan
atâța • *v* amotinar
ateism • *n* ateísmo
ateist • *n* ateo *(m)*, atea *(f)* • *adj* ateo
ateistă • *n* ateo *(m)*, atea *(f)*
atelier • *n* taller *(m)*
atent • *adj* vigilante, atento
atenție • *n* consideración *(f)*, atención *(f)*
atenuare • *n* atenuación *(f)*
aterizare • *n* aterrizaje *(m)*
atesta • *v* avalar, atestiguar
atestare • *n* atestación *(f)*
atestat • *n* referencias
ateu • *n* ateo *(m)*, atea *(f)*
atinge • *v* encontrarse, tocar, alcanzar
atingere • *n* contacto *(m)*
atipic • *adj* atípico

atitudine • *n* postura *(f)*, actitud *(f)*
atlas • *n* atlas *(m)*
atlet • *n* atletica, atleta *(f)*, deportista *(f)*
atletă • *n* atleta *(f)*, deportista *(f)*
atlete • *n* atleta *(f)*, deportista *(f)*
atletic • *adj* atlético *(m)*
atletism • *n* atletismo *(m)*
atleți • *n* atleta *(f)*, deportista *(f)*
atmosferă • *n* aire *(m)*, atmósfera *(f)*, ambiente *(m)*, clima *(m)*
atmosferic • *adj* atmosférico
atol • *n* atolón *(m)*
atomic • *adj* nuclear, nuclear *(f)*
atonic • *adj* apático, indiferente
atotputernic • *adj* omnipotente *(m)*, omnipotente, todopoderoso *(m)*
atotștiutor • *adj* omniscio, omnisciente
atractiv • *adj* magnético, atractivo
atracție • *n* atracción *(f)*
atrage • *v* atraer
atrăgător • *adj* tentador *(m)*, incitante, halagüeño *(m)*
atribui • *v* designar, asignar
atribut • *n* propiedad *(f)*
atrium • *n* atrio *(m)*
atroce • *adj* horrible, terrible, monstruoso, atroz, malvado, ofensivo
atrocitate • *n* atrocidad *(f)*
atrofie • *n* atrofia *(f)*
atrofiere • *n* atrofia *(f)*
atropină • *n* atropina *(f)*
atu • *n* pinte *(m)*, triunfo *(m)*
atunci • *adv* entonces, después
ață • *n* línea *(f)*, hilo *(m)*
ațâța • *v* estimular
ațipi • *v* cabecear, dormitar
au • *interj* ay, uy
audio • *adj* sonido, audio
audio-vizual • *adj* audiovisual
auditor • *n* oyente *(f)*
augmentativ • *n* aumentativo *(m)* • *adj* aumentativo
augmentativă • *adj* aumentativo
augur • *n* presagio *(m)*, augurio *(m)*, agüero *(m)*
aur • *n* oro *(m)*
aurar • *n* forjador del oro, orfebre *(f)*
aureolă • *n* nimbo *(m)*
aurit • *adj* oro, dorado
auriu • *n* oro • *adj* oro, dorado
auroră • *n* amanecer *(m)*, amanecer, alba *(f)*, alba, aurora *(f)*, madrugada *(f)*
auspiciu • *n* presagio *(m)*, augurio *(m)*, agüero *(m)*
auster • *adj* severo
austeritate • *n* austeridad *(f)*
austral • *adj* del sur, sureño, meridional

aușel • *n* reyezuelo *(m)*
autentic • *adj* auténtico
autentificare • *n* atestación *(f)*
autism • *n* autismo *(m)*
autoare • *n* escritor *(m)*, escritora *(f)*, autor *(m)*, autora *(f)*
autobiografic • *adj* autobiográfico
autobiografie • *n* autobiografía *(f)*
autobuz • *n* autobús *(m)*, bus *(m)*, camión *(m)*, camioneta *(f)*, cazadora *(f)*, guagua *(f)*, micro *(f)*, micro *(m)*, ómnibus *(m)*, bondi *(m)*, rufa *(f)*
autocontrol • *n* autocontrol *(m)*, compostura *(f)*
autodidact • *n* autodidacto *(m)*, autodidacta *(f)*
autograf • *n* firma *(f)*, autógrafo *(m)*
autohton • *adj* autóctono, indígena, nativo • *n* indígena *(f)*
autoîncântare • *n* suficiencia, autocomplacencia *(f)*, petulancia *(f)*, autosuficiencia *(f)*, ufanía *(f)*
automat • *adj* automático *(m)* • *n* autómata *(m)* • *adv* automáticamente
automată • *adj* automático *(m)*
automatizare • *n* automatización
automobil • *n* automóvil *(m)*, carro *(m)*, coche *(f)*, coche *(m)*, auto *(m)*, máquina *(m)*
automulțumire • *n* suficiencia, autocomplacencia *(f)*, petulancia *(f)*, autosuficiencia *(f)*, ufanía *(f)*
autonom • *adj* autónomo *(m)*
autonomă • *adj* autónomo *(m)*
autor • *n* escritor *(m)*, escritora *(f)*, autor *(m)*, autora *(f)*
autoritar • *adj* autoritario
autoritate • *n* control *(m)*, organización *(f)*, administración *(f)*, dirección *(f)*, autoridad *(f)*, manejo *(m)*
autorizare • *n* autorización *(f)*
autorizație • *n* autorización *(f)*
autoservice • *n* garaje *(m)*, taller *(m)*
autostopist • *n* autoestopista *(f)*
autostopistă • *n* autoestopista *(f)*
autostradă • *n* carretera *(f)*
auxiliar • *adj* periférico *(m)*
auz • *n* audición *(f)*, oído *(m)*
auzi • *v* oír
auzibil • *adj* oíble, audible
auzit • *n* audición *(f)*, oído *(m)*
avalanșă • *n* alud *(m)*, avalancha *(f)*
avangardă • *n* vanguardia *(f)*
avanpost • *n* puesto *(m)*, comunidad *(f)*, fortificación *(m)*, presidio *(m)*, aldea *(f)*, finca *(f)*, colonia *(f)*
avanposturi • *n* puesto *(m)*, comunidad

(f), fortificación *(m)*, presidio *(m)*, aldea *(f)*, finca *(f)*, colonia *(f)*
avansa • *v* avanzar
avantaj • *n* ventaja *(f)*, ventaja, beneficio, beneficio *(m)*, provecho *(m)*
avantajos • *adj* ventajoso, provechoso
avar • *adj* avaricioso, codicioso
avaria • *v* dañar, arruinar, destruir
avarie • *n* daño *(m)*, choque *(m)*, damno
avarii • *n* daño *(m)*, damno
avariție • *n* avaricia *(f)*, codicia *(f)*, tacañería, gula *(f)*, glotonería *(f)*
avânt • *n* boom *(m)*
avea • *v* tener, obtener, haber, poseer
avenue • *n* avenida
avere • *n* bien *(m)*, prosperidad *(f)*, riqueza *(f)*, partida del activo *(f)*
aversă • *n* chubasco *(m)*
aversiune • *n* aversión *(f)*, repugnancia *(f)*, aborrecimiento *(m)*, odio *(m)*
avertisment • *n* comunicación *(f)*, notificación *(f)*
aviație • *n* aviación *(f)*
avid • *adj* impaciente, ilusionado, entusiasmado, ávido, anhelante
aviditate • *n* avaricia *(f)*, codicia *(f)*, gula *(f)*, glotonería *(f)*
avion • *n* avión *(m)*, aeroplano *(m)*
aviz • *n* comunicación *(f)*, notificación *(f)*
avocado • *n* aguacate *(m)*, palto *(m)*
avocat • *n* abogado *(m)*, abogada *(f)*, notario *(m)*
avort • *n* aborto *(m)*, aborto inducido, aborto involuntario
avut • *adj* rico
avută • *adj* rico
ax • *n* eje *(m)*
axă • *n* eje *(m)*
axiomatic • *adj* axiomático
azalee • *n* azalea *(f)*
azi • *adv* hoy • *n* hoy *(m)*, hoy día *(m)*
azil • *n* asilo *(m)*, santuario *(m)*, manicomio *(m)*
azot • *n* nitrógeno *(m)*
azuriu • *adj* azul, celeste, azur

Ă

ăla • *pron* ése *(m)*, ésa *(f)*, aquél *(m)*, aquélla *(f)*

ăsta • *pron* esto

B

babă • *n* bruja *(f)*
babord • *n* babor *(m)*
babornița • *n* bruja *(f)*
babuin • *n* babuino *(m)*
bac • *n* ferri *(m)*, transbordador *(m)*, ferry *(m)*
bacă • *n* baya *(f)*
bacil • *n* bacilo *(m)*
baclava • *n* baclava *(f)*
bacon • *n* tocino *(m)*, bacón *(m)*
bacșiș • *n* propina *(f)*
bacterii • *n* bacterias
bacteriologie • *n* bacteriología *(f)*
badijona • *v* aplicar, manchar, untar, embadurnar
bagaj • *n* equipaje *(m)*
baie • *n* cuarto de baño *(m)*, baño, baño *(m)*
baionetă • *n* bayoneta *(f)*
baladă • *n* balada *(f)*
balama • *n* bisagra *(f)*, gozne *(m)*, charnela *(f)*
balans • *n* equilibrio *(m)*
balansa • *v* mecer, balancear
balanță • *n* balanza *(f)*
balast • *n* lastre *(m)*, balasto *(m)*, balastra *(f)*, balastro *(f)*
balaur • *n* dragón *(m)*, guiverno *(m)*
Balbism • *n* tartamudeo *(m)*
balcon • *n* balcón *(m)*
balegă • *n* excremento *(m)*, estiércol *(m)*
balenă • *n* ballena *(f)*
balerină • *n* bailarina *(f)*
balet • *n* baile *(m)*, ballet *(m)*
baletistă • *n* bailarina *(f)*
baligă • *n* estiércol *(m)*, abono *(m)*
balistic • *adj* balístico
balon • *n* globo *(m)*, burbuja *(f)*, pompa *(f)*
balsam • *n* bálsamo *(m)*
baltă • *n* charco *(m)*, poza *(f)*, charca *(m)*, estanque *(m)*, laguna *(f)*

balustradă • *n* balaustrada *(f)*
bamă • *n* okra *(f)*, chaucha turca *(f)*, chimbombó *(m)*, guingambó *(m)*, molondrón *(m)*, ñajú *(m)*, quimbombó *(m)*, quingombó *(m)*
bambu • *n* bambú *(m)*
bambus • *n* bambú *(m)*
ban • *n* pasta, plata *(f)*, lana, real *(m)*, dinero *(m)*, cobres, pisto *(m)*
banal • *adj* romo, cotidiano
banan • *n* bananero *(m)*
banană • *n* banana *(f)*, banano *(m)*, cambur *(m)*, guineo *(m)*, mínimo *(m)*, plátano *(m)*, plátano fruta *(m)*
bananier • *n* bananero *(m)*
banc • *n* broma *(f)*, chiste *(m)*, mesa de trabajo *(f)*
bancă • *n* banca *(f)*, banco *(m)*
bancher • *n* banquero *(m)*, banquera *(f)*
banchet • *n* fiesta, comida festiva *(f)*, banquete *(m)*, festín, comilona *(f)*
bandaj • *n* venda *(f)*, vendaje *(m)*
bandă • *n* banda *(f)*, grupo *(m)*, pandilla *(f)*, mara *(f)*
bani • *n* efectivo *(m)*
banian • *n* baniano *(m)*
baobab • *n* baobab *(m)*
baptist • *n* bautista *(m)*
baptistă • *n* bautista *(m)*
bara • *v* barrar
barabulă • *n* papa *(f)*, patata *(f)*
baracă • *n* madriguera *(f)*, cabaña *(f)*, garita *(f)*
baracudă • *n* barracuda *(f)*
baraj • *n* presa *(f)*
barba-ursului • *n* cola de caballo *(f)*, equisetácea *(f)*
barbarism • *n* barbarismo *(m)*
barbă • *n* barba *(f)*
barcă • *n* barco *(m)*, bote *(m)*, barca *(f)*
bardou • *n* burdégano *(m)*, mulo *(m)*
bariu • *n* bario *(m)*
barometru • *n* barómetro *(m)*
barza-albă • *n* cigüeña *(f)*
barză • *n* cigüeña *(f)*
baschet • *n* canasta *(f)*, baloncesto *(m)*, básquetbol *(m)*
baseball • *n* béisbol *(m)*
basidie • *n* basidio *(m)*
basm • *n* historia *(f)*, cuento *(m)*
basorelief • *n* relieve *(m)*
bastard • *n* bastardo, desgraciado, hijo de puta *(m)*
bastarde • *n* bastardo
bastarzi • *n* bastardo
baston • *n* bate *(m)*, bat *(m)*, bastón *(m)*, bastón blanco *(m)*

batal • *n* carnero castrado *(m)*
batalion • *n* batallón *(m)*
bate • *v* derrotar, vencer, golpear, pegar, batir, dar, pilar, sonar, batear, aporrear
baterie • *n* batería *(f)*, pila *(f)*
batic • *n* batik
baticul • *n* batik
batistă • *n* tejido *(m)*, pañuelo *(m)*
bau • *interj* bu, uuh
bazal • *adj* basal
bazalt • *n* basalto *(m)*
bază • *n* base *(f)*, cimiento *(m)*
bazilică • *n* basílica *(f)*
băcan • *n* palo campeche *(m)*, campeche *(m)*, palo tinta *(f)*, abacero *(m)*, abacera *(f)*
băcăneasă • *n* abacero *(m)*, abacera *(f)*
bădăran • *n* paleto *(m)*, palurdo *(m)*
băga • *v* joder, tirar, chingar, follar, coger, pichar, culear, vergar, entucar
băiat • *n* niño *(m)*, chico *(m)*, varón *(m)*, muchacho *(m)*, chaval *(m)*
bălăbăni • *v* pender
bălţat • *adj* variegado *(m)*
bănui • *v* suponer, adivinar, conjeturar
bănuţ • *n* margarita común *(f)*, chiribita *(f)*
bănuţel • *n* margarita común *(f)*, chiribita *(f)*
bărbat • *n* macho *(m)*, varón *(m)*, hombre *(m)*
bărbătesc • *adj* masculino *(m)*, varonil
bărbătuş • *n* macho *(m)*, ave
bărbăţie • *n* valor *(m)*
bărbie • *n* barbilla *(f)*, mentón *(m)*, pera *(f)*
bărbier • *n* peluquero *(m)*
bărbieri • *v* rapar, afeitar, rasurar
bărbos • *adj* barbudo *(m)*, barbado *(m)*
bărdacă • *n* jarra *(f)*
băşi • *v* peer, soltar un pedo, pedorrear
băşică • *n* burbuja *(f)*, pompa *(f)*, ampolla *(f)*, ámpula *(f)*, vejiga *(f)*
băşină • *n* pedo *(m)*
bătaie • *n* lucha *(f)*, acción *(f)*, batalla *(f)*
bătălie • *n* lucha *(f)*, batalla *(f)*
bătătură • *n* callo *(m)*
bătrân • *adj* viejo, anciano
bătrână • *adj* anciano
bătrâni • *adj* anciano
băţ • *n* barra, rodillo *(m)*, palo *(m)*
băut • *adj* pedo *(m)*, borracho *(m)*, borracho, borracha *(f)*, borrachos, borrachas, ebrio *(m)*
băutură • *n* copa *(f)*, bebida *(f)*, trago *(m)*, chínguere *(m)*, alipús *(m)*

bâlbâi • *v* tartamudear, balbucir
bâlbâire • *n* tartamudeo *(m)*
bârlog • *n* madriguera *(f)*, cubil *(m)*, guarida *(f)*
bârnă • *n* viga *(f)*, jácena
bâtă • *n* bate *(m)*, bat *(m)*, bastón *(m)*, garrote *(m)*
bâtlan • *n* garza *(f)*
bâtlan-de-stuf • *n* avetoro *(m)*, avetorillo *(m)*
bea • *v* beber, tomar
beat • *adj* pedo *(m)*, borracho *(m)*, borracho, borracha *(f)*, borrachos, borrachas, ebrio *(m)*, achispado
beatitudine • *n* euforia *(f)*, dicha *(f)*, beatitud *(f)*
bebe • *n* niño *(m)*, guagua *(f)*, niña *(f)*, nene *(m)*, bebé *(m)*, bebe *(m)*
bebeluş • *n* niño *(m)*, guagua *(f)*, infante *(m)*, niña *(f)*, nene *(m)*, bebé *(m)*, bebe *(m)*
becaţă • *n* chocha *(f)*, chochaperdiz *(f)*
becaţină • *n* chocha *(f)*, chochaperdiz *(f)*
beci • *n* bodega *(f)*, sótano *(m)*
beduin • *n* beduino *(m)*, beduina *(f)*
beduini • *n* beduino *(m)*, beduina *(f)*
begonie • *n* begonia *(f)*
bej • *n* beige, beige *(m)*, beis • *adj* beige, beis
beli • *v* desollar, despellejar
belicos • *adj* belicoso
belşug • *n* abundancia *(f)*
beluga • *n* beluga
benedicţiune • *n* bendición *(f)*
beneficiar • *adj* titular
benign • *adj* benigno
benzen • *n* benceno *(m)*
benzină • *n* gasolina *(f)*, bencina *(f)*, nafta *(f)*, petróleo *(m)*
berar • *n* cervecero, brebajero
berărie • *n* taberna *(f)*
berbec • *n* carnero *(m)*, morueco *(m)*, ariete *(m)*
bere • *n* cerveza *(f)*, birra *(f)*
beretă • *n* boina
beril • *n* berilio *(m)*
beriliu • *n* berilio *(m)*
berkeliu • *n* berkelio *(m)*
bestial • *adj* bestial, animalesco
bestială • *adj* bestial, animalesco
bestialitate • *n* bestialidad *(f)*, bestialismo *(f)*, zoofilia *(f)*
bestie • *n* bestia *(f)*
beton • *adj* concreto, hormigón • *n* concreto *(m)*, hormigón *(m)*
beţie • *n* pedo *(m)*, borrachera *(f)*, embriaguez *(f)*, cogorza *(f)*
beţiv • *n* alcohólico *(m)*, borracho *(m)*, borrachín *(f)*, bebedor *(m)*, tomador *(m)*
beţivan • *n* borracho *(m)*, borrachín *(f)*, bebedor *(m)*, tomador *(m)*
beţivană • *n* borracho *(m)*, borrachín *(f)*, bebedor *(m)*, tomador *(m)*
beţivă • *n* borracho *(m)*, borrachín *(f)*, bebedor *(m)*, tomador *(m)*
bezea • *n* sustancia *(f)*, bombón, malvavisco *(m)*, carlotina, marsmelo, espumilla *(f)*, nubes
biban • *n* róbalo *(m)*, lubina *(f)*, perca *(f)*
biber • *n* castor *(m)*
bibliotecă • *n* librería *(f)*, biblioteca *(f)*
bicameral • *adj* bicameral
biceps • *n* bíceps *(m)*
bici • *n* fusta *(f)*, látigo *(m)*, flagelo *(m)*
bicicletă • *n* bicicleta *(f)*, bici *(f)*
biciclist • *n* ciclista *(f)*
bidon • *n* jarra
biet • *adj* pobre
bifurca • *v* bifurcar
bifurcaţie • *n* bifurcación *(f)*
bigamie • *n* bigamia *(f)*
bigă • *n* carro *(m)*, carreta *(f)*
bijuterie • *n* joya *(f)*
bijuterii • *n* joya *(f)*
bijutier • *n* joyero *(m)*
bijutieri • *n* joyero *(m)*
bikini • *n* biquini *(m)*
bilanţ • *n* balance *(m)*, resumen *(m)*
bilă • *n* bola *(f)*, esfera *(f)*, bilis *(f)*, hiel *(f)*, pelota *(f)*, balón *(m)*
bilet • *n* tarifa *(f)*, entrada *(f)*, pasaje *(f)*, billete *(m)*
biliard • *n* billar *(m)*
bilingv • *adj* bilingüe
bilingvă • *adj* bilingüe
binar • *adj* binario
bine • *n* bien *(m)* • *adv* bien, totalmente, completamente • *adj* bien
binecuvânta • *v* bendecir
binecuvântare • *n* bendición *(f)*
binefăcătpr • *adj* altruista
bineînţeles • *adv* sin duda, ciertamente
binevenit • *adj* agradable, bienvenido
binevenită • *adj* agradable, bienvenido
binoclu • *n* gemelos, binoculares, prismáticos
biochimie • *n* bioquímica *(f)*
biofizică • *n* biofísica *(f)*
biograf • *n* biógrafo *(m)*, biógrafa *(f)*
biografie • *n* biografía *(f)*
biologic • *adj* biológico
biologie • *n* biología *(f)*
biotit • *n* biotita *(f)*

birocrat • *n* secretario *(m)*, burócrata *(f)*, oficinista, escribiente
birocraţie • *n* burocracia *(f)*
birou • *n* oficina *(f)*, escritorio *(m)*, pupitre *(m)*
biscuit • *n* bizcocho *(m)*, biscocho *(m)*
biserică • *n* iglesia *(f)*
biserici • *n* iglesia *(f)*
bisexualitate • *n* bisexualidad *(f)*
bismut • *n* bismuto *(m)*
bistabil • *n* biestable *(m)*
bitum • *n* betún
bivol • *n* búfalo *(m)*
bizam • *n* rata almizclera
bizar • *adj* raro, extraño, curioso
bizon • *n* bisonte *(m)*, bisonte
bîjbîi • *v* palpar, tantear, buscar a tientas
blagoslovi • *v* bendecir
blama • *v* culpar, reprochar, echar la culpa
blană • *n* pelo *(m)*, piel *(f)*, piel *(m)*, cuero *(m)*, pelaje *(m)*
blând • *adj* suave, benigno, tolerante, laxo, leniente
blândeţe • *n* suavidad *(f)*, dulzura *(f)*
blestem • *n* maldición *(f)*
blestema • *v* maldecir, blasfemar
bleumarin • *n* azul marino *(m)*
blid • *n* pote *(m)*, bote *(m)*
bloca • *v* entorpecer, estorbar, impedir
blondă • *n* rubio *(m)*
bluză • *n* blusa *(f)*
boa • *n* boa *(f)*
boală • *n* enfermedad *(f)*, enfermedad
boar • *n* vaquero *(m)*
boare • *n* brisa *(f)*
boaşe • *n* huevos, pelotas
bob • *n* haba *(f)*, frijol *(m)*, habichuela, judía, alubia *(f)*, poroto *(m)*, grano *(m)*
bobârnac • *n* papirote
boboc • *n* yema *(f)*, ansarino *(m)*, botón *(m)*, brote *(m)*, retoño *(m)*, patito *(m)*
boci • *v* quejar, lamentar
bodârlău • *n* colimbo *(m)*
bodegă • *n* taberna *(f)*
boem • *n* bohemio
bogat • *adj* rico
bogată • *adj* rico
bogăţie • *n* prosperidad *(f)*, riqueza *(f)*
boia • *n* pimentón *(m)*, páprika *(f)*
boier • *n* boyardo *(m)*
bol • *n* bola *(f)*, esfera *(f)*
bold • *n* alfiler *(m)*, aguja *(f)*
bolnav • *adj* enfermo, mareado
bolnăvicios • *adj* triste *(f)*, débil *(f)*, enfermizo *(m)*, enclenque

bolovan • *n* peñasco *(m)*
bolţ • *n* tornillo *(m)*
bombardament • *n* bombardeo *(m)*
bombardare • *n* bombardeo *(m)*
bombardier • *n* bombardero *(m)*
bombă • *n* bomba *(f)*
bomboană • *n* dulce *(m)*, caramelo *(m)*, chuche, bombón *(m)*
bomfaier • *n* sierra de arco *(f)*, sierra para metales *(f)*
bompres • *n* bauprés *(m)*
bondar • *n* abejorro *(m)*, abejarrón *(m)*, abejón *(m)*, moscardón *(m)*
bondoc • *adj* rechoncho
bonită • *n* sarda
bonomie • *n* amigable *(m)*, bonhomía *(f)*
bootstrap • *n* arranque *(m)*
bor • *n* boro *(m)*
bordel • *n* casa de citas *(f)*, burdel *(m)*, lupanar *(m)*, prostíbulo *(m)*, mancebía *(f)*, casa de putas *(f)*
bordo • *adj* burdeos
bordură • *n* borde *(m)*
boreal • *adj* boreal
borî • *v* devolver, arrojar, vomitar, echar la pota
bornă • *n* marca *(f)*
borş • *n* borscht *(m)*, borshch *(m)*
borţoasă • *adj* embarazada *(f)*, embarazado *(m)*, preñada *(f)*, preñado *(m)*, encinta *(f)*
bostan • *n* calabaza *(f)*, auyama *(f)*, ayote *(f)*, zapallo *(m)*, calabazera *(f)*
bot • *n* hocico *(m)*, morro *(m)*, bot *(m)*
botanic • *adj* botánico
botanică • *n* botánica *(f)*
botanist • *n* botánico *(m)*, botánica *(f)*, botanista *(f)*
botaniza • *v* botanizar
botez • *n* bautismo, bautizo *(m)*
boteza • *v* bautizar
botgros • *n* picogordo *(m)*
botulism • *n* botulismo *(m)*
bou • *n* buey *(m)*, toro *(m)*, novillo *(m)*
bougainvillea • *n* buganvilia *(f)*, buganvilla *(f)*, comomosí *(m)*, papelillo *(m)*, Santa Rita *(f)*, trinitaria *(f)*, veranera *(f)*
bour • *n* uro *(m)*
bovid • *n* bóvido *(m)*
bovideu • *n* bóvido *(m)*
bovină • *n* bovino *(m)*
bovine • *n* ganado *(m)*
bowling • *n* bolos *(m)*
box • *n* boxeo *(m)*
bractee • *n* bráctea *(f)*
brad • *n* abeto *(m)*

brahial • *adj* braquial
branhie • *n* agalla *(f)*, branquia *(f)*
bras • *n* braza *(m)*, estilo braza *(m)*
braserie • *n* taberna *(f)*
braț • *n* braza, brazo *(m)*
brav • *adj* valiente, valeroso, corajudo
bravo • *n* Barcelona
bravură • *n* valor *(m)*
brazdă • *n* surco *(m)*
brățară • *n* brazalete *(m)*, pulsera *(f)*
brăzdar • *n* reja *(f)*
brânduşă • *n* croco *(m)*
brânză • *n* queso *(m)*
brâu • *n* cinturón *(m)*, cincho *(m)*, cinto *(m)*, correa *(f)*, faja *(f)*
breton • *n* china *(f)*, flequillo *(m)*, capul *(m)*, cerquillo *(m)*, chasquilla *(f)*, fleco *(m)*, pava *(f)*, pollina *(f)*, perrera *(f)*
breviar • *n* breviario *(m)*
briceag • *n* navaja *(f)*
brichetă • *n* encendedor *(m)*, briquet *(m)*, fosforera *(f)*, lighter *(m)*, mechero *(m)*, yesquero *(m)*
brici • *n* navaja *(f)*
bridge • *n* bridge *(m)*
brie • *n* brie *(m)*
briofită • *n* briofita *(f)*, briófito *(m)*, briofito *(m)*
brioşă • *n* muffin *(m)*
briză • *n* brisa *(f)*
broască • *n* rana *(f)*, cerradura *(f)*, candado *(m)*
broccoli • *n* brécol *(m)*, bróculi *(m)*, brócoli *(m)*
brom • *n* bromo *(m)*
bromură • *n* bromuro *(m)*
bronşită • *n* bronquitis *(f)*
bronz • *n* tostado, bronceado *(m)*, bronce *(m)*, obra de arte hecha de bronce, broncíneo *(m)*, broncínea *(f)*
bronza • *v* pavonar, broncearse
bronzare • *n* tostado, bronceado *(m)*
bronzat • *adj* tostado, bronceado
broşură • *n* libreto *(m)*, folleto *(m)*
brotac • *n* rana *(f)*
bruma • *v* escarchar
brumă • *n* escarcha *(f)*
brumăriu • *adj* gris
brun • *n* bronceado *(m)*, café *(m)*, castaño *(m)*, marrón *(m)*, canelo *(m)*, carmelita *(m)*, carmelito *(m)*, pardo *(m)*, moreno *(m)* • *adj* café *(f)*, castaño, marrón *(m)*, pardo *(m)*
brunch • *n* brunch *(m)*
brunetă • *adj* castaña clara, castaña oscura, morena, morocha
brusc • *adj* repentino, súbito *(m)* • *adv* repentinamente, de pronto, súbitamente
brusture • *n* bardana, cachurrea, cadillo, lampazo, lapaizo, pegadillo
brutar • *n* panadero *(m)*
brutarie • *n* panadería *(f)*, tahona *(f)*, horno *(m)*
buboi • *n* furúnculo *(m)*
bubon • *n* bubón *(m)*
bubuit • *n* bum *(m)*
bucată • *n* pieza *(f)*, pedazo *(m)*, porción *(f)*, fragmento, ítem
bucă • *n* mejilla *(f)*, cacha *(f)*, cachete *(f)*, nalga *(f)*, glúteo *(m)*
bucătar • *n* cocinero *(m)*, cocinera *(f)*
bucătărie • *n* cocina *(f)*
buchet • *n* nariz *(f)*, ramo *(m)*, ramita *(f)*, aroma *(m)*
buci • *n* nalga *(f)*
buclă • *n* mecha *(f)*, bucle *(m)*, rulo *(m)*
bucura • *v* regocijar
bucurie • *n* felicidad *(f)*, felicidad, alegría *(f)*, gozo *(m)*, júbilo, regocijo
bucuros • *adj* satisfecho, contento, feliz, alegre
bufniță • *n* búho *(m)*, lechuza *(f)*, tecolote *(m)*, mochuelo *(m)*, autillo *(m)*, cárabo *(m)*, cuco *(m)*, sijú cotunto *(m)*, caburé *(m)*, chuncho *(m)*, anteojo *(m)*, tucúquere *(m)*
bufon • *n* bufón *(m)*, payaso *(m)*, payasa *(f)*
bufonerie • *n* payasada *(f)*
buhai-de-baltă • *n* avetoro *(m)*, avetorillo *(m)*
building • *n* rascacielos *(m)*, torre *(f)*
bujor • *n* peonía *(f)*
bulangiu • *n* puto *(m)*, maricón *(m)*, joto
bulă • *n* burbuja *(f)*, pompa *(f)*
bulb • *n* cormo *(m)*, bulbo *(m)*
bulboană • *n* remolino *(m)*, contracorriente *(f)*, revesa *(f)*
buldozer • *n* aplanadora *(f)*, bulldozer *(m)*
bulgăre • *n* grumo *(m)*, cúmulo, mazacote
bum • *interj* pum
bumbac • *n* algodón *(m)*
bumerang • *n* bumerán *(m)*, búmeran *(m)*
bun • *n* bien *(m)* • *adj* amable, bondadoso, gentil, cariñoso, caliente, bueno, bueno *(m)*, sensual
bună • *adj* bueno • *interj* hola, buenos días, qué tal
bunăstare • *n* bienestar *(m)*

bunătate • *n* generosidad (f), bondad (f), clemencia (f)
bunăvoință • *n* bondad (f), buena voluntad (f), benevolencia (f)
bunic • *n* abuelo (m)
bunică • *n* abuela (f)
bura • *v* lloviznar
burete • *n* esponja (f), borrador (m)
burghezie • *n* burguesía (f)
burghiu • *n* broca (f), taladro (m), taladradora (f)
buric • *n* ombligo (m)
burlac • *adj* soltero
burniță • *n* llovizna (f), chilchi (m), cilampa (f), garúa (f), jarina (f), sirimiri (m)
bursuc • *n* tejón (m)
burtă • *n* abdomen (m), vientre (m), vientre, barriga, panza
buruiană • *n* mala hierba (f), maleza, yuyo
busculadă • *n* estampida (f)
businessman • *n* hombre de negocios (m), empresario (m)
busolă • *n* brújula (f)
busuioc • *n* albahaca (f)
buși • *v* propulsar
buștean • *n* leño (m), tronco (m)
butan • *n* butano (m)
bute • *n* cuba, tonel, tonel (m), barril (m)
butelie • *n* recipiente (m)
butil • *n* butilo (m)
butoi • *n* cuba, tonel, tonel (m), barril (m)
buton • *n* botón (m)
butucănos • *adj* torpe
buză • *n* labio (m), labro (m)
buzdugan • *n* maza (f)
buze • *n* labio (m), labro (m), labios
buzunar • *n* bolsillo (m), bolsa (f)

C

ca • *conj* como • *prep* como, que
cabalin • *n* equino (m), equina (f)
cabană • *n* cabaña (f), barraca (f), garita (f)
cabină • *n* caseta (f)
cablu • *n* cable (m)
cabluri • *n* cable (m)
cacadu • *n* cacatúa (f)
cacao • *n* cacao en polvo (m), cacao (m)
cache • *n* memoria caché, caché
cacofonia • *n* cacofonía (f)
cactus • *n* cacto (m), cactus (m)
cadavru • *n* cadáver (m), cadáver
cadă • *n* bañera (f), bañadera (f), tina (f)
cadență • *n* cadencia
cadmiu • *n* cadmio (m)
cadou • *n* presente (m), regalo (m)
cadrilater • *n* cuadrilátero (m)
cadru • *n* estructura (f), armazón (f)
cafea • *n* café (m), tinto (m), feca (m), grano de café
cafeină • *n* cafeína (f)
cafeniu • *adj* tostado, bronce (m) • *n* café (m), beige, marrón claro
cais • *n* albaricoquero (m)
caisă • *n* damasco (m), albaricoque (m), chabacano (m)
cal • *n* caballo (m), yegua (f)
cal-putere • *n* caballo de vapor (m), caballo de vapor
calambur • *n* juego de palabras (m), calambur
calamitate • *n* calamidad (f)
calamități • *n* calamidad (f)
calao • *n* cálao (m)
calcar • *n* caliza (f)
calciu • *n* calcio (m)
calcul • *n* cálculo, cálculo (m)
calcula • *v* calcular
calculare • *n* cálculo
calculator • *n* calculador (f), calculadora (f), computador (m), computadora (f), ordenador (m)
cald • *adj* caluroso, cálido, caliente, muy caliente
caldarâm • *n* acera (f), banqueta (f), vereda (f)
caldă • *adj* caluroso, cálido, caliente
cale • *n* camino (m), vía (f), avenida, calle (f), ruta (f)
calendar • *n* calendario (m), agenda (f)
caliciu • *n* cáliz (m)
calificare • *n* calificación
calificat • *adj* calificado
californiu • *n* californio (m)
caligrafic • *adj* caligráfico
calitate • *n* calidad (f), cualidad (f)
calitativ • *adj* cualitativo
calm • *adj* sereno, tranquilo, calmado • *n* calma (f), compostura (f) • *adv* tranquilamente
calma • *v* aliviar, mitigar, paliar

calmar • *n* calamar *(m)*
calorie • *n* caloría *(f)*
calorimetrie • *n* calorimetría *(f)*
calvar • *n* calvario *(m)*
cam • *adv* bien, alrededor, bastante
camarad • *n* camarada *(f)*
cameleon • *n* camaleón *(m)*
camelie • *n* camelia *(f)*
cameră • *n* cámara *(f)*, cuarto *(m)*, pieza *(f)*, habitación *(f)*, sala *(f)*, recámara *(f)*
camfor • *n* alcanfor *(m)*
camion • *n* camión *(m)*, camioneta *(f)*
campioană • *n* campeón *(m)*
campion • *n* campeón *(m)*
campionat • *n* campeonato *(m)*
campus • *n* campus *(m)*
cana • *n* alheña *(f)*, henna *(f)*, hena
canal • *n* canal *(f)*, canal *(m)*
canapea • *n* sofá *(m)*
canapele • *n* sofá *(m)*
canar • *n* canario *(m)*
canava • *n* lona *(f)*
cană • *n* taza *(f)*, jarro *(m)*
cancelar • *n* canciller
cancelară • *n* canciller
cancer • *n* cáncer *(m)*
cancerigen • *adj* cancerígeno
canceros • *adj* canceroso
candelabru • *n* araña de luces
cangrenă • *n* gangrena *(f)*
cangur • *n* canguro *(m)*
cangură • *n* canguro *(m)*
canibal • *n* caníbal *(f)*
canibală • *n* caníbal *(f)*
canibalic • *adj* caníbal, antropófago
canibalism • *n* antropofagia *(f)*, canibalismo *(m)*
canibalistic • *adj* caníbal, antropófago
canion • *n* cañón *(m)*, barranca *(f)*
canistră • *n* lata *(f)*
canoe • *n* canoa *(f)*
cant • *n* borde *(m)*, línea *(f)*
cantalup • *n* cantalupo *(m)*
cantină • *n* cantina *(f)*
cantitate • *n* serie *(f)*, cantidad *(f)*, cantidad, magnitud *(f)*, número *(m)*
cap • *n* cabeza *(f)*, jefe *(m)*, líder *(m)*, cabo *(m)*, testa *(f)*, maceta *(f)*, marote *(m)*, sabiola *(f)*
capabil • *adj* hábil, diestro, capaz
capabilitate • *n* capacidad *(f)*
capac • *n* tapa *(f)*
capacitate • *n* capacidad *(f)*, facultad *(f)*, habilidad *(f)*
capă • *n* capa *(f)*
capăt • *n* extremidad *(f)*, fin *(f)*
capelă • *n* capilla *(m)*

caper • *n* alcaparro *(m)*
caperă • *n* alcaparra *(f)*
capibara • *n* capibara *(m)*
capilaritate • *n* capilaridad *(f)*
capital • *n* capital *(m)*
capitalism • *n* capitalismo
capitol • *n* capítulo *(m)*
capitonare • *n* tapicería
capîntortură • *n* torcecuello *(m)*
capodoperă • *n* obra maestra *(f)*
capră • *n* cabra *(f)*, chivo *(m)*, burro *(m)*, potro *(m)*
capră-de-munte • *n* gamuza *(f)*, rebeco *(m)*, sarrio *(m)*
capră-neagră • *n* gamuza *(f)*, rebeco *(m)*, sarrio *(m)*
capricios • *adj* caprichoso, antojadizo
capriciu • *n* capricho, capricho *(m)*
caprifoi • *n* madreselva *(f)*
caprimulg • *n* cuerporruín
capsa • *v* grapar, engrapar
capsă • *n* grapa *(f)*, corchete *(m)*
captiva • *v* encanto engañador *(m)*, encanto secretivo *(m)*, encanto oculto *(m)*, cautivar
captivat • *adj* absorto, ensimismado
car • *n* carro *(m)*, coche *(m)*, carreta *(f)*
carabină • *n* carabina *(f)*
caracara • *n* caracará, carancho
caracatiță • *n* pulpo *(m)*
caracter • *n* temperamento *(m)*, letra *(f)*, carácter *(m)*, propiedad *(f)*
caracteristic • *adj* característico
caracteristică • *n* característica *(f)*
caracteriza • *v* caracterizar
caracudă • *n* alevín *(m)*
caraghios • *adj* divertido *(m)*, cómico *(m)*, gracioso *(m)*, chistoso *(m)*, raro *(m)*, extraño *(m)*, inusual
caraghioslâc • *n* payasada *(f)*
caramel • *n* caramelo *(m)*
caramelă • *n* caramelo *(m)*
carapace • *n* carapacho *(m)*, caparazón *(m)*
carbohidrat • *n* carbohidrato *(m)*, hidrato de carbono
carbon • *n* carbono *(m)*
carbonat • *n* carbonato
carburant • *n* combustible *(m)*
carburator • *n* carburador *(m)*
carcasă • *n* carcasa *(f)*
carcinogen • *adj* cancerígeno
card • *n* carta *(f)*, tarjeta *(f)*
cardama • *n* berro *(m)*
cardamom • *n* cardamomo *(m)*
cardiac • *adj* cardiaco, cardíaco
cardinal • *n* cardenal *(m)* • *adj* cardinal

cardiolog • *n* cardiólogo *(m)*, cardióloga *(f)*
cardiologie • *n* cardiología *(f)*
cardon • *n* cardo borriquero *(m)*, cardo *(m)*, cardo comestible *(m)*, cardo de comer *(m)*, cardo lechero *(m)*
care • *pron* que, quien, lo que
carenă • *n* casco *(m)*
caribu • *n* caribú *(m)*, reno *(m)*
caricatură • *n* caricatura *(f)*
carieră • *n* cantera *(f)*
carismatic • *adj* encantador, carismático
carlingă • *n* cabina, cabina de pilotaje, cabina de vuelo
carmin • *n* carmín *(m)*, carmín, carmesí, cremesín • *adj* carmín, carmesí, cremesín
carne • *n* carne *(f)*
carotă • *n* zanahoria *(f)*
carpelă • *n* carpelo *(m)*
carpen • *n* carpe *(m)*
carte • *n* carta *(f)*, libro *(m)*, tarjeta *(f)*
cartilaginos • *adj* cartilaginoso
cartilaj • *n* cartílago *(m)*
cartof • *n* papa *(f)*, patata *(f)*
cartografie • *n* cartografía *(f)*
carton • *n* cartón *(m)*, cartulina *(f)*
cartuș • *n* cartucho *(m)*
casă • *n* hogar *(m)*, casa *(f)*
casca • *v* abrirse
cascadă • *n* catarata *(f)*, cascada *(f)*, caída de agua *(f)*
cască • *n* casco *(m)*, yelmo *(m)*
casnică • *n* ama de casa *(f)*
cast • *adj* casto
castană • *n* castaña *(f)*
castaniete • *n* castañuela *(f)*
castel • *n* castillo *(m)*, castro *(m)*
castor • *n* castor *(m)*
castra • *v* capar, castrar
castravete • *n* pepino *(m)*
castron • *n* pote *(m)*, bote *(m)*, tazón *(m)*, cuenco *(m)*, bol *(m)*
caș • *n* queso *(m)*
cașcaval • *n* queso *(m)*
cataclism • *n* cataclismo *(m)*
catacombă • *n* catacumba
catalitic • *adj* catalítico
catalizator • *n* agitador, levadura, catalizador, catalizador *(m)*, fermento, demiurgo, enzima
cataliză • *n* catálisis *(f)*
cataractă • *n* catarata *(f)*
catarg • *n* mástil *(m)*
catastrofal • *adj* catastrófico
catastrofă • *n* catástrofe *(f)*, desastre *(m)*

catastrofic • *adj* catastrófico
catastrofică • *adj* catastrófico
catâr • *n* mulo *(m)*, mula *(f)*
catedrală • *n* catedral *(f)*
categorie • *n* categoría *(f)*
categorii • *n* categoría *(f)*
categorisi • *v* rotular
categorisire • *n* categorización *(f)*
catehism • *n* catecismo *(m)*
catifea • *n* terciopelo *(m)*
catifelat • *adj* aterciopelado, terciopelado
cation • *n* catión *(m)*
cauciuc • *n* caucho *(m)*, goma, goma *(f)*, neumático *(m)*, cubierta *(f)*, llanta *(f)*, rueda *(f)*
caudal • *adj* caudal
caustic • *adj* acre, mordaz
cauza • *v* causar
cauză • *n* acción *(f)*, proceso judicial *(m)*, pleito *(m)*, litigio *(m)*, razón *(f)*, objeto *(m)*, propósito *(m)*, causa *(f)*
cavaler • *n* caballería *(f)*, caballero *(m)*, caballera *(f)*
cavalerie • *n* caballerosidad *(f)*, caballería *(f)*
cavalerism • *n* caballerosidad
cavernă • *n* cueva *(f)*
caviar • *n* caviar *(m)*
caz • *n* acontecimiento *(m)*, ocurrencia, incidente *(m)*, caso
cazanie • *n* sermón
cazarmă • *n* base *(f)*
cazma • *n* azada *(f)*, pala *(f)*
cazuistică • *n* casuística *(f)*
că • *conj* que
căca • *v* cagar
căcat • *n* tontería *(f)*, pendejada *(f)*, idiotez *(f)*, huevada *(f)*, mierda *(f)*, caca *(f)*, chamullo *(m)*, gilipollez
căci • *conj* como, porque, pues
cădea • *v* caer, caerse
cădere • *n* decencia *(f)*, declive *(m)*, descenso *(m)*, caída *(m)*, caída *(f)*, colapso *(m)*, decoro, pundonor
căință • *n* expiación *(f)*
călăreț • *n* caballero *(m)*, jinete *(m)*
călător • *n* pasajero *(m)*
călători • *v* viajar
călătorie • *n* viaje *(m)*, jornada
călău • *n* verdugo *(m)*
călca • *v* pisar, planchar
călcâi • *n* talón *(m)*
căldare • *n* cubo *(m)*, balde *(m)*, cubeta *(m)*, pozal *(m)*, tobo *(m)*
căldărușă • *n* colombina *(f)*, aguileña
căldură • *n* celo *(m)*, estro *(m)*, brama *(f)*,

cachondez *(f)*, calor *(m)*, onda de calor *(f)*, canícula *(f)*
căli • *v* templar
călifar • *n* tarro *(m)*
călțunaș • *n* capuchina *(f)*
călugăr • *n* monje *(m)*
călugăriță • *n* mantis *(f)*, mantis religiosa, santateresa *(f)*, mamboretá *(f)*, mantodeo *(m)*, hermana *(f)*, sor *(f)*, monja *(f)*
căluț • *n* caballo *(m)*
cămară • *n* despensa *(f)*
cămașă • *n* camisa *(f)*
cămilă • *n* camello *(m)*, dromedario *(m)*
cămin • *n* chimenea *(f)*
căpăstru • *n* cabestro *(m)*
căpcăun • *n* ogro *(m)*
căpetenie • *n* cabeza *(f)*, jefe *(m)*, líder *(m)*
căpiță • *n* pila *(f)*
căprioară • *n* cierva *(f)*, cabra *(f)*, ciervo *(m)*, venado *(m)*
căprior • *n* viga *(f)*, ciervo *(m)*
căpșun • *n* fresa *(f)*, frutilla *(f)*
căpșună • *n* fresa *(f)*, frutilla *(f)*
căpușă • *n* garrapata *(f)*
căra • *v* llevar, cargar, transportar, trasladar
cărare • *n* acera *(f)*, senda *(f)*, sendero *(m)*
cărăbuș • *n* escarabajo sanjuanero *(m)*
cărămidă • *n* ladrillo *(m)*
cărbune • *n* carbón *(m)*, brasa *(f)*, carboncillo *(m)*
cărnos • *adj* carnoso, mofletudo, cachetudo, carrilludo
cărticică • *n* libreto *(m)*, folleto *(m)*
cărucior • *n* carrito *(m)*
căruță • *n* carro *(m)*, coche *(m)*, carreta *(f)*
căsători • *v* casar, casarse
căsătorie • *n* matrimonio *(m)*
căsca • *v* bostezar
căsnicie • *n* matrimonio *(m)*
către • *prep* a, hacia
cătușă • *n* esposas
cătușe • *n* esposas, esposas *(f)*
cătușnică • *n* menta de gato, menta de gato *(f)*, menta gatuna, albahaca de gatos, gatera, gataria, nébeda, nébeda *(f)*
cățea • *n* puto *(m)*, zorra, zorra *(f)*, puta *(f)*, perra *(f)*, loba, ramera *(f)*, arpía *(f)*, golfa *(f)*
cățel • *n* diente *(m)*, cachorro *(m)*, perrito *(m)*
cățeluș • *n* cachorro *(m)*, perrito *(m)*
căuta • *v* buscar, inspeccionar, cachear
câca • *v* cagar, defecar, jiñar

câh • *interj* puf, guácala
câine • *n* perro *(m)*
câini • *n* perro *(m)*
câinos • *adj* mal, malo, malvado, malévolo, maléfico, perverso
câmp • *n* campo *(m)*, terreno *(m)*, ámbito *(m)*
câmpenesc • *adj* rural
câmpie • *n* llanura *(f)*, planicie *(f)*
când • *adv* cuando • *conj* cuando • *pron* cuando
cândva • *adv* al rato
cânepă • *n* marihuana *(f)*, cannabis *(m)*, cáñamo *(m)*
cânta • *v* tocar, cantar
cântar • *n* balanza *(f)*
cântare • *n* canto *(m)*, canción *(f)*
cântăreață • *n* cantante *(f)*, cantor *(m)*, cantora *(f)*
cântăreț • *n* cantante *(f)*, cantor *(m)*, cantora *(f)*
cântări • *v* pesar
cântec • *n* canción *(f)*
cârciumă • *n* taberna *(f)*, pub, bar *(m)*
când • *n* hato *(m)*, manada *(f)*, rebaño *(m)*, bandada formada en V
cârjă • *n* muleta *(f)*
cârlig • *n* anzuelo, gancho *(m)*, garfio *(m)*
cârmă • *n* timón *(m)*, timón *(f)*
cârmâz • *n* carmín *(m)*
cârmâziu • *adj* carmín
cârnat • *n* embutido *(m)*, salchicha *(f)*, salchichón *(m)*
cârpă • *n* trapo *(m)*, jirón *(m)*
cârpitură • *n* trapo *(m)*, harapo *(m)*
cârtiță • *n* topo *(m)*
câștig • *n* beneficio *(m)*, ganancia *(f)*
câștiga • *v* ganar
câștigătoare • *n* ganador *(m)*, ganadora *(f)*, vencedor *(m)*
câștigător • *n* ganador *(m)*, ganadora *(f)*, vencedor *(m)*
cât • *adv* cómo, cuán, cuan
câteodată • *adv* ocasionalmente, de vez en cuando, a veces, algunas veces
ce • *pron* que, qué, cuál, quien • *adv* qué, cómo
cea • *art* el *(m)*, la *(f)*, los, las, lo *(n)*
ceafă • *n* nuca *(f)*
ceai • *n* té *(m)*
ceainic • *n* tetera *(f)*
ceapă • *n* cebolla *(f)*
ceară • *n* esperma *(f)*, cera *(f)* • *adj* cera
ceartă • *n* discusión *(f)*, bronca *(f)*, riña *(f)*, pelea *(f)*, conflicto *(m)*, trifulca
ceas • *n* reloj *(m)*, hora *(f)*, hora del día

(f)
ceasornicar • *n* relojero *(m)*, relojera *(f)*
ceașcă • *n* copa *(f)*, taza *(f)*
ceață • *n* niebla *(f)*, neblina *(f)*
cec • *n* talón *(m)*, ciego *(m)*, intestino ciego *(m)*, cheque *(m)*
cecidie • *n* agalla *(f)*
cecum • *n* ciego *(m)*, intestino ciego *(m)*
cedru • *n* cedro *(m)*
cel • *art* el *(m)*, la *(f)*, los, las, lo *(n)*
cele • *art* el *(m)*, la *(f)*, los, las, lo *(n)*
celebra • *v* celebrar, reverenciar
celebru • *adj* famoso
celestă • *n* celesta
celibatar • *adj* soltero *(m)*, soltera *(f)*
celular • *n* teléfono móvil *(m)*, móvil *(m)*, teléfono celular *(m)*, celular *(m)* • *adj* celular
celulă • *n* célula *(f)*, celda *(f)*, bartolina *(f)*
centenar • *n* centenario *(m)*
centiped • *n* ciempiés *(m)*
centra • *v* centrar
central • *adj* central
centrală • *n* sede *(f)*
centrist • *adj* moderado *(m)*, moderada *(f)*
centru • *n* corazón *(m)*, centro *(m)*, centro de ciudad *(m)*
centură • *n* cinturón *(m)*, cincho *(m)*, cinto *(m)*, correa *(f)*, faja *(f)*
centurie • *n* centuria *(f)*
cenușă • *n* ceniza *(f)*
cenușiu • *adj* gris
cenzor • *n* censor *(m)*, censora *(f)*
cenzura • *v* censurar
cer • *n* cielo *(m)*, firmamento *(m)*, cielos
cera • *v* encerar, bolear
ceramic • *adj* cerámico
ceramică • *n* ceramica *(f)*
cerb • *n* ciervo *(m)*, venado *(m)*
cerbice • *n* nuca *(f)*
cerc • *n* aro *(m)*, círculo *(m)*, circunferencia *(f)*
cercel • *n* caravana *(f)*, arete *(m)*, arito *(m)*, aro *(m)*, chapa *(f)*, pantalla *(f)*, pendiente *(m)*, zarcillo *(m)*
cerceluș • *n* fucsia
cercetare • *n* reconocimiento *(m)*, investigación
cercui • *v* circular
cere • *v* exigir, demandar, pedir, requerir
cereală • *n* cereal *(m)*
cerească • *adj* celestial
cerebel • *n* cerebelo *(m)*
cerebral • *adj* cerebral

ceremonie • *n* ceremonia *(f)*
cerere • *n* demanda *(f)*, solicitud *(f)*
ceresc • *adj* celestial
cerință • *n* necesidad *(f)*, necesidades
ceriu • *n* cerio *(m)*
cerne • *v* cribar, colar, cernir, juzgar
cerneală • *n* tinta *(f)*
cerșetor • *n* mendigo *(m)*
cerși • *v* mendigar
cert • *adj* cierto, seguro
certa • *v* repiquetear, discutir, reprochar, pelear, regañar, retar, reñir, reprender, reprobar
certare • *v* reprender, vituperar
certăreț • *adj* belicoso
certifica • *v* certificar
certitudine • *n* certeza *(f)*, certidumbre *(f)*
cetaceu • *n* cetáceo *(m)*
cetate • *n* ciudad *(f)*, urbe *(f)*, alcázar *(m)*, ciudadela *(f)*, fortaleza *(f)*
cetățean • *n* ciudadano *(m)*, ciudadana *(f)*
cetățenie • *n* ciudadanía *(f)*
ceva • *pron* algo, alguna cosa
cheag • *n* coágulo *(m)*, cuajo *(m)*, cuajarón *(m)*
chef • *n* comida festiva *(f)*, banquete *(m)*
chei • *n* andén *(m)*, plataforma *(f)*, muelle *(m)*, embarcadero *(m)*
cheie • *n* clave *(f)*, llave *(f)*
chel • *adj* calvo
chelner • *n* mozo *(m)*, camarero *(m)*, garzón *(m)*, mesero *(m)*, mesonero *(m)*
chelneriță • *n* camarera *(f)*, mesera *(f)*
chema • *v* llamar, convocar
chemare • *n* llamada *(f)*, telefonema *(m)*
chestie • *n* cosa *(f)*
chestiune • *n* asunto *(m)*
chezaș • *n* garante
chiar • *adv* incluso, hasta
chibrit • *n* cerilla *(f)*, fósforo *(m)*, cerillo *(m)*, misto *(m)*
chibzui • *v* contemplar
chica-voinicului • *n* arañuela *(f)*, cabellos de Venus
chiflă • *n* bollo
chiftea • *n* albóndiga *(f)*
chihlimbar • *n* ámbar *(m)*
chilie • *n* célula *(f)*
chiloți • *n* calzoncillos, anatómicos, fundillos, gayumbos, interiores, pantaloncillos, trusa *(f)*, ropa interior *(m)*
chimen • *n* alcaravea *(f)*, carvis
chimic • *adj* químico
chimie • *n* química *(f)*
chimion • *n* comino *(m)*

chimist • *n* químico *(m)*, química *(f)*
chimistă • *n* químico *(m)*, química *(f)*
chin • *n* tortura *(f)*, angustia, congoja *(f)*, anxtia *(m)*, dolor *(m)*, pena *(f)*, calvario *(m)*, tormento
chinovar • *n* cinabrio *(m)*
chinui • *v* torturar, angustiar, atormentar
chior • *adj* tuerto
chioşc • *n* kiosco *(m)*, quiosco *(m)*
chiparos • *n* ciprés *(m)*
chipeş • *adj* guapo *(m)*, apuesto
chirie • *n* renta *(f)*, alquiler
chiropractician • *n* quiropráctico *(m)*, quiropráctica *(f)*
chirpici • *n* adobe *(m)*
chirurg • *n* cirujano *(m)*, cirujana *(f)*
chirurgie • *n* cirugía *(f)*
chişcar • *n* lamprea
chitară • *n* guitarra *(f)*, jarana *(f)*
chiţcan • *n* musaraña *(f)*
chiuretaj • *n* legrado *(m)*
chiuretare • *n* legrado *(m)*
chiuvetă • *n* pileta *(f)*, lavamanos *(m)*, fregadero *(m)*, lavabo *(m)*
cianura • *n* cianuro *(m)*, prusiato *(m)*
cicadă • *n* chicharra *(f)*, cigarra *(f)*, coyuyo *(m)*
cicatrice • *n* cicatriz *(f)*, alforza *(f)*
ciclamă • *n* ciclamen *(m)*, violeta persa *(f)*, violeta de los Alpes *(f)*, ciclamino *(m)*, pamporcino *(m)*
ciclism • *n* ciclismo *(m)*
ciclist • *n* ciclista *(f)*
cicloidă • *n* cicloide *(f)*
ciclon • *n* ciclón *(m)*
ciclu • *n* ciclo *(m)*
cicoare • *n* chicharra *(f)*, cigarra *(f)*, coyuyo *(m)*, achicoria *(f)*
cifră • *n* dígito *(m)*, cifra *(f)*
cilindric • *adj* cilíndrico
cilindrică • *adj* cilíndrico
cilindru • *n* cilindro *(m)*
cimbru • *n* tomillo *(m)*, ajedrea *(f)*
ciment • *n* cemento *(m)*
cimişir • *n* boj *(m)*
cimpanzeu • *n* chimpancé *(m)*
cimpoaie • *n* gaita *(f)*
cimpoi • *n* gaita *(f)*
cina • *v* cena *(f)*, cenar
cinabru • *n* cinabrio *(m)*
cină • *n* cena *(f)*
cincea • *adj* quinto
cincila • *n* chinchilla *(f)*
cincilea • *adj* quinto
cine • *pron* quién, quiénes
cinetic • *adj* cinético, kinético

cineva • *pron* alguien
cinic • *adj* cínico
cinism • *n* cinismo *(m)*
cinste • *n* honor *(m)*
cinsti • *v* honrar
cinstit • *adj* honesto, sincero
cinteză • *n* pinzón vulgar *(m)*, pinzón *(m)*
cioară • *n* negro, corneja *(f)*, cuervo *(m)*, gorila *(m)*, mono *(m)*, mayate, negrillo *(m)*, negrito *(m)*, negrote *(m)*, negraso *(m)*, negro de mierda
cioban • *n* pastor *(m)*, ovejero *(m)*
cioc • *n* pico *(m)*
cioc-întors • *n* avoceta *(f)*
ciocan • *n* martillo *(m)*, malleus
ciocănitoare • *n* pito *(m)*, pájaro carpintero *(m)*
ciocârlie • *n* alondra *(f)*
ciocnire • *n* colisión *(f)*
ciocolată • *n* chocolate *(m)*
ciocolatiu • *adj* chocolate, achocolatado
ciolan • *n* miembro, extremidad *(f)*
ciomag • *n* bate *(m)*, bat *(m)*
ciordi • *v* hurtar
ciorna • *n* borrador *(m)*
cioroi • *n* negro, mulato *(m)*
cioț • *n* cuecha *(f)*, tocón *(m)*, tueco *(m)*
cip • *n* chip *(m)*
circ • *n* circo *(m)*
circular • *adj* circular
circumcide • *v* circuncidar
circumcizie • *n* circuncisión *(f)*
circumferinţă • *n* circunferencia *(f)*
circumscrie • *v* circunscribir
circumstanţă • *n* circunstancia *(f)*
cireaşă • *n* cereza *(f)*, guinda *(f)*
cireşar • *n* picogordo *(m)*
cisteină • *n* cisteína *(f)*, cistina
cisternă • *n* aljibe *(m)*, cisterna *(f)*
citadelă • *n* alcázar *(m)*, ciudadela *(f)*
citare • *n* cita *(f)*, citación *(f)*
citat • *n* cita *(f)*, citación *(f)*
citeţ • *adj* legible
citi • *v* leer
citire • *n* lectura *(f)*
citologie • *n* citología *(f)*
citoplasmă • *n* citoplasma *(m)*
ciuboţica-cucului • *n* primavera *(f)*, aurícula *(f)*, bellorita *(f)*, clavelina *(f)*
ciudat • *adv* extrañamente • *adj* raro, extraño, curioso
ciudă • *n* rencor, despecho, malicia
ciufut • *adj* mezquino, tacaño, agarrado
ciulin • *n* cardo *(m)*
ciumă • *n* plaga *(f)*
ciupercă • *n* hongo *(m)*, seta *(f)*

ciupi • *v* herir, pellizcar
ciută • *n* cierva *(f)*, cabra *(f)*, ciervo *(m)*, venado *(m)*
civilitate • *n* civismo *(m)*, civilidad *(f)*, educación cortesía *(f)*
civilizație • *n* civilización *(f)*
cizmă • *n* bota *(f)*
cîine • *n* perro *(m)*
clandestin • *adj* clandestino
clanță • *n* cerradura *(f)*, candado *(m)*
clapă • *n* tecla *(f)*
clapon • *n* capón *(m)*
clar • *adj* resplandeciente, claro, carente de ambigüedad, brillante, luminoso, lucio, nítido, obvio, definido, evidente, transparente, manifiesto
clarifica • *v* descifrar, clarificar, aclarar
clarinet • *n* clarinete *(m)*
clarinetă • *n* clarinete *(m)*
clarinetist • *n* clarinete *(m)*
claritate • *n* claridad *(f)*
clarviziune • *n* clarividencia
clasă • *n* aula *(f)*, clase *(f)*, clase
clasic • *adj* clásico
clasică • *adj* clásico
clasici • *adj* clásico
clasifica • *v* clasificar, encasillar
clasificare • *n* clasificación *(f)*
clasificație • *n* clasificación *(f)*
claun • *n* payaso *(m)*, payasa *(f)*
claustru • *n* claustro *(m)*
clauză • *n* términos
clavecin • *n* clavicordio, clavicémbalo
claviatură • *n* teclado *(m)*
claviculă • *n* clavícula *(f)*
claxon • *n* pito *(m)*, bocina *(f)*, claxon *(m)*, corneta *(f)*, fotuto *(m)*
clădi • *v* construir, edificar
clădire • *n* edificación *(f)*, construcción *(f)*, edificio *(m)*
clătită • *n* hot cake *(m)*, pancake *(m)*, panqueca *(f)*, panqueque *(m)*, tortita *(f)*, crep *(f)*, crepe *(f)*, filoa *(f)*, hojuela *(f)*
clei • *n* goma *(f)*, cola *(f)*, pegamento *(m)*
cleios • *adj* viscoso
clemență • *n* clemencia *(f)*
clepsidră • *n* reloj de arena *(m)*
cleptomanie • *n* cleptomanía *(f)*
cleric • *n* clérigo *(m)*
cleşte • *n* pinzas, tenaza *(f)*, alicates, pinza *(f)*
clic • *n* clic *(m)*, pulsado *(m)*, aprieto *(m)*
clica • *v* hacer clic, clicar, cliquear
clicare • *n* clic *(m)*, pulsado *(m)*, aprieto *(m)*
client • *n* cliente, cliente *(m)*, comprador *(m)*

climat • *n* ambiente, clima
climatologie • *n* climatología *(f)*
climă • *n* clima *(m)*
clinică • *n* clínica *(f)*
clipă • *n* momento *(m)*
clipi • *v* parpadear, guiñar
clitoris • *n* clítoris *(m)*
clopot • *n* campanilla *(f)*, campana *(f)*
clor • *n* cloro *(m)*
closet • *n* cuarto de baño *(m)*, baño *(m)*, inodoro *(m)*, excusado *(m)*, taza del baño *(f)*, retrete *(m)*, sanitario *(m)*, poceta *(f)*, váter *(m)*, wáter *(m)*, watercló *(m)*
clovn • *n* payaso *(m)*, payasa *(f)*
coace • *v* hornear, madurar, colorear
coada-calului • *n* cola de caballo *(f)*, equisetácea *(f)*
coadă • *n* línea *(f)*, fila *(f)*, hilera *(f)*, cola *(f)*, cola de caballo *(f)*
coafor • *n* peluquero *(m)*, peluquera *(f)*
coafură • *n* corte *(m)*
coaie • *n* huevos, pelotas
coaliție • *n* alianza *(f)*, liga *(f)*
coamă • *n* crin *(f)*, melena
coapsă • *n* muslo *(m)*
coarda • *n* zorra *(f)*, puta *(f)*, putona *(f)*
coardă • *n* cable *(m)*, cordón *(m)*, cordel *(m)*, mecate *(m)*, cuerda *(f)*, hilo *(m)*, soga *(f)*
coarne • *n* cornamenta *(f)*, asta *(f)*, cuerno *(m)*, cacho *(m)*
coasă • *n* guadaña *(f)*
coase • *v* coser
coastă • *n* costa *(f)*, orilla *(f)*, litoral *(m)*, costilla *(f)*
coati • *n* coatí *(m)*, cuchucho *(m)*, cusumbo *(m)*, gato solo *(m)*, pezote *(m)*, pizote *(m)*, tejón *(m)*, zorro guache *(m)*
cobalt • *n* cobalto *(m)*
coborî • *v* descender, bajar
coca • *n* coca *(f)*
cocaină • *n* cocaína *(f)*
cocă • *n* casco *(m)*
cochilie • *n* concha *(f)*
cocină • *n* pocilga *(f)*, chiquero *(m)*
cocioabă • *n* choza *(f)*
cocktail • *n* coctel *(m)*, cóctel *(m)*
cocoașă • *n* joroba *(f)*, corcova *(f)*
cocor • *n* grulla *(f)*
cocoș • *n* gallo *(m)*
cocoș-de-munte • *n* urogallo *(m)*
cocoș-sălbatic • *n* urogallo *(m)*
cocoșei • *n* palomitas de maíz *(f)*, cabritas *(f)*, cancha *(f)*, canguil *(m)*, cocaleca *(f)*, cotufas *(f)*, crispetas *(f)*, esquites *(m)*, gallitos *(m)*, maíz pira *(f)*, millo *(m)*, pipoca *(f)*, pochoclo *(m)*, pop *(m)*, popcorn

(m), poporopo *(m)*, pororó *(m)*, pururú *(m)*, roscas *(f)*, rosetas de maíz *(f)*, rositas de maíz *(f)*, tostón *(m)*
cocoșel • *n* gallo *(m)*, gallito *(m)*
cocs • *n* coque *(m)*
cocteil • *n* coctel *(m)*, cóctel *(m)*
cod • *n* bacalao *(m)*, código *(m)*
codi • *v* dudar, vacilar
codobatură • *n* lavandera *(f)*
codru • *n* selva, bosque *(m)*, floresta *(f)*
coeficient • *n* coeficiente *(m)*
coercitiv • *adj* compulsivo
coerciție • *n* coerción *(f)*
coerent • *adj* cohesivo
coeziv • *adj* cohesivo
cofeină • *n* cafeína *(f)*
cofetărie • *n* cafetería *(f)*
cognitiv • *adj* cognitivo
coi • *n* huevo, cojón, huevos, cojones, pelotas
coif • *n* casco *(m)*, yelmo *(m)*
coiot • *n* coyote *(m)*
cola • *n* cola *(f)*
colaborare • *n* colaboración *(f)*
colaborări • *n* colaboración *(f)*
colaj • *n* collage *(m)*
colan • *n* collar *(m)*
colaps • *n* colapso *(m)*
colastră • *n* calostro *(m)*
colb • *n* polvo *(m)*
colecta • *v* juntar, recoger
colectare • *n* recogida *(f)*, recolección *(f)*, colección *(f)*
colectivism • *n* colectivismo *(m)*
colectivizare • *n* colectivización *(f)*
colecție • *n* juego *(m)*, colección *(f)*
colecționar • *n* coleccionista *(f)*
coleg • *n* compañero *(m)*, colega *(f)*
colegă • *n* compañero *(m)*, colega *(f)*
colegiu • *n* universidad *(f)*, facultad *(f)*
colet • *n* paquete *(m)*
colhoz • *n* koljós *(m)*
colibă • *n* madriguera *(f)*, choza *(f)*
colibri • *n* colibrí *(m)*, chupaflor *(m)*, chuparrosa *(m)*, gorrión *(m)*, picaflor, quinde *(m)*, tucusito *(m)*, visitaflor *(m)*, zumbador *(m)*, zunzún *(m)*
colier • *n* collar *(m)*
colină • *n* cerro *(m)*, loma *(f)*, colina *(f)*
coliziune • *n* choque *(m)*, colisión *(f)*
colo • *adv* allí, ahí, allá
coloană • *n* columna *(f)*
colocvial • *adj* familiar, coloquial
colocviul • *n* coloquio, conversación
coloid • *n* coloide *(m)*
colonel • *n* coronel *(m)*
colonial • *adj* colonial
colonialism • *n* colonialismo *(m)*
colonie • *n* establecimiento *(m)*, colonia *(f)*
colonist • *n* colono *(m)*, colona *(f)*, colonizador *(m)*
colonistă • *n* colono *(m)*, colona *(f)*, colonizador *(m)*
colora • *v* colorear, colorar, teñir
colosal • *adj* monstruoso, colosal
colț • *n* rincón *(m)*, esquina *(f)*
colții-babei • *n* cadillo, abrojo terrestre, cuerno de chivo, tríbulo, cruz maltesa
columnă • *n* columna *(f)*
comanda • *v* controlar, mandar, ordenar
comandament • *n* mandamiento *(m)*
comandare • *n* conducción *(f)*
comandă • *n* control *(m)*, mando *(m)*, orden *(f)*, mandato *(m)*
comă • *n* coma *(m)*
combatant • *n* luchador *(m)*, guerrero, combatiente *(m)*
combatantă • *n* luchador *(m)*, guerrero, combatiente *(m)*
combate • *v* combatir
combativ • *adj* combativo
combina • *v* combinar, juntar, unir
combinare • *n* combinación *(f)*
combustibil • *n* combustible *(m)*
combustie • *n* combustión *(f)*, quemado *(m)*
combustii • *n* combustión *(f)*, quemado *(m)*
comedie • *n* comedia *(f)*
comerciabil • *adj* comerciable *(f)*
comercial • *adj* comercial
comercială • *adj* comercial
comerciant • *n* comerciante *(m)*, mercader *(f)*
comestibil • *adj* comestible
comestibilă • *adj* comestible
comite • *v* perpetrar, encomendar
comizerație • *n* conmiseración *(f)*
comoară • *n* tesoro *(m)*
comod • *adj* confortable
compact • *adj* compacto
companie • *n* empresa *(f)*, compañía *(f)*
compara • *v* comparar
comparabil • *adj* comparable
comparativ • *adj* comparativo
compartiment • *n* compartimiento *(m)*
compartimente • *n* compartimiento *(m)*
compas • *n* brújula *(f)*
compasiune • *n* compasión *(f)*, compasión, piedad, piedad *(f)*, lástima *(f)*, conmiseración *(f)*
compatriot • *n* compatriota *(f)*

compătimire • *n* compasión *(f)*, compasión, piedad, piedad *(f)*, lástima *(f)*, conmiseración *(f)*
compendiu • *n* compendio *(m)*
competent • *adj* competente, calificado
competitiv • *adj* competitivo *(m)*
competiție • *n* competición *(f)*, competencia *(f)*, concurso *(m)*
compila • *v* compilar
compilator • *n* compilador *(m)*
complementar • *adj* complementario
complet • *adv* completamente • *adj* completo
completa • *v* terminar
completă • *adv* completamente
complex • *adj* complexo, complicado, complejo
complexitate • *n* complejidad *(f)*
complica • *v* complicar
complicat • *adj* difícil, complicado, sofisticado, complejo, elaborado
compliment • *n* cumplido *(m)*
complot • *n* complot *(m)*, conspiración *(f)*
componentă • *n* dispositivo *(m)*, mecanismo *(m)*, aparejo, componente *(m)*
comporta • *v* comportarse
comportament • *n* manera *(f)*, conducta *(f)*, comportamiento *(m)*
compozitor • *n* compositor *(m)*, compositora *(f)*
compoziție • *n* composición *(f)*
comprehensibilitate • *n* comprensibilidad *(f)*
compromis • *n* arreglo *(m)*, compromiso *(m)*, acuerdo *(m)*
compuncțiune • *n* compunción *(f)*, remordimiento *(m)*, escrúpulo *(m)*
compunere • *n* composición *(f)*
computer • *n* calculador *(f)*, calculadora *(f)*, computador *(m)*, computadora *(f)*, ordenador *(m)*
computere • *n* calculador *(f)*, calculadora *(f)*
comun • *adj* común, general, vulgar
comunicare • *n* comunicación *(f)*, comunicado *(m)*
comunicație • *n* comunicación *(f)*
comunism • *n* comunismo *(m)*
comunist • *adj* comunista • *n* comunista *(f)*
comunistă • *n* comunista *(f)*
comunitate • *n* comunidad *(f)*
comutator • *n* interruptor *(m)*, switch, conmutador
con • *n* cono *(m)*, cono, estróbilo *(m)*
conac • *n* mansión *(f)*, palacete *(m)*

concavitate • *n* concavidad *(f)*
concentra • *v* concentrarse
concentrare • *n* concentración, concentración *(f)*
concentrație • *n* concentración
concepere • *n* concepción *(f)*
concept • *n* borrador *(m)*, esbozo *(m)*, concepto *(m)*
concepție • *n* concepción *(f)*
concert • *n* concierto *(m)*
conchide • *v* inferir, concluir, resolver, colegir
concilia • *v* apaciguar, conciliar
concluziona • *v* inferir, concluir
concret • *adj* concreto, específico
concupiscență • *n* lujuria
concurență • *n* competición *(f)*
concurs • *n* competición *(f)*, competencia *(f)*
condamnabil • *adj* culpable, reprehensible
condamnare • *n* condenación
condensa • *v* condensar, precipitar
condensare • *n* condensación *(f)*
condiment • *n* especia *(f)*
condimenta • *v* adobar, aliñar, condimentar, sazonar
condiție • *n* requisito *(m)*, situación *(f)*, términos, condición *(f)*, condición, exigencia *(f)*
condițional • *adj* condicional
condoleanțe • *n* pésame
conducător • *n* líder *(f)*, dirigente *(m)*, conductor *(m)*, conductora *(f)*
conduce • *v* conducir, guiar, manejar
conducere • *n* decisión, conducción *(f)*
conductă • *n* desagüe
conductor • *n* cable *(m)*, conductor *(m)*, guarda *(m)*, revisor *(m)*, inspector *(m)*
conduită • *n* manera *(f)*
conecta • *v* atar, conectar, empastar, liar
conectare • *n* vinculación *(f)*, conexión *(f)*
conexiune • *n* conexión *(f)*
confederație • *n* confederación *(f)*, confederación
conferi • *v* debatir, consultar
confesiune • *n* confesión *(f)*
confidență • *n* confidencia *(f)*
confidențial • *adj* confidencial
confidențială • *adj* confidencial
configurație • *n* configuración *(f)*
confirma • *v* avalar, atestiguar, confirmar
confirmare • *n* atestación *(f)*, confirmación *(f)*
confisca • *v* decomisar, confiscar

confiscare • *n* apropiación *(f)*
conflagrație • *n* conflagración
conflict • *n* conflicto *(m)*, discrepancia *(f)*
conform • *adj* conforme
conformare • *n* tolerancia *(f)*
conformist • *n* conformista *(f)*
conformistă • *n* conformista *(f)*
conformitate • *n* conformidad *(f)*
confort • *n* comodidad *(f)*
confortabil • *adj* confortable
confrunta • *v* afrontar, enfrentar, encarar
confunda • *v* ofuscar, entender mal
confuz • *adj* confuso, confundiendo
confuzie • *n* confusión
congela • *v* congelar, helar
congregație • *n* congregación *(f)*
conic • *adj* cónico
conifer • *n* conífera *(f)*
conifere • *n* conífera *(f)*
conjuga • *v* conjugar
conjugare • *n* conjugación *(f)*
conjunctare • *n* conjunción *(f)*, unión *(f)*
conjuncție • *n* conjunción *(f)*
conjuncționalizare • *n* conjunción *(f)*, unión *(f)*
conjura • *v* rogar
conopidă • *n* coliflor *(f)*
conoscut • *adj* reconocido
conotativ • *adj* connotativo
conotație • *n* connotación *(f)*
consecutiv • *adj* consecutivo
consecvență • *n* consecuencia *(f)*
consens • *n* concordia *(f)*
conserva • *v* ahorrar, manejar con economía
conservant • *n* preservativo *(m)*, conservante *(m)*
conservatoare • *n* conservador *(m)*
conservator • *n* conservador *(m)*
consfătui • *v* deliberar
considera • *v* creer, pensar, opinar
considerare • *n* consideración *(f)*
considerație • *n* consideración *(f)*
consiliu • *n* concejo *(m)*
consistent • *adj* consistente
consoană • *n* consonante
consolare • *n* consolación *(f)*, consuelo *(m)*, solaz *(m)*
conspect • *n* resumen *(m)*, extracto *(m)*
constant • *adj* constante
constantă • *adj* constante
constelație • *n* constelación *(f)*
consternare • *n* abatimiento, desconcierto, perplejidad, consternación *(f)*, postración

consternație • *n* abatimiento, consternación *(f)*, postración
constipa • *v* estreñir
constipație • *n* estreñimiento *(m)*
constrângător • *adj* compulsivo
constrângere • *n* compulsión *(f)*, constreñimiento *(m)*, limitación *(f)*, restricción *(f)*, coacción *(f)*
constructivism • *n* constructivismo
construi • *v* construir, desarrollar
construire • *n* edificación *(f)*, construcción *(f)*
consul • *n* cónsul *(f)*
consulat • *n* consulado *(m)*
consultanță • *n* consejo, consulta *(f)*
consultare • *n* consulta *(f)*
consultație • *n* consulta *(f)*
consum • *n* consumo *(m)*
consumabil • *n* consumible *(f)* • *adj* consumible
consumator • *n* usuario *(m)*
conștient • *adj* consciente
conștiință • *n* conciencia *(f)*, conciencia *(f)*
cont • *n* cuenta *(f)*, cálculo *(m)*
contabil • *n* contador *(m)*, contadora *(f)*, contable *(f)*, contable *(m)*
contabilitate • *n* contabilidad *(f)*
contact • *n* contacto *(m)*
contagios • *adj* contagioso
contagiune • *n* contagio *(m)*
container • *n* recipiente *(m)*, contenedor *(m)*
contamina • *v* infectar, contagiar
contaminare • *n* contaminación *(f)*
conte • *n* conde *(m)*
contempla • *v* contemplar
contemporan • *adj* contemporario, contemporáneo
contemporană • *adj* contemporario, contemporáneo
contemporani • *adj* contemporario, contemporáneo
contesă • *n* condesa *(f)*
contiguitate • *n* contigüidad *(f)*
continent • *n* continente *(m)*
continental • *adj* sin litoral
continuare • *n* continuación *(f)*
continuări • *n* continuación *(f)*
continuitate • *n* continuidad *(f)*
continuu • *adj* continuo • *adv* continuadamente, continuamente
contor • *n* medidor *(m)*, contador *(m)*, contador, metro *(m)*
contra • *prep* contra, en contra, enfrente, en pugna
contraargumentare • *n* discusión *(f)*, bronca *(f)*, riña *(f)*, pelea *(f)*

contract • *n* contrato *(m)*
contracție • *n* contractura *(f)*
contracurent • *n* remolino *(m)*, contracorriente *(f)*, revesa *(f)*
contradictoriu • *adj* contradictorio
contradicție • *n* contradicción *(f)*
contrafăcut • *adj* postizo
contrar • *adj* opuesto, contradictorio
contrast • *n* contraste *(m)*
contraveni • *v* contravenir
contrazice • *v* oponer
contribuire • *n* contribución
contribuție • *n* contribución *(f)*, contribución, aporte *(m)*
control • *n* chequeo *(m)*, verificación *(f)*, inspección *(f)*, cotejo *(m)*, examen *(m)*, control *(m)*, mando *(m)*, organización *(f)*, administración *(f)*, dirección *(f)*, contramedida *(f)*, manejo *(m)*
controla • *v* controlar
controlabil • *adj* controlable
controlare • *n* inspección *(f)*
controversabil • *adj* controversial, controvertido
controversat • *adj* controversial, controvertido
controversă • *n* controversia *(f)*, polémica *(f)*, debate *(m)*
conturna • *v* evitar, eludir, circumvalar
conține • *v* contener
conținut • *n* contenido *(m)*
convenabil • *adj* apropiado, indicado
convenție • *n* convenio *(m)*, tratado *(m)*, costumbre *(f)*, convención *(f)*
convențional • *adj* convencional
convergent • *adj* convergente
conversație • *n* conversación *(f)*, discurso *(m)*, diálogo *(m)*
conversie • *n* conversión *(f)*
conversiune • *n* conversión *(f)*
converti • *v* convertir
convertibil • *adj* convertible
convertit • *n* converso
convertită • *n* converso
convinge • *v* convencer, persuadir
convingere • *n* certidumbre *(f)*
convoi • *n* caravana *(m)*
convorbire • *n* conversación *(f)*
coopera • *v* cooperar
cooperare • *n* cooperación
coordona • *v* coordinar
coordonare • *n* coordinación, coordinación *(f)*
coordonată • *n* coordenada *(f)*
coordonate • *n* coordenada *(f)*
copac • *n* árbol *(m)*
copeică • *n* copeca *(f)*, cópec *(f)*, kópek *(f)*

copia • *v* copiar, imitar
copie • *n* copia *(f)*, réplica *(f)*
copii • *n* réplica *(f)*
copil • *n* niño *(m)*, infante *(m)*, hijo *(m)*, hija *(f)*, niña *(f)*
copilă • *n* muchacha *(f)*, cabra *(f)*, niño *(m)*, infante *(m)*, hijo *(m)*, hija *(f)*, niña *(f)*, chica *(f)*, chamaca *(f)*, lola *(f)*, nena *(f)*, chiquilla *(f)*
copilărie • *n* infancia *(f)*, niñez *(f)*
copist • *n* escriba
copită • *n* casco *(m)*, pezuña *(f)*
copleșit • *adj* asombrado
copt • *adj* maduro *(m)*, madura *(f)*, cocinado, cocido
cor • *n* coro *(m)*
corabie • *n* barco *(m)*, buque *(m)*, nave *(f)*
coral • *adj* coral • *n* coral *(m)*
corasla • *n* calostro *(m)*
corb • *n* cuervo *(m)*
corcitură • *n* perro callejero *(m)*, perro mestizo *(m)*, cacri *(m)*, comecuandohay *(m)*, chucho *(m)*, chumino *(m)*, chusco *(m)*, gozque *(m)*, mil leches *(m)*, perro aguacatero *(m)*, perro criollo *(m)*, perro cruzado *(m)*, perro corriente *(m)*, PP *(m)*, quiltro *(m)*, sato *(m)*, tinaquero *(m)*, zaguate *(m)*
corcodel • *n* colimbo *(m)*, zambullidor *(m)*, somormujo *(m)*, acacalote
cord • *n* corazón *(m)*
cordial • *adj* afable
cordialitate • *n* afabilidad *(f)*
cordon • *n* cable *(m)*, cordón *(m)*, cuerda *(f)*, hilo *(m)*, cinturón *(m)*, cincho *(m)*, cinto *(m)*, correa *(f)*, faja *(f)*
corect • *adv* correctamente • *adj* correcto
corecta • *v* corregir, rectificar
corectitudine • *adj* justo, correcto • *n* verdad *(f)*, propiedad *(f)*, corrección *(f)*
corelație • *n* correlación
corespondent • *adj* correspondiente
corespunzător • *adj* correspondiente
coriandru • *n* cilantro *(m)*, coriandro *(m)*
coridă • *n* toreo *(m)*, tauromaquia *(f)*, corrida de toros *(f)*
coridor • *n* corredor *(m)*, pasillo *(m)*
corigibil • *adj* corregible
corlă • *n* zarapito *(m)*
cormoran • *n* cormorán *(m)*
corn • *n* cornamenta *(f)*, asta *(f)*, cuerno *(m)*, queratina *(f)*, viento *(m)*, cacho *(m)*, cornejo *(m)*

cornee • *n* córnea *(f)*
cornișon • *n* pepinillo
cornuri • *n* viento *(m)*
cornut • *adj* astado *(m)*
coroană • *n* corona *(f)*, guirnalda *(f)*
corobora • *v* corroborar
corolar • *n* corolario *(m)*
corp • *n* cuerpo *(m)*
corporal • *adj* corporal, corpóreo, físico
corporație • *n* corporación *(f)*
corpuscul • *n* corpúsculo *(m)*
cortină • *n* telón *(m)*
corupe • *v* corromper
corupt • *adj* corrupto
coruptă • *adj* corrupto
corupție • *n* corrupción *(f)*
cos • *n* chimenea *(f)*
cosecantă • *n* cosecante *(f)*
cosinus • *n* coseno *(m)*
cositor • *n* estaño *(m)*
cosmic • *adj* cósmico
cosmogonie • *n* cosmogonía *(f)*
cosmologie • *n* cosmología *(f)*
cosmos • *n* cosmos *(m)*
cost • *n* costo *(m)*
costa • *v* costar
costisitor • *adj* caro, costoso, dispendioso
costum • *n* tenida *(f)*, traje *(m)*, terno *(m)*, vestido *(m)*, flux *(m)*, tacuche *(m)*
coș • *n* chimenea *(f)*, espinilla *(f)*, cesta *(f)*, cesto *(m)*
coșciug • *n* cajón *(m)*, ataúd *(m)*, féretro *(m)*, urna *(f)*
coșenilă • *n* carmín *(m)*
coșmar • *n* pesadilla *(f)*
cot • *n* codo *(m)*
cotangentă • *n* cotangente *(f)*
cotă-parte • *n* porción *(f)*
cotidian • *adv* diariamente, cotidianamente • *adj* diario, cotidiano, de diario
cotiledon • *n* cotiledón *(m)*
cotoi • *n* felino *(m)*, felina *(f)*, gato *(m)*
cotoroanță • *n* bruja *(f)*
cotractare • *n* contractura *(f)*
coțofană • *n* urraca *(f)*, picaza *(f)*
coulomb • *n* culombio, coulomb
covor • *n* alfombra *(f)*, moqueta *(f)*
covrig • *n* panecillo *(m)*, bagel • *v* pretzel *(m)*
covrigel • *v* pretzel *(m)*
crab • *n* cangrejo *(m)*, jaiba *(f)*
crai • *n* mujeriego *(m)*, gallinazo *(m)*, rompecorazones *(f)*, donjuán *(m)*, cachero del oeste, lacho *(m)*
cranial • *adj* craneal
cranian • *adj* craneal

craniu • *n* cráneo *(m)*, calavera *(f)*
crap • *n* carpa *(f)*
cras • *adj* craso
cratiță • *n* cacerola *(f)*
cravașă • *n* fusta *(f)*
cravată • *n* corbata *(f)*
crăcănat • *adj* arqueado
crăiță • *n* flor maravilla
crăpătură • *n* rendija *(f)*, grieta *(f)*, raja *(f)*
crâng • *n* bosquecillo *(m)*, soto *(m)*, matorral *(m)*, matorral, arboleda *(f)*
crea • *v* escribir, crear, generar
creangă • *n* astilla *(f)*, rama *(f)*, ramo *(m)*, ramita *(f)*
creare • *n* creación *(f)*
creastă • *n* cresta *(f)*, cornisa *(f)*, cordillera *(f)*, sierra *(f)*
creativ • *adj* creativo *(m)*
creativitate • *n* creatividad *(f)*
creator • *adj* creativo *(m)*
creatură • *n* ser *(m)*, criatura *(f)*
creație • *n* creación *(f)*, obra *(f)*
creaționism • *n* creacionismo *(m)*
crede • *v* creer, suponer, pensar, opinar
credibil • *adj* creíble
credință • *n* credo *(m)*, creencia *(f)*, fe *(f)*
credit • *n* crédito *(m)*, fiar *(m)*
creier • *n* cerebro *(m)*
creieraș • *n* cerebelo *(m)*
creion • *n* lápiz *(m)*
crematoriu • *n* crematorio *(m)*
cremă • *n* crema *(f)*
cremene • *n* pedernal *(m)*, sílex
crepuscul • *n* ocaso *(m)*, crepúsculo *(m)*, penumbra *(f)*, puesta del sol *(f)*
creson • *n* berro *(m)*, cresón *(m)*, berro de agua *(m)*
crește • *v* aumentar, incrementar, ampliar, crecer
creștere • *n* ternura, cuidado, crianza, levantamiento, desarollamiento, incremento, aumento *(m)*
cretă • *n* tiza *(f)*, gis *(m)*, creta *(f)*
cretin • *n* payaso *(m)*, payasa *(f)*
cretinism • *n* cretinismo
crevetă • *n* gamba *(f)*, camarón *(m)*, langostino *(m)*
crichet • *n* críquet *(m)*, cricket *(m)*
crimă • *n* delito *(m)*, asesinato *(m)*
criminal • *n* asesino *(m)*, asesina *(f)*
criminalitate • *n* delincuencia *(f)*
crin • *n* azucena *(f)*
crinolină • *n* alforja *(f)*
cristal • *n* cristal *(m)*, cristal
cristalin • *n* cristalino
cristalizare • *n* cristalización *(f)*

cristalizație • *n* cristalización *(f)*
cristei • *n* guión de codornices *(m)*, polluela *(f)*
criteriu • *n* criterio *(m)*
critic • *n* crítico • *adv* críticamente
critica • *v* culpar, juzgar, criticar
critică • *n* crítica *(f)*
crizantemă • *n* crisantemo *(m)*
criză • *n* crisis *(f)*
crocodil • *n* cocodrilo *(m)*
croi • *v* confeccionar
croitor • *n* sastre *(f)*, modisto *(m)*, modista *(f)*
croitoreasă • *n* sastre *(f)*, modisto *(m)*, modista *(f)*
crom • *n* cromo *(m)*
cromozom • *n* cromosoma *(m)*
cronică • *n* crónica *(f)*
cronograf • *n* temporizador *(m)*
cronologic • *adj* cronológico
cronologie • *n* cronología *(f)*
cronometru • *n* temporizador *(m)*
cruce • *n* cruz *(f)*
crucea-voinicului • *n* hepática *(f)*
cruci • *v* santiguarse, persignarse
cruciadă • *n* cruzada *(f)*
crucial • *adj* crucial
crucifica • *v* crucificar
crucifix • *n* crucifijo
crud • *adj* cruel, crudo
crunt • *adj* cruel, sangriento, cruento *(m)*, sanguinolento
crustaceu • *n* crustáceo *(m)*
cruzime • *n* crueldad, crueldad *(f)*
cu • *prep* por, a, con
cuantifica • *v* cuantificar
cuarț • *n* cuarzo *(m)*
cub • *n* cubo *(m)*
cubism • *n* cubismo *(m)*
cuc • *n* cuco *(m)*, cuclillo *(m)*
cuceri • *v* someter, doblegar, conquistar
cucurigu • *interj* quiquiriquí *(m)*, cacareo *(m)*
cucută • *n* cicuta *(f)*
cufundar • *n* colimbo *(m)*, zambullidor *(m)*, somormujo *(m)*, acacalote
cufundătură • *n* hoyuelo *(m)*
cuget • *n* pensamiento *(m)*
cugeta • *v* contemplar, pensar
cugetare • *n* pensamiento *(m)*
cui • *n* clavo *(m)*
cuib • *n* nido *(m)*
cuier • *n* percha *(f)*
cuișoare • *n* clavo *(m)*, clavo de olor *(m)*
culca • *v* acostar
culege • *v* juntar, recoger, reunir, cosechar
cules • *n* cosecha *(f)*
culise • *n* paisaje *(m)*
culme • *n* cima *(f)*, parte superior *(f)*, parte de más arriba *(f)*, ápice *(m)*, clímax *(m)*, pico *(m)*, cumbre *(f)*
culoar • *n* corredor *(m)*, pasillo *(m)*
culoare • *n* pintura *(f)*, color *(m)*
culpabil • *adj* culpable
cult • *n* secta *(f)*
cultiva • *v* cultivar
cultivare • *n* cultivo *(m)*, ternura, cultivación *(f)*, cuidado, crianza, levantamiento, desarollamiento
cultivație • *n* cultivo *(m)*, cultivación *(f)*
cultural • *adj* cultural
cultură • *n* cultivo *(m)*, cultivo, cultura *(f)*, civilización *(f)*
cum • *conj* como • *adv* cómo
cumineca • *v* comulgar
cumnat • *n* cuñado *(m)*, concuñado *(m)*
cumnată • *n* cuñada *(f)*
cumpăra • *v* comprar
cumpărătoare • *n* cliente, comprador *(m)*
cumpărător • *n* cliente, comprador *(m)*
cumpărături • *n* shopping *(m)*
cumpăt • *n* equilibrio *(m)*
cumpătare • *n* economía *(f)*, austeridad *(f)*, templanza *(f)*, parsimonia *(f)*, parsimonia, parquedad *(f)*, ahorro *(m)*
cumplit • *adj* cruel, monstruoso
cumulonimbus • *n* cumulonimbo *(m)*
cumva • *adv* de algún modo, de alguna manera
cunoaște • *v* conocer
cunoaștere • *n* conocimiento *(m)*, conocimientos
cunoscut • *n* conocido *(m)*, conocida *(f)*
cunoscută • *n* conocido *(m)*, conocida *(f)*
cunoștință • *n* conocido *(m)*, conocida *(f)*
cunoștințe • *n* conocimiento *(m)*
cununa • *v* casar, casarse
cunună • *n* corona *(f)*, guirnalda *(f)*
cununie • *n* boda *(f)*
cupă • *n* cáliz *(m)*, copa *(f)*, copas, corazones, cucharazo *(m)*, cucharada *(f)*
cupiditate • *n* codicia *(f)*
cupla • *v* atar, empastar, liar, acoplar
cuplu • *n* pareja *(f)*
cuprinzător • *adj* completo, exhaustivo
cupru • *n* cobre *(m)*
cuptor • *n* horno *(m)*
cur • *n* culo *(m)*, nalgas, trasero *(m)*
curaj • *n* coraje *(m)*, valor *(m)*, valentía

(f)
curajos • *adj* valiente, valeroso, corajudo
curat • *adj* limpio, puro, blanco
curăța • *v* limpiar
curăță • *v* podar
curățire • *n* fundición *(f)*, purificación *(f)*, limpia *(f)*
curând • *adv* pronto
curba • *v* doblar, curvar
curbat • *adj* curvo *(m)*
curbă • *n* curva *(f)*
curbe • *n* curva *(f)*
curbură • *n* curvatura *(f)*
curcan • *n* pavo *(m)*, chompipe *(m)*, guajolote *(m)*, guanajo *(m)*, pisco *(m)*, totol *(m)*
curcă • *n* pavo *(m)*, chompipe *(m)*, guajolote *(m)*, guanajo *(m)*, pisco *(m)*, totol *(m)*
curcubeu • *n* arco iris *(m)*
curea • *n* cinturón *(m)*, cincho *(m)*, cinto *(m)*, correa *(f)*, faja *(f)*
curent • *n* arroyo, corriente *(f)*, flujo *(m)*
curge • *v* fluir
curgere • *n* flujo *(m)*
curios • *adj* raro, extraño, curioso
curiozitate • *n* curiosidad
curiu • *n* curio *(m)*
curmală • *n* dátil *(m)*
curs • *n* curso *(m)*
cursă • *n* lazo *(m)*, carrera *(f)*
cursor • *n* cursor *(m)*
curta • *v* cortejar, pololear, jotear
curte • *n* patio, patio *(m)*, jardín *(m)*, callejón *(m)*, corte *(f)*, mansión *(f)*, palacete *(m)*, tribunal *(m)*, juzgado *(m)*, cortejo *(m)*
curtenie • *n* civismo *(m)*, civilidad *(f)*
curvă • *n* zorra, puta *(f)*, ramera *(f)*, golfa, prostituta *(f)*, prostituta, fulana, guarra, mujerzuela *(f)*
cusurgiu • *adj* exigente
cușcă • *n* jaula *(f)*
cușer • *adj* kosher
cuta • *v* arrugar
cute • *n* muela *(f)*, piedra de afilar *(f)*, piedra de amolar *(f)*
cutezanță • *n* valor *(m)*
cutie • *n* recipiente *(m)*, caja *(f)*, contenedor *(m)*
cutremur • *n* terremoto *(m)*, temblor *(m)*, chaka *(f)*
cuțit • *n* cuchillo *(m)*
cuvânt • *n* palabra *(f)*, vocablo *(m)*, término *(m)*
cuvântare • *n* discurso *(m)*
cuviincios • *adj* decoro *(m)*
cuviință • *n* decencia *(f)*, propiedad *(f)*, decoro, pundonor
cuvinte • *n* palabra *(f)*
cvadrat • *n* cuadro *(m)*, cuadrado *(m)*
cvadratură • *n* cuadratura *(f)*
cvadridimensional • *adj* cuatridimensional *(f)*
cvadrilateral • *adj* cuadrilátero
cvadruplu • *adj* cuádruple
cvartet • *n* cuarteto *(m)*
cvas • *n* kvas *(m)*
cvintet • *n* quinteto *(m)*
cvorum • *n* cuórum *(m)*
cyborg • *n* ciborg *(m)*

D

da • *v* dar, entregar, donar
dacă • *conj* si, si ... o
dacea • *n* dacha *(f)*
dafin • *n* laurel *(m)*
dală • *n* piedra *(f)*, losa *(f)*
dalie • *n* dalia *(f)*
daltă • *n* formón *(m)*, cincel *(m)*, escoplo *(m)*
daman • *n* damán *(m)*
damasc • *n* damasco *(m)*
damă • *n* reina *(f)*
dame • *n* damas, baño de damas *(m)*
damigiană • *n* damajuana *(f)*
dans • *n* baile *(m)*, danza *(f)*
dansa • *v* bailar, danzar
dansatoare • *n* bailarín *(m)*, bailarina *(f)*, bailador *(m)*
dansator • *n* bailarín *(m)*, bailarina *(f)*, bailador *(m)*
dantelă • *n* encaje *(m)*, blonda *(f)*
dar • *conj* aunque, no obstante, si bien, pero • *n* presente *(m)*, don *(m)*, talento *(m)*, regalo *(m)*
dare • *n* impuesto *(m)*, tasa *(f)*
darnic • *adj* generoso
dată • *n* por, fecha *(f)*, data *(f)*, vez *(f)*, tanda *(f)*, veces
date • *n* dato
datină • *n* tradición *(f)*
dator • *adj* endeudado
datorie • *n* deber *(m)*, obligación *(f)*, arancel *(m)*, deuda *(f)*

datorită • *conj* porque, ya que
daună • *n* daño *(m)*, damno
daune • *n* daño *(m)*
dărăpăna • *v* arruinar
dărâma • *v* demoler
dărui • *v* dar, regalar
dăuna • *v* dañar
dăunător • *adj* derogatorio, pernicioso, dañino
de • *prep* por, de
deal • *n* cerro *(m)*, loma *(f)*, colina *(f)*
deasemenea • *adv* también
deasupra • *prep* en, sobre, arriba, encima • *adv* arriba
debil • *adj* débil, endeble, flojo, flaco, feble
debilita • *v* desfallecer, flaquear
debilitate • *n* enfermedad *(f)*
debloca • *v* desbloquear
debut • *n* principio *(m)*, comienzo *(m)*, inicio *(m)*
debutant • *n* novato *(m)*, principiante
decadă • *n* década *(f)*
decapita • *v* descabezar, decapitar
decatlon • *n* decatlón *(m)*
decăzut • *adj* malo *(m)*, malvado *(m)*
decât • *prep* que
deceniu • *n* década *(f)*, decenio *(m)*
decență • *n* decencia *(f)*, decoro, pundonor, aptitud *(f)*
decepție • *n* decepción *(f)*
deci • *adv* así, por eso • *conj* así que
decibel • *n* decibelio *(m)*
decibeli • *n* decibelio *(m)*
decide • *v* resolver, decidir
decisiv • *adj* crucial
decizie • *n* premio *(m)*, galardón *(m)*, decisión *(f)*
declara • *v* declarar, atestiguar
declarare • *n* declaración *(f)*
declarație • *n* declaración *(f)*, propuesta *(f)*, testimonio *(m)*
declinare • *n* declinación *(f)*
decolare • *n* despegue *(m)*
decor • *n* paisaje *(m)*, bambalina *(f)*
decora • *v* decorar, adornar, ornar, engalanar
decoratoare • *n* decorador *(m)*, decoradora *(f)*
decorator • *n* decorador *(m)*, decoradora *(f)*
decorație • *n* condecoración *(f)*
decoros • *adj* decoro *(m)*
decret • *n* decreto *(m)*
decupa • *v* recortar
decupare • *n* recorte
dedesubt • *prep* bajo, abajo

dedicare • *n* devoción *(f)*, dedicación *(f)*
dedicație • *n* dedicación *(f)*
deduce • *v* inferir
defavorabil • *adj* derogatorio
defăima • *v* difamar, calumniar, reputación
defeca • *v* cagar, defecar, jiñar
defect • *adj* defectuoso
defecta • *v* dañar
defectiv • *adj* defectivo
defectuos • *adj* defectuoso
deferență • *n* deferencia *(f)*
deficient • *adj* deficiente
deficit • *n* déficit
defileu • *n* cañón *(m)*, barranca *(f)*
definire • *n* definición *(f)*
definiție • *n* definición *(f)*
deflagrație • *n* deflagración *(f)*
deflora • *v* desflorar, desvirgar
defrauda • *v* timar, defraudar
degerătură • *n* sabañón *(m)*, friera *(f)*
deget • *n* mano, dedo *(m)*
degetar • *n* digital *(f)*, dedo *(m)*, dedal *(m)*
degetariță • *n* digital *(f)*
degețel • *n* digital *(f)*
deghiza • *v* disfrazar, cubrir
deghizare • *n* disfraz *(m)*
degrada • *v* envilecer, degradar
degradare • *n* humillación *(m)*, rebajamiento *(m)*, abatimiento *(m)*
dehiscență • *n* dehiscencia *(f)*
deism • *n* deísmo *(m)*
deja • *adv* ya
delator • *n* confidente, delator, oreja, traidor
delăsare • *n* negligencia *(f)*
delectare • *n* encantamiento *(m)*
deleter • *adj* deletéreo
delfin • *n* delfín *(m)*
delibera • *v* deliberar
deliberat • *adj* premeditado
delicat • *adj* delicado
delicios • *adj* delicioso *(m)*, delicioso, sabroso, rico, gustoso, apetitoso
deliciu • *n* placer *(m)*, gozo *(m)*, regocijo, deleite, delicia *(f)*, delectación *(f)*
delicvență • *n* delincuencia *(f)*, criminalidad *(f)*
delir • *n* delirio *(m)*
delta • *n* delta *(f)*
deltă • *n* delta *(m)*
delușit • *adj* legible
demagog • *n* demagogo *(m)*
demagogă • *n* demagogo *(m)*
demaror • *n* estárter *(m)*, cebador *(m)*
demență • *n* locura *(f)*

demiurg • *n* demiurgo *(m)*
demn • *adj* digno
demnitate • *n* dignidad *(f)*
democratic • *adj* democrático
democraţie • *n* democracia *(f)*
demodat • *adj* absurdo *(m)*, pasado de moda, anticuado, chapado a la antigua *(m)*, grotesco, incongruente
demodată • *adj* pasado de moda, anticuado, chapado a la antigua *(m)*
demola • *v* demoler
demon • *n* demonio
demonic • *adj* diabólico
demonstra • *v* demostrar
demonstrare • *n* demostración *(f)*
demonstraţie • *n* demostración *(f)*
denatura • *v* falsificar
denigrator • *adj* derogatorio
denivelat • *adj* desnivelado, desnivel *(m)*
densitate • *n* densidad
dentist • *n* dentista *(f)*, odontólogo *(m)*
denumărare • *n* cuenta atrás *(f)*, cuenta regresiva *(f)*
denumi • *v* designar
denunţător • *n* confidente, delator, oreja, traidor
deoarece • *conj* como, porque, por, ya que, debido a que
deodată • *adv* abruptamente, repentinamente, de pronto, súbitamente
deodorant • *n* desodorante *(m)*
deosebit • *adj* distinto, diferente
departament • *n* oficina *(f)*, sección *(f)*
departe • *adv* lejos, ausente • *adj* distante, a distancia, huraño, lejano
depăşi • *v* sobrepasar, rebasar, adelantar
dependent • *adj* enviciador, adictivo, dependiente
dependenţă • *n* dependencia *(f)*
deplasament • *n* desplazamiento *(m)*
deplânge • *v* quejar, lamentar
deplinătate • *n* integridad *(f)*, entereza *(f)*
deplorabil • *adj* deplorable, lamentable
deportare • *n* deportación *(f)*
depozit • *n* bodega *(f)*, almacén *(m)*, depósito *(m)*
depozita • *v* almacenar
depozitare • *n* almacenamiento *(m)*
depoziţie • *n* testimonio *(m)*
depravare • *n* depravación *(f)*
depravat • *adj* malo *(m)*, malvado *(m)*
depresionat • *adj* abatido, deprimido *(m)*
depresiune • *n* depresión, depresión *(f)*

deprimare • *n* depresión *(f)*
deprimat • *adj* triste, melancólico, abatido, deprimido *(m)*
deranj • *n* inconveniencia *(f)*, desconveniencia *(f)*, estorbo, perturbación *(f)*
deranja • *v* perturbar, molestar, incomodar, agobiar
deranjament • *n* problema *(m)*, perturbación
deranjare • *n* disturbio *(m)*, estorbo *(m)*, perturbación *(f)*
dereglare • *n* problema *(m)*
deriva • *v* derivar
derivare • *n* derivación *(f)*
derivat • *n* derivado *(m)*
derivată • *n* derivado *(m)*
derogatoriu • *adj* derogatorio
derula • *v* desplazarse
derviş • *n* derviche *(m)*
des • *adv* a menudo, frecuentemente, seguido
desăvârşire • *n* actuación *(f)*, cumplimiento *(m)*, ejecución *(f)*, desempeño *(m)*
descărca • *v* descargo *(m)*, vaciar, descargar
descânta • *v* encantar, hechizar
descântătură • *n* encanto *(m)*, hechizo *(m)*, conjuro *(m)*, brujería *(f)*
descântec • *n* encanto *(m)*, hechizo *(m)*, conjuro *(m)*, brujería *(f)*
descendent • *n* descendiente *(m)*
descendenţă • *n* parentela *(f)*
deschide • *v* abrirse
deschizatura • *n* presa *(f)*, esclusa *(f)*, compuerta *(f)*
deschizătură • *n* abertura *(f)*, entrada *(f)*, desembocadura *(f)*, boca *(f)*, orificio *(m)*
descifrabil • *adj* legible
descompune • *v* descomponer, pudrir, podrir
descompunere • *n* descomposición *(f)*
desconsidera • *v* ignorar
desconsiderare • *n* descuidar, desprecio *(m)*, desdén *(m)*, desatender
descoperi • *v* descubrir
descoperire • *n* hallazgo *(m)*
descreşte • *v* disminuir
descrie • *v* representar, describir, ambientar, presentar
descriere • *n* descripción *(f)*
descripţie • *n* descripción *(f)*
descuia • *v* abrir, desatrancar, desbloquear
descuraja • *v* descorazonar, acobardar
descurcăreţ • *adj* hábil, diestro, listo *(m)*,

deseară · dezice

habiliodoso, habiloso, intelectual *(f)*
deseară • *adv* esta noche, de noche
desemna • *v* titular, designar
desemnare • *n* elección *(f)*
desen • *n* dibujo *(m)*, esquema *(m)*, croquis *(m)*, boceto *(m)*, dibujos animados, monos animados
desena • *v* dibujar
deseori • *adv* frecuentemente
desert • *n* dulce *(m)*, postre *(m)*
desface • *v* aflojar, soltar, relajar, desatar, desamarrar, desligar, deshacer
desfășura • *v* desplegar, lagar
desfătare • *n* encantamiento *(m)*, placer *(m)*, gozo *(m)*, regocijo, deleite, delicia *(f)*, delectación *(f)*
desfrânare • *n* lujuria
desfrânat • *adj* desenfrenado, desinhibido, malo *(m)*, malvado *(m)*
desfrâu • *n* lujuria *(f)*
deshidratare • *n* deshidratación *(f)*
desi • *conj* sin embargo, a pesar de
designa • *v* designar
desigur • *adv* sin duda, ciertamente
desime • *n* frecuencia *(f)*
desiș • *n* matorral
despărți • *v* divorciar, separar, disgregar, desunir, divorciarse
despărțire • *n* divorcio *(m)*, despedida *(f)*
despărțitură • *n* sección *(f)*
despera • *v* desesperar
desperare • *n* desesperación *(f)*, estupefacción *(f)*, espanto *(m)*, consternación *(f)*, desesperanza *(f)*
desperație • *n* desesperanza *(f)*
despica • *v* dividir, partir, escindir
despotic • *adj* despótico, tiránico
despotism • *n* despotismo *(m)*
despre • *prep* sobre, de, acerca de
despuia • *v* despojar, saquear
destin • *n* destino *(m)*, azar *(m)*
destina • *v* asignar, destinar
destinde • *v* relajar
destrăbălare • *n* depravación *(f)*
destul • *adv* suficientemente
deșert • *adj* desierto *(m)*, desolado *(m)*, vacío • *n* desierto *(m)*
deșerta • *v* vaciar
deșeu • *n* basura, desperdicio *(m)*, desecho
deși • *conj* a pesar de, aunque
deșira • *v* desenrollar, desenmarañar, desenredar, deshilar
deștept • *adj* astuto, vivo *(m)*, vivaracho *(m)*, brillante, listo, listo *(m)*, inteligente, pillo, genial, intelectual *(f)*

deștepta • *v* despertarse, despertar
detalia • *v* especificar
detașa • *v* arrancar, desacoplar
detergent • *n* detergente *(m)*
deteriora • *v* dañar
deteriorare • *n* deterioro *(m)*, deterioración *(f)*
determinare • *n* decisión *(f)*, determinación, determinación *(f)*, resolución *(f)*
detesta • *v* aborrecer, detestar, abominar
detestabil • *adj* abominable, aborrecible
detunătură • *n* bum *(m)*
deține • *v* detener, poseer
deținere • *n* detenido *(m)*
devasta • *v* mutilar, devastar
devastare • *n* devastación *(f)*, asolamiento *(m)*, arrasamiento *(m)*
developator • *n* revelador *(m)*
deveni • *v* hacer, volver, convertir, llegar a ser
devia • *v* desviarse
deviație • *n* aberración *(f)*, variante *(f)*
deviere • *n* aberración *(f)*
deviză • *n* mote *(m)*, divisa *(f)*, lema *(m)*
devora • *v* devorar, jambar
devotament • *n* devoción *(f)*
devotare • *n* devoción *(f)*
devoțiune • *n* adoración, devoción *(f)*
devreme • *adv* temprano • *adj* temprano, primero, precoz
dexteritate • *n* destreza *(f)*, habilidad *(f)*
dezagreabil • *adj* desagradable *(f)*, desagradable, detestable *(f)*, odioso *(m)*, odiosa *(f)*, inhalagüeño *(m)*
dezagrega • *v* disgregar
dezamăgire • *n* decepción *(f)*
dezamăgit • *adj* decepcionado
dezaproba • *n* desaprobación *(f)*
dezasamblare • *n* descomposición *(f)*
dezastru • *n* catástrofe *(f)*, desastre *(m)*
dezavantaj • *n* desventaja *(f)*
dezavantajos • *adj* desaventajado *(m)*, desventajoso *(m)*
dezbatere • *n* discusión *(f)*, debate *(m)*
dezbrăca • *v* desvestir, sacarse la ropa
dezbrăcat • *adj* desnudo
dezechilibrare • *n* desequilibrio *(m)*
dezechilibru • *n* desequilibrio *(m)*
dezertor • *n* desertor *(m)*
dezgust • *n* desazón *(f)*, repugnancia *(f)*, asco *(m)*, repulsa *(f)*
dezgusta • *v* repugnar
dezgustător • *adj* despreciable, de mal gusto, repulsivo, asqueroso, nauseabundo, repugnante
dezice • *v* retractar

deziderat • *n* deseo *(m)*
dezintegra • *v* disgregar
dezinteresat • *adj* indiferente, desinteresado *(m)*, flojo, tibio, blandengue, lacio
dezintoxicare • *n* desintoxicación *(f)*
dezlănțui • *v* desencadenar
dezlega • *v* desabrochar, desatar, desamarrar, desligar
dezlipi • *v* desacoplar
dezlocuire • *n* desplazamiento *(m)*
dezmierda • *v* acariciar
dezmierdare • *n* cariño *(m)*, ternura *(f)*, afecto *(m)*
deznodământ • *n* catástrofe *(f)*
dezobedient • *adj* desobediente
dezordine • *n* desorden
dezorganizare • *n* desorganización *(f)*
dezorganizat • *adj* desorganizado
dezoxiriboză • *n* desoxirribosa *(f)*
dezrădăcina • *v* extirpar
dezrobi • *v* emancipar
dezvolta • *v* desarrollar
dezvoltare • *n* desarrollo *(m)*
diabet • *n* diabetes *(f)*
diabetic • *adj* diabético
diabolic • *adj* satánico
diacon • *n* diácono *(m)*
diafragmă • *n* diafragma *(m)*
diagonală • *n* diagonal *(f)*
diagramă • *n* diagrama *(m)*
dialect • *n* dialecto *(m)*
dialog • *n* conversación *(f)*, diálogo *(m)*
diamant • *n* gema, diamante *(m)*
diametral • *adj* diametral
diametric • *adj* diametral
diametru • *n* diámetro *(m)*
diapozitiv • *n* diapositiva *(f)*
diaree • *n* diarrea *(f)*, colitis
diastolă • *n* diástole *(f)*
diateză • *n* voz *(f)*
diatriba • *n* diatriba
diavol • *n* diablo *(m)*
diavolesc • *adj* satánico
dibăcie • *n* destreza *(f)*
dicotiledonată • *adj* dicotiledóneo, dicotiledón
dictator • *n* dictador *(m)*, dictadora *(f)*
dictatori • *n* dictador *(m)*, dictadora *(f)*
dictatură • *n* dictadura *(f)*
dicționar • *n* diccionario *(m)*
diez • *adj* sostenido
diferență • *n* diferencia *(f)*
diferențiere • *n* discriminación *(f)*
diferit • *adj* distinto, diferente
dificil • *adj* difícil
dificultate • *n* apuro, dificultad *(f)*, sufrimientos

difidență • *n* desconfianza *(f)*, desconfianza, recelo *(m)*, recelo
diftong • *n* diptongo *(m)*
difuzare • *n* emisión *(f)*
difuzie • *n* difusión *(f)*
difuzor • *n* altavoz *(m)*, altoparlante *(m)*
dig • *n* dique *(m)*
digestie • *n* digestión *(f)*
digital • *adj* digital, dactilar
digitală • *adj* digital
digresiune • *n* digresión *(f)*
dihor • *n* turón *(m)*
dildo • *n* consolador *(m)*
dilemă • *n* dilema *(m)*
diletant • *n* diletante
diligent • *adj* trabajador
diligență • *n* esmero *(m)*, diligencia *(f)*
dimensiune • *n* dimensión *(f)*
dimensiuni • *n* dimensión *(f)*
dimineață • *n* madrugada *(f)*, mañana *(f)*, AM
diminua • *v* reducir, recortar
diminuare • *n* atenuación *(f)*, disminución *(f)*
diminuat • *adj* alterado, estropeado, aminorado
diminutiv • *adj* diminuto • *n* diminutivo *(m)*
diminutivă • *adj* diminuto
diminutive • *n* diminutivo *(m)*
din • *prep* de, desde
dinainte • *prep* enfrente de, ante, frente a
dinamită • *n* dinamita *(f)*
dinastie • *n* dinastía *(f)*, casa *(f)*
dingo • *n* dingo *(m)*
dinozaur • *n* dinosaurio *(m)*
dinte • *n* diente *(m)*
dioceză • *n* diócesis *(f)*
dioramă • *n* diorama *(m)*
diplomație • *n* diplomacia, diplomacia *(f)*
direct • *adj* directo
director • *n* director, director *(m)*, carpeta *(f)*, presidente, principal de escuela, jefe de estudios, directora *(f)*, gerente *(m)*, gestor *(m)*
directori • *n* director *(m)*, directora *(f)*
direcție • *n* dirección *(f)*
dirijare • *n* conducción *(f)*
dirijoare • *n* director *(m)*
dirijor • *n* director *(m)*
disc • *n* disco, disco *(m)*, disco intervertebral *(m)*
discernământ • *n* percepción *(f)*
discerne • *v* percibir
discernere • *n* percepción *(f)*

disciplină • *n* disciplina *(f)*, materia *(f)*, asignatura *(f)*, curso *(m)*, ramo *(m)*
discordie • *n* discordia *(f)*
discredita • *v* desacreditar, descreer
discreditare • *n* descuidar, desatender
discret • *adj* discreto
discriminare • *n* discriminación *(f)*
discurs • *n* conversación *(f)*, discurso *(m)*
discuta • *v* debatir, argumentar, hablar
discutabil • *adj* controversial, controvertido
discutare • *n* discusión *(f)*
discuție • *n* discusión *(f)*, controversia *(f)*, polémica *(f)*, debate *(m)*
diseară • *adv* esta noche, de noche
diseca • *v* disecar, diseccionar
disforie • *n* disforia
dislocare • *n* desplazamiento *(m)*
dispariție • *n* desaparición *(f)*
dispărea • *v* desvanecerse, desaparecer
dispensat • *adj* exento
disperare • *n* desesperación *(f)*, desesperanza *(f)*, descorazonamiento *(m)*
disperat • *adj* patético
displăcea • *v* aversión, desagradar, no gustar
disponibil • *adj* disponible
dispozitiv • *n* dispositivo *(m)*, mecanismo *(m)*, aparejo
dispoziție • *n* inclinación *(f)*
dispreț • *n* descuidar, desprecio *(m)*, desdén *(m)*, escarnio, desatender
disprețui • *v* escarnir, despreciar *(m)*, desdeñar, menospreciar, ningunear, irrespetar
disprețuibil • *adj* bajo, desdeñable, despreciable
disprosiu • *n* disprosio *(m)*
dispunere • *n* configuración *(f)*
dispută • *n* discusión *(f)*, bronca *(f)*, riña *(f)*, pelea *(f)*, debate *(m)*, disputar
distant • *adv* distante, apartado
distanță • *n* distancia *(f)*, reserva *(f)*
distilerie • *n* destilería
distinct • *adj* distinto
distincție • *n* medalla *(f)*, piocha *(f)*
distingibil • *adj* distinguible *(f)*
distractiv • *adj* divertido *(m)*
distracție • *n* diversión *(f)*, entretenimiento *(m)*
distrat • *adj* ausente, distraído
distribui • *v* dividir, distribuir, repartir
distribuire • *n* distribución, distribución *(f)*
distribuit • *adj* compartido *(m)*
distribuție • *n* distribución

district • *n* distrito
distructibil • *adj* destruible, destructible
distructiv • *adj* destructivo
distrugător • *adj* destructivo
distruge • *v* arruinar, destrozar, destruir, romper
distrugere • *n* destrucción, acoso *(m)*
divers • *adj* varios, misceláneo
divertisment • *n* diversión *(f)*, entretenimiento *(m)*
divide • *v* desunir
divin • *adj* divino
divinitate • *n* dios *(m)*, diosa *(f)*, deidad *(f)*, divinidad *(f)*
divinizare • *n* adoración
diviza • *v* dividir, repartir, desunir, partir, escindir
divizare • *n* división *(f)*
divizibil • *adj* divisible
divizor • *n* divisor
divorț • *n* divorcio *(m)*
divorța • *v* divorciar, divorciarse
dizgrația • *v* deshonrar
dizgrație • *n* desgracia *(f)*
dizolvabil • *adj* soluble
dizolvabilă • *adj* soluble
doagă • *n* estrofa *(f)*
doamnă • *n* ama *(f)*, señora *(f)*, dama *(f)*, mujer *(f)*
doar • *adv* sólo
dobândă • *n* interés *(m)*
dobra • *n* dobra
docil • *adj* dócil, sumiso, obediente
docilitate • *n* docilidad *(f)*
doctor • *n* doctor *(m)*, doctora *(f)*, médico *(m)*, médica *(f)*
doctoriță • *n* médico *(m)*, médica *(f)*
doctrinal • *adj* doctrinal
doctrină • *n* dogma *(m)*, doctrina *(f)*
document • *n* artículo *(m)*, documento *(m)*
documenta • *v* documentar *(m)*
documentar • *adj* documental, documentario • *n* documental *(m)*
documentație • *n* documentación *(f)*
dodecagon • *n* dodecágono *(m)*
dogar • *n* tonelero
doge • *n* dux *(m)*
dogmatic • *adj* dogmático
dogmă • *n* dogma *(m)*
dohotar • *n* pastor *(m)*, ovejero *(m)*
doi • *n* dos *(m)*, dos
doică • *n* niñera *(f)*, canguro *(m)*, china *(f)*
dolar • *n* dólar *(m)*
domeniu • *n* campo *(m)*, esfera *(f)*, te-

rreno *(m)*, ámbito *(m)*, dominio *(m)*
domestici • *v* domesticar
domesticire • *n* domesticación *(f)*
domiciliu • *n* domicilio *(m)*
domina • *v* dominar
domn • *n* amo *(m)*, señor *(m)*, ser *(m)*, caballero *(m)*, dueño *(m)*, seor *(m)*
domni • *v* reinar, mandar, gobernar
domnilor! • *n* señores *(m)*
domnule • *n* señor *(m)*
domoli • *v* calmar
donator • *n* donador *(m)*, donante *(f)*
donație • *n* donación *(f)*, donativo *(m)*
donații • *n* donación *(f)*, donativo *(m)*
dor • *n* añoranza *(f)*, añoranza, anhelo *(m)*
dori • *v* desear, anhelar, languidecer, añorar
dorință • *n* deseo *(m)*
dorit • *adj* deseable, conveniente
doritor • *adj* impaciente, ilusionado, entusiasmado, ávido, anhelante, ansioso, deseoso
dormi • *v* dormir
dormita • *v* cabecear, adormecer *(m)*, adormilar, dormitar, hacer siesta
dormitoare • *n* cuarto *(m)*, pieza, habitación, recámara, alcoba *(m)*, dormitorio *(m)*
dormitor • *n* cuarto *(m)*, pieza, habitación, recámara, alcoba *(m)*, dormitorio *(m)*
dornic • *adj* impaciente, ilusionado, entusiasmado, ávido, anhelante
dos • *n* culo *(m)*, lomo *(m)*, espalda *(f)*, dorso *(m)*, revés *(m)*, envés *(m)*, reverso *(m)*
dosar • *n* carpeta *(f)*
dospi • *v* fermentar
dovadă • *n* referencias, prueba *(f)*
dovedi • *v* probar
dovleac • *n* calabaza *(f)*, auyama *(f)*, ayote *(f)*, zapallo *(m)*, calabazera *(f)*
dovlecel • *n* calabaza *(f)*
drac • *n* diablo *(m)*
drag • *n* corazón *(m)*, querido *(m)*, dulzura, cariño, tesoro *(m)*, enamorado, querida *(f)*, amado *(m)*, amado, amada *(f)* • *adj* querido, querido *(m)*, amado *(m)*
dragă • *adj* querido *(m)* • *n* querido *(m)*, dulzura, cariño, tesoro *(m)*, enamorado, querida *(f)*, amado *(m)*, amado, amada *(f)*
dragon • *n* dragón *(m)*, guiverno *(m)*
dragoste • *n* amor *(m)*
dramaturg • *n* dramaturgo *(m)*, drama-turga *(f)*
dramă • *n* drama *(m)*, obra teatral *(f)*
drapel • *n* bandera *(f)*, estandarte *(m)*
draperie • *n* cortina *(f)*
drăcesc • *adj* satánico
drăgălaș • *adj* gracioso, chulo, bonito *(m)*, precioso *(m)*, lindo *(m)*, pituso
drăguț • *adj* encantador, gracioso, amable, tierno, benigno, chulo, guapo *(m)*, bonito *(m)*, precioso, precioso *(m)*, lindo *(m)*, pituso
drăguță • *n* corazón *(m)*, nena *(f)*, nene *(m)* • *adj* guapo *(m)*, bonito *(m)*, precioso
dreapta • *adj* derecho *(m)*, derecha *(f)*, diestra • *n* derecha *(f)*
dreaptă • *n* recta *(f)*
drege • *v* remendar
drepnea • *n* vencejo *(m)*
drept • *adj* derecho, derecho *(m)*, recto, justo, liso, derecha *(f)*, perpendicular, correcto, diestra • *n* derecho *(m)*
dreptaci • *n* diestro *(m)*, diestra *(f)*
dreptate • *n* justicia *(f)*, justedad *(f)*, justeza *(f)*
dreptunghi • *n* rectángulo *(m)*
drepți • *n* atención *(f)*
dres • *n* colorete *(m)*
dric • *n* cenit *(m)*
drob • *n* retama *(f)*
drobușor • *n* yerba pastel *(f)*
drogat • *adj* colocado, drogado
drojdie • *n* levadura *(f)*
dromader • *n* dromedario *(m)*
dront • *n* dodo *(m)*, dronte *(m)*
dropie • *n* avutarda *(f)*
drum • *n* camino *(m)*, vía *(f)*, calle *(f)*, ruta *(f)*
dubios • *adj* aleatorio, sospechoso, ambiguo, turbio, dudoso, equívoco, torvo, avieso
dubiu • *n* duda *(f)*, incertidumbre *(f)*
dubla • *v* duplicar, doblar
dublat • *adj* doblado, bicapa
dublu • *adj* doble
dublură • *n* doble
ducat • *n* ducado *(m)*
duce • *v* llevar, cargar, guiar, ir • *n* duque *(m)*
dud • *n* moral *(m)*
dudă • *n* mora *(f)*
dugong • *n* dugongo *(m)*
duh • *n* espíritu *(m)*
dulap • *n* vitrina *(f)*, armario *(m)*, alacena *(f)*
dulce • *adj* agradable, encantador, cariñoso, tierno, sabroso, rico, gustoso,

mono, dulce, fresco, melodioso, fragante, oloroso, hermoso, bello, lindo, azucarado • *n* dulce *(m)*, caramelo *(m)*, chuche • *adv* dulcemente
dulceață • *n* dulzura *(f)*, agradabilidad *(f)*
dulciuri • *n* caramelos, chucherías, dulces
dulgher • *n* carpintero *(m)*, ebanista
dulie • *n* enchufe *(m)*, toma corriente *(m)*
duma • *n* duma *(f)*
dumbravă • *n* bosquecillo *(m)*, soto *(m)*, matorral *(m)*, arboleda *(f)*
dumneaei • *pron* ella
dumnealor • *pron* ellos *(m)*, ellas *(f)*
dumnealui • *pron* él
dumneata • *pron* tú, usted, vos, vosotros, ustedes
dumneavoastră • *pron* tú, usted, vos, vosotros, ustedes, vosotras *(f)*
dumnezeiesc • *adj* divino
dumnezeu • *n* dios *(m)*, diosa *(f)*, deidad *(f)*, divinidad *(f)*
dună • *n* duna *(f)*, médano *(m)*
dungă • *n* línea, franja, raya, lista

după • *prep* detrás, atrás, después, tras, detrás de • *adv* después
după-amiază • *n* tarde *(f)*
duplica • *v* duplicar
duplicare • *n* reproducción *(f)*
duplicat • *n* reproducción *(f)*
dur • *adj* duro *(m)*, duro, difícil *(f)*, severo, áspero *(m)*
dura • *v* durar
durabil • *adj* duradero, durable, perdurable
durată • *n* duración *(f)*, duración de la vida *(f)*
dură • *adj* duro *(m)*
durdliu • *adj* pechugona *(f)*, maciza *(f)*
durea • *v* doler, sufrir, apenar
durere • *n* pesar *(m)*, dolor *(m)*, pena *(f)*, tristeza *(f)*, aflicción *(f)*, infelicidad *(f)*
duș • *n* ducha *(f)*, regadera *(f)*
dușman • *n* enemigo *(m)*
dușmănie • *n* enemistad *(f)*, hostilidad *(f)*
dușmănos • *adj* vindicativo, vengativo
duzină • *n* docena *(f)*

E

e • *v* es, está, hay
ea • *pron* ella
echer • *n* escuadra *(f)*, cartabón *(m)*
echidnă • *n* equidna
echidneu • *n* equidna
echilibru • *n* equilibrio *(m)*
echinocțiu • *n* equinoccio *(m)*
echinox • *n* equinoccio *(m)*
echipament • *n* equipamiento *(m)*, equipo *(m)*, aparato *(m)*
echipă • *n* equipo *(m)*, cuadrilla *(f)*
echitate • *n* equidad *(f)*, rectitud, derechura
echivalent • *adj* equivalente
echivalentă • *adj* equivalente
eclipsa • *v* eclipsar
eclipsă • *n* eclipse *(m)*
ecluza • *n* presa *(f)*, esclusa *(f)*, compuerta *(f)*
ecolocație • *n* ecolocalización *(f)*
ecologic • *adj* ecológico
ecologie • *n* ecología *(f)*
econometrician • *n* económetra *(f)*
econometrie • *n* econometría *(f)*
econometrist • *n* económetra *(f)*
economie • *n* economía *(f)*

ecosistem • *n* ecosistema *(m)*, ecosistema, naturaleza, medioambiente, medio ambiente
ecou • *n* eco *(m)*
ecran • *n* pantalla *(f)*
ecstasy • *n* éxtasis *(f)*
ecuator • *n* ecuador *(m)*
ecuație • *n* ecuación *(f)*
edentat • *adj* desdentado
edificare • *n* edificación *(f)*, construcción *(f)*
edificiu • *n* edificio *(m)*
edita • *v* editar
editor • *n* director *(m)*, directora *(f)*
ediție • *n* edición *(f)*
educa • *v* educar, escolarizar, instruir
educare • *n* educación *(f)*, ternura, cuidado, crianza, levantamiento, desarollamiento
educație • *n* educación *(f)*
efect • *n* efecto *(m)*, efectos, efectos especiales
efectent • *adj* efectivo, eficaz
efectiv • *adj* efectivo, eficaz, fáctico, factual
efemer • *adj* fugaz, transitorio

eficacitate • *n* eficacia *(f)*
eficient • *adj* efectivo, eficaz
efigie • *n* marca *(f)*
efort • *n* esfuerzo *(m)*, trabajo *(m)*
egal • *adv* igualmente • *adj* igual • *n* igual
egală • *n* igual
egalitate • *n* empate *(m)*, equidad *(f)*
eglefin • *n* eglefino *(m)*
egoist • *adj* egoísta
egretă • *n* garza *(f)*, garceta *(f)*
ei • *pron* ellos *(m)*, ellas *(f)*
eider • *n* eider *(m)*
einsteiniu • *n* einstenio *(m)*
ejaculare • *n* eyaculación *(f)*
ejaculator • *adj* eyaculador
ejaculație • *n* eyaculación *(f)*
el • *pron* él
elan • *n* alce *(m)*
elastic • *adj* elástico *(m)*
elasticitate • *n* elasticidad *(f)*
ele • *pron* ellos *(m)*, ellas *(f)*
electorat • *n* electorado *(m)*
electric • *adj* eléctrico, electrónico
electricitate • *n* corriente *(f)*, electricidad *(f)*
electrocardiogramă • *n* electrocardiograma *(m)*
electrocutare • *n* electrocución *(f)*
electrodinamometru • *n* electrodinamómetro *(m)*
electroliză • *n* electrólisis *(f)*
electromagnetic • *adj* electromagnético
electromagnetism • *n* electromagnetismo *(m)*
electron • *n* electrón *(m)*
electronic • *adj* eléctrico, electrónico
electronică • *n* electrónica *(f)*
elefant • *n* elefante *(m)*
elegant • *adj* sofisticado, refinado, elegante
eleganță • *n* gracia *(f)*
element • *n* elemento *(m)*, dispositivo *(m)*, mecanismo *(m)*, aparejo *(m)*
elemente • *n* elemento *(m)*
eleron • *n* alerón *(m)*
elev • *n* alumno *(m)*, alumna *(f)*, pupilo *(m)*
eleva • *n* alumno *(m)*, alumna *(f)*, pupilo *(m)*
elibera • *v* emancipar, librar
elice • *n* propulsor *(m)*, hélice *(f)*
elicopter • *n* helicóptero *(m)*, autogiro *(m)*
eligibil • *adj* elegible, propio
eligibilitate • *n* elegibilidad
eliminare • *n* exclusión *(f)*

elipsă • *n* elipse *(f)*
elipsoid • *n* elipsoide *(m)*
elită • *n* élite *(f)*
elogiabil • *adj* alabable, loable, encomiable
elogiere • *n* encomio *(m)*, comendación *(m)*, recomendación *(f)*
elogiu • *n* encomio *(m)*, elogio *(m)*, alabanza *(f)*, loa *(f)*, enaltecimiento *(m)*
eluda • *v* eludir, escapar
emailat • *n* veladura *(m)*
emancipa • *v* emancipar
emancipare • *n* emancipación *(f)*
embrion • *n* embrión *(m)*
emigrant • *n* emigrante *(f)*
emigrantă • *n* emigrante *(f)*
emigrare • *n* emigración *(f)*
emisferă • *n* hemisferio *(m)*
emisie • *n* emisión *(f)*
emisiune • *n* programa *(m)*, emisión *(f)*, emisión, envío
emite • *v* emitir, acuñar
emițător • *n* remitente *(f)*
emonda • *v* podar
emoție • *n* afecto *(m)*, emoción *(f)*
emoționa • *v* emocionar, conmover, tocar
emoțional • *adj* emocional *(f)*, emocional, emotivo
emoționant • *adj* patético
emoționat • *adj* entusiasmado, nervioso, emocionado
empatie • *n* empatía *(f)*
empiric • *adj* empírico
empirist • *n* empirista *(f)*
emu • *n* emú *(m)*
emulgator • *n* emulgente *(f)*, emulsificador *(m)*
emulsie • *n* emulsión *(f)*
emulsificator • *n* emulgente *(f)*, emulsificador *(m)*
enciclopedie • *n* enciclopedia *(f)*
endemic • *adj* endémico
energetic • *adj* enérgico
energie • *n* energía *(f)*
enerva • *v* molestar, enfurecer
enervare • *n* ira *(f)*, enfado *(m)*, enojo *(m)*, rabia *(f)*, bravura *(f)*
enigmatic • *adj* enigmático
enorie • *n* parroquia *(f)*, congregación *(f)*, feligreses
enorm • *adj* monstruoso, enorme, grandote
enteric • *adj* entérico
enterită • *n* enteritis *(f)*
entomologie • *n* entomología *(f)*
entropie • *n* entropía *(f)*

entuziasm • *n* entusiasmo *(m)*
entuziasmat • *adj* entusiasmado, emocionado
entuziast • *n* entusiasta
epavă • *n* cacharro *(m)*, trasto *(m)*
epicicloidă • *n* epicicloide *(f)*
epidemic • *adj* epidémico
epidemie • *n* epidemia *(f)*
epidemii • *n* epidemia *(f)*
epidemiolog • *n* epidemiólogo *(m)*
epidemiologie • *n* epidemiología *(f)*
epidermă • *n* epidermis *(f)*
epifanie • *n* manifestación *(f)*, epifanía *(f)*
epigraf • *n* epígrafe *(m)*
episcop • *n* obispo *(m)*
epistolă • *n* epístola *(f)*
epistole • *n* epístola *(f)*
epocă • *n* edad, época *(f)*, era *(f)*, período *(m)*
epopee • *n* epopeya
epuizat • *adj* agotado, consumido, macilento, trasojado, demacrado, exhausto
eră • *n* edad, época *(f)*, era *(f)*, período *(m)*
erbacee • *adj* herbáceo
erbaceu • *adj* herbáceo
erbiu • *n* erbio *(m)*
erbivor • *n* herbívoro *(m)* • *adj* herbívoro
erecție • *n* erección *(f)*, erección, tieso *(m)*
ereditar • *adj* heredado, hereditario
erete • *n* aguilucho *(m)*, milano *(m)*, aguililla *(f)*
ergonomic • *adj* ergonómico
ergonomică • *adj* ergonómico
eroare • *n* error *(m)*, equivocación *(f)*
erogen • *adj* erógeno
eroic • *adj* heroico
eroină • *n* héroe *(m)*, heroína *(f)*
erotic • *adj* erótico
erou • *n* héroe *(m)*
eroziune • *n* erosión *(f)*
erudit • *adj* erudito *(m)*, leído *(m)*
erudiție • *n* erudición *(f)*
erupere • *n* erupción *(f)*
erupție • *n* erupción *(f)*
esc • *n* escape *(m)*
escava • *v* excavar, ahondar, cavar
eseist • *n* ensayista *(f)*
esențial • *adv* esencialmente, en esencia
est • *n* este *(m)*, oriente *(m)*, levante *(m)*
este • *v* es, está, hay
estetică • *n* estética *(f)*
estic • *adj* oriental
estimare • *n* valoración *(f)*

eșafod • *n* horca, patíbulo, cadalso
eșafodaj • *n* andamiaje, andamio
eșarfă • *n* bufanda *(f)*
eșec • *n* fallo *(m)*, fracaso *(m)*
etan • *n* etano *(m)*
etanamidă • *n* acetamida *(f)*
etapă • *n* estado *(m)*, situación *(f)*
etate • *n* edad *(f)*
eter • *n* aire *(m)*
eteric • *adj* etéreo
eternitate • *n* eternidad *(f)*
eterogen • *adj* heterogéneo
eterogenă • *adj* heterogéneo
etic • *adj* ético
eticheta • *v* etiquetar, rotular
etichetă • *n* etiqueta *(f)*, marbete *(m)*
etimologie • *n* etimología *(f)*
eucalipt • *n* eucalipto *(m)*
eufemism • *n* eufemismo *(m)*
euforie • *n* euforia *(f)*, dicha *(f)*, beatitud *(f)*
euristic • *adj* heurístico
europiu • *n* europio *(m)*
eutanasie • *n* eutanasia *(f)*
ev • *n* edad, época *(f)*, era *(f)*
evada • *v* huir
evadat • *n* fugitivo *(m)*
evaluare • *n* valoración *(f)*, evaluación *(f)*, tasación *(f)*
evanghelie • *n* evangelio *(m)*
evapora • *v* evaporar
evaziv • *adj* elusivo
eveniment • *n* acontecimiento *(m)*, ocurrencia, evento *(m)*, suceso *(m)*
evident • *adj* visible, claro, obvio, evidente, transparente, manifiesto
evinge • *v* desahuciar
evita • *v* evitar, esquivar
evlavie • *n* piedad *(f)*
evolua • *v* progresar, evolucionar
evoluțial • *adj* evolutivo, evolucionista, evolucionario
evoluție • *n* evolución *(f)*
evoluțional • *adj* evolutivo, evolucionista, evolucionario
evoluționar • *adj* evolutivo, evolucionista, evolucionario
évrica • *interj* eureka
exactitate • *n* precisión *(f)*, exactitud
exagera • *v* exagerar
exagerare • *n* exageración *(f)*, exceso *(m)*
exagerat • *adj* exagerado
exaltat • *adj* entusiasmado, emocionado
examen • *n* examen *(m)*, examinación *(f)*, test *(m)*

examinare • *n* examen *(m)*, examinación *(f)*
exasperare • *n* exasperación *(f)*
excelent • *adj* excelente
excelentă • *adj* excelente
excepțional • *adj* excepcional
excepțională • *adj* excepcional
exces • *n* exceso *(m)*
excesiv • *adj* excesivo
excesivă • *adj* excesivo
excita • *v* titilar
excitare • *n* entusiasmo *(m)*
excitat • *adj* jodontón, cachondo, caliente, arrecho, excitado
excitație • *n* entusiasmo *(m)*
exclamare • *n* exclamación *(f)*
exclamație • *n* exclamación *(f)*
excludere • *n* exclusión *(f)*
excrement • *n* mierda *(f)*, caca *(f)*, excremento *(m)*
excursie • *n* viaje *(m)*
execrabil • *adj* execrable *(f)*
executa • *v* ejecutar, ajusticiar
executor • *n* albacea, ejecutor
execuție • *n* ejecución *(f)*
exemplar • *n* espécimen *(m)*, ítem
exemplu • *n* ejemplar *(m)*, ejemplo *(m)*, caso
exercita • *v* aplicar, ejercer
exercițiu • *n* ejercicio
exhibiționist • *n* exhibicionista *(f)*
exil • *n* exilio *(m)*, destierro *(m)*
exila • *v* desterrar, exiliar
exilare • *n* exilio *(m)*, destierro *(m)*
exilat • *n* exiliado *(m)*, desterrado *(m)*
exista • *v* ser, existir, haber
existent • *adj* existente *(f)*
existență • *n* existencia *(f)*
exod • *n* éxodo *(m)*
exoftalmie • *n* exoftalmia *(f)*
expanda • *v* ampliar
expedia • *v* mandar, enviar
expeditoare • *n* remitente *(f)*
expeditor • *n* remitente *(f)*
expeditori • *n* remitente *(f)*
experienta • *n* experiencia *(f)*, vivencia *(f)*
experiență • *n* experiencia *(f)*, vivencia *(f)*
experimental • *adj* experimental
experimentare • *n* prueba *(f)*
expert • *n* perito *(m)*, experto *(m)* • *adj* experto *(m)*
expertiză • *n* consejo
expiație • *n* expiación *(f)*

expiere • *n* expiación *(f)*
explica • *v* explicar
explicabil • *adj* explicable
explicabilă • *adj* explicable
explicabile • *adj* explicable
explicabili • *adj* explicable
explicare • *n* explicación *(f)*
explicit • *adj* explícito
exploata • *v* explotar, aprovechar
explora • *v* escrutar, escanear
explozie • *n* explosión *(f)*
exponențiere • *n* exponenciación *(f)*
exportator • *n* exportador *(m)*
expoza • *v* exhibir
expoziție • *n* exposición *(f)*
expresie • *n* expresión *(f)*, frase *(f)*, aspecto *(m)*, palabra *(f)*, término *(m)*, sintagma *(m)*
expresionism • *n* expresionismo *(m)*
expresiv • *adj* expresivo
exprimabil • *adj* expresable
exprimare • *n* palabra *(f)*
expropriere • *n* expropiación *(f)*
expulza • *v* desahuciar
expune • *v* exponer, revelar, descubrir, exhibir
expunere • *n* exposición *(f)*, exposición
expurga • *v* expurgar
extaz • *n* éxtasis *(m)*, éxtasis *(f)*, euforia *(f)*, dicha *(f)*, beatitud *(f)*
extenuare • *n* fatiga *(f)*
exterior • *n* exterior *(m)*
exterminare • *v* exterminar
extern • *adj* externo *(f)*
extins • *adj* común, extenso *(m)*, generalizado, extendido
extract • *n* extracto *(m)*
extragalactic • *adj* extragaláctico
extraordinar • *adj* extraordinario, fabuloso, asombroso, sorprendente
extraordinare • *adj* excepcional, destacado, distinguido
extrapolare • *n* extrapolación *(f)*
extras • *n* resumen *(m)*, extracto *(m)*, fragmento *(m)*, pasaje *(m)*
extraterestru • *n* extraterrestre *(m)*, extraterrestre, alienígena • *adj* extraterrestre, alienígena
extrem • *adv* extremadamente
extremism • *n* extremismo *(m)*
extremitate • *n* miembro *(m)*, extremidad *(f)*
ezita • *v* dudar, vacilar
ezoteric • *adj* esotérico *(m)*

F

fabrica • *v* producir, fabricar
fabricant • *n* fabricante *(m)*, hacedor *(m)*
fabricare • *n* fabricación *(f)*, manufactura *(f)*
fabrică • *n* planta *(f)*, fábrica *(f)*
fabulos • *adj* extraordinario, fabuloso, fantástico
face • *v* hacer, producir, trabajar
fachie • *n* antorcha *(f)*
facibil • *adj* factible
facibilitate • *n* factibilidad *(f)*
facilita • *v* facilitar
facilitate • *n* facilidad *(f)*
facocer • *n* facóquero *(m)*
factură • *n* cuenta *(f)*, factura *(f)*, albarán *(m)*
facturi • *n* factura *(f)*, albarán *(m)*
facţiune • *n* facción *(f)*
facultate • *n* universidad *(f)*, facultad *(f)*
fad • *adj* insípido
fag • *n* haya *(f)*
fagot • *n* bajón *(m)*, fagot *(m)*
fagure • *n* panal *(m)*
faianţă • *n* loza *(f)*, fayenza *(f)*
faimă • *n* renombre *(m)*, distinción *(f)*, fama *(f)*, reputación *(f)*
faimos • *adj* famoso, renombrado, reconocido, distinguido, de renombre
falcă • *n* mandíbula *(f)*
faleză • *n* acantilado *(m)*, precipicio, risco *(m)*
falic • *adj* fálico
faliment • *n* bancarrota *(f)*
fals • *adj* artificial, mentiroso, falso, embustero, postizo
falsifica • *v* falsificar
falsitate • *n* mentira *(f)*
falus • *n* falo *(m)*
familiar • *n* familiar • *adj* familiar, coloquial
familiaritate • *n* intimidad *(f)*, familiaridad *(f)*
familie • *n* familia *(f)*
fantastic • *adj* fantástico
fantezie • *n* imaginación *(f)*
fantomă • *n* fantasma *(m)*
fapt • *n* hecho *(m)*
faptă • *n* acción *(f)*, hecho *(m)*, acto *(m)*, obra *(f)*
faptic • *adj* efectivo, fáctico, factual
far • *n* luz *(f)*, faro *(m)*
faraon • *n* faraón *(m)*

fard • *n* colorete *(m)*
farfurie • *n* plato *(m)*
farmacie • *n* farmacia *(f)*, botica *(f)*
farmacist • *n* farmacéutico *(m)*, farmacéutica *(f)*, apoticario *(m)*, boticario *(m)*
farmacolog • *n* farmacólogo *(m)*, farmacóloga *(f)*
farmacologie • *n* farmacología *(f)*
farmec • *n* encanto *(m)*, encantamiento *(m)*, hechizo *(m)*, conjuro *(m)*, brujería *(f)*
fascicul • *n* haz *(m)*, atado *(m)*, fajo *(m)*, atada *(f)*, mies *(f)*
fascina • *v* encantar, hechizar
fascism • *n* fascismo *(m)*
fasole • *n* haba *(f)*, frijol *(m)*, habichuela, judía, alubia *(f)*, poroto *(m)*
fastidios • *adj* aburrido
fasung • *n* enchufe *(m)*, toma corriente *(m)*
faşă • *n* cinta *(f)*, franja *(f)*, venda *(f)*, vendaje *(m)*
fatalism • *n* fatalismo *(m)*
fată • *n* muchacha *(f)*, cabra *(f)*, niña *(f)*, chica *(f)*, chamaca *(f)*, lola *(f)*, nena *(f)*, chiquilla *(f)*
fathom • *n* braza
fatidic • *adj* ominoso *(m)*, ominosa *(f)*
faţă • *n* faz *(f)*, cara *(f)*, rostro *(m)*, lado *(m)*
faună • *n* fauna *(f)*
favoare • *n* favor
favorabilă • *n* ocasión *(f)*
favorit • *adj* favorito, preferido, predilecto
favorită • *adj* favorito, preferido, predilecto
fax • *n* fax *(m)*
fazan • *n* faisán *(m)*
fază • *n* fase *(f)*
făcător • *n* hacedor *(m)*
făclie • *n* antorcha *(f)*
făină • *n* harina *(f)*
făinos • *adj* harinoso
făptaş • *n* perpetrador *(f)*
făptuitor • *n* perpetrador *(f)*
făptură • *n* ser *(m)*, criatura *(f)*
făraş • *n* recogedor *(m)*
fără • *prep* sin • *adj* despreocupado
făt • *n* feto *(m)*
făta • *v* parir
făurar • *n* forjador *(m)*, forjadora *(f)*, fabro *(m)*
fân • *n* heno *(m)*

fântână • *n* fuente *(f)*, fontana *(f)*, aljibe *(m)*, pozo *(m)*
fâsă • *n* bisbita *(f)*
febră • *n* fiebre *(f)*
febril • *adj* febril, con calentura
fecale • *n* excremento *(m)*
fecioară • *n* doncella *(f)*, muchacha *(f)*, virgen *(f)*, doncel *(m)*, señorita *(f)*
fecior • *n* doncella *(f)*, muchacha *(f)*
feciorelnic • *adj* casta *(f)*, casto *(m)*, virgen *(f)*, virginal *(f)*
felicioresc • *adj* casta *(f)*, casto *(m)*, virgen *(f)*, virginal *(f)*
feciorie • *n* virginidad
fecundare • *n* fecundación *(f)*
federal • *adj* federal *(f)*
federalizare • *n* federalización *(f)*
federație • *n* federación *(f)*
fel • *n* género *(m)*, manera *(f)*, modo *(m)*, forma *(f)*, forma, variedad *(f)*, tipo *(m)*, suerte *(f)*, estilo *(m)*, clase *(f)*, clase
felație • *n* felación *(f)*, mamada *(f)*, fellatio *(f)*
felicita • *v* felicitar
felicitări • *interj* felicitación, enhorabuena
felie • *n* rebanada triangular
felin • *adj* felino *(m)*
felinar • *n* alumbrado público *(m)*, farol *(m)*
felină • *n* felino *(m)*, felina *(f)* • *adj* felino *(m)*
femei • *n* baño de damas *(m)*
femeie • *n* mujer *(f)*
femeiesc • *adj* femenino
feminin • *adj* femenino
feminitate • *n* feminidad
fenicul • *n* hinojo *(m)*
fenilalanină • *n* fenilalanina *(f)*
fenix • *n* fénix *(m)*
fenomen • *n* fenómeno *(m)*
fenotip • *n* fenotipo
fenugrec • *n* alholva *(f)*, fenogreco *(m)*
ferăstrău • *n* sierra *(f)*
ferbințeală • *n* ardor *(m)*
fereastră • *n* ventana *(f)*
fereca • *v* esposar
feri • *v* vigilar, custodiar, guardar
ferici • *v* felicitar
fericire • *n* felicidad, felicidad *(f)*, alegría *(f)*, gozo *(m)*, júbilo, regocijo
fericit • *adj* satisfecho, contento, feliz, alegre
ferigă • *n* helecho *(m)*
ferm • *adj* tenaz, implacable
fermă • *n* finca *(f)*, granja *(f)*
fermeca • *v* encantar, encanto engañador *(m)*, encanto secretivo *(m)*, encanto oculto *(m)*, cautivar, hechizar
fermecător • *adj* encantador
ferment • *n* levadura *(f)*
fermenta • *v* fermentar
fermentare • *n* fermentación *(f)*
fermentație • *n* fermentación *(f)*
fermier • *n* granjero *(m)*, granjera *(f)*
fermiu • *n* fermio *(m)*
fermoar • *n* bragueta *(f)*
fernambuc • *n* palo Brasil *(m)*, pau-Brasil *(m)*, pernambuco *(m)*
feroce • *adj* fiero, feroz
fertil • *adj* fértil, productivo
fertiliza • *v* fertilizar
fertilizant • *n* fertilizante *(m)*, abono orgánico *(m)*
fertilizare • *n* fertilización *(f)*
fertilizator • *n* fertilizante *(m)*
festin • *n* fiesta, comida festiva *(f)*, banquete *(m)*, festín, comilona *(f)*
fetid • *adj* fétido
fetișism • *n* fetichismo *(m)*
feudalism • *n* feudalismo *(m)*
feudă • *n* feudo
fezabil • *adj* factible
fezabilitate • *n* factibilidad *(f)*
fi • *v* estar, ser, existir, haber, se • *n* fi *(f)*
fiabil • *adj* fiable, confiable
fiabilitate • *n* fiabilidad *(f)*
fiară • *n* bestia *(f)*, animal *(m)*
ficat • *n* hígado *(m)*, hígado
fictiv • *adj* ficticio
fidel • *adj* verdadero
fidelitate • *n* fidelidad
fiecare • *pron* todos, todo el mundo
fiecine • *pron* todos, todo el mundo
fief • *n* feudo *(m)*
fier • *n* hierro *(m)* • *adj* férreo
fierar • *n* herrero *(m)*, herrera *(f)*, forjador *(m)*, forjadora *(f)*, fabro *(m)*
fierbe • *v* hervir
fierbinte • *adj* caliente, muy caliente
fiere • *n* malicia *(f)*, bilis *(f)*, hiel *(f)*, amargura *(f)*
figurativ • *adj* figurativo, figurado
figură • *n* figura *(f)*
fiică • *n* hijo *(m)*, hija *(f)*
fiindcă • *conj* como, por, ya que, debido a que
ființă • *n* ser *(m)*, existencia *(f)*, criatura *(f)*
filantropic • *adj* filantrópico
filantropie • *n* filantropía *(f)*
fildeș • *n* marfil *(m)*
file • *n* filete *(m)*

filială • *n* sucursal *(f)*
filigran • *n* filigrana
filimică • *n* caléndula *(f)*, margarita *(f)*
film • *n* película *(f)*, cine *(m)*
filologie • *n* filología *(f)*
filozof • *n* filósofo *(m)*, filósofa *(f)*
filozofic • *adj* filosófico *(m)*
filozofie • *n* filosofía *(f)*
filtra • *v* filtrarse
fin • *n* ahijado *(m)*
final • *n* meta *(f)*, fin *(m)*, conclusión *(f)*
financiar • *adj* financiero
fină • *n* ahijada *(f)*
finic • *n* dátil *(m)*
finisa • *v* cerrar, terminar, concluir, finalizar
finit • *adj* limitado, finito
fiord • *n* fiordo *(m)*
fiori • *n* escalofrío *(m)*
fioros • *adj* fiero, feroz
fir • *n* alambre *(m)*, hilo *(m)*, hilado *(m)*
fire • *n* temperamento *(m)*
firmă • *n* empresa *(f)*
fisiune • *n* fisión *(f)*
fisură • *n* grieta *(f)*
fișă • *n* enchufe *(m)*
fișier • *n* archivo *(m)*, fichero *(m)*
fitil • *n* mecha *(m)*
fiu • *n* niño *(m)*, chico *(m)*, varón *(m)*, hijo *(m)*, hija *(f)*, muchacho *(m)*, chaval *(m)*
fix • *adv* en punto
fixa • *v* juntar, unir, ajustar, atar, establecer
fizic • *adj* físico
fizică • *adj* físico
fizician • *n* físico
fiziolog • *n* fisiólogo *(m)*, fisióloga *(f)*
fiziologic • *adj* físico, fisiológico
fiziologică • *adj* físico
fiziologie • *n* fisiología *(f)*
flacără • *n* llama, flama *(f)*
flagel • *n* calamidad *(f)*, azote *(m)*
flamboiant • *adj* extravagante, exuberante
flamură • *n* bandera *(f)*, estandarte *(m)*
flanc • *n* costado *(m)*
flatulență • *n* pedo *(m)*
flaut • *n* flauta *(f)*
flăcău • *n* soltero *(m)*
flămând • *adj* hambriento
flecar • *adj* gárrulo, locuaz, hablador
fleșcăială • *n* aguanieve *(f)*
flexibil • *adj* flexible
flexibilitate • *n* flexibilidad *(f)*
flintă • *n* rifle *(m)*, fusil *(m)*
floare • *n* flor *(f)*

floc • *n* haz, mechón *(m)*, penacho *(m)*, manojo *(m)*, champa *(f)*
florar • *n* florista *(f)*
floră • *n* flora *(f)*
flotant • *adj* flotante
flotă • *n* marina *(f)*
fluid • *n* fluido • *adj* fluido
fluier • *n* pito *(m)*, chifle *(m)*, silbato *(m)*
fluiera • *v* silbar, chiflar, pitar
fluierar • *n* chorlo *(m)*, chorlito *(m)*, chorlitejo *(m)*
fluierar-cu-picioare-roșii • *n* archibebe *(m)*
fluierat • *n* silbato *(m)*, pitido *(m)*, chiflido *(m)*, pitada *(f)*
fluor • *n* flúor *(m)*
fluorit • *n* fluorita *(f)*, fluorina *(f)*
flutura • *v* esgrimir, blandir
fluture • *n* mariposa *(f)*
fluvial • *adj* fluvial
fluviu • *n* río *(m)*
flux • *n* corriente *(f)*, flujo *(m)*
foaie • *n* hoja *(f)*
foale • *n* fuelle
foame • *n* hambre *(f)*
foamete • *n* hambruna, hambre, inanición *(f)*
foarfecă • *n* tijera *(f)*
foarfece • *n* tijera *(f)*, cizalla *(f)*, cizallas
foarte • *adv* bien, muy
fobie • *n* fobia *(f)*, miedo *(m)*, pavor *(m)*
foc • *n* fuego *(m)*
focar • *n* chimenea *(f)*
focă • *n* foca *(f)*
folder • *n* carpeta *(f)*
folos • *n* utilidad *(f)*
folosi • *v* usar, utilizar
folosință • *n* utilidad *(f)*
folosire • *n* uso *(m)*
folositor • *adj* útil
fondare • *n* fundación
fondator • *n* fundador *(m)*
fonem • *n* fonema *(m)*
fonetic • *adj* fonético
font • *n* fuente *(f)*
forfecuță • *n* piquituerto *(m)*
forint • *n* florín húngaro *(m)*, forinto *(m)*
forjă • *n* fragua *(f)*, forja *(f)*
forma • *v* formar
formal • *adj* formal
formalist • *adj* formalista
format • *n* formato *(m)*, formato, plantilla *(f)*
formație • *n* banda *(f)*, grupo *(m)*
formă • *n* forma *(f)*
formular • *n* forma *(f)*, formulario *(m)*,

planilla *(f)*
formulare • *n* formulación *(f)*
formulă • *n* fórmula *(f)*
fortăreață • *n* fortificación *(f)*, fortaleza *(f)*
fortificare • *n* fortificación *(f)*
fortificație • *n* fortificación *(f)*
forța • *v* obligar, forzar, esforzar
forță • *n* potencia *(f)*, poder *(m)*, fuerza *(f)*
fosfat • *n* fosfato *(m)*
fosfor • *n* fósforo *(m)*
fosilă • *n* fósil *(m)*
fosilizare • *n* fosilización *(f)*
fosilizație • *n* fosilización *(f)*
fost • *adj* viejo, ex-
fostul • *n* ex
fotbal • *n* fútbol *(m)*, futbol *(m)*, futbol, balompié *(m)*, pambol, balón-pie *(m)*
foto • *n* fotografía *(f)*, foto *(f)*
fotografia • *n* fotografía *(f)* • *v* fotografiar, tomar una foto
fotografie • *n* fotografía *(f)*, foto *(f)*
fotoliu • *n* sillón *(m)*
foton • *n* fotón *(m)*
fotovoltaic • *adj* fotovoltaico
fracturare • *n* fractura *(f)*
fractură • *n* fractura *(f)*
fracție • *n* fracción, quebrado *(m)*
fracțiune • *n* facción *(f)*
fragment • *n* astilla, porción *(f)*, fragmento
fragmenta • *v* fragmentar
fraier • *n* otario *(m)*
franc • *n* franco *(m)*
franciu • *n* francio *(m)*
frate • *n* par, hermano *(m)*
fratern • *adj* fraternal *(m)*, fraternal, fraterno
fraternitate • *n* fraternidad *(f)*, confraternidad, hermandad, hermandad *(f)*
fraterniza • *v* fraternizar
frauda • *v* timar, defraudar
fraudulos • *adj* fraudulento *(m)*
frază • *n* expresión *(f)*, frase *(f)*, sintagma *(m)*
frământa • *v* amasar
frământare • *n* ansiedad, preocupación *(f)*, inquietud, angustia, fandango *(m)*, jaleo *(m)*, escándalo *(m)*, ansia
frățesc • *adj* fraternal *(m)*, fraternal, fraterno
frăție • *n* fraternidad *(f)*, hermandad
frâna • *v* frenar
frână • *n* freno *(m)*
frânghie • *n* cable *(m)*, línea *(f)*, cuerda *(f)*, hilo *(m)*, soga *(f)*

frânt • *adj* quebrado *(m)*, roto *(m)*
frâu • *n* bocado *(m)*, brida *(f)*
freamăt • *n* frenesí *(m)*, clamor *(m)*, bullicio *(m)*, alboroto *(m)*, fandango *(m)*, jaleo *(m)*, escándalo *(m)*, crujido, fragor *(m)*
freca • *v* frotar
frecare • *n* fricción *(f)*
frecvent • *adv* frecuentemente • *adj* frecuente *(f)*
frecvență • *n* frecuencia *(f)*
fredona • *v* canturrear, tararear
frenezie • *n* frenesí *(m)*, manía *(f)*
frescă • *n* fresco *(m)*
freză • *n* corte *(m)*
frică • *n* temor *(m)*, miedo *(m)*, respeto
fricos • *adj* cobarde
fricțiune • *n* fricción *(f)*
frig • *n* frío *(m)*, frialdad *(f)*
frigare • *n* asador *(m)*, pincho, brocheta *(f)*, fierrito *(m)*, anticucho *(m)*
frige • *v* freír, asar
frigider • *n* frío *(m)*, frigorífico *(m)*, heladera *(f)*, nevera *(f)*, refrigerador *(m)*, refrigeradora *(f)*
friguros • *adj* fresco
fringilid • *n* pinzón *(m)*
fringilidă • *n* pinzón *(m)*
frizer • *n* peluquero *(m)*, peluquera *(f)*
frizură • *n* corte *(m)*
frontieră • *n* borde *(m)*, límite *(m)*, frontera *(m)*, frontera *(f)*
frontispiciu • *n* frontispicio *(m)*
frotiu • *n* mancha *(f)*
fruct • *n* fruta *(f)*, fruto *(m)*
fructoză • *n* fructosa *(f)*
fructuos • *adj* fértil, prolífico, productivo, fructífero
frumoasă • *adj* guapo *(m)*, bonito *(m)*, guapa *(f)*, hermoso *(m)*, hermosa *(f)*, bello *(m)*, bella *(f)*, linda *(f)*, bonita *(f)*
frumoaso • *n* nena *(f)*, nene *(m)*
frumos • *adj* guapo *(m)*, bonito *(m)*, guapa *(f)*, apuesto, hermoso *(m)*, hermosa *(f)*, bello *(m)*, bella *(f)*, linda *(f)*, bonita *(f)*
frumusețe • *n* belleza *(f)*, guapa *(f)*
frunte • *n* frente *(f)*
frunză • *n* hoja *(f)*
frustrare • *n* frustración
frustrație • *n* frustración
fucsie • *n* fucsia
fugaci • *adj* fugaz • *n* playero *(m)*, correlimos *(m)*
fugar • *adj* fugitivo • *n* fugitivo *(m)*, forajido *(m)*, desperado *(m)*
fugă • *n* escape *(m)*, correr, escapada *(f)*, fuga *(f)*, escapatorio *(m)*, liberación *(f)*

fugi • *v* huir, correr
fugitiv • *adj* fugaz, fugitivo
fulg • *n* pluma *(f)*
fulger • *n* rayo *(m)*, relámpago *(m)*
fum • *n* humo *(m)*
fuma • *v* humear, fumar
fumar • *n* chimenea *(f)*
fumătoare • *n* tabaquismo
fumător • *n* tabaquismo, fumador *(m)*, fumadora *(f)*
fumători • *n* tabaquismo
fumega • *v* humear
fumegară • *n* pito *(m)*
fumigen • *adj* humeante *(f)*
fumigenă • *adj* humeante *(f)*
funcție • *n* función *(f)*, puesto *(m)*, cargo *(m)*
funcționa • *v* funcionar, funccionar, fungir
funcționar • *n* secretario *(m)*, oficinista, escribiente
fund • *n* culo *(m)*, fondo *(m)*, nalgas, trasero *(m)*
fundal • *n* bambalina *(f)*
fundament • *n* base *(f)*, cimiento *(m)*
fundamental • *adj* cardinal, fundamental, basal
fundamentalism • *n* fundamentalismo
fundamentare • *n* fundación
fundație • *n* fundación, fundación *(f)*, cimiento *(m)*
fundă • *n* cinta *(f)*, moño *(m)*, lazo *(m)*, galón *(m)*
funerar • *adj* funeral, funerario
fungibil • *adj* fungible
funie • *n* línea *(f)*, cuerda *(f)*, hilo *(m)*, soga *(f)*
funingine • *n* hollín *(m)*

fura • *v* quitar, hurtar, privar, robar
furaj • *n* pienso *(m)*, forraje *(m)*
furat • *n* robo *(m)*
furătură • *n* robo *(m)*
furcă • *n* bieldo *(m)*, horca *(f)*, trinche *(m)*
furculiță • *n* trinche *(m)*, tenedor *(m)*
furgonetă • *n* furgoneta *(f)*, furgón *(m)*, van *(f)*
furie • *n* indignación *(f)*, ira *(f)*, enfado *(m)*, enojo *(m)*, rabia *(f)*, bravura *(f)*, furia *(f)*, furor *(m)*, cólera *(f)*
furios • *adj* furioso
furnicar • *n* hormiguero *(m)*, oso hormiguero *(m)*
furnică • *n* hormiga *(f)*
furt • *n* robo *(m)*, hurto *(m)*, latrocinio *(m)*
furtunar • *n* frailecillo *(m)*
furtună • *n* tempestad *(f)*, tormenta *(f)*, tormenta electrica *(f)*, tronada, temporal *(m)*
furtunos • *adj* borrascoso *(m)*, tempestuoso *(m)*
furuncul • *n* furúnculo *(m)*
fus • *n* huso
fustă • *n* falda *(f)*, enaguas, pollera *(f)*, saya *(f)*
fuște • *n* lanza *(f)*
futai • *n* polvo, polvo *(m)*
fute • *v* joder, cagar, tirar, chingar, follar, follarse, coger, jalar, tirarse, cepillarse, pichar, culear, vergar, cachar, garchar, entucar
futere • *n* jodienda *(f)*, chinga *(f)*, cogida *(f)*, polvo
futurism • *n* futurismo *(m)*

G

gabardină • *n* gabardina, sarga
gadoliniu • *n* gadolinio *(m)*
gafă • *n* metida de pata *(f)*, desliz *(m)*
gagat • *n* azabache *(m)*
gaidă • *n* gaita *(f)*
gaie • *n* milano *(m)*, aguililla *(f)*
gaiță • *n* grajilla *(f)*, arrendajo *(m)*, urraca *(f)*
galanterie • *n* caballerosidad
galaxie • *n* galaxia *(f)*
galaxii • *n* galaxia *(f)*
gală • *n* agalla *(f)*
galben • *n* amarillo *(m)* • *adj* amarillo
galben-verziu • *adj* limonado

galbenă • *n* amarillo *(m)*
galion • *n* galeón *(m)*
galiu • *n* galio *(m)*
galop • *n* galope *(m)*
galopa • *v* galopar
galvanometru • *n* galvanómetro *(m)*
gamă • *n* gama *(f)*
gambă • *n* pata *(f)*, pierna *(f)*, pantorrilla *(f)*
ganglion • *n* ganglio *(m)*
garaj • *n* garaje *(m)*
garant • *n* garante, garante *(m)*, guarante *(m)*
garanta • *v* jurar, garantizar, garantir,

prometer
garanție • *n* garantía *(f)*
gară • *n* estación *(f)*
gard • *n* valla *(f)*, cerca *(f)*, cerramiento *(m)*, barda *(f)*, seto *(m)*
gardă • *n* vanguardia *(f)*, vigilia *(f)*, guarda *(f)*, guardia *(f)*
gardenie • *n* gardenia *(f)*
gardian • *n* guarda *(f)*, guardia *(f)*
gargui • *n* gárgola *(f)*
garnizoană • *n* guarnición *(f)*
garoafă • *n* clavel *(m)*, carnalización *(f)*
gastric • *adj* gástrico
gastrointestinal • *adj* gastrointestinal
gastronomie • *n* gastronomía *(f)*
gata • *adj* listo *(m)*
gaură • *n* hueco *(m)*, agujero *(m)*, hoyo *(m)*
gauri • *v* perforar
gaurii • *v* perforar, horadar, agujerear
gaz • *n* gas *(m)*
gazdă • *n* casero *(m)*, arrendador *(m)*, terrateniente *(m)*, anfitrión *(m)*, hospedador *(m)*, hospedero *(m)*
gaze • *n* gas *(m)*
gazelă • *n* gacela *(f)*
gazetar • *n* periodista *(f)*
gazifica • *v* gasificar
găină • *n* pollo *(m)*, gallina *(f)*
găinușă • *n* gallineta de agua *(f)*
găinușă-de-baltă • *n* gallineta de agua *(f)*, zarapito *(m)*
gălăgie • *n* ruido *(m)*
gălăgios • *adj* ruidoso
gălbenare • *n* ictericia *(f)*
gălbenea • *n* ranúnculo *(m)*
gălbenele • *n* caléndula *(f)*, margarita *(f)*
gălbenuș • *n* yema *(f)*
gălbinare • *n* palidez *(f)*, ictericia *(f)*
găleată • *n* cubo *(m)*, balde *(m)*, cubeta *(m)*, pozal *(m)*, tobo *(m)*
găoază • *n* culo *(m)*
gărgăun • *n* avispón *(m)*
găsi • *v* encontrar, hallar
găti • *v* cocinar
găzduire • *n* alojamiento *(m)*, hospedaje *(m)*
gâde • *n* verdugo *(m)*
gâdila • *v* hacer cosquillas, titilar
gâlmă • *n* verruga *(f)*
gând • *n* pensamiento *(m)*
gândac • *n* escarabajo *(m)*, bicho *(m)*, cucaracha *(f)*
gândi • *v* pensar, intentar, pretender
gândibil • *adj* pensable
gândire • *n* pensamiento *(m)*

gânganie • *n* bicho *(m)*
gânsac • *n* ganso *(m)*, oca *(f)*, ánsar *(m)*
gârbov • *adj* plegado
gâscan • *n* ganso *(m)*
gâscă • *n* ganso *(m)*, oca *(f)*, ánsar *(m)*
gât • *n* tráquea *(f)*, cuello *(m)*, nuca *(f)*, pescuezo *(m)*, garganta *(f)*
gealat • *n* verdugo *(m)*
geam • *n* vidrio *(m)*
geamandură • *n* boya *(f)*
geamăn • *n* gemelo *(m)*, mellizo *(m)*, cuate *(m)*, cuache *(m)*, guacho *(m)*, guares *(m)*, jimagua *(m)*, morocho *(m)*
geamăt • *n* suspiro *(m)*, gemido *(m)*, quejido *(m)*
geană • *n* pestaña *(f)*
gelos • *adj* celoso
gelozie • *n* celo *(m)*, celos
gem • *n* mermelada *(f)*
gemă • *n* joya *(f)*, alhaja *(f)*, piedra preciosa *(f)*, gema *(f)*
geme • *v* gemir, gruñir
gen • *n* género *(m)*, forma, tipo *(m)*, suerte *(f)*, estilo *(m)*, clase *(f)*, clase, sexo *(m)*
genealogie • *n* genealogía *(f)*
genera • *v* producir, generar
general • *n* general *(m)* • *adj* general
generare • *n* generación
generator • *n* generador *(m)*, generador eléctrico *(m)*
generație • *n* generación *(f)*
generos • *adj* generoso, altruista
generozitate • *n* generosidad *(f)*, altruismo *(m)*
genetă • *n* jineta *(f)*, gineta *(f)*
genetic • *adj* genético
genetică • *n* genética *(f)*
genetician • *n* genetista *(f)*
genialitate • *n* brillantez *(f)*, genio *(m)*
geniu • *n* genio *(m)*, genia *(f)*
genocid • *n* genocidio *(m)*
genom • *n* genoma *(m)*
genotip • *n* genotipo *(m)*
gentil • *adj* suave, cariñoso, tierno, tenue, desabrido, simple, debil
gentilețe • *n* suavidad *(f)*, dulzura *(f)*
gentlemen • *n* caballero *(m)*
genuflexare • *n* genuflexión *(f)*
genuflexiune • *n* genuflexión *(f)*
genunchi • *n* hinojo *(m)*, rodilla *(f)*
genune • *n* precipicio *(m)*
geofizică • *n* geofísica *(f)*
geografic • *adj* geográfico *(m)*
geografie • *n* geografía *(f)*
geolog • *n* geólogo *(m)*
geometrie • *n* geometría *(f)*, geometría
ger • *n* helada *(f)*

geraniu • *n* geranio *(m)*
gerbil • *n* gerbillo *(m)*
germaniu • *n* germanio *(m)*
germina • *v* germinar
gest • *n* gesto *(m)*, ademán
gesticulație • *n* gesticulación *(f)*
gheară • *n* garra *(f)*, garra
gheată • *n* zapato *(m)*
gheață • *n* hielo *(m)*
gheizer • *n* géiser *(m)*
ghem • *n* bola *(f)*
ghemui • *v* agachar, esconder
ghepard • *n* guepardo *(m)*, chita *(m)*
gheretă • *n* caseta *(f)*
gherghin • *n* espino *(m)*, marzoleto *(m)*
gherghină • *n* dalia *(f)*
gherilă • *n* guerrilla *(f)*, guerra de guerrillas *(f)*
ghetou • *n* gueto *(m)*
ghețar • *n* glaciar *(m)*, helero *(m)*
ghid • *n* guía *(f)*, guía *(m)*, líder *(n)*
ghida • *v* conducir, guiar, manejar
ghidon • *n* manillar *(m)*
ghilotina • *v* guillotinar
ghilotină • *n* guillotina *(f)*
ghimber • *n* jengibre *(m)*
ghimpe • *n* espina *(f)*
ghindă • *n* bellota *(f)*
ghinion • *n* infortunio *(m)*, gafe *(m)*
ghintuită • *n* rifle *(m)*, fusil *(m)*
ghionoaie • *n* pito *(m)*, pájaro carpintero *(m)*
ghiozdan • *n* mochila *(f)*
ghitară • *n* guitarra *(f)*, jarana *(f)*
gibon • *n* gibón *(m)*
gigant • *n* gigante *(m)* • *adj* enorme
gigantic • *adj* gigante, gigantesco, enorme, grandote
gigantism • *n* gigantismo *(m)*
gigolo • *n* gigoló *(m)*, puto *(m)*
gimnast • *n* gimnasta *(f)*
gimnastă • *n* gimnasta *(f)*
gimnastic • *adj* gimnástico
gimnastică • *n* gimnasia *(f)*
gimnaziu • *n* escuela *(f)*
ginecologic • *adj* ginecológico
ginere • *n* yerno *(m)*
ginetă • *n* jineta *(f)*, gineta *(f)*
gingie • *n* encía *(f)*
gingivită • *n* gingivitis *(f)*
ginseng • *n* ginseng *(m)*
girafă • *n* jirafa *(f)*
giuvaergiu • *n* joyero *(m)*
giuvaeruri • *n* joya *(f)*
giuvaier • *n* joya *(f)*, alhaja *(f)*, piedra preciosa *(f)*, gema *(f)*
gladiolă • *n* estoque *(m)*

glandă • *n* glándula *(f)*
glas • *n* voz *(f)*
glasuri • *n* voz *(f)*
glauc • *adj* glauco
glaucom • *n* glaucoma *(m)*
glazurat • *n* glasé *(m)*, glaseado *(m)*
glazură • *n* suspiro *(m)*
glezna • *n* tobillo *(m)*
glicină • *n* glicina *(f)*
gloată • *n* multitud *(f)*, muchedumbre *(f)*, turba *(f)*, montón *(f)*, vulgo *(f)*
glob • *n* globo *(m)*
glockenspiel • *n* campanólogo *(m)*
glonte • *n* proyectil *(m)*, bala *(f)*
glonț • *n* proyectil *(m)*, bala *(f)*
glorie • *n* gloria *(f)*
glorificare • *n* alabanza *(f)*, loa *(f)*, enaltecimiento *(m)*
glorios • *adj* glorioso
glosar • *n* vocabulario *(m)*
glucoză • *n* glucosa *(f)*
glumă • *n* broma *(f)*, chiste *(m)*
glumeț • *adj* jocoso
glutamină • *n* glutamina *(f)*
gluton • *n* glotón *(m)*, carcayú *(m)*
gnu • *n* ñu *(m)*
goeletă • *n* goleta *(f)*, escuna *(f)*
gogoașă • *n* anillo *(m)*, dona *(f)*, rosquilla *(f)*
gol • *adj* vacío, desnudo, vacante • *n* gol *(m)*
golf • *n* golfo *(m)*, ensenada, bahía *(f)*
goli • *v* drenar, vaciar
golit • *adj* vacío
gondolă • *n* góndola *(f)*
gondolier • *n* gondolero *(m)*
goniometru • *n* goniómetro *(m)*
gorilă • *n* gorila *(m)*
gospodină • *n* ama de casa *(f)*
grad • *n* nivel *(m)*, grado *(m)*
grade • *n* nivel *(m)*, grado *(m)*
grafic • *n* gráfico *(m)*
grafică • *n* gráficos
grafit • *n* grafito *(m)*
grajd • *n* establo *(m)*, caballeriza *(f)*
gram • *n* gramo *(m)*
gramatical • *adj* gramatical, gramático
gramatică • *n* gramática *(f)*
gramofon • *n* gramola *(f)*
granat • *n* granate *(m)*
grandoare • *n* grandeza *(f)*
grandomanie • *n* megalomanía
graniță • *n* borde *(m)*, límite *(m)*, frontera *(m)*, frontera *(f)*
grapă • *n* grada *(f)*, rastra *(m)*, escarificador
gras • *adj* gordo

gratis • *adv* gratis
gratitudine • *n* agradecimiento, gratitud *(f)*
gratuit • *adj* libre
grație • *n* encanto *(m)*, gracia *(f)*, merced *(f)*
graur • *n* estornino *(m)*
gravidă • *adj* embarazada *(f)*, embarazado *(m)*, preñada *(f)*, preñado *(m)*, encinta *(f)*
graviditate • *n* embarazo *(m)*, gravidez *(f)*
gravitație • *n* gravitación *(f)*
gravitațional • *adj* gravitatorio
grăbit • *adj* rápido
grădinar • *n* jardinero *(m)*, jardinera *(f)*
grădinară • *n* jardinero *(m)*, jardinera *(f)*
grădină • *n* jardín *(m)*
grădinăreasă • *n* jardinero *(m)*, jardinera *(f)*
grădinări • *v* trabajar el jardín
grădiniță • *n* parvulario *(m)*, jardín de infancia *(m)*, jardín infantil *(m)*, kínder *(m)*
grămadă • *n* multitud *(f)*, montón *(m)*, amasijo *(f)*
grăsime • *n* grasa *(f)*
grăunte • *n* grano *(m)*
grânar • *n* granero *(m)*
grâne • *n* trigo *(m)*
grâu • *n* trigo *(m)*
grea • *adj* pesado
greață • *n* náusea *(f)*
greblă • *n* rastrillo *(m)*
gregar • *adj* gregario *(m)*
greier • *n* grillo *(m)*
grenadă • *n* granada *(f)*
greoi • *adj* torpe, desmañado, patoso *(m)*
gresie • *n* muela *(f)*, piedra de afilar *(f)*, piedra de amolar *(f)*, arenisca *(f)*
greșeală • *n* error *(m)*, equivocación *(f)*
greși • *v* transgredir, errar, equivocar
greșit • *adj* falso, incorrecto, equivocado
grețos • *adj* desagradable *(f)*, detestable *(f)*, odioso *(m)*, odiosa *(f)*, inhalagüeño *(m)*
greu • *adj* duro *(m)*, difícil *(f)*, difícil, pesado
greutate • *n* apuro, pesa *(f)*, peso *(m)*, sufrimientos
grevă • *v* parar, hacer la huelga • *n* huelga *(f)*

gri • *n* gris *(m)*
grifon • *n* grifo
grijă • *n* esmero *(m)*, preocupación *(f)*, atención *(f)*, zozobra *(f)*, cuidado *(m)*
grimasă • *n* mueca *(f)*
grindă • *n* viga *(f)*, jácena
grindina • *v* granizar
grindină • *n* granizo *(m)*, pedrisco *(m)*
gripă • *n* gripe *(f)*, gripa *(f)*, resfriado *(m)*, constipación *(f)*
griș • *n* sémola *(f)*
groapă • *n* fosa *(f)*
groaznic • *adj* espantoso, horripilante, cadavérico, horrible, terrible, monstruoso, horrendo
groparul • *n* sepulturero
gropiță • *n* hoyuelo *(m)*, camanance
gros • *adj* grueso, espeso
grosier • *adj* tosco, rústico, rudo, bruto, crudo, grosero, burdo, craso
grosolan • *adj* torpe, craso, vulgar
grotă • *n* cueva *(f)*
grotesc • *adj* grotesco
grozav • *adj* requetebueno, estupendo, genial
grumaz • *n* nuca *(f)*
grup • *n* grupo *(m)*
grupa • *v* agrupar
guanaco • *n* guanaco *(m)*
gudron • *n* alquitrán *(m)*
gulie • *n* colirrábano *(m)*
gunoi • *n* excremento *(m)*, estiércol *(m)*, basura *(f)*, basura, desperdicios, desperdicio *(m)*, desecho
gura-leului • *n* boca de dragón *(f)*
guraliv • *adj* gárrulo, locuaz, hablador
gură • *n* entrada *(f)*, bocado *(m)*, trago, desembocadura *(f)*, boca *(f)*, orificio *(m)*
gureș • *adj* gárrulo, locuaz, hablador
gust • *n* gusto
gusta • *v* probar, gustar, catar
gustos • *adj* delicioso, sabroso, rico, gustoso, apetitoso
gușă • *n* buche *(m)*
gușă-albastră • *n* pechiazul *(m)*
gușă-roșie • *n* petirrojo *(m)*
gută • *n* gota *(f)*
gutui • *n* membrillo *(m)*, membrillero *(m)*
gutuie • *n* membrillo *(m)*
guvern • *n* gobierno *(m)*
guverna • *v* gobernar
guvernamental • *adj* gubernamental

H

habitat • *n* habitación *(f)*, habitat
habitudine • *n* costumbre *(f)*, hábito *(m)*
hafniu • *n* hafnio *(m)*
haimana • *n* desgraciado, hijo de puta *(m)*
haimanale • *n* desgraciado, hijo de puta *(m)*
hain • *adj* mal, malo, malvado, malévolo, maléfico, perverso
haină • *n* ropa *(f)*, prenda *(f)*
haine • *n* ropa *(f)*
haită • *n* jauría *(f)*
halenă • *n* aliento *(m)*
halíce • *n* proyectil *(m)*, bala *(f)*
haló • *interj* aló, bueno, diga, dígame, hola, oigo
halogen • *n* halógeno *(m)*
halteră • *n* pesa *(f)*
haltere • *n* pesa *(f)*
halterofilie • *n* halterofilia *(f)*
halucinogen • *adj* alucinógeno
ham • *n* arnés *(m)*
ham-ham • *n* ladro *(m)*, guau *(m)*
hamac • *n* hamaca *(f)*, hamaca paraguaya *(f)*
hambar • *n* granero *(m)*, establo *(m)*, galpón *(m)*
hamei • *n* lúpulo *(m)*
hamsie • *n* anchoa *(f)*, boquerón *(m)*
hamster • *n* hámster *(m)*
han • *n* kan *(m)*, posada *(f)*
handbal • *n* balonmano *(m)*, handball
hangar • *n* hangar
haos • *n* caos
haotic • *adj* caótico, confuso, confundiendo
har • *n* gracia *(f)*, merced *(f)*
hardware • *n* hardware *(m)*
harfă • *n* arpa *(f)*, harpa *(f)*
harnașament • *n* arnés *(m)*
harnic • *adj* ocupado, asiduo, diligente, aplicado, trabajador, laborioso, empeñoso, afanoso, industrioso
harpă • *n* arpa *(f)*, harpa *(f)*
harpie • *n* arpía *(f)*, harpía *(f)*
harpist • *n* arpista
harpon • *n* arpón *(m)*
hartă • *n* mapa *(m)*
hasmațuchi • *n* perifollo *(m)*, cerefolio *(m)*, perifolio *(m)*
hașiș • *n* hachís *(m)*
hașmă • *n* chalota *(f)*
hatman • *n* hetman *(m)*
hazard • *n* riesgo *(m)*

hărnicie • *n* diligencia *(f)*
hău • *n* abismo *(m)*, sima *(f)*
hârciog • *n* hámster *(m)*
hârtie • *adj* papel • *n* papel *(m)*
hectar • *n* hectárea *(f)*
hedonism • *n* hedonismo *(m)*
hei • *interj* eh, oye, hey
heliocentric • *adj* heliocéntrico
heliometru • *n* heliómetro *(m)*
heliu • *n* helio *(m)*
hemoroid • *n* hemorroide *(f)*
henna • *n* alheña *(f)*, henna *(f)*, hena
hepatic • *adj* hepático
hepatită • *n* hepatitis *(f)*
heptagon • *n* heptágono *(m)*
herald • *n* heraldo *(m)*
heraldică • *n* blasón *(m)*, heráldica *(f)*
hering • *n* arenque *(m)*
hermafrodit • *adj* hermafrodita • *n* hermafrodita *(f)*
hermelină • *n* armiño *(m)*
hermeneutică • *n* hermenéutica *(f)*
herminat • *n* armiño
hermină • *n* armiño *(m)*
heterosexual • *adj* heterosexual • *n* heterosexual *(f)*
heterosexuală • *n* heterosexual *(f)*
heterosexualitate • *n* heterosexualidad *(f)*
hibă • *n* defecto *(m)*, falla *(f)*
hicori • *n* jicoria *(f)*
hidos • *adj* monstruoso
hidrargir • *n* hidrargiro *(m)*, hidrargirio *(m)*, mercurio *(m)*, Mercurio *(m)*
hidrat • *n* hidrato *(m)*
hidră • *n* hydra *(f)*
hidrocarbură • *n* hidrocarburo *(m)*
hidrocarburi • *n* hidrocarburo *(m)*
hidrogen • *n* hidrógeno *(m)*
hidromel • *n* aguamiel *(f)*
hidroxid • *n* hidróxido *(m)*
hienă • *n* hiena *(f)*
hiene • *n* hiena *(f)*
higrometru • *n* higrómetro *(m)*
higroscopic • *adj* higroscópico
hiperglicemia • *n* hiperglucemia, hiperglicemia
hipertrofia • *v* hipertrofiarse
hipertrofie • *n* hipertrofia *(f)*
hiponim • *n* hipónimo *(m)*
hipopotam • *n* hipopótamo *(m)*
histidină • *n* histidina *(f)*
hlei • *n* arcilla *(f)*, barro *(m)*
hoață • *n* ladrón *(m)*

hochei • *n* hockey *(m)*
hoinări • *v* vagar
hoit • *n* cadáver
holmiu • *n* holmio *(m)*
homar • *n* langosta *(f)*
homeopatie • *n* homeopatía *(f)*
hominid • *n* homínido *(m)*
homo • *n* gay *(m)*
homofobie • *n* homofobia *(f)*
homosexual • *n* gay *(m)*, homosexual *(f)* • *adj* homosexual
homosexualitate • *n* homosexualidad *(f)*
horn • *n* chimenea *(f)*
hortensie • *n* hortensia *(f)*
horticultură • *n* horticultura *(f)*
hotar • *n* costa *(f)*, litoral *(m)*
hotărâre • *n* decisión *(f)*
hotărî • *v* resolver
hotel • *n* hotel *(m)*, albergue *(m)*
hoț • *n* ladrón *(m)*
hrană • *n* comida *(f)*, alimento *(m)*
hrăni • *v* alimentar, dar de comer
hrean • *n* rábano picante *(m)*, rábano rusticano *(m)*, raíz picante *(f)*
hrișcă • *n* alforfón *(m)*
huligan • *n* gamberro *(m)*, gamberra *(f)*, vándalo *(m)*, vándala *(f)*, hooligan *(m)*
hybris • *n* hibris, hybris
hyperlink • *n* enlace *(m)*, vínculo *(m)*, hiperenlace *(m)*, hipervínculo *(m)*

I

iac • *n* yac *(m)*, yak *(m)*
iacint • *n* jacinto *(m)*
iapă • *n* yegua *(f)*
iarăși • *adv* otra vez, de nuevo, nuevamente
iarba-mâței • *n* menta de gato, menta de gato *(f)*, menta gatuna, albahaca de gatos, gatera, gataria, nébeda, nébeda *(f)*
iarbă • *n* pasto *(m)*, hierba *(f)*, grama *(f)*
iarbă-grasă • *n* verdolaga *(f)*
iarnă • *n* invierno *(m)*
iască • *n* yesca *(f)*
iasomie • *n* jazmín *(f)*
iaurt • *n* yogur *(m)*
iazmă • *n* duende *(m)*, trasgo *(m)*
ibex • *n* íbice *(m)*, ibex *(m)*
ibis • *n* ibis *(m)*
ibric • *n* tetera *(f)*
ibuprofen • *n* ibuprofeno *(m)*
icoană • *n* icono *(m)*, ícono *(m)*
iconiță • *n* icono *(m)*, ícono *(m)*
icre • *n* hueva *(f)*, huevas
icter • *n* ictericia *(f)*
ideal • *adv* idealmente
idealiza • *v* idealizar
idealizare • *n* idealización *(f)*
idee • *n* idea *(f)*
identificabil • *adj* identificable
identitate • *n* identidad *(f)*
ideogramă • *n* ideograma
ideologic • *adj* ideológico
ideologie • *n* ideología *(f)*
ideologii • *n* ideología *(f)*
idioată • *n* idiota *(f)*
idioate • *n* idiota *(f)*
idiolect • *n* idiolecto *(m)*
idiom • *n* idiotismo *(m)*, idiomatismo *(m)*, modismo *(m)*
idiomatic • *adj* idiomático *(m)*
idiosincratic • *adj* idiosincrásico
idiosincrazic • *adj* idiosincrásico
idiosincrazie • *n* idiosincrasia *(f)*
idiot • *n* burro *(m)*, idiota *(f)*, imbécil *(f)*
idioți • *n* idiota *(f)*
idol • *n* ídolo *(m)*, ídolo
ied • *n* cervatillo *(m)*, cabrito *(m)*, chivo *(m)*
iederă • *n* hiedra *(f)*
ienibahar • *n* pimienta de Jamaica *(f)*
ienicer • *n* jenízaro *(m)*
ienupăr • *n* junípero *(m)*, enebro *(m)*, ginebro *(m)*
iepuraș • *n* conejito *(m)*, gazapo *(m)*, lebrato *(m)*
iepure • *n* conejo *(m)*
iepure-de-câmp • *n* liebre *(f)*
ierarhic • *adj* jerárquico
ierarhie • *n* jerarquía *(f)*
ierbos • *adj* herbáceo, herboso
ieri • *n* ayer • *adv* ayer *(m)*
ierna • *v* invernar
ierta • *v* perdonar
iertare • *n* piedad *(f)*, perdón *(m)*
ieși • *v* salir
ieșire • *n* salida *(f)*
igienă • *n* higiene *(f)*
igienic • *adj* higiénico *(m)*
ignamă • *n* ñame *(m)*
ignifug • *adj* ignífugo
ignominie • *n* ignominia
ignora • *v* ignorar

ignorant • *adj* ignorante
ignorantă • *adj* ignorante
ignoranță • *n* ignorancia *(f)*
ihtiozaur • *n* ictiosaurio *(m)*
ilar • *adj* hilarante
ilariant • *adj* hilarante
ilău • *n* yunque *(m)*, bigornia *(f)*
ilegal • *adj* ilegal • *adv* ilegalmente
ilice • *n* acebo *(m)*
ilogic • *adj* ilógico
ilumina • *v* iluminar
iluminație • *n* iluminación *(f)*
ilustra • *v* ilustrar, representar
ilustru • *adj* ilustre, famoso, célebre, renombrado, reputado, espléndido
iluzie • *n* ilusión *(f)*
iluzoriu • *adj* ilusorio
imagina • *v* soñar, imaginar
imaginabil • *adj* pensable
imaginare • *n* imaginación *(f)*
imaginație • *n* imaginación *(f)*
imagine • *n* imagen *(f)*, imaginación *(f)*
imam • *n* imán *(m)*
imaturitate • *n* inmadurez *(f)*
imbecil • *n* imbécil, payaso *(m)*, payasa *(f)*
imbracat • *n* vestirse
imediat • *adv* ya, inmediatamente, de inmediato, sin demora • *adj* inmediato
imens • *adj* enorme, inmenso, grandote
imensitate • *n* enormidad *(f)*, gigantez *(f)*
imi • *pron* me
imigrant • *n* inmigrante *(f)*
imigrare • *n* inmigración *(f)*
imigrație • *n* inmigración *(f)*
iminent • *adj* inminente
imita • *v* copiar, remedar, imitar
imitare • *n* imitación *(f)*
imitație • *n* imitación *(f)*
imn • *n* himno *(m)*
imobil • *adj* tenaz, implacable
imobilizat • *n* parada
imoral • *adj* desenfrenado, desinhibido, inmoral
imoralitate • *n* inmoralidad *(f)*
imortal • *adj* inmortal
impaciență • *n* impaciencia
impala • *n* impala *(m)*
impar • *adj* impar
imparțial • *adj* imparcial, neutral
imparțialitate • *n* equidad *(f)*, imparcialidad *(f)*
impediment • *n* obstáculo, estorbo
impenetrabil • *adj* inexpugnable, impenetrable
imperfect • *adj* imperfecto

imperfecțiune • *n* imperfección *(f)*
imperialism • *n* imperialismo *(m)*
imperiu • *n* imperio *(m)*
impermeabil • *n* impermeable *(m)*
impertinență • *n* descaro *(m)*, impertinencia *(f)*
implacabil • *adj* implacable
implica • *v* connotar
implicit • *adj* implícito
implora • *v* rogar
important • *adj* importante, significativo
importanță • *n* significado *(m)*, significación, importancia
importuna • *v* incomodar
imposibil • *n* imposibilidad *(f)* • *adj* imposible
imposibilitate • *n* imposibilidad *(f)*
impostură • *n* impostura *(f)*
impotență • *n* impotencia *(f)*
impozit • *n* impuesto *(m)*, tasa *(f)*, arancel *(m)*
impresar • *n* representante *(m)*
impresie • *n* impresión *(f)*
impresionabil • *adj* sensible, sensitivo
impresionant • *adj* impresionante
impresionism • *n* impresionismo *(m)*
Imprima • *v* imprimir
imprimantă • *n* impresora *(f)*
imprimator • *n* impresor *(f)*
improbabil • *adj* improbable
improbabilă • *adj* improbable
impropriu • *adj* inapropiado
improviza • *v* improvisar
impudență • *n* descaro *(m)*, impudencia *(f)*
impudoare • *n* descaro *(m)*, impudencia *(f)*
impuls • *n* impulso *(m)*
impus • *adj* de paso
imputa • *v* reprochar, juzgar
imuabil • *adj* inmutable
imunologie • *n* inmunología *(f)*
in • *n* lino *(m)*, linge *(m)*, filasa *(f)*
inacceptabil • *adj* inaceptable
inaccesibil • *adj* inaccesible
inactiv • *adj* latente
inadecvat • *adj* inadecuado, inapropiado
inadecvată • *adj* inadecuado
inadmisibil • *adj* inadmisible
inadmisibilă • *adj* inadmisible
inamic • *n* enemigo *(m)*
inanitie • *n* inanición *(f)*
inauzibil • *adj* inaudible
incapabil • *adj* incapaz, incapaz *(f)*, impotente

incapabilitate • *n* incapacidad *(f)*
incapacitate • *n* incapacidad *(f)*
incendiu • *n* conflagración, incendio *(m)*
incert • *adj* incierto
incertitudine • *n* incertidumbre *(f)*
incest • *n* incesto *(m)*
incident • *n* incidente *(m)*
incisiv • *n* diente incisivo *(m)*, incisivo *(m)*
incizie • *n* corte *(m)*, incisión *(f)*
inclina • *v* declinar
inclinare • *n* declive
incomestibil • *adj* incomestible
incomoda • *v* molestar, incomodar, agobiar
incomodare • *n* inconveniencia *(f)*, desconveniencia *(f)*
incomparabil • *adj* incomparable, inigualable
incompatibilitate • *n* incompatibilidad *(f)*
incompetent • *adj* incapaz *(f)*, impotente
incomplet • *adj* incompleto
inconsistent • *adj* inconsistente, inconsecuente
inconsistență • *n* inconsistencia *(f)*
inconstant • *adj* incierto, inestable
incontrolabil • *adj* incontrolable
inconvenabil • *adj* inadecuado, inapropiado
inconveniență • *n* inconveniencia *(f)*, desconveniencia *(f)*
incorect • *adj* falso, incorrecto, equivocado • *adv* incorrectamente
incredibil • *adj* fabuloso, increíble, maravilloso
incredulitate • *n* incredulidad *(f)*
incub • *n* íncubo *(m)*
incubator • *n* incubadora *(f)*
incubație • *n* incubación
inculca • *v* inculcar *(m)*
inculpa • *v* culpar, reprochar, echar la culpa
indecent • *adj* lascivo
indecis • *adj* incierto, indeciso
indecisă • *adj* indeciso
independent • *adj* independiente
independență • *n* independencia *(f)*
indescriptibil • *adj* indescriptible
indestructibil • *adj* indestructible
index • *n* índice *(m)*
indica • *v* significar, querer decir, anunciar, designar, presagiar
indicație • *n* instrucción
indiciu • *n* huella *(f)*, pisada *(f)*

indiferent • *adj* indiferente, desinteresado *(m)*
indiferență • *n* descuidar, indiferencia *(f)*, desatender
indigen • *adj* autóctono, indígena, nativo • *n* indígena *(f)*
indigent • *adj* indigente, destituido
indigestie • *n* indigestión
indignare • *n* indignación *(f)*
indigo • *adj* índigo, añil
indispensabili • *n* ropa interior *(m)*
indisponibil • *adj* inaccesible, inasequible
indispoziție • *n* problema *(m)*, desazón *(f)*, dolencia *(f)*, enfermedad *(f)*, achaque *(m)*, malestar *(m)*
indisputabil • *adj* indisputable
indistingibil • *adj* indistinguible
indiu • *n* indio *(m)*
individ • *n* individuo
individual • *adj* individual
individuală • *adj* individual
individuali • *adj* individual
individualist • *adj* rebelde *(f)*, disidente *(f)*
indolent • *adj* perezoso, flojo, locho, haragán, vago
indulgent • *adj* tolerante, laxo, leniente, indulgente
indulgentă • *adj* indulgente
industrial • *adj* industrial
industrie • *n* industria *(f)*
industrios • *adj* diligente, aplicado, trabajador, laborioso, empeñoso, afanoso, industrioso
inecuație • *n* inecuación *(f)*
inefabil • *adj* inefable
inegal • *adj* desigual
inegalitate • *n* desigualdad *(f)*
inel • *n* anillo *(m)*, sortija *(f)*
inevitabil • *adv* inevitablemente • *adj* inevitable
inevitabilitate • *n* inevitabilidad *(f)*
inexistent • *adj* ausente, inexistente
inexistentă • *adj* ausente
inexplicabil • *adj* inexplicable
inexplicabilă • *adj* inexplicable
inexpresiv • *adj* en blanco
inexprimabil • *adj* indescriptible, inexpresable
inexpugnabil • *adj* inexpugnable
infam • *adj* infame
infanterie • *n* infantería *(f)*
infanterist • *n* infante *(m)*
infecta • *v* infectar, contagiar
infectare • *n* infección
infecție • *n* infección *(f)*

infecțios • *adj* contagioso, infeccioso
infera • *v* inferir
infertil • *adj* estéril
infestație • *n* infestación *(f)*
infidelitate • *n* infidelidad *(f)*
infinit • *n* infinidad *(f)*, infinito *(m)* • *adj* infinito
infinitate • *n* infinidad *(f)*
infinitiv • *n* infinitivo *(m)*
infirm • *adj* cojo, lisiado, endeble, enfermizo
infirmă • *adj* endeble, enfermizo
infirmieră • *n* enfermera *(f)*, enfermero *(m)*
infirmitate • *n* enfermedad *(f)*
inflamabil • *adj* combustible, inflamable
inflamare • *n* inflamación *(f)*
inflație • *n* inflación *(f)*
inflexibil • *adj* inflexible
inflorescență • *n* inflorescencia *(f)*
influența • *v* influir, influenciar
influențare • *n* influencia *(f)*
influență • *n* influencia *(f)*
influențător • *n* influencia *(f)*
informator • *n* confidente, delator, oreja, traidor
informație • *n* información *(f)*
infractoare • *n* criminal
infractor • *n* criminal
infracțiune • *n* delito *(m)*
infraroșie • *adj* infrarrojo
infraroșii • *adj* infrarrojo
infraroșu • *adj* infrarrojo
infrastructură • *n* infraestructura *(f)*
infructuos • *adj* infructuoso
înfuria • *v* enfurecer, ensañar
infuzie • *n* infusión *(f)*
ingenios • *adj* ingenioso
inginer • *n* ingeniero *(m)*
ingineră • *n* ingeniero *(m)*
inginerie • *n* ingeniería *(f)*
ingredient • *n* ingrediente *(m)*
inhala • *v* inhalar, aspirar, inspirar
inhalare • *n* inhalación *(f)*
inhiba • *v* inhibir, frustrar
inhibare • *n* inhibición *(f)*
inhibitor • *n* inhibidor
inhibiție • *n* inhibición *(f)*
inimaginabil • *adj* inimaginable, impensable
inimă • *n* corazón *(m)*, coraje, copas, corazones, agallas
inimiciție • *n* enemistad *(f)*
inițiere • *n* principio *(m)*, comienzo *(m)*, inicio *(m)*
injectabil • *n* inyectable *(m)*

injurie • *n* insulto *(m)*
inocent • *adj* inocente
inoportun • *adj* inapropiado
insa • *conj* aunque
insatisfacție • *n* descontento *(m)*
inscrutabil • *adj* impenetrable, inescrutable, incomprensible, insondable
insectă • *n* insecto *(m)*
insecticid • *n* insecticida *(f)*
insidios • *adj* insidioso
insignă • *n* medalla *(f)*, piocha *(f)*
insipid • *adj* insulso, soso, insípido
insolență • *n* descaro *(m)*, frescura *(f)*, desfachatez *(f)*, desvergüenza *(f)*
insomnie • *n* insomnio *(m)*
inspectare • *n* inspección *(f)*
inspecție • *n* verificación *(f)*, inspección *(f)*, cotejo *(m)*, examen *(m)*
inspecționare • *n* inspección *(f)*
inspira • *v* inhalar, alentar
inspirație • *n* inspiración *(f)*, aspiración *(f)*
instabil • *adj* incierto, inestable
instabili • *adj* incierto
instabilitate • *n* desequilibrio *(m)*
instalare • *n* establecimiento *(m)*, instalación *(f)*
instalație • *n* instalación *(f)*
instantaneu • *adj* instantáneo • *adv* repentinamente, de pronto, súbitamente
instituire • *n* establecimiento *(m)*
instituție • *n* establecimiento *(m)*, institución *(f)*
instructor • *n* instructor *(m)*
instrucțiune • *n* instrucción *(f)*, instrucción
instrucțiuni • *n* instrucción *(f)*
instrui • *v* educar, escolarizar, instruir
instruire • *n* aprendizaje, alfabetismo *(m)*
instrument • *n* herramienta *(f)*, instrumento *(m)*, utensilio *(m)*
instrumental • *adj* instrumental
insuficient • *adj* insuficiente
insuficiență • *n* deficiencia
insulă • *n* isla *(f)*
insulină • *n* insulina *(f)*
insulta • *v* insultar
insultă • *n* insulto *(m)*
insultător • *adj* afrentoso
insuportabil • *adj* desagradable *(f)*, detestable *(f)*, odioso *(m)*, odiosa *(f)*, inhalagüeño *(m)*, insoportable
insurmontabil • *adj* insalvable, insuperable *(f)*
intangibil • *adj* intangible
integrală • *n* integral *(f)*

integrare • *n* integración *(f)*
integrat • *adj* integrado
integritate • *n* integridad
intelect • *n* intelecto *(m)*
inteligent • *adj* inteligente
inteligență • *n* inteligencia *(f)*
inteligibil • *adj* inteligible
intens • *adj* intenso
intensitate • *n* intensidad
intenție • *n* objetivo *(m)*, intención *(m)*, intención *(f)*
intenționat • *adv* intencionalmente
interacționare • *n* interacción *(f)*
interacțiune • *n* interacción *(f)*
interastral • *adj* interestelar
interes • *n* interés *(m)*
interesa • *v* interesar
interesant • *adj* interesante
interesat • *adj* interesado
intergalactic • *adj* intergaláctico
intergalactică • *adj* intergaláctico
interior • *adj* interior
intermediar • *n* intermediario
interminabil • *adj* infinito, interminable, sin fin
intern • *adj* interior
internațional • *adj* internacional
interplanetar • *adj* interplanetario
interpret • *n* intérprete *(f)*, traductor *(m)*, traductora *(f)*
interpretare • *n* interpretación *(f)*
interpretă • *n* intérprete *(f)*
interpretor • *n* intérprete *(m)*
intersectare • *n* cruce *(m)*
intersecție • *n* cruce *(m)*, encrucijada *(f)*, cruce de caminos *(m)*, intersección *(f)*
interstelar • *adj* interestelar
interval • *n* rato *(m)*, período *(m)*, intervalo *(m)*
intervieva • *v* entrevistar
interviu • *n* entrevista *(f)*
interviuri • *n* entrevista *(f)*
interzice • *v* prohibir, vedar, vetar
interzis • *adj* prohibido *(m)*
intestin • *n* tripa *(f)*, intestino *(m)*, intestino, intestinos *(m)*
intestinal • *adj* entérico
intestine • *n* tripa *(f)*, intestino *(m)*
intimida • *v* intimidar, chulear, acosar
intimitate • *n* intimidad, intimidad *(f)*
intoleranță • *n* intolerancia *(f)*
intonare • *n* lectura *(f)*
intonație • *n* acento *(m)*
intoxica • *v* envenenar, emponzoñar, intoxicar, emborrachar
intra • *v* entrar
intransitiv • *adj* intransitivo

intrare • *n* entrada *(f)*
introduce • *v* ambientar, presentar
introducere • *n* introducción *(f)*, introducción
introductiv • *adj* preliminar
inundare • *n* inundación *(f)*
inundație • *n* inundación *(f)*, avenida *(f)*
inutil • *adj* innecesario, inútil *(f)*
invadator • *n* invasor, invasora *(f)*
inventa • *v* inventar, improvisar
inventar • *n* declaración *(f)*
inventiv • *adj* creativo *(m)*
invenție • *n* invención *(f)*
invenții • *n* invención *(f)*
invers • *adj* al revés, en sentido contrario
inversă • *adj* al revés, en sentido contrario
investigator • *n* investigador *(m)*, investigadora *(f)*
invidia • *v* envidiar
invidie • *n* envidia *(f)*
invidios • *adj* envidioso
invita • *v* invitar, convidar, pedir, requerir
invizibil • *adj* invisible
invizibilitate • *n* invisibilidad *(f)*
involucru • *n* involucro *(m)*
iobag • *n* siervo *(m)*
iod • *n* yodo *(m)*
ionizare • *n* ionización *(f)*
ionizație • *n* ionización *(f)*
ionosferă • *n* ionosfera *(f)*
ipocrit • *adj* mocho • *n* hipócrita
ipocrită • *n* hipócrita
ipocrizie • *n* hipocresía *(f)*
ipotecă • *n* hipoteca *(f)*
ipotenuză • *n* hipotenusa *(f)*
ipotetic • *adj* hipotético
ipoteză • *n* hipótesis *(f)*, teoría *(f)*, conjetura *(f)*, suposición *(f)*, especulación *(f)*
iradia • *v* irradiar
irascibil • *adj* irascible, colérico, mañoso
irațional • *adj* absurdo, irracional
irealist • *adj* irreal
iregular • *adj* irregular
iregularitate • *n* irregularidad *(f)*
irezistibil • *adj* irresistible
iridiu • *n* iridio *(m)*
iris • *n* lirio *(m)*, iris *(m)*
irita • *v* molestar, enfurecer
iritabil • *adj* cascarrabias, irritable, mañoso, malhumorado, intratable, mal genio, enojadizo, arisco
iritare • *n* irritación *(f)*

ironic • *adj* irónico
ironie • *n* ironía *(f)*
irosi • *v* malgastar, desperdiciar
irosire • *n* pérdida *(f)*
iscusință • *n* destreza *(f)*, habilidad *(f)*
iscusit • *adj* ingenioso
ispășire • *n* expiación *(f)*
isterie • *n* histeria
isteț • *adj* listo *(m)*, intelectual *(f)*
istm • *n* istmo *(m)*
istoric • *adj* histórico
istorică • *adj* histórico
istoricește • *adv* históricamente
istorici • *adj* histórico
istorie • *n* historia *(f)*, cuento *(m)*
istovit • *adj* consumido, macilento, trasojado, demacrado, exhausto
iubire • *n* amor *(m)*
iubit • *n* corazón *(m)*, querido *(m)*, cariño, cariño *(m)*, tesoro *(m)*, amor *(m)*, enamorado, enamorado *(m)*, querida *(f)*, amado *(m)*, amado, amada *(f)*, novio *(m)*, novia *(f)*, amante *(f)*, enamorada *(f)* • *adj* querido *(m)*, cariñoso, tierno, amado *(m)*, amado

iubită • *n* corazón *(m)*, querido *(m)*, cariño, cariño *(m)*, tesoro *(m)*, amor *(m)*, enamorado, enamorado *(m)*, querida *(f)*, amado *(m)*, amado, amada *(f)*, amante *(f)*, enamorada *(f)* • *adj* amado
iubitul • *n* novio
iudă • *n* confidente, delator, oreja, traidor
iută • *n* yute
iute • *adj* picante, rápido, picoso
iuțeală • *n* velocidad *(f)*, rapidez *(f)*
iuțitor • *n* acelerador *(m)*
ivire • *n* aparición *(f)*
ivoriu • *n* marfil *(m)*
izbitura • *n* topetazo *(m)*, topetada *(f)*
izmene • *n* ropa interior *(m)*
izola • *v* aislar
izolare • *n* separación, insolación *(f)*
izolat • *adj* aislado
izolator • *n* aislante
izoleucină • *n* isoleucina *(f)*
izotop • *n* isótopo *(m)*
izvor • *n* fuente *(f)*, fontana *(f)*, manantial *(m)*

Î

îmbarcare • *n* embarque *(m)*
îmbărbăta • *v* animar, alentar
îmbătat • *adj* pedo *(m)*, borracho *(m)*, borracho, borracha *(f)*, borrachos, borrachas, ebrio *(m)*
îmbătrâni • *v* envejecer, envejecerse
îmbina • *v* combinar, juntar, unir, conectar
îmbinare • *n* vinculación *(f)*, conexión *(f)*
îmbrăca • *v* vestir, vestirse
îmbrăcăminte • *n* ropa *(f)*
îmbrățișa • *v* abrazar
îmbrățișare • *n* abrazo *(m)*
îmbufnat • *v* enfurruñarse
îmbuiba • *v* atiborrar, rellenar
îmbujora • *v* ruborizarse, enrojecerse, sonrojarse, abochornar
îmbujorare • *n* bochorno *(m)*
îmbuna • *v* apaciguar, conciliar
îmbunătăți • *v* mejorar
îmbunătățire • *n* mejora *(f)*, mejoramiento *(m)*, enmienda *(f)*, mejoría *(f)*
îmbunătățit • *adj* mejorado
împacheta • *v* envolver, fajar
împăca • *v* afrontar, reconciliar
împăcare • *n* reconciliación *(f)*

împărat • *n* emperador *(m)*
împărăteasă • *n* emperatriz *(f)*
împărăție • *n* imperio *(m)*
împărtăși • *v* compartir
împărți • *v* dar, dividir, compartir, distribuir, clasificar, desunir
împărțit • *adj* compartido *(m)*
împerechea • *v* acoplar
împiedica • *v* tropezar, entorpecer, estorbar, impedir, obstar, dificultar, restringir
împiedicare • *n* tropezar
împietri • *v* petrificar
împinge • *v* propulsar, empujar
împleti • *v* trenzar
împletitură • *n* trenza *(f)*
împlini • *v* cumplir
împodobi • *v* adornar, ornar, engalanar
împrăștia • *v* esparcir
împrejurare • *n* circunstancia *(f)*
împrejurul • *prep* alrededor de
împresura • *v* cercar, sitiar, asediar
împreuna • *v* juntar, acoplar
împreună • *adv* junto
împrospăta • *v* refrescar
împrumut • *n* préstamo *(m)*, calco *(m)*
împrumuta • *v* prestar, tomar prestado

împunge • *v* propulsar
împurpura • *v* ruborizarse, enrojecerse, sonrojarse, abochornar
împurpurare • *n* bochorno *(m)*
împuternicire • *n* autorización *(f)*
în • *prep* dentro de, adentro de, en
înainte • *prep* antes de, antes que • *adv* antes de, enfrente de, a lo largo de
înalt • *adj* alto, elevado
înamorat • *adj* enamorado
înapoi • *adv* atrás
înapoia • *v* devolver
înapoiere • *n* volver, regresar, retornar
înălța • *v* subir, ascender
înălțat • *adj* alto, elevado
înălțime • *n* altitud, tono *(m)*, altura *(f)*, altura tonal *(f)*
înăuntru • *adv* dentro
încadra • *v* enmarcar
încarcera • *v* encarcelar, aprisionar
încarcerare • *n* encarcelamiento *(m)*
încă • *adv* también, además, todavía, aún
încăierare • *n* pelea *(f)*, trifulca
încălca • *v* violar, infringir
încăleca • *v* subir, ascender, montar, trepar, escalar
încălțăminte • *n* calzado *(m)*, zapato *(m)*
încălzi • *v* calentar
încăpățânare • *n* testarudez, testarudez *(f)*, porfía *(f)*, terquedad *(f)*, obstinación *(f)*
încăpățânat • *adj* obstinado
încăpea • *v* caber
încăpere • *n* cuarto *(m)*, pieza *(f)*, habitación *(f)*, sala *(f)*, recámara *(f)*
încărca • *v* cargar
încătușa • *v* esposar
încânta • *v* encantar, encanto engañador *(m)*, encanto secretivo *(m)*, encanto oculto *(m)*, cautivar
încântant • *adj* encantador
încântare • *n* encantamiento *(m)*
încântătoare • *adj* encantador
încântător • *adj* encantador, tentador *(m)*, incitante
începătoare • *n* novato *(m)*, principiante, iniciado *(m)*
începător • *n* novato *(m)*, principiante, iniciado *(m)*
începe • *v* iniciar, comenzar, empezar, principiar
începere • *n* principio *(m)*, comienzo *(m)*, inicio *(m)*
început • *n* principio *(m)*, comienzo *(m)*, inicio *(m)*

încerca • *v* probar, tratar, intentar
încercare • *n* intento *(m)*, try *(m)*, ensayo *(m)*
încet • *adj* quieto, silencioso, tranquilo, calmo, pacífico, silente, tenue, lento • *adv* lentamente, despacio
închega • *v* cuajar, coagularse
încheia • *v* concluir
încheiere • *n* fin *(m)*, terminación *(f)*, final *(m)*
închide • *v* cerrar, tapar, clausurar
închidere • *n* clausura *(f)*
închina • *v* someter, doblegar, doblar, rezar, ceder, ceder el paso, inclinar, santiguarse, persignarse
închipui • *v* imaginar
închipuire • *n* imaginación *(f)*, representación
închiria • *v* alquilar, arrendar, rentar
închis • *adj* cerrado, oscuro
închisoare • *n* cárcel *(f)*, prisión *(f)*, penitenciaría *(f)*
înclinație • *n* intención *(f)*, ganas, inclinación *(f)*, tendencia *(f)*
încoace • *adv* aquí, acá, hacia acá
încolo • *adv* por allí, hacia allá
încolți • *v* germinar
încomodare • *n* estorbo, perturbación *(f)*
înconjura • *v* evitar, eludir, circumvalar, circundar, envolver, cercar
încontinuu • *adv* continuadamente, continuamente
încordare • *n* tensión *(f)*
încornorat • *n* cornudo *(m)*
încorona • *v* coronar
încotoșmăna • *v* abrigar
încotro • *adv* adónde, onde • *conj* adonde
încrede • *v* confiar
încredere • *n* confianza *(f)*
încrengătură • *n* filo *(m)*
încreți • *v* arrugar
încrunta • *v* fruncir el ceño, fruncir el ceño *(m)*
încruntare • *n* ceño *(m)*
încuia • *v* cerrar con llave, acerrojar, candar
încuietoare • *n* cerradura *(f)*, candado *(m)*
încununa • *v* coronar
încuraja • *v* animar, alentar
încurajare • *n* apoyo *(m)*
încurca • *v* confundir, enredar, ofuscar
încurcător • *adj* confundiendo
îndatorat • *adj* endeudado
îndeletnicire • *n* trabajo *(m)*

îndelungat • *adj* prolongado
îndemânare • *n* destreza *(f)*
îndemânatic • *adj* práctico, hábil, diestro
îndemna • *v* animar, motivar, estimular, espolear, incentivar, incitar, amotinar
îndeosebi • *adv* principalmente
îndepărta • *v* quitar, remover
îndepărtat • *adj* lejano
îndeplinire • *n* satisfacción *(f)*, actuación *(f)*, cumplimiento *(m)*, ejecución *(f)*, desempeño *(m)*
îndesa • *v* atestar, atiborrar, rellenar
îndesat • *adj* rechoncho
îndoctrina • *v* adoctrinar
îndoctrinare • *n* adoctrinamiento
îndoi • *v* duplicar, doblar, curvar, plegar
îndoială • *n* duda *(f)*, incertidumbre *(f)*
îndoit • *adj* plegado
îndopa • *v* atiborrar, rellenar
îndrăgire • *n* cariño *(m)*, ternura *(f)*, afecto *(m)*
îndrăzneală • *n* osadía *(f)*, audacia *(f)*
îndrepta • *v* dirigir, estirar, desencorvar, destorcer, enderezar
îndrumare • *n* instrucción
îndulci • *v* azucarar, endulzar
îndulcit • *adj* azucarado
îndura • *v* aguantar, perdurar
îndurare • *n* misericordia *(f)*, clemencia *(f)*
îndurera • *v* apenar
îneca • *v* ahogar, ahogarse
înfășura • *v* envolver, fajar
înfățișa • *v* representar
înfățișare • *n* aparición *(f)*, representación, apariencia *(f)*
înfige • *v* clavar
înființare • *n* fundación
înfiora • *v* horripilar
înflăcărare • *n* fervor *(m)*, ardor *(m)*
înflăcărat • *adj* entusiasmado, apasionado, emocionado
înflori • *v* florecer, retoñar
înfofoli • *v* abrigar
înfrăți • *v* fraternizar
înfrâna • *v* reprimir
înfrânge • *v* derrotar, vencer
înfrigurare • *n* inquietud *(f)*, desazón *(f)*, agitación *(f)*, desasosiego *(m)*
înfrumuseța • *v* adornar, ornar, engalanar
înfrunta • *v* provocar, mortificar, afrontar, enfrentar, encarar
înfuleca • *v* atiborrarse, hartarse

înfunda • *v* entorpecer, estorbar, atorar, obstruir, azolvar, bloquear, congestionar, atascar, atiborrar, rellenar
îngădui • *v* permitir
îngăduitor • *adj* tolerante, laxo, leniente
îngâmfare • *n* orgullo *(m)*, vanidad *(f)*
îngândurat • *adj* absorto, ensimismado
îngenunchea • *v* arrodillarse
înger • *n* ángel *(m)*
îngeresc • *adj* angélico, angelical
înghesui • *v* atestar, atiborrar, rellenar
îngheța • *v* congelar, helar
înghețat • *adj* congelado
înghețată • *n* helado *(m)*
înghiți • *v* tragar, engullir, deglutir, ingurgitar
înghițitură • *n* trago
îngrădi • *v* restringir
îngrășa • *v* engordar
îngrășământ • *n* fertilizante *(m)*, abono orgánico *(m)*
îngrețoșa • *v* repugnar
îngriji • *v* tratar, cuidar
îngrijora • *v* preocupar, reconcomer
îngrijorare • *n* preocupación *(f)*, cansón *(n)*
îngrijorat • *adj* inquieto, preocupado
îngropa • *v* sepultura, enterrar
îngropare • *n* entierro *(m)*, funeral *(m)*
îngrozi • *v* horripilar
îngrozit • *adj* espantado, aterrado, horrorizado, asustado, pasmado, atemorizado
îngrozitor • *adj* horrible, terrible, atroz, horrendo
îngust • *adj* estrecho, angosto
îngusta • *v* estrechar, angostar
înhumare • *n* entierro *(m)*, funeral *(m)*
înjosire • *n* humillación, humillación *(m)*, rebajamiento *(m)*, abatimiento *(m)*
înjuga • *v* uncir
înjunghia • *v* apuñalar, acuchillar
înjura • *v* maldecir, jurar, blasfemar, renegar, echar ternos
înjurătură • *n* lenguaje soez *(m)*
înlocui • *v* reemplazar, cambiar, sustituir, substituir, recambiar
înlocuitor • *n* sustituto *(m)*, substituto *(m)*
înmagazina • *v* almacenar
înmagazinare • *n* almacenamiento *(m)*
înmiresmat • *adj* dulce, fragante, oloroso
înmormântare • *n* entierro *(m)*, funeral *(m)*
înmuguri • *v* florecer, retoñar
înmuia • *v* ablandar

înmulți • *v* multiplicar
înmulțire • *n* multiplicación *(f)*
înmulțit • *n* multiplicador *(m)*
înnebunit • *adj* loco, trastonado, trastornado
înnegri • *v* ennegrecer
înnegura • *v* nublar
înnoda • *v* anudar
înnoi • *v* reanudar, renovar
înnoptare • *n* anochecer *(m)*
înnora • *v* nublar
înnorat • *adj* nublado
înot • *n* natación *(f)*
înota • *v* nadar
înrautățit • *adj* alterado, estropeado, aminorado
înrădăcina • *v* inculcar *(m)*
înrăma • *v* enmarcar
înrâuri • *v* influir, influenciar
înregistra • *v* registrar, registrarse
înregistrat • *adj* registrado *(m)*
înrolare • *n* reclutamiento *(m)*, leva *(f)*, conscripción *(m)*
înroși • *v* ruborizarse, enrojecerse, sonrojarse, abochornar
înroșire • *n* bochorno *(m)*
înrudire • *n* parentesco *(m)*
însărcinare • *n* misión *(f)*
însărcinată • *adj* embarazada *(f)*, embarazado *(m)*, preñada *(f)*, preñado *(m)*, encinta *(f)*
însângera • *v* ensangrentar
însemna • *v* significar, querer decir
însemnătate • *n* importancia
înserare • *n* anochecer *(m)*
însori • *v* asolear
însorit • *adj* asoleado, soleado
însoți • *v* acompañar
înspăimânta • *v* atemorizar, aterrar
înspre • *prep* a
înstelat • *adj* estrellado
însufleți • *v* animar, alentar
însuflețire • *n* vivificación, animación, vivacidad *(f)*
însura • *v* casar, casarse
însușire • *n* propiedad *(f)*
înșela • *v* engañar, engrupir, burlar, estafar, timar, petardear
înșuruba • *v* atornillar
întări • *v* atiesar, entiesar, endurecer, solidificarse, atiesarse, entiesarse, endurecerse
întâlni • *v* encontrarse, encontrar
întâlnire • *n* compañero *(m)*, compañera *(f)*, partido *(m)*
întâmpla • *v* pasar, suceder, ocurrir
întâmplare • *n* acontecimiento *(m)*, ocurrencia, azar *(m)*, suerte *(f)*, riesgo *(m)*, casualidad *(f)*
întâmplător • *adj* accidental, casual, imprevisto, fortuito
întârzia • *v* permanecer, demorar, entorpecer, estorbar, retrasar, impedir, quedar
întârziere • *n* retraso, demora *(f)*
întemeiere • *n* fundación
întemeietor • *n* fundador *(m)*
întemnița • *v* encarcelar, aprisionar
întemnițare • *n* encarcelamiento *(m)*
întinde • *v* extender, alcanzar, estirar
întindere • *n* extensión *(f)*
întoarce • *v* volver, regresar, dar vuelta
întortochea • *v* torcer
întotdeauna • *adv* siempre
într-adevăr • *adv* verdaderamente, realmente, de hecho, efectivamente, en realidad, de veras, sin duda, en verdad, en efecto
între • *prep* entre
întreba • *v* consultar, preguntar, cuestionar, interrogar
întrebare • *n* pregunta *(f)*, cuestión *(f)*
întrebuințare • *n* función *(f)*, uso *(m)*
întrece • *v* sobrepasar, rebasar, adelantar
întrecere • *n* competición *(f)*, competencia *(f)*, concurso *(m)*
întreg • *n* entero, totalidad *(f)* • *adj* entero, entero *(m)*, solo, único
întreprinde • *v* emprender
întreprindere • *n* empresa *(f)*, establecimiento *(m)*
întreprinzător • *n* comerciante *(m)*, emprendedor *(m)*, emprendedor comercial *(m)*, comerciante novato *(m)*
întrerupător • *n* interruptor *(m)*
întrerupe • *v* interrumpir
întrerupere • *n* interrupción *(f)*
întrista • *v* apenar
întristare • *n* pesar, pesar *(m)*, dolor, dolor *(m)*, sufrimiento, pena, pena *(f)*, calamidad, tristeza *(f)*, aflicción *(f)*, infelicidad *(f)*
întrucâtva • *adv* algo, un poco
întrunire • *n* convención *(f)*
întuneca • *v* nublar
întunecat • *adj* oscuro, tenebroso
întunecime • *n* oscuridad *(f)*
întunecos • *adj* obscuro
întuneric • *n* oscuridad *(f)*
înțelege • *v* comprender, percibir, ahondar, entender, profundizar
înțelegere • *n* convenio *(m)*, acuerdo *(m)*

înțelepciune • *n* sabiduría *(f)*, sabiduría
înțelept • *adj* sabio, juicioso
înțepa • *v* picar
înțesat • *adj* atestado *(m)*
învălmășeală • *n* estampida *(f)*
învăța • *v* aprender, enseñar, estudiar, educar, escolarizar
învățare • *n* aprendizaje
învățat • *adj* erudito *(m)*, leído *(m)*
învățăcel • *n* aprendiz *(m)*
învățământ • *n* educación *(f)*
învățător • *n* maestro *(m)*, profesor *(m)*, profesora *(f)*, maestra *(f)*, docente *(f)*
învățătură • *n* conocimiento *(m)*, instrucción
învârti • *v* girar, torcer, virar, rotar, esgrimir, blandir
învechit • *adj* absurdo *(m)*, pasado de moda, anticuado, chapado a la antigua *(m)*, grotesco, incongruente, arcaico
învelis • *n* integumento *(m)*
învenina • *v* envenenar, emponzoñar
înviere • *n* resurrección *(f)*
învinge • *v* derrotar, vencer, triunfar, conquistar
învinovăți • *v* culpar, reprochar, echar la culpa
învinui • *v* culpar, reprochar, echar la culpa
înviora • *v* avivar
înzăpezit • *adj* nevado

J

jad • *n* jade *(m)*
jaguar • *n* tigre *(m)*, jaguar *(m)*, yaguareté *(m)*
jais • *n* azabache *(m)*
jale • *n* salvia *(f)*
jandarm • *n* gendarme *(m)*
jandarmi • *n* gendarme *(m)*
jargon • *n* jerga *(f)*, lenguaje *(m)*, argot *(m)*, germanía *(f)*
jasmin • *n* jazmín *(f)*
jasp • *n* jaspe *(m)*
jder • *n* marta *(f)*
jeleu • *n* gelatina *(f)*, jalea *(f)*
jelui • *v* quejar, lamentar
jenă • *n* desazón *(f)*, vergüenza *(f)*
jerboa • *n* jerbo *(m)*
jertfă • *n* sacrificio *(m)*, víctima *(f)*
jertfi • *v* sacrificar
jet • *n* chorro *(m)*
jgheab • *n* canalón *(m)*
jigni • *v* insultar, humillar
jignire • *n* insulto *(m)*
jigodie • *n* sarna
jihad • *n* yihad *(m)*
jiletcă • *n* chaleco *(m)*, chalequillo *(m)*
jivină • *n* animal *(m)*
jneapăn • *n* junípero *(m)*, enebro *(m)*, ginebro *(m)*
joc • *n* juego *(m)*, ludo *(m)*, partido *(m)*
jocheu • *n* jinete *(m)*, yóquey *(m)*, yoqui *(m)*
joncțiune • *n* unión, conexión *(f)*
jos • *adj* bajo • *adv* abajo
joule • *n* julio *(m)*, joule *(m)*
jovialitate • *n* felicidad, alegría *(f)*, gozo *(m)*, júbilo, regocijo
jubila • *v* relamer
juca • *v* bailar, danzar, actuar, jugar, jugar a
jucărie • *n* juguete *(m)*
jucătoare • *n* jugador *(m)*, jugadora *(f)*
jucător • *n* jugador *(m)*, jugadora *(f)*
jucători • *n* jugador *(m)*, jugadora *(f)*
judeca • *v* creer, juzgar
judecare • *n* juicio *(m)*
judecată • *n* inteligencia *(f)*, juicio *(m)*, proceso *(m)*, sabiduría *(f)*, opinión *(f)*
judecător • *n* juez *(m)*
judet • *n* condado *(m)*
județ • *n* distrito, condado *(m)*
judo • *n* yudo *(m)*, judo *(m)*
jug • *n* yugo *(m)*
juisare • *n* placer *(m)*, gozo *(m)*, regocijo, deleite, delicia *(f)*, delectación *(f)*
julitură • *n* cardenal *(m)*, moratón *(m)*, moretón *(m)*
jumătate • *n* mitad *(f)*
jumuli • *v* desplumar
juncă • *n* becerra *(f)*
june • *adj* joven
jungher • *n* daga *(f)*, puñal *(m)*
junglă • *n* selva *(f)*, jungla *(f)*
junimea • *n* juventud *(f)*
junincă • *n* becerra *(f)*
jupân • *n* joven amo *(m)*, señorito *(m)*
jupui • *v* remover
jur • *n* entorno *(m)*
jura • *v* jurar
jurământ • *n* promesa *(f)*, voto *(m)*, manda *(f)*, juramento *(m)*
juridic • *adj* legal
jurisdicție • *n* jurisdicción *(f)*

juriu • *n* jurado *(m)*
jurnalism • *n* periodismo *(m)*
justețe • *n* justicia *(f)*, justedad *(f)*, justeza *(f)*
justificare • *n* justificación *(f)*

justificație • *n* justificación *(f)*
justiție • *n* justicia *(f)*, justedad *(f)*, justeza *(f)*

K

kaki • *n* caqui *(m)*
kaliu • *n* potasio *(m)*
karibu • *n* caribú *(m)*, reno *(m)*
kelvin • *n* kelvin *(m)*
kilobyte • *n* kilobyte *(m)*
kilogram • *n* kilogramo *(m)*, quilogramo *(m)*

kilooctet • *n* kilobyte *(m)*
kiwi • *n* kiwi *(m)*
koala • *n* koala *(m)*
kompot • *n* compota *(f)*
kripton • *n* criptón *(m)*
kumquat • *n* kumquat *(m)*, quinoto *(m)*

L

la • *prep* en, a, hacia
labă • *n* pata *(f)*, garra *(f)*, zarpa *(f)*
labie • *n* labio *(m)*, labio de la vulva *(m)*
labirint • *n* laberinto *(m)*
laborator • *n* laboratorio
laborios • *adj* diligente, aplicado, trabajador, laborioso, empeñoso, afanoso, industrioso
lac • *n* barniz *(m)*, laca *(f)*, lago *(m)*
lacăt • *n* cerradura *(f)*, candado *(m)*
laconic • *adj* lacónico
lacrimă • *n* lágrima *(f)*
lactate • *n* lácteos
ladă • *n* caja *(f)*
lady • *n* señora *(f)*
lalea • *n* tulipán *(m)*
lama • *n* lama *(m)*
lamantin • *n* manatí *(m)*
lamă • *n* hoja *(f)*, llama *(f)*, portaobjeto *(m)*, portaobjetos *(m)*, cuchilla *(f)*
lamenta • *v* lamentar
lamentabil • *adj* malísimo, horrible, terrible, deplorable, lamentable
laminaria • *n* quelpo *(m)*
lampă • *n* lámpara *(f)*, candil *(m)*
lance • *n* lanza *(f)*
langoare • *n* languidez *(f)*, languor *(m)*
lantan • *n* lantano *(m)*
lanternă • *n* lámpara *(f)*, linterna *(f)*, linterna, foco *(m)*, farol *(m)*
lanț • *n* cadena *(f)*, flujo *(m)*
laolaltă • *adv* junto
lapoviță • *n* aguanieve *(f)*
laptop • *n* portátil *(m)*, computador portátil *(m)*, computadora portátil *(f)*, ordenador portátil *(m)*
lard • *n* tocino *(m)*, bacón *(m)*
larg • *adj* ancho, amplio, ancha *(f)*, amplia *(f)*
larice • *n* alerce *(m)*
laringe • *n* laringe *(f)*
larmă • *n* ruido *(m)*
larvă • *n* larva *(f)*, gusano *(m)*, cresa *(f)*, verme *(m)*, vierme *(m)*
lasciv • *adj* lascivo
laser • *n* láser *(m)*
laș • *n* gallina *(f)*, cobarde *(f)* • *adj* cobarde • *adv* cobardemente
lașă • *n* gallina *(f)*, cobarde *(f)*
lașitate • *n* cobardía *(f)*
lat • *adj* ancho, amplio, ancha *(f)*, amplia *(f)*
latex • *n* látex *(m)*
latice • *n* trama, cuadrícula
latitudine • *n* latitud *(f)*
latrină • *n* retrete *(m)*, letrina *(f)*
latură • *n* mano *(f)*, costado *(m)*, lado *(m)*
laț • *n* lazo *(m)*, dogal *(m)*
laudativ • *adj* lisonjero
laudă • *n* alabanza *(f)*, loa *(f)*, enaltecimiento *(m)*
laur • *n* acebo *(m)*, laurel *(m)*
lavandă • *n* lavanda, espliego, cantueso, alhucema
lavă • *n* lava *(f)*
lawrenciu • *n* lawrencio *(m)*, laurencio *(m)*
lăcomie • *n* avaricia *(f)*, codicia *(f)*, gula, gula *(f)*, glotonería *(f)*

lăcrima • *v* llorar, lagrimar, lacrimar
lăcrimos • *adj* lacrimoso, lacrimógeno
lăcustă • *n* saltamontes *(m)*, langosta *(f)*
lămâi • *n* limonero *(m)*, limón *(m)*
lămâie • *n* limón *(m)*, citrón
lămâioară • *n* tomillo *(m)*
lămpi • *n* lámpara *(f)*, candil *(m)*
lămuri • *v* resolver, solucionar
lăncier • *n* lancero *(m)*
lăptar • *n* lechero *(m)*
lăptos • *adj* lechoso
lăptucă • *n* lechuga *(f)*
lărgime • *n* anchura *(f)*
lăsa • *v* abandonar, dejar, permitir, conceder
lăsnicior • *n* dulcamara
lăstun • *n* avión *(m)*, golondrina *(f)*
lătra • *v* ladrar
lătrat • *n* ladrido *(m)*
lăţime • *n* anchura *(f)*
lăuda • *v* loar, alabar
lăudabil • *adj* alabable, loable, encomiable
lăudare • *n* encomio *(m)*, comendación *(m)*, recomendación *(f)*
lăută • *n* laúd *(m)*
lână • *n* lana *(f)*, toisón *(m)*
lânced • *adj* lánguido, débil, endeble, flojo, flaco, feble
lângă • *prep* por, cerca, cabe, al lado de
lânos • *adj* lanoso
leafă • *n* salario *(m)*, sueldo *(m)*
leagăn • *n* cuna *(f)*
leandru • *n* adelfa *(f)*
leapşa • *n* pilla pilla, el pillarse *(m)*
lebădă • *n* cisne *(m)*
lectică • *n* litera *(f)*
lectura • *v* leer
lecturare • *n* lectura *(f)*
lecţie • *n* lección *(f)*
lega • *v* atar, ligar, amarrar, conectar, empastar, liar
legal • *adj* legal • *adv* legalmente
legalitate • *n* legalidad *(f)*
legare • *n* conjunción *(f)*, unión *(f)*, lomo *(m)*, vinculación *(f)*, conexión *(f)*
legământ • *n* convenio *(m)*, promesa *(f)*, alianza *(f)*, contrato *(m)*, pacto *(m)*, juramento *(m)*
legăna • *v* mecer, pender, balancear
legătură • *n* relación *(f)*, lazo *(m)*, confianza *(f)*, haz *(m)*, atado *(m)*, fajo *(m)*, llamada *(f)*, atada *(f)*, mies *(f)*, conexión *(f)*, enlace *(m)*, vínculo *(m)*, hiperenlace *(m)*, hipervínculo *(m)*
lege • *n* ley *(f)*
legendar • *adj* fabuloso, increíble, legendario
legendară • *adj* legendario
legendă • *n* clave *(f)*, leyenda *(f)*, mito *(m)*
leghe • *n* legua *(f)*
legislativ • *adj* legislativo
legislator • *n* legislador *(m)*
legitimitate • *n* legitimidad *(f)*
legiuitor • *n* legislador *(m)*
legiune • *n* legión *(f)*
legumă • *n* vegetal *(m)*, verdura *(f)*, legumbre *(m)*, hortaliza *(f)*
legume • *n* verdura *(f)*, legumbre *(m)*, hortaliza *(f)*
leming • *n* lemming *(m)*
lemn-câinesc • *n* alheña *(f)*, ligustro *(m)*
lemnar • *n* carpintero *(m)*, ebanista
lemnul-Domnului • *n* abrótano *(m)*
lemur • *n* lémur *(m)*
lene • *n* pereza *(f)*
leneş • *n* perezoso *(m)*, pereza *(f)* • *adj* perezoso, flojo, locho, haragán, vago
lenevi • *v* permanecer, demorar
lenjerie • *n* ropa blanca *(f)*
lentilă • *n* lente *(f)*
lentoare • *n* lentitud *(f)*
leoaică • *n* leona *(f)*
leopard • *n* leopardo *(m)*
lepăda • *v* renunciar, abandonar
lesbi • *n* lesbiana *(f)*
lesbiană • *n* lesbiana *(f)*
lespede • *n* piedra *(f)*, losa *(f)*
lest • *n* lastre *(m)*
leşie • *n* lejía *(f)*
letal • *adj* mortal, letal, mortífero
letargie • *n* atonía *(f)*, letargo *(m)*, aletargamiento *(m)*, sopor *(m)*
leu • *n* león
leucemie • *n* leucemia *(f)*
leucină • *n* leucina *(f)*
leuştean • *n* levístico *(m)*, apio de monte *(m)*
levănţică • *n* lavanda, espliego, cantueso, alhucema
levură • *n* levadura *(f)*
lexem • *n* lexema *(m)*
lexic • *n* vocabulario *(m)*, léxico *(m)*
leziune • *n* herida *(f)*, lesión, llaga
libarcă • *n* cucaracha *(f)*
libelulă • *n* libélula *(f)*, aguacil *(m)*, pipilacha *(f)*
liber • *adj* libre, independiente, obstáculo, despejado, exento, desocupado • *v* vaciar
libertate • *n* libertad *(f)*
libidinos • *adj* libidinoso
librar • *n* librero *(m)*, librera *(f)*

librărie • *n* librería *(f)*
licăr • *n* parpadeo *(m)*
licări • *v* parpadear, titilar
licărire • *n* parpadeo *(m)*
lichen • *n* liquen *(m)*
lichid • *n* líquido *(m)* • *adj* líquido
lichidă • *adj* líquido
lichiditate • *n* liquidez *(f)*
lichior • *n* licor *(m)*
lichioruri • *n* licor *(m)*
licurici • *n* luciérnaga *(f)*
lider • *n* cabeza *(f)*, jefe *(m)*, líder *(m)*, líder *(f)*, dirigente *(m)*
lift • *n* ascensor *(m)*, elevador *(m)*
ligament • *n* tendón *(m)*
ligatură • *n* ligadura *(f)*
ligă • *n* alianza *(f)*, liga *(f)*
liliac • *n* murciélago *(m)*, lila *(f)*
lilie • *n* azucena *(f)*
liman • *n* costa *(f)*, litoral *(m)*
limax • *n* babosa *(f)*, limaco *(m)*
limba-cucului • *n* aurícula *(f)*, bellorita *(f)*, clavelina *(f)*
limba-mielului • *n* borraja *(f)*
limbaj • *n* lenguaje *(m)*
limbă • *n* lengüeta *(f)*, badajo *(m)*, lenguaje *(m)*, aguja *(f)*, lengua *(f)*, manecilla *(f)*, idioma *(m)*
limbă-de-mare • *n* lenguado *(m)*
limbut • *adj* gárrulo, locuaz, hablador
limetă • *n* lima *(f)*
limfocit • *n* linfocito
limfocită • *n* linfocito
limita • *v* limitar
limitat • *adj* limitado, finito
limită • *n* límite *(m)*, costa *(f)*, términos, frontera *(m)*, litoral *(m)*
limpede • *adj* claro, despejado, nítido, obvio, definido, límpido, transparente
limuzină • *n* limusina *(f)*
lin • *adj* liso
lindic • *n* clítoris *(m)*
lindină • *n* liendre *(f)*
linge • *v* lamer, lamber
lingou • *n* lingote *(m)*
lingură • *n* cuchara *(f)*
linguriță • *n* cucharilla *(f)*
lingvistic • *adj* lingüístico
lingvistică • *n* lingüística *(f)*
linie • *n* línea *(f)*, renglón *(m)*, registro *(m)*, regla *(f)*
liniște • *n* paz *(f)*, calma *(f)*, sosiego *(m)*, ecuanimidad, silencio *(m)*
liniște! • *interj* cállate
liniști • *v* calmar
liniștit • *adj* sereno, tranquilo, calmado
liniștitor • *adj* suave

liniuță • *n* guion *(m)*
linte • *n* lenteja, lenteja *(f)*
linx • *n* lince *(m)*
lipi • *v* pegar
lipici • *n* goma *(f)*, cola *(f)*, pegamento *(m)*
lipicios • *adj* adherente, pegajoso, adherible
lipitoare • *n* sanguijuela *(f)*, sanguja *(f)*, hirudíneo *(m)*
lipsă • *n* falta *(f)*, carencia *(f)*, penuria *(f)*
lipsit • *adj* indigente, destituido
liră • *n* libra *(f)*
lis • *adj* liso
listă • *n* lista *(f)*
lișiță • *n* focha común *(f)*, cerceta *(f)*, barraquete *(m)*
litera • *v* deletrear
literalmente • *adv* literalmente
literar • *adj* literario
literară • *adj* literario
literari • *adj* literario
literatură • *n* literatura *(f)*
literă • *n* letra *(f)*, carácter *(m)*
litieră • *n* litera *(f)*
litiu • *n* litio *(m)*
litorină • *n* bigarro *(m)*
liturghie • *n* liturgia *(f)*
livadă • *n* prado *(m)*, vega *(f)*, huerta *(m)*
livra • *v* entregar
livrare • *n* entrega *(f)*
livră • *n* libra *(f)*
livrea • *n* librea *(f)*
lizibil • *adj* legible
lizină • *n* lisina
lob • *n* lóbulo *(m)*
loc • *n* lugar *(m)*, sitio *(m)*, espacio
local • *adj* local
locală • *adj* local
localitate • *n* lugar *(m)*, sitio *(m)*
localizare • *n* localización *(f)*, localización, ubicación *(f)*
localnic • *adj* nativo
localnică • *adj* nativo
locațiune • *n* renta *(f)*, alquiler
locomotivă • *n* locomotora *(m)*
locțiitor • *n* sustituto *(m)*, substituto *(m)*
locui • *v* morar, vivir
locuitoare • *n* habitante, residente *(m)*, lugareño *(m)*
locuitor • *n* habitante, residente *(m)*, lugareño *(m)*
locuri • *n* lugar *(m)*, sitio *(m)*
logaritm • *n* logaritmo *(m)*
logaritmi • *n* logaritmo *(m)*

logic • *adj* lógico
logică • *n* lógica *(f)*
logistica • *n* logística *(f)*
logodnă • *n* esponsales, palabra de matrimonio *(f)*, promesa de matrimonio *(f)*
logogrif • *n* logogrifo *(m)*
loial • *adj* verdadero
loialitate • *n* lealtad *(f)*
lojă • *n* caseta *(f)*, logia *(f)*, palco *(m)*
longitudine • *n* longitud *(f)*
lopată • *n* azada *(f)*, pala *(f)*
loterie • *n* lotería *(f)*
lotus • *n* loto *(m)*
lovi • *v* golpear, pegar, batir, dar, patear
lovitură • *n* golpe *(m)*, golpe
lua • *v* llevar, tomar, coger, prender
lubeniță • *n* sandía *(f)*
lubrifia • *v* lubricar
lubrifiant • *n* lubrificante *(m)*, lubricante *(m)*
lucarnă • *n* tragaluz *(m)*, claraboya *(f)*, celaje *(m)*
luceafăr • *n* modelo *(m)*
lucernă • *n* alfalfa *(f)*
luci • *v* lucir, brillar
luciditate • *n* lucidez *(f)*
lucios • *adj* lustroso, lúcido
lucitor • *adj* radiante, ardiente, resplandeciente
luciu • *n* brillo *(m)*
lucra • *v* trabajar
lucrare • *n* obra *(f)*, trabajo *(m)*
lucrativ • *adj* lucrativo
lucrătoare • *n* trabajador *(m)*, obrero *(m)*
lucrător • *n* trabajador *(m)*, obrero *(m)*
lucru • *n* objeto *(m)*, cosa *(f)*, objecto *(m)*
lufar • *n* anjova *(f)*, sastre *(m)*

lugubru • *adj* triste, lúgubre
lumânare • *n* vela *(f)*, candela *(f)*, cirio *(m)*
lume • *n* tierra *(f)*, globo *(m)*, gente *(f)*, mundo *(m)*
lumina • *v* lucir, iluminar, brillar
lumină • *n* luz *(f)*
luminiscență • *n* luminiscencia *(f)*
luminos • *adj* resplandeciente, claro, brillante, luminoso, lucio
luminozitate • *n* luminosidad *(f)*
lunar • *adj* lunar *(f)* • *adv* mensualmente
lunară • *adj* lunar *(f)*
lună • *n* mes *(m)*, satélite *(m)*, luna *(f)*
lunetă • *n* telescopio *(m)*
lung • *adj* largo
lungi • *v* alargar, prolongar
lungime • *n* largo *(m)*, eslora *(f)*, longitud *(f)*
luntre • *n* barco *(m)*, bote *(m)*, barca *(f)*
lup • *n* lobo *(m)*
lupanar • *n* casa de citas *(f)*, burdel *(m)*, lupanar *(m)*, prostíbulo *(m)*, mancebía *(f)*, casa de putas *(f)*
lupoaică • *n* zorra, perra *(f)*, loba
lupta • *v* pelear, luchar, esforzarse con denuedo
luptă • *n* lucha *(f)*, acción *(f)*, batalla *(f)*, lucha libre *(f)*
luptător • *n* luchador, luchador *(m)*, guerrero, guerrero *(m)*, combatiente *(m)*
lupus • *n* lupus *(m)*
lustru • *n* brillo *(m)*, lustre *(m)*
lut • *n* arcilla *(f)*, barro *(m)*
lutețiu • *n* lutecio *(m)*
lutră • *n* nutria *(f)*, lutria *(f)*
luxură • *n* lujuria

M

mac • *n* amapola *(f)*, cuac *(m)*
mac-mac • *n* cuac *(m)*
macac • *n* macaco *(m)*
macara • *n* grúa *(f)*
machiaj • *n* maquillaje *(m)*
macromoleculă • *n* macromolécula *(f)*
macroscopic • *adj* macroscópico
macrou • *n* caballa *(f)*
maestru • *n* maese *(m)*, amo *(m)*, señor *(m)*
mag • *n* mago *(m)*
magazie • *n* bodega *(f)*, almacén *(m)*, depósito *(m)*
magazin • *n* negocio *(m)*, tienda *(f)*, comercio *(m)*
magic • *adj* mágico
magician • *n* mago *(m)*
magie • *n* magia *(f)*
magistrală • *n* bus *(m)*
magnet • *n* imán *(m)*
magnetic • *adj* magnético
magnetism • *n* magnetismo *(m)*
magnetizare • *n* magnetización
magnetizație • *n* magnetización
magneziu • *n* magnesio *(m)*
magnific • *adj* guapísimo
magnitudine • *n* magnitud *(f)*
mahmureală • *n* ratón *(m)*, caña *(f)*, go-

ma (f), resaca (f), chaqui (m), chuchaqui (m), cruda (f), guayabo (m), hachazo (m), hangover (m), perseguidora (f)
mahon • *n* caoba (f)
mahonă • *n* lancha a remolque (f), barcaza (f)
mai • *n* hígado (m), mazo (m)
maică • *n* madre (f)
maiestate • *n* majestad
maimuţă • *n* mono (m), chango (m), mico (m), simio (m)
maimuţări • *v* remedar, imitar
maioneză • *n* mayonesa (f)
maior • *n* comandante (m), mayor (m)
maiori • *n* comandante (m), mayor (m)
majorat • *n* mayoría, mayoría de edad (f)
majoreta • *n* porrista (f), animadora (f)
majoritate • *n* mayoría (f)
mal • *n* costa (f), orilla (f), litoral (m)
maladie • *n* enfermedad (f), enfermedad
malahian • *n* masturbador (m)
malahist • *n* masturbador (m)
malahit • *n* malaquita (f)
malaxor • *n* batidora (f)
maldăr • *n* multitud (f), montón (m), amasijo (f)
maleabil • *adj* maleable
maleabilitate • *n* maleabilidad (f)
maledicţie • *n* maldición (f)
malitios • *adj* maligno, venenoso, malévolo, rencoroso
maliţie • *n* malicia (f)
maliţiozitate • *n* malicia (f)
mamaie • *n* abuela (f)
mamalogie • *n* mastozoología (f), teriología (f), mamalogía (f)
mamă • *n* madre (f), mamá (f)
mamelon • *n* teta (f)
mamifer • *n* mamífero (m)
mamut • *n* mamut (m)
mană • *n* maná (m)
mandibulă • *n* mandíbula (f)
mandibule • *n* mandíbula (f)
mandolă • *n* mandola (f)
mandolină • *n* mandolina (f)
mandragoră • *n* mandragora
mandril • *n* mandril (m)
manechin • *n* maniquí (m)
manevra • *v* maniobrar
mangan • *n* manganeso (m)
mango • *n* manga (f), mango (m), mangó (m)
mangold • *n* acelga (f)
mangustan • *n* mangostán (m), mangostino (m)

mangustă • *n* mangosta (f)
maniac • *n* cascarrabias (m), maniático (m)
manieră • *n* manera (f), modo (m), forma (f)
manifest • *adj* claro, evidente, manifiesto
manifestare • *n* manifestación (f)
manifestaţie • *n* manifestación (f)
manipula • *v* manipular
manipulator • *adj* manipulador
manivelă • *n* manivela
mansardă • *n* ático (m), desván (m)
manual • *adj* manual (f) • *n* manual (m), libro de texto (m), texto (m)
manuscris • *n* manuscrito (m)
marabu • *n* marabú (m)
maranta • *n* guapo (m), maranta (f), sagú (m), planta obediente (f)
maraton • *n* maratón
marcă • *n* marca (f), marca registrada (f)
mare • *adj* gran, grande, voluminoso • *n* mar (f)
maree • *n* marea
marfă • *n* bien (m), artículo de consumo (m), géneros, bienes, mercancía (f)
margarină • *n* margarina (f)
margine • *n* borde (m), orilla (f)
marijuana • *n* marihuana (f), mariguana (f)
marimba • *n* marimba (f)
marin • *adj* marítimo (m), marino (m)
marinar • *n* marinero (m), marinera (f)
marină • *n* marina (f)
marionetă • *n* marioneta (f), títere (m), fantoche (m)
maritim • *adj* marítimo (m), marino (m)
marmeladă • *n* mermelada, mermelada (f), confitura (f)
marmotă • *n* marmota (f)
marmură • *n* mármol (m)
maro • *n* bronceado (m), café (m), castaño, castaño (m), bordó, marrón (m), canelo (m), carmelita (m), carmelito (m), pardo (m), moreno (m) • *adj* café (f), castaño, marrón (m), pardo (m)
marsuin • *n* marsopa (f)
marsupial • *n* marsupial (m) • *adj* marsupial
martir • *n* mártir (m)
martor • *n* testigo (m)
marţipan • *n* mazapán (m)
masa • *n* masa (f) • *v* masajear
masaj • *n* masaje (m)
masare • *n* masaje (m)
masă • *n* comida (f), masa (f), comida festiva (f), banquete (m), mesa (f), agre-

masca   măslină

gado *(m)*
masca • *v* disfrazar, cubrir, enmascarar
mascara • *n* rímel *(m)*
mascare • *n* disfraz *(m)*
mască • *n* máscara *(f)*
mascul • *n* macho *(m)*, varón *(m)*, hombre *(m)* • *adj* macho *(m)*, masculino *(m)*
masculin • *adj* macho *(m)*, masculino *(m)*, varonil
masculinitate • *n* masculinidad *(f)*
mascur • *n* verraco *(m)*
maseur • *n* masajista *(f)*
maseuză • *n* masajista *(f)*
masiv • *adj* masivo *(m)*, masivo, masiva *(f)*
mastodont • *n* mastodonte
masturbare • *n* masturbación *(f)*, paja *(f)*
masturbator • *n* masturbador *(m)*
masturbație • *n* masturbación *(f)*, paja *(f)*
mașină • *n* automóvil *(m)*, carro *(m)*, coche *(f)*, coche *(m)*, auto *(m)*, máquina *(f)*, máquina *(m)*
mașinist • *n* tramoyista *(m)*
mașteră • *n* madrastra *(f)*
matcă • *n* matriz *(f)*, útero *(m)*
matelot • *n* marinero *(m)*
matematic • *adj* matemático *(m)*, matemática *(f)*
matematică • *adj* matemático *(m)*, matemática *(f)* • *n* matemáticas
material • *adj* material, físico • *n* material *(m)*, material
materială • *adj* material
materialism • *n* materialismo *(m)*, materialismo
materialist • *n* materialista • *adj* materialista
materialistă • *n* materialista
materie • *n* material *(m)*, ciencia *(f)*, materia *(f)*, asignatura *(f)*, curso *(m)*, ramo *(m)*
matern • *adj* maternal, materno, natal *(f)*
matrice • *n* matriz *(f)*
matroz • *n* marinero *(m)*
matur • *adj* maduro *(m)*, maduro, madura *(f)*, curado
maturitate • *n* madurez *(f)*
maț • *n* tripa *(f)*, intestino *(m)*
mațe • *n* entrañas *(f)*, tripas *(f)*, tripa *(f)*
maus • *n* ratón *(m)*, mouse *(m)*
mausoleu • *n* mausoleo *(m)*
maxilar • *n* mandíbula *(f)*
maximal • *adj* máximo
maximă • *n* máxima *(f)*

maxime • *n* máxima *(f)*
maximum • *n* máximo
mazăre • *n* guisante, guisante *(m)*, alverja *(f)*, arveja *(f)*, chícharo *(m)*, pésol *(m)*, petit pois *(m)*, bisalto *(m)*
mă • *pron* me
măcăit • *n* cuac *(m)*
măcăitură • *n* cuac *(m)*
măcăleandru • *n* petirrojo *(m)*
măcănit • *n* cuac *(m)*
măcel • *n* matanza *(f)*
măcelar • *n* carnicero *(m)*, carnicera *(f)*
măcelări • *v* carnear, matar
măcelărie • *n* matadero *(m)*
măcina • *v* machacar, moler, triturar
măciucă • *n* bate *(m)*, bat *(m)*
măcriș • *n* acedera común, vinagrera
mădular • *n* miembro, miembro *(m)*, extremidad *(f)*
măduvă • *n* médula *(f)*
măgar • *n* asno *(m)*, burro *(m)*, idiota *(f)*, imbécil *(f)*
măgulitor • *adj* lisonjero
măicuță • *n* mamá *(f)*
mălai • *n* pasta *(f)*, guita *(f)*, plata *(f)*, mosca *(f)*, lana *(f)*
mămică • *n* mamá *(f)*
mănăstire • *n* monasterio *(m)*
mănunchi • *n* haz *(m)*, atado *(m)*, fajo *(m)*, racimo *(m)*, atada *(f)*, mies *(f)*, manojo *(m)*, ramo *(m)*, puñado *(m)*
mănușă • *n* guante *(m)*
măr • *n* manzana *(f)*
mărar • *n* eneldo *(m)*
mărăcinar • *n* tarabilla *(f)*
măreție • *n* grandeza *(f)*, majestad
mărgăritar • *n* perla *(f)*
mărginit • *adj* limitado
mări • *v* aumentar, incrementar, ampliar
mărime • *n* magnitud *(f)*, norma *(f)*, medida, medidas, grandeza *(f)*
mărinimos • *adj* generoso
mărire • *n* grandeza *(f)*, incremento, aumento *(m)*
mărita • *v* casar, casarse
măritor • *adj* aumentativo
mărșălui • *v* marchar
mărșui • *v* marchar
mărturisi • *v* confesar, admitir, reconocer
mărturisire • *n* confesión *(f)*
mărunt • *adj* diminuto, pequeño, insignificante, menudo, trivial
măruntaie • *n* tripas *(f)*, tripa *(f)*
măselariță • *n* beleño *(m)*
măslină • *n* aceituna *(f)*, oliva *(f)*

măsura • *v* sondar, sondear, medir
măsurare • *n* medida, medición *(m)*, medición, medición *(f)*, medidas, mediciones
măsură • *n* cantidad, compás *(m)*, medida *(f)*, medida, medidas, cucharazo *(m)*, cucharada *(f)*, cucharón *(m)*
măsurătoare • *n* medida, medición *(m)*, medición, medidas, mediciones
mătase • *n* seda *(f)*
mătăhălos • *adj* abultado
mătănii • *n* rosario
mătreaţă • *n* caspa *(f)*, porrígine
mătura • *v* recoger, barrer
mătură • *n* escoba *(f)*, escobillón *(m)*
mătuşă • *n* tía *(f)*
măzăriche • *n* arveja *(f)*, veza *(f)*
mâhni • *v* apenar
mâhnire • *n* pesar, pesar *(m)*, dolor, dolor *(m)*, sufrimiento, pena, pena *(f)*, calamidad, tristeza *(f)*, aflicción *(f)*, infelicidad *(f)*
mâine • *n* mañana *(f)* • *adv* mañana
mâna • *v* conducir
mână • *n* mano *(f)*
mânăstire • *n* monasterio *(m)*
mânca • *v* comer
mâncabil • *adj* comestible
mâncare • *n* comida *(f)*, alimento *(m)*
mâncărime • *n* picazón *(f)*, escozor *(m)*, picor *(m)*, comezón *(m)*
mâncător • *n* comedor *(m)*
mândrie • *n* arrogancia *(f)*, soberbia *(f)*, altanería *(f)*, altivez *(f)*, orgullo *(m)*, grandeza *(f)*, vanidad *(f)*
mândru • *adj* soberbio
mânecă • *n* manga *(f)*
mâner • *n* manillar *(m)*
mângâia • *v* acariciar
mânie • *n* manía *(f)*, indignación *(f)*, ira *(f)*, enfado *(m)*, enojo *(m)*, rabia *(f)*, bravura *(f)*, furia *(f)*, furor *(m)*, cólera *(f)*
mânios • *adj* enojado, enfadado
mânji • *v* contaminar, corromper
mânz • *n* potro *(m)*, potra *(f)*, potranco *(m)*
mânză • *n* potro *(m)*, potra *(f)*, potranco *(m)*
mâţă • *n* felino *(m)*, felina *(f)*
mâţişor • *n* amento *(m)*
mecanic • *adj* mecánico • *n* mecánico *(m)*
mecanism • *n* mecanismo *(m)*
meci • *n* partido *(m)*
medalie • *n* medalla *(f)*, premio *(m)*, galardón *(m)*
medalion • *n* medallón *(m)*

media • *v* mediar
medic • *n* médico *(m)*, médica *(f)*
medicament • *n* medicamento *(m)*, medicina *(f)*
medicaţie • *n* medicación *(f)*
medicinal • *adj* medicinal
medicină • *n* medicina *(f)*
medie • *n* media *(f)*, media, promedio *(m)*
mediocră • *adj* mediocre *(m)*, mediocre
mediocru • *adj* mediocre *(m)*, mediocre
mediu • *n* media *(f)*, media, medio, medio *(m)*, programa, sociedad *(f)*, comunidad *(f)*, ambiente, clima, entorno, entorno *(m)*, sistema operativo • *adj* medio, mediano *(m)*, mediocre *(m)*
medium • *n* médium
meduză • *n* medusa *(f)*, aguamala *(m)*, aguaviva *(m)*, malagua *(f)*
mefia • *v* desconfiar
megalomanie • *n* megalomanía
megeră • *n* bruja *(f)*, arpía *(f)*
mei • *n* mijo *(m)*
melancolic • *adj* melancólico *(m)*, melancólica *(f)*
melancolie • *n* melancolía *(f)*
melanj • *n* mezcolanza *(f)*
melc • *n* babosa *(f)*, limaco *(m)*, caracol *(m)*
melodic • *adj* melódico
melodie • *n* música *(f)*, melodía *(f)*
melodios • *adj* dulce, melodioso
melodramatic • *adj* melodramático
melodramă • *n* melodrama *(f)*
memă • *n* meme *(m)*
membrană • *n* membrana *(f)*
membrane • *n* membrana *(f)*
membru • *n* miembro *(m)*, miembro, extremidad *(f)*
memorabil • *adj* memorable
memorare • *n* retentiva *(f)*
memorie • *n* recuerdo *(m)*, memoria *(f)*
memoriza • *v* aprender de memoria, memorizar
menajerie • *n* casa de fieras *(f)*
mendeleviu • *n* mendelevio *(m)*
menestrel • *n* juglar *(m)*
menhir • *n* menhir *(m)*
meniu • *n* menú *(m)*, carta *(f)*
mensual • *adv* mensualmente
mental • *adj* mental
mentă • *n* menta *(f)*
menuet • *n* minueto *(m)*, minué *(m)*
mercur • *n* mercurio *(f)*, Mercurio *(m)*
mereu • *adv* siempre
merge • *v* caminar, andar, ir
meridian • *n* meridiano *(m)*

merișor • *n* arándano *(m)*, arándano rojo *(m)*, lingonberry *(f)*, cowberry *(f)*, lingonberi *(f)*, cauberi *(f)*, arándano silvestre *(m)*, arándano ártico *(m)*, foxberry *(f)*, foxberri *(f)*
merita • *v* merecer, meritar, pagar, redituar, valer la pena, salir a cuenta
mersi • *interj* gracias
mesager • *n* heraldo *(m)*
mesaj • *n* comunicado *(m)*
meserie • *n* profesión *(f)*, artesanía
mesteacăn • *n* abedul *(m)*
mesteca • *v* masticar, mascar, mezclar
meșteșugar • *n* artesano
metabolism • *n* metabolismo *(m)*
metaforă • *n* metáforo *(m)*
metal • *n* metal *(m)*
metaloid • *n* semimetal *(m)*, metaloide *(m)*
metamorfoză • *n* metamorfosis *(f)*
metan • *n* metano *(m)*
metanfetamină • *n* metanfetamina *(f)*
metanol • *n* metanol *(m)*
meteor • *n* meteoro *(m)*
meticulos • *adj* pedante; pretencioso, meticuloso, minucioso
meticulozitate • *n* meticulosidad *(f)*
metil • *n* metilo *(m)*
metionină • *n* metionina *(f)*
metis • *n* mestizo *(m)*, mestiza *(f)*
metodă • *n* método *(m)*, method
metodic • *adj* metódico
metonimia • *n* metonimia *(f)*
metric • *adj* métrico
metropolitan • *n* metro *(m)*
metrou • *n* metro *(m)*, subte *(m)*
metru • *n* medidor *(m)*, contador *(m)*, metro *(m)*
mezin • *n* benjamín *(m)*, benjamina *(f)*
mezina • *n* benjamín *(m)*, benjamina *(f)*
mia • *n* cordero *(m)*
miau • *interj* miau, ñau, maullido *(m)*, ñew *(m)*
mic • *adj* chico, pequeño, joven
mică • *adj* pequeño
miceliu • *n* micelio *(m)*
mici • *adj* minúsculas
microb • *n* microbio
microcosm • *n* microcosmos
microcosmos • *n* microcosmos
microfon • *n* micrófono oculto *(m)*, micrófono *(m)*
micrometru • *n* micrómetro *(m)*
microorganism • *n* microorganismo *(m)*
microprocesor • *n* microprocesador *(m)*
microscop • *n* microscopio *(m)*

microscopic • *adj* microscópico
microunde • *n* microonda *(f)*
micsandră-de-munte • *n* alhelí *(m)*
micsandră-sălbatică • *n* alhelí *(m)*
micșora • *v* reducir, contraerse, encogerse, achicarse
micșorare • *n* disminución *(f)*
micșorat • *adj* reducido
micuț • *adj* diminuto, minúsculo, pequeñito
mied • *n* aguamiel *(f)*
miel • *n* paloma *(f)*, huevo *(m)*, pito *(m)*, bicho *(m)*, polla *(f)*, cordero *(m)*, carne de cordero *(f)*, carajo *(m)*, pirula *(f)*, pirulo *(m)*, pija *(f)*, tranca *(f)*, verga *(f)*, pipe *(m)*, poste *(m)*, pichula *(f)*, picha *(f)*, pico *(f)*, cipote *(m)*, ñafle *(m)*, pichi *(m)*, pinga *(f)*, turca *(f)*
miere • *n* miel *(f)*
mieriu • *n* miel *(f)*
mierla-neagră • *n* mirlo *(m)*
mierlă • *n* zorzal alirojo, mirlo *(m)*
mieuna • *v* maullar
miez • *n* corazón *(m)*, centro *(m)*, medio *(m)*, miga *(f)*
migdal • *n* almendro *(m)*
migdală • *n* almendra *(f)*
migdală-de-pământ • *n* chufa *(f)*, cuca *(f)*
migrare • *n* migración *(f)*
migrație • *n* migración *(f)*
mijloc • *n* corazón *(m)*, centro *(m)*, media *(f)*, medio *(m)*, cintura *(f)*, entorno *(m)*
mijlocie • *adj* mediocre *(m)*
mijlociu • *adj* mediocre *(m)*
milan • *n* milano *(m)*, aguililla *(f)*
milă • *n* compasión *(f)*, piedad, lástima *(f)*, milla *(f)*
mileniu • *n* milenio *(m)*
miligram • *n* miligramo *(m)*
milisecundă • *n* milisegundo *(m)*
militar • *n* soldado • *adj* militar *(f)*
miliția • *n* milicia *(f)*
mimoză • *n* mimosa *(f)*
mina • *v* minar
mină • *n* mina *(f)*
mincinoasă • *n* mentiroso *(m)*, embustero *(m)*, mentirosa *(f)*
mincinos • *n* mentiroso *(m)*, embustero *(m)*, mentirosa *(f)* • *adj* mentiroso, embustero, embustero
minciună • *n* mentira *(f)*
mine • *pron* me
miner • *n* minero *(m)*
mineral • *n* mineral *(m)*
minerale • *n* mineral *(m)*

mineralog • *n* mineralogista *(f)*
mineralogie • *n* mineralogía *(f)*
minereu • *n* mineral *(m)*, mena *(f)*
minge • *n* bola *(f)*, esfera *(f)*, pelota *(f)*, balón *(m)*
minimal • *adj* mínimo
minimum • *n* mínimo
minister • *n* oficina *(f)*, ministerio *(m)*
minoritate • *n* minoría *(f)*
mintal • *adj* mental • *adv* mentalmente
minte • *n* mente *(f)*
minți • *v* mentir
minuna • *v* sorprender, pasmar, asombrar
minunat • *adj* excelente *(f)*, formidable, muy bueno
minunăție • *n* milagro *(m)*
minune • *n* maravilla *(f)*, milagro *(m)*
minuscul • *adj* diminuto, enano, menudo, minúsculo, pequeñito
minut • *n* minuto *(m)*, momento *(m)*
minuțios • *adj* minucioso, cicatero, quisquilloso, regodeón
mioară • *n* cordero *(m)*
miopie • *n* miopía *(f)*
miorlăi • *v* maullar
miozotis • *n* nomeolvides *(f)*
mira • *v* preguntarse, ponderar
miracol • *n* milagro *(m)*
miraculos • *adj* milagroso
miraj • *n* espejismo *(m)*
mirare • *n* maravilla *(f)*
mire • *n* novio *(m)*
mireasă • *n* novia *(f)*
miriapod • *n* milpiés *(m)*, congorocho *(m)*
miros • *n* olfato *(m)*, olor *(m)*
mirosi • *v* oler, husmear
mirt • *n* arrayán *(f)*, murta *(f)*, mirto *(m)*
misionar • *n* misionero *(m)*, misionera *(f)*, misionario
misiune • *n* misión *(f)*
misiuni • *n* misión *(f)*
misoginie • *n* misoginia *(f)*
mister • *n* misterio *(m)*
misterios • *adj* misterioso
mistrie • *n* paleta de albañil *(f)*, cuchara de albañil *(f)*
mișca • *v* trasladar, mover, moverse
mișcare • *n* movimiento *(m)*
mișcător • *adj* impresionante, halagüeño *(m)*
mișel • *adj* cobarde • *n* canalla, canalla *(f)*, bribón *(m)*, bellaco *(m)*, villano *(m)*
mit • *n* leyenda *(f)*, mito *(m)*
mită • *n* soborno *(m)*, coima *(f)*, matraca *(f)*, mordida *(f)*, cohecho, alfadía *(f)*

mitic • *adj* fabuloso, increíble, legendario
mitologie • *n* mitología *(f)*
mitropolit • *n* metropolitano *(m)*, arzobispo *(m)*
mixt • *adj* mixto
mixtură • *n* mezcla *(f)*
mizantropie • *n* misantropía *(f)*
miză • *n* luz *(f)*
mizer • *adj* pobre
mizericordie • *n* misericordia *(f)*
mizerie • *n* mugre *(f)*, suciedad *(f)*, pobreza *(f)*, pauperismo *(m)*, miseria *(f)*
mîngîia • *v* agarrar, sobar, meter mano, manosear
mlaștină • *n* pantano *(m)*, embalsadero *(m)*, ciénaga *(f)*, embalse *(m)*
moale • *adj* blando, muelle
moară • *n* molino *(m)*
moarte • *n* muerte *(f)*
moașă • *n* partera *(f)*, comadrona *(f)*, matrona *(f)*
moaște • *n* reliquia *(f)*
mobil • *n* teléfono móvil *(m)*, móvil *(m)*, teléfono celular *(m)*, celular *(m)* • *adj* móvil *(m)*, celular *(m)*
mobilă • *n* mobiliario *(m)*, mueble *(m)*
mobilizare • *n* movilización
moca • *n* moca *(m)*
mod • *n* manera *(f)*, modo *(m)*, forma *(f)*
model • *n* modelo, patrón *(m)*, plantilla *(f)*, molde
modem • *n* módem *(f)*
modera • *v* templar, moderar
moderat • *adj* moderado *(m)*, moderada *(f)*
moderată • *adj* moderado *(m)*, moderada *(f)*
moderatoare • *n* conductor *(m)*, maestro de ceremonias *(m)*
moderator • *n* conductor *(m)*, maestro de ceremonias *(m)*
modest • *adj* modesto
modifica • *v* cambiar, editar, modificar, mudar, demudar
modificabil • *adj* cambiable, cambiante
modificare • *n* modificación *(f)*, cambio *(m)*, mutación *(f)*, evolución *(f)*
modificat • *adj* modificado
mofturos • *adj* exigente
mojar • *n* mortero *(m)*
mojic • *n* paleto *(m)*, palurdo *(m)*
molecular • *adj* molecular
moleculă • *n* molécula *(f)*
molesta • *v* molestar
moleșeală • *n* languidez *(f)*, languor *(m)*
molibden • *n* molibdeno *(m)*

moliciune • *n* suavidad *(f)*
molid • *n* pícea *(f)*
molie • *n* polilla *(f)*
molipsitor • *adj* contagioso
momâie • *n* espantapájaros *(m)*
momeală • *n* mosca *(f)*, carnada *(f)*, cebo *(m)*
moment • *n* momento *(m)*
momentan • *adj* instantáneo
momite • *n* molleja *(f)*, lechecilla *(f)*
monah • *n* monje *(m)*
monarh • *n* monarca *(f)*
monarhie • *n* monarquía *(f)*
monarhist • *n* monárquico *(m)*
monedă • *n* moneda *(f)*
monetar • *adj* monetario
monetăria • *n* ceca *(f)*, casa de moneda *(f)*
monism • *n* monismo *(m)*
monitor • *n* monitor *(m)*
monoclu • *n* monóculo *(m)*
monocrom • *adj* monocromo
monogamie • *n* monogamia *(f)*
monografie • *n* monografía *(f)*
monolit • *n* monolito *(m)*
monomer • *n* monómero *(m)*
monoteism • *n* monoteísmo *(m)*
monoton • *adj* monótono
monotonie • *n* monotonía *(f)*
monotrem • *n* monotrema *(m)*
monotremă • *n* monotrema *(m)*
monoxid • *n* monóxido *(m)*
monstru • *n* monstruo *(m)*
monstruos • *adj* monstruoso
monta • *v* montar, instalar
monteuză • *n* montador *(m)*, montadora *(f)*
monument • *n* monumento *(m)*
moped • *n* motocicleta *(f)*, motoneta *(f)*, ciclomotor
moralitate • *n* moralidad *(f)*
morar • *n* molinero *(m)*
morcov • *n* zanahoria *(f)*
morenă • *n* morrena *(f)*
morfem • *n* morfema *(m)*
morfologie • *n* morfología *(f)*, morfología
morgă • *n* morgue *(f)*, depósito de cadáveres *(m)*
mormânt • *n* fosa *(f)*, sepultura *(f)*, tumba *(f)*
mormântal • *adj* funeral
mormântare • *n* entierro *(m)*, funeral *(m)*
mormoloc • *n* renacuajo *(m)*, ranacuajo *(m)*
morocănos • *adj* malhumorado

moros • *adj* malhumorado
morsă • *n* morsa *(f)*
mort • *adj* muerto
mortal • *adj* mortal, letal, mortífero
mortar • *n* mortero *(m)*
mortier • *n* mortero *(m)*
mosc • *n* almizcle
moschee • *n* mezquita
mostră • *n* muestra *(f)*, ejemplar *(m)*
moșier • *n* escudero
moșteni • *v* heredar
moștenire • *n* legado *(m)*
moștenitor • *n* descendiente
motan • *n* felino *(m)*, felina *(f)*, gato *(m)*
motiv • *n* motivo *(m)*, estímulo *(m)*, razón *(f)*, objeto *(m)*, propósito *(m)*
motiva • *v* inferir
motivație • *n* motivación *(f)*
motocicletă • *n* motocicleta *(f)*, moto *(f)*
motor • *n* motor *(f)*, motor *(m)*, locomotora *(m)*
motorină • *n* diésel *(m)*
movilă • *n* montículo *(m)*
mozaic • *n* mosaico *(m)*
mreană • *n* barbo *(m)*
mu • *interj* mu
muabil • *adj* mutable
muc • *n* moco *(m)*, moquito *(m)*, mecha *(m)*
mucava • *n* cartón *(m)*, cartulina *(f)*
muced • *adj* mohoso *(m)*
mucegai • *n* moho *(m)*, mildiu
mucenic • *n* mártir *(m)*
muchie • *n* línea *(f)*
muci • *n* moco *(m)*
mucos • *n* aprendiz *(f)*, novato *(m)*, novicio *(m)*, pipiolo *(m)*
mucus • *n* moco *(m)*
muflon • *n* muflón *(m)*
muget • *n* mugido, mu *(m)*
mugi • *v* rugir, bramar, berrear, mugir
mugur • *n* yema *(f)*
mugure • *n* yema *(f)*
muia • *v* remojar, empapar, ablandar
muieratic • *n* mujeriego *(m)*, gallinazo *(m)*, rompecorazones *(f)*, donjuán *(m)*, cachero del oeste, lacho *(m)*
muiere • *n* mujer *(f)*, esposa *(f)*
muist • *n* mamón *(m)*
muistă • *n* mamón *(m)*
mul • *n* mulo *(m)*, mula *(f)*
mult • *adv* mucho
multicultural • *adj* multicultural
multilateral • *adj* completo, exhaustivo, versátil
multimedia • *adj* multimedia • *n* multimedia

multiplexor • *n* multiplexor *(m)*
multiplica • *v* multiplicar
multiplicare • *n* multiplicación *(f)*
multiplicator • *n* multiplicador *(m)*
multiplu • *n* múltiplo *(m)*
multitudine • *n* multitud *(f)*
mulţime • *n* cantidad *(f)*, multitud *(f)*, muchedumbre *(f)*, turba *(f)*, montón *(f)*, montón *(m)*, vulgo *(f)*, amasijo *(f)*, conjunto *(m)*
mulţumesc • *interj* gracias
mulţumi • *v* contentar
mulţumire • *n* satisfacción *(f)*
mulţumit • *adj* satisfecho *(m)*, contento
mulţumitor • *adj* agradecido
mumie • *n* momia *(f)*
muncă • *n* trabajo *(m)*
munci • *v* trabajar
muncitoare • *n* trabajador *(m)*, obrero *(m)*
muncitor • *adj* trabajador • *n* trabajador *(m)*, obrero *(m)*
municipalitate • *n* municipio
muniţie • *n* munición *(f)*
munte • *n* montón *(m)*, monte *(m)*, montaña *(f)*
mur • *n* zarza *(f)*, zarzamora *(f)*, zarzamora *(m)*, mora *(f)*
mura • *v* encurtir, escabechar
mură • *n* zarzamora *(f)*
murdar • *adj* sucio
murdări • *v* ensuciar
murdărie • *n* mugre *(f)*, suciedad *(f)*, porquería *(f)*
murg • *adj* oscuro

muri • *v* morir
muribund • *adj* moribundo
muritor • *adj* mortal
musafir • *n* huésped *(f)*
muscă • *n* mosca *(f)*
muschet • *n* mosquete *(m)*
muschetă • *n* mosquete *(m)*
muscular • *adj* muscular
musculos • *adj* musculoso
must • *n* mosto *(m)*
mustaţă • *n* vibrisa *(f)*, bigote *(m)*, mostacho *(m)*
mustra • *v* reprimir, reprochar, regañar, retar, reprender, reprobar
muşca • *v* morder, picar
muşcată • *n* geranio *(m)*
muşcătură • *n* mordida *(f)*
muşchi • *n* músculo *(m)*, musgo *(m)*
muşchiular • *adj* muscular
muşchiulos • *adj* musculoso
muştar • *n* mostaza *(f)*
muşuroi • *n* hormiguero *(m)*
mut • *adj* mudo *(m)*
muta • *v* trasladar, mover, moverse, mudar
mutantului • *n* mutante *(m)*
mutare • *n* mudanza *(f)*
mutila • *v* mutilar
mutual • *adj* mutuo
muţenie • *n* mudez *(f)*
muzeu • *n* museo *(m)*
muzică • *n* música *(f)*
muzician • *n* músico *(m)*
muziciană • *n* músico *(m)*

N

nadă • *n* carnada *(f)*, cebo *(m)*
nagâţ • *n* avefría *(f)*
nalbă • *n* malva real, malva arbórea, malva rósea, malva loca, malvarrosa, malva *(f)*, malvavisco *(m)*
nalbă-de-grădină • *n* malva real, malva arbórea, malva rósea, malva loca, malvarrosa
nandu • *n* ñandú *(m)*
naos • *n* nave *(f)*
nap • *n* remolacha *(f)*, betabel *(m)*, betarraga *(f)*, beterava *(f)*, nabo sueco *(m)*, nabo *(m)*
nară • *n* narina
narcisă • *n* narciso *(m)*
narcolepsie • *n* narcolepsia *(f)*
narcotică • *n* narcótico, estupefaciente *(m)*

narghilea • *n* narguile *(m)*
narval • *n* narval *(m)*
nas • *n* olfato *(m)*, nariz *(f)*
nasture • *n* botón *(m)*
naş • *n* padrino *(m)*
naşă • *n* madrina *(f)*
naştere • *n* existencia *(f)*, navidad *(f)*, nacimiento *(m)*
natalitate • *n* navidad *(f)*, nacimiento *(m)*
nativ • *adj* natal *(f)*
natră • *n* urdimbre
natriu • *n* sodio *(m)*
natural • *adj* natural *(f)*, naturales • *adv* naturalmente
naturală • *adj* natural *(f)*, naturales

naturalețe • *n* naturalidad
naturalism • *n* naturalismo *(m)*
naturalitate • *n* naturalidad
natură • *n* naturaleza *(f)*
național • *adj* nacional
naționalism • *n* nacionalismo *(m)*
naționalitate • *n* nacionalidad *(f)*
națiune • *n* pueblo *(m)*, país *(m)*, nación *(f)*
nausea • *n* náusea *(f)*
navă • *n* barco *(m)*, buque *(m)*, nave *(f)*
navetă • *n* nabo *(m)*
naviga • *v* navegar
navigație • *n* aeronavegación *(f)*
nădăjdui • *v* esperar
nădejde • *n* esperanza *(f)*
năframă • *n* pañuelo *(m)*
năpârcă • *n* víbora *(f)*
născoci • *v* inventar
născocit • *adj* ficticio
născut • *adj* nacido, nato
năsturel • *n* berro *(m)*, cresón *(m)*, berro de agua *(m)*
năut • *n* garbanzo *(m)*
năzuință • *n* anhelo *(m)*
ne • *pron* nosotros, nosotras, nos
nea • *n* nieve *(f)*
neacceptabil • *adj* inaceptable
neaccesibil • *adj* inaccesible
neadecvat • *adj* absurdo *(m)*, inadecuado, inapropiado, grotesco, incongruente
neadecvată • *adj* inadecuado
neadevăr • *adj* falso
neadmisibil • *adj* inadmisible
neagră • *n* sable
neagreat • *adj* desagradable
neajutorat • *adj* indefenso
neam • *n* raza *(f)*, pueblo *(m)*
neambiguu • *adj* carente de ambigüedad
neanchetabil • *adj* impenetrable, inescrutable, incomprensible, insondable
neanticipabil • *adj* impredecible
neanticipabilitate • *n* imprevisibilidad *(f)*
neanticipat • *adj* inesperado
neascultător • *adj* revoltoso, descontrolado, incontrolable, desobediente
neascutit • *adj* romo
neastâmpăr • *n* inquietud *(f)*, desazón *(f)*, agitación *(f)*, desasosiego *(m)*
neașteptat • *adj* repentino, súbito *(m)*, inesperado
neatent • *adj* ausente, distraído
neatenție • *n* ausencia *(f)*
neauzibil • *adj* inaudible

nebuloasă • *n* nebulosa *(f)*
nebun • *adj* enfermo mental, loco, desquiciado, trastonado, trastornado • *n* alfil *(m)*, arfil *(m)*, loco *(m)*, chiflado *(m)*, chalado *(m)*
nebună • *adj* enfermo mental
nebunie • *n* locura *(f)*
necaz • *n* pena *(f)*
necăji • *v* molestar, agobiar
necăsătorit • *adj* soltero *(m)*, soltera *(f)*
necercetabil • *adj* impenetrable, inescrutable, incomprensible, insondable
necercetat • *adj* incondicional
necesar • *adj* necesario
necesitate • *n* necesidad *(f)*, necesidades
nechezat • *n* relincho, relinchido *(m)*
necinstit • *adj* mentiroso, falso, embustero, deshonesto, poco sincero
necomestibil • *adj* incomestible
necomparabil • *adj* incomparable, inigualable
necompletat • *adj* blanco
necomplicat • *adj* sencillo, simple
necomun • *adj* raro, extraño
neconcepibil • *adj* impensable
neconceptibil • *adj* inconcebible
neconform • *adj* atípico
neconsistent • *adj* inconsistente, inconsecuente
necontenit • *adj* continuo
necontrolabil • *adj* incontrolable
necontrolat • *adj* loco, desquiciado
necontroversat • *adj* nada conflictivo, no conflictivo, no polémico
neconvenabil • *adj* inadecuado, inapropiado
necorespunzător • *adj* inapropiado
necredincios • *n* infiel *(f)*
necredință • *n* incredulidad *(f)*
necrolog • *n* necrología *(f)*, obituario
necromanția • *n* nigromancia, necromancia
necrotic • *adj* necrótico *(m)*
necroză • *n* necrosis *(f)*
nectarină • *n* nectarina *(f)*
necunoscut • *adj* ignoto, desconocido
nedecis • *adj* incierto
nedefinitiv • *adj* anulable
nedemn • *adj* despreciable
nedistingibil • *adj* indistinguible
nedivizat • *adj* solo, único
nedorit • *adj* desagradable, indeseable
nedureros • *adj* sin dolor, indoloro
neechivoc • *adj* carente de ambigüedad • *adv* inequívocamente
neelastic • *adj* inelástico

neexaminabil • *adj* impenetrable, inescrutable, incomprensible, insondable
neexistent • *adj* ausente, inexistente
neexplicabil • *adj* inexplicable
neexpresiv • *adj* en blanco
neexprimabil • *adj* inexpresable
nefavorabil • *adj* adverso, desfavorable
nefavorabilă • *adj* desfavorable
nefericire • *n* pesar *(m)*, dolor *(m)*, pena *(f)*, tristeza *(f)*, aflicción *(f)*, infelicidad *(f)*, infelicidad
nefericit • *adj* abatido, deprimido *(m)*
nefertil • *adj* estéril, infértil
neflexibil • *adj* inflexible
nefolositor • *adj* inútil *(f)*
neg • *n* verruga *(f)*
nega • *v* negar
negare • *n* negación *(f)*
negație • *n* negación *(f)*
neghiob • *n* payaso *(m)*, payasa *(f)*
neglija • *v* descuidar
neglijent • *adj* descuidado, irresponsable, negligente
neglijență • *n* negligencia *(f)*
negocia • *v* tratar, negociar
negramatical • *adj* agramatical
negresă • *n* negro *(m)*, negra *(f)*
negru • *n* negro *(m)*, negra *(f)* • *adj* negro, sable, oscuro
negru-abanos • *n* ébano *(m)*
negură • *n* niebla *(f)*, neblina *(f)*
negustor • *n* comerciante *(m)*, mercader *(f)*, abacero *(m)*, abacera *(f)*
negustoreasă • *n* abacero *(m)*, abacera *(f)*
neguța • *v* regatear
nehotărât • *adj* indeciso
neimaginabil • *adj* inimaginable, impensable
neimportant • *adj* insignificante *(f)*, sin importancia
neimportanță • *n* insignificancia *(f)*, intrascendencia *(f)*
neinformat • *adj* ignorante
neinteligibil • *adj* ininteligible
neinteresat • *adj* indiferente, desinteresado *(m)*
neîmpiedicat • *adj* libre, obstáculo, despejado
neînchipuibil • *adj* inimaginable
neîncredere • *n* desconfianza *(f)*, desconfianza, recelo *(m)*, recelo
neîndemânatic • *adj* torpe, desmañado, patoso *(m)*
neîndestulător • *adj* insuficiente
neînfricare • *n* valor *(m)*
neîntrerupt • *adj* continuo, ininterrumpido • *adv* continuadamente, continuamente
neîntreruptă • *adj* ininterrumpido
nelegal • *adj* ilegal • *adv* ilegalmente
nelimitat • *adj* ilimitado
nelimitată • *adj* ilimitado
neliniște • *n* inquietud *(f)*, desazón *(f)*, agitación *(f)*, desasosiego *(m)*
neliniștit • *adj* inquieto, inquieto *(m)*, ansioso
nelogic • *adj* ilógico
nemărginit • *adj* ilimitado
nemișcabil • *adj* tenaz, implacable
nemișcare • *n* estancamiento *(m)*
nemișcat • *adj* tenaz, implacable
nemțișor • *n* espuela de caballero *(f)*
nemulțumire • *n* queja *(f)*, descontento *(m)*
nemulțumit • *adj* insatisfecho, descontento
nemuritor • *adj* inmortal
nenatural • *adj* artificial, raro, extraño
nenecesar • *adj* innecesario
nenimerit • *adj* inadecuado, inapropiado
nenormal • *adj* anormal
nenorocire • *n* desastre *(m)*
nenorocit • *adj* deplorable, miserable, lamentable
nenorocos • *adj* desafortunado
nenumărabil • *adj* innombrable
neobedient • *adj* desobediente
neobiectiv • *adj* parcial
neobișnuit • *adj* extraordinario, raro, extraño, singular, curioso
neoclasicism • *n* neoclasicismo *(m)*
neocolibil • *adj* inevitable
neocolonialism • *n* neocolonialismo *(m)*
neocupat • *adj* libre, desocupado
neodim • *n* neodimio *(m)*
neoficial • *adj* extraoficial
neologism • *n* neologismo *(m)*
neomenie • *n* crueldad *(f)*
neon • *n* neón *(m)*
neonatal • *adj* neonatal
neopribil • *adj* imparable
neorganizat • *adj* desorganizado
nepalpabil • *adj* intangible
nepărtinire • *n* equidad *(f)*
nepărtinitate • *n* imparcialidad *(f)*
nepărtinitor • *adj* imparcial
nepăsare • *n* descuidar, desatender
nepăsător • *adj* despreocupado, descuidado, irresponsable, negligente
neplăcere • *n* inconveniencia *(f)*, desconveniencia *(f)*, descontento *(m)*

neplăcut • *adj* desagradable *(f)*, desagradable, detestable *(f)*, odioso *(m)*, odiosa *(f)*, inhalagüeño *(m)*, de mal gusto
nepoată • *n* nieta *(f)*, sobrina *(f)*
nepopular • *adj* impopular
nepopularitate • *n* impopularidad *(f)*
nepot • *n* nieto *(m)*, sobrino *(m)*
nepotism • *n* nepotismo *(m)*
nepotrivit • *adj* inadecuado, inapropiado
neprevăzut • *adj* repentino, súbito *(m)*, inesperado
neprevenit • *adj* inconsciente, desprevenido
neprevizibil • *adj* impredecible
neprevizibilă • *adj* impredecible
neprevizibili • *adj* impredecible
neprevizibilitate • *n* imprevisibilidad *(f)*
neprezent • *adj* ausente
neprietenos • *adj* desagradable, antipático, hostil
neptuniu • *n* neptunio *(m)*
neputincios • *adj* incapaz *(f)*, impotente
neputință • *n* incapacidad *(f)*
nerațional • *adj* irracional
nerăbdare • *n* inquietud *(f)*, desazón *(f)*, agitación *(f)*, desasosiego *(m)*, impaciencia
nerăbdător • *adj* impaciente, ilusionado, entusiasmado, ávido, anhelante, nervioso, ansioso, deseoso
nereal • *adj* irreal
nerealist • *adj* irreal
nereglementar • *adj* irregular
neregularitate • *n* irregularidad *(f)*
neregulat • *adj* irregular
nerezonabil • *adj* irrazonable
neroditor • *adj* infructuoso
nerodnic • *adj* infructuoso
nerozie • *n* tonterías, estupidez *(f)*
nerozii • *n* tonterías, estupidez *(f)*
nerușinare • *n* descaro *(m)*, frescura *(f)*, desfachatez *(f)*, desvergüenza *(f)*
nerușinat • *adj* desenfrenado, desinhibido, infame
nerv • *n* nervio *(m)*
nervi • *n* nervios
nervos • *adj* nervioso
nervozitate • *n* nerviosidad *(f)*, nerviosismo *(m)*, intranquilidad *(f)*
nesatisfăcător • *adj* inaceptable
nesatisfăcut • *adj* insatisfecho, descontento
nesănătos • *adj* nocivo *(m)*
neschimbat • *adj* constante
nescris • *adj* blanco

nesemnificant • *adj* insignificante *(f)*
nesemnificantă • *adj* insignificante *(f)*
nesemnificanță • *n* insignificancia *(f)*, intrascendencia *(f)*
nesemnificativ • *adj* insignificante *(f)*
nesensibil • *adj* cursi
nesfârșit • *n* infinidad *(f)*
nesfîrșit. • *adj* infinito, interminable, sin fin
nesigur • *adj* incierto
nesiguranță • *n* incertidumbre *(f)*
nesiguri • *adj* incierto
nesimetric • *adj* asimétrico
nesimțitor • *adj* cursi
nesincer • *adj* falso, no sincero
nespiritual • *adj* cursi
nestabil • *adj* incierto
nestatornic • *adj* incierto
nestemată • *n* joya *(f)*, alhaja *(f)*, piedra preciosa *(f)*, gema *(f)*
nestemate • *n* joya *(f)*, alhaja *(f)*, gema *(f)*
nestopabil • *adj* imparable
nestudiat • *adj* incondicional
nesubstanțial • *adj* vacío, hueco, insustancial
nesuferit • *adj* desagradable *(f)*, detestable *(f)*, odioso *(m)*, odiosa *(f)*, inhalagüeño *(m)*
nesuficient • *adj* insuficiente
nesuportabil • *adj* insoportable
nesupus • *adj* revoltoso, descontrolado, incontrolable, desobediente
neșansă • *n* infortunio *(m)*, gafe *(m)*
neștiut • *adj* ignoto, desconocido
neștiutor • *adj* inconsciente, desprevenido
neted • *adj* liso, plano, llano
netezi • *v* aplanar, achatar
netipic • *adj* atípico
netraductibil • *adj* intraducible
netransparent • *adj* opaco *(m)*
netrebuibil • *adj* innecesario
netrebuincios • *adj* inútil *(f)*
netulburat • *adj* sereno, tranquilo
neuitabil • *adj* inolvidable
neumanitate • *n* crueldad *(f)*
neuniform • *adj* heterogéneo
neurolog • *n* neurólogo *(m)*
neurologic • *adj* neurológico
neurologică • *adj* neurológico
neurologie • *n* neurología *(f)*
neutilizabil • *adj* inaccesible, inasequible
neutrino • *n* neutrino *(m)*
neutron • *n* neutrón
neutru • *adj* neutro, neutral

nevastă • *n* novia *(f)*, mujer *(f)*, esposa *(f)*
nevăstuică • *n* comadreja *(f)*, mustela *(f)*, turón *(m)*, hurón *(m)*
nevătămat • *adj* sano *(m)*
neveridic • *adj* mentiroso, embustero
neverosimil • *adj* inconcebible
nevertebrat • *adj* invertebrado • *n* invertebrado *(m)*
nevertebrată • *n* invertebrado *(m)*
nevoiaş • *adj* indigente, destituido, pobre
nevoie • *n* necesidad *(f)*, necesidades
newton • *n* newton *(m)*
nicăieri • *adv* en ninguna parte
nichel • *n* níquel *(m)*
nichela • *v* niquelar
nici • *adv* tampoco • *conj* ni
nicicând • *adv* nunca, jamás
niciodată • *adv* nunca, jamás
niciunde • *adv* en ninguna parte
nicotină • *n* nicotina *(f)*
nicovală • *n* yunque *(m)*, bigornia *(f)*
nigeluţă • *n* arañuela *(f)*, cabellos de Venus
nihilism • *n* nihilismo
nihilist • *n* nihilista *(f)*
nimb • *n* nimbo *(m)*
nimeni • *n* don nadie *(m)*, pelagatos *(f)* • *pron* nadie, ninguno
nimerit • *adj* apropiado, indicado
nimfă • *n* ninfa *(f)*
nimic • *pron* nada, cualquier cosa
nimici • *v* destruir, romper
nimicibil • *adj* destruible, destructible
ninge • *v* nevar
ninsoare • *n* nieves, nevada *(f)*
niobiu • *n* niobio *(m)*
nisip • *n* arena *(f)*
nisipos • *adj* arenoso *(m)*, arenoso
nivel • *n* nivel *(m)*
nivela • *v* aplanar, achatar
nivelat • *adj* nivelado, al ras
nivele • *n* nivel *(m)*
noapte • *n* tarde *(f)*, noche *(f)*
nobeliu • *n* nobelio *(m)*
nobil • *n* noble
nobilime • *n* nobleza *(f)*
nobleţe • *n* generosidad *(f)*, nobleza *(f)*
nociv • *adj* deletéreo, nocivo *(m)*
noctambulism • *n* sonambulismo *(m)*
nod • *n* nudo *(m)*, nodo *(m)*
nodos • *adj* nudoso
nodul • *n* nódulo
noi • *pron* nosotros *(m)*, nosotras *(f)*
noian • *n* montón *(m)*
nominal • *adj* nominal

nominativ • *adj* nominativo *(m)*
nonexistent • *adj* inexistente
nonsens • *n* tontería *(f)*, disparate *(m)*, parida *(f)*
nor • *n* nube *(f)*
noră • *n* nuera *(f)*
nord • *n* norte *(m)*
nord-vest • *n* noroeste *(m)*
nordic • *adj* septentrional, norteño
nordvestic • *adj* noroeste
normal • *adj* normal, ordinario *(m)*
normativ • *adj* normativo
normă • *n* norma *(f)*
noroc • *n* fortuna *(f)*, suerte *(f)* • *interj* hola, buenos días, qué tal
norocos • *adj* feliz, afortunado, suertudo *(m)*
noroi • *n* barro *(m)*, lodo *(m)*, fango *(m)*
nota • *v* anotar
notabil • *adj* notable
notă • *n* nota *(f)*, nota, calificación *(f)*
notătiţă • *n* falaropo *(f)*
notebook • *n* portátil *(m)*, computador portátil *(m)*, computadora portátil *(f)*, ordenador portátil *(m)*
notificare • *n* comunicación *(f)*, notificación *(f)*
notiţă • *n* nota *(f)*
noţiune • *n* noción *(f)*
nou • *adj* nuevo, novedoso *(m)*, novedosa *(f)*
nou-născut • *n* recién nacido *(m)* • *adj* recién nacido *(m)*
nou-născută • *n* recién nacido *(m)* • *adj* recién nacido *(m)*
nouă • *pron* nosotros, nosotras, nos
nouăzecilea • *adj* nonagésimo
noutate • *n* novedad *(f)*, noticias
nova • *n* nova *(f)*
novice • *n* amateur *(f)*, novato *(m)*, principiante *(f)*
nu • *adv* no • *n* no
nu-mă-uita • *n* nomeolvides *(f)*
nuc • *n* nogal *(m)*, noguera *(f)*
nucă • *n* nuez *(f)*, fruta seca *(f)*
nucelă • *n* nucela *(f)*
nuclear • *adj* nuclear, nuclear *(f)*
nucleon • *n* nucleón *(m)*
nucleotide • *n* nucleótido *(m)*
nucleu • *n* núcleo *(m)*
nucşoară • *n* nuez moscada *(f)*
nud • *adj* desnudo
nudă • *adj* desnudo
nudism • *n* nudismo *(m)*
nudist • *adj* nudista
nuditate • *n* desnudez *(f)*
nuia • *n* astilla *(f)*, ramita *(f)*, ramilla *(f)*,

vara *(f)*, barra, rodillo *(m)*
nul • *adj* nulo *(m)*, inválido *(m)*
numai • *adv* sólo, solamente, solo, únicamente
numaidecât • *adv* ya, inmediatamente, de inmediato, sin demora
număr • *n* serie *(f)*, cantidad *(f)*, número *(m)*, número
număra • *v* numerar, contar
numărabil • *adj* contable
numărare • *n* número, conteo *(m)*
numărătoare • *n* contador
numărător • *n* contador *(m)*, numerador *(m)*
nume • *n* nombre *(m)*, renombre *(m)*, fama *(f)*, reputación *(f)*
numerar • *n* efectivo *(m)*
numeric • *adj* digital
numeriza • *v* escanear

numerizor • *n* escáner *(m)*
numeros • *adj* numeroso *(m)*, numerosa *(f)*
numerota • *v* numerar
numi • *v* llamar, designar
numitor • *n* denominador *(m)*
nun • *n* padrino *(m)*
nună • *n* madrina *(f)*
nuntă • *n* boda *(f)*, nupcias, casamiento *(m)*
nupțial • *adj* nupcial
nupțială • *adj* nupcial
nurcă • *n* visón *(m)*
nutreț • *n* pienso, pienso *(m)*, forraje *(m)*
nutri • *v* nutrir
nutrire • *n* nutrición *(f)*
nutriție • *n* nutrición *(f)*

O

o • *art* un *(m)*, una *(f)*
oaie • *n* carnero *(m)*, oveja *(f)*, oveja madre *(f)*
oală • *n* cacerola *(f)*, olla *(f)*, marmita *(f)*
oameni • *n* gente *(f)*
oară • *n* por, vez *(f)*, tanda *(f)*, veces
oaspete • *n* huésped *(f)*
oaste • *n* ejército *(m)*
oază • *n* oasis *(m)*
obedient • *adj* obediente
obez • *adj* obeso
obezitate • *n* obesidad *(f)*, sobrepeso *(m)*
obicei • *n* habituación *(f)*, costumbre, costumbre *(f)*, hábito *(m)*
obiect • *n* complemento *(m)*, objeto *(m)*, cosa *(f)*, objecto *(m)*
obiecta • *v* objetar
obiectiv • *n* objetivo *(m)*, intención *(f)*, visión *(f)*, meta, propósito *(m)* • *adj* objetivo
obiectivitate • *n* imparcialidad *(f)*, objetividad *(f)*
obiecție • *n* protesta *(f)*, objeción *(f)*
obișnuit • *adj* común, normal, cotidiano, usual
oblic • *adj* desigual, desequilibrado *(m)*
obligare • *n* comprometerse
obligatoriu • *adj* de paso
obligație • *n* constreñimiento *(m)*, limitación *(f)*, restricción *(f)*, comprometerse, compromiso *(m)*, obligación *(f)*
oboi • *n* oboe *(m)*

oboseală • *n* fatiga *(f)*
obosit • *adj* consumido, macilento, trasojado, cansado, fatigado, exhausto
obosită • *adj* cansado, fatigado
obraz • *n* mejilla *(f)*, cacha *(f)*, cachete *(f)*
obraznic • *adj* travieso
obrăznicie • *n* descaro *(m)*, impudencia *(f)*
obscen • *adj* obsceno, vulgar
obscur • *adj* obscuro, ignoto, desconocido
obscurantism • *n* o(b)scurantismo
obscuritate • *n* oscuridad *(f)*
obsecvios • *adj* sumiso, obsequioso, servil, apatronado
observa • *v* observar
observare • *n* vigilancia *(f)*, observación *(f)*, observación, observancia *(f)*, anotación *(f)*, registro *(m)*
observator • *n* observatorio *(m)*
observație • *n* vigilancia *(f)*, observación *(f)*, observación, observancia *(f)*, anotación *(f)*, registro *(m)*, comentario *(m)*
obsesie • *n* obsesión *(f)*
obsidian • *n* obsidiana *(f)*
obstacol • *n* obstáculo *(m)*, obstáculo, dificultad *(f)*, estorbo, valla *(f)*
obstetric • *adj* obstétrico
obstetrică • *n* obstetricia *(f)*
obstinat • *adj* obstinado

obstinație • *n* testarudez *(f)*, porfía *(f)*, terquedad *(f)*, obstinación *(f)*
obtura • *v* entorpecer, estorbar, atorar, obstruir
obține • *v* obtener
ocazie • *n* ocasión *(f)*, oportunidad *(f)*, posibilidad *(f)*, chance *(f)*
ocazional • *adj* ocasional • *adv* ocasionalmente, de vez en cuando, a veces, algunas veces
occidental • *adj* occidental
ocean • *n* océano *(m)*
oceanografie • *n* oceanografía *(f)*, oceanología *(f)*
oceanologie • *n* oceanografía *(f)*, oceanología *(f)*
ocelot • *n* ocelote *(m)*, cunaguaro *(m)*, gato onza *(m)*, manigordo *(m)*, tigrecillo *(m)*, tigrillo *(m)*
ocheadă • *n* vistazo *(m)*
ochelari • *n* anteojos, espejuelos, gafas, lentes
ochi • *n* ojo *(m)*
ochire • *n* vistazo *(m)*
oclusivă • *n* oclusiva *(f)*
ocoli • *v* evitar, eludir, circunvalar, esquivar
ocolire • *n* variante *(f)*
ocroti • *v* proteger
ocrotire • *n* protección *(f)*
ocular • *adj* ocular
oculta • *v* esconder, ocultar
ocupație • *n* trabajo *(m)*
odaie • *n* cuarto *(m)*, pieza *(f)*, habitación *(f)*, sala *(f)*, recámara *(f)*
odă • *n* oda *(f)*
odihnă • *n* reposo *(m)*
odihni • *v* descansar, reposar
ofensant • *adj* ofensiva *(f)*, ofensivo *(m)*
ofensantă • *adj* ofensiva *(f)*, ofensivo *(m)*
ofensator • *adj* afrentoso, ofensivo, chocante
ofensivă • *n* ofensiva *(f)*
oferi • *v* ofrecer
oficial • *adj* oficial
oficiu • *n* oficina *(f)*
ofili • *v* decaer, marchitar
ofilit • *adj* marchito
oftalmolog • *n* oftalmólogo *(m)*, oftalmóloga *(f)*
oftalmologă • *n* oftalmólogo *(m)*, oftalmóloga *(f)*
oftat • *n* suspiro *(m)*
oglindă • *n* espejo *(m)*
oier • *n* pastor *(m)*, ovejero *(m)*
oierie • *n* aprisco *(m)*, redil *(m)*

oiță • *n* oveja *(f)*, oveja madre *(f)*
okapi • *n* okapi *(m)*, ocapi *(m)*
olan • *n* azulejo *(m)*, alicatado *(m)*, baldosa *(f)*, teja *(f)*
olar • *n* alfarero *(m)*, alfarera *(f)*, ceramista *(f)*
olărie • *n* cerámica *(f)*, loza *(f)*, alfarería *(f)*
olărit • *n* alfarería *(f)*
oleandru • *n* adelfa *(f)*
oligozaharidă • *n* oligosacárido *(m)*
olivă • *n* aceituna *(f)*, oliva *(f)*
olivină • *n* peridoto *(m)*
olog • *adj* cojo, rengo
om • *adj* humano • *n* humano *(m)*, hombre *(m)*, ser humano *(m)*, humana *(f)*
omag • *n* acónito *(m)*
omagiu • *n* homenaje *(m)*
omăt • *n* nieve *(f)*
omega • *n* omega *(f)*
omenesc • *adj* humano
omenește • *adv* humanamente • *adj* humano
omenire • *n* humanidad *(f)*
omidă • *n* oruga *(f)*, cuncuna *(f)*
omite • *v* omitir
omnipotent • *adj* omnipotente *(m)*, omnipotente, todopoderoso *(m)*
omniprezent • *adj* ubicuo, omnipresente
omniprezentă • *adj* ubicuo
omniprezență • *n* omnipresencia *(f)*
omniscient • *adj* omniscio, omnisciente
omogen • *adj* homogéneo
omogenă • *adj* homogéneo
omolog • *adj* homólogo
omonim • *n* homónimo *(n)*
omorî • *v* carnear, matar
onanist • *n* masturbador *(m)*
onest • *adj* franco, sencillo, honesto, sincero
onestitate • *n* sinceridad *(f)*, honradez *(f)*, honestidad
onix • *n* ónix *(f)*, ónice *(f)*, ónique *(f)*
onoare • *n* honor *(m)*, privilegio *(m)*
onomatopee • *n* onomatopeya
onomatopeic • *adj* onomatopéyico *(m)*, onomatopéyico
onora • *v* honrar, ajustarse, acatar, respetar
onorabil • *adj* honorable
ontologic • *adj* ontológico *(m)*
ontologie • *n* ontología *(f)*
opac • *adj* opaco *(m)*
opera • *v* hacer funcionar, operar
operare • *n* operación *(f)*
operație • *n* operación *(f)*

operațiune • *n* operación *(f)*
operă • *n* obra *(f)*, ópera *(f)*
opinie • *n* opinión *(f)*
opiu • *n* opio *(n)*
oponent • *n* antagonista *(f)*, oponente *(m)*
oportun • *adj* oportuno
oportunitate • *n* oportunidad *(f)*
oposum • *n* carachupa *(f)*, comadreja *(f)*, chucha *(f)*, faro *(m)*, zarigüeya *(f)*, muca *(f)*, rabipelado *(m)*, raposa *(f)*, tacuacín *(m)*, tacuazín *(m)*, tlacuache *(m)*, zorro cola pelada *(m)*, zorro pelón *(m)*
opozant • *adj* opuesto
opresiv • *adj* tiránico
opri • *v* parar, restringir
oprit • *n* parada
opulență • *n* opulencia *(f)*
opune • *v* oponer, objetar
opunere • *n* resistencia *(f)*
opus • *adj* opuesto
opusă • *adj* opuesto
oral • *adj* verbal
oranj • *n* naranja *(m)*, anaranjado *(m)* • *adj* naranja, anaranjado
oraș • *n* ciudad *(f)*, urbe *(f)*, pueblo *(m)*
orașe • *n* ciudad *(f)*, pueblo *(m)*
oră • *n* hora *(f)*, hora del día *(f)*
orb • *adj* ciego
orbital • *adj* orbital
orbitală • *adj* orbital
orbită • *n* órbita *(f)*
orc • *n* orco *(m)*
orchestral • *adj* orquestal
ordalie • *n* prueba del fuego *(f)*, ordalía *(f)*
ordin • *n* orden *(f)*, mandato *(m)*
ordinar • *adj* ordinario *(m)*, vulgar
ordine • *n* orden *(m)*
ordona • *v* mandar, arreglar, ordenar, poner en orden
ordonanță • *n* ordenanza *(f)*
oregano • *n* orégano *(m)*
orez • *n* arroz *(m)*
orfan • *n* huérfano *(m)*, huérfana *(f)*
orfană • *n* huérfano *(m)*, huérfana *(f)*
organ • *n* órgano *(m)*
organism • *n* organismo *(m)*
organiza • *v* organizar
organizare • *n* organización
organizație • *n* organización *(f)*
orgasm • *n* orgasmo *(m)*
orgă • *n* órgano *(m)*
orgoliu • *n* orgullo *(m)*
orhidee • *n* orquídea *(f)*
ori • *conj* o, u
oribil • *adj* espantoso, horripilante, cadavérico, horrible, terrible, monstruoso, atroz, horrendo
oricare • *pron* alguno *(m)*, alguna *(f)*
orice • *pron* cualquier cosa
oricine • *pron* todos, todo el mundo
oricum • *adv* sin embargo
oriental • *adj* oriental
orificiu • *n* entrada *(f)*, desembocadura *(f)*, boca *(f)*, orificio *(m)*
original • *n* maestro *(m)* • *adj* novedoso *(m)*, novedosa *(f)*
originalitate • *n* originalidad *(f)*
originar • *adj* indígena *(f)*
originară • *adj* indígena *(f)*
origină • *n* origen *(m)*
origine • *n* origen *(m)*
oripila • *v* horripilar
oriunde • *adv* en cualquier parte, dondequiera
orizont • *n* horizonte *(m)*
orizontal • *adv* horizontalmente • *adj* horizontal
orizonturi • *n* horizonte *(m)*
orna • *v* decorar, adornar, ornar, engalanar
ornament • *n* ornamento *(m)*
ornamenta • *v* adornar, ornar, engalanar
ornamental • *adj* ornamental
ornitină • *n* ornitina *(f)*
ornitorinc • *n* ornitorrinco *(m)*
ortografic • *adj* ortográfico *(m)*
ortografie • *n* ortografía *(f)*
ortolan • *n* hortelano, papafigo
ortoză • *n* ortoclasa *(f)*, ortosa *(f)*
orz • *n* cebada *(f)*
os • *n* hueso *(m)*
osatură • *n* esqueleto *(m)*, osamenta *(f)*
oscila • *v* dudar, hesitar, vacilar, oscilar
osie • *n* eje *(m)*
osmiu • *n* osmio *(m)*
osos • *adj* óseo, huesudo
ospăta • *v* invitar, convidar, regalar
ospătar • *n* mozo *(m)*, camarero *(m)*, garzón *(m)*, mesero *(m)*, mesonero *(m)*
ospătăriță • *n* camarera *(f)*, mesera *(f)*
ospăț • *n* fiesta, comida festiva *(f)*, banquete *(m)*, festín, comilona *(f)*
ostaș • *n* soldado
ostatic • *n* rehén *(f)*
ostatică • *n* rehén *(f)*
ostentativ • *adj* ostentoso
ostentațios • *adj* ostentoso
ostil • *adj* desagradable, antipático, hostil, contrario
ostilitate • *n* hostilidad *(f)*, malevolencia *(f)*

ostracism • *n* ostracismo *(m)*
ostrigar • *n* ostrero *(m)*
osuar • *n* osario *(m)*
otravă • *n* veneno *(m)*
otrăvi • *v* envenenar, emponzoñar
otrăvitor • *adj* tóxico, venenoso, ponzoñoso
oțel • *n* acero *(m)*
oțet • *n* vinagre *(m)*
oțetar • *n* vinajera *(f)*
ou • *n* huevo *(m)*
oua • *v* poner
ouă • *n* huevos, pelotas

oval • *n* óvalo *(m)*
ovar • *n* ovario *(m)*
ovăz • *n* avena *(f)*
ovul • *n* óvulo *(m)*
oxid • *n* óxido *(m)*
oxida • *v* aherrumbrarse
oxidare • *n* combustión *(f)*, oxidación *(f)*
oxigen • *n* oxígeno *(m)*
oximoron • *n* oxímoron *(m)*
ozon • *n* ozono *(m)*

P

pa • *interj* adiós, nos vemos, chau, chao, hasta luego, hasta la vista, hasta pronto
pace • *n* paz *(f)*, sosiego *(m)*, reposo *(m)*
pachet • *n* paquete *(m)*, paquete
pachete • *n* paquete
pagină • *n* página *(f)*
pagodă • *n* pagoda *(f)*
pagubă • *n* daño *(m)*, damno
pagube • *n* daño *(m)*
pahar • *n* copa *(f)*, vaso *(m)*
pai • *n* paja *(f)*
paiață • *n* payaso *(m)*, payasa *(f)*
paie • *n* paja *(f)*
pajură • *n* águila *(f)*
pal • *adj* pálido
paladiu • *n* paladio *(m)*
palanchin • *n* palanquín *(m)*
palat • *n* palacio *(m)*, mansión *(f)*, palacete *(m)*, paladar *(m)*
paleontolog • *n* paleontólogo *(m)*, paleontóloga *(f)*
paleontologic • *adj* paleontológico
paleontologie • *n* paleontología *(f)*
paletă • *n* gama *(f)*
paliditate • *n* palidez *(f)*
palimpsest • *n* palimpsesto *(m)*
palmă • *n* palma *(f)*
palpabil • *adj* tangible
paltin • *n* arce *(m)*
pană • *n* pluma *(f)*, cuña *(f)*
pancreas • *n* páncreas *(m)*
pandalie • *n* rabieta *(f)*, berrinche *(m)*, pataleta *(f)*, cortón, corajina *(f)*
pandantiv • *n* pendiente *(m)*, colgante *(m)*
panicat • *adj* aterrado, aterrorizado
panou • *n* panel *(m)*
pansament • *n* venda *(f)*, vendaje *(m)*
pansea • *n* pensamiento *(m)*

panseluță • *n* pensamiento *(m)*
pantalon • *n* pantalón *(m)*, pantalones, calzones *(m)*
pantă • *n* inclinación, inclinación *(f)*, acantilado *(m)*, precipicio, risco *(m)*, pendiente *(f)*, cuesta *(f)*, desnivel *(m)*
pantof • *n* zapato *(m)*
pantofar • *n* zapatero *(m)*, zapatera *(f)*
papagal • *n* papagayo, papagayo *(m)*, loro *(m)*, cotorra *(f)*
papagaliza • *v* hablar como un papagayo
papaia • *n* mamón *(m)*, papaya *(f)*, fruta bomba *(f)*, lechosa *(f)*
papă • *n* Papa *(m)*
paprică • *n* pimentón *(m)*, páprika *(f)*
papuc • *n* pantufla *(f)*, zapatilla *(f)*, babucha *(f)*
papură • *n* juncácea *(f)*, espadaña *(f)*
par • *adj* par • *n* estaca *(f)*
paracliser • *n* sacristán *(m)*
parada • *v* presumir, lucir, ostentar
paradă • *n* desfile *(m)*, parada *(f)*
paradis • *n* paraíso *(m)*
paradox • *n* paradoja *(f)*
parafraza • *v* parafrasear
paragraf • *n* párrafo *(m)*
paralaxă • *n* paralaje *(f)*
paralel • *adj* paralelo
paralitic • *adj* paralítico • *n* paralítico *(m)*, paralítica *(f)*
paralitică • *n* paralítico *(m)*, paralítica *(f)*
paralizie • *n* parálisis
parametric • *adj* paramétrico
parametru • *n* variable *(f)*, parámetro
paraplegic • *adj* parapléjico
parașută • *n* paracaídas *(m)*
parazit • *n* parásito *(m)*

parazitar • *adj* parásito, parasítico, parasitario
parazitară • *adj* parasítico, parasitario
parazită • *n* parásito *(m)*
pară • *adj* par • *n* pera *(f)*, llama, flama *(f)*
parbriz • *n* parabrisas *(m)*
parc • *n* jardines, parque *(m)*
parca • *conj* sin embargo, a pesar de • *v* estacionar, aparcar
parcimonie • *n* tacañería, parsimonia
pardesiu • *n* abrigo *(m)*
pardon • *n* perdón *(m)*
parfumat • *adj* dulce, fragante, oloroso
parlament • *n* parlamento *(m)*
parlamentar • *adj* parlamentario
parmezan • *n* parmesano *(m)*
parohial • *adj* parroquial
parohie • *n* parroquia *(f)*, congregación *(f)*, feligreses
parolă • *n* contraseña, contraseña *(f)*
partaja • *v* dar, compartir
parte • *n* mano *(f)*, sección *(f)*, parte contratante *(f)*, pedazo *(m)*, participación *(f)*, parte *(f)*, porción *(f)*, trozo *(m)*
partener • *n* asociado *(m)*, compañero *(m)*, socio
participa • *v* participar
particularitate • *n* manía *(f)*, idiosincrasia *(f)*, característica *(f)*, peculiaridad *(f)*
particulă • *n* partícula *(f)*, corpúsculo *(m)*
partid • *n* partido *(m)*
partidă • *n* partido *(m)*
partinic • *adj* partidista *(m)*
partitură • *n* música *(f)*
parțial • *adj* parcial
pas • *n* distancia *(f)*, paso *(m)*, etapa, zancada *(f)*, andadura *(f)*, ritmo *(m)*
pasager • *n* pasajero *(m)*
pasaj • *n* galería *(f)*, galería
pasăre • *n* pájaro *(m)*, ave *(f)*
pasăre-cu-cioc-încrucișat • *n* piquituerto *(m)*
pasiune • *n* fervor *(m)*, ardor *(m)*, pasión *(f)*
pasiv • *adj* pasivo • *n* pasivo *(m)*
pasteuriza • *v* pasterizar, pasteurizar
pastișă • *n* pastiche *(m)*
pastramă • *n* pastrami *(m)*, pastrón *(m)*
pașaport • *n* pasaporte *(m)*
pași • *n* paso *(m)*, etapa, dobles, pasos, cámino *(m)*
paște • *v* pacer, pastar
pat • *n* cama *(f)*, lecho *(m)*
pată • *n* mancha *(f)*, marca *(f)*
pateriță • *n* báculo *(m)*, báculo pastoral *(m)*

patern • *adj* paterno
patetic • *adj* patético
patină • *n* pátina *(f)*
patologic • *adj* patológico
patologie • *n* patología *(f)*
patra • *adj* cuarto *(m)*, 4°, cuarta *(f)*, 4ª
patrie • *n* país *(m)*, patria *(f)*
patriot • *n* patriota *(f)*
patriotism • *n* patriotismo *(m)*
patron • *n* amo *(m)*
patronim • *n* apellido *(m)*
patrulare • *n* patrulla *(f)*
patrulater • *n* cuadrilátero *(m)*
patrulea • *adj* cuarto *(m)*, 4°, cuarta *(f)*, 4ª
patruzecilea • *adj* cuadragésimo
pauper • *adj* pobre
pauperiza • *v* empobrecer
paupertate • *n* pobreza *(f)*, pauperismo *(m)*
pauză • *n* pausa *(f)*, receso *(m)*, recreo *(m)*
pava • *v* enlosar
pavăză • *n* escudo *(m)*
pază • *n* vanguardia *(f)*
paznic • *n* guarda *(f)*, guardia *(f)*
păcat • *n* lástima *(f)*, pecado *(m)*, culpa
păcăleală • *adj* falso *(m)*, fingido *(m)*
păcăli • *v* engañar, engrupir, tomar el pelo, fingir
păcătui • *v* pecar
păcurar • *n* pastor *(m)*, ovejero *(m)*
păcură • *n* petróleo *(m)*
păducel • *n* espino, espino *(m)*, marzoleto *(m)*
păduche • *n* canalla *(f)*, piojo *(m)*, sinvergüenza *(f)*
păduchios • *adj* piojoso
pădure • *n* selva, bosque *(m)*, floresta *(f)*
pădurice • *n* matorral, arboleda *(f)*
păgân • *adj* pagano • *n* pagano *(m)*
păgânătate • *n* paganismo *(m)*
păgânism • *n* paganismo *(m)*
păianjen • *n* araña *(f)*
pălămidă • *n* sarda
pălărie • *n* sombrero *(m)*
pământ • *n* terreno *(m)*, tierra *(f)*, globo *(m)*, suelo *(m)*, país *(m)*, mundo *(m)*
Pământ • *n* globo *(m)*
păpădie • *n* diente de león *(m)*
păpușă • *n* muñeca *(f)*, marioneta *(f)*, títere *(m)*, fantoche *(m)*
păr • *n* pelo *(m)*, cabello *(m)*, peral *(m)*
părăgini • *v* arruinar
părăluță • *n* margarita común *(f)*, chiri-

bita *(f)*
părăsi • *v* renunciar, suspender, abandonar
părăsit • *adj* abandonado
părea • *v* parecer
părere • *n* opinión *(f)*
părinte • *n* padre
părinți • *n* parentela *(f)*
păros • *adj* peludo, velludo
părtinitor • *adj* parcial
părți • *n* participación *(f)*
păs • *n* esmero *(m)*, sufrimiento *(m)*, atención *(f)*, cuidado *(m)*
păsat • *n* gachas
păsărea • *n* pollito *(m)*, polluelo *(m)*
păsărică • *n* bollo *(f)*, cuca *(f)*, chucha *(f)*, coño *(m)*, concha *(f)*, pollito *(m)*, polluelo *(m)*, raja *(f)*, punta, cocho *(f)*, panocha *(f)*, choro *(f)*
păstaie • *n* vaina *(f)*
păstârnac • *n* chirivía *(f)*
păstor • *n* pastor *(m)*, ovejero *(m)*
păstori • *v* pacer, pastar
păstra • *v* ahorrar, manejar con economía, guardar, quedar
păstrăv • *n* trucha *(f)*
pășuna • *v* pastar
pășune • *n* pasto *(m)*, pradera
păta • *n* mancha *(f)* • *v* emborronar, manchar
pătlagină • *n* llantén *(m)*
pătrar • *n* cuarto *(m)*, cuartel *(m)*
pătrat • *n* cuadro *(m)*, plaza *(f)*, cuadrado *(m)* • *adj* cuadrado
pătrime • *n* cuarto *(m)*, cuartel *(m)*
pătrunde • *v* comprender, ahondar, penetrar, permear, profundizar
pătrunjel • *n* perejil *(m)*
pătură • *n* manta *(f)*, cobija *(f)*, colcha *(f)*, frazada *(f)*, frisa *(f)*
pățanie • *n* desgracia *(f)*, infortunio *(m)*
pățeală • *n* desgracia *(f)*, infortunio *(m)*
păți • *v* vivir, experimentar
păun • *n* pavo, pavo real *(m)*, pavorreal *(m)*
păzi • *v* vigilar, custodiar, guardar
păzitor • *n* guarda *(f)*, guardia *(f)*
pâinar • *n* panadero *(m)*
pâine • *n* pan *(m)*
pâlnie • *n* embudo *(m)*
pâlpâi • *v* parpadear, titilar
pântec • *n* entrañas
pântece • *n* vientre, barriga, panza, entrañas
pânză • *n* tela *(f)*, vela *(f)*
pârâu • *n* arroyo *(m)*, arroyo, corriente *(f)*, flujo *(m)*

pârț • *n* pedo *(m)*
pârțâi • *v* peer, soltar un pedo, pedorrear
pe • *prep* en, sobre
pecari • *n* pecarí *(m)*, saíno *(m)*
pectină • *n* pectina *(f)*
pectoral • *adj* pectoral
pedant • *adj* pedante; pretencioso
pedeapsă • *n* castigo *(m)*
pedepsi • *v* castigar, punir
pedepsire • *n* castigo *(m)*
pederast • *n* pederasta *(f)*
pederastic • *adj* pederastico
pederastie • *n* pederastia *(f)*
pedestru • *n* peatón *(m)*, viandante *(f)* • *adj* peatonal
peisaj • *n* paisaje *(m)*
pelargonie • *n* geranio *(m)*
pelerin • *n* peregrino *(m)*, colonista *(m)*
pelican • *n* pelícano *(m)*
pelin • *n* ajenjo *(m)*, absintio *(m)*, alosna *(f)*
peluză • *n* pasto *(m)*, grama *(f)*, césped *(m)*, zacate *(m)*
penalizare • *n* penitencia *(f)*
pendul • *n* péndulo *(m)*
penetra • *v* penetrar
peni • *v* desplumar
penicilină • *n* penicilina *(f)*
peninsulă • *n* península *(f)*
penis • *n* miembro *(m)*, pito *(m)*, polla *(f)*, pene *(m)*, carajo *(m)*, pirula *(f)*, pirulo *(m)*, pija *(f)*, tranca *(f)*, verga *(f)*, chota *(f)*, garompa *(f)*, pipe *(m)*, poste *(m)*, poronga *(f)*, papirola *(f)*
pensulă • *n* pincel *(m)*, cepillo *(m)*, escobilla *(f)*, brocha *(f)*
pentru • *prep* por, a, hacia, para
penultim • *adj* penúltimo
pepene • *n* melón *(m)*, sandía *(f)*
peptidă • *n* péptido *(m)*
peramel • *n* bandicut *(m)*
percepe • *v* percibir
percepere • *n* percepción *(f)*
perceptiv • *adj* perspicaz
percepție • *n* percepción *(f)*, percepción
perdea • *n* cortina *(f)*
perdele • *n* cortina *(f)*
pereche • *n* pareja *(f)*, par *(m)*
perete • *n* muralla *(f)*, pared *(f)*, tabique *(m)*
perfect • *adj* perfecto
perfecta • *v* perfeccionar
perfecțiune • *n* perfección *(f)*
performanță • *n* actuación *(f)*, cumplimiento *(m)*, ejecución *(f)*, ejecución, desempeño *(m)*, desempeño, realiza-

ción *(f)*, rendimiento *(m)*, prestación *(f)*
pergament • *n* pergamino *(m)*
peria • *v* cepillar
periat • *n* cepillado *(m)*
pericard • *n* pericardio *(m)*
pericarp • *n* pericarpio *(m)*
pericol • *n* peligro *(m)*, apuro *(m)*
periculos • *adj* peligroso
perie • *n* pincel *(m)*, cepillo *(m)*, escobilla *(f)*, brocha *(f)*
periferic • *adj* periférico *(m)*
periferie • *n* periferia *(f)*
perifraza • *v* parafrasear
perină • *n* almohada *(f)*
perineal • *adj* perineal
perineu • *n* periné *(m)*, perineo *(m)*
perioadă • *n* edad, época *(f)*, era *(f)*, período *(m)*
peristaltică • *n* peristalsis *(f)*
peristaltism • *n* peristalsis *(f)*
perlă • *n* perla *(f)*
permis • *n* permiso *(m)*
permite • *v* dejar, permitir, conceder
pernambuc • *n* palo Brasil *(m)*, pau-Brasil *(m)*, pernambuco *(m)*
pernă • *n* almohada *(f)*, cojín *(m)*, almohadón *(m)*
pernicios • *adj* pernicioso
peron • *n* andén *(m)*, plataforma *(f)*
perpetuu • *adv* continuadamente, continuamente
persecutare • *n* persecución *(f)*
persevera • *v* perseverar
perseverență • *n* perseverancia *(f)*
persistență • *n* perseverancia, persistencia
persoană • *n* persona *(f)*
personaj • *n* personaje *(m)*
personal • *n* equipo *(m)*, empleado *(m)*, personal *(m)*, plantilla *(f)*
personalitate • *n* personalidad *(f)*
perspectivă • *n* perspectivas, vista *(f)*
perspicace • *adj* perspicaz, perspicaces
perspicacitate • *n* perspicacia *(f)*
pertinent • *adj* pertinente
pertinență • *n* relevancia *(f)*
perturbare • *n* perturbación
perturbație • *n* perturbación, perturbación *(f)*, ruido *(m)*, trastorno *(m)*
perucă • *n* peluca *(f)*
peruș • *n* perico *(m)*
peruzea • *n* turquesa *(f)*
perversitate • *n* maldad *(f)*, perversidad *(f)*
pescar • *n* pescador *(m)*, pescadero *(m)*, pescadera *(f)*
pescari • *n* pescador *(m)*

pescăruș • *n* gaviota *(f)*
pescui • *v* con, pescar, anzuelo *(m)*, pescar con caña
pescuire • *n* pesca *(f)*
pescuit • *n* pesca *(f)*
pestă • *n* plaga *(f)*
peste • *prep* después, através, atravesado, al otro lado de
pestifer • *adj* pestífero
pestilențial • *adj* pestífero
pește • *n* pescado *(m)*, pez *(m)*, chulo *(m)*, golfo *(m)*, cafiche *(m)*, proxeneta, cabrón *(m)*
peșteră • *n* madriguera *(f)*, cubil *(m)*, guarida *(f)*, cueva *(f)*
peștișor • *n* alevín *(m)*
petală • *n* pétalo *(m)*
petardă • *n* petardo, piola, triquitraque
petiție • *n* reclamación *(f)*
petrece • *v* pasar, suceder, ocurrir, divertirse, fiestar
petrecere • *n* fiesta *(f)*, reventón *(m)*, pachanga *(f)*, carrete *(m)*, celebración *(f)*, entretenimiento *(m)*
petrifica • *v* petrificar
petrol • *n* petróleo *(m)*
peți • *v* pedir la mano
pfund • *n* libra *(f)*
pi • *n* pi *(f)*
pian • *n* piano *(m)*
pianist • *n* pianista *(f)*
pianistă • *n* pianista *(f)*
piatră • *n* cálculo *(f)*, cálculo *(m)*, piedra *(f)*, roca *(f)*, sarro *(f)*
piață • *n* plaza *(f)*, mercado *(m)*
pica • *v* gotear
picant • *adj* picante, picoso
pică • *n* rencor, rencor *(m)*, pica *(f)*
picătură • *n* gota *(f)*
picior • *n* pata *(f)*, pierna *(f)*, pie *(m)*
piciorong • *n* zanco *(m)*
piciorul-cocoșului • *n* ranúnculo *(m)*
picta • *v* representar, pintar, aplicar
pictare • *n* pintado *(m)*
pictor • *n* pintor *(m)*, pintora *(f)*
pictoriță • *n* pintor *(m)*, pintora *(f)*
pictură • *n* cuadro *(m)*, pintura, pintura *(f)*
piedestal • *n* pedestal *(m)*, peana *(f)*
piedică • *n* obstáculo *(m)*, obstáculo, dificultad *(f)*, estorbo
pielar • *n* curtidor *(m)*, curtidora *(f)*
piele • *n* piel *(f)*, cuero *(m)*
piept • *n* teta *(f)*, seno *(m)*, pecho *(m)*
pieptar • *n* peto *(m)*
pieptăna • *v* peinar, peinarse
pierde • *v* malgastar, desperdiciar, per-

der
pierdere • *n* pérdida *(f)*
pierdut • *adj* perdido
pieri • *v* perecer
pieritor • *adj* mortal
piersic • *n* duraznero *(m)*, durazno *(m)*, melocotonero *(m)*, melocotón *(m)*
piersică • *n* durazno *(m)*, melocotón *(m)*
piesă • *n* elemento *(m)*, dispositivo *(m)*, mecanismo *(m)*, aparejo
pietate • *n* piedad *(f)*
pietriș • *n* guijarro *(m)*
piețe • *n* plaza *(f)*
piftie • *n* áspic *(m)*, queso de cabeza *(m)*
pijama • *n* pijama, pijamas *(n)*
pilar • *n* columna *(f)*
pilă • *n* lima *(f)*
pildă • *n* modelo *(m)*
pileală • *n* copa *(f)*, trago *(m)*, aguardiente *(m)*, chupe *(m)*, copete *(m)*
pilot • *n* piloto *(m)*
pin • *n* enchufe *(m)*, pino *(m)*
pingea • *n* suela *(f)*
pinguin • *n* pingüino *(m)*
pion • *n* peón *(m)*
pionier • *n* pionero *(m)*
piper • *n* pimentero, pimienta *(f)*
pipi • *n* pis, pipí *(m)*, pichí *(m)*
pipirig • *n* juncácea *(f)*
pipota • *n* molleja *(f)*
piramidă • *n* pirámide *(f)*
pirania • *n* piraña *(f)*
pirat • *n* pirata *(m)*
pirită • *n* pirita *(f)*
piron • *n* clavo *(m)*, pincho *(m)*, punta *(f)*
pisa • *v* pilar, moler, triturar, pulverizar
pisălog • *adj* pestífero, pernicioso, pesado
pisică • *n* felino *(m)*, felina *(f)*, gato *(m)*, gata *(f)*, gatito *(m)*
pisicuță • *n* gatito *(m)*, minino *(m)*, gatita *(f)*
pisoi • *n* gatito *(m)*, minino *(m)*, gatita *(f)*
pistil • *n* pilón *(m)*, pistilo *(m)*
pistol • *n* pistola *(f)*
piston • *n* pistón *(m)*, émbolo *(m)*
pistrui • *n* peca *(f)*
pișa • *v* mear, empapar de meado, hacer pis
pișca • *v* pellizcar
pitic • *n* enano, enano *(m)*
piton • *n* pitón *(m)*
pitoresc • *adj* pintoresco
pitulice • *n* chochín *(m)*, cucarachero *(m)*, ratona *(f)*
pițigoi • *n* carbonero *(m)*
piuă • *n* mortero *(m)*
piuliță • *n* mortero *(m)*, tuerca *(f)*
pivniță • *n* bodega *(f)*, sótano *(m)*
pizdă • *n* bollo *(f)*, cuca *(f)*, chocha *(f)*, chucha *(f)*, coño *(m)*, concha *(f)*, chocho *(m)*, raja *(f)*, punta, cocho *(f)*, panocha *(f)*, choro *(f)*
pizmaș • *adj* envidioso
pizmă • *n* rencor *(m)*, malevolencia *(f)*
pizza • *n* pizza *(f)*
placardă • *n* cartel *(m)*
placă • *n* placa *(f)*, lámina *(f)*
placentar • *adj* placentario
placentă • *n* placenta *(f)*
plachetă • *n* libreto *(m)*, folleto *(m)*
plafon • *n* techo *(m)*
plagă • *n* herida *(f)*, llaga *(f)*, llaga
plajă • *n* playa *(f)*
plan • *n* copia de plano *(f)*, borrador *(m)*, esbozo *(m)*, replanteo *(m)*, plano de replanteo *(m)* • *adj* nivelado, al ras, plano, llano
planar • *adj* plano
planetar • *adj* planetario
planetariu • *n* planetario *(m)*
planetă • *n* planeta *(m)*
planor • *n* planeador *(m)*, velero *(m)*
planșeu • *n* suelo *(m)*, piso *(m)*
planta • *v* plantar, sembrar
plantă • *n* planta *(f)*, vegetal *(m)*, mata *(f)*
plasă • *n* red *(f)*
plasmă • *n* plasma *(f)*
plat • *adj* nivelado, al ras, plano, llano, poco profundo *(m)*, superficial, parejo
platan • *n* platano *(m)*, plátano *(m)*
plată • *n* remuneración *(f)*, salario *(m)*, sueldo *(m)*, pago
platină • *n* platino *(m)*
platou • *n* escenario *(m)*, plató *(m)*, plato *(m)*, meseta *(f)*
plauzibil • *adj* creíble, probable
plauzibilitate • *n* plausibilidad *(f)*
plăcea • *v* placer, gustar, agradar
plăcere • *n* placer *(m)*, gozo *(m)*, regocijo, diversión *(f)*, deleite, delicia *(f)*, delectación *(f)*
plăcintă • *n* pastel *(m)*
plăcut • *adj* lisonjero, agradable, divertido *(m)*, placentero
plăcută • *adj* agradable, placentero
plămân • *n* pulmón *(m)*
plămâni • *n* pulmón *(m)*
plăpând • *adj* débil, endeble
plăti • *v* pagar
plătibil • *adj* soluble, solucionable

plătică • *n* brema *(f)*, platica *(f)*
plătire • *n* pago
plânge • *v* gritar, llorar, deplorar, quejarse, alegar, lagrimar, lacrimar
plângere • *n* queja *(f)*
plânset • *n* llanto *(m)*
pleavă • *n* barcia *(f)*, bagazo *(m)*
plebe • *n* plebeyo *(m)*
pleca • *v* salir, partir, irse
plecare • *n* salida *(f)*, partida *(f)*
plenar • *adj* plenario
plenitudine • *n* integridad *(f)*, entereza *(f)*
pleoapă • *n* párpado *(m)*
pleonasm • *n* redundancia *(f)*, pleonasmo *(m)*, tautología *(f)*
pleşuv • *adj* calvo
plia • *v* doblar, plegar
pliabil • *adj* plegadizo *(m)*
pliant • *adj* plegadizo *(m)*
plic • *n* sobre *(m)*
plicticos • *adj* aburrido
plictiseală • *n* tedio *(m)*, aburrimiento *(m)*
plictisi • *v* aburrir
plictisit • *adj* aburrido
plictisitor • *adj* pestífero, pernicioso, pesado, aburrido, chafa
plimba • *v* vagar, pasearse, pasear, errar, divagar, deambular
plin • *adj* lleno, lleno de
plisa • *v* arrugar
plisc • *n* pico *(m)*
ploaie • *n* lluvia *(f)*
ploier • *n* chorlo *(m)*, chorlito *(m)*, chorlitejo *(m)*
ploios • *adj* lluvioso, pluvioso
plonjare • *n* clavado
plop • *n* álamo *(m)*, chopo *(m)*
ploşniţă • *n* chinche *(f)*
ploua • *v* llover
plug • *n* arado *(m)*
plumb • *n* plomo *(m)*
plural • *n* plural *(m)* • *adj* plural
pluralism • *n* pluralismo *(m)*
plută • *n* balsa *(f)*
pluti • *v* flotar, revolotear, levitar
plutitor • *adj* flotante
plutoniu • *n* plutonio *(m)*
pneu • *n* caucho *(m)*, goma *(f)*, neumático *(m)*, cubierta *(f)*, llanta *(f)*, rueda *(f)*
poamă • *n* fruta *(f)*, fruto *(m)*
poarcă • *n* cerda *(f)*, puerca *(f)*
poartă • *n* puerta *(f)*, portería *(f)*, portón *(m)*
poate • *adv* quizá, tal vez, acaso, quizás
pocăinţă • *n* penitencia

pocnitoare • *n* petardo, piola, triquitraque
pod • *n* ático *(m)*, desván *(m)*, puente *(m)*, bóveda *(f)*
podagră • *n* gota *(f)*
podbeal • *n* tusilago *(m)*, fárfara *(f)*, pie de caballo *(m)*, uña de caballo *(f)*
podea • *n* suelo *(m)*, piso *(m)*
podiş • *n* meseta *(f)*
poem • *n* poema *(m)*, poesía *(f)*, oda *(f)*
poet • *n* poeta *(f)*, poetisa *(f)*
poetă • *n* poeta *(f)*, poetisa *(f)*
poetic • *adj* poético *(m)*, poética *(f)*
poezie • *n* poesía *(f)*
poftă • *n* apetito *(m)*, deseo *(m)*, ganas, ansia *(f)*
pogrom • *n* pogromo *(m)*
poiană • *n* claro *(m)*
poker • *n* póquer, póker *(m)*
pol • *n* polo *(m)*
polcă • *n* polca *(f)*
polemică • *n* debate *(m)*
polemizat • *adj* controversial, controvertido
polen • *n* polen *(m)*
polenizare • *n* polinización *(f)*
polenizaţie • *n* polinización *(f)*
policar • *n* pulgar *(m)*
policromatic • *adj* policromo, polícromo
poliedre • *n* poliedro
poliedru • *n* poliedro
polietilenă • *n* polietileno *(m)*
polifosfat • *n* polifosfato *(m)*
poligamie • *n* poligamia *(f)*
poligon • *n* polígono *(m)*
polimer • *n* polímero *(m)*
polinom • *n* polinomio *(m)*
polinomial • *adj* polinomial, polinómico
polinomic • *adj* polinomial, polinómico
politeism • *n* politeísmo *(m)*
politeţe • *n* civismo *(m)*, civilidad *(f)*, educación cortesía *(f)*
politic • *adj* político
politică • *n* política *(f)* • *adj* político
politician • *n* política *(f)*, político *(m)*
politico • *adj* cortés, educado
poliţă • *n* estante *(m)*, balda *(f)*, anaquel *(m)*
poliţie • *n* policía *(f)*
poliţist • *n* policía *(m)*, policial *(m)*
polonic • *n* cucharón *(m)*, cazo *(m)*
poloniu • *n* polonio *(m)*
poltronerie • *n* cobardía *(f)*
pom • *n* árbol *(m)*
pomelo • *n* pampelmusa *(f)*, pomelo

(m)
pomet • n huerta (m)
pompă • n bomba (f), surtidor (m)
pompos • adj pomposo (m), creído (m), majestuoso (m), majestuosa (f)
pondera • v pesar, ponderar
ponderație • n equilibrio (m)
ponei • n poni (m), caballito (m)
pontif • n papa (m), pontífice (m)
pop-corn • n palomitas de maíz (f), cabritas (f), cancha (f), canguil (m), cocaleca (f), cotufas (f), crispetas (f), esquites (m), gallitos (m), maíz pira (f), millo (m), pipoca (f), pochoclo (m), pop (m), popcorn (m), poporopo (m), pororó (m), pururú (m), roscas (f), rosetas de maíz (f), rositas de maíz (f), tostón (m)
popă • n rey (m)
popice • n bolos (m)
poponar • n puto (m), gay (m), maricón (m), joto
popor • n pueblo (m)
popou • n culo (m)
popular • adj popular
populară • adj popular
popularitate • n popularidad (f)
populație • n población (f)
porc • n cerdo (m), puerco (m), coche (m), cocho (m), tocino (m), chancho (m), chon (m), cochi (m), cochín (m), cochino (m), cuchi (m), cuto (m), gocho (m), gorrino, guarro (m), marrano (m), tunco (m)
porc-ghimpos • n puercoespín (m)
porcar • n porquero (m), porquera (f)
poreclă • n chapa (f), mote (m), apodo (m), sobrenombre (m)
porni • v arrancar, iniciar
pornire • v arreglárselas
pornograf • n pornógrafo (m), pornógrafa (f)
pornografic • adj pornográfico (m), pornográfica (f)
pornografie • n pornografía (f)
port • n puerto (m)
portaltoi • n cepa (f), pie (m)
portar • n arquero (m), golero (m), guardameta (m), portero (m)
portativ • n varas, pauta (f), pentagrama (f)
portăriță • n arquero (m), golero (m), guardameta (m), portero (m)
portmoneu • n cartera (f), billetera (f)
portocal • n naranjo (m)
portocală • n naranja (f), china (f)
portocaliu • n naranja (m), anaranjado (m) • adj naranja, anaranjado

portofel • n cartera (f), billetera (f)
portret • n retrato (m)
portulacă • n verdolaga (f)
porțelan • n porcelana (f)
porție • n porción (f)
porțiune • n porción (f)
porumbar • n palomar (m)
porumbă • n paloma (f), pichón (m), palomo (m)
porumbărie • n palomar (m)
porumbel • n paloma (f), pichón (m), palomo (m)
poruncă • n orden (f), mandato (m)
porunci • v mandar, ordenar
poseda • v poseer
posesie • n posesión (f), pertenecia (f), propiedad (f), tenencia
posesiune • n posesión (f), pertenecia (f), propiedad (f)
posibil • adj pensable, posible • n posibilidad (f)
posibilitate • n posibilidad (f)
post • n nivel (m), puesto (m)
poster • n cartel (m), cartel
posteritate • n posteridad (f)
posti • v ayunar
postmodernism • n postmodernidad (f), posmodernismo (m)
postscriptum • n posdata
postură • n postura (f), postura
posturi • n nivel (m), puesto (m)
poștaș • n cartero (m)
potabil • adj potable
potasiu • n potasio (m)
potârniche • n perdiz (f)
potcoavă • n herradura (f)
potcovar • n herrador (m)
potecă • n acera (f), senda (f), sendero (m)
potență • n potencia (f)
poticneală • n tropezar
potoli • v calmar
potrivi • v ajustar, arreglar, regular
potrivit • adj lisonjero, agradable, apropiado, indicado, aplicable, pertinente, apto, acertado, oportuno
poțiune • n brebaje (m)
povață • n consejo, consulta (f)
poveste • n historia (f), cuento (m), fábula (f)
povestire • n historia (f)
poză • n imagen (f), fotografía (f), foto (f)
pozitiv • adj positivo
pozitivism • n positivismo (m)
pozitron • n positrón (m)
poziție • n postura (f), posición (f), lo-

211

calización *(f)*, ubicación *(f)*, nivel *(m)*, puesto *(m)*
practic • *adj* práctico *(m)*, práctica *(f)*
practicabil • *adj* realizable, alcanzable
practicabilitate • *n* viabilidad *(f)*, factibilidad *(f)*
practică • *n* práctica *(f)*
pradă • *n* botín, botín *(m)*, saqueo, presa *(f)*
praf • *n* polvo *(m)*
prag • *n* umbral *(m)*
pragmatic • *adj* pragmático
pragmatică • *adj* pragmático
pragmatism • *n* pragmatismo *(m)*
pralină • *n* bombón *(m)*
praseodim • *n* praseodimio *(m)*
praștie • *n* honda *(f)*
praz • *n* puerro *(m)*, porro *(m)*, poro *(m)*
praznic • *n* comida festiva *(f)*, banquete *(m)*
prăbuși • *v* derrumbarse, desplomarse
prăbușire • *n* declive *(m)*, descenso *(m)* • *v* derrumbarse, desplomarse
prăda • *v* saquear
prăji • *v* freír, freírse, asarse
prăjitură • *n* pastel *(m)*, torta *(f)*, bizcocho *(m)*, cake *(m)*, ponqué *(m)*, pudín *(m)*, queque *(m)*, tarta *(f)*
prăpastie • *n* abismo *(m)*, sima *(f)*
prăpăstie • *n* precipicio *(m)*
prăși • *v* azadonar
prânz • *n* almuerzo *(m)*, comida *(f)*
prânzi • *v* almorzar
prea • *adv* demasiado
precaut • *adj* vigilante, cauto, cuidadoso • *adv* precavidamente
preceda • *v* preceder, anteceder
precedent • *n* precedente *(m)*
precedență • *n* prioridad *(f)*, precedencia *(f)*
preceptor • *n* tutor
precipita • *v* condensar, precipitar
precipitație • *n* precipitación *(f)*, lluvia *(f)*
precis • *adj* carente de ambigüedad
precizie • *n* precisión *(f)*, exactitud
precum • *conj* como
predicat • *n* predicado *(m)*
predicator • *n* predicador
predică • *n* sermón
predictibil • *adj* predecible
predicție • *n* predicción *(f)*
predilecție • *n* predilección *(f)*
predispoziție • *n* predisposición *(f)*
predominant • *adj* dominante
preface • *v* fingir
prefacere • *n* conversión *(f)*

prefectură • *n* prefectura *(f)*
prefera • *v* escoger, elegir, preferir
preferință • *n* gustos, preferencias
prefix • *n* prefijo *(m)*
pregăti • *v* preparar
pregătire • *n* preparación *(f)*
pregătit • *adj* listo *(m)*
pregătitor • *adj* preliminar
pregeta • *v* dudar, vacilar
preistoric • *adj* prehistórico
prejudecată • *n* prejuicio *(m)*
prejudiciator • *adj* derogatorio
preleva • *v* sacar
preliminar • *adj* preliminar
prelung • *adj* oblongo, prolongado
prelungi • *v* alcanzar, prolongar
premeditat • *adv* intencionalmente • *adj* premeditado
premisă • *n* premisa *(f)*
premiu • *n* premio *(m)*
prenatal • *adj* prenatal
preocupa • *v* referirse a
preocupare • *n* interés *(m)*, preocupación *(f)*
preot • *n* cura *(m)*, sacerdote *(m)*, párroco *(m)*
prepara • *v* preparar
preparare • *n* preparación *(f)*
preparat • *n* preparación
prepeliță • *n* codorniz *(f)*
preponderent • *adj* dominante
prepoziție • *n* preposición *(f)*
prepune • *v* suponer, dar por sentado
prepuț • *n* prepucio *(m)*
prescrie • *v* prescribir, recetar
prescripție • *n* prescripción *(f)*
prescurtare • *n* abreviación *(f)*
prescurtat • *adj* abreviado
presiune • *n* presión *(f)*
prestație • *n* ejecución *(f)*, ejecución, desempeño, realización *(f)*, rendimiento *(m)*, prestación *(f)*
presupune • *v* suponer, dar por sentado
presupunere • *n* teoría *(f)*, conjetura *(f)*, suposición *(f)*, especulación *(f)*
presură • *n* escribano *(m)*
preșcolar • *adj* preescolar *(f)*
preșcolară • *adj* preescolar *(f)*
președinte • *n* presidente *(m)*, presidenta *(f)*, presidente director *(m)*
pretenție • *n* demanda *(f)*, reclamación *(f)*
pretențios • *adj* pretencioso, macanudo
pretinde • *v* fingir
preț • *n* costo *(m)*, precio *(m)*
prețios • *adj* precioso, valioso

preţui • *v* costar, atesorar
prevăzător • *adv* precavidamente • *adj* renuente, reacio
prevedea • *v* anticipar, prever
prevenitor • *adj* suave, tenue, desabrido, simple, debil
prevestire • *n* predicción *(f)*
prevestitor • *adj* siniestro, ominoso
previzibil • *adj* predecible
previzibilitate • *n* previsibilidad *(f)*
previziune • *n* predicción *(f)*
prezent • *adj* presente, actual
prezentare • *n* aparición *(f)*, introducción, exposición, presentación *(f)*
prezentator • *n* conductor *(m)*, maestro de ceremonias *(m)*
prezenţă • *n* presencia *(f)*
prezervativ • *n* goma *(f)*, preservativo *(m)*, condón *(m)*, profiláctico *(f)*
prezice • *v* predecir, profetizar
preziuă • *n* vigilia *(f)*, víspera *(f)*
prezumţie • *n* hipótesis *(f)*
pricepe • *v* percibir, entender
pricepere • *n* destreza *(f)*, habilidad *(f)*, talento *(m)*, maña *(f)*
priceput • *adj* astuto, hábil, ducho
prichindel • *n* enano *(m)*
pricinui • *v* causar
pricolici • *n* hombre lobo *(m)*, licántropo *(m)*, lobisón *(m)*
prieten • *n* enamorado *(m)*, novio *(m)*, novia *(f)*, amigo *(m)*, amiga *(f)*, pololo *(m)*
prietenă • *n* novia *(f)*, amigo *(m)*, amiga *(f)*
prietenie • *n* amistad *(f)*, amigabilidad *(f)*
prietenos • *adj* suave, amistoso, amigable
prim • *adj* primero *(m)*, primera *(f)*
prim-model • *n* prototipo *(m)*
prima • *adj* primero *(m)*, primera *(f)*
primar • *n* alcalde *(m)*, intendente *(m)*, regente *(m)*, síndico *(m)*
primă • *adj* primero *(m)*, primera *(f)*
primăriţă • *n* alcaldesa *(f)*
primăvară • *n* primavera *(f)*
primejdie • *n* peligro *(m)*, apuro *(m)*
primi • *v* ganar, recibir
primire • *n* aceptación *(f)*
primitiv • *adj* primitivo *(m)*
primitor • *adj* receptivo
primul • *n* primo *(m)*, primero *(m)* • *adj* primero *(m)*, primera *(f)*
primulă • *n* primavera *(f)*
prin • *prep* por, a través de, mediante, através, atravesado

principal • *adj* principal
principat • *n* principado *(m)*
prinde • *v* cazar, capturar, atajar
printre • *prep* entre
prinţ • *n* conde *(m)*, infante *(m)*, príncipe, príncipe *(m)*
prinţesă • *n* princesa, infanta *(f)*
prioritate • *n* prioridad *(f)*
pritenos • *adj* suave, tenue, desabrido, simple, debil
privată • *n* inodoro *(m)*, excusado *(m)*, taza del baño *(f)*, retrete *(m)*, letrina *(f)*
priveghi • *n* vigilia *(f)*
privelişte • *n* espectáculo *(m)*, lugar de interés *(m)*, panorama *(m)*, vista *(f)*
privi • *v* mirar, observar
privighetoare • *n* ruiseñor *(m)*
privilegiu • *n* privilegio *(m)*
privire • *n* vistazo *(m)*
privitor • *n* espectador
priză • *n* enchufe *(m)*, toma corriente *(m)*
proaspăt • *adj* nuevo *(m)*, fresco
proba • *v* probar, tratar, intentar
probabil • *adj* probable • *adv* probablemente
probabilitate • *n* probabilidad *(f)*, verosimilitud *(f)*
probare • *n* prueba *(f)*
probă • *n* intento *(m)*, prueba *(f)*, test *(m)*
problemă • *n* bronca *(f)*, problema, problema *(m)*, preocupación, dificultad *(f)*, lío *(m)*, asunto *(m)*, ejercicio *(m)*, embrollo *(m)*
proceda • *v* continuar
procedeu • *n* procedimiento *(m)*
procedură • *n* procedimiento *(m)*
proces • *n* juicio *(m)*, proceso *(m)*, acción *(f)*, proceso judicial *(m)*, pleito *(m)*, litigio *(m)*
procese • *n* proceso *(m)*
procrastina • *v* procrastinar
procrea • *v* procrear, reproducirse
procreare • *v* engendrar
procurabil • *adj* disponible
producător • *n* fabricante *(m)*
produce • *v* producir, motivar
producere • *n* producción *(f)*
productiv • *adj* productivo
producţie • *n* producto *(m)*
produs • *n* producto *(m)*
proeminent • *adj* prominente, sobresaliente
proeminenţă • *n* prominencia *(f)*
profesie • *n* profesión *(f)*
profesional • *adv* profesionalmente •

adj profesional *(f)*, profesional • *n* profesional *(f)*, profesionista *(f)*
profesionist • *adj* profesional *(f)*
profesiune • *n* profesión *(f)*
profesoară • *n* maestro *(m)*, profesor *(m)*, profesora *(f)*, maestra *(f)*, docente *(f)*
profesor • *n* maestro *(m)*, profesor *(m)*, profesora *(f)*, maestra *(f)*, docente *(f)*
profetiza • *v* profetizar
profeți • *v* profetizar
profit • *n* beneficio *(m)*, ganancia *(f)*
profund • *adj* profundo *(m)*, profundo, hondo *(m)* • *adv* a fondo
profunzime • *n* profundidad *(f)*
profuziune • *n* profusión *(f)*
program • *n* programa *(m)*, agenda *(f)*
programare • *n* programación *(f)*
programatoare • *n* programador *(m)*, programadora *(f)*
programator • *n* programador *(m)*, programadora *(f)*
progresiv • *adj* progresivo • *adv* gradualmente, poco a poco, paulatinamente
proiect • *n* proyecto *(m)*
proiectare • *n* proyección *(f)*
proiectil • *n* proyectil *(m)*
proiectile • *n* proyectil *(m)*
proiecție • *n* proyección *(f)*
prolină • *n* prolina *(f)*
promețiu • *n* promecio *(m)*
promisiune • *n* promesa *(f)*
promite • *v* jurar, prometer
promontoriu • *n* cabo *(m)*
prompt • *adv* de prisa, atropelladamente • *adj* rápido
promulga • *v* promulgar
pronume • *n* pronombre *(m)*
pronunța • *v* pronunciar
pronunțare • *n* pronunciación *(f)*
pronunție • *n* pronunciación *(f)*
proporție • *n* grado *(m)*
proporții • *n* grado *(m)*
proporțional • *adj* proporcional
proporțională • *adj* proporcional
propovedanie • *n* sermón
propoziție • *n* oración *(f)*
proprietar • *n* amo *(m)*, propietario • *adj* propietario, de propiedad
proprietate • *n* posesión *(f)*, característica *(f)*, propiedad *(f)*
proprietăți • *n* posesión *(f)*, propiedad *(f)*
propti • *v* sostener, apoyar, apuntalar
propune • *v* proponer
propunere • *n* propuesta *(f)*, proposición *(f)*, sugerencia *(f)*
proră • *n* proa *(f)*
proroc • *n* profeta *(m)*, profetisa *(f)*
prosodie • *n* prosodia *(f)*
prosop • *n* toalla *(f)*
prosper • *adj* dorado, de oro
prosperitate • *n* boom *(m)*, prosperidad *(f)*, bienestar *(m)*
prost • *adj* pobre *(m)*, estúpido *(m)*, menso *(m)*, gilí, pendejo *(m)* • *n* imbécil, bobo *(m)*, tonto *(m)*, necio *(m)*
prostată • *n* próstata *(f)*, glándula prostática *(f)*
prosti • *v* engañar, engrupir, tomar el pelo
prostie • *n* tonterías, estupidez *(f)*
prostituată • *n* zorra, puta *(f)*, ramera *(f)*, golfa, prostituta *(f)*, prostituta, fulana, guarra, mujerzuela *(f)*
protactiniu • *n* protactinio *(m)*
protectoare • *n* protector *(m)*, protectora *(f)*
protector • *n* protector, protector *(m)*, protectora *(f)*
protecție • *n* protección *(f)*, protector *(m)*, tapador *(m)*, bloque *(m)*
proteină • *n* proteína *(f)*
proteja • *v* vigilar, preservar, custodiar, guardar
protejare • *n* protección *(f)*
protejat • *adj* seguro *(m)*, resguardado, protegido
protest • *n* protesta *(f)*, objeción *(f)*
protesta • *v* protestar
proteză • *n* prótesis *(f)*
proteze • *n* prótesis *(f)*
proton • *n* protón
prototip • *n* prototipo *(m)*
prova • *n* proa *(f)*
proverb • *n* dicho *(m)*, proverbio *(m)*, refrán *(m)*
proverbe • *n* proverbio *(m)*
provincie • *n* provincia *(f)*
provizie • *n* provisión, útil, provisiones
provoca • *v* provocar, retar, desafiar, inflingir, volcar
provocare • *n* desafío *(m)*, reto *(m)*
provocator • *adj* ostentoso
proxenet • *n* chulo *(m)*, golfo *(m)*, cafiche *(m)*, proxeneta, cabrón *(m)*
proximitate • *n* proximidad *(f)*, cercanía *(f)*
prudent • *adv* precavidamente • *adj* cauto, cuidadoso
prun • *n* ciruelo *(m)*
prună • *n* ciruela *(f)*
prundaș • *n* lavandera *(f)*

prundíș • *n* guijarro *(m)*
psalm • *n* salmo *(m)*
psihedelic • *adj* psicodélico, sicodélico
psihiatrie • *n* psiquiatría *(f)*
psihiatru • *n* psiquiatra *(f)*, siquiatra *(f)*
psihoanaliză • *n* psicoanálisis *(m)*
psihologic • *adj* psicológico
psihologie • *n* psicología *(f)*
psihometrie • *n* psicometría
psihoză • *n* psicosis *(f)*
ptarmigan • *n* lagópodo *(m)*, perdiz nival *(f)*
publicare • *n* publicación *(f)*
publicație • *n* publicación *(f)*
publicitate • *n* publicidad
pudel • *n* caniche *(m)*
pudră • *n* polvo *(m)*
puhoi • *n* torrente *(m)*
pui • *n* pichón *(m)*, pollo *(m)*, gallina *(f)*, camada *(f)*, cachorro *(m)*, pollito *(m)*, polluelo *(m)*, cría *(f)*
puică • *n* polla *(f)*
pula • *n* pija *(f)*, reata *(f)*, macana *(f)*, pichula *(f)*, picha *(f)* • *adv* jodidamente, pinche
pulă • *n* miembro *(m)*, paloma *(f)*, huevo *(m)*, pito *(m)*, bicho *(m)*, polla *(f)*, pene *(m)*, carajo *(m)*, pirula *(f)*, pirulo, pirulo *(m)*, pija *(f)*, tranca *(f)*, verga *(f)*, chota *(f)*, garompa *(f)*, pipe *(m)*, poste *(m)*, poronga *(f)*, papirola *(f)*, pichula *(f)*, picha *(f)*, pico *(f)*, cipote *(m)*, ñafle *(m)*, pichi *(m)*, pinga *(f)*, turca *(f)*
pulbere • *n* polvo *(m)*
pulmon • *n* pulmón *(m)*
pulos • *adj* vergón
pulpă • *n* pantorrilla *(f)*, pulpa *(f)*
pulsa • *v* latir
pulsar • *n* púlsar *(m)*
pulveriza • *v* machacar
pumă • *n* puma *(m)*, puma *(f)*, león americano *(m)*, león bayo *(m)*, mitzli, onza bermeja *(f)*
pumn • *n* puño *(m)*
pumnal • *n* daga *(f)*, puñal *(m)*
punct • *n* momento, punto, punto *(m)*, aguja *(f)*, punta *(f)*
punctualitate • *n* puntualidad *(f)*

punctuație • *n* puntuación *(f)*
pune • *v* ajustar, poner, colocar, situar, ambientar, presentar, dejar
pungă • *n* bolsa *(f)*, saco *(m)*, cartucho *(m)*, funda *(m)*, jaba *(f)*, talego *(m)*
punitiv • *adj* punitivo *(m)*
punte • *n* puente peatonal *(m)*, pasarela *(f)*, puente *(m)*, bóveda *(f)*
pupa • *v* besar
pupă • *n* crisálida *(f)*
pupăză • *n* abubilla *(f)*
pupic • *n* beso *(m)*
pupilă • *n* pupila *(f)*
pur • *adj* puro
purcea • *n* cerda *(f)*, puerca *(f)*
purcel • *n* lechón *(m)*
purgatoriu • *n* purgatorio *(m)*
purice • *n* pulga *(f)*
purificare • *n* fundición *(f)*, purificación *(f)*, limpia *(f)*
puritate • *n* pureza
puroi • *n* pus *(m)*
purpuriu • *adj* púrpura
purta • *v* llevar, cargar, comportarse
purtare • *n* manera *(f)*
purtat • *v* puesto, usado, portado
purulent • *adj* purulento
pustiire • *n* acoso *(m)*
pustiu • *n* desierto *(m)*
pustulă • *n* pústula *(f)*
pușcă • *n* escopeta *(f)*, rifle *(m)*, fusil *(m)*
pușcăriaș • *n* prisionero *(m)*, preso *(m)*
pușcărie • *n* cárcel *(f)*, prisión *(f)*, penitenciaría *(f)*
putea • *v* poder
putere • *n* potencia *(f)*, poder *(m)*
puternic • *adj* resistente, robusto, fuerte
putință • *n* facultad *(f)*, habilidad *(f)*
putoare • *n* tufo *(m)*
putrezi • *v* pudrir, podrir
puturos • *adj* perezoso, flojo, locho, haragán, vago
puț • *n* aljibe *(m)*, pozo *(m)*
puți • *v* heder, apestar
puțin • *adv* poco, poquito
puzderie • *n* multitud *(f)*

R

rabat • *n* descuento *(m)*, rebaja
rabie • *n* rabia *(f)*
rabin • *n* rabino *(m)*
rabota • *v* cepillar

rac • *n* cangrejo de río *(m)*, cangrejo *(m)*
racem • *n* racimo *(m)*
rachetă • *n* proyectil *(m)*, misil *(m)*, cohete *(m)*, motor de cohete *(m)*, raqueta *(f)*

rachiu • *n* brandy *(m)*, coñac *(m)*
raclaj • *n* legrado *(m)*
racola • *v* presumir
radar • *n* radar *(m)*
rade • *v* rapar, afeitar, rasurar
radial • *adj* radial
radiator • *n* radiador *(m)*
radicchio • *n* radicchio *(m)*
radieră • *n* borrador, goma de borrar *(f)*, borra *(f)*
radio • *n* radio *(f)*
radioactiv • *adj* radiactivo
radioactivă • *adj* radiactivo
radioactivitate • *n* radioactividad *(f)*
radioreceptor • *n* radio *(f)*
radiu • *n* radio *(m)*
radon • *n* radón *(m)*
rafinat • *adj* sofisticado, refinado, elegante
rage • *v* rugir, bramar, aullar, berrear
rahat • *n* tontería *(f)*, pendejada *(f)*, idiotez *(f)*, huevada *(f)*, mierda *(f)*, caca *(f)*, chamullo *(m)*, gilipollez
rahis • *n* raquis *(m)*
rahitism • *n* raquitismo *(m)*
rai • *n* cielo *(m)*, paraíso *(m)*
raion • *n* distrito
ralid • *n* polluela *(f)*
ram • *n* rama *(f)*
ramă • *n* estructura *(f)*, armazón *(f)*, marco *(m)*, remo *(m)*
rambursa • *v* reembolsar
rambursabil • *adj* reembolsable, amortizable
rambursare • *n* remuneración *(f)*, reembolso *(m)*, reembolso
ramifica • *v* ramificar
ramură • *n* rama *(f)*, ramal *(m)*, ramificación *(f)*, derivado *(m)*
rană • *n* herida *(f)*, lesión *(f)*, llaga
ranchiună • *n* rencor, rencor *(m)*
ranchiunos • *adj* vindicativo, vengativo, venenoso, malévolo, rencoroso
rancoare • *n* rencor
randament • *n* potencia *(f)*, actuación *(f)*, cumplimiento *(m)*, ejecución *(f)*, desempeño *(m)*
rapid • *adv* rápidamente, rápido • *adj* rápido
rapiditate • *n* velocidad *(f)*, rapidez *(f)*
raport • *n* relación *(f)*
rar • *adj* raro, extraño, escaso • *adv* rara vez, poco frecuentemente, raramente
rareori • *adv* rara vez, poco frecuentemente, raramente
raritate • *n* rareza *(f)*, raridad *(f)*
rarități • *n* rareza *(f)*, raridad *(f)*

rasă • *n* raza *(f)*, casta *(f)*, cepa *(f)*, variedad *(f)*
rasism • *n* racismo *(m)*
rasist • *n* racista *(f)*
rasistă • *n* racista *(f)*
rat • *n* hocico *(m)*
raton • *n* mapache *(m)*, oso lavador *(m)*, zorra manglera *(f)*, gato manglatero *(m)*
rață • *n* pato *(m)*, pata *(f)*
rațional • *adj* razonable, sensato, racional
raționalism • *n* racionalismo *(m)*
rațiune • *n* motivo *(m)*, razón *(f)*
ravagiu • *n* estrago *(m)*
ravenă • *n* barranco *(m)*, cañada *(f)*
rază • *n* rayo *(m)*
răbda • *v* aguantar, perdurar
răbdare • *n* paciencia *(f)*
răceală • *n* gripe *(f)*, gripa *(f)*, reserva *(f)*, resfriado *(m)*, constipación *(f)*, frialdad *(f)*, displicencia
răcoritoare • *n* bebida *(f)*, cola *(f)*, fresco *(m)*, gaseosa *(f)*, soda *(f)*, refresco *(m)*, casera *(f)*, chesco *(m)*
rădăcină • *n* raíz *(f)*
răgaz • *n* ocio *(m)*, tiempo libre *(m)*
răgușit • *adj* ronco, afónico
rămas • *v* sobrado *(m)*, sobras *(f)*
rămășiță • *n* huella *(f)*, pisada *(f)*
rămășițe • *n* basura
rămâne • *v* permanecer, demorar, quedarse, hospedarse, pasar la noche, sobrar
rămurea • *n* ramita *(f)*, ramilla *(f)*, vara *(f)*
rămurică • *n* ramita *(f)*, ramilla *(f)*, vara *(f)*
răni • *v* herir, lesionar, lastimar, hacer daño
răpi • *v* violar, usurpar, raptar, secuestrar
răpire • *n* violación *(f)*, estupro *(m)*
răpirea • *n* arrebatamiento
răpitor • *n* raptor *(m)*, secuestrador *(m)*
răsad • *n* pimpollo *(m)*
răsări • *v* salir
răsărit • *n* amanecer, alba, ocaso, salida del sol, puesta de sol, orto
răscruce • *n* cruce *(m)*, encrucijada *(f)*, cruce de caminos *(m)*
răscumpărare • *n* desagravio *(m)*
răsfăța • *v* mimar, consentir, regalonear, malcriar, chiquear
răsfățat • *n* adlátere, lacayo, achichincle
răsfoi • *v* por, leer, encima, hojear
răspândi • *v* esparcir
răspândit • *adj* común, extenso *(m)*, ge-

neralizado, extendido
răspunde • *v* responder, contestar
răspundent • *adj* sensible
răspuns • *n* respuesta *(f)*, contestación *(f)*
răsturna • *n* billar *(m)* • *v* dar vuelta
răsturnat • *adj* al revés, en sentido contrario
răsuci • *v* torcer
răsucire • *n* tirón *(m)*
răsuna • *v* repercutir, repetir, resonar
răsunet • *n* ruido *(m)*
rășină • *n* pez *(f)*, resina *(f)*, brea *(f)*
rășinos • *adj* resinoso
rățișoară • *n* patito *(m)*
rățoi • *n* pato *(m)*
rățucă • *n* patito *(m)*
rățușcă • *n* patito *(m)*
rău • *adv* malamente, mal • *n* mal *(m)* • *adj* mal, travieso *(m)*, malo, malo *(m)*, diabólico, pícaro, malvado *(m)*, malvado, malévolo, maléfico, perverso
răufăcător • *n* malhechor *(m)*, malhechora *(f)*, villano *(m)*
răutate • *n* mal *(m)*, rencor, despecho, malicia, maldad *(f)*, perversidad *(f)*
răutăcios • *adj* mal, travieso, malo, malvado, malévolo, maléfico, perverso
răuvoitor • *adj* travieso
războel • *n* guerra *(f)*
război • *n* guerra *(f)*
răzbuna • *v* vengar
răzbunare • *n* venganza *(f)*
răzbunător • *adj* vindicativo, vengativo
râde • *v* reír
râgâi • *v* eructar, regoldar
râie • *n* sarna *(f)*, sarna
râmă • *n* lombriz de tierra, gusano de tierra *(m)*
rânced • *adj* rancio
râncheza • *v* relinchar
rând • *n* línea *(f)*, fila *(f)*, hilera *(f)*, pista *(f)*, renglón *(m)*
rânduială • *n* orden *(m)*
rândunea • *n* golondrina *(f)*
rândunică • *n* golondrina *(f)*
rândunică-de-mare • *n* charrán *(m)*, fumarel *(m)*, gaviotín *(m)*, trilla *(f)*
râpă • *n* precipicio *(m)*, barranco *(m)*, cañada *(f)*
râs • *n* risa, risa *(f)*, lince *(m)*
râset • *n* risa, risa *(f)*
râu • *n* río *(m)*
râvnă • *n* ansia *(f)*
rea-voință • *n* malevolencia *(f)*
reacția • *n* reacción *(f)*
reacție • *n* retroacción, realimentación, retroalimentación, reacción *(f)*
real • *adj* real
realism • *n* realismo
realist • *adj* realista, realístico
realitate • *n* realidad *(f)*
realiza • *v* percibir, entender
realizare • *n* amanecer, despierto, ejecución *(f)*, ejecución, desempeño, despertad, realización *(f)*, rendimiento *(m)*, prestación *(f)*
realizări • *n* ejecución *(f)*, ejecución, desempeño, realización *(f)*, rendimiento *(m)*, prestación *(f)*
reamintire • *n* recuerdo *(m)*, memoria *(f)*
reanimare • *n* resucitación *(f)*
reazem • *n* apoyo *(m)*, soporte *(m)*
rebut • *n* basura
rece • *adj* frío *(m)*, frío
recent • *adv* recientemente, hace poco, últimamente • *adj* reciente
receptiv • *adj* susceptible, sensible, sensitivo, receptivo
receptor • *n* aparato *(m)*
recepționa • *v* recibir
recesiune • *n* recesión *(f)*
rechin • *n* tiburón *(m)*
reciclare • *n* reciclaje
recidiva • *v* reincidir
recif • *n* arrecife *(m)*
recipient • *n* tanque *(m)*, recipiente *(m)*, receptáculo *(m)*, vaso *(m)*, vasija *(f)*, recinto
reciproc • *adj* recíproco, mutuo
reciprocă • *adj* recíproco, mutuo
reclamație • *n* demanda *(f)*, queja *(f)*
reclamă • *n* anuncio *(m)*, publicidad *(f)*, publicidad, reclamo *(m)*
recolta • *v* cosechar
recoltă • *n* cosecha *(f)*, agosto *(m)*
recomanda • *v* aconsejar, asesorar
recomandabil • *adj* alabable, loable, encomiable
recomandare • *n* encomio *(m)*, prescripción *(f)*, comendación *(m)*, recomendación *(f)*
reconcilia • *v* reconciliar
reconciliere • *n* desagravio *(m)*, reconciliación *(f)*
reconfortare • *n* consuelo *(m)*, solaz *(m)*
reconstituire • *n* reconstrucción *(f)*
reconstrucție • *n* reconstrucción *(f)*
reconstrui • *v* reconstruir
reconstruire • *n* reconstrucción *(f)*, restauración *(f)*
record • *n* récord *(m)*
recorduri • *n* récord *(m)*

recruta • *v* reclutar
recrutare • *n* reclutamiento *(m)*, leva *(f)*, conscripción *(m)*
rectifica • *v* rectificar
rectitudine • *n* rectitud, derechura
recunoaște • *v* reconocer
recunoaștere • *n* confesión *(f)*, reconocimiento *(m)*
recunoscător • *v* agradecer • *adj* agradecido
recunoscut • *adj* reconocido, aceptado, admitido
recunoscută • *adj* reconocido, aceptado, admitido
recunoștință • *n* agradecimiento
recuperare • *n* recuperación *(f)*
recurent • *adj* recurrente
reduce • *v* reducir, recortar
redus • *adj* reducido
redută • *n* reducto *(m)*
referi • *v* aludir, referirse
referință • *n* referencia *(f)*, referencia, referencias
reflectare • *n* reflexión *(f)*
reflectiv • *adj* reflexivo
reflecție • *n* reflexión *(f)*
reflexie • *n* reflexión *(f)*
reflexiv • *adj* reflexivo *(m)*
reflux • *n* reflujo *(m)*, marea *(f)*
reformă • *n* reforma *(f)*
refractometru • *n* refractómetro *(m)*
refracție • *n* refracción *(f)*
refrigera • *v* refrigerar
refuta • *v* refutar, rebatir
refuza • *v* rechazar, escarnir
regal • *adj* real, regio
regală • *adj* real, regio
regat • *n* reino *(m)*
rege • *n* rey *(m)*
regicid • *n* regicidio *(m)*
regiment • *n* regimiento *(m)*
regină • *n* reina *(f)*
regiune • *n* región *(f)*
regizor • *n* director *(m)*, directora *(f)*
regizori • *n* director *(m)*, directora *(f)*
regla • *v* ajustar, arreglar, regular
reglementare • *n* reglamento *(m)*
regret • *n* pesar *(m)*, arrepentimiento *(m)*, compunción *(f)*, remordimiento *(m)*
regula • *v* templar
regulament • *n* reglamento *(m)*
regulat • *adv* habitualmente
regulă • *n* norma *(f)*, regla *(f)*
reinstala • *v* reinstalar
reîncepere • *n* recurrencia *(f)*
reînceput • *adj* recurrente
reînnoi • *v* reanudar, renovar

reîntoarcere • *n* recurrencia *(f)*, volver, regresar, retornar
reînviere • *n* resurrección *(f)*, resucitación *(f)*
relativ • *adj* relativo
relativism • *n* relativismo *(m)*
relație • *n* relación *(f)*, confianza *(f)*
relaționat • *adj* relacionado
relaxa • *v* aflojar, relajar
relaxare • *n* relajación, relax *(m)*
relaxat • *adj* tranquilo, relajado
releu • *n* relé *(m)*
relevant • *adj* pertinente
relevanță • *n* relevancia *(f)*
relicvariu • *n* relicario *(m)*
relief • *n* relieve *(m)*
religie • *n* religión *(f)*
remarcabil • *adj* notable
remarcă • *n* declaración *(f)*
remocher • *n* remolcador *(m)*
remodela • *v* remodelar
remunerație • *n* remuneración *(f)*
remușcare • *n* desagravio *(m)*, compunción *(f)*, remordimiento *(m)*
ren • *n* caribú *(m)*, reno *(m)*, rangífero *(m)*
reniu • *n* renio *(m)*
renova • *v* reanudar, renovar
rentă • *n* renta *(f)*, alquiler
renume • *n* renombre *(m)*, distinción *(f)*, fama *(f)*, reputación *(f)*
renumit • *adj* renombrado, reconocido, distinguido, de renombre
renunța • *v* renunciar, abandonar
renunțare • *n* abandono *(m)*
repara • *v* reparar, remendar
reparare • *n* reparación *(f)*
reparație • *n* reparación *(f)*
repartiza • *v* dividir, distribuir, repartir
repatriere • *n* repatriación *(f)*
repaus • *n* reposo *(m)*, reposo, descanso *(m)*, relajación, relax *(m)*
repauza • *v* descansar, reposar
repede • *adv* rápidamente, rápido • *adj* rápido
repetare • *n* recurrencia *(f)*, repetición *(f)*
repetat • *adj* recurrente
repetiție • *n* repetición *(f)*
repezitor • *n* acelerador *(m)*
replică • *n* réplica *(f)*
reporta • *v* informar
reprezenta • *v* representar
reprezentabil • *adj* representable
reprezentare • *n* representación
reprezentativ • *adj* representante, representativo

reproduce • *v* procrear
reproducere • *n* reproducción *(f)*, réplica *(f)*
reproductiv • *adj* reproductivo, reproductor
reproductor • *adj* reproductivo, reproductor
reproducție • *n* reproducción *(f)*
reproș • *n* reproche *(m)*
reproșa • *v* reprochar, juzgar
reptilă • *n* reptil *(m)*
republicanism • *n* republicanismo *(m)*
republică • *n* república *(f)*
repugnant • *adj* repugnante
repugnanță • *n* repugnancia *(f)*, aborrecimiento *(m)*, odio *(m)*
repulsie • *n* repugnancia
repulsiv • *adj* repulsivo
reputat • *adj* ilustre, famoso, célebre, renombrado, reputado, espléndido
reputație • *n* renombre *(m)*, fama *(f)*, reputación *(f)*
resentiment • *n* resentimiento *(m)*
resorbi • *v* resorber
respect • *n* consideración *(f)*, respeto *(m)*
respecta • *v* respetar
respectabil • *adj* respetable
respectabilitate • *n* respetabilidad *(f)*
respectos • *adj* respetuoso
respingător • *adj* desagradable *(f)*, detestable *(f)*, odioso *(m)*, odiosa *(f)*, inhalagüeño *(m)*, despreciable, repulsivo, repelente, asqueroso, nauseabundo, repugnante
respinge • *v* rechazar, escarnir
respira • *v* respirar
respirație • *n* respiración *(f)*
responsabil • *adj* responsable
responsabilitate • *n* responsabilidad *(f)*
rest • *n* resto *(m)*, sobra *(f)*, demás, desperdicio *(m)*, desecho
restaura • *v* reconstruir
restaurant • *n* restaurante *(m)*, restorán *(m)*
restaurare • *n* reconstrucción *(f)*, restauración *(f)*
restaurație • *n* reconstrucción *(f)*, restauración *(f)*
restitui • *v* devolver
restituibil • *adj* reembolsable, amortizable
restrânge • *v* limitar, restringir
restrictiv • *adj* restrictivo
restricție • *n* restricción *(f)*
resursă • *n* recurso *(m)*, capacidad *(f)*, fortaleza *(f)*

resurse • *n* recurso *(m)*, capacidad *(f)*, fortaleza *(f)*
resuscitare • *n* resucitación *(f)*
reședință • *n* residencia *(f)*
reșou • *n* cocina *(f)*, estufa *(f)*, hornillo *(m)*, calentador *(m)*
retenție • *n* retención *(f)*
retină • *n* retina *(f)*
retortă • *n* retorta *(f)*
retracta • *v* retractar, retraer
retrage • *v* alejarse, sacar, retraer
retribuție • *n* remuneración *(f)*, salario *(m)*, sueldo *(m)*
retrospectiv • *adj* retrospectivo
returna • *v* devolver
rețea • *n* red *(f)*, trama, cuadrícula
rețele • *n* red *(f)*
rețetă • *n* receta *(f)*
reține • *v* reprimir, entorpecer, estorbar, impedir, retener, detentar
reținere • *n* retentiva *(f)*, retención *(f)*
reuși • *v* conseguir
revărsare • *n* desbordamiento *(m)*
revelare • *n* revelación *(f)*
revelator • *n* revelador *(m)*
revelație • *n* revelación *(f)*
revendica • *v* reclamar
revendicare • *n* reclamación *(f)*
reveni • *v* templar
revenire • *n* volver, regresar, retornar, temple *(m)*
revent • *n* ruibarbo *(m)*
revistă • *n* revista *(f)*, magacín *(m)*, publicación *(f)*
revoca • *v* anular, revocar, invalidar
revocabil • *adj* anulable
revocare • *n* caducidad
revolta • *v* alzarse en protesta
revoltă • *n* rebelión *(f)*, revuelta *(f)*
revoluție • *n* revolución *(f)*
revoluționar • *adj* revolucionario *(m)*, revolucionaria *(f)*
revolver • *n* pistola *(f)*
revolverul • *n* revólver *(m)*
rezema • *v* declinar
rezerva • *v* reservar
rezervă • *n* útil, provisiones, reserva *(f)*, reservas
rezervor • *n* bodega *(f)*, tanque *(m)*, almacén *(m)*, depósito *(m)*
rezident • *n* habitante, residente *(m)*
rezidență • *n* residencia *(f)*
reziduu • *n* basura
rezistare • *n* resistencia *(f)*
rezistent • *adj* resistente
rezistentă • *adj* resistente
rezistență • *n* resistencia *(f)*, tolerancia

(f)
rezistibil • *adj* resistible
rezolva • *v* resolver, solucionar
rezolvare • *n* respuesta (f), solución (f)
rezonabil • *adj* razonable, lógico, sensato
rezonabili • *adj* lógico
rezultat • *n* resultado (m), solución (f)
rezumat • *n* resumen (m), extracto (m)
rid • *n* surco (m)
rida • *v* arrugar
ridica • *v* surgir, subir, pararse, levantar, levantarse
ridicat • *adj* alto, elevado
ridiche • *n* rábano (m)
ridicol • *adj* irrisorio, ridiculo, ridículo
rigid • *adj* inflexible
riglă • *n* regla (f)
rigoare • *n* rectitud, derechura
rima • *v* rimar
rimă • *n* rima (f), rima (m)
rindea • *n* cepillo (m)
rinichi • *n* riñón (m)
rinocer • *n* rinoceronte (m)
risc • *n* riesgo (m)
risca • *v* arriesgar
risipi • *v* malgastar, desperdiciar
rit • *n* rito (m)
ritm • *n* paso (m), cadencia, ritmo (m)
ritual • *n* rito (m)
rival • *n* rivalo (m)
roabă • *n* carretilla (f)
roade • *v* reconcomer, roer
roată • *n* rueda (f)
rob • *n* esclavo (m), esclava (f)
robie • *n* esclavitud (f)
robotica • *n* robótica (f)
robust • *adj* robusto
robustă • *adj* robusto
rocă • *n* piedra (f), roca (f)
rochie • *n* traje (m), vestido (m)
rochii • *n* traje (m), vestido (m)
rod • *n* fruta (f), cosecha (f), fruto (m)
rodie • *n* granada (f)
rodier • *n* granado (m)
roditor • *adj* fértil
rodiu • *n* granado (m), rodio (m)
rodnic • *adj* fértil, productivo
rododendron • *n* rododendro (m)
rogojină • *n* alfombrilla (f), felpudo (m)
rogoz • *n* carrizo (m)
roi • *n* enjambre
roib • *adj* castaño, marrón
rom • *n* ron (m)
roman • *n* novela (f)
romantism • *n* romanticismo
romb • *n* rombo (m)

rost • *n* objetivo (m), intención (f), razón (f), objeto (m), propósito (m)
rosti • *v* deletrear
rostogolire • *n* voltereta (f), salto mortal
roșcat • *adj* rojizo, rubescente, rubicundo (m), rubicunda (f)
roșcat-cafeniu • *adj* castaño, bermejo
roșcov • *n* algarrobo (m)
roșcovă • *n* algarroba (f)
roșeață • *n* bochorno (m)
roși • *v* ruborizarse, enrojecerse, sonrojarse, abochornar
roșie • *n* tomate (m)
roșu • *adj* gules, rufo, rojo, colorado, rubicundo, rubro, rúbeo • *n* gules, rojo
rotație • *n* ciclo (m)
roti • *v* girar
rotor • *n* rotor (m)
rotund • *adj* circular, redondo
rouă • *n* rocío (m), sereno (m)
roz • *n* rosa, rosado, pink • *adj* rosa, rosado
roză • *n* rosa (f), rosal (m)
rozător • *n* roedor (m)
rozmarin • *n* romero (m)
rubarbă • *n* ruibarbo (m)
rubidiu • *n* rubidio (m)
rubin • *n* rubí (m)
rublă • *n* rublo (m)
ruchetă • *n* oruga (f), roqueta (f), ruca (f), rúcula (f)
rucolă • *n* oruga (f), roqueta (f), ruca (f), rúcula (f)
rucsac • *n* mochila (f)
rudenie • *n* parentesco (m)
rufe • *n* ropa sucia (f), lavado (m), colada (f), ropa (f), prenda (f)
rug • *n* pira (f), hoguera (f)
ruga • *v* pedir, requerir, rezar, orar, rogar, suplicar
rugăciune • *n* oración (f)
rugină • *n* óxido (m), moho (m), roya (f), roña (f), herrumbre (f), orín
rugini • *v* aherrumbrarse
ruginit • *adj* herrumbroso
ruginiu • *n* marrón, rojizo
ruina • *v* dañar, arruinar, echar a perder, estropear
ruină • *n* cacharro (m), trasto (m), ruina (f)
ruj • *n* lápiz labial (m), pintalabios (m), lápiz de labios (m)
rujeolă • *n* sarampión (m)
ruliu • *n* balanceo (m)
rumega • *v* rumiar
rumegătoare • *n* rumiante (f)
rumeguș • *n* serrín (m), aserrín (m)

rupe • *v* rasgar, arrancar
rupere • *n* fractura *(f)*
rupt • *adj* quebrado *(m)*, roto *(m)*
ruptură • *n* rotura
rural • *adj* campo, campesino, provincia, rural, campestre, provinciano
rușinat • *adj* avergonzado, abochornado, apenado

rușine • *n* humillación, vergüenza *(f)*
rut • *n* celo *(m)*, estro *(m)*, brama *(f)*, cachondez *(f)*
rută • *n* ruda *(f)*
ruteniu • *n* rutenio *(m)*
rutherfordiu • *n* rutherfordio *(m)*
rutină • *n* rutina *(f)*

S

sabie • *n* espada *(f)*
sabla • *v* lijar
sabotaj • *n* sabotaje *(m)*
sabotare • *n* sabotaje *(m)*
sac • *n* bolsa *(f)*, saco *(m)*, cartucho *(m)*, funda *(m)*, jaba *(f)*, talego *(m)*
sacrifica • *v* sacrificar
sacrificiu • *n* sacrificio *(m)*
sacru • *adj* sagrado, sacro
sadea • *adj* puro
sadic • *adj* sádico
sadism • *n* sadomasoquismo, sadismo
safir • *n* zafiro *(m)*
sagitar • *n* arquero *(m)*
saiga • *n* saiga *(m)*
salamandră • *n* salamandra *(f)*
salariat • *n* cabeza de familia *(f)*
salariu • *n* remuneración *(f)*, salario *(m)*, sueldo *(m)*
salată • *n* ensalada *(f)*, lechuga *(f)*
salbă • *n* collar *(m)*
salcie • *n* sauce *(m)*
saliva • *v* babear
salivă • *n* saliva *(f)*
salt • *n* salto *(m)*
saltea • *n* colchón *(m)*
salut • *n* saludo *(m)*, venia *(f)* • *interj* hola, buenos días, qué tal
saluta • *v* saludar
salutare • *n* saludo *(m)*, venia *(f)*
salva • *v* reservar, ahorrar, guardar, salvar, rescatar
salvare • *n* salvación *(f)*
salvă • *n* salva *(f)*, andanada *(f)*
salvie • *n* salvia *(f)*
samariu • *n* samario *(m)*
samovar • *n* samovar *(m)*
samur • *n* cebellina *(f)*
samurai • *n* samurái *(m)*
sanctuar • *n* asilo *(m)*, santuario *(m)*
sandviș • *n* sándwich *(m)*, sánduche, sánguche, emparedado *(m)*, torta *(f)*, bocadillo *(m)*
sanie • *n* trineo *(m)*

santal • *n* sándalo *(m)*
sapă • *n* azada *(f)*, azadón *(m)*
saramură • *n* salmuera *(f)*
sarcasm • *n* sarcasmo
sarcină • *n* responsabilidad *(f)*, carga, carga *(f)*
sarcofag • *n* sarcófago *(m)*
sardele • *n* anchoa *(f)*, boquerón *(m)*
sardină • *n* sardina *(f)*
sare • *n* sal *(f)*
sarigă • *n* carachupa *(f)*, comadreja *(f)*, chucha *(f)*, faro *(m)*, zarigüeya *(f)*, muca *(f)*, rabipelado *(m)*, raposa *(f)*, tacuacín *(m)*, tacuazín *(m)*, tlacuache *(m)*, zorro cola pelada *(m)*, zorro pelón *(m)*
sarselă • *n* cerceta *(f)*, barraquete *(m)*
sat • *n* campo *(m)*, pueblo *(m)*, aldea *(f)*
satan • *n* diablo *(m)*
satanic • *adj* satánico
satelit • *n* satélite *(m)*
satiră • *n* sátira *(f)*
satiric • *adj* satírico
satisface • *v* realizar
satisfacere • *n* satisfacción, satisfacción *(f)*
satisfacție • *n* satisfacción *(f)*, satisfacción
satisfăcător • *adj* satisfactorio
satisfăcut • *adj* satisfecho *(m)*
satura • *v* saturar
sațietate • *n* saciedad *(f)*
sau • *conj* o, u
saună • *n* sauna *(f)*
savant • *n* científico *(m)*, cientificesa *(f)*, científice *(m)*
savura • *v* disfrutar, gozar
savurabil • *adj* agradable, placentero
saxifragă • *n* saxifraga *(f)*
saxofonist • *n* saxofonista *(f)*
să • *v* que, ojalá que
săgeată • *n* flecha *(f)*
săgetător • *n* arquero *(m)*
sălbatic • *adj* salvaje, montaraz
sălbăție • *n* cizaña *(f)*, cizaña forrajera

sălta | scoate

(f)
sălta • v saltar
săltare • n salto (m)
sămânţă • n semilla (f)
sănătate • n salud (f), bienestar (m), sanidad (f)
sănătate! • interj salud
sănătos • adj saludable, sano (m), cuerdo
săpa • v excavar, ahondar, cavar, socavar, azadonar
săptămânal • adj semanal
săptămână • n semana (f)
săpun • n jabón (m)
săpuni • v enjabonar
săra • v salar
sărac • adj indigente, destituido, pobre
sărăci • v empobrecer
sărăcie • n pobreza (f), pauperismo (m)
sărbătoare • n festividad (f), fiesta (f), celebración (f)
sări • v saltar
sărman • adj pobre
sărut • n beso (m)
săruta • v besar
sătul • adj lleno, satisfecho
sătura • v saciar
săturat • adj lleno, satisfecho
sâcâitor • adj pestífero, pernicioso, pesado
sâmbovină • n almez (m), ramón (m), tala (f)
sâmbure • n semilla (f), hueso (m)
sân • n teta, teta (f), macoca (f), melón (m), seno (m), entrañas, pecho (m)
sânge • n sangre (f), crúor, lazo de sangre (m)
sânger • n cornejo (m)
sângera • v sangrar
sângeros • adj sangriento, ensangrentado, cruento, cruento (m), sanguinolento
sânt • n santo (m), santa (f)
sântă • n santo (m), santa (f)
sârguincios • adj trabajador
sârguinţă • n esmero (m), diligencia (f)
sârmă • n alambre (m), hilo (m)
sâsâit • n siseo (m)
scabie • n sarna (f), sarna
scafandrier • n saltador (m), saltadora (f), buzo, submarinista
scafandru • n saltador (m), saltadora (f), buzo, submarinista
scaiete • n cardo (m)
scalar • adj escalar
scalpa • v descabellar
scamă • n pelusa (f)
scana • v escrutar, escanear

scandiu • n escandio (m)
scaner • n escáner (m)
scaneriza • v escanear
scarabeu • n escarabeo (m)
scară • n escalera (f), estribo (m)
scatiu • n verdecillo (m)
scaun • n excremento (m), asiento (m), asiento, heces, trono (m), silla (f)
scaune • n asiento, silla (f)
scădea • v disminuir, substraer
scădere • n disminución (f), resta (f), substracción (f)
scăpa • v huir, caer, dejar caer, escapar, liberarse, fugarse, salvar, evadir
scăpare • n escape (m), escapada (f), fuga (f), escapatorio (m), liberación (f)
scăpăta • v poner
scărmăna • v desplumar
scărpina • v rascar
scândură • n tablón, tabla (f), tablero (m)
scânteie • n chispa (f), destello (m)
scânteiere • n parpadeo (m)
scânteind • adj radiante, ardiente, resplandeciente
scârbi • v repugnar
scârbos • adj despreciable, repulsivo, asqueroso, nauseabundo, repugnante
scepticism • n escepticismo (m), incredulidad (f)
schelet • n esqueleto (m), osamenta (f)
schepsis • n agudeza, inteligencia, ingenio, mentalidad, gracia
schi • n esquí (m)
schia • v esquiar
schilod • adj cojo, lisiado
schilodi • v mutilar
schimb • n modificación (f), cambio (m), mutación (f), evolución (f), intercambio
schimba • v intercambiar, cambiar, editar, canjear, modificar, mudar, demudar
schimbabil • adj cambiable, cambiante
schimbare • n modificación (f), alteración (f), cambio (m), mutación (f), evolución (f)
schinduf • n alholva (f), fenogreco (m)
schiţă • n copia de plano (f), borrador (m), esbozo (m), bosquejo (m), esquicio (m)
schizofrenie • n esquizofrenia (f)
scinda • v dividir, partir, escindir
sclav • n esclavo (m), esclava (f)
sclavie • n esclavitud (f)
sclipire • n parpadeo (m)
scoarţă • n corteza (f)
scoate • v arrancar, quitar, remover

scobitoare • *n* palillo *(m)*, escarbadientes *(m)*
scobitură • *n* hoyuelo *(m)*
scoicar • *n* ostrero *(m)*
scoică • *n* concha *(f)*
scop • *n* objetivo *(m)*, intención *(m)*, meta, propósito *(m)*
scor • *n* punto *(m)*, tantos, puntaje *(m)*
scorni • *v* inventar
scorpie • *n* bruja *(f)*, arpía *(f)*
scorpion • *n* escorpión *(m)*, alacrán *(m)*
scorțar • *n* sita *(f)*
scorțișoară • *n* canela *(f)*
scorțișor • *n* canelo *(m)*
scrib • *n* escriba
scrie • *v* escribir
scriere • *n* escritura *(f)*
scriitoare • *n* escritor *(m)*, escritora *(f)*
scriitor • *n* escritor *(m)*, escritora *(f)*
scrimă • *n* esgrima *(f)*
scripete • *n* polea *(f)*, roldana *(f)*
scris • *n* escritura *(f)* • *adj* escrito *(m)*
scrisă • *adj* escrito *(m)*
scrisoare • *n* carta *(f)*
scroafă • *n* cerda *(f)*, puerca *(f)*
scrot • *n* escroto *(m)*
scrotal • *adj* escrotal
scrum • *n* ceniza *(f)*
scrumieră • *n* cenicero *(m)*
scrupul • *n* escrúpulo *(m)*
scrupulos • *adv* escrupulosamente
scufunda • *v* hundir, sumergir
scufundare • *n* buceo
scufundător • *n* saltador *(m)*, saltadora *(f)*, buzo, submarinista
scufundătură • *n* hoyuelo *(m)*
scuipa • *v* escupir
scuipat • *n* escupida, escupitajo
scula • *v* surgir, despertarse, despertar
sculă • *n* herramienta *(f)*
sculpta • *v* esculpir
sculptor • *n* escultor *(m)*, escultora *(f)*
sculptoriță • *n* escultor *(m)*, escultora *(f)*
sculptură • *n* escultura *(f)*
scump • *adj* querido *(m)*, caro, caro *(m)*, costoso, costoso *(m)*, dispendioso, amado *(m)*, precioso *(m)*
scund • *adj* bajo *(m)*
scurge • *v* desaguar
scurt • *adj* breve, corto, corto *(m)*
scurta • *v* reducir, abreviar, acortar
scurtătură • *n* atajo
scut • *n* escudo *(m)*
scutec • *n* pañal *(m)*
scuter • *n* scooter *(m)*
scutit • *adj* exento

scutura • *v* desempolvar, limpiar el polvo
scuza • *v* excusar, perdonar
scuzați • *interj* discúlpame, perdóname, lo siento
scuzați-mă • *interj* discúlpame, perdóname, lo siento
scuză • *n* perdón *(m)* • *interj* discúlpame, perdóname, lo siento
scuză-mă • *interj* discúlpame, perdóname, lo siento
se • *pron* él mismo, sí mismo, se, ella misma, sí misma
seară • *n* tarde *(f)*
searbăd • *adj* insípido
sec • *adj* seco *(m)*
secantă • *n* secante *(f)*
secară • *n* centeno *(m)*
secătuit • *adj* consumido, macilento, trasojado, demacrado, exhausto
secera • *v* cosechar, segar
seceră • *n* hoz *(f)*
seceriș • *n* cosecha *(f)*
secetă • *n* sequía *(f)*, seca *(f)*
sechestra • *v* separar
sechestru • *n* embargo
secol • *n* centuria *(f)*, siglo *(m)*
secret • *n* secreto *(m)* • *adj* secreto *(m)*
secretar • *n* secretario *(m)*, secretaria *(f)*, escribanía *(f)*, oficinista, escribiente
secretară • *n* secretario *(m)*, secretaria *(f)*
secretare • *n* secreción *(f)*
secretă • *adj* secreto *(m)*
secretețe • *n* secreto *(m)*
secretism • *n* secreto *(m)*
secretos • *adj* reservado
secreție • *n* secreción *(f)*
secrețiere • *n* secreción *(f)*
secreționare • *n* secreción *(f)*
sector • *n* sección *(f)*
secție • *n* sección *(f)*
secționare • *n* sección *(f)*
secțiune • *n* sección *(f)*
secund • *adj* segundo *(m)*
secunda • *v* secundar
secundar • *adj* secundario
secundă • *n* segundo *(m)*
securitate • *n* seguridad *(f)*, confianza
secvență • *n* secuencia *(f)*
sedentar • *adj* sedentario
sedilă • *n* cedilla *(f)*
sediu • *n* sede *(f)*
seducător • *adj* tentador *(m)*, incitante
segment • *n* segmento *(m)*, sección *(f)*
segmenta • *v* segmentar
sejur • *n* estadía *(f)*

selectare • *n* selección *(f)*
selectiv • *adj* selectivo
selecție • *n* elección *(f)*, selección *(f)*
seleniu • *n* selenio *(m)*
selianism • *n* sonambulismo *(m)*
semăna • *v* sembrar, asemejar, semejar, parecerse
semestru • *n* semestre *(m)*
semicerc • *n* semicírculo *(m)*
semicercuri • *n* semicírculo *(m)*
semicircular • *adj* semicircular *(f)*
semiconductor • *n* semiconductor *(m)*
semilună • *n* medialuna *(f)*, creciente *(m)*
semivocală • *n* semivocal *(f)*, semiconsonante
semn • *n* seña *(f)*, muestra *(f)*, marca *(f)*, signo *(m)*, presagio *(m)*
semna • *v* firmar
semnal • *n* señal *(f)*
semnala • *v* señalar
semnaliza • *v* parar
semnalizator • *n* señal *(f)*, indicador *(m)*
semnătură • *n* firma *(f)*
semnificant • *adj* importante, significativo
semnificanță • *n* significado *(m)*, significación
semnificativ • *adj* importante, significativo
semnificativitate • *n* significado *(m)*, significación
senilitate • *n* senilidad *(f)*
senin • *adj* sereno, claro, despejado
seninătate • *n* sosiego *(m)*, tranquilidad *(f)*, serenidad
sens • *n* sentido *(m)*, significado *(m)*, significación *(f)*, acepción *(f)*
sensibil • *adj* susceptible, sensible, sensitivo
sensibilitate • *n* sensibilidad *(f)*
sentiment • *n* sensación, sentimiento *(m)*, emoción *(f)*
sentimental • *adj* sentimental
sentimente • *n* sensación, sentimiento *(m)*, emoción *(f)*
sentință • *n* sentencia *(f)*, condena *(f)*
senzațional • *adj* excelente *(f)*
senzualitate • *n* sensualidad *(f)*
separa • *v* separar, disgregar, partir
separare • *n* separación
separat • *adj* separado
separată • *adj* separado
sepia • *n* sepia *(f)*
sepie • *n* jibia *(f)*, sepia, sepia *(f)*, choco *(m)*
sepulcral • *adj* funeral

sequoia • *n* secoya *(f)*
seră • *n* invernadero *(m)*
serbare • *n* celebración *(f)*
serenadă • *n* serenata *(f)*
serendipitate • *n* serendipia *(f)*, serendipidad *(f)*, serendipicia
sergent • *n* sargento *(m)*
serie • *n* serie *(f)*
serină • *n* serina *(f)*
seringă • *n* jeringa *(f)*
serios • *adj* solemne, serio
seriozitate • *n* seriedad *(f)*
serotonină • *n* serotonina *(f)*
sertar • *n* cajón *(m)*, gaveta *(f)*
serv • *n* esclavo *(m)*, esclava *(f)*
servi • *v* servir
serviciu • *n* trabajo *(m)*, servicio *(m)*
servil • *adj* sumiso, obsequioso, servil
servilism • *n* servilismo *(m)*
servilitate • *n* servilismo *(m)*
servitor • *n* sirviente *(m)*, criado *(m)*, mozo *(m)*, doméstico *(m)*, empleado *(m)*
servus • *interj* hola, buenos días, qué tal
sesam • *n* ajonjolí *(m)*, sésamo *(m)*
set • *n* batería *(f)*, juego *(m)*, set
sete • *n* ansia *(f)*, sed *(f)*
setos • *adj* sediento
sever • *adj* duro *(m)*, duro, difícil *(f)*, implacable, severo, furioso
severitate • *n* severidad *(f)*
sex • *n* género *(m)*, sexo *(m)*
sexism • *n* sexismo *(m)*
sexos • *adj* sexy
sextant • *n* sextante *(m)*
sextet • *n* sexteto *(m)*
sexual • *adj* sexual
sexuală • *adj* sexual
sexy • *adj* sexy
sezon • *n* estación *(f)*
sfat • *n* consejo *(m)*, consejo, consulta *(f)*
sfătui • *v* aconsejar, asesorar
sfătuire • *n* consulta *(f)*
sfânt • *n* santo *(m)*, santa *(f)* • *adj* santo, sagrado
sfântă • *n* santo *(m)*, santa *(f)* • *adj* santo, sagrado
sfârc • *n* niple *(f)*, pezón *(m)*, teta *(f)*
sfârși • *v* terminar, finalizar, acabar, finir
sfârșire • *n* terminación *(f)*
sfârșit • *n* meta *(f)*, fin *(m)*, fin *(f)*, lomo *(m)*
sfâșia • *v* rasgar
sfeclă • *n* remolacha *(f)*, betabel *(m)*, betarraga *(f)*, beterava *(f)*
sferă • *n* bola *(f)*, campo *(m)*, esfera *(f)*, terreno *(m)*, ámbito *(m)*

sferic • *adj* esférico
sfert • *n* cuarto *(m)*, cuartel *(m)*
sfeşnic • *n* candelero *(m)*, candelabro *(m)*
sfida • *v* provocar, mortificar, desafiar
sfinţenie • *n* santidad *(f)*
sfinx • *n* esfinge *(f)*
sfoară • *n* línea *(f)*, hilo *(m)*
sforăi • *v* roncar
sforăială • *n* ronquido *(m)*
sforăit • *n* ronquido *(m)*
sforăitură • *n* ronquido *(m)*
sfredel • *n* taladro *(m)*, taladradora *(f)*
sfruntare • *n* desfachatez *(f)*, desvergüenza *(f)*
siaj • *n* estela *(f)*
sicriu • *n* cajón *(m)*, ataúd *(m)*, féretro *(m)*, urna *(f)*
sifilis • *n* sífilis *(f)*
sigur • *adj* cierto, fiable, confiable, confiable *(m)*, seguro *(m)*, seguro, resguardado, fidedigno, de confianza, aplomado *(m)* • *interj* claro, por supuesto • *adv* confidentemente
siguranţă • *n* certeza *(f)*, certidumbre *(f)*, seguridad *(f)*, certeza propia *(f)*
silabă • *n* sílaba *(f)*
silex • *n* pedernal *(m)*, sílex
siliciu • *n* silicio *(m)*
silicon • *n* silicona *(f)*
silicvă • *n* vaina *(f)*
silogism • *n* silogismo *(m)*
siloz • *n* silo *(m)*
siluetă • *n* silueta *(f)*
silur • *n* barbo *(m)*, bagre *(m)*, siluro *(m)*, pez gato *(m)*
silvă • *n* selva, bosque *(m)*, floresta *(f)*
silvie • *n* arañero *(m)*, chipe *(m)*, reinita *(f)*
simbol • *n* símbolo *(m)*
simbolic • *adj* simbólico • *adv* simbólicamente
simboliza • *v* simbolizar
simetric • *adj* simétrico
simetrie • *n* simetría *(f)*
simian • *adj* símico • *n* simio *(m)*
simie • *n* mono *(m)*, chango *(m)*, mico *(m)*, simio *(m)*
similar • *adj* similar, semejante, parecido
similaritate • *n* semejanza *(f)*, similitud *(f)*, similaridad *(f)*
simonie • *n* simonía *(f)*
simpatic • *adj* agradable, encantador, mono, dulce, hermoso, bello, lindo
simpatie • *n* compasión
simplifica • *v* simplificar

simplu • *adj* franco, sencillo, simple
simpozion • *n* simposio
simptomatic • *adj* sintomático
simptomă • *n* síntoma *(m)*
simţ • *n* sentido *(m)*
simţi • *v* tocar, sentir
simţitor • *adj* susceptible, sensible
simultan • *adv* simultáneamente
simultaneitate • *n* simultaneidad *(f)*
sinagogă • *n* sinagoga *(f)*
sincer • *adj* franco, sencillo, verdadero, sincero
sinceritate • *n* sinceridad *(f)*, verdad *(f)*
sinclinal • *n* sinclinal *(m)*
sincron • *adj* síncrono
sincroniza • *v* sincronizar
sincronizare • *n* sincronización *(f)*
sinecură • *n* enchufe, canonjía, sinecura
singular • *adj* singular
singularitate • *n* singularidad *(f)*
singur • *adv* solo • *adj* solo, único
singurătate • *n* soledad *(f)*, solitud *(f)*
sinistru • *adj* siniestro *(m)*, siniestro, diabólico, ominoso
sinonim • *n* sinónimo *(m)*
sintagmă • *n* sintagma *(m)*
sintaxă • *n* sintaxis *(f)*
sintetizator • *n* sintetizador *(m)*
sinteză • *n* síntesis *(f)*, deducción *(f)*
sinucidere • *n* suicidio *(m)*
sinucigaş • *n* suicida *(f)*
sinucigaşă • *n* suicida *(f)*
sinus • *n* seno *(m)*
sinuzită • *n* sinusitis *(m)*
sirenă • *n* sirena *(f)*
sirop • *n* almíbar *(m)*, jarabe *(m)*, sirope *(m)*
sistem • *n* sistema *(m)*
sistematiza • *v* sistematizar
sistematizare • *n* sistematización *(f)*
sitar • *n* chocha *(f)*, chochaperdiz *(f)*
sită • *n* colador *(m)*, cedazo *(m)*, criba *(f)*, tamiz *(m)*
situare • *n* localización *(f)*, ubicación *(f)*
situaţie • *n* ocasión *(f)*, localización *(f)*, ubicación *(f)*, estado *(m)*, situación *(f)*
slab • *adj* pobre *(m)*, triste *(f)*, esbelto, débil, débil *(f)*, endeble, magro, flojo, delgado, flaco, fino, feble
slalom • *n* eslalon *(m)*
slang • *n* jerga *(f)*, argot *(m)*, germanía *(f)*
slavă • *n* gloria *(f)*
slăbi • *v* desfallecer, flaquear, languidecer, adelgazar, debilitarse, languecer
slăbit • *adj* alterado, estropeado, aminorado

slănină • *n* tocino *(m)*, bacón *(m)*
slobod • *adj* libre • *n* libertad *(f)*
sloboz • *n* leche *(f)*, lefa *(f)*, corrida *(f)*, semen *(m)*
slobozi • *v* terminar, venir, acabar, venirse, eyacular, correrse
slugă • *n* sirviente *(m)*, criado *(m)*, mozo *(m)*, doméstico *(m)*, empleado *(m)*
slujbă • *n* servicio religioso *(m)*
slujitor • *n* sirviente *(m)*, criado *(m)*, mozo *(m)*, doméstico *(m)*, empleado *(m)*
smahoz • *n* esperma
smaragd • *n* esmeralda *(f)*
smarald • *n* esmeralda *(f)*
smaraldiu • *adj* esmeralda
smarand • *n* esmeralda *(f)*
smântână • *n* nata *(f)*, crema *(f)*
smârc • *n* pantano *(m)*, embalsadero *(m)*, ciénaga *(f)*, embalse *(m)*
smârcău • *n* esperma
smecleu • *n* esperma
smicea • *n* ramita *(f)*, ramilla *(f)*, vara *(f)*
smoală • *n* pez *(f)*
smoc • *n* haz, mechón *(m)*, penacho *(m)*, manojo *(m)*, champa *(f)*
smochin • *n* higuera *(f)*
smochină • *n* higo *(m)*, breva *(f)*
smulge • *v* desplumar, arrancar
snob • *n* esnob *(f)*, pijo *(m)*, pituco *(m)*, siútico
snop • *n* haz *(m)*, atado *(m)*, fajo *(m)*
soacră • *n* suegra *(f)*
soare • *n* sol *(m)*, sol, luz del sol *(f)*
soartă • *n* fortuna *(f)*, destino *(m)*, azar *(m)*, suerte *(f)*
sobă • *n* horno *(m)*, estufa *(f)*
sobol • *n* topo *(m)*
sobrietate • *n* austeridad *(f)*, templanza *(f)*
soc • *n* saúco *(m)*, baya del saúco *(f)*
sociabil • *adj* comerciable *(f)*, gregario
social • *adj* social
socialism • *n* socialismo *(m)*
socialist • *adj* socialista *(f)*
societate • *n* empresa *(f)*, sociedad *(f)*, comunidad *(f)*
sociologie • *n* sociología *(f)*
soclu • *n* enchufe *(m)*, toma corriente *(m)*
socoteală • *n* cuenta *(f)*
socoti • *n* cuenta *(f)* • *v* calcular
socru • *n* suegro *(m)*
sodiu • *n* sodio *(m)*
sofisticat • *adj* complicado, sofisticado, complejo, elaborado, de mundo, refinado, elegante
software • *n* programa *(m)*, software *(m)*
sol • *n* tierra *(f)*, sol *(m)*, suelo *(m)*
solă • *n* lenguado *(m)*
soldat • *n* soldado
solemn • *adj* solemne
solemnitate • *n* solemnidad *(f)*
solicitare • *n* esfuerzo *(m)*
solid • *adj* masivo, sólido
solidifica • *v* solidificar, solidificarse
solist • *n* solista *(f)*
solistă • *n* solista *(f)*
solo • *adj* solo *(m)* • *n* solo *(m)*, solista *(f)*
solstițiu • *n* solsticio *(m)*
solubil • *adj* soluble
soluție • *n* respuesta *(f)*, solución *(f)*
soluționa • *v* resolver, solucionar
soluționare • *n* solución *(f)*
solvabil • *adj* soluble, solucionable
solvabilă • *adj* soluble, solucionable
solz • *n* escama *(f)*
somn • *n* barbo *(m)*, sueño *(m)*, bagre *(m)*, siluro *(m)*, pez gato *(m)*
somnambul • *n* sonámbulo *(m)*
somnambulism • *n* sonambulismo *(m)*
somnambulist • *n* sonámbulo *(m)*
somnișor • *n* siesta *(f)*
somnola • *v* adormecer *(m)*, adormilar, dormitar
somnolent • *adj* sueño, adormecido, cansado, soñoliento *(m)*
somnolență • *n* sueño *(m)*, tuto
somnoros • *adj* sueño, adormecido, cansado, soñoliento *(m)*
somnuleț • *n* siesta *(f)*
somon • *n* salmón *(m)*
somptuos • *adj* suntuoso *(m)*
sonată • *n* sonata *(f)*
sonda • *v* sondar, sondear, escrutar
sonerie • *n* timbre *(m)*
sonet • *n* soneto *(m)*
sonoră • *n* sonoro *(m)*
soră • *n* hermana *(f)*
sorbi • *v* sorber
sorg • *n* zahína *(f)*
sori • *v* asolear
sort • *n* variedad *(f)*, delantal *(m)*, mandil *(f)*
sorta • *v* ordenar, surtir
sortiment • *n* variedad *(f)*
sos • *n* salsa *(f)*
sosi • *v* llegar
sosire • *n* llegada *(f)*, venida *(f)*, arribo *(m)*
soț • *n* marido *(m)*, esposo *(m)*
soție • *n* mujer *(f)*, esposa *(f)*
sovârf • *n* orégano *(m)*

soviet • *n* sóviet *(m)*
spadă • *n* espada *(f)*
spadice • *n* espádice *(m)*
spadix • *n* espádice *(m)*
spagatul • *n* espagat *(m)*
spaimă • *n* temor *(m)*, susto *(m)*, respeto, estupefacción *(f)*, terror *(m)*, espanto *(m)*, consternación *(f)*
spanac • *n* espinaca
sparanghel • *n* espárrago *(m)*
sparcetă • *n* pipirigallo *(m)*, esparceta *(f)*
spate • *n* atrás, fondo *(m)*, extremo *(m)*, cabo *(m)*, lomo *(m)*, trasero *(m)*, espalda *(f)*, dorso *(m)*, revés *(m)*, envés *(m)*, reverso *(m)*
spațiu • *n* lugar *(m)*, espacio *(m)*, espacio
spațiu-timp • *n* espacio-tiempo *(m)*
spăla • *v* lavar
spălare • *n* ablución *(f)*, colada *(f)*
spălat • *n* colada *(f)*
spălătorie • *n* lavandería *(f)*
spânzura • *v* ahorcar
spânzurătoare • *n* horca *(f)*, patíbulo *(m)*
spânzurătoarea • *n* ahorcado *(m)*, colgado *(m)*
specie • *n* especie
specific • *adj* específico
specifica • *v* especificar
specificitate • *n* especificidad *(f)*
specimen • *n* espécimen *(m)*
spectacol • *n* espectáculo *(m)*, show *(m)*, lugar de interés *(m)*, panorama *(m)*
spectacular • *adj* espectacular
spectaculos • *adj* espectacular
spectator • *n* espectador
spectru • *n* espectro *(m)*
speculant • *n* bajista *(f)*
spera • *v* esperar
speranță • *n* esperanza *(f)*
speria • *v* atemorizar, asustar, espantar
speriat • *adj* atemorizado *(m)*
sperietoare • *n* espantapájaros *(m)*
spermatozoid • *n* espermatozoide *(m)*
spermă • *n* semen *(m)*, esperma
spic • *n* espiga *(f)*
spin • *n* aguijón *(m)*, espina *(f)*
spinare • *n* lomo *(m)*, espalda *(f)*, dorso *(m)*
spinetă • *n* espineta *(f)*
spinteca • *v* dividir, partir, escindir
spioană • *n* espía *(m)*, chivato *(m)*
spion • *n* espía *(m)*, chivato *(m)*
spiona • *v* espiar
spirit • *n* espíritu *(m)*, alma *(m)*

spiritual • *adj* espiritual *(f)*
spirt • *n* licor
spirturi • *n* licor
spital • *n* hospital *(m)*
spiță • *n* rayo *(m)*
splendid • *adj* guapísimo
splină • *n* vara de oro *(f)*, bazo *(m)*
splinuță • *n* vara de oro *(f)*
spongie • *n* esponja *(f)*
sponsoriza • *v* patrocinar
spontan • *adj* espontáneo
spontaneitate • *n* espontaneidad *(f)*
spor • *n* espora *(f)*
spori • *v* aumentar, incrementar • *n* espora *(f)*
sporire • *n* incremento, aumento *(m)*
sport • *n* deporte *(m)*
spovedi • *v* confesar
spovedire • *n* confesión *(f)*
sprânceană • *n* ceja *(f)*
spre • *prep* a, hacia
sprijin • *n* apoyo *(m)*
sprijini • *v* sostener, apoyar, apuntalar
sprijinire • *n* apoyo *(m)*, respaldo *(m)*
sprinta • *v* esprintar
sprot • *n* espadín *(m)*
spulbera • *v* disipar
spumă • *n* espuma *(f)*
spune • *v* decir
spurca • *v* contaminar, corromper, ensuciar, impurificar, profanar, desecrar
sta • *v* permanecer, demorar, quedarse, hospedarse, pasar la noche, estar de pie, estar parado, mantenerse
stabil • *adj* confiable *(m)*, seguro *(m)*, constante, estable
stabili • *v* probar, establecer
stabiliment • *n* establecimiento *(m)*
stabilire • *n* establecimiento *(m)*
stabilitate • *n* equilibrio *(m)*, estabilidad *(f)*
stacojiu • *adj* carmín, escarlata *(f)*
stadion • *n* estadio *(m)*
stadiu • *n* estado *(m)*, situación *(f)*
stafidă • *n* pasa
stagnare • *n* estancamiento *(m)*
stamină • *n* estambre *(m)*
stană • *n* peña *(f)*
standard • *n* estándar *(m)*, modelo *(m)*, patrón *(m)*
standarde • *n* estándar *(m)*
staniu • *n* estaño *(m)*
stanță • *n* estrofa *(f)*
stare • *n* estado *(m)*, forma *(f)*, situación *(f)*, condición
stat • *n* estado *(m)*, país *(m)*
static • *adj* estático

statistic • *adv* estadísticamente • *adj* estadístico
statistică • *n* estadística *(f)*
statuie • *n* estatua *(f)*
stație • *n* estación *(f)*
staul • *n* establo *(m)*, caballeriza *(f)*
stăncuță • *n* grajilla *(f)*
stăpân • *n* amo *(m)*, maestro *(m)*, máster *(m)*
stăruitor • *adj* asiduo, diligente
stăvilar • *n* esclusa *(f)*
stâlp • *n* columna *(f)*, pilar *(m)*, poste *(m)*
stână • *n* aprisco *(m)*, redil *(m)*
stâncă • *n* acantilado *(m)*, precipicio, risco *(m)*, piedra *(f)*, roca *(f)*
stâng • *adj* izquierda, izquierdo
stângaci • *n* zurdo • *adj* torpe, desmañado, patoso *(m)*
stângă • *n* izquierda *(f)*
stânjen • *n* lirio *(m)*
stânjenel • *n* lirio *(m)*
stânjeni • *v* estorbar, impedir, obstar, dificultar
stârc • *n* garza *(f)*
stârni • *v* titilar
stârv • *n* cadáver
stea • *n* estrella *(f)*, artista *(f)*, astro *(m)*
stea-de-mare • *n* estrella de mar *(f)*
steag • *n* bandera *(f)*, estandarte *(m)*
stejar • *n* roble *(m)*
stelar • *adj* astral, estelar
steluță • *n* asterisco *(m)*
stepă • *n* estepa *(f)*
steril • *adj* infructuoso
sterilă • *adj* estéril, infértil
sterilizare • *n* esterilización *(f)*
sterilizație • *n* esterilización *(f)*
sterp • *adj* infructuoso
sters • *adj* chafa
stetoscop • *n* estetoscopio *(m)*
stibiu • *n* antimonio *(m)*
sticlă • *n* cristal *(m)*, vidrio *(m)*, botella *(f)*, frasco *(m)*
sticlete • *n* jilguero *(m)*, cardelino *(m)*
stil • *n* manera *(f)*, modo *(m)*, forma *(f)*, estilo *(m)*
stilet • *n* daga *(f)*, puñal *(m)*
stilou • *n* pluma *(f)*, bolígrafo *(m)*, boli *(m)*, lapicera *(f)*
stimate • *adj* estimado *(m)*
stimă • *n* adoración *(f)*, estima
stimul • *n* estímulo *(m)*
stimula • *v* estimular, titilar
stimulare • *n* apoyo *(m)*
stimulator • *n* estimulante
stimulent • *n* estimulante

stindard • *n* bandera *(f)*, estandarte *(m)*
stinge • *v* extinguir, apagar
stinghereală • *n* desazón *(f)*
stivă • *n* pila *(f)*
stivui • *v* apilar
stoarce • *v* esquilar, esquilmar, torcer, exprimir, apretar, retorcer, escurrir
stocastic • *adj* estocástico
stofă • *n* tela *(f)*
stofă-gabardin • *n* gabardina, sarga
stoicism • *n* estoicismo *(m)*
stol • *n* bandada *(f)*
stomac • *n* estómago *(m)*
stradă • *n* calle *(f)*
stralucitor • *adj* refulgente
straniu • *adj* raro, extraño, curioso, misterioso
strașnic • *n* nalgada, azotado *(f)*
strat • *n* capa *(f)*, recubrimiento *(m)*
strategie • *n* estrategia *(f)*, estrategia
străbun • *n* abuelo *(m)*, progenitor *(f)*
străbunic • *n* abuelo *(m)*
strădui • *v* esforzarse
străin • *n* desconocido *(m)*, extranjero *(m)*, extranjera *(f)*, desconocida *(f)* • *adj* extranjero, forastero
străină • *n* desconocido *(m)*, extranjero *(m)*, extranjera *(f)*, desconocida *(f)*
străluci • *v* lucir, brillar
strălucind • *adj* radiante, ardiente, resplandeciente
strălucire • *n* brillantez *(f)*, brillo *(m)*
strălucitor • *adj* resplandeciente, claro, brillante, luminoso, lucio, lustroso, lúcido
strămoș • *n* abuelo *(m)*, ancestro *(m)*, antepasado, progenitor *(f)*
strămoși • *n* abuelo *(m)*
strănut • *n* estornudo *(m)*
strănuta • *v* estornudar
străpunge • *v* perforar, apuñalar, acuchillar
strâmb • *adj* torcido *(m)*, desigual, desequilibrado *(m)*
strâmt • *adj* estrecho, angosto
strâmtoare • *n* paso *(m)*, estrecho *(m)*
strânge • *v* tensar, cosechar, exprimir, apretar
strânsură • *n* cosecha *(f)*, pienso, pienso *(m)*, forraje *(m)*
streche • *n* éstrido *(m)*
strecura • *v* colar, filtrarse, tamizar
strecurătoare • *n* colador *(m)*, escurridor *(m)*
stres • *n* estrés *(m)*
strica • *v* joder, cagar, tirar, chingar, dañar, perjudicar, arruinar, echar a perder,

estropear, desbaratar
stricăciune • *n* daño *(m)*
strident • *adj* gárrido *(m)*
striga • *v* gritar, chillar, hablar alto
strigăt • *n* grito *(m)*, alarido *(m)*, chillido *(m)*
strigoaie • *n* vampiro
strigoi • *n* vampiro
strofă • *n* estrofa *(f)*
stronțiu • *n* estroncio *(m)*
structural • *adj* estructural
structură • *n* estructura *(f)*, armazón *(f)*
strugure • *n* uva *(f)*
strung • *n* torno *(m)*
struț • *n* avestruz *(m)*
student • *n* estudiante *(f)*
studentă • *n* estudiante *(f)*
studia • *v* estudiar
studiere • *n* estudio *(m)*
studiu • *n* estudio *(m)* • *v* estudiar
stuf • *n* junco *(m)*, carrizo *(m)*, caña *(f)*, techo de paja *(m)*
stup • *n* colmena *(f)*
stupefacție • *n* aturdimiento *(m)*
stupefia • *v* aturdir, encandilar
stupid • *adj* estúpido *(m)*, menso *(m)*, gilí, pendejo *(m)*
stupiditate • *n* estupidez *(f)*
stupoare • *n* desconcierto, perplejidad, aturdimiento *(m)*
sturion • *n* esturión *(m)*
sturz • *n* tordo *(m)*, mirlo *(m)*, zorzal *(m)*
sub • *prep* bajo, abajo • *adj* inferior, de abajo • *adv* abajo
sub-familie • *n* subfamilia *(f)*
subarboret • *n* bosquecillo *(m)*, soto *(m)*, matorral *(m)*, matorral
subatomic • *adj* subatómico
subconștient • *n* subconsciencia • *adj* subconsciente
subconștiință • *n* subconsciencia
subcontinent • *n* subcontinente *(m)*
subdiviza • *v* subdividir
subdiviziune • *n* sección *(f)*
subgrup • *n* subgrupo
subiect • *n* argumento *(m)*, trama *(f)*, tema *(f)*, tema *(m)*, materia *(f)*, objeto *(m)*, sujeto *(m)*
subiectiv • *adj* subjetivo
subiectivitate • *n* subjetividad *(f)*
subit • *adj* repentino, súbito *(m)* • *adv* repentinamente, de pronto, súbitamente
subjuga • *v* someter, doblegar, sojuzgar
subjugare • *n* dependencia *(f)*
submarin • *n* submarino *(m)* • *adj* submarino
submina • *v* socavar
subminare • *n* sabotaje *(m)*
subordonare • *n* dependencia *(f)*
subordonat • *adj* subordinado *(m)*
subordonată • *adj* subordinado *(m)*
subsol • *n* sótano *(m)*
substantiv • *n* nombre substantivo *(m)*, nombre sustantivo *(m)*, substantivo *(m)*, sustantivo *(m)*, nombre *(m)*
substanță • *n* sustancia *(f)*
substituent • *n* sustituto *(m)*, substituto *(m)*
substitui • *v* reemplazar, sustituir, substituir
substituitor • *n* sustituto *(m)*, substituto *(m)*
substitut • *n* sustituto *(m)*, substituto *(m)*
subsuoară • *n* axila *(f)*, sobaco *(m)*
subteran • *adj* subterráneo
subtire • *adj* esbelto
subția • *v* adelgazar
subțire • *adj* esbelto, delgado, fino
suburban • *n* suburban
suburbană • *n* suburban
suburbie • *n* afueras, arrabal *(m)*
subversiv • *adj* subversivo
suc • *n* zumo *(m)*, jugo *(m)*
succeda • *v* suceder
succede • *v* suceder
succes • *n* éxito *(m)*, acierto *(m)*
succese • *n* éxito *(m)*, acierto *(m)*
succesiv • *adj* consecutivo
sucursală • *n* sucursal *(f)*
sud • *n* sur *(m)*
sud-vest • *n* suroeste *(m)*
sudic • *adj* del sur, sureño *(m)*, sureño, meridional *(f)*, meridional, austral *(f)*
sudoare • *n* sudor *(m)*
sudvest • *n* suroeste *(m)*
sudvestic • *adj* suroeste
suferi • *v* sufrir, angustiar
suferință • *n* ansiedad *(f)*, angustia *(f)*, sufrimiento *(m)*, pena *(f)*, agonía *(f)* • *adj* sufrido
suficient • *adv* suficientemente
sufix • *n* sufijo *(m)*
sufla • *v* soplar
suflet • *n* coraje, espíritu *(m)*, agallas, alma *(m)*, alma *(f)*
sufletesc • *adj* espiritual *(f)*
suflu • *n* aliento *(m)*, respiración
suge • *v* chupar, sorber, mamar
sugera • *v* connotar, sugerir
sugestie • *n* propuesta *(f)*, proposición *(f)*, sugerencia *(f)*, sugestión *(f)*

sugestiona • *v* proponer
sugestionabil • *adj* sugestionable, sugerible
sugestionare • *n* propuesta *(f)*, sugerencia *(f)*, sugestión *(f)*
sughiț • *n* hipo *(m)*, singulto *(m)*
sughița • *v* hipar
sui • *v* subir, ascender
sulă • *n* lezna *(f)*, lesna *(f)*, alesna *(f)*, punzón *(m)*
sulf • *n* azufre *(m)*
sulfat • *n* sulfato *(m)*
sulfurare • *v* azufrar
sulfură • *n* sulfuro *(m)*
sulfuri • *n* azufre *(m)*
suliță • *n* jabalina *(f)*, lanza *(f)*
sultan • *n* sultán *(m)*
sultanat • *n* sultanía *(f)*
sumă • *n* cantidad *(f)*, adición *(f)*, suma *(f)*, monto *(m)*
suna • *v* llamar, sonar, telefonear, hablar
sunet • *n* voz *(f)*, sonido *(m)*, ruido *(m)*, son *(m)*
supa • *v* cena *(f)*, cenar
supă • *n* caldo *(m)*
supăra • *v* molestar, enfurecer, agobiar
supărare • *n* pesar *(m)*, dolor *(m)*, pena *(f)*, tristeza *(f)*, aflicción *(f)*, infelicidad *(f)*
supărat • *adj* enfadado, trastornado, perturbado, molesto
supărăcios • *adj* cascarrabias, mañoso, intratable, mal genio, enojadizo, arisco
super • *adj* excelente *(f)*
superb • *adj* guapísimo, formidable, muy bueno, excepcional
superbă • *adj* excepcional
superfluă • *adj* superfluo *(m)*
superfluitate • *n* superfluidad *(f)*
superfluu • *adj* superfluo *(m)*
superior • *adj* superior
superioritate • *n* influencia *(f)*, ascendiente *(m)*, predominio *(m)*, ascendencia *(f)*
superlativ • *adj* supremo
supermagazin • *n* supermercado
superstițios • *adj* extraño, misterioso
supeu • *n* cena *(f)*
suport • *n* apoyo *(m)*, soporte *(m)*
suporta • *v* aguantar, soportar, resistir, tolerar
suporturi • *n* apoyo *(m)*, soporte *(m)*
supoziție • *n* teoría *(f)*, conjetura *(f)*, suposición *(f)*, especulación *(f)*
suprafață • *n* área *(f)*, región *(f)*, superficie *(f)*

suprainteligență • *n* brillantez *(f)*
supranatural • *adj* sobrenatural *(f)*
suprarealism • *n* surrealismo
supraveghere • *n* chequeo *(m)*
supraviețui • *v* sobrevivir
supraviețuire • *n* supervivencia *(f)*
suprem • *adj* supremo *(m)*, supremo, suprema *(f)*, sumo
supremație • *n* influencia *(f)*, ascendiente *(m)*, predominio *(m)*, ascendencia *(f)*, supremacía *(f)*
supune • *v* obligar, someter, doblegar
supurant • *adj* purulento
supus • *adj* sumiso, obediente
sur • *adj* gris
surâde • *v* sonreír
surâs • *n* sonrisa *(f)*
surcea • *n* astilla, fragmento
surd • *adj* sordo
surori • *n* hermana *(f)*
surpa • *v* socavar
surprinde • *v* sorprender
surprindere • *n* sorpresa *(f)*, asombro *(m)*, estupefacción *(f)*
surpriză • *n* sorpresa *(f)*, sorpresa, sorprender
sursă • *n* fuente *(f)*, fuente *(m)*, fontana *(f)*
sus • *adv* arriba
susan • *n* ajonjolí *(m)*, sésamo *(m)*
susceptibil • *adj* cascarrabias, propenso, susceptible, mañoso, sensible, sensitivo, intratable, mal genio, enojadizo, arisco
susceptibilitate • *n* susceptibilidad
sushi • *n* sushi *(m)*
suspect • *adj* sospechoso
suspecta • *v* desconfiar
suspendat • *adj* latente
suspicios • *adj* sospechoso, suspicaz, desconfiado
suspin • *n* suspiro *(m)*, sollozo *(m)*
suspina • *v* suspirar
sustrage • *v* substraer
susține • *v* sostener, apoyar, apuntalar, corroborar, secundar
susura • *v* susurrar
suta • *adj* centésimo
sutălea • *adj* centésimo
sutien • *n* ajustador *(m)*, brasier *(m)*, corpiño *(m)*, sostén *(m)*, soutien *(m)*, sujetador *(m)*
sutime • *n* centésimo *(m)*
suveran • *adj* soberano • *n* soberano
svastică • *n* esvástica *(f)*, cruz gamada *(f)*, suástica *(f)*

Ș

șa • *n* sillín *(m)*, silla de montar *(f)*
șablon • *n* modelo, patrón *(m)*, plantilla *(f)*, molde
șacal • *n* chacal *(m)*
șah • *n* ajedrez *(m)*, juego de ajedrez *(m)*, sah *(m)*, jaque *(m)*
șah-mat • *n* jaque mate *(m)*, mate *(m)*
șaibă • *n* arandela *(f)*, zapata *(f)*
șaizecilea • *adj* sexagésimo
șal • *n* bufanda *(f)*, chal *(m)*
șamanism • *n* chamanismo *(m)*
șamoa • *n* gamuza *(f)*, rebeco *(m)*, sarrio *(m)*
șampanie • *n* champaña *(m)*, champán *(m)*
șampon • *n* champú *(m)*
șansă • *n* fortuna *(f)*
șansă • *n* suerte *(f)*, oportunidad *(f)*, posibilidad *(f)*, chance *(f)*
șanse • *n* oportunidad *(f)*, posibilidad *(f)*, chance *(f)*
șantaj • *n* chantaje *(m)*
șantaja • *v* chantajear
șanț • *n* fosa *(f)*, foso *(m)*, zanja *(f)*, trinchera *(f)*, acequia *(f)*, cuneta *(f)*
șapte • *n* siete
șaretă • *n* carro *(m)*, carreta *(f)*
șarjă • *n* lote *(m)*
șarm • *n* encanto *(m)*
șarmant • *adj* encantador
șarnieră • *n* bisagra *(f)*, gozne *(m)*, charnela *(f)*
șarpe • *n* víbora, serpiente *(f)*, culebra *(f)*, sierpe, sierpe *(f)*
șasea • *adj* sexto
șaselea • *adj* sexto
șchiop • *adj* cojo, rengo
șchiopăta • *v* cojear
școală • *n* facultad *(f)*, escuela *(f)*
școlariza • *v* educar, escolarizar
școlire • *n* alfabetismo *(m)*
ședea • *v* sentar, estar sentado
ședință • *n* reunión *(f)*
șef • *n* director *(m)*, cabeza *(f)*, jefe *(m)*, líder *(m)*, jefa *(f)*, gerente *(m)*, gestor *(m)*
șeic • *n* jeque *(m)*
șemineu • *n* chimenea *(f)*
șenilă • *n* oruga *(f)*, tractor de oruga *(m)*
șerb • *n* siervo *(m)*
șerif • *n* sheriff *(m)*
șervețel • *n* tejido *(m)*, servilleta *(f)*
șes • *adj* nivelado, al ras, plano, llano • *n* llanura *(f)*, planicie *(f)*, tierra baja *(f)*
șesime • *n* sexto *(m)*

șevalet • *n* caballete *(m)*, atril *(m)*
șezut • *n* culo *(m)*
și • *adv* también, además, todavía, aún, aun • *conj* y, e
șiling • *n* chelín *(m)*
șină • *n* carril *(m)*, carrilera *(f)*
șindrilă • *n* ripia *(f)*, tablilla *(f)*
șindrili • *v* techar
șinșilă • *n* chinchilla *(f)*
șiret • *adj* astuto • *n* cinta *(f)*, trenza *(f)*, cordón *(m)*, agujeta *(f)*, cabete, pasador *(m)*, cordonera *(m)*
șlagăr • *n* éxito *(m)*
șlap • *n* chancla *(f)*, bamba
șnițel • *n* chuleta *(f)*
șnur • *n* línea *(f)*, hilo *(m)*
șoaptă • *n* susurro *(m)*
șoarece • *n* ratón *(m)*
șoarece-de-câmp • *n* campañol *(m)*, topillo *(m)*, rata de agua *(f)*
șoc • *n* estrangulador *(m)*
șocant • *v* espantoso
șofer • *n* chófer *(m)*, chofer *(m)*, conductor *(m)*, conductora *(f)*
șofran • *n* azafrán *(m)*
șofrănaș • *n* alazor *(m)*
șofrănel • *n* alazor *(m)*
șofrăniu • *adj* azafrán
șoim • *n* halcón *(m)*, falcón *(m)*
șold • *n* cadera *(f)*
șomaj • *n* desempleo *(m)*, paro
șomer • *adj* desempleado, cesante, parado *(m)*
șopârlă • *n* lagarto *(m)*
șopti • *v* susurrar
șoricar • *n* ratonero común *(m)*, busardo *(m)*
șoricel • *n* ratón *(m)*, mouse *(m)*
șort • *n* pantalón corte *(m)*
șosea • *n* calzada *(f)*, carretera *(f)*
șovăi • *v* dudar, vacilar
șovăitor • *adj* indeciso
șovinism • *n* chovinismo *(m)*, patrioterismo *(m)*
ștafetă • *n* relevos
ștecăr • *n* enchufe *(m)*
șterge • *v* limpiar, enjugar, rozar
șterpeli • *v* hurtar
ști • *v* saber
știință • *n* ciencia *(f)*, conocimiento *(m)*
științific • *adj* científico
știre • *n* conocimiento *(m)*, comunicado *(m)*, noticias
știucă • *n* lucio *(m)*

știulete • *n* olote *(m)*, coronta *(f)*, marlo *(m)*, tusa *(f)*, zuro *(m)*, mazorca *(f)*
ștreang • *n* dogal *(m)*
șuiera • *v* sisear, silbar, chiflar, pitar
șuncă • *n* jamón *(m)*
șurub • *n* tornillo *(m)*
șurubelniță • *n* destornillador *(m)*
șuviță • *n* mechón *(m)*, jirón *(m)*, brizna *(f)*, voluta *(f)*
șuvițe • *n* mechón *(m)*, jirón *(m)*, brizna *(f)*, voluta *(f)*
șuvoi • *n* arroyo, corriente *(f)*, flujo *(m)*

T

tabac • *n* tabaco *(m)*
tabel • *n* tabla *(f)*, tablas
tabelă • *n* tablas
tablă • *n* pizarra *(f)*, encerado *(m)*, pizarrón *(m)*, tablero *(m)*
table • *n* damas
taburet • *n* silla *(f)*, taburete *(m)*
tachelaj • *n* jarcia *(f)*
tact • *n* compás *(m)*
tactică • *n* táctica *(f)*
taifun • *n* tifón *(m)*
taiga • *n* taiga *(f)*
taină • *n* secreto *(m)*
tainic • *adj* secreto *(m)*
tainică • *adj* secreto *(m)*
talangă • *n* cencerro *(m)*
talent • *n* destreza *(f)*, habilidad *(f)*, talento *(m)*, maña *(f)*
talie • *n* cintura *(f)*
talisman • *n* amuleto *(m)*, talismán *(m)*
taliu • *n* talio *(m)*
taloner • *n* hooker *(f)*, talonador *(m)*, talonadora *(f)*
talpă • *n* planta *(f)*, planta del pie *(f)*, suela *(f)*
tamarin • *n* tamarindo *(m)*
tamburină • *n* pandero *(m)*, pandereta *(f)*
tanc • *n* tanque *(m)*
tandrețe • *n* ternura *(f)*
tangentă • *n* tangente *(f)*
tangerină • *n* mandarina *(f)*
tangibil • *adj* tangible
tantal • *n* tántalo *(m)*
tapet • *n* papel pintado *(m)*, papel tapiz *(m)*, decomural *(m)*
tapir • *n* tapir *(m)*, anta *(f)*, anteburro *(m)*, danta *(f)*, danto *(m)*, sachavaca *(f)*
tare • *adj* duro, fuerte, fuerte *(f)*
tarhon • *n* estragón *(m)*
tarif • *n* tarifa *(f)*
tastatură • *n* teclado *(m)*
tastă • *n* tecla *(f)*
tataie • *n* abuelo *(m)*
tată • *n* padre *(m)*, papá *(m)*
tatu • *n* armadillo *(m)*, armado *(m)*, cachicamo *(m)*, carachupa *(f)*, cusuco *(m)*, gurre *(m)*, mulita *(f)*, pitero *(m)*, quirquincho *(m)*, tatú *(m)*, toche *(m)*
tatua • *v* tatuar
tatuaj • *n* tatuaje *(m)*
taur • *n* toro *(m)*
tautologie • *n* redundancia *(f)*, pleonasmo *(m)*, tautología *(f)*
tavan • *n* techo *(m)*
taxă • *n* impuesto *(m)*, tasa *(f)*, arancel *(m)*
taximetru • *n* libre *(m)*, taxi *(m)*, taxímetro *(m)*
taxonomie • *n* taxonomía *(f)*
tăbăcar • *n* curtidor *(m)*, curtidora *(f)*
tăbăci • *v* curtir
tăblie • *n* panel *(m)*
tăcere • *n* silencio *(m)*
tăcere! • *interj* cállate
tăciune • *n* brasas, ascuas, brasa *(f)*, ascua *(f)*
tăcut • *adj* silencioso, reservado, callado
tăia • *v* cortar, incidir, carnear, matar, recortar
tăiat • *adj* cortado
tăiere • *n* sección *(f)*, corte *(m)*
tăietor • *n* cortador *(m)*
tăietură • *n* sección *(f)*, corte *(m)*
tăiș • *n* filo *(m)*
tăiței • *n* tallarín *(m)*, fideo *(m)*
tămâie • *n* incienso *(m)*, sahumerio *(m)*, sahumo *(m)*, olíbano *(m)*, franquincienso *(m)*, francoincienso *(m)*
tărăgăna • *v* procrastinar
tărâțe • *n* salvado *(m)*, acemite, afrecho *(m)*
tărie • *n* potencia *(f)*, poder *(m)*, alcohol *(m)*, bebida espirituosa *(f)*
tătic • *n* papá *(m)*, papito *(m)*, papaíto *(m)*
tăun • *n* tábano *(m)*
tâmplar • *n* carpintero *(m)*, ebanista
tâmplă • *n* sien *(f)*
tânăr • *adj* pequeño, joven • *n* mozo *(m)*,

târfă   textile

joven *(f)*, adolescente *(f)*, mancebo *(m)*
târfă • *n* zorra, puta *(f)*, ramera *(f)*, golfa, prostituta *(f)*, prostituta, fulana, guarra, mujerzuela *(f)*
târg • *n* plaza *(f)*, mercado *(m)*, bazar *(m)*
târî • *v* arrastrarse, reptar, rampar, gatear
târziu • *adj* tarde, atrasado • *adv* tarde, después
tâțână • *n* bisagra *(f)*, gozne *(m)*, charnela *(f)*
teacă • *n* vaina *(f)*
teafăr • *adj* sano *(m)*
teamă • *n* ansiedad, temor *(m)*, miedo *(m)*
teatral • *adj* teatral
teatru • *n* teatro *(m)*
tec • *n* teca *(f)*
technețiu • *n* tecnecio *(m)*
tegument • *n* integumento *(m)*
tehnic • *adj* técnico *(m)*
tehnică • *adj* técnico *(m)* • *n* técnica *(f)*
tehnici • *adj* técnico *(m)*
tehnocrație • *n* tecnocracia *(f)*
tehnologic • *adj* tecnológico *(m)*
tehnologie • *n* tecnología *(f)*
tei • *n* tilo *(m)*
teism • *n* teísmo *(m)*
telefon • *n* teléfono *(m)*
telefona • *v* llamar, telefonear, hablar
telegraf • *n* telégrafo
telegramă • *n* cablegrama *(m)*, telegrama *(m)*
telegrame • *n* cablegrama *(m)*, telegrama *(m)*
telepatie • *n* telepatía *(f)*
telescop • *n* telescopio *(m)*
telescopic • *adj* telescópico
televiziune • *n* televisión *(f)*
televizor • *n* televisión *(f)*, televisor *(m)*
telur • *n* teluro *(m)*
temă • *n* tema *(m)*, tema *(f)*, deberes, tarea *(f)*, materia *(f)*, objeto *(m)*
temător • *adj* atemorizado *(m)*
teme • *v* temer
temei • *n* cimiento *(m)*
temelie • *n* fundación, cimiento *(m)*
temere • *n* temor *(m)*
temeritate • *n* temeridad *(f)*, valor *(m)*
temniță • *n* cárcel *(f)*, prisión *(f)*, penitenciaría *(f)*
tempera • *v* templar
temperatură • *n* fiebre *(f)*, temperatura *(f)*
templu • *n* templo *(m)*
tempo • *n* paso *(m)*, ritmo *(m)*

ten • *n* tez *(f)*
tenace • *adj* tenaz
tendință • *n* tendencia *(f)*
tendon • *n* tendón *(m)*
tenebros • *adj* tenebroso
tenis • *n* tenis *(m)*
tensiune • *n* tensión *(f)*, voltaje *(m)*
tenta • *v* tentar
tentant • *adj* tentador *(m)*, incitante
tentativă • *n* tentativa *(f)*, esfuerzo *(m)*, empeño *(m)*, intento *(m)*
teologic • *adj* teológico *(m)*
teologie • *n* teología *(f)*
teoremă • *n* teoría *(f)*, conjetura *(f)*, suposición *(f)*, especulación *(f)*
teorie • *n* teoría *(f)*
teorii • *n* teoría *(f)*
teozofie • *n* teosofía *(f)*
terapeut • *n* terapeuta *(f)*
terapeutic • *adj* terapéutico
terasa • *v* terraplenar
terasă • *n* terraza *(f)*, terrado *(m)*
terbiu • *n* terbio *(m)*
terci • *n* gachas
terebentină • *n* aguarrás *(m)*
teren • *n* campo *(m)*, terreno *(m)*, ámbito *(m)*
teribil • *adj* horrible, terrible, atroz
teritorial • *adj* territorial
teritoriu • *n* territorio *(m)*
termal • *adj* termal
termen • *n* término *(m)*
termic • *adj* termal
termina • *v* cerrar, terminar, concluir, finalizar, acabar, dejar, finir
terminal • *n* terminal *(m)*
terminare • *n* terminación *(f)*
terminat • *adj* completo
terminație • *n* fin *(f)*
terminologie • *n* terminología
termistor • *n* termistor *(m)*
termită • *n* termes *(m)*, comején *(m)*, termita *(f)*
termometru • *n* termómetro *(m)*
termosferă • *n* termosfera *(f)*
tern • *adj* tenue
teroare • *n* terror *(m)*
terorism • *n* terrorismo *(m)*
terorist • *n* terrorista *(f)* • *adj* terrorista
teroristă • *n* terrorista *(f)* • *adj* terrorista
teslă • *n* azuela *(f)*
test • *n* prueba *(f)*, test *(m)*
testa • *v* probar
testament • *n* testamento *(m)*
testicular • *adj* testicular
testosteron • *n* testosterona *(f)*
textile • *n* tela *(f)*, tejido *(m)*, género *(m)*

tezaur • *n* tesoro *(m)*
teză • *n* tesis doctoral *(f)*
ticălos • *n* canalla
ticăloșie • *n* maldad *(f)*, perversidad *(f)*
ticsit • *adj* atestado *(m)*
tifon • *n* gasa *(f)*
tifos • *n* tifus *(m)*
tigroaică • *n* tigresa *(f)*
tigru • *n* tigre *(m)*
tijă • *n* caña *(f)*
timiditate • *n* timidez *(f)*
timonă • *n* timón *(f)*
timp • *n* hora *(f)*, tiempo *(m)*
timpi • *n* hora *(f)*, tiempo *(m)*
timpizor • *n* temporizador *(m)*
timpuri • *n* hora *(f)*, tiempo *(m)*
timpuriu • *adj* temprano, precoz
tinamu • *n* tinamú *(m)*
tinerețe • *n* juventud *(f)*
tip • *n* tipo *(m)*, mae *(m)*, tío *(m)*, bato
tipar • *n* tipografía *(f)*
tipă • *n* muchacha *(f)*, chica *(f)*
tipograf • *n* impresor *(f)*, impresor
tipografic • *adj* tipográfico
tipografie • *n* tipografía *(f)*
tiran • *n* bravucón *(m)*, abusón *(m)*, matón, abusador *(m)*, peleón *(m)*, pendenciero *(m)*, perdonavidas *(m)*, matasiete *(m)*
tiranic • *adj* tiránico
tiranie • *n* tiranía *(f)*
tiranozaur • *n* tiranosaurio *(m)*
tirbușon • *n* sacacorchos *(m)*
tirozină • *n* tirosina *(f)*
tisă • *n* tejo *(m)*
titan • *n* titanio *(m)*
titlu • *n* título *(m)*, título
titular • *adj* titular
tiz • *n* homónimo *(m)*, tocayo *(m)*, tocaya *(f)*, homónima *(f)*, colombroño *(m)*
toaletă • *n* cuarto de baño *(m)*, baño *(m)*, aseo *(m)*, arreglo *(m)*, inodoro *(m)*, excusado *(m)*, taza del baño *(f)*, retrete *(m)*, sanitario *(m)*, poceta *(f)*, váter *(m)*, wáter *(m)*, watercló *(m)*
toamnă • *n* otoño *(m)*
toană • *n* capricho *(m)*, rabieta *(f)*, berrinche *(m)*, pataleta *(f)*, cortón, corajina *(f)*
toarce • *v* hilar, ronronear
toata • *adv* todo
toate • *adv* todo
tobă • *n* tambor *(m)*
tobogan • *n* tobogán *(m)*
tocit • *adj* romo
tocmai • *adv* acabar de
toi • *n* crisis *(f)*

tolbă • *n* aljaba *(f)*, carcaj *(m)*
tolera • *v* aguantar, soportar, resistir, tolerar
tolerabil • *adj* tolerable
tolerant • *adj* tolerante, laxo, leniente
tolerantă • *adj* tolerante, laxo, leniente
toleranță • *n* tolerancia *(f)*
tolernață • *n* tolerancia *(f)*
tomată • *n* tomate *(m)*
ton • *n* voz *(f)*, tono *(m)*, altura *(f)*, altura tonal *(f)*, atún *(m)*
topaz • *n* topacio *(m)*
topi • *v* derretir, derretirse
topit • *adj* derretido
topologie • *n* topología *(f)*
toporaș • *n* violeta *(f)*
torace • *n* pecho *(m)*
torent • *n* arroyo, corriente *(f)*, flujo *(m)*, torrente *(m)*
toriu • *n* torio *(m)*
tornadă • *n* tornado *(m)*
torpedo • *n* torpedo *(m)*
torpilă • *n* torpedo *(m)*
tors • *n* torso *(m)*, ronroneo *(m)*
tort • *n* pastel *(m)*, torta *(f)*, hilo *(m)*, bizcocho *(m)*, cake *(m)*, ponqué *(m)*, pudín *(m)*, queque *(m)*, tarta *(f)*
tortura • *v* torturar, atormentar
tortură • *n* tortura *(f)*
torță • *n* antorcha *(f)*
tot • *adv* todo, sin embargo, no obstante • *n* todo *(m)*, totalidad *(f)*, agregado *(m)* • *pron* todo
total • *adj* entero *(m)* • *n* totalidad *(f)* • *adv* totalmente
totalitate • *n* totalidad *(f)*
totdeauna • *adv* siempre
totem • *n* tótem *(m)*
totuși • *conj* sin embargo, aunque, no obstante, si bien, mas • *adv* sin embargo, no obstante
toți • *adv* todo • *pron* todos, todo el mundo
tovarăș • *n* camarada *(f)*, compañero *(m)*, compañera *(f)*
toxic • *adj* tóxico *(m)*
toxicologie • *n* toxicología *(f)*
trabuc • *n* puro *(m)*, cigarro *(m)*
tractor • *n* tractor *(m)*
tradiție • *n* tradición *(f)*
tradițional • *adj* tradicional
traducător • *n* intérprete *(f)*, traductor *(m)*, traductora *(f)*
traduce • *v* traducir
traducere • *n* traducción *(f)*
trage • *v* tirar, disparar, jalar
tragedie • *n* tragedia *(f)*

tragere • *n* tiro *(m)*, sorteo *(m)*, rifa *(f)*
trahee • *n* tráquea *(f)*
traiectorie • *n* trayectoria *(f)*
trainic • *adj* duradero, durable, perdurable • *v* durar
trainică • *v* durar
trainici • *v* durar
trambulină • *n* trampolín *(m)*
tramvai • *n* tranvía *(m)*
trandafir • *n* rosa *(f)*, rosal *(m)*
trandafiriu • *adj* rosado
transatlantic • *adj* transatlántico
transatlantică • *adj* transatlántico
transbordare • *n* transbordo *(m)*
transcendental • *adj* trascendental
transcrie • *v* transcribir
transcripție • *n* transcripción *(f)*, transliteración *(f)*
transfera • *v* transferir, ceder
transforma • *v* cambiar, convertir, trasformar, demudar
transformare • *n* transformación *(f)*, conversión *(f)*
transformator • *n* transformador *(m)*
translatoare • *n* intérprete *(f)*
translator • *n* intérprete *(f)*, traductor *(m)*, traductora *(f)*
translație • *n* traducción, traslación *(f)*
transliterație • *n* transcripción *(f)*, transliteración *(f)*
transmisie • *n* caja de cambios *(f)*
transmisiune • *n* emisión *(f)*
transmite • *v* retransmitir, comunicar, expresar, pasar un recado, dar un recado
transmițător • *n* transmisor
transparent • *adj* transparente
transparență • *n* transparencia *(f)*
transpira • *v* sudar
transpirație • *n* sudor *(m)*
transporta • *v* transportar, trasladar
transportare • *n* transporte *(m)*
tranzient • *adj* transitorio
tranzitiv • *adj* transitivo
tranzitoriu • *adj* transitorio
trap • *n* galopar
tras • *n* tiro *(m)*
trata • *v* invitar, convidar, tratado, tratar, negociar • *n* trata *(f)*
tratament • *n* remedio *(m)*, trato *(m)*, cura *(f)*, curación *(f)*, tratamiento *(m)*
tratat • *n* tratado *(m)*, convención *(f)*
traumatic • *adj* traumático
traversă • *n* durmiente *(m)*, traviesa *(f)*
trăda • *v* traicionar
trădare • *n* traición *(f)*
trădător • *n* confidente, delator, oreja, traidor, traidor *(m)*, traidora *(f)*
trăi • *v* habitar, morar, vivir
trăsatura • *n* tez *(f)*
trăsătură • *n* idiosincrasia *(f)*, rasgo *(m)*
trândăvi • *v* holgazanear
trântor • *n* zángano *(m)*
treaptă • *n* peldaño *(m)*, escalón *(m)*, travesaño *(m)*
treaz • *adj* despierto
trebui • *v* deber, necesitar
trebuincios • *adj* útil
trecător • *adj* fugaz, fugitivo, transitorio • *n* fugitivo *(m)*
trece • *v* pasar, ocurrir, tincar
trecut • *n* pretérito *(m)*, pasado *(m)* • *adj* pasado
trecută • *adj* pasado
trei-răi • *n* hepática *(f)*
treiera • *v* trillar, desgranar, apalear, azotar
treime • *n* tercio *(m)*
tremur • *n* escalofrío *(m)*
tremura • *v* tiritar, temblar de frío, temblar
tren • *n* tren *(m)*
trenci • *n* impermeable *(m)*
trepidare • *n* ansiedad, preocupación, duda, aprensión, inquietud, desazón, azoramiento, trepidación
trepidație • *n* ansiedad, preocupación, duda, aprensión, inquietud, desazón, azoramiento, trepidación
treptat • *adv* gradualmente, poco a poco, paulatinamente
trezi • *v* despertarse, despertar
trezire • *n* amanecer, despierto, despertad
triadă • *n* trío *(m)*, trinidad *(f)*
trib • *n* tribu *(f)*
tribord • *n* estribor *(m)*
tribunal • *n* palacio de justicia
triciclu • *n* triciclo *(m)*
tridimensional • *adj* tridimensional
tridimensională • *adj* tridimensional
trifoi • *n* trébol *(m)*
trigonometrie • *n* trigonometría *(f)*
trimestru • *n* trimestre, trimestre *(m)*, semestre *(m)*
trimite • *v* mandar, enviar
trinchet • *n* palo de trinquete *(m)*
triplu • *n* triple *(m)*
triptofan • *n* triptófano *(m)*
trist • *adj* triste, melancólico
tristă • *adj* triste
tristețe • *n* pesar, pesar *(m)*, dolor, dolor *(m)*, sufrimiento, pena, pena *(f)*, calamidad, tristeza *(f)*, aflicción *(f)*, infelicidad

(f), melancolía *(f)*
triton • *n* tritón *(m)*
triumf • *n* triunfo *(m)*
triumfa • *v* triunfar
triumfant • *adj* triunfante, triunfador
triumfător • *adj* triunfante, triunfador
triunghi • *n* triángulo *(m)*
troc • *n* intercambio
trofeu • *n* premio *(m)*, galardón *(m)*, trofeo *(m)*
trol • *n* trol *(m)*
troll • *n* trol *(m)*
trombon • *n* desconfío *(m)*, mentiroso *(m)*, trombón *(m)*
tromboză • *n* trombosis *(f)*
trombus • *n* coágulo *(m)*
trompetă • *n* trompeta *(f)*
tron • *n* trono *(m)*
trop • *n* tropo
tropical • *adj* tropical
tropicală • *adj* tropical
troposferă • *n* troposfera *(f)*, tropósfera *(f)*
troscot • *n* polígono *(m)*, palero *(m)*, correquetepillo *(m)*
trota • *v* trotar
trotuar • *n* acera *(f)*, banqueta *(f)*, vereda *(f)*, andén *(m)*, escarpa *(f)*
trubadur • *n* trovador *(m)*, trovadora *(f)*
trufă • *n* trufa *(f)*
trufie • *n* arrogancia *(f)*, soberbia *(f)*, altanería *(f)*, altivez *(f)*, orgullo *(m)*, grandeza *(f)*, engreimiento *(m)*, vanidad *(f)*, presunción *(f)*, ego
trunchi • *n* torso *(m)*, leño *(m)*, tronco *(m)*, tallo
trup • *n* torso *(m)*, cuerpo *(m)*
trupesc • *adj* corporal
trusă • *n* batería *(f)*, juego *(m)*
trust • *n* consorcio *(m)*
tu • *pron* tú, tú *(f)*, usted, vos, vosotros, ustedes
tuberculoză • *n* tuberculosis *(f)*
tucan • *n* tucán *(m)*
tufă • *n* mata *(f)*, arbusto *(m)*
tufiș • *n* matorral, arboleda *(f)*
tulburare • *n* problema *(m)*, disturbio *(m)*, estorbo *(m)*, perturbación *(f)*, trastorno *(m)*, turbulencia *(f)*
tulburat • *adj* loco, trastonado, trastornado

tulbure • *adj* turbio
tulipă • *n* tulipán *(m)*
tuliu • *n* tulio *(m)*
tulpină • *n* tallo, tallo *(m)*
tumbă • *n* voltereta *(f)*, salto mortal
tumul • *n* túmulo *(m)*
tumult • *n* clamor *(m)*, bullicio *(m)*, alboroto *(m)*, fragor *(m)*
tumulte • *n* clamor *(m)*, bullicio *(m)*, alboroto *(m)*
tun • *n* cañón *(m)*
tuna • *v* tronar
tunde • *v* esquilar, rapar, cortar, podar, segar, cizallar, tonsurar, tundir
tundră • *n* tundra *(f)*
tunel • *n* túnel *(m)*
tunet • *n* trueno *(m)*
tungsten • *n* tungsteno *(m)*, wolframio *(m)*
tunică • *n* túnica *(f)*
tunsoare • *n* corte *(m)*
tupeu • *n* descaro *(m)*, frescura *(f)*
turbare • *n* rabia *(f)*
turbat • *adj* rabioso
turbulent • *adj* tempestuoso *(m)*, agitado *(m)*, accidentado *(m)*, turbulento *(m)*
turbulență • *n* turbulencia *(f)*
turcoaz • *n* turquesa *(m)* • *adj* turquesa
turcoază • *n* turquesa *(f)*
turism • *n* turismo *(m)*
turist • *n* turista *(f)*
turistă • *n* turista *(f)*
turiști • *n* turista *(f)*
turlă • *n* torre *(f)*
turmă • *n* hato *(m)*, manada *(f)*, rebaño *(m)*
turment • *n* tormento
turn • *n* torre *(f)*
turna • *v* verter
turnător • *n* confidente, delator, oreja, traidor
turnichet • *n* molinete *(m)*, torniquete *(m)*
turnură • *n* polisón *(m)*
turtă • *n* pastel *(m)*, torta *(f)*, bizcocho *(m)*, cake *(m)*, ponqué *(m)*, pudín *(m)*, queque *(m)*, tarta *(f)*
tuse • *n* tos *(f)*
tuși • *v* toser
tutun • *n* tabaco *(m)*

Ț

țambal • *n* salterio *(m)*, dulcémele *(m)*
țap • *n* cabra *(f)*, chivo *(m)*
țar • *n* zar *(m)*
țara • *adj* campo, campesino, provincia, campestre, provinciano
țară • *n* campo *(m)*, país *(m)*, patria *(f)*
țarc • *n* aprisco *(m)*, redil *(m)*
țăran • *n* campesino *(m)*, paleto *(m)*, palurdo *(m)*, granjero *(m)*, granjera *(f)*
țărănesc • *adj* rural
țărănoi • *n* paleto *(m)*
țărm • *n* costa *(f)*, orilla *(f)*
țăruș • *n* clavo *(m)*, pincho *(m)*, punta *(f)*
țânțar • *n* plaga *(f)*, mosquito *(m)*, mosco *(m)*, zancudo *(m)*
țârâi • *v* lloviznar
țâță • *n* pezón *(m)*, teta, macoca *(f)*, melón *(m)*
țeastă • *n* cráneo *(m)*, calavera *(f)*
țel • *n* objetivo *(m)*, propósito *(m)*
țelină • *n* apio *(m)*, celery *(m)*
țesătură • *n* tela *(f)*, tejido *(m)*, género *(m)*
țese • *v* tejer, entretejer
țestoasă • *n* tortuga *(f)*, tortuga terrestre *(f)*, morrocoy *(m)*

țesut • *n* tejido *(m)*
țevărie • *n* cañería *(f)*
țiclete • *n* sita *(f)*
țicnit • *n* loco *(m)*, chiflado *(m)*, chalado *(m)*
țigan • *n* gitano *(m)*, gitana *(f)*
țigancă • *n* gitano *(m)*, gitana *(f)*
țigară • *n* cigarrillo *(m)*
țigaretă • *n* cigarrillo *(m)*
țigăni • *v* regatear
țiglă • *n* azulejo *(m)*, alicatado *(m)*, baldosa *(f)*, teja *(f)*
ține • *v* agarrar, tomar, aguantar, sujetar, sostener, tener, apoyar, arrimar, reclinar, guardar, quedar
țintă • *n* objetivo *(m)*, propósito *(m)*
ținută • *n* postura
țipa • *v* gritar, chillar, hablar alto
țipar • *n* anguila *(f)*
țipăt • *n* grito *(m)*, alarido *(m)*, chillido *(m)*
țipător • *adj* gárrido *(m)*
țiteră • *n* cítara *(f)*
țiței • *n* petróleo *(m)*
țol • *n* pulgada *(f)*
țurțur • *n* carámbano *(m)*

U

ubicuu • *adj* ubicuo
ucenic • *n* aprendiz
ucigaș • *n* asesino *(m)*, asesina *(f)*, matador *(m)*
ucigașă • *n* asesino *(m)*, asesina *(f)*, matador *(m)*
ucigător • *adj* mortal, letal, mortífero
ud • *adj* mojado
uda • *v* mojar, mearse
uger • *n* ubre *(f)*
uimi • *v* sorprender, pasmar, asombrar
uimire • *n* sorpresa *(f)*, asombro *(m)*, estupefacción *(f)*
uimitor • *adj* asombroso, sorprendente
uita • *v* mirar, olvidar
uituc • *adj* olvidadizo *(m)*, olvidadiza *(f)*, desmemoriado *(m)*, desmemoriada *(f)*
ulcer • *n* llaga *(f)*, úlcera *(f)*
ulei • *n* aceite *(m)*, óleo *(m)*
uliță • *n* camino
uliu • *n* azor *(m)*
ulm • *n* olmo *(m)*
ultim • *adj* último
ultragia • *v* indignar

ultraj • *n* ultraje *(m)*, desafuero *(m)*, atropello *(m)*
ului • *v* aturdir, encandilar, pasmar, asombrar
uluire • *n* sorpresa *(f)*, asombro *(m)*, desconcierto, perplejidad, aturdimiento *(m)*
uman • *adj* humano
umanism • *n* humanismo *(m)*
umanitate • *n* humanidad *(f)*
umăr • *n* hombro *(m)*
umbelă • *n* umbela *(f)*
umbla • *v* caminar, andar, vagar, errar, divagar, deambular
umbră • *n* sombra *(f)*
umbrelă • *n* parasol *(m)*, paraguas *(m)*, sombrilla *(f)*
umbri • *v* sombrear
umbros • *adj* umbroso
umed • *adj* húmedo, mojado
umedă • *adj* húmedo
umezeală • *n* humedad *(f)*
umfla • *v* inflar, hinchar, soplar
umflat • *adj* hinchado, inflado
umflătură • *n* hinchazón *(f)*

umidiitate • *n* humedad *(f)*
umil • *adj* sumiso, modesto *(m)*, humilde
umili • *v* humillar
umilință • *n* humildad
umilire • *n* humillación, humillación *(m)*, rebajamiento *(m)*, abatimiento *(m)*
umilitate • *n* humildad
un • *art* un *(m)*, una *(f)*
unchi • *n* tío *(m)*
unde • *conj* donde, dónde, adonde • *adv* adónde, dónde
undeva • *adv* a alguna parte, en alguna parte, en algún lugar, en algún punto, en algún sitio
undiță • *n* caña *(f)*
unealtă • *n* herramienta *(f)*, utensilio *(m)*
uneori • *adv* ocasionalmente, de vez en cuando, a veces, algunas veces
ungher • *n* rincón *(m)*, esquina *(f)*
unghi • *n* ángulo *(m)*, punto de vista *(m)*
unghie • *n* uña *(f)*, garra *(f)*
unghiular • *adj* angular, anguloso, esquinado
unguraș • *n* marrubio *(m)*
uni • *v* combinar, juntar, unir
unic • *adj* único, único *(m)*, singular, única *(f)*
unicorn • *n* unicornio *(m)*
unificare • *n* unificación *(f)*
uniformă • *n* uniforme *(m)*
unilateral • *adj* unilateral
unilaterală • *adj* unilateral
unire • *n* conjunción *(f)*, unión *(f)*, unidad *(f)*, vinculación *(f)*, conexión *(f)*
unit • *adj* solo, único, unido
unitar • *adj* solo, único
unitate • *n* unión *(f)*, dispositivo *(m)*, mecanismo *(m)*, aparejo, unidad *(f)*
unită • *adj* unido
uniune • *n* unión *(f)*
univers • *n* universo *(m)*
universitar • *adj* académico
universitară • *adj* académico
universitate • *n* universidad *(f)*, facultad *(f)*
univoc • *adj* carente de ambigüedad
unt • *n* manteca *(f)*, mantequilla *(f)*
untărie • *n* granja *(f)*, establo *(m)*, granja lechera *(f)*
untură • *n* manteca
unu • *n* uno *(m)*
ura • *v* felicitar
uragan • *n* huracán *(m)*
urangutan • *n* orangután *(m)*
uraniu • *n* uranio *(m)*

ură • *n* odio *(m)*
urât • *n* tedio *(m)* • *adj* feo
urbanizare • *n* urbanización *(f)*
urbe • *n* ciudad *(f)*, urbe *(f)*
urca • *v* aumentar, incrementar, subir, ascender, escalar
urcior • *n* jarra
urdinare • *n* diarrea *(f)*, colitis
urdoare • *n* legaña *(f)*
ureche • *n* oreja *(f)*, oído *(m)*
urechelniță • *n* tijereta *(f)*
urgie • *n* ira *(f)*, cólera *(f)*
uriaș • *adj* gigante, gigantesco, enorme, inmenso, grandote • *n* gigante *(m)*
urina • *v* mear, hacer pis
urî • *v* escarnir, odiar
urla • *v* gritar, rugir, aullar, chillar, hablar alto
urlet • *n* grito *(m)*, alarido *(m)*, chillido *(m)*
urma • *v* seguir
urmaș • *n* descendiente *(m)*
urmă • *n* mancha *(f)*, huella *(f)*, rastro *(m)*, traza *(f)*, pisada *(f)*, marca *(f)*
urmări • *v* seguir, perseguir, observar
urmărire • *n* persecución *(f)*
următor • *adj* siguiente, próximo
urs • *n* oso *(m)*
ursuz • *adj* afable, grosero, malhumorado, maleducado
urzeală • *n* urdimbre
urzi • *v* tramar, concebir, inventar
urzică • *n* ortiga *(f)*
uscat • *n* tierra *(f)* • *adj* seco *(m)*
usturoi • *n* ajo *(m)*
ușă • *n* puerta *(f)*
uși • *n* puerta *(f)*
ușor • *adj* fácil, ligero, liviano
ușura • *v* facilitar, aliviar, mitigar, paliar, aligerar
ușurare • *n* alivio *(m)*, desahogo *(m)*
uter • *n* matriz *(f)*, útero *(m)*
util • *adj* útil, servicial
utilitate • *n* utilidad *(f)*
utiliza • *v* usar, utilizar
utilizatoare • *n* usuario *(m)*
utilizator • *n* usuario *(m)*
utopie • *n* utopía *(f)*
uvulă • *n* úvula *(f)*, campanilla *(f)*
uz • *n* uso *(m)*
uzină • *n* planta *(f)*, fábrica *(f)*
uzual • *adj* común, normal, ordinario *(m)*, usual • *adv* habitualmente
uzură • *n* desgaste *(m)*
uzurpa • *v* usurpar
uzurpator • *n* usurpador *(m)*

V

vacanță • *n* receso *(m)*, vacaciones
vacarm • *n* ruido *(m)*
vacă • *n* vaca *(f)*
vaccin • *n* vacuna *(f)*
vad • *n* vado *(m)*
vag • *adj* tenue
vagabond • *n* vagabundo *(m)* • *adj* vagabundo, sin hogar
vagin • *n* vagina *(f)*
vagon • *n* coche *(m)*, vagón *(m)*
vai • *interj* ay, ay de mí, uy
val • *n* mar de fondo *(m)*
vale • *n* valle *(m)*
valid • *adj* válido
validitate • *n* validez *(f)*
valină • *n* valina *(f)*
valoare • *n* cantidad *(f)*, valor *(m)*, monto *(m)*
valoros • *adj* valioso
valtrap • *n* manta *(f)*, cobija *(f)*, colcha *(f)*, frazada *(f)*, frisa *(f)*
valuri • *n* mar de fondo *(m)*
valută • *n* moneda *(f)*
valvă • *n* válvula *(f)*
vamă • *n* aduana *(f)*
vampir • *n* vampiro
vampiră • *n* vampiro
vampiri • *n* vampiro
vanadinit • *n* vanadinita
vanadiu • *n* vanadio *(m)*
vandabil • *adj* comerciable *(f)*
vandalism • *n* vandalismo *(m)*
vanilie • *n* vainilla *(f)*
vanitate • *n* engreimiento *(m)*, vanidad *(f)*, presunción *(f)*, ego
vapor • *n* barco *(m)*, bote *(m)*, barca *(f)*
var • *n* cal *(f)*
vară • *n* primo *(m)*, prima *(f)*, verano *(m)*
varec • *n* quelpo *(m)*
vargă • *n* ramita *(f)*, ramilla *(f)*, vara *(f)*, barra, rodillo *(m)*
vargă-de-aur • *n* vara de oro *(f)*
variabil • *adj* variable, inestable
variabilă • *n* variable *(f)*
variație • *n* variación *(f)*
variere • *n* variación *(f)*
varietate • *n* variedad *(f)*
variolă • *n* viruela *(f)*
varză • *n* col *(f)*, repollo *(m)*, berza *(f)*
vas • *n* barco *(m)*, buque *(m)*, nave *(f)*, recipiente *(m)*, receptáculo *(m)*, vaso *(m)*, vasija *(f)*, recinto, pote *(m)*, bote *(m)*
vasal • *n* vasallo

vasilisc • *n* basilisco *(m)*
vatră • *n* chimenea *(f)*
vază • *n* jarrón *(m)*, florero *(m)*
văcar • *n* vaquero *(m)*, gaucho *(m)*, huaso *(m)*, llanero
văcăriță • *n* vaquera
vădit • *adj* visible, claro, obvio, evidente, transparente, manifiesto
văduv • *n* viudo *(m)* • *adj* viudo
văduvă • *n* viuda *(f)*
văl • *n* velo *(m)*
văpaie • *n* llama, flama *(f)*
văr • *n* primo *(m)*, prima *(f)*
văra • *v* veranear
vărgat • *adj* variegado *(m)*
vărsa • *v* devolver, arrojar, derramar, vomitar, echar la pota
vărsat • *n* viruela *(f)*
vărui • *v* encalar
vătăma • *v* dañar, herir, lesionar, lastimar, hacer daño
vătămător • *adj* deletéreo, pernicioso, nocivo *(m)*, dañino
vătrai • *n* atizador
văz • *n* visión, vista *(f)*
văzduh • *n* aire *(m)*
vâltoare • *n* remolino *(m)*
vâna • *v* cazar
vânat • *n* presa *(f)*
vână • *n* vena *(f)*
vânătă • *n* berenjena *(f)*
vânătoare • *n* persecución, caza *(f)*
vânător • *n* cazador *(m)*
vânjos • *adj* robusto
vânt • *n* pedo *(m)*, viento *(m)*
vântos • *adj* ventoso *(m)*
vântura • *v* abanicar, ventilar
vânturel • *n* cernícalo común *(m)*
vânzare • *n* venta *(f)*
vânzătoare • *n* vendedor, vendedor *(m)*, vendedora *(f)*
vânzător • *n* vendedor, vendedor *(m)*, confidente, delator, oreja, traidor, vendedora *(f)*
vârcolac • *n* vampiro
vârf • *n* cima *(f)*, parte superior *(f)*, parte de más arriba *(f)*
vârstă • *n* edad *(f)*
vârstnici • *adj* anciano
vârtej • *n* remolino *(m)*, contracorriente *(f)*, revesa *(f)*
vârtos • *adj* duro *(m)*, difícil *(f)*
vâsc • *n* liga *(f)*, muérdago *(m)*
vâscos • *adj* viscoso

vâslă • *n* remo *(m)*
vâsli • *v* remar
vâzdoagă • *n* flor maravilla
veac • *n* centuria *(f)*, siglo *(m)*
vece • *n* inodoro *(m)*, excusado *(m)*, taza del baño *(f)*, retrete *(m)*
vechi • *adj* antiguo, viejo, ex-
vechi-modic • *adj* pasado de moda, anticuado, chapado a la antigua *(m)*
vechitură • *n* trapo *(m)*, harapo *(m)*
vecinătate • *n* colonia, vecindad *(f)*, barrio *(m)*, fraccionamiento, proximidad *(f)*, cercanía *(f)*
vedea • *v* contemplar, mirar, ver, observar
vedenie • *n* visión *(f)*
vedere • *n* visión *(f)*, visión, vista, vista *(f)*
vegetal • *adj* vegetal
vegetală • *n* vegetal *(m)*
vegetarial • *adj* vegetariano
vegetarian • *n* vegetariano *(m)*, vegetariana *(f)*
vegetariană • *n* vegetariano *(m)*, vegetariana *(f)*
vegetarianism • *n* vegetarianismo *(m)*
vegetaţie • *n* vegetación *(f)*
veghe • *n* vigilia *(f)*
veghea • *v* vigilar, tener cuidado
vehemenţă • *n* vehemencia *(f)*, hervor *(m)*
vehicul • *n* vehículo *(m)*
velă • *n* vela *(f)*
venă • *n* vena *(f)*
venerare • *n* adoración
veni • *v* venir
venin • *n* malicia *(f)*, veneno *(m)*
veninos • *adj* tóxico, venenoso, ponzoñoso
venire • *n* llegada *(f)*, venida *(f)*, arribo *(m)*
ventil • *n* válvula *(f)*, llave *(f)*
ventilator • *n* ventilador *(m)*, abanico *(m)*
ventral • *adj* ventral
verandă • *n* porche *(m)*, galería *(f)*
verb • *n* verbo *(m)*
verbal • *adj* verbal
verde • *n* verde *(f)*, sinople • *adj* verde
verdict • *n* sentencia *(f)*, condena *(f)*
vergea • *n* barra, rodillo *(m)*
veridicitate • *n* verdad *(f)*
verifica • *v* verificar
verificare • *n* chequeo *(m)*, verificación *(f)*, inspección *(f)*, cotejo *(m)*, examen *(m)*
verigă • *n* eslabón *(m)*
vermeil • *adj* bermejo

vermillon • *n* bermellón, vermillo, vermellón, cinabrio *(m)*
verosimilitate • *n* verosimilitud *(f)*
versatil • *adj* versátil
vertebrat • *n* vertebrado
vertebră • *n* vértebra *(f)*
vertical • *adj* vertical
verziu • *adj* verdoso
verzui • *adj* verdoso
verzuriu • *adj* verdoso
vesel • *adj* divertido *(m)*, contento
veselie • *n* felicidad, alegría *(f)*, gozo *(m)*, júbilo, regocijo
vest • *n* oeste *(m)*
vestă • *n* chaleco *(m)*, chalequillo *(m)*
veste • *n* comunicado *(m)*
vesti • *v* anunciar
vestibul • *n* vestíbulo *(m)*
vestic • *adj* occidental
vestigiu • *n* huella *(f)*, pisada *(f)*
vestimentar • *adj* sartorial
vestitor • *n* heraldo *(m)*
veşmânt • *n* prenda *(f)*, chal *(m)*
veşnicie • *n* edad *(f)*, edades, eternidad *(f)*
veşted • *adj* seco, marchito
veşteji • *v* decaer, marchitar
veştejit • *adj* marchito
veveriţă • *n* ardilla *(f)*
vexare • *n* vejación
vexaţiune • *n* vejación
vezică • *n* vejiga *(f)*
vezír • *n* visir
via • *prep* por, vía
viaţă • *n* años, vida *(f)*
vibrafon • *n* vibráfono *(m)*
vibrisă • *n* vibrisa *(f)*, bigote *(m)*
vicios • *adj* desenfrenado, desinhibido
viciu • *n* vicio *(m)*
viclean • *adj* astuto • *n* villano *(m)*
viconte • *n* vizconde
victimă • *n* víctima *(f)*
victorie • *n* victoria *(f)*
victorios • *adj* triunfante, triunfador, victorioso
vid • *n* vacío *(m)* • *adj* vacío
video • *n* vídeo *(m)*, video *(m)*
videocasetă • *n* videocasete *(f)*
vidră • *n* nutria *(f)*, lutria *(f)*
vie • *n* viñedo *(m)*, viña *(f)*
vier • *n* verraco *(m)*
vierme • *n* larva *(f)*, gusano *(m)*, lombriz *(f)*, cresa *(f)*, verme *(m)*, vierme *(m)*
viespe • *n* avispa *(f)*
viezure • *n* tejón *(m)*
vigilent • *adj* vigilante, atento
vigilenţă • *n* vigilancia *(f)*

viguroasă • *adj* vigoroso
viguros • *adj* vigoroso
viitor • *adj* futuro, venidero • *n* futuro *(m)*, porvenir *(m)*
vijelie • *n* temporal *(m)*, borrasca *(f)*, vendaval *(m)*
vilă • *n* villa *(f)*
vilbrochen • *n* cigüeñal
vin • *n* vino *(m)*
vinars • *n* brandy *(m)*, coñac *(m)*
vină • *n* culpa
vinde • *v* vender, pregonar
vindeca • *v* curar, sanar
vindecător • *adj* medicinal
vindere • *n* venta *(f)*
vindereu • *n* cernícalo común *(m)*
vindicativ • *adj* vindicativo, vengativo
vintre • *n* vientre, barriga, panza
vioară • *n* violín *(m)*
vioiciune • *n* vivacidad *(f)*
viol • *n* violación *(f)*, estupro *(m)*
viola • *v* violar
violă • *n* violeta *(f)*, viola *(f)*
violent • *adj* violento
violenta • *v* obligar
violență • *n* abuso *(m)*, violencia *(f)*
violet • *n* violeta *(f)*
violetă • *n* violeta *(f)*
violoncel • *n* chelo *(m)*, violonchelo *(m)*
violonist • *n* violinista *(f)*
viorea • *n* violeta *(f)*
viperă • *n* víbora *(f)*
virgin • *n* doncella *(f)*, virgen *(f)*, doncel *(m)*, señorita *(f)* • *adj* casta *(f)*, casto *(m)*, virgen *(f)*, virgen, intacto *(f)*, intacta *(f)*, prístino, virginal *(f)*
virgină • *n* doncella *(f)*, virgen *(f)*, doncel *(m)*, señorita *(f)* • *adj* casta *(f)*, casto *(m)*, virgen *(f)*, virginal *(f)*
virginitate • *n* virginidad
virgulă • *n* coma *(f)*
viril • *adj* masculino *(m)*, varonil, viril
virilitate • *n* hombría *(f)*, virilidad *(f)*
virnanț • *n* ruda *(f)*
virtute • *n* virtud *(f)*
virus • *n* virus *(m)*
virusologie • *n* virología
vis • *n* sueño *(m)*
visa • *v* soñar
visătoare • *n* soñador *(m)*, soñadora *(f)*
visător • *n* soñador *(m)*, soñadora *(f)*
viscozimetru • *n* viscosímetro *(m)*
vișină • *n* cereza *(f)*, guinda *(f)*
vitalitate • *n* vivacidad *(f)*
vitamină • *n* vitamina *(f)*
vită • *n* vacuno *(m)*
vite • *n* ganado *(m)*

viteaz • *adj* valiente
viteză • *n* velocidad *(f)*, rapidez *(f)*
vitezometru • *n* velocímetro *(m)*
viticultură • *n* viticultura *(f)*
vitrină • *n* escaparate *(m)*, vitrina *(f)*
viță • *n* vid *(f)*
vițea • *n* becerro *(m)*, ternero *(m)*, ternera *(f)*, becerra *(f)*
vițel • *adj* bovino • *n* becerro *(m)*, ternero *(m)*, ternera *(f)*
viu • *adj* vivo, viviente
vivacitate • *n* vivacidad *(f)*
viză • *n* visa *(f)*, visado *(m)*
vizibil • *adj* visible
vizibilitate • *n* visibilidad *(f)*
vizionar • *adj* visionario, visionario *(m)*
vizita • *v* llamar, visitar, nombrar
vizită • *n* visita, visita *(f)*
viziune • *n* aparición *(f)*, visión *(f)*
vizuină • *n* madriguera *(f)*, guarida *(f)*, ratonera *(f)*
vlăguit • *adj* demacrado, exhausto
voal • *n* velo *(m)*, gasa *(f)*
vocabular • *n* vocabulario *(m)*, léxico *(m)*
vocală • *n* vocal *(f)*, letra vocal *(f)*
voce • *n* voz *(f)*
voci • *n* voz *(f)*
vociferare • *n* vociferación
vodcă • *n* vodka *(f)*
vogă • *n* boga *(f)*
voi • *pron* vosotros, ustedes, vosotras *(f)*
voiaj • *n* viaje *(m)*, jornada
voievod • *n* voevoda *(m)*, vaivoda, voivoda
voință • *n* voluntad *(f)*
voioșie • *n* felicidad, alegría *(f)*, gozo *(m)*, júbilo, regocijo
volatil • *adj* volátil
volbură • *n* remolino *(m)*, contracorriente *(f)*, revesa *(f)*
volei • *n* voleibol *(m)*, balonvolea *(m)*
volt • *n* voltio *(m)*
voltaj • *n* voltaje *(m)*
volum • *n* volumen *(m)*, extensión *(f)*
voluminos • *adj* masivo *(m)*, masiva *(f)*, voluminoso
voluntar • *n* voluntario
voluntară • *n* voluntario
vomita • *v* devolver, arrojar, vomitar, echar la pota
vopsea • *n* pintura *(f)*
vopsi • *v* pintar, aplicar
voracitate • *n* gula, glotonería *(f)*
vorbă • *n* palabra *(f)*, vocablo *(m)*
vorbăreț • *adj* locuaz, hablador
vorbi • *n* expresión *(f)*, pronunciación

(f), articulación *(f)* • *v* hablar, conversar
vorbire • *n* lenguaje *(m)*, elocuencia *(f)*, palabra *(f)*, habla *(f)*
vorbitoare • *n* hablante *(f)*, orador *(m)*, oradora *(f)*
vorbitor • *n* hablante *(f)*, orador *(m)*, oradora *(f)*
voronic • *n* marrubio *(m)*
vot • *n* voto *(m)*
vota • *v* votar
vrabie • *n* gorrión *(m)*, pasérido *(m)*
vrac • *n* masa *(f)*
vrajă • *n* encanto *(m)*, hechizo *(m)*, conjuro *(m)*, brujería *(f)*
vrăjeală • *n* tontería *(f)*, pendejada *(f)*, idiotez *(f)*, huevada *(f)*, mierda *(f)*, caca *(f)*, chamullo *(m)*, gilipollez
vrăji • *v* encantar, hechizar
vrăjitoare • *n* bruja *(f)*
vrăjitor • *n* bruja *(f)*, mago *(m)*

vrăjmaș • *n* enemigo *(m)*
vrea • *v* escoger, elegir, desear, querer, intentar, pretender
vreme • *n* hora *(f)*, rato *(m)*, era *(f)*, tiempo *(m)*
vulcan • *n* volcán *(m)*
vulcanologie • *n* vulcanología *(f)*
vulgar • *adj* vulgar
vulnerabilitate • *n* vulnerabilidad *(f)*
vulpe • *n* zorra *(f)*, zorro *(m)*
vulpiță • *n* zorra *(f)*
vulpoaică • *n* zorra, zorra *(f)*, perra *(f)*, loba
vultur • *n* águila *(f)*, buitre *(m)*
vultur-pescar • *n* águila pescadora *(f)*, gavilán pescador *(m)*, guincho *(m)*
vulturaș • *n* aguilucho *(m)*
vulturel • *n* aguilucho *(m)*

W

walkirie • *n* valquiria *(f)*
weekend • *n* fin de semana *(m)*
whisky • *n* whisky *(m)*, güisqui *(m)*
wolfram • *n* tungsteno *(m)*, wolframio

(m)
wombat • *n* vombátido *(m)*, wombat *(m)*

X

xenofobie • *n* xenofobia *(f)*
xenon • *n* xenón *(m)*

xilem • *n* xilema *(m)*

Y

yterbiu • *n* iterbio *(m)*
ytriu • *n* itrio *(m)*

yucca • *n* yuca *(f)*

Z

za • *n* eslabón *(m)*
zadă • *n* alerce *(m)*
zahăr • *n* azúcar *(m)*
zambilă • *n* jacinto *(m)*
zar • *n* dado *(m)*
zară • *n* suero de mantequilla *(m)*
zăbovi • *v* permanecer, quedarse, hospedarse, pasar la noche
zăcea • *v* estar acostado, estar echado, yacer, estar tumbado

zămisli • *v* procrear
zămislire • *n* concepción *(f)*
zăpadă • *n* nieve *(f)*
zăpăci • *v* enredar, aturdir, encandilar, ofuscar
zăpăcitor • *adj* confundiendo
zăvoare • *n* cerrojo *(m)*
zăvor • *n* cerradura *(f)*, candado *(m)*, cerrojo *(m)*
zâmbet • *n* sonrisa *(f)*

zâmbi • *v* sonreír
zână • *n* pasivo *(m)*, hada *(f)*, marica *(m)*
zbate • *v* luchar, esforzarse con denuedo
zbârci • *v* arrugar
zbiera • *v* rugir, bramar
zbor • *n* vuelo *(m)*
zbucium • *n* tormento
zburare • *n* vuelo *(m)*
zdravăn • *adj* saludable, sano *(m)*
zdreanță • *n* trapo *(m)*, harapo *(m)*
zeamă • *n* salsa *(f)*
zebră • *n* cebra *(f)*
zecime • *n* décimo *(m)*
zeciuială • *n* diezmo *(m)*
zeiță • *n* diosa *(f)*
zel • *n* entusiasmo *(m)*, ahínco *(m)*, fervor *(m)*, celo *(m)*
zer • *n* suero *(m)*, suero de soya *(f)*
zero • *n* don nadie *(m)*, cero *(m)*, nada *(f)*, cero a la izquierda *(m)*, nulo *(m)*, nula *(f)*
zestre • *n* dote *(f)*
zeu • *n* dios *(m)*
zgârcenie • *n* tacañería
zgârci • *n* cartílago *(m)*
zgârcit • *n* avaro *(m)*, avara *(f)*
zgâria • *v* raspar, magullar, arañar, rasguñar
zgârie-nori • *n* rascacielos *(m)*, torre *(f)*
zgomot • *n* ruido *(m)*
zi • *n* día *(m)*, día
ziar • *n* diario *(m)*, periódico *(m)*
ziare • *n* periódico *(m)*
ziarist • *n* periodista *(f)*
zibelină • *n* cebellina *(f)*
zibetă • *n* civeta *(f)*
zicală • *n* dicho *(m)*, proverbio *(m)*, refrán *(m)*
zice • *v* decir
zid • *n* muro *(m)*, muralla *(f)*
zidar • *n* albañil *(m)*
zile • *n* días *(m)*
zilnic • *adv* diariamente, cotidianamente • *adj* diario, cotidiano
zimbru • *n* bisonte, bisonte europeo *(m)*
zinc • *n* zinc *(m)*, cinc *(m)*
zircon • *n* circón *(m)*, zircón *(m)*
zirconiu • *n* circonio *(m)*
zmeu • *n* papagayo *(m)*, dragón *(m)*, guiverno *(m)*, lechuza *(f)*, cometa *(f)*, barrilete *(m)*, cachirulo *(m)*, chichigua *(f)*, chiringa *(f)*, pandero *(m)*, pandorga *(f)*, papalote *(m)*, papelote *(m)*, petaca *(f)*, piscucha *(f)*, volador *(m)*, volantín *(m)*
zmeur • *n* frambueso *(m)*
zmeură • *n* frambuesa *(f)*
zodiac • *n* zodíaco
zombi • *n* zombi *(f)*, zombie *(f)*
zonă • *n* área *(f)*, región *(f)*
zoo • *n* zoo *(m)*, jardín zoo *(m)*, zoológico *(m)*
zoolog • *n* zoólogo *(m)*, zoóloga *(f)*
zoologă • *n* zoólogo *(m)*, zoóloga *(f)*
zoologie • *n* zoología *(f)*
zooparc • *n* zoo *(m)*, jardín zoo *(m)*, zoológico *(m)*

Printed in Great Britain
by Amazon